普通高等教育"十二五"规划教材

海洋旅游学

马丽卿　主编

海洋出版社

2021 年·北京

图书在版编目（CIP）数据

海洋旅游学／马丽卿主编. — 北京：海洋出版社，2013.3
ISBN 978 - 7 - 5027 - 8463 - 8

Ⅰ. ①海…　Ⅱ. ①马…　Ⅲ. ①海洋 – 旅游资源 – 资源开发 – 高等学校 – 教材
Ⅳ. ①F590.7

中国版本图书馆 CIP 数据核字（2012）第 304516 号

责任编辑：赵　娟
责任印制：安　淼
海洋出版社 出版发行
http://www.oceanpress.com.cn
北京市海淀区大慧寺路 8 号　邮编：100081
廊坊一二〇六印刷厂印刷　新华书店北京发行所经销
2013 年 3 月第 1 版　2021 年 8 月河北第 4 次印刷
开本：889 mm × 1194 mm　1/16　印张：19.5
字数：560 千字　定价：58.00 元
发行部：010 - 62100090　邮购部：010 - 62100072
总编室：010 - 62100034　编辑室：010 - 62100038
海洋版图书印、装错误可随时退换

前　　言

本书由浙江海洋学院旅游管理系组织编写，该书从 2009 年开始酝酿，形成编写大纲，2010 年完成初稿。初稿完成后先作为课程讲义在旅游管理专业中试用，收到了较好的效果，也积累了经验，使我们得以在出版前对本书加以修改和完善。

《海洋旅游学》是一门颇具特色的旅游管理专业主干课程，浙江海洋学院旅游管理专业于 2003 年起就开设了该课程，为全国最先将海洋旅游知识引入专业教学体系的少数几个学校之一。迄今为止，全国范围内正式出版的该类教材也只有浙江海洋学院李隆华等编著、浙江大学出版社出版的《海洋旅游学导论》，海南大学陈扬乐和王琳编著、南开大学出版社出版的《海洋旅游导论》，董玉明编著、海洋出版社出版的《海洋旅游学》等几本，以往这些教材对旅游学学科体系、研究前沿论述多有不足，内容上与《旅游资源学》《旅游学概论》等课程较多重叠，因此一直想重新编写一本较完整的、能够概括海洋旅游学体系的教材。

我们终于等到了机会。其一，21 世纪以来，海洋成为人类未来生存开发所依赖的主要空间而得到全世界的广泛关注。就旅游活动来说，海洋的现在或将来一定会成为最受人类青睐的旅游目的地。因为，海洋以其完整的水体占据了地球表面 70.8% 的面积，又从海面到海底、从海中到海岸形成了庞大而复杂的生态系统；海洋发育着各种形态的地貌，养育着多姿多彩的生命体，构成了奇幻的大千世界，形成地球上最大的景观区，为人类提供观光、游憩以及休闲娱乐等精神享受。其二，近几年国内对旅游学学科研究成果的积累较以前丰富许多，国内学术界一致认为，旅游学应该上升为独立学科。从教育部传出的消息获知，旅游管理经过几十年的发展，将从工商管理下的二级学科成长为与工商管理并列的一级学科，那样的话，其分类将更加细化；海洋旅游学则因海洋旅游活动的特殊性和学科研究视野的独特性而成为旅游学中非常特殊的研究领域。其三，国内外的海洋旅游业快速发展，亟须海洋旅游理论的指导和支撑。鉴于以上因素，重新编写《海洋旅游学》教材的时机已经成熟。

与国内其他海洋旅游学教材相比较，本教材的特点在于：第一，汲取了旅游学学科的最新研究成果，把海洋旅游活动当作学科研究的逻辑起点，力图构建一个完整而清晰的学科结构框架；第二，尽力将国内外海洋旅游的最新理论及实践、发展历程系统地呈现出来；第三，以前瞻性和创新性的视野关注海洋旅游业发展的态势和热点问题，对包括邮轮、游艇、海钓、海洋休闲等在内的海洋旅游新业态加以高度重视并做了详细介绍，使读者能更清楚地了解海洋旅游活动的特性。

全书由 12 个章节组成，共分三个部分，1～6 章为第一部分，主要对海洋旅游学科、海洋旅游活动、海洋旅游需求、海洋旅游产品与供给、海洋旅游吸引物和旅游目的地、旅游者及其跨文化交流活动进行阐述，这是海洋旅游学的本体论，目的在于向读者介绍海洋旅游学的基本理论体系；7～11 章为第二部分，分别对海洋旅游业、海洋旅游市场营销、海洋旅游经济及管理、海洋旅游公共管理进行阐述，这部分内容是海洋旅游活动得以开展的支持和保障系统；最后第 12 章为第三部分，主要展望海洋旅游的未来前景。教材的具体结构框架如下图所示。

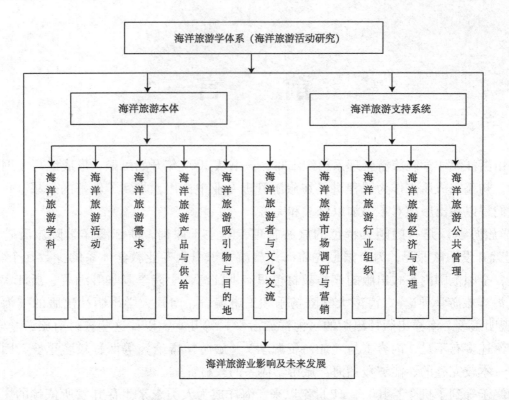

本书的具体编写分工为：第1章、第4章、第12章由马丽卿、邵雪诗编写完成，第2章、第8章由黄蔚艳、李雪编写完成，第3章、第6章由胡卫伟编写完成，第5章、第9章、第10章由史小珍编写完成，第7章、第11章由郭旭编写完成，最终由马丽卿编撰统稿。在此向付出辛勤劳动的全体编写组老师和2009级农村与区域发展领域的硕士研究生邵雪诗、李雪同学表示感谢。

我们一直努力想把完整的海洋旅游学体系呈现出来，也一直想要构建一本完整的、涵盖海洋旅游资源、海洋旅游行业、海洋旅游产业、海洋旅游文化方面的《海洋旅游学》教材，但由于能力和时间有限的缘故，教材中仍有许多不尽如人意的地方，敬请读者指正。在教材编写过程中，我们也参阅了大量纸质和电子文献，限于篇幅，并未在参考文献中全部列出，对于他们的辛勤劳动和成果，在此表示感谢。

《海洋旅游学》教材编写组

2012年9月于浙江舟山群岛

目 录

第1章 海洋旅游学科

1.1 海洋旅游学科基本问题

所谓学科，它有两个含义：一是作为知识体系的科目和分支，它与专业的区别在于它是就知识体系而言的，而专业指的是社会职业领域，因此，一个专业可能要求多种学科的综合，而一个学科可以在不同专业领域中应用。二是学科对应的是知识体系，而专业对应社会对人才的需求。

海洋旅游学以"海洋旅游活动"为对象，主要研究海洋旅游管理理论与政策、海洋旅游经济与发展战略、海洋旅游企业经营管理、海洋旅游资源开发与规划、海洋旅游文化以及中外海洋旅游业发展模式和经验等，如果称它为"学"，那是按照中国人的传统思维习惯，严格意义上来说它还不是一个独立的学科，而只是旅游学学科体系中的一个现时研究热点。与其他旅游活动不同，海洋旅游活动的范围明确地限制在海洋环境下。随着旅游产业的快速发展，人类对海洋旅游活动的需求不断加大，海洋旅游活动与海洋旅游产业也呈现出许多独特规律，需要我们理清发展轨迹，探索规律，这也是本教材的创作初衷。基于海洋旅游学非独立学科而只是旅游学的一个研究领域，因此，本章在介绍学科体系、学科理论和研究方法、研究路径时便全盘接受了旅游学的学科框架，只对旅游学学科体系加以阐释。

1.1.1 旅游系统与旅游学学科

旅游活动是涉及众多要素和部门的复杂的人类行为现象，要深入了解和真正把握旅游活动的基本规律，需要突破传统的笛卡儿式的分解方法，而用整体的、综合的、系统的观点对其进行观察、分析和研究。[1] 早期的研究者认为，旅游活动由主体、中介体和客体三个方面的要素构成。主体指实施旅游活动的人，即旅游者；中介体指旅游服务业，这里所说的旅游服务业是广义的旅游业，即为旅游活动提供产品和服务的个人或组织，它不仅包括企业，而且还包括政府以及非营利组织；客体指旅游对象，包括旅游吸引物和旅游设施。"三体说"简明地揭示了不同事物在旅游活动中的地位和作用，但却没有突出旅游活动的本质特征，因为人类的其他活动也是由主体、媒介和客体三要素构成的。随着人们对旅游活动认识的逐步深入，旅游系统的观点在经历了发展之后，终于成为解释旅游活动结构、

---

[1] 法国哲学家笛卡儿在1637年出版的哲学名著《方法论》，对西方人的思维方式、思想观念和科学研究方法曾经产生极大的影响。他认为，研究问题的方法分为怀疑、分解、排列、综合四个步骤。他的方法论对西方近代科学的发展起到了相当大的促进作用。但这一方法论对事物之间的相互作用未加重视。20世纪60年代之后，人们发现有的复杂问题无法分解，必须以复杂的方法来对待。因此导致系统工程的出现，笛卡儿式的方法论才第一次被综合性的方法取代。

构建旅游学体系的重要理论武器。从旅游系统理论出发，认识旅游现象，了解旅游活动的来龙去脉，掌握旅游发展的基本规律，是学习旅游学的一个重要切入点。

1.1.1.1　旅游系统

旅游系统（tourism system）学说是在第二次世界大战之后提出的。随着大众旅游的迅速发展，人们对旅游现象的系统性认识越来越深入，一些西方学者对此进行了概括和提炼，提出旅游系统学说，较为典型的主要有以下几种。

美国得克萨斯州 A & M 大学教授冈恩在 1972 年提出了旅游功能系统模型，30 年后（2002），他又在原先的模型基础上提出了新模型，新模型将旅游系统分成供给和需求两大子系统，其最大特点是突出了旅游活动的供求关系。在供给子系统里，吸引物、促销、交通、信息和服务之间相互依赖、共同作用，提供符合市场需求的旅游产品（Gunn 和 Var，2002）。

利珀（Leiper，1981）在前人研究基础上构建了一个旅游系统，称为一般旅游理论。利珀认为，旅游是由旅游者、客源地、出行路径、目的地、旅游业这五项要素构成并同外部环境进行交换的开放系统，这一学说阐明了旅游系统构成的主要因素，反映了旅游活动的空间结构，不足之处在于对旅游要素功能的阐释不够明确。

美国学者米尔和莫里森（Mill 和 Morrison，2006）在总结其他学者研究成果的基础上，提出了一个更全面的旅游系统学说，并出版了《旅游系统》一书。在该书中，他们将旅游系统分成市场、旅行、目的地、营销四大部分。

我国著名学者吴必虎（1998）也提出过一个旅游系统，与西方学者更为重视营销在旅游系统中的作用不同的是，他充分考虑到亚洲国家的文化传统和政治生态，而强调政策、政府等公共管理因素对旅游的作用，并提出了旅游系统构架应该包括客源市场系统、出行系统、目的地系统和支持系统四个部分（图 1-1）。

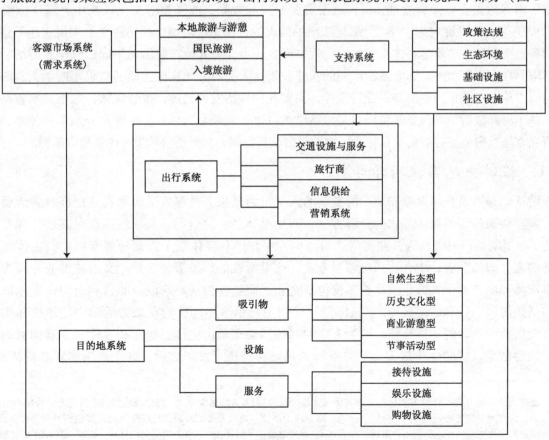

图 1-1　旅游系统结构

客源市场系统主要指旅游者及其活动等因素构成的子系统，可以分为本地市场、国内市场和国际市场。出行系统刻画了促使或保证旅游者离家出行、前往目的地的几个基本因素，包括运移游客的交通设施，由旅行社提供的旅游咨询、旅行预定和旅行服务等，由政府、旅游目的地或旅游销售商向旅游者提供的信息服务，以及旅游目的地策划和主办的意在激发潜在游客出行动机的旅游宣传、营销等子系统。目的地系统由吸引物、设施和服务三方面要素组成，主要包括为已经到达出行终点的游客提供的游览、娱乐、食宿、购物、享受、体验或某些特殊服务等旅游需求的多种因素的综合体；其中，吸引物又可分为自然生态型、历史文化型、商业游憩型、节事活动型四类。客源市场系统、出行系统和目的地系统共同组成一个结构紧密的内部系统，在其外围还形成一个由政策法规、生态环境、基础设施、社区设施等因素组成的支持系统（support system）。在支持系统中，政府处于特别重要的位置；此外，教育机构也担负着非常重要的责任。支持系统不能独立存在，而是依附于其他三个子系统，并对三个子系统同时或分别产生重要作用。

1.1.1.2　旅游活动是旅游学科体系的逻辑起点

旅游系统框架是对旅游活动的一种结构化描述，然而旅游活动是不是旅游学科体系的逻辑起点，或者说旅游活动是不是旅游学科的一个最基本的出发点，这是关系到旅游学的本质问题。

黑格尔在《逻辑学》中对逻辑起点提出了三条规定性：①逻辑起点应该是一个最简单、最抽象的规定，它"不以任何东西为前提"，"不以任何东西为中介"。理论体系的概念推演过程就是不断丰富开端的规定性的过程。②逻辑起点应该反映对象的最基本最一般的质的规定，亦即本体论，以此作为整个体系赖以建立的基础，而科学理论体系的"全部发展都包括在这个萌芽中"。概念的逻辑推演和展开就是充分展示、发展内蕴于开端中的内容。③逻辑起点与对象的历史上的最初的东西相符合。"那在科学上最初的东西，必定会表明在历史上也是最初的东西"（瞿葆奎和郑金洲，1998）。

从上述三条规定性来看，旅游学的逻辑起点应是旅游活动。

第一，旅游活动是旅游学中最简单也是最抽象的范畴。旅游活动可以用来说明旅游者（指从事旅游活动的人）、旅游业（为人们从事旅游活动提供商品和服务的行业）、旅游产品（人们从事旅游活动所消费的商品和服务）等，而一旦要对旅游活动进行说明，就要引入旅游学以外的范畴或概念。

第二，由旅游活动可以推演出旅游学领域的所有范畴与学科。从旅游活动出发可以推演出旅游活动引起的各种现象和关系，后者正是旅游学的研究对象，因此旅游学理论体系的全部发展都包含在旅游活动之中，旅游活动论就是旅游研究的本体论。

第三，旅游活动与旅游学研究对象在历史上的起点相同。一方面，旅游活动是人类认识旅游现象的起点，是人类思维中关于旅游现象最早出现的认识对象；另一方面，旅游活动是人类旅游发展史上最初出现的现象，是现实活动本身。

总之，旅游活动符合黑格尔关于逻辑起点的三条规定性，毫无疑问成为构建旅游学理论体系的基础。从旅游活动这一逻辑起点出发，旅游学的理论体系应该围绕以下几个问题来构建：①对旅游活动本质的认识，也就是旅游活动是什么；②对旅游活动形式和内容的分析，也就是旅游活动怎么样；③对旅游活动成因的分析，包括旅游活动动机和条件，即为什么会产生旅游活动；④旅游活动影响的分析，也就是旅游活动的结果如何；⑤如何更好地发展旅游活动，也就是如何搞好各个产业部门的产品和服务，这也是旅游研究的落脚点。

1.1.2　旅游学学科体系

旅游学要成为一门学科，必须要有自身的学科体系，旅游研究也需要将旅游活动所反映的各种关系和现象限定在一个适当的范围内，这样才能有的放矢地进行旅游学构建以及旅游研究。旅游活动的综合性，使旅游学学科本身具有跨学科性质。虽然很多学科如经济学、地理学、社会学、人类学等都可以研究旅游现象，但是要全面地认识旅游现象，则是任何一门既有学科都无法胜任的，这就需要有以旅游现象作为自己研究对象的专门学科，并综合运用不同学科的理论和方法对旅游现象进行研究。刘住（2008）在总结了申葆嘉、谢彦君等研究成果的基础上，提出了旅游学学科体系的框架（图1-2）。

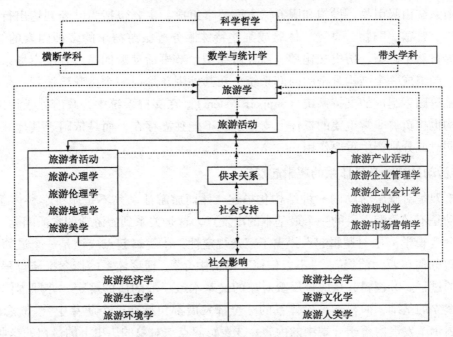

图1-2 旅游学学科体系框架

1.1.2.1 旅游学是年轻而新兴的学科

现代旅游现象出现已经有一个半世纪了，世界上把旅游现象作为社会科学的一个门类研究也有一个多世纪了，而在我国，旅游研究却只有20年之久。相比地理学、经济学等传统经典学科，旅游学科只能算处于幼年期的新兴学科。由于旅游学仍处于快速发展之中，尚未形成统一的学科体系，理论上也不成熟，因此国际上一般将旅游学称为旅游研究（tourism studies）。

第二次世界大战时期瑞士圣加仑大学的亨齐克（Hunziker）教授和伯尔尼大学的克雷夫（Krapf）教授发表了《旅游总论概要》，从经济学和社会学两方面对旅游进行了研究，并提出了著名的旅游"艾斯特定义"（IASET），在100多年的旅游研究历程中，对旅游学学科性质的认可大致归结为旅游学是一门独立学科，还是依附于现有学科内的特殊领域这两大问题上。承认旅游学是一门独立学科的主要有罗维斯科（Jovicic，1998）、霍戈辛斯基（Rogozinski，1985）等人；许多学者则不承认旅游学是一门独立的学科，而是强调跨学科研究。如库恩（Kuhu，1970）就认为旅游研究仍将是存在于现有学科内的一个研究领域，并且很难发展成为一门独立的学科。

第二次世界大战后，国际旅游得到快速发展，给目的地经济带来大量的好处，同时也造成了目的地社会、文化、环境、生态方面的问题，由此引起了众多社会学、人类学、心理学、环境与生态科学研究者的注意，继"二战"时期的"旅游是经济或非经济研究"之后又出现了"旅游影响研究"热潮。20世纪60—80年代，世界范围内出现了由社会学家和人类学家发起的"旅游社会文化影响研究"、"旅游环境生态影响研究"潮流。

20世纪90年代，伴随着大众旅游的兴起，我国一些学者纷纷将研究目光投向旅游学研究对象、理论框架、基本概念、范畴、研究方法、学科体系、学科地位等方面，其中申葆嘉教授就是该研究中的领先者。在申葆嘉教授的《旅游学原理》和谢彦君教授的《基础旅游学》出版以后，国内学者对旅游学是不是一门独立学科的质疑声才减退。

从旅游研究的发展历程来看，旅游学经历了一个前科学（观察并描述所见事物）——单一学科研究（早期主要是经济学方法）——多学科研究——跨学科研究的过程。旅游研究从最初的注重实用性、功利性，通过统计方法进行直观经济效应描述和考察，到相关学科介入旅游活动各个研究领域，从而形成了多学科共同研究旅游现象相关问题的学术局面，表现出旅游学正从单一学科研究迈向多学科、多视角的研究，从应用研究迈向理论综合研究的趋势。目前，旅游学科知识主要体现为不同分支学科知识的总和，这也从另一方面说明旅游学尚未形成系统的和完整的理论体系，旅游学还不是一门成熟学科。我们认为，只有在综合不同分支学科知识并加以发展，形成对旅游现象的整体认识，并以一定的逻辑方式建立起理论体系，旅游学才能真正从旅游研究转变为真正意义上的成熟学科。

综上所述，尽管旅游学至今尚未步入成熟学科之林，但旅游研究的历史进程足以证明，旅游学是一门年轻而充满生命力的新兴学科，是一个具有广泛应用背景的研究领域。

1.1.2.2　旅游学具有多学科体系

那么，建立在旅游活动基础上的旅游学科具有怎样的框架体系呢？旅游系统理论为我们观察旅游活动结构提供了分析工具。众所周知，对客源市场系统、出行系统、目的地系统和支持系统这四个子系统的观察、分析和研究需要涉及多个不同的学科，这些学科共同对旅游现象进行研究，我们称之为旅游学的多学科体系。在建立起自己独立的学科理论之前，在可预见的相当长的时间里，旅游学科将会一直保持这种多学科并举的理论局面。

传统的学科划分往往按照客观世界不同物质的运动形式进行，不同学科之间的研究对象并不重叠，然而，旅游学研究对象显然不符合这一标准。一般认为，旅游学的研究对象就是旅游活动及其产生的现象和关系，也可以说，旅游学的研究对象就是旅游现象。旅游现象是一种从客源市场系统向目的地系统空间移动的现象，因此旅游学研究便和地理学研究对象产生交叉；旅游现象又是旅游者和目的地居民之间相互作用而产生的一种社会现象，因此旅游学的研究又和社会学学科产生交叉；而实际上，旅游学也主要由旅游经济学、旅游地理学、旅游社会学等不同分支学科组成，组成旅游学的相关学科林林总总，有许多学科门类，具体见表1-1。

表1-1　旅游学相关学科

学科	有助旅游学科的方面
地理学	对旅游地形成及原因的空间分析
环境学	旅游对自然环境的影响
城市和区域规划	旅游规划与开发
营销学	旅游市场营销
法学	旅游者及旅游从业人者应遵循的法律依据
管理学	旅游组织的管理
社会学	分析旅游活动产生的社会影响
人类学	分析目的地居民的关系
经济学	分析旅游活动带来的经济影响
心理学	解释旅游动机产生的原因
文化学	分析旅游活动产生的文化影响
人体工程学	设计和开展适合人类的旅游活动
美学	旅游景区美学鉴赏
景观学	设计旅游景观景点
……	……

1.1.2.3 旅游学学科的理论体系

旅游学科的理论体系由基础理论、专业理论和应用理论三个层次构成，该理论研究对象体现了旅游的自身特征、自身固有规律的现象和关系，而非其他学科理论在旅游领域中的应用（图1-3）。

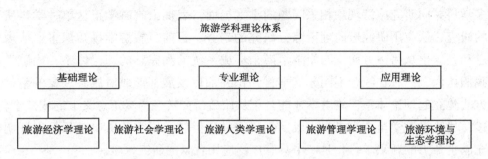

图1-3 旅游学科理论体系

旅游基础理论是整个旅游学理论体系的统领和指导，它研究旅游活动和旅游现象的起源、结构与形态、发生和发展的基本规律。在旅游专业理论下，有五个方面的分支性专业理论基础，即旅游经济学理论、旅游社会学理论、旅游人类学理论、旅游管理学理论、旅游环境与生态学理论，这五个方面所研究的对象都是旅游活动必然引起的现象、关系和问题，都体现了旅游的自身特征和自身规律。第三层级的应用理论是针对旅游各专业领域的研究，为旅行社管理、酒店管理、景区和景点开发、旅游交通运输等业务的运作提供理论依据。

1.2 海洋旅游学科研究对象和内容

研究对象是学科成立的前提。旅游学以旅游现象为研究对象，但由于旅游现象的综合性和复杂性，致使旅游研究对象也涉及社会生活的许多方面而呈现出相互交叉和重叠的现象。

1.2.1 旅游学的对象

旅游学研究的对象为旅游现象。虽然旅游现象涉及社会生活的不同方面，呈现出交叉和重叠，但这种现象又是社会整个现实的组成部分，因此，旅游学研究必须要以旅游现象的整体而不是以它的某个组成部分为对象，也即以宏观范围的旅游者活动所引起的全部关系和现象为对象，包含了旅游业对旅游者需求所进行的一切业务活动。

旅游活动是一个庞大而复杂的现象体系，涉及经济、文化、政治、社会、环境等相关领域，因此，旅游学除了对旅游现象总体内涵和外延进行基础理论研究外，还需要对上述领域中的相关现象进行研究，由此形成旅游学的各大分支。就当前而言，就有旅游经济学、旅游管理学、旅游地理学、旅游心理学、旅游社会学、旅游人类学、旅游环境与生态学、旅游企业管理等分支，而这些分支还可以衍生出更接近实际应用的下一级分支，如旅游管理学衍生出旅游市场营销、饭店经营管理、旅行社管理，旅游环境与生态学衍生出海洋旅游目的地开发与管理、海洋旅游吸引资源开发与评价等，在今后，随着旅游研究的不断深入，还将衍生出更多更细的分支领域。

1.2.2 旅游学的主要内容

面对全球旅游业发展的强劲势头和旅游管理的实际需要，学术界对旅游学的研究内容作了长期探讨，但至今仍未形成统一的意见。根据吴必虎、宋子千等对世界各地已经出版的旅行业（travel indus-try）、旅游业（tourism industry）、旅游商务（business of tourism）概论一类专著的梳理，以及对各国、各地区 20 世纪 80 年代以来，特别是 2000 年以来出版的 81 种旅游学概论、引论、原理、旅行与旅游业概论等教材或教学参考读物的调查统计，归纳出旅游学的主要研究内容包括：旅游活动、旅游营销、旅游资源规划、政府政策与立法、投融资与旅游商品、旅游信息与电子商务、娱乐游憩与体育、相关支持行业、旅游交通、旅游中介商、食宿接待服务、商务会展、吸引物与目的地、旅游业管理、旅游业结构与系统、特殊兴趣旅游、旅游产品及类型、市场研究与统计、市场预测、全球化与国际旅游、休闲时间、旅游需求动机与行为、旅游可持续发展、旅游环境影响、旅游社会文化影响、旅游经济影响、旅游一般影响、旅游史、旅游教育研究等。

在上述这些内容中，学术界的看法明显不平衡，有些内容是世界各地大多数作者所认同的，广泛出现在不同教材、引论性读物中；有些内容尽管它们本身非常重要，但却较少受到关注，因此，吴必虎、宋子千根据各项内容在所有样本教材中出现的次数，把旅游学研究内容分为广泛型、中间型和初涉型三种情况。

广泛型研究内容指在所有 81 种文献中出现次数在 50 次以上的，主要有旅游史，旅游需求、动机与行为，旅游业结构与系统，政府角色与政策、法规，旅游资源与规划以及旅游影响研究等，约占总数的 60%。

中间型研究内容指在所有 81 种文献中出现次数介于 20～50 次之间的，主要有一般的旅游影响及经济、文化和环境影响、旅游可持续发展问题、旅游活动，可持续发展、市场研究、统计与预测、旅游产品概述及主要类型产品如城市旅游、乡村旅游、生态旅游、旅游业管理、吸引物、旅游地及目的地、食宿接待服务，也即酒店管理、旅游中介商、以航空公司为主导的旅游交通和旅游营销、促销、公共关系等，占总数的 25%～60%。这部分内容虽然受到多数作者的关注，但是不同作者对其重要程度仍有取舍上的差异。

初涉型研究内容指在所有 81 种文献中出现次数在 20 次以下的，主要有旅游研究与教育、休闲时间与游程安排、全球化、特殊兴趣旅游、商务会展、旅游支持行业、信息与电子商务、娱乐、游憩与体育旅游、旅游投资与旅游商品、购物旅游等，约占总数的 25%。这些内容处于成长期，是新兴的研究热点。由于中西方发展进度不同，中外教材在取舍上有所不同，有些西方教材比较重视的内容，中国作者往往尚未认识到位，而有些为中国作者所关注的内容，西方国家往往并不看重。

1.2.3 旅游学的发展

最早将旅游现象当作科学研究对象进行理论探讨的，可以从 19 世纪末意大利人博迪奥（Bodio，1899）算起。旅游研究历史尽管已逾百年[1]，但较大的发展却集中在最近的二三十年，尤其是 1980 年后，旅游学的 50% 研究都产生于那时期。

1.2.3.1 旅游学研究的历程

旅游研究最早集中在经济学领域。1928 年，意大利的马里奥蒂（Mariotti，1928）出版了《旅游经济讲义》一书，该书从经济学角度对旅游现象作出系统剖析和论证，得出旅游活动是属于经济性质的社会现象的结论，然而这一观点不久就受到了挑战。1935 年，德国学者葛里克斯曼（Glücksmann，1935）在《一般旅游论》中，对旅游现象发生的渊源、基础、性质和社会影响进行了探索，并指出旅游研究范围非常广泛，涉及旅游现象的基础和性质、发生原因、运行手段、社会影响等问题，需要从不同学科角度去研究，而不仅局限于经济学角度的考察。1942 年，瑞士的亨齐克等人（Hunziker，

---

① 1899 年意大利的博迪奥发表了《关于意大利外国旅游者的流动及花费》一文，目前被认为是近代旅游研究最早的论文。

1942）出版了《旅游总论概要》，他们认为，旅游现象的本质是具有众多相互作用要素和方面的复合体，这个复合体是以旅游活动为中心，与国民、保健、经济、政治、社会、文化、技术等各种社会要素相互作用的产物，旅游现象是多方位、多层面的，它需要通过多学科综合进行研究。尽管葛里克斯曼、亨齐克等人对旅游现象的认识已经超出了经济学的视野，也提出了多学科旅游研究的思想，但是他们和马里奥蒂一样，本人都是经济学家，因此，这一阶段的旅游研究仍然局限在经济学领域之中。

20 世纪 60 年代，其他学科的学者开始参与到旅游现象的研究中来了。首先是社会学家对旅游与社会发展的关系展开了研究活动，继而是人类学家对旅游活动中人际关系及主客间不同文化背景接触导致的相互作用和影响进行了研究，于是在学术上出现了"旅游社会学"和"旅游人类学"的概念（申葆嘉，1997）。20 世纪 70 年代末，又出现了对旅游现象的有组织、有目的、多学科的综合性研究，由此将旅游研究推到崭新阶段。由贾法利（Jafari）在 1973 年创办并主编的《旅游研究纪事》（Annals of Tourism Research），从 1979 年第 6 卷至 1993 年第 20 卷，每卷都有一期专辑分别以旅游社会学、旅游地理学、旅游管理学、旅游教育、旅游人类学、旅游与政治科学等为主题；1991 年，《旅游研究纪事》提出了"旅游社会科学"（tourism social science）概念，出版了《旅游社会科学》专辑，对旅游各分支学科的研究成果进行了阶段性总结。为了更好地对旅游现象进行研究，从 20 世纪 80 年代开始，一些学者提出，旅游研究不仅要采用多学科研究方法（multi-disciplinary research），而且还要进一步采用跨学科研究方法（interdisciplinary research）。和多学科研究方法不同的是，跨学科研究要求打破学科界限，调动各相关学科的知识，致力于研究的深入和实际问题的解决。近年来，不少学者提出要用无边界研究方法（cutting-edge research）来进行旅游研究。

1.2.3.2 旅游学研究的视角变化

长期以来，西方作者分别从历史地理学、社会学、心理学、经济学、政治经济学、人类学和环境科学等社会科学的不同角度，对旅游学的性质、特征和发展趋势来进行研究，极大地推动了旅游学学科的发展。

（1）整体视角下的旅游研究

西方旅游学界一直以来重应用研究轻理论研究，涉足基础理论研究的则更少。尽管许多学者指出，旅游研究目前还没有形成系统、完整的理论体系和一致的方法论，但是经过近 30 多年的研究积累，旅游学的知识已经大为丰富。譬如，皮尔斯和巴特勒（Pearce 和 Butler，1993）主编的论文集《旅游研究：批评与挑战》就涉及比较研究、行为研究、动机研究、社会学研究、影响研究、规划研究和政策研究等多个角度，反映出旅游学的跨学科研究特性。里切和戈尔德纳（Ritchie 和 Goeldner，1994）主编的《旅行、旅游与接待研究手册》一书也涉及旅游管理，旅行与旅游研究基础，国家、区域与城市研究，主要学科研究，产业部门研究，旅游影响评价，特定领域数据收集，特殊营销应用等多方面内容，这些研究都努力尝试从整体角度研究旅游现象。

（2）发展视野下的旅游研究

认识到旅游活动的开展，特别是作为东道国家或地区的旅游发展对当地经济活力、地方税收、外汇顺差、目的地品牌等具有明显的促进意义之后，旅游研究便开始呈现出重视开发或发展理论的倾向，有的学者甚至将旅游视为走向发展的一张护照（De Kadt，1984）。皮尔斯（Pearce，1991）、加特纳（Gartner，1996）和凯泽（Keyser，2002）都曾直接以《旅游开发》为书名，探讨旅游与发展之间的关系，以及如何实现旅游开发的理论与实践问题。沙普利和特尔弗（Sharpley 和 Telfer，2002）就旅游在目的地地区作为一种潜在的社会经济发展的贡献者的地位问题进行探讨。作为一种常见的现象，第三世界国家以目的地身份接待西方发达国家的旅游者，这种旅游发展模式也引起了研究者格外的关注，有些学者认为，旅游可以成为促进社区发展的有用战略工具（Scheyvens，2002）。

（3）社会学角度的旅游研究

旅游作为一种社会活动，吸引了一些社会学家的注意。在西方学者看来，除了管理科学，旅游研究更多的是与社会科学紧密相关。社会学家主要通过分析社会阶层、生活习惯、主客双方的习俗来研究个人、群体的旅游行为和旅游的社会影响。科恩（Cohen，1984）在《旅游社会学》一文中对旅游活动呈现的"旅行民主化""接待商业化"和"休闲现代化"等特点进行了观察研究，并从社区角度讨论了地方旅游发展过程中的环境与可达性战略、经济响应战略、社会与文化战略、旅游规划目标与方法等问题。我国的学者王宁（Wang，2000）也从社会学角度阐述了旅游与现代性（modernity）的关系。富兰克林（Franklin，2003）强调旅游的仪式意义（tourist rituals）、科尔曼和克朗（Coleman 和 Crang，2002）聚焦于场所与表演（place 和 Derformance）间关系、金奈尔德和霍尔（Kinnaird 和 Hall，1994）、辛克莱尔（Sinclair，1997）和普理查德等（Pritchard，Morgan et al.，2007）则关注性别问题在旅游活动、就业机会、旅游体验中的不同表现。奥泽（Ascher，1985）意识到，在旅游跨国公司里，需要特别注意文化认同问题。在对旅游的社会学和人类学研究中，走得最远的是将国际旅游视为一种新的殖民主义行为的激进观点（Hall 和 Tucker，2004），在这些研究者眼中，出境旅游就是一种后殖民主义（postcolonialism）。从界定问题、提出解决方案的角度，辉莱（Wyllie，2000）在《旅游与社会》一书中，针对文化商品化、性旅游、旅游环境、政府参与、公众冲突、旅游漏损等日益突出的矛盾，也提出了自己的分析和建议。

（4）其他角度的旅游研究

除社会学视角外，学者们还开拓了其他视角来观察和分析旅游现象。伯恩斯（Burns，1999）从人类学角度阐述了全球化背景下旅游现象的产生和发展问题。全球化现象对旅游发展的影响是非常重要的，它对地域经济一体化、旅游需求和营销、旅游竞争力、旅游可持续性的途径等，都产生显著影响（Wahab 和 Cooper，2001）。钱伯斯（Chambers，1997）从应用文化学角度，探讨了旅游中介商、旅游文化原真性、旅游影响、旅游职业、旅游教育等相关问题。从文化与旅游关系角度进行探索的还有赖辛格（Reisinger，2009），他在《国际旅游文化与行为》中，对文化多样性、跨文化交流和社会相互作用、旅游服务和职业伦理、旅游者消费行为的影响等研究分析颇有新意。霍尔（Hall，1998）和埃利奥特（Elliott，1997）分别从政治学和公共部门管理角度，讨论了旅游的政策、权力、场所与控制等领域的特征。丹恩（Dann，1996）从社会语言学角度，探讨了旅游活动中特殊的言语和非言语形式的语言交流问题。沃孔尼科（Vukonic，1996）从旅游与宗教之间的密切关系，进行了理论研究。皮尔斯（Pearce，1996）、肖和威廉姆斯（Shaw 和 Williams，2002）则分别从地理学角度探讨了旅游研究的若干问题，涉及国际旅游、旅游动机与行为、旅游服务的生产、旅游企业、旅游就业与劳动力市场、旅游环境、大众旅游、都市旅游、乡村旅游、可持续旅游等问题的地理分析。阿什沃思和迪沃斯特（Ashworth 和 Dietvorst，1995）提及的空间转变其实也是从地理学角度探讨了旅游政策和旅游规划问题。霍尔登（Holden，2008）从环境科学角度，分析了旅游环境感应、环境贫困与旅游、旅游环境规划与管理、气候演变与航空业等敏感问题；而高斯灵和霍尔（Gössling 和 Hall，2006）集中讨论了旅游与全球环境演变的关系。

实际上，各国研究者所涉及的旅游研究内容还有许多，譬如从管理学角度、组织机构角度、产品角度、历史学角度、地理学角度，等等，只是本章节篇幅有限难以作出更多更详尽的描述。

目前，旅游学科仍在发展中，国外对该学科基本内容最为完整归纳的著作应推贾法利等人主编的《旅游百科全书》。该书收录的 1000 多个词条也反映了旅游学的多学科特征，综合了来自人类学、经济学、教育学、地理学、历史学、管理学、营销学、政治学、心理学等领域的旅游研究视野，涵盖了旅游专业的一般问题和基本概念、关键术语和简称、重要机构、协会和期刊、主要目的地国家或地区、旅游开发与增长的趋势与模式以及旅游产业各个行业的类型和特征（Jahfi，2000）。

在我国，刘住（2008）剖析了国内外多家学说，特别是申葆嘉原理式学科结构和谢彦君逻辑式学科结构，总结出旅游学科五模块框架，即旅游者活动研究、旅游产业活动研究、旅游者需要与旅游产业供给关系研究、旅游活动的社会支持研究以及旅游活动影响研究五大模块，提出"旅游学作为一门基础理论学科，与它所统驭的相关的分支学科一起，构成了研究旅游现象的综合学科体系"（图1-2）。

1.2.4　旅游学的研究方法

虽说旅游学研究涉及不同学科领域，但是根据旅游研究形成的传统，仍可以总结出一些常用的研究途径和方法。对于这些方法，有些研究者将归纳为思想方法和操作方法，也有一些研究者将其方法论体系归纳为哲学方法、一般方法和具体方法技术三个层次。经过这些年的发展，目前国际上的旅游研究主要形成了两个传统：一个传统可以称为"旅游管理研究"；另一个传统可以称为"旅游社会研究"。前者将旅游作为商业或产业来进行预测、管理和控制，通常采用实证主义方法，应用倾向比较明显，研究者中包括很多实业界人士；后者将旅游作为一种社会、文化现象去解释现代生活的众多方面，多采用现象学的研究方法，致力于让旅游研究获得更多的"尊敬"和认可，使其成为一个具有研究价值的学科，研究者主要是学院派人士（里切，伯恩斯 等，2008）。

但是越来越多的现象表明，人们倾向于将管理研究与社会研究两种方法结合起来使用。从这个角度来看，旅游研究方法可以分为案例研究方法、定性方法、定量方法、民族志方法、德尔菲法、访谈方法、神秘购物法、纵向研究法、内容分析方法、地理学方法和行为研究法等不同方法，它们既可以运用于旅游的管理研究，也可以应用于旅游的社会研究。

因此，从目前的情况来看，传统学科研究方法仍是旅游学的主要研究方法，基于传统学科的旅游分支学科知识仍是旅游学科的主要知识来源，旅游学没有或者说很少有自己的独特研究方法，旅游学大量的研究方法必须借用自其他学科。

众所周知，现代学科的发展已经突破了研究方法的限制，学科之间在研究方法上不再存在确定的壁垒，而是互相借鉴、融合发展。自然科学研究中常用的数学建模方法、实验方法已经被广泛引入经济学等社会科学研究当中，而博弈论等方法虽然最早在经济学研究中得到发展，但现在也常被应用于生物学等自然科学研究。旅游学是一门边缘学科或交叉学科，研究方法的跨学科性或者说综合性正是该学科的特征，因此，即使在将来，主要的旅游研究仍将采用多学科（包括跨学科）的研究方法，而不是自己独特的研究方法。旅游现象非常复杂，具有多重性质，随着对旅游现象认识的不断深入，人们越来越发现旅游现象不仅仅是经济现象，还应该是重要的社会现象、文化现象、空间现象、生态现象，因此，旅游研究逐步引入社会学方法、人类学方法、地理学方法、心理学方法、生态学方法等各种学科方法。这种多学科切入对于认识复杂的旅游现象既是非常必要的，也是非常有益的。

1.3　海洋旅游教育历史回顾

从国内外旅游教育的发展过程来看，旅游教育与人类游憩福利的提高、旅游需求的增长、区域与城市旅游产业的发展、旅游研究成果的积累密切相关。根据对全球旅游专业发展历程的回顾，旅游作为一门独立学问并在大学设置专业不过40多年的历史。在高等教育体系中，旅游最初只是作为职业教育被引进大学的，但随着产业的发展、研究的深入和队伍不断壮大，课程体系越来越复杂，并且出现了不同的专业方向的分支，如旅游管理、酒店管理、会展管理和旅游规划等。

1.3.1　国外的旅游教育

从世界范围来看，旅游专业教育发展可以划分为三个阶段：第一阶段，20 世纪 70 年代以前，旅游专业教育处于初级阶段，主要由旅游企业和旅游机构自发组织的旅游初级培训教育，特点是应用性强，不涉及理论研究。第二阶段，20 世纪 70—80 年代，政府、教育机构介入旅游专业教育，旅游高等教育逐渐形成。第三阶段，20 世纪 80 年代以后，随着旅游业的高速发展，旅游专业教育进一步完善，逐渐形成多层次、多学科视角的教育体系。以下简单介绍旅游管理专业在国外的发展情况。

1.3.1.1　欧洲的旅游管理专业教育

欧洲的旅游专业教育源于酒店教育（hospitality education），最初是给学生提供初级的、强调操作技能的"服务接待管理"培训，课程设置也是技能导向的。如瑞士洛桑酒店管理学院就旨在培养学生的实践操作技能与知识。瑞士洛桑酒店管理学院认为，酒店经营管理者必须能胜任酒店或餐馆内任何一项具体的工作，它的这种教育理念影响了欧洲旅游专业教育整整一个世纪。

20 世纪 70 年代开始，欧洲旅游业发展加快，行业竞争加剧，对旅游从业人员素质要求也越来越高，一些社会性的培训学校应运而生，管理及酒店服务相关方面的理论课程开始设置。直到 80 年代，欧洲一些大学才开始意识到旅游教育的前景，纷纷设置相关专业课程，颁发专业学士与硕士学位，旅游教育开始步入高等教育与学历教育阶段。

90 年代以来，欧洲旅游专业教育接受美国的管理理念，开始将旅游专业设置在接待管理专业之下，欧洲旅游专业的教育课程主要集中在商业管理、地理、政治、经济等专业领域，英国还设有专门的旅游学院或服务接待系，但是研究者主要集中在人类学、食品、社会学等领域。90 年代，欧洲已经拥有一批全球著名的旅游与酒店学校，如瑞士洛桑酒店管理学院（Ecolehötlière de Lausanne）、英国萨里大学（University of Surrey）管理学院等，为全球培养了大批旅游与酒店专业人才。在英国，旅游已经成为一门颇受学生欢迎的学科，旅游教育形成了从职业学校到高等教育、从学士教育到博士教育的多层次结构。

1.3.1.2　美国的旅游管理专业教育

美国的旅游教育直接由大学的学历教育介入。最早的旅游教育以 1922 年组建的康奈尔大学（Cornell University）酒店管理学院为标志。此后，受中高层酒店管理人才需求的推动，美国的旅游与酒店管理教育发展非常迅速，特别是 20 世纪 40 年代以后，美国国内大型酒店增长迅速，对酒店管理人才的需求急剧增长，旨在培养各类酒店管理人才的各类旅游院校迅速增长，一些大学也纷纷开设相关专业课程。目前，旅游教育已经渗透到众多美国名牌大学，并且可以授予旅游与服务管理专业及相关学科的硕士和博士学位。

美国各大学旅游专业的设置，彼此间并无一种固定的模式和统一安排，由于不同大学具有不同的背景，所以旅游与服务管理的学科分类也比较庞杂，只是大体上有几个科目相同，如旅游学、酒店管理、餐饮管理、交通管理（包括航空、海运、地面交通管理及国际交通）、旅行社管理、公园与游憩管理（Park Recreation Management）和营销学等。康奈尔大学旅游学院给本科生开设的 150 门课程就涉及 9 大领域，除旅游业起源与发展必修课外，还开设诸如赌场管理、烹饪艺术等选修课，此外，学校还提供金融和统计学知识，教授财务分析和财务计划的方法等课程教育。

旅游及相关学科的研究与教育在大学系科中常见的名称包括游憩研究、休闲研究、酒店管理、餐饮管理、食品服务、资源与公园研究、健康与运动研究、景观规划与设计、人类学等。随着会展业的发展，越来越多的旅游专业教育项目也开始将会议管理（Convention Management）、节事管理（Event Management）等纳入到课程体系之中。美国的旅游教育在专业与课程设置上明显呈现出两极分化，即面向私营市场的服务业管理（如酒店管理、餐饮管理等）以及面向公共事业的游憩资源管理（公园与游憩学科）、社会休闲管理（休闲研究学科），这两大方向都有着较为健全的学位体系和课程体系来响应。

1.3.1.3　日本的旅游管理专业教育

旅游专业教育进入日本大学教育阶段后，很多学科都开设旅游方面的课程。从总体来看，目前的日本旅游专业教育正在进入真正以旅游为研究对象的综合性、边缘性教育研究体制的完善阶段。除立教大学是以旅游学科（观光学）为学部（系）名称外，其余各大学均以"国际""产业""贸易""经济"等与旅游相结合的形式作为学科的名称，学科所属学部以"商学部"为最多，其次为"社会学部"、"经济学部"和"国际学部"等。

近年来，具有学科交叉性质的国际学部和大众传播学部设置旅游学科的现象也有增加趋势。以立教大学为例，开设的课程有旅游地理、日本区域地理、旅游经济学、区域经济学、旅游开发、旅游事业论、语言与文化（英语、法语、德语）、英语、环境教育、英语实习、外国区域地理、旅游调查法、环境心理学、核事业与环境、接待消费论、国际旅游论、国际合作旅游开发、旅游心理学、旅游行为学、旅游文化学、旅游社会学、观光地域社会论、接待产业会计学、旅游文化人类学、住宿产业经营论、旅行社经营论、旅游人力资源管理、旅游投资论、旅游交通及各种实习等。

1.3.2　我国的旅游教育

1.3.2.1　我国旅游教育发展历程

中国旅游教育起步于20世纪70年代末，以第一所旅游高等专科学校——上海旅游高等专科学校建立为标志①，经过十多年的发展，在20世纪90年代中期形成规模和结构基本合理的旅游教育体系。但当时的旅游学科大多附属于地理（旅游地理）、历史（旅游文化）、外语（旅游外语）、经济（旅游经济或旅游经济管理）、中文（旅游文化）等传统学科，在学科建设方面存在许多问题。

中国旅游教育发展于1987年的改革开放之后。中国第一所旅游中等专业学校——南京旅游学校②；第一所旅游管理高等院校北京联合大学旅游学院于1987年创建；第一所旅游高等专科学校上海旅游高等专科学校于1979年诞生。自从1980年起，国家旅游局先后与杭州大学③、南开大学商学院等8所高等院校联合开办了旅游系或旅游专业；同年，杭州大学招收了全国首届旅游专业本科生。1999年教育部在关于本科教学计划修订、调整工作中，将旅游管理确定为工商管理类的一个专业方向，是高等旅游教育方面的唯一专业，明确了其相对独立的学科地位。这使得众多院校对旅游及相关专业进行了调整和改革，至此，我国旅游教育拉开了规范化发展的序幕。近年来，随着旅游产业的蓬勃发展，旅游产业内分工的不断深化，以及高等教育的逐渐"大众化"，旅游教育也得到进一步规范和完善，逐渐形成了职业教育、专科、本科、研究生（硕士、博士）教育四大层次，以及应用和研究两个不同目标导向相配套的培养模式。2012年，教育部进一步调整专业设置目录，旅游管理成为与工商管理并列的管理大类中的独立的一级学科，旅游专业教育将迎来新的发展。

总的来说，我国旅游教育的发展大致经历了以下三个阶段：探索阶段、规模发展阶段和规范发展阶段（表1-2）。

---

① 现为上海师范大学旅游学院。2003年8月，上海旅游高等专科学校和上海师范大学城市与旅游学院合并组建上海师范大学旅游学院，但仍保留上海旅游高等专科学校独立法人单位资格。
② 2001年南京旅游学校与金陵旅馆管理干部学院合署办学，改名为南京旅游职业学院。
③ 1998年杭州大学并入浙江大学，成为浙江大学的一部分。

表 1 - 2　我国旅游教育的发展阶段

发展阶段	办学主体	发展规模	学科建设	专业层次
探索阶段 （1978—1988 年）	国家旅游局 高等院校	8 所高等院校	引进国外教材	职业教育、专科、 本科
规模发展阶段 （1989—1995 年）	高等院校 各级旅游局	130 所高等院校	借鉴其他学科 编写旅游教材	职业教育、专科、 本科、硕士
规范发展阶段 （1996 年至今）	高等院校 各级旅游局 科研机构 旅游企业	700 多所高等院校	旅游学科理论研究 进入内涵式发展旅游 分支学科不断涌现	职业教育、专科、 本科、硕士、博士

资料来源：田里：我国旅游高等教育发展进入一个新阶段（旅游学刊 2008 年第 2 期）。

1.3.2.2　我国旅游高等教育发展现状

30 多年来，旅游高等教育为我国旅游业的发展作出了巨大贡献，旅游教育的发展呈现快速增长势头，其院校数以及在校学生数都已经达到相当的水平。根据国家旅游局网站统计资料显示，截止到 2010 年末，全国旅游院校（包括完全的旅游院校和开设有旅游系或旅游专业的院校）共计 1 968 所，其中高等院校 967 所，中等职业学校 1 001 所。在校生首次突破 100 万人，达到 108.6 万人，比上年增加 13.4 万人，增幅为 14.06%。其中高等院校在校生数为 59.6 万人，比上年增加 9.8 万人，增幅为 19.61%，校均 616 人；中等职业学校在校生数为 49 万人，比上年增加 3.6 万人，增幅为 7.97%，校均 490 人。

从地区分布来看，全国各省（自治区、直辖市）都有开设旅游专业的院校。与地区旅游经济发展相适应，旅游院校布局仍然处于较发达地区数量多，欠发达地区数量少的态势，东西部教育资源的差距逐步拉大。从统计数据看，旅游院校数量在 100 所以上的地区有四川、云南、江苏、浙江和北京，其中四川最多，达到 288 所；旅游院校数量在 50 ~ 100 所的地区有广东、重庆、湖南、河南、湖北、辽宁、黑龙江、河北、福建、江西和安徽；旅游院校数量不足 10 所的地区有西藏、青海和宁夏。

1.3.2.3　我国高等院校旅游专业设置状况

吴必虎、黎筱筱撰写的《中国旅游专业教育发展报告》称，在其调查的全国 69 所开设旅游专业的高等院校中，按关键词"旅游"来统计院系名称，共有 25 所高校开设旅游院系，但只有 7 所是独立的旅游院系，其余 18 所皆是与其他专业联合成立的旅游院系，这些院系中，与历史文化专业共同成立的有 8 所，与管理专业共同成立的有 5 所，其余 3 所为与地理专业共同成立的旅游院系。

实际上，旅游专业在地理、历史、管理、经济、园林、社会、建筑等专业的院系中皆有分布。其中分布最广的是管理类院系，比例为 39%（主要原因是原国家学科目录中仅在工商管理一级学科下列有旅游管理二级学科）；其次是历史类院系，比例达 20%（主要原因是历史学科人才需求量下降，历史专业采取自救方式开设旅游管理专业）；位于第三位的是地理类院系，即名称为地球科学或城市环境的院系，其前身多为地理系，故将其合并为地理类系，有 17% 的旅游专业在该类院系中开设。

瑞士洛桑大学管理学院网址：www.ehl.edu

英国萨里大学管理学院网址：www.som.surrey.ac.uk

美国康奈尔大学酒店管理学院网址：www.hotelschool.cornell.edu

南京旅游职业学院网址：www.jltu.net

北京联合大学旅游学院网址：www. tibuu. edu. cn

上海旅游高等专科学校网址：www. sitsh. edu. cn

浙江大学管理学院旅游管理系网址：www. goehotel. com

南开大学商学院网址：ibs. nankai. edu. cn

本章小结

在本章中，我们主要讨论了关于海洋旅游学的学科体系构架、学科的研究对象及内容、学科研究方法、学科研究成就及学科发展等主题。海洋旅游学是一门以海洋旅游管理理论与政策、海洋旅游经济与发展战略、海洋旅游企业经营管理、海洋旅游资源开发与规划、海洋旅游文化以及中外海洋旅游业发展模式和经验为研究对象的学科。所谓海洋旅游，是指较其他旅游活动空间而言，主要发生在海洋环境下的各种旅游活动的总和，它不是独立的学科体系，而是旅游学学科下的一个热点研究角度，因此，要阐释海洋旅游活动规律，研究海洋旅游现象，必须应用旅游学学科体系、学科理论和研究方法、研究路径，于是，本章就侧重介绍旅游学学科体系。

其实，旅游学本身也是一门年轻的、尚未成熟的学科，又是一门多学科交叉融合的边缘学科，它与地理学、环境学、城市和区域规划学、景观学等自然科学以及管理学、社会学、经济学、人类学、心理学、文化学、美学、法学等社会科学交叉融合，可以从不同角度，运用社会科学的传统研究方法和多学科、跨学科的方法对旅游客源市场系统、旅游出行系统、旅游目的地系统、旅游支持系统进行研究。

关键术语

旅游活动（tourism activity）　　　　　旅游行业（travel industry）

旅游业（tourism industry）　　　　　　旅游系统（tourism system）

旅游商务（business of tourism）　　　　旅游学/旅游研究（tourism studies）

支持系统（support system）　　　　　　旅游社会科学（tourism social science）

多学科研究方法（multi-disciplinary research）　　跨学科研究方法（interdisciplinary research）

无边界研究方法（cutting-edge research）

复习思考题

1. 旅游学科的理论体系由哪几个层次构成？

2. 在旅游基础理论下，有哪五个方面的分支性专业理论？

3. 经济学、社会学在旅游研究中有什么作用？

4. 浅谈国内外旅游教育的发展历程。

5. 旅游研究的角度有哪些？你最感兴趣的是哪种角度？

开拓思维题

1. 我国两个最大的培养旅游方向高端人才的学科点是什么？
2. 访问世界旅行理事会网站，查找该组织战略性的优先任务。

背景信息：世界旅游及旅行理事会（WTTC）是全球商界领袖的旅游论坛。该组织的成员是来自旅游业各部门的首席经理。这些部门包括住宿业、餐饮业、游船业、娱乐业、交通运输业、旅行服务业等。该组织的中心目标是与各国政府合作，以体现旅游业的经济影响。

网站名称：World Travel and Tourism Council　网址：http：//www. wttc. org

参考文献

查尔斯·R·格德纳，J·R·布伦特·里奇. 2010. 旅游学（第10版）. 李天元，徐虹译. 北京：中国人民大学出版社.

李广全. 1999. 旅游研究方法及旅游本质探讨. 桂林旅游高等专科学校学报，（S2）：32－34.

里切，伯恩斯等. 2008. 旅游研究方法. 吴必虎等译. 天津：南开大学出版社.

刘住. 2008. 旅游学学科体系框架与前沿领域. 北京：中国旅游出版社.

瞿葆奎，郑金洲. 1998. 教育学逻辑起点：昨天的观与今天的认识（一）. 上海教育科研，124（3）：2－9.

申葆嘉. 1997. 论旅游学科建设与高等旅游教育. 旅游学刊（旅游教育增刊）：21－24.

申葆嘉，刘住. 1999. 旅游学原理. 北京：学林出版社.

谢彦君. 2004. 基础旅游学. 北京：中国旅游出版社.

温兴琦，齐子鹏. 2008. 旅游管理专业导论. 武汉：武汉理工大学出版社.

吴必虎. 1998. 旅游系统：对旅游活动与旅游科学的一种解释. 旅游学刊，13（1）：21－35.

吴必虎，黎筱筱. 2005. 中国旅游专业教育发展报告. 旅游学刊，（S1）：9－15.

吴必虎，宋子千. 2009. 旅游学概论. 北京：中国人民大学出版社.

吴必虎，刑珏珏. 2005. 旅游学学科树构建及旅游学研究的时空特征分析——旅游研究纪事30年. 旅游学刊，20（4）：74－79.

Ascher F. 1985. Tourism：Transnational Corporations and Cultural Identities. Paris：UNESCO.

Ashworth G J，Dietvorst A G J. 1995. Tourism and Spatial Transformations：Implications for Policy and Planning. Michigan：CAB International.

Bernstein R. 1991. Beyond Objectivism and Relativism：Science，Hermeneutics，and Praxis（4th ed）. Philadelphia：University of Pennsylvania Press.

Bodio L. 1899. Sul Moviment Dei Forestieri in Italia e Sul Denaro Che Vi Spendono. Giornale Degli E CONOMIST，15：54－61.

Burns P M. 1999. An Introduction to Tourism and Anthropology. New York：Routledge.

Chambers D. 2007. An Agenda for Cutting-edge Research in Tourism，in Tribe J，and Airey D. Development in Tourism Research，Elsevier：233－245.

Chambers E. 1997. Tourism and Culture：An Applied Perspective. New York：SUNY Press.

Cohen E. 1984. The Sociology of Tourism：Approaches，Issues，and Findings. Annual Review of Sociology，10：373－392.

Coleman S，Crang M. 2002. Tourism：Between Place and Performance. New York：Berghahn Books.

Dann G M S. 1996. The Language of Tourism：A Sociolinguistic Perspective. Michigan：CABI.

De Kadt E. 1984. Tourism：Pasport to Development. Texas：Oxford University Press.

Elliott J. 1997. Tourism：Politics and Public Sector Management. New York：Routledge.

Franklin A. 2003. Tourism：An Introduction. London：Sage Publications.

Gartner W C. 1996. Tourism Development: Principles, Processes, and Policies. Illinois: Van Nostrand Reinhold.

Glücksmann R. 1935. Allgemeine Fremdenverkehrskunde. Berna: Verlag von Stampfli.

Gössling S, Hall C M. 2006. Tourism and Global Environmental Change: Ecological, Social, Economic and Political Interrelationships. New York: Routledge.

Gunn C A, Var T. 2002. Tourism Planning: Basics, Concepts, Cases (4th ed). New York: Routledge.

Hall C M. 1998. Tourism Planning: Policies, Processes and Relationships. Pearson: Pearson Prentice Hall.

Hall C M, Tucker H. 2004. Tourism and Post-colonialism: Contested Discourses, Identities and Representations. New York: Routledge.

Holden J R. 2008. The Economic Value Beaches: A 2008 Update. Shore & Beach, 76 (3): 22 – 26.

Hunziker W, Krap F K. 1942. Grundriss der Allgemeine Fremdenverkehrslehre. Zürich: Polygraphischer Verlag.

Jahfi J. 2000. Encyclopedia of Tourism. New York: Taylor & Francis.

Jovicic Z. 1998. A Plea for Toresimolgical Theory and Methodology. Revue de Tourism, 43 (3): 27 – 34.

Keyser H. 2002. Tourism Development. New York: Oxford University Press Southern Africa.

Kinnaird V, Hall D. 1994. Tourism: A Gender Analysis. Chichester: Wiley.

Kukn T. 1970. The Structure of Scientific Revolutions (2nd ed). Chicago: University of Chicago Preaa.

Leiper N. 1981. Towards a Cohesive Curriculum in Tourism: The Case for a Distinct Discipline. Annals of Tourism Research, 8 (1): 69 – 84.

Mariotti A. 1928. Lezioni di Economia Touristica. Rome: Tiber.

Mill R C, Morrison A M. 2006. The Tourism System: An Introductory Text (5th ed). Dunuque, IA: Kendall/Hunt Publishing Company.

Pearce D. 1991. Tourist Development (6th ed). Harlow: Longman Wiley.

Pearce D. 1996. Tourism Today: A Geographical Analysis (2nd ed). Christchurch: Pearson Education.

Pearce D G, Butler R W. 1993. Tourism Research: Critiques and challenges. London, Routledge: Taylor & Francis.

Pritchard A, Morgan N, et al. 2007. Tourism and Gender: Embodiment, Sensualit and Experience. Michigan: CABI.

Reisinger Y. 2009. International Tourism: Culture and Behavior. London: Butterworth-Heinemann.

Ritchie J R B, Goeldner C R. 1994. Travel, Tourism, and Hospitallty Research: A Handbook for Managers and Researchers (2nd ed). New York: John Wiley and Sons.

Rogozinski K. 1985. Tourism as a Subject of Research and Integration of Sciences. Problemy Turystyki. 23 (4): 7 – 19.

Scheyvens R. 2002. Tourism for Development: Empowering Communities. Washington DC: Pearson Higher Education.

Sharpley R, Telfer D J. 2002. Tourism and Development: Concepts and Issues. Cleveton: Channel View Publications.

Shaw G, Williams A M. 2002. Gritical Issues in Tourism: A Geographical Perspective. New Jersey: Wiley-Blackwell.

Sinclair M T. 1997. Gender, Work and Tourism. London: Routledge.

Vukonic B. 1996. Tourism and Religion, Pergamon. Amsterdam: Elsevier.

Wahab S, Cooper C P. 2001. Tourism in the Age of Globalization. London: Routledge.

Wang N. 2000. Tourism and Modernity: A Sociological Analysis. Amsterdam: Elsevier Science.

Wyllie R W. 2000. Tourism and Society: A Guide to Problems and Issues. Chichester: Venture Publishing.

□ **阅读材料 1 - 1**

国际旅游研究组织

各种国际学术组织对旅游学的进步起到了积极推进作用，其中知名旅游研究非政府组织包括 1951 年在意大利成立的国际旅游科学家协会（AIEST）、1988 年在西班牙成立的国际旅游研究院（IAST）、2006 年在中国成立的全球性旅游学术组织国际旅游学会（ITSA）等。

国际旅游科学家协会的历史可以追溯到 1941 年瑞士两个大学的旅游研究机构的提议，1951 年 5 月 31 日在罗马召开了成立大会。根据协会章程第三款的规定，协会致力于：培养会员之间友好的关系；通过发展人际关系、提供研究结果、支持会员之间的观点与经验交流，促进会员的科研活动；支持各旅游研究机构或其他相关旅游研究或教育中心的活动，发展这些组织间以及组织与协会会员之间的联系；组织或参与与旅游科学性质相关的会议、大会或课程。协会本身并不直接参与旅游研究和教育活动，但它致力于培养尽可能广泛的现有机构之间的联系与合作。目前协会秘书处设在瑞士圣加伦大学。

国际旅游研究院于 1988 年 6 月在西班牙北部城市桑坦德成立，它是一个致力于旅游领域理论与应用研究的国际学术组织。它的会员都是世界各国卓有成就的旅游研究者。国际旅游研究院的目标是促进旅游的学术研究与专业探索，包括鼓励旅游研究成果的实际应用，加强旅游学术知识在全球的扩散与交流。出席 1988 年桑坦德制宪会议（charter meeting）的创会会员包括西班牙的 Julio Aramberri，加拿大的 Richard Butler、Geoffery Wall，以色列的 Eric Cohen，美国的 William Eadington、Bryan Farell、Coeldner 等。目前研究院的秘书处设在中国香港理工大学酒店与旅游业管理学院。

国际旅游科学家协会网址：www. aiest. org

国家旅游研究院的网址：www. polyu. edu. hk/hem/iast

国际旅游学会网址：www. itsa. cn

□ **阅读材料 1 - 2**

国际旅游研究期刊

随着旅游业的发展与旅游研究的增加，国际上的旅游学术刊物数量也在不断增加。在全球数以百计的旅游或相关学术刊物中，目前仅有四种刊物被 SSCI 收录。SSCI 即"社会科学引文搜索"（Social Science Citation Index），是美国科学情报研究所建立的综合型社会文献数据库，收录包括经济、法律、管理、心理学、区域研究、社会学、信息科学等领域的 50 个语种、1 700 余种重要的国际性刊物。

四种纳入 SSCI 系统的旅游期刊是：《旅游研究纪事》（Annals of Tourism Research）、《旅游管理》（Tourism Management）、《旅游研究期刊》（Journal of Travel Research）和《旅游地理》（Tourism Geography）。其中，《旅游研究纪事》是旅游社会研究的重要阵地，《旅游管理》是旅游管理研究的重要阵地。

《旅游研究纪事》（简称 Annals）是一份聚焦于旅游学术研究的社会科学杂志。创刊主编为美国威斯康星大学斯达特分校 Jafar Jafari 博士。在努力保持理论与应用平衡的同时，Annals 更执著于理论建构。刊物的战略是邀请并鼓励来自不同学科的稿件，致力于建设一个多学科交流的平台，扩展旅游社会学科的知识领域并丰富这一领域的文献。基于此，Annals 既来源于多学科，也推广多学科的旅游研究。目前刊物的主编由英国萨里大学 John Tribe 教授担任。

《旅行研究》（简称 JTR）是美国旅行旅游研究协会（Travel and Tourism Research Association）的机关刊物，创立于 1970 年，创刊主编是美国科罗拉多大学 Charles Goeldner 教授。JTR 的宗旨是征集并刊登旅行与旅游的行为、管理与发展方面的论文，为研究者、教育者和专业人士提供最新、高质量的旅游业方面的行为趋势与管理理论。作为一份创刊于近 40 年前的北美第一种完全以旅行旅游为己任的学术刊物，JTR 反映了旅游活动在全球具有的重要经济和社会意义。JTR 刊载的论文包括但不限于以下领域：旅游者行为与目的选择，旅游营销，旅游经济学，旅游电子商务，旅游预测，旅游目的地开发，旅游信息系统，国际旅游，遗产旅游、文化旅游、生态旅游与吸引物开发，博彩旅游等。JTR 现任主编为美国弗吉尼亚理工大学 Richard R. Perdue 教授。

《旅游地理》（简称 TG）于 2008 年 1 月被 SSCI 收录，成为最新的被高度认可的旅游学术期刊。TG 的目标是为从地理学角度对旅游及旅游相关的游憩、休闲的学术研究提供一个发表成果和展开讨论的平台。在英文刊物名称中，旅游地理使用的是复数形式 geographies，意味着刊物鼓励研究的多样化，既包括理论探讨，也包括实践观察；既尊重北美和欧洲的区域传统，也不忽略亚太地区和世界其他地区的区域价值；学术方法上以地理学为核心，但也欢迎相关学科如人类学与其他社会科学、景观学、城市与区域规划、环境科学和环境管理等的参与。旅游与地理学密不可分，旅游市场的客源地，旅游活动发生于目的地，旅游以自己特定的方式改变着这些地方的环境，旅游伴随着人口、货物、观念、货币的空间移动，旅游对人们观察、理解与关联这个世界的独特方法，正是这些联系，使 TG 成为旅游研究领域越来越有影响力的期刊。TG 仍然由创刊者、美国北亚利桑那大学 Alan A. Lew 教授担任主编。

国内的旅游学术期刊较少，目前仅有《旅游学刊》被纳入 CSSCI 来源期刊。CSSCI 即"中文社会科学引文索引"（Chinese Social Science Citation Index），由南京大学研发，是我国人文社会科学研究的重要评价体系。另外，由香港理工大学酒店与旅游管理学院主编的《中国旅游研究》（Journal of China Tourism Research）以英语为工作语言，是向全球介绍中国旅游研究成果的重要渠道。

《旅游研究纪事》网址：

http：//www. elsevier. com/wps/find/journaldescripition. cws_ home/698/description

《旅游管理》网址：

http：//www. elsevier. com/wps/find/journaldescripition. cws_ home/30472/description

《旅游研究》网址：

http：//jtr. sagepub. com

《旅游地理》网址：

http：//www. geog. nau. edu. tg

第 2 章　海洋旅游活动

■ 学习目标

◇ 了解海洋旅游活动起源及发展状况、海洋旅游活动类型
◇ 了解海洋旅游活动安全、风险及发生规律以及表现形态
◇ 掌握海洋旅游活动安全与风险管理原理
◇ 理解海洋旅游者与东道主的相互关系
◇ 理解海洋旅游的影响及可持续发展理念

2.1　海洋旅游活动的起源和发展

海洋景色秀丽多姿，从海空、海面到海底，从海岸到海中形成庞大而复杂的生态系统和完整的景观体系，随着人类认识海洋和开发海洋的深入，海洋旅游活动形式更加多样、活动内容日渐广泛。

2.1.1　早期的海洋旅行

早期的海洋旅行大多数是为贸易、政治、军事、外交，整个旅行过程充满艰辛、危险和苦难，然而发现新大陆的喜悦、海外新奇经历的体验，又使人类探索海洋的欲望得以激发，海洋旅游动机开始孕育，因此，早期的海洋旅行可看作是海洋旅游发展的起源。

海洋旅行作为一种社会行为，自古便已经存在。有记载的海洋旅行可能最早开始于 3000 多年前的"海上民族"——腓尼基人，他们主要在地中海和爱琴海之间进行商业旅行，西起直布罗陀海峡，北到波罗的海，东到波斯湾和印度，旅行范围十分广泛。公元 9 世纪，阿拉伯帝国阿拔斯王朝的旅行家苏曼用最为原始的旅行工具做了一次惊人的海上旅行。1271 年，世界著名旅行家和商人马可·波罗跟随父亲和叔叔，与十几位旅伴一起向东方进发。他们从威尼斯进入地中海，然后横渡黑海，经过两河流域来到中东古城巴格达，原本计划从这里到达波斯湾出海口霍尔木兹，然后乘船直驶中国，然而，由于发生了意外事件，只好改走陆路，历时 4 年多，于 1275 年到达蒙古帝国的夏都上都（今中国内蒙古自治区多伦县西北），并与蒙古大汗忽必烈建立了友谊。马可·波罗回到威尼斯后，写出了《马可·波罗游记》，激起了欧洲人对东方的热烈向往，对以后新航路的开辟产生了巨大影响，西方地理学家还根据游记的描述，绘制了早期的《世界地图》。1415 年，海上探险活动的先驱——葡萄牙人亨利王子率领船队越过直布罗陀海峡到达非洲北部，此壮举掀起了欧洲海上探险的热潮，也拉开了欧洲人海外殖民掠夺的序幕。1492 年，意大利航海家哥伦布因发现美洲新大陆而闻名于世；1519—1522 年，葡萄牙航海家麦哲伦历时 3 年完成了人类历史上第一次环球航行，用事实证明地球的确是球形的。

中国是世界文明古国之一，海洋旅行活动的兴起同样居世界前列。先秦时期，临海的吴、越、齐、燕等国的航海事业都十分发达，与日本、朝鲜、越南等国家素有海上往来。秦汉时期，北起渤海、南至两广一带的海上交通线已全部开通，而且彼此联系密切，商业和贸易旅行盛行。传说秦始皇曾派方

士徐福出海寻找长生不老之法；东晋名僧法显于安帝隆安三年（399 年）从长安出发，历尽千辛万苦到达印度，在印度居住 10 余年又从海路回到中国，在今山东青岛崂山登陆，并把旅行中的所见所闻写成《佛国记》一书，是我国现存历史资料中关于海上交通和航海旅行最早的详细记录，也是研究南亚大陆和东南亚的重要史料。唐代，又有名僧义净于唐朝咸亨二年（671 年）从广州乘船出发到印度求法，并由海路回国，带回梵本经典约 400 部；唐朝天宝元年（742 年），另一位唐代著名僧人鉴真和尚东渡日本，成为日本佛教律宗的创始人，为发展中日人民的友好关系和航海旅行作出了杰出贡献。元朝，著名航海家汪大渊，先后两次下"东洋"和"西洋"①，游历几十个国家，写成《岛夷志略》一书。明朝的郑和七下西洋，历时 28 年，纵横于太平洋和印度洋，最远到达非洲东岸和红海，行程达 10 余万里，成为世界航海旅行史上最伟大的壮举。

2.1.2 现代海洋旅游的发展

（1）孕育阶段

现代海洋旅游发端于 18 世纪早期。根据史料记载，世界上最早的海水浴出现于 1730 年英国的斯盖堡拉和布赖顿。随着海水对某些疾病的治疗功能被发现和推广，并为了吸引更多的达官贵人，上述海滨地区不仅配备了医疗设备，修建了不同档次的旅馆、别墅，还增设相应的娱乐设施，由此诞生了专门的海滨疗养地。至此，海滨旅游的雏形开始形成。这一时期，虽然海滨的休闲、疗养价值被人们所认识，但其价值主要还是生理性而非心理性，去海滨度假、疗养也是个别人行为，而非普遍和群体行为。

（2）诞生阶段

19 世纪上半叶，蒸汽机发明引发了人类的交通革命，火车的诞生促进了国内人口的流通和国内旅游业的迅速发展，轮船的应用促进了国际之间的交流和国际旅游的发展。在交通革命的带动下，旅游需求不断被激发出来，真正意义上的现代旅游诞生了。

真正意义的海洋旅游几乎是与现代旅游同步诞生的。1871 年 8 月，英国开始实行"8 月海岸休假日"制度，进一步激发了海洋旅游热潮。欧洲大西洋沿岸、地中海沿岸的冬季避寒疗养地和度假地的不断出现，标志着世界温带和亚热带滨海旅游的崛起。这一阶段，海洋旅游的主要目的是疗养康复，旅游产品主要有海水浴、阳光浴、医疗保健以及少量的海滨娱乐活动。

（3）发展阶段

从 19 世纪末到第二次世界大战结束是海洋旅游的发展阶段。19 世纪末，内燃机的发明使汽车工业得到迅速发展，人们外出旅游更为方便，旅游的质量和效率也都大大提高，加上由于工业、商业和城市的繁荣带给人类生活的巨大变化：一方面人们的生活节奏不断加快、心理压力不断加大；另一方面经济的发展，具备开展旅游活动的经济实力的人数不断增多，这使得改善人类工作和生活状况、调整人类心理、回归自然，成为一个新的普遍的社会要求。

这个阶段，海洋旅游目的是疗养与游乐相结合，主要旅游产品除传统的海水浴、阳光浴、医疗保健外，还出现了一些水上运动和水上游乐项目，如滑水、划船、空中跳伞、潜水、垂钓、帆船以及室内游乐、海岸带陆地体育活动等。因为海洋旅游开发成为一项有利可图的投资，投资商们开始将注意力转向海洋旅游业，在欧、美一些著名的滨海地区，建起种类繁多的娱乐设施和饭店。这一期间，随着海洋旅游在世界各地的迅速升温，地中海成为世界著名的海洋旅游中心，加勒比的热带滨海旅游也开始引人注目。

---

① 元朝和明朝称现今南海东经 110°以东为东洋，以西至非洲东海岸为西洋。

（4）繁荣阶段

第二次世界大战以后，世界海洋旅游空前繁荣。飞机的普及使国际旅游更为现实，国际关系的改善又改变了人类国际交往的观念，许多国家相继制定了互免签证、自由兑换货币、开放国际航线等一系列政策，极大地推动了国际旅游业的发展，促进了经济的飞速增长和居民收入的普遍提高。随着城市化、工业化弊端的日益凸显，人们旅游意识不断增强，旅游不再是奢侈的、可有可无的观光或休闲活动，而是不可缺少的生活内容，旅游消费是一种当然的和必需的生活开支。这一时期，国家独立运动也对世界海洋旅游业的发展起到极大促进作用。东南亚的新加坡、马来西亚、印度尼西亚，加勒比地区的牙买加、巴哈马，地中海中的塞浦路斯、马耳他都已成为世界海洋旅游胜地和重要地区。

这一阶段海洋旅游出现了许多新特点：①海洋旅游目的地分布更加广泛。海洋旅游目的地从欧洲的大西洋沿岸及地中海地区扩大到世界各地，几乎所有拥有海洋和海岸线的国家和地区，都不同程度地开发了海洋旅游。②热带滨海旅游目的地迅速崛起。波罗的海及大西洋沿岸的温带旅游胜地渐渐退居二线，而加勒比、南海、夏威夷、澳大利亚等地区成为新的海洋旅游天堂。③海洋旅游成为世界旅游业中发展速度最快的一类。海洋旅游作为一些国家和地区的主要经济收入或创汇来源，成为国民经济的支柱产业或龙头产业，在巴哈马、百慕大、开曼群岛等部分国家或地区，海洋旅游及相关产业在其国民经济中的比重甚至超过了 50%。

2.2 海洋旅游活动方式和类型

海洋旅游是与陆地旅游相对应的一种旅游方式，具有明显的地理限定。目前，国内外对旅游类型尚无确切统一的分类方法，往往结合不同的研究出发点形成不同的旅游类型。其中，相对常用的主要有：按地域特征、按旅游资源特征、按活动特征、按旅游者的主要目的等进行划分。

2.2.1 海洋旅游活动方式的空间分类

（1）海滨旅游活动

海滨是海陆的交界地，有海滨地貌、水域和人文旅游资源，在海滨区域开展的旅游、娱乐活动形式极其丰富多样。嬉水、海水浴、日光浴、沙浴、泥浴、滑沙、滑泥、沙雕、沙滩排球、沙滩足球、卡丁车、海钓、海边瑜伽、海边 SPA、观海、品海鲜、体验海洋民俗文化、海滨度假疗养等均属于海滨旅游活动。

（2）海面旅游活动

通常将在海（洋）面上进行的、所用时间和运动距离超过游客体力支撑、必须借助于工具进行的水上旅游活动被称为海面旅游活动。它以游玩为主，不包括徒手的游泳，也与皮划艇、多人划艇等水上体育运动项目有所区别。帆船运动、滑水、冲浪、游艇、摩托艇、邮轮、环岛观光、大洋航行、环球航行等均属于海面旅游活动。

（3）海底旅游活动

海底旅游是近年来蓬勃发展的海洋旅游活动形式之一。无论是清澈透明的近岸海湾，还是昏暗幽深的大洋深处，海底旅游都给旅游者一种充满刺激的全新体验。20 世纪 80 年代中期，美、英、法、日、苏联等国就开始注重海底探奇旅游项目的开发，开展了对观光潜艇的研制。进入 90 年代，海底探奇旅游成为印度洋上的毛里求斯、太平洋上的塔希提岛、拉丁美洲的巴哈马群岛最为时髦的旅游项目之一。海底旅游活动已开发的有：潜水、乘坐水下观光潜艇、参观水下海洋馆、入住海底旅馆，而海底婚礼、海底音乐会、海底历史古迹游、海底探奇、深海生态群落游等尚有待进一步开发（图2-1）。

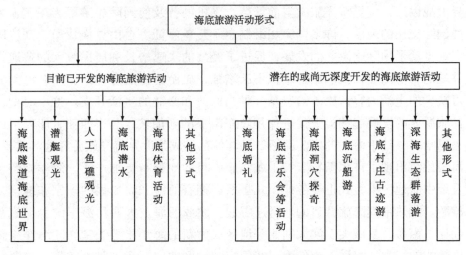

图2-1　海底旅游活动形式

（4）海空旅游活动

海空障碍物少、视野开阔、风景优美，开展滑翔、跳伞运动，不仅刺激，而且极目远眺，天海一色，景色极其壮美；放风筝、滑翔、跳伞、直升机观光、飞艇观光等也属于海空旅游活动。

2.2.2　海洋旅游活动方式的区域分类

（1）**海岸带旅游**

海岸线狭长地带和近岸浅水区域被称为海岸带，海岸带旅游则指在海岸带中有旅游价值的地段和与它紧临的海域中所进行的旅游活动。理论上讲，各种基于空间的旅游活动（海滨、海面、海底、海空）都可以在海岸带上开展，即使是环球航行这样的旅游方式，也离不开各国海岸带上一个个为邮轮提供补给的港口，况且，欣赏沿海优美的自然风光本身就是旅游者环球航行的必选项目之一。当然，从实际操作的角度看，一个地方往往只适宜开展某一类型的活动，或以某一类型的活动为主，才能形成特色，扩大影响力和吸引力。海岸带旅游区别于其他海洋区域上的旅游特色在于它与陆上地理空间相衔接，可以与陆域旅游互相补充，设计出最佳的旅游活动组合。

（2）**海岛旅游**

海岛是指高潮位时出露海面的面积大于500平方米的岸体（小于500平方米的称为海礁）。全世界约有5万多个海岛，总面积为1 000万平方千米，占地球面积的1/15，大于我国陆地的总面积。海岛旅游，在理论上讲可以包括滨海、海面、海底、海空各种类型的活动，但一个岛屿能够开展的旅游项目，通常是由该岛自身的资源条件和开发程度所决定。海岛旅游的特点体现在各种海洋景观的综合性和海陆活动的连贯性上，环岛观光和荒岛探奇（它是一种以有常住人口的海岛为集散地，对周边无人海岛的探索式的旅游）是海岛旅游所特有，在海岛旅游中旅游者可以更多地体验海洋风俗民情。

（3）**群岛旅游**

群岛是指海洋中互相接近的、在地理构造上有内在联系的一群岛屿。世界上的主要群岛有50多个，分布于四大洋中，其中，太平洋19个，大西洋17个，印度洋9个，北冰洋5个。群岛是非常珍贵的旅游资源，世界上许多群岛都是海洋旅游胜地。目前，享誉全球的旅游群岛有印度洋上的马尔代夫群岛，太平洋上的夏威夷群岛、马来群岛、马里亚纳群岛，大西洋上的巴哈马群岛、马德拉群岛，加勒比海的西印度群岛、维尔京群岛，中国东海的舟山群岛等。其中马来群岛是世界上最大的群岛，由印度尼西亚的 13 000 多个岛屿和菲律宾近 7 000 个岛屿组成。群岛旅游是海岛旅游的一种特殊类型，它的独特优势在于众多岛屿的整体效应。许多岛屿集聚一起，几乎能将各种形式的海洋旅游活动包容其中，而每个岛屿又各具特色，穿行于各个海岛之间，旅游者便能获得各种身临海洋水体的体验，乐而忘返。

（4）远洋旅游

远洋旅游通常利用大型邮轮开展，这类旅游活动时间跨度长、消费水平高，旅游者除了饱览沿线港口的美景外，还能享受船上星级酒店的各种服务，是高消费阶层度假旅游的主要选择。

（5）环球旅游

纯粹以旅游、度假为目的环球航行也是凭借大型邮轮来实现的。虽然环球旅游在今天已经不再是什么艰难危险的事情，但由于时间和费用的限制，参与航行的旅游者并不多，更多的还是为了探险和科学考察。

2.2.3　海洋旅游活动方式的地理分类

（1）热带和亚热带海洋旅游

热带地区是指南北回归线之间的地带，地处赤道两侧，位于南北纬 23°27′ 之间的地区，面积约占地球总面积的 39.8%。这一地带终年得到强烈的阳光照射，全年高温，年平均温度大于 16℃，只有热季、凉季或雨季、干季之分。

亚热带地区是指位于南北纬 23°27′—35°之间的地区，该地区的夏季与热带相似，但冬季明显比热带冷，最低月平均温度为 0℃。

热带和亚热带地区以其丰富的生物资源和阳光、沙滩、海洋资源，成为全球海洋旅游资源最富集地区，著名旅游岛屿多达 310 个，半岛 24 个，群岛 126 个，世界四大海洋旅游区就有三个（大洋洲旅游区、加勒比海旅游区和东南亚旅游区）位于热带和亚热带地区。

（2）温带海洋旅游

温带地区是指南北纬 35°—55°之间的地区，年平均温度为 10～20℃。温带海洋旅游区大多属于温带海洋性气候或地中海气候，年温差小，冬无严寒，夏无酷暑，非常适合海洋旅游。地中海是世界四大海洋旅游区之一，其北部即处于温带，著名的温带海洋旅游目的地有日本、韩国、我国的青岛和大连等。

（3）极地海洋旅游

极地是指北纬 70°以上、南纬 70°以下的地区，分布在地球的南北两端，常年白雪覆盖，最低气温可达零下 89.6℃。极地地区由于恶劣的自然条件，自古就是人类生存的禁区，近几十年，随着人类科考活动的深入，人类对极地了解越来越多，这块神奇、无暇、原始如初的土地越来越吸引人们的视线，极地旅游不断升温。美国、俄罗斯都已开始了南极的旅游活动，许多国家的旅行社纷纷开通极地旅游线路，据统计，2004 年已有 1 万多人到达南极旅游或探险；然而，现在的旅游活动仅限于南极圈附近的大陆边缘和一些小岛，真正南极内陆大规模的旅游活动还没有办法开展。

2.2.4　海洋旅游者活动主要目的分类

（1）海洋观光旅游活动

海洋观光旅游主要依托海洋与海滨景观资源，以参观、欣赏海洋自然景观和海洋民俗风情为主要目的和游览内容的，它是海洋旅游的重头戏。按照空间来划分，目前已开发的海洋观光旅游主要有近海与海滨景观、热带浅海海底景观两大类。近海与海滨观光主要在南北温带之间的岩岸与沙岸海滨和近海区域进行，其景观构成元素主要有天空、海水、海面、海涛、海鸟、海礁和沙滩等。热带浅海海底观光，主要观赏热带浅海珊瑚礁等海底景观，目前主要有两种观赏方式：一是旅游者穿上潜水服，在教练指导下直接潜入海底观光；另一种是乘坐海底观光船下潜观赏。按照观赏对象划分，目前开展的海洋观光旅游主要有看海山奇观、观海景异象、览水下神奇景观、领略气象万千的海洋气象、品海洋民俗风情、尝海鲜美味等。

（2）海洋休养度假旅游活动

无论是早期还是现代的休闲度假旅游，都主要集中在海滨、山地和温泉疗养地，只是早期的休闲度假往往带有保健和治疗目的，现代的休闲度假则以避暑（避寒）和修疗养为主要目的。随着海洋旅游的发展，海洋休养度假的空间不再局限于海滨和海岛，将扩大到海上；休养方式也从传统的消磨时光和康体疗养发展到各种游乐活动。因此，我们把海洋休养度假活动分为传统的海洋康体疗养活动和新型的海上休养度假活动两类。传统的海洋康体疗养活动主要有以养生休憩为目的的海滨渔村度假养生、沙滩日光浴、海水浴和海水游泳、泥疗、沙疗、海边瑜伽、海边 SPA 等；新型的海上休养度假活动是基于现代工业技术，尤其是船舶工业技术的发展，它使海洋休养度假活动从海滨和岛屿扩展到海上，充分体现出亲水性的特征。其活动形式主要有游艇和邮轮等。

（3）海洋专项旅游活动

专项旅游是为了满足旅游者某一方面的特殊兴趣与需要，针对不同职业、不同文化背景的人，专门设计、定向开发与组织的一种旅游活动，是对传统常规旅游活动形式的发展和深化。海洋专项旅游活动一般有海洋休闲体育娱乐活动、海上拓展训练活动、海洋科考探险活动三类。

目前，国内外正在开展的海洋休闲体育娱乐活动主要有沙滩排球、沙滩足球、滑沙、卡丁车、沙雕、帆船、帆板、冲浪、水上摩托车、动力三角翼、海钓、海岛高尔夫等。海上拓展训练是通过精心组织的旅游活动，培养受训者的团队意识和坚强意志。海洋自然条件为拓展运动的开展提供了充分条件，海上拓展训练项目通常有：铁人三项、海滩拓展、海上球赛、海上搏浪、体能竞技、同舟共济等。

随着旅游需求的越来越个性化，旅游市场的逐步细分，对于海洋知识的渴求、海洋神秘世界的探究越来越吸引着普通人群，于是求知性、探险性和科考性的海洋旅游活动日趋兴盛，深入荒岛的生物、环境考察，在技术以及先进装备支撑下的海底探险活动等科考探险活动已不仅是科学家的事。但是，海洋科考活动、海洋探险活动作为旅游产品依然局限于一小部分人群，因为它不仅要求游客具有一定的科学探险兴趣、相关的海洋科学知识，还需要一定的技术装备配置，所以并不是一种大众型的海洋旅游项目。

2.3 海洋旅游活动安全与风险防范

旅游活动安全与风险防范是海洋旅游活动的前提及质量的重要保证，也是海洋旅游可持续发展的重要因素。

2.3.1 海洋旅游活动安全与风险的本质与特征

2.3.1.1 海洋旅游活动安全与风险的本质

海洋旅游审美、愉悦的社会性本质及其特征，旅游安全需求是旅游活动的内在要求，反映了海洋旅游活动安全是旅游本质及其特征的逻辑必然；旅游安全在促进海洋旅游活动的有序化、规范化和安全性运行的同时，使得海洋旅游的审美、愉悦功能得以实现。

海洋旅游安全本质具有两面性。一方面，海洋旅游安全以旅游本质为基础，并建立在旅游本质上，旅游安全问题始终依附和伴随整个海洋旅游活动，没有旅游活动，就不会有旅游安全与风险问题；另一方面，旅游安全本质又决定了海洋旅游本质，旅游安全与风险的存在与否决定了旅游活动时的审美和愉悦本质能否得以体现。

此外，海洋旅游本质及特征与旅游安全的关系也产生了关于海洋旅游本质与旅游安全风险的悖论：一方面，海洋旅游的流动性、异地性、暂时性使旅游者在旅游活动中置于一种完全陌生的环境中，从而产生不安全感，对安全的需求必然上升；另一方面，海洋旅游本质决定了旅游者追求精神愉悦与放松，致使旅游者在活动中放松安全防范，导致安全风险的增加。也就是说，海洋旅游安全风险本身就是一种矛盾现象。旅游者既需要旅游安全，又需要放松旅游安全风险防范，而全身心地投入旅游活动的审美体验中，这就使得旅游安全与风险成为客观存在的问题。就是在这样的悖论和循环中，旅游安全与风险始终贯穿于海洋旅游活动的始终，只要海洋旅游活动的审美愉悦本质不变，只要旅游现象存在，海洋旅游安全与风险也必将伴随着旅游现象的存在而存在。

2.3.1.2　海洋旅游活动安全与风险的特征

旅游安全与风险的显著特点表现在以下七个方面。

（1）集中性

集中性表现在两个方面。一方面，从旅游活动环节看，旅游安全与风险问题集中在旅途、住宿、游玩等环节；另一方面，从旅游安全与风险的表现形态看，旅游者安全与风险经历大多表现为犯罪、疾病（或食物中毒）、交通事故，尤以犯罪为最。

（2）广泛性

旅游安全与风险的广泛性表现为：①旅游安全与风险问题贯穿于旅游活动的六大环节中，任何环节的任何疏忽都可能导致旅游安全问题产生。②几乎任何类型的旅游者都可能面临旅游安全与风险的"光顾"。③旅游安全与风险不只是发生在旅游者身上，旅游地居民、旅游从业者、旅游资源、旅游管理部门也有可能发生旅游安全与风险。④旅游安全与风险不仅涉及旅游系统各内部，还与旅游地的公安、医院、救援组织等各种社会机构相联系。

（3）巨大性

旅游安全与风险问题造成的危害和破坏巨大。旅游安全与风险问题不仅对旅游者造成较大影响，使旅游者蒙受巨大的经济与名誉损失、遭受生命危险，还影响到旅游者对旅游地的安全认知及其旅游决策，造成旅游企业的财产损失等，严重的还会影响到安全事故发生地全部旅游企业的发展，甚至危害到旅游地和国家的形象和声誉，使旅游地经济、社会和人文的健康发展受到影响。相关资料表明，仅 2004 年 12 月发生在太平洋地区的海啸就造成约 15.6 万人死亡，直接经济损失超过 130 亿美元。

（4）隐蔽性

虽然旅游活动中的安全与风险问题为数不少，但由于安全与风险问题本身的敏感性和所带来的负面影响往往被旅游经营者和管理者所掩盖，各旅游企业在面对媒体或广大公众对安全事件的询问常常避而不谈或草草带过，使得旅游安全与风险的存在和严重性得以隐瞒，实际上，旅游活动中发生的安全与风险事故较之被资料统计出来的事故要多得多。

（5）复杂性

旅游安全与风险问题极为复杂，大到造成毁灭性的交通事故、爆炸，小到极细微的欺骗、隐瞒等；

同时，旅游者和旅游经营管理部门都可能是旅游安全与风险问题的受害者，也可能是旅游安全与风险问题的"制造者"；而旅游活动又是一种开放性的、涉及面很广的活动，这使得旅游安全与风险的类型、安全与风险处理等方面呈现出极度复杂性。

（6）防控困难性

旅游安全与风险防控工作具有很大的困难性和复杂性。首先，旅游活动中，旅游者为了追求精神的愉悦与放松，旅游行为往往具有较大的随意性，常常对安全与风险防范有所放松。其次，海洋旅游是一种开放性的、综合性的活动，旅游地每天都有大量的人流，鱼龙混杂，安全与风险管理涉及的环节和人员复杂而众多。再次，旅游景区比较分散，旅游活动形式繁多，管理部门很难采取有针对性的管理办法和安全保障措施。

（7）突发性

发生在海洋旅游过程中的各种安全与风险问题往往带有突发性。例如，旅行过程中的交通事故、住宿场所发生的火灾、游览过程中的设备事故等，这些安全与风险问题往往在极短时间内、旅游者毫无防备的状况下发生，这就要求各旅游管理部门、旅游企业、旅游从业人员随时要有处理各种突发事件的准备，只有这样，才能在发生突发旅游安全与风险问题时不慌乱。

除了以上一般旅游安全与风险的共同特征外，海洋旅游安全与风险还有其自身的独特性。

（1）海洋水运动随气候而变化的难以识别性

海洋水运动本身变幻莫测，除了周期性的潮汐变化，还受到各种气候条件影响，而这种变化并不受人为控制，加之海底地形复杂，尽管海洋表面看起来风平浪静，但实际上却暗流汹涌，旅游者往往不易识别风险所在。譬如，海南三亚的大东海地貌较为平缓，如果不是风大浪急是比较适合游泳的，但夏秋季节由于受西南风气候的影响，表层水朝岸上涌，海底暗流却往海里抽，其中较大的暗流有八九处之多，游客在这种情况下下水则非常危险。

（2）海洋旅游交通事故通常伴随溺水后续危险性

海洋旅游交通事故发生后，往往还会伴随着溺水等安全与风险事故的继续发生。如2009年11月12日，山东威海一辆载有22名游客、导游以及司机的大巴车坠入海中，车上13人死亡，9人生还，经尸体检查主要是因大巴车坠海后导致溺水和撞击身亡。

（3）海洋旅游活动空间的立体化、强参与性使安全与风险防控更加困难

海洋旅游活动空间涉及海底、海面、海空，是一种水生性、开放性的、综合性强的活动，现有的海洋旅游监测站、监测设施一般只能对海面、陆地进行监控，却无法对海空、海底进行监测，从而使得管理部门很难采取有针对性、全方位的管理办法和措施进行保障。海洋旅游活动与陆地旅游活动相比不仅丰富多彩，而且海洋旅游者普遍喜好亲水性、参与性、体验性的活动，这使得游客行为往往更具随意性。当一名海洋旅游者畅游大海、戏海扬帆之时，不仅体验了大海的神秘，还发现自己的潜能，更进一步激发他内心斗志时，却不知离风险也越来越近了。

（4）症状显现时间的间隔性

海鲜中毒、日晒伤往往是旅游者在食用海鲜或日光浴一段时间后才开始显现症状，这种时间上的间隔，不仅使海洋旅游者放松警觉，有时还会因旅游者的继续旅游而带来治疗不便，甚至延误治疗，造成更为严重的后果。长期以来，大海、沙滩、阳光一直是海洋旅游所推崇的"3S"产品，人们喜欢把日光浴作为一种健身和健美的旅游活动，可是，近些年来越来越多医学研究人员指出，不适当的日光浴会带来很大危害，严重的还会导致皮肤癌和提前衰老（如色斑、皱纹、皮肤松弛和毛细血管破裂等）。尽管没有人能够证明日光浴本身与皮肤癌有多大程度的直接因果关系，但研究表明那些曾经被日

光灼伤的人罹患黑素瘤（皮肤癌中死亡率最高的一种）的几率要高于其他人，而从被日光灼伤到皮肤癌发病，其间可经过 10~30 年的潜伏期。

（5）海上旅游安全事故救援难度大

海上旅游活动场所远离城市中心，交通不便，当地医疗条件相对落后，而海上旅游安全与风险事故一旦发生则来势凶险，救援时间紧迫、专业性强、地理条件复杂、限制因素多、技术与后勤保障复杂、指挥管理难度大，与陆上旅游危机事件相比救援难度大为增加。海上旅游安全与风险事故发生时，旅游者通常处于相对孤独的境地，犹如"汪洋中的一片叶子"，要求旅游者具有较高的自救能力和应对风险的心理素质、海洋知识、水性、体能要求，如果缺乏应对能力或心理素质较差，对风险反应过分，过度恐惧，则极易造成不良后果。

2.3.2　海洋旅游活动安全与风险的发生规律

海洋旅游安全与风险发生具有明显的规律，这是我们认识旅游安全、有效控制旅游安全问题发生的前提。

（1）空间规律

海洋旅游安全与风险的空间规律主要与海洋旅游地资源类型关系密切，海洋旅游资源可划分为自然旅游资源和人文旅游资源两大类。一般自然旅游资源地自然灾害、溺水等事故发生频率较高，而人文旅游资源地因"主、客"冲突而发生的欺诈、犯罪等现象较多。

（2）时间规律

海洋旅游活动安全与风险同旅游流、旅游季节存在一定的联系，表现出明显的时间性。海洋旅游地相对于其他旅游地，环境承载能力弱，旅游者集聚不易疏散，常会超负荷接待，从而给不法分子以可乘之机，同时也带来了旅游接待与管理方面的难题，导致旅游安全与风险问题增加。

海洋旅游安全与风险问题存在着季节规律。一般说，海洋旅游安全与风险问题更多地发生在旅游旺季，特别是黄金周，旅游淡季旅游安全与风险问题数量较少。此外，夜间也是海洋旅游安全与风险问题高发时段。在求异、求新、求奇心理以及因道德感弱化而产生"夜晚情结"驱动下，旅游者可能夜出并陶醉于海滨美景和新奇感受中而迟迟不归，为旅游安全与风险问题的发生埋下隐患。

（3）活动规律

海洋旅游安全与风险问题的发生与旅游活动类型有关，并表现出较大的差异性和极端复杂性。一般而言，饮食安全与风险主要是食品卫生问题及由此引发的食物中毒等；住宿安全与风险中防火、防盗问题比较突出；旅行安全与风险主要表现为旅游交通安全问题；游览安全与风险问题比较复杂，与海洋旅游地当地社会文化背景相关，并主要表现为景区犯罪、活动损伤、活动事故与自然灾害等；购物安全与风险主要表现为欺诈、纠纷等消费安全问题；娱乐安全与风险则表现为盗窃、纠纷、斗殴、设施设备故障引发的事故等。

（4）阶段性规律

旅游安全在旅游发展的不同时期表现出不同的形态与规律。同样，海洋旅游安全与风险的发生也存在着阶段性的规律。相对而言，发展比较成熟的海洋旅游地，其相应的制度、管理、设施较完善，旅游安全与风险的类型、发生频率要明显小于新兴的海洋旅游地。

海洋旅游发展初期，因旅游设施设备尚不完善，安全与风险问题往往属于自然原因或设备方面，这一阶段，旅游地居民以欢迎态度对待旅游者，主客冲突出现得较少。

在发展阶段，旅游设施设备相对完善，管理水平不断提高，这一阶段设施设备造成的安全与风险问题急剧下降，然而，大批旅游者的涌入破坏了原住民的居住环境，加上文化差异的客观存在，导致旅游地居民与旅游者之间的冲突时有发生。另外，受旅游者及其所带来的思想文化冲击和旅游业发展带来的经济利益驱使，旅游地的价值、道德标准发生了变化，出现了诸如卖淫、赌博、犯罪等社会问题，因此，犯罪等人为旅游安全问题明显上升。

成熟阶段，由于管理日臻完善，旅游地相对稳定与安全，但由于各种工作按部就班、趋于常规，往往导致对安全细节的疏忽，容易出现各种意外安全事故。

衰退阶段因设施设备老化造成安全与风险问题居多。

2.3.3　海洋旅游活动安全与风险的表现形态

（1）犯罪

虽然犯罪与旅游的关系至今仍争论不休，但由于给旅游者带来创伤的严重性和社会影响的深刻性，犯罪成为旅游安全与风险中最为引人注目的表现形态之一。国内外学者对旅游与犯罪给予广泛关注，并把犯罪作为旅游社会文化影响之一。De Albuquerque 在 1999 年对加勒比海地区旅游犯罪的研究中得出，针对旅游地居民的犯罪以暴力为主，而针对旅游者的则以财产性犯罪为主的结论。海洋旅游业运行中存在的犯罪现象数量众多，但大体可分为三大类：一是侵犯公私财产类犯罪。这类犯罪数量较多，作案范围广，包括盗窃、诈骗、抢劫、抢夺、敲诈勒索罪等，其核心目的就是非法获取旅游者的钱财。二是危害人身安全的犯罪。海洋旅游活动中危害旅游者人身安全的暴力犯罪与财产性犯罪的实施密切相关，即在侵犯财产的同时侵犯了旅游者的人身安全。三是性犯罪和与毒品、赌博、淫秽有关的犯罪。毒品、赌博、淫秽有时并不一定给旅游者带来直接的安全威胁，但毒品、赌博、淫秽本身是犯罪的温床，是威胁旅游安全的潜在因素之一。

（2）溺水

溺水与水难事故是海洋旅游中影响最大且发生频率最高的安全与风险问题。旅游者在游泳过程中或游玩时不慎跌入海中，不谙水性的人极有可能发生溺水而死亡。

症状：面部青紫、肿胀、双眼充血，口腔、鼻孔和气管充满血性泡沫；肢体冰冷，脉细弱，甚至抽搐或呼吸心跳停止。

自救法：呼救、取仰卧位、呼气浅，吸气深、保持镇静出水后现场复苏，严重者及时送医。溺水对人有致命威胁，在船上或者海边游玩时，游客要保持警惕，切忌大意，禁止进入深度超过颈部的水域，更不要在未开发的、没有安全保障的地方游泳。

（3）水难事故

水难事故是指在水体中出现的安全事故，随游船、竹排等水上交通工具和水上旅游项目的出现而出现，主要表现为船只相撞、翻沉等安全事故，并且水难事故往往与溺水相连在一起。海上航行未知性强，危险性大，在突遇大雾、风暴、大雨等恶劣天气，或游船机械故障等因素造成游船碰撞。游船起火往往伴随着碰撞发生。2009 年 9 月 5 日，一艘马其顿游船在其境内旅游胜地奥赫里德湖倾覆，造成 15 人因溺水而丧生；2009 年 7 月 29 日下午，舟山朱家尖南沙，一位绍兴籍游客在浴场游泳时遭一艘水上摩托艇撞击后，不幸身亡，等等。一旦该类危机发生，旅游者应当保持冷静，切忌惊慌，并听从船长指挥，配合工作人员积极、有序地采取补救、求救、自救等措施，等待救援。

（4）台风、海啸、海底地震等自然灾害

台风、海啸等自然灾害破坏性极大，目前对此还不能阻止其发生，只能通过预防来降低灾害程度。台风实际上是一种强烈的热带气旋。当风力低于 8 级的热带气旋称为热带低压；8～9 级的为热带风暴；10～11 级的为强热带风暴；12 级及以上的热带气旋称为台风。北太平洋西部及中国南海地区生成的台风最多、最强，每年的 7—9 月是台风多发期，又以 8 月份最多。台风来临前，通常采取对相关设施进行加固、撤离人员、组织人员进入等手段；旅游者应当听从指挥及时撤离或者不前往危险地。

海啸是一种具有强大破坏力的海浪。水下地震、火山爆发或水下塌陷和滑坡等大地活动都可能引发海啸。当地震发生时，海底地层发生断裂，部分地层出现猛然上升或者下沉，由此造成从海底到海面的整个水层发生剧烈"抖动"。这种"抖动"与平常所见到的海浪大不一样。海浪一般只在海面附近起伏，涉及的深度不大，波动的振幅随水深衰减很快。地震引起的海水"抖动"则是从海底到海面整个水体的波动，其中所含的能量惊人。海啸时掀起的狂涛骇浪，高度可达十多米至几十米不等，形成巨大的"水墙"。另外，海啸波长很大，可以传播几千千米而能量损失却极小。由于以上原因，如果海啸到达岸边，"水墙"就会冲上陆地，对人类生命和财产造成严重威胁。海啸主要发生的区域有：日本太平洋沿岸，太平洋的西部、南部和西南部，夏威夷群岛和阿留申群岛沿岸等地。2004 年年末的印度洋海啸，一位十多岁的英国小姑娘凭借自己在学校所学的知识，发现了海啸的发生，从而为转移提供了时间。因此，当海啸发生时，一旦发现海面出现异常，游人应迅速撤离海岸带，向高地或内陆转移。

（5）海鲜过敏、日晒伤

海鲜中由于食用组胺含量高，过敏体质的游客容易引起海鲜过敏，普通游客食用不当或食用变质海鲜时也易引起食物中毒。

日晒伤，是由日光中的中波紫外线过度照射后，引起皮肤被照射的部位出现急性炎症反应。严重者可出现水肿，并伴有局部灼痛或刺痛，有的可能会出现局部瘙痒。更严重者可能会引起全身症状，如发热、头痛、恶心、呕吐等。

（6）海洋中凶猛或有毒动物的侵袭

海洋中凶猛动物最为常见的是鲨鱼，而有毒动物却多达 1000 余种，有鱼类、腔肠动物、腹足类动物，等等。2005 年，一名 14 岁的少女在佛罗里达州一处海滩游泳，在游离海岸线 90 米时受到大鲨鱼袭击，由于被鲨鱼严重咬伤，少女不治身亡。有关机构统计数据显示，2003 年，佛罗里达州所有海滩共发生 30 起鲨鱼袭击人事件。

（7）海上恐怖分子的威胁

海盗和海上恐怖活动对旅游者的生命和财产造成严重威胁。20 世纪 90 年代以来，海盗袭击事件逐年上升，据国际海事局 2009 年 7 月 15 日公布的报告显示，2009 年上半年，全球发生的海盗袭击事件比去年同期上升一倍，特别是亚丁湾和索马里东部海域的海盗袭击事件日益严重。世界各国开展广泛合作，联合打击海岛和海上恐怖活动，是有效解决这一威胁的途径。

（8）火灾与爆炸

近年来旅游活动中的火灾事故呈上升趋势。虽然旅游业中因火灾与爆炸死亡的人数较低于旅游交通事故，但是火灾与爆炸往往造成严重的后续反应，如基础设施破坏、财产损失等，甚至造成整个旅游经济系统的紊乱。

（9）赤潮

赤潮指海洋浮游生物在一定条件下暴发性繁殖引起海水变色的污染现象，大多发生在内海、河口、港湾或有上升流的水域，给海洋环境、海洋渔业和海水养殖业造成严重危害。赤潮的起因，从现代环境学角度解释，主要与海洋污染有密切的关系。携带各种有机物和无机营养盐的城市生活污染和工业废水大量排放入海，导致海区富营养化，这是引发赤潮的基本原因。目前，赤潮一旦发生，要清除是十分困难的。而防范赤潮的最好办法是切实控制沿海工业和生活污水的任意排入，特别是要控制氮、磷和其他有机物的排放量，以避免海区的富营养化，预防赤潮的发生。一旦暴发赤潮，游人的主要防范措施有：避免接触被赤潮污染的海水，禁止食用被污染的海鲜。

（10）意外事件

海洋旅游活动范围广，内容丰富，设备设施由于受海风、海水侵蚀而产生缓变式自然风化、自然腐蚀，其老化速度远快于内陆地区；滨海环境受海水、海风侵袭相对脆弱，各种意外事件可能随时发生。据英国媒体报道，2009 年 8 月 21 日，葡萄牙南部一处海滨浴场发生岩石坍塌事故，巨石致 5 死 3 伤，游客受到惊吓。

2.3.4 海洋旅游活动安全与风险的管理

（1）构建海洋旅游地社会安全与风险管理系统

海洋旅游安全与风险管理系统由信息管理系统、安全预警系统、应急救援系统、生态安全系统和安全与风险监督系统五个子系统组成，这五个子系统相互联系，而安全监督系统则贯穿于整体系统的各个环节（图 2 - 2）。

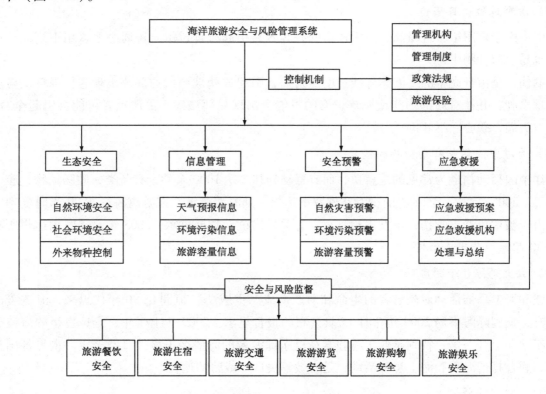

图 2 - 2　海洋旅游地安全与风险管理系统

控制机制贯穿于海洋旅游安全与风险管理系统的全过程，是对整个系统的控制，主要包含了内部管理的控制协调和外部管理的体系保障。

海洋旅游资源大多为不可再生资源，并且这些资源一经破坏则很难恢复，甚至还会引发安全事故，生态安全系统即是要保护海洋的生态环境和旅游资源，使得海洋旅游环境、旅游资源安全有所保障，旅游环境容量得到有效控制，海洋旅游实现可持续发展。

信息管理系统主要由天气预报信息、环境污染信息和旅游容量信息三个子系统构成，每个子系统都有信息的收集和报送两个环节。及时、准确的预警信息将有利于缓解和减少安全与风险问题带来的巨大经济损失和对生命财产的威胁。

安全预警系统包括自然灾害预警、环境污染预警、环境容量预警三个子系统。安全预警系统可以实现与气象、环境、地质、交通、海上救助等部门联网，将实时监测潮差、天气、海水水质等指标数据进行对比分析，并预测可能引发的各种严重危及旅游安全的灾害与事故，同时根据可能发生危害程度的不同，发出不同级别的警报。

应急救援系统的建立实现了各部门间的联合互动，完善了政府部门制定的预案，帮助决策者选择合理预案，为现场应急方案的最终制定提供科学依据。

安全监督贯穿于海洋旅游安全与风险管理的各个环节，同时也是必不可少的一个环节，以旅游六要素为监督对象，其中水上交通和海上旅游项目是海洋旅游安全与风险监督的两个重点。只有建立有效的海洋旅游安全监督系统，才能保障其他管理系统的有效运行。

（2）加强公众旅游安全与风险意识教育

随着我国居民生活水平的提高，旅游者出游方式更加灵活，自助游、自驾车游等散客旅游越来越多，同时，海洋旅游活动范围越来越广，活动内容越来越丰富，海底、海面、海空立体化发展，探险、潜水、冲浪、海上运动全面拓展，海洋旅游呈现出远程化、多样化、复杂化和个性化的特点，进一步增加了海洋旅游活动的安全风险。通过安全教育，树立正确的海洋旅游安全与风险意识，掌握一定的海洋旅游知识和技巧，培养化解海洋旅游安全与风险的能力，从而减少海洋旅游安全事故发生。

（3）完善海洋旅游安全事故统计公布机制

由于安全与风险问题的负面性与敏感性，旅游安全与风险事件信息较易被掩盖，这种做法极易误导旅游者安全与风险防范意识，弱化旅游者安全与风险认知水平。所以，海洋旅游安全与风险管理要做好对安全与风险事件的统计、通报，以此警示旅游者，引起旅游者注意，提高旅游者安全风险意识，防患于未然。同时，配合景区等相关部门做好安全与风险管理，提高管理效率，教育和督促发生安全问题的部门，避免类似问题的再次发生也十分必要。

（4）加强海洋旅游目的地安全建设

海洋旅游目的地安全建设包含社会治安管理和安全设施设备建设，从安全管理角度看又可分为主动预防建设和安全救援建设两方面。海洋旅游目的地应保持良好的秩序和状态，处于一种既没有危险，也不可能发生危险的状态；一旦出现无法避免危急境况时，又能迅速实施救援，从而避免安全事故的发生。同时，旅游经营管理部门应该切实贯彻"安全第一、预防为主"的方针，设身处地地站在旅游者角度为旅游者安全考虑，加强旅游安全管理。

2.4 现代海洋旅游的影响

旅游是一项复杂的社会活动，它体现着各种社会现象的交叉和渗透。世界各国旅游业发展的实践表明，旅游发展所造成的影响是非常明显的，其涉及的领域也是多方面的，诸如经济文化以及价值体系、个人行为、家庭关系、生活方式、道德水平、传统礼仪、社会组织，等等。现代海洋旅游越来越成为振兴经济、带动国民经济其他行业走出经济低谷的重要保障；同样，发展海洋旅游业也能给各国各地区带来巨大利益的同时，也造成深刻的社会、文化影响。

2.4.1 旅游影响力

旅游活动的影响是指人们进行旅游活动而对自身和其他事物造成的影响，包括直接影响和间接影响。直接影响即旅游者进行旅游活动所造成的影响；间接影响指旅游企业为满足人们旅游活动需求而进行生产经营活动造成的影响，以及政府、其他个人或组织进行相关活动造成的影响。旅游活动的影响涉及多个利益主体，包括旅游者、接待地社区和旅游产业等。从区域角度来看，一个区域的旅游活动可以分成三种类型：本地居民在区域内的活动、本地居民去外地（外国）旅游，以及外地（外国）居民来本地的活动。本地居民在区域内活动有利于满足人们日益增长的物质文化需要，提高人口素质，促进区域内不同地区之间的经济文化交流，平衡地区间的经济发展。本地居民去外地的旅游活动同样有利于满足人们需要、提高人口素质、促进文化交流，但是在经济上相当于一种进口，意味着资金的流出，就国家而言，就是外汇的花费。外汇花费并不总是不利的，当本国贸易顺差较大时，发展出境旅游活动有时被作为一种平衡外汇收支、缓和国家间利益冲突的重要手段。外地居民来本地旅游活动使得本地成为旅游接待地，由于旅游活动主要是在旅游接待地进行，因此旅游活动对于接待地的影响是最为广泛的。当然，旅游活动的影响不是一个简单的过程，而是相关事物之间复杂的相互作用过程。旅游者类型、旅游活动方式、旅游客源地和接待地条件的不同，都会导致旅游活动的影响存在差异。

2.4.2 海洋旅游者与东道主的相互关系

海洋旅游活动之所以会对海洋旅游目的地产生巨大的社会影响，从量的积累上看，主要是现代海洋旅游发展的规模空前庞大，已经成为一种非常重要、不可缺少的社会现象；从质的规律性来看，主要是因为海洋旅游是一项人的产业，人既是海洋旅游产品的组成部分，又是旅游产品的消费者。旅游学家一般认为，旅游对社会的影响主要是"对人的影响"，即对与旅游者有直接或间接联系的东道主的影响。因此，旅游者和东道主之间的相互关系是决定海洋旅游活动社会影响的重要因素。

在巴特勒看来，群体或个人对旅游的态度或行为反应可能是肯定或否定、积极或消极的。因此，他用一个模型表明东道主对游客的态度和行为反应（图 2 - 3）。

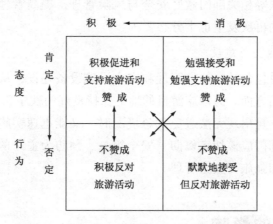

图 2 - 3 东道主对游客活动的态度和行为反应

巴特勒认为，在任何旅游目的地，所有 4 种类型都在任一时间内存在，但每一种类型的人数是经常变动的。

海洋旅游发展的最初阶段，东道主一般满腔热情，因为他们意识到投资者和旅游者可能会给他们的居住区带来经济利益，因此旅游的开发常常受到欠发达地区政府和居民的支持。但是，这种热情和支持是以一定的界限为前提的，而且这种界限随着时间和空间的变化而改变。一般来说，只要旅游者的人数及其累积影响仍处于这一界限以内，而且经济影响仍然是积极的，景区拥有的旅游者就为大多数东道主所接受和欢迎。但是，一旦超过界限，无数消极的不满征兆就会出现，从温和的冷漠到极端的恐外症渐次发展，从勉强的礼貌到公开的反对逐步提升。尽管东道主群体潜意识中所认定的极限是很难准确测量的，但主要随旅游者与东道主之间的文化和经济差距、景区的能力及其吸收光顾的旅游者有无从物质上和心理上破坏、挤掉令人向往的地方活动、旅游发展的快速性和强度的情况变化而发生变化。

2.4.3 现代海洋旅游的经济影响

对目的地地区来讲，发展旅游业可以增加收入，带动相关产业发展和产业结构的提升，创造就业机会，改善投资环境。

旅游者抵达目的地进行旅游活动，必然要产生一些消费，这些消费构成本地旅游收入。一个区域接待访客进行旅游活动，其实相当于本地将产品或劳务出售到外地，利用外部的消费获得资金注入。对于欠发达地区来说，由于本地资金积累较少，这种外部资金的注入尤为重要。对于入境旅游来讲，可以获得外汇收入，其实质是一种出口。

旅游出口创汇和普通商品出口创汇不同，后者是通过外贸途径，将本国产品运到国外去实现的，而前者是通过外国旅游者到本国来实现的，属于非贸易的创汇途径，具有一定的优势：出口主要是一种无形出口；物质产品交换不多，能源消耗较少，多数只是出售给旅游者短暂的使用权。旅游产品和服务的价格由本国控制。旅游者在目的地国进行购物，可以促进本国商品的销售。

旅游活动具有综合性，旅游消费涉及众多部门。鉴于旅游活动的综合性，世界旅游组织曾建议用"旅游活动国际标准分类"将旅游活动划分为完全属于旅游业的产业部门和部分涉及旅游业部门两种情况。这些活动在各行业中广泛分布，集中分布于批发、零售业；酒店和餐馆业；交通、仓储和通信业；不动产承租及经济活动、公共管理、其他社团、社会及个人服务等商业性行业或非商业性行业。

旅游活动的发展能够优化旅游地的产业结构。旅游消费是一种比较高水平的消费，要求更新换代的速度高于一般耐用消费品，因而能刺激有关行业在生产方面采用新工艺、新材料、新设备。还能促进第二、第三产业的发展。通过为旅游活动提供接待等相关服务，可以创造大量的就业机会。

当然旅游开发也给目的地带来不利影响：如土地价格、房地产价格、普通物价和资源供给的上升或紧张，服务业价格上扬，如果地方经济过分依赖旅游业，有可能影响当地的经济稳定。

2.4.4 现代海洋旅游的环境影响

旅游环境包括社会环境、自然生态环境、旅游资源等，这里所指的环境，仅仅指旅游资源和自然生态。海洋旅游业与环境紧密相连，一方面，海洋旅游业所能提供的旅游景观的特点由环境决定，保护好自然环境和旅游资源是海洋旅游发展的先决条件；另一方面，海洋旅游业的发展，会对环境产生相当的积极或者消极影响。

旅游活动的发展是以良好的资源环境为前提的，从而也能自觉地提高资源环境保护和优化意识。海洋旅游对环境的影响也存在着正反方面，正面影响表现诸如：野生动植物和自然环境得到更好的保护，历史遗迹、古建筑得到了维护和修缮，旧的废弃的建筑设施得到改造和重新利用，自然环境和人工环境都得到了美化和优化；不利影响主要表现在旅游者带来的影响、旅游开发活动带来的不利影响和旅游企业生产经营活动带来的不利影响三方面。诸如旅游者陆上活动对植被的践踏、对野生动物的干扰，水上活动对水生动植物和水体质量的影响，乘坐交通工具带来的汽车尾气的排放，旅游者的不文明行为对资源环境造成的损害；公路、游步道、接待设施、游乐设施等修建对自然环境、历史文物、遗迹和古建筑等造成的破坏；旅游企业生产经营活动产生的污水、垃圾的排放以及大气污染、噪声污染等。

（1）海洋旅游对环境的积极影响

海洋旅游业进行科学合理的规划、开发和管理，就能产生重要而且积极的环境影响，主要包括：①为海洋环境保持提供经济支持。海洋旅游有助于调整和支付对自然景观、野生动植物、历史遗迹以及建筑特点的保护费用。②有助于提高海洋旅游区的环境质量。游客都喜欢到富有魅力、干净而未受到污染的海洋旅游，从而刺激各地对环境的净化与保护。③增强环保意识的有效方法。旅游可以通过让当地居民，尤其是年轻一代看到游客们对环境保护的浓厚兴趣，从而提高他们的环境保护意识，促进环境的健康发展和合理优化。

（2）海洋旅游对环境的消极影响

如果海洋旅游规划、开发和管理不当，就会对环境产生如下消极影响：①水污染。饭店和其他设施中的污水和固体垃圾处理不当，可造成地表水和地下水资源的污染。②空气污染。过多地在旅游地使用内燃机车辆而产生的空气污染以及旅游设施构筑过程中所产生的空气污染。③噪声污染。海洋旅游交通运输产生的噪声污染，以及旅游活动、旅游设施的集中而造成的噪声污染。④视觉污染。设计不良的旅游设施、规划拙劣的旅游布局、风格不当的建筑物等所引起的视觉污染，垃圾及不当处理所导致的视觉污染。⑤废弃物污染。游客在旅游区乱扔废弃物引起的问题和旅游设施本身原因引起的废弃物弃置不当所产生的固体废弃物污染。⑥生态污染。游客不恰当行为及不合理的旅游设施布局对自然地区和野生动植物造成的生态破坏。⑦土地浪费。不恰当的规划、海洋旅游设施选址、景点布局及对景点和设施管理不妥引起的土地使用问题。

表 2-1　传统旅游与可持续旅游比较

项目	传统旅游	可持续旅游
追求目标	利润最大化； 价格导向； 文化与景观资源的游览	经济、生态效益最大化； 价值导向； 环境资源和文化完整性的享受与研究
受益者	开发商和旅游者为净受益者； 　当地社区和居民经济受益与环境损失相抵所剩无几或入不敷出	开发商、旅游者、当地社区和居民分享利益
管理方式	旅游者第一，有求必应； 渲染性的广告； 无计划的空间拓展； 交通方式不加限制	生态系统承载力第一，有选择地满足旅游者需求； 适度宣传； 有计划的时空安排； 有选择的交通方式
正面影响	创造就业机会； 刺激区域经济短期增长； 获取外汇收入； 促进交通、娱乐和基础设施改善； 经济效益	创造持续就业机会； 促进经济发展； 获取长期外汇收入； 交通、娱乐和基础设施的改善与环保相协调； 经济、社会和生态效益的融合
负面影响	旅游消极作用很容易对旅游区形成污染； 旅游活动打扰居民和生物的正常生活	旅游对环境的消极作用可以控制在生态系统自我调节能力的范畴内； 旅游的活动必须以不影响当地居民和生物的生活规律为前提

2.4.5　现代海洋旅游的社会文化影响

社会文化影响同样有正反两方面。正面影响包括人们相互了解，促进先进思想观念和生活方式的传播，带动传统文化保护和发展，提高居民素质；负面影响主要指旅游开发加剧传统文化的沦丧和商品化，引起当地社会传统社会秩序瓦解，一些旅游项目带来的色情、博彩等活动造成传统美德的丧失和社会的不稳定等。

2.4.5.1　海洋旅游对社会的积极影响

（1）海洋旅游是积极的民间交往形式和人民外交活动

旅游是一种人群与人群的直接交往，而不是以文字形式或者以个别人为代表的间接沟通或信息传递。旅游体现了各种社会现象的交叉和渗透，其沟通的内容涉及甚广，几乎无所不包，因而成为人类最理想的沟通方式之一。在国际旅游方面，由于旅游是不同国家、不同民族、不同宗教、不同信仰以及不同生活方式的人们之间直接交往的手段，因而有利于增进国际了解，加强国与国之间、城市与城市之间的和平友好关系，它作为官方外交的补充和先导，往往起到官方外交难以起到的作用。

（2）促进民族文化的保护、交流、传播和发展

文化一直被认为是海洋旅游的核心。众多旅游者对海洋民族民俗文化了解的渴求，提高了海洋旅游目的地保护海洋历史文化的自觉性，促使政府有关部门采取保护、开发、利用的一体化措施，使得许多原先几乎被抛弃的海洋文化遗产不仅随着海洋旅游的开展而获得了新生，而且发展成为独特的海洋文化资源。同时，许多传统的民族节日得以复兴，大量的传统文化由于引入了高科技而不断创新，海洋旅游实践也成为文化艺术创作的重要源泉。

（3）推动科学技术的交流和发展

旅游本质上就是人类求知的一种活动，是人们了解大自然、洞察社会、探索奥秘的有效实践，寻求科学知识一直是旅游的主要动机之一，旅游也一直是科学研究和技术传播的重要手段。因此，海洋旅游与科技交流从来都是密不可分的，海洋旅游活动开展的过程同样也是先进科技不断扩展的过程，同时，海洋旅游在发展过程中不断对科学技术提出新的要求，推动了相关领域（特别是海洋交通、海洋体育娱乐、餐饮等领域）的科技发展。

（4）提高人民的生活质量和需求层次

旅游是一种特殊的经历，是人们通过暂时离开熟悉的日常生活环境，去享受一种崭新的、自己向往的生活方式，从而获得生活质量的改善，旅游因此被誉为"现代社会的补偿现象"。另一方面，旅游包含着开阔胸襟、陶冶情操、愉悦精神的因素，可以扩大人们的视野，增添地理、历史、文学和艺术等方面的知识，促进智力开发、科学和艺术的创造，锻炼人的身体、意志和品德，因此旅游成为人类追求高层次享受的首要选择。

（5）促进社会文明的发展

旅游有利于削弱保守的传统，加速不发达、偏远海岛地区的社会变革。来自先进地区的旅游者可以给不发达的目的地带来先进的意识，促进海洋旅游地社会文明的进步。同时，旅游是海洋旅游目的地树立自己良好形象的有效手段，是促进社会文明不断发展的有效途径。

2.4.5.2　海洋旅游对社会的消极影响

（1）产生不健康的生活思想和方式

旅游作为一种社会交流沟通的方式，在给海洋旅游地带来先进意识的同时，也不可避免地会带来一些落后和负面的意识，譬如，吸毒、赌博、卖淫等，影响社会秩序的安定。另外，也可能促使某些海洋旅游地居民，在生活上产生攀比、模仿，严重的甚至导致部分人丧失国格和人格，丧失应有的民族气节。

（2）社会结构不平衡

经济动机导致就业和移民过于向经济效益好的海洋旅游地区和行业发展，使传统社会联系纽带断裂，凝聚力削弱。另外，海洋旅游目的地居民和游客之间可能产生社会矛盾。

（3）传统文化的商品化

在追求经济利益，快速发家致富思想的支配下，传统价值标准发生改变，表现为海洋旅游目的地传统文化被不恰当地商品化、异化，出现对传统工艺和民俗风情的亵渎等现象。

2.5　海洋环境保护与旅游可持续发展

随着海洋旅游活动的蓬勃开展，海洋旅游资源不断进行开发，传统旅游发展中的一些不妥方式，已经成为海洋旅游进一步发展的严重阻碍。用可持续发展理论指导海洋旅游业，实现海洋旅游业的持续发展，是所有海洋旅游地关注的焦点。

2.5.1　可持续旅游的发展历程

可持续旅游实际上是可持续发展思想在旅游领域的具体运用，是近几十年来，人们对旅游发展和环境效益不断思索的产物。鉴于可持续发展思想与旅游业的密切关系，国际社会对可持续旅游的发展十分关注，特别是 1987 年《我们共同的未来》报告发表以后，伴随着对可持续发展理论的深入探讨，可持续旅游的研究达到了前所未有的高潮。

1990 年，在加拿大温哥华召开的全球可持续发展大会上，旅游组行动策划委员会提出了《旅游持续发展行动战略》草案，构筑了可持续旅游的基本理论框架，并阐述了可持续旅游发展的主要目标。1993 年，一本专门以可持续旅游为研究对象的学术刊物——《可持续旅游》（Journal of Sustainable Tourism）在英国问世，标志着可持续旅游研究进入一个新的起点。1995 年 4 月 24—28 日，联合国教科文组织、联合国环境规划署、世界旅游组织和岛屿发展国际科学理事会，在西班牙加那利群岛的兰沙罗特岛专门召开了可持续旅游发展世界会议，大会通过了《可持续旅游发展宪章》和《可持续旅游发展行动计划》，为可持续旅游提供了一整套行为规范，并制订了推广可持续旅游的具体操作程序，标志着可持续旅游研究已经进入了实践性阶段。1999 年在中国昆明举行的世界园艺博览会，选择了"人与自然——迈向 21 世纪"为主题，表明人类已经致力于可持续旅游的实践性探索。

2.5.2　可持续旅游的内涵及实质

可持续旅游研究目前十分活跃，但由于可持续发展本身尚处于实践探究阶段，其概念和理论尚无统一。然而，尽管不同学者对可持续旅游内涵阐述的着重点和语言表达方式不同，但他们所揭示的可持续旅游的实质却是相同的，那就是 1995 年《可持续旅游发展宪章》中所指出的"要求旅游与自然、文化和人类的生存环境成为一个整体"，主要含义表现如下。

（1）发展机会的公平性

发展机会的公平性强调本代人之间、各代人之间应公平分配有限的旅游资源，一部分人旅游需要的满足不能以旅游区环境的恶化为代价，当代人不应为满足自己的旅游需求而损害后代公平利用旅游资源的权利。

（2）生态系统的持续性

生态系统的持续性强调旅游资源的开发与旅游业的发展应限制在生态系统的承载能力之内，必须保证可更新旅游资源的使用速率在其再生速率限度之内，不可更新旅游资源的耗竭速率不超过寻求作为代用品的可更新旅游资源的速率。

（3）旅游与环境的整体性

旅游与环境两者是相互联系的有机整体，应该清楚的是，环境不是我们从先辈那里继承来的，而是我们从后代那里借来的；要把旅游看成这样的一种活动——当代人为了保护好前代人遗留下来的环境，或是利用前代人留下的环境，为后代人创造更加优异环境的行动。

（4）发展战略的共同性

要实现可持续旅游这一全球性目标，必须采取全球性的发展战略和联合行动，在旅游业发展中，既尊重所有因文化、历史和社会经济发展水平的不同而形成的差异，又要在保护环境与发展旅游方面采取国际统一行动，反对狭隘的政治观、区域观和民族观。

可持续旅游作为一种全新的旅游发展理论，克服了以旅游资源损耗和生态环境恶化换取短期效益的盲目做法，旨在实现经济、社会价值的同时，寻求环境资源价值的维护和发展，通过对旅游者和开发商的行为约束，使他们共同分担维护旅游资源环境价值成本，这是旅游发展中的一次历史性飞跃。

2.5.3 海洋旅游环境保护与可持续发展

海洋旅游与环境的辩证关系决定了海洋旅游发展必须以环境保护和建设为前提，这是实现海洋旅游可持续发展的基础。

（1）海洋旅游环境的生态保护和建设

海洋旅游环境的生态保护和建设是指运用生态学原理与方法对海洋旅游环境的生态平衡与协调发展予以保护和建设。在开发和利用海洋旅游资源过程中，要从系统性、整体性和持续发展出发，把自然生态环境的开发与保护有机结合起来，统筹规划、运作，使海洋旅游资源开发、风景名胜区建设与生态环境保护相适应、相协调、相吻合，要运用系统论和生态学原理，对其进行容量或环境承载力分析，科学地控制游人数量，保护生态的有序循环和可持续性发展。

（2）海洋旅游环境的科技保护和建设

海洋旅游环境的科技保护和建设就是运用科技手段和科学方法对海洋旅游环境进行保护和建设。首先，要对海洋旅游地的区位特征，旅游资源和生态环境的品质、数量和分布，旅游产业发展的现状、特点及问题，旅游产业特性和海洋旅游地经济实力、旅游功能和社会文化特征等要素进行科学调查，运用科学的方法和手段，对海洋旅游地发展进行定性和定量的分析、评价，制订符合可持续要求的旅游发展战略，确保旅游发展在科学的规划、管理、领导和监督下进行。其次，要对海洋旅游地的客源市场、游客容量，旅游者的背景、文化层次、心理要求等要素进行调查分析，为海洋旅游业管理和服务的科学化及环境保护提供可靠资料。再次，引进世界先进的环保技术和科技手段，保护和建设海洋旅游地的自然生态环境，特别是保护那些特殊的自然地段、自然遗迹、人文遗迹和珍稀动植物资源，减少古迹文物的损耗与破坏。

（3）海洋旅游环境的文化保护和建设

海洋旅游环境的文化保护和建设就是对旅游环境的文化内涵与特色进行保护和建设。海洋文化是海洋旅游的灵魂，不论是风景名胜区的生态、地理、地质等自然环境的文化特征和野生动植物的文化特征，还是人文景观的历史文化特征，都必须予以保护，绝不能使其遭到损坏和变形。要正确处理好国际化与区域特色、商业化与原始特色、现代化与传统特色之间的辩证关系。

（4）海洋旅游环境的美学保护和建设

海洋旅游环境的美学保护和建设就是运用美学原理与方法对旅游"三要素"的美学价值进行保护和建设。维护自然美是海洋旅游环境美学保护与建设的浅层意义；创造人工美，并使之与自然美相协调，这是深层意义。因此，做好旅游环境的美学保护和建设，海洋旅游地必须提高规划、管理与服务的美学水平。新建雕塑、人造主题公园等景点设施，饭店等旅游设施，以及市政工程等城市基础设施，其布局应与自然、人文景观的海洋文化特征协调和谐，给人以美感。导游服务要善于传递审美信息，协调游客的审美行动。服务人员在形体、服饰、发型、表情、语言、操作等方面都应体现出高水平的美学修养，激发游客的审美情趣。

本章小结

本章五个小节都是围绕海洋旅游活动而展开，从海洋旅游活动起源和发展，到海洋旅游活动方式和类型，再介绍海洋旅游活动安全与风险防范、海洋旅游活动社会影响和海洋环境与可持续发展。海洋旅游活动具有明显的地理限定，海洋旅游安全与风险问题、隐患在现实中大量存在，加强并提高海洋旅游安全管理，正确认识海洋旅游活动的开发及发展旅游地社会、环境效益间的辩证关系，才能确保海洋旅游的可持续发展。

关键术语

海洋旅游活动类型（marine tourism activity form）

海洋旅游活动安全与风险特征（marine tourism activity security and risk features）

海洋旅游活动安全与风险表现形态（marine tourism activity security and risk manifestation）

海洋旅游活动安全与风险发生规律（marine tourism activity security and risk occurrence regularity）

海洋旅游活动安全与风险管理（marine tourism activity security and risk management）

海洋旅游活动社会影响（marine tourism activity social impact）

海洋旅游活动的环境影响（marine tourism activity environment impact）

海洋旅游环境保护（marine tourism and environmental protection）

可持续旅游（sustainable tourism）

复习思考题

1. 现代海洋旅游发展分为哪几个阶段？
2. 如何进行海洋旅游活动分类？
3. 结合调查，分析海洋旅游活动安全与风险发生的规律与表现形态，在此基础上，提出海洋旅游活动安全与风险管理思路。
4. 以某一海洋旅游地为实例，具体分析海洋旅游活动开发对当地社会、环境的影响情况。
5. 谈谈海洋旅游可持续发展的思路。

参考文献

陈扬乐，王琳. 2009. 海洋旅游导论. 天津：南开大学出版社.

何巧华，郑向敏. 2007. 岛屿旅游安全管理系统构建. 海洋开发与管理，24（3）：109 – 112.

黄蔚艳. 2010. 海洋旅游危机事件的预防机制研究、基于海洋旅游者视角. 山东大学学报（哲学社会科学版），25（4）：124 – 128.

李隆华，俞树彪 . 2005. 海洋旅游学导论 . 杭州：浙江大学出版社 .

马丽卿，阳立军 . 2008. 话说海洋旅游 . 北京：海洋出版社 .

王富玉 . 2000. 国际热带滨海旅游城市发展道路探析 . 北京：中国旅游出版社 .

张进福 . 2001. 旅游安全理论与实践——福建省个案实证研究 . 华侨大学硕士学位论文 .

郑向敏 . 2003. 旅游安全学 . 北京：中国旅游出版社 .

郑向敏，范向丽，宋博 . 2007. 都市旅游安全研究 . 桂林旅游高等专科学校学报，18（2）：173 – 177.

□ **阅读材料 2 – 1**

自然灾害：海啸

海啸是地球上最强大的自然力。当地震发生于海底，因震波的动力而引起海水剧烈的起伏，形成强大的波浪，向前推进，将沿海地带一一淹没的灾害，称之为海啸。海啸在许多西方语言中称为"tsunami"，源自日语"津波"，即"港边的波浪"（"津"即"港"），这也显示出了日本是一个经常遭受海啸袭击的国家。目前，人类对地震、火山、海啸等突如其来的灾变，只能通过观察、预测来预防或减少它们所造成的损失，但还不能阻止它们的发生。

海啸通常由地震源在海底下 50 千米以内、里氏地震规模 6.5 级以上的海底地震引起，此外，海底火山爆发，土崩及人为的水底核爆也能造成海啸。陨石撞击也会造成海啸，而且陨石造成的海啸在任何水域也有机会发生，不一定在地震带。不过陨石造成的海啸可能千年才会发生一次。

由地震引起的波动与海面上的海浪不同，一般海浪只在一定深度的水层波动，而海底地震引起海底地层发生断裂，部分地层出现猛然上升或者下沉，由此造成从海底到海面的整个水层发生剧烈"抖动"。这种"抖动"是从海底到海面整个水体的波动，其中所含的能量惊人。海啸的波长比海洋的最大深度还要大，可以传播几千千米而能量损失很小，即使在海底附近传播也没受多大阻滞。海啸在海洋的传播速度大约每小时 500～1 000 千米。当海啸波进入陆棚后，由于深度变浅，波高突然增大，它的这种波浪运动所卷起的海涛，可高达数十米，并形成"水墙"，"水墙"宽达百尺。海啸静悄悄地不知不觉地通过海洋，如果到达岸边，"水墙"就会冲上陆地，对人类生命和财产造成严重威胁。海啸波浪在深海的速度能够超过每小时 700 千米，可与波音 747 飞机保持同步。虽然速度快，但在深水中海啸并不危险，不会在深海大洋上造成灾害，正在航行的船只甚至很难察觉这种波动。海啸一旦进入大陆架，由于深度急剧变浅，波高骤增至 20～30 米，由此带来毁灭性灾害。

海啸可分为四种类型。即由气象变化引起的风暴潮、火山爆发引起的火山海啸、海底滑坡引起的滑坡海啸和海底地震引起的地震海啸。其机制有两种形式："下降型"海啸和"隆起型"海啸。

"下降型"海啸的形成主要是因为某些构造地震引起海底地壳大范围的急剧下降，海水首先向突然错动下陷的空间涌去，并在其上方出现海水大规模积聚，当涌进的海水在海底遇到阻力后，即翻回海面产生压缩波，形成长波大浪，并向四周传播与扩散，这种下降型的海底地壳运动形成的海啸在海岸首先表现为异常的退潮现象。1960 年智利地震海啸就属于此种类型。

"隆起型"海啸的形成主要是因为某些构造地震引起海底地壳大范围的急剧上升，海水也随着隆起区一起抬升，并在隆起区域上方出现大规模的海水积聚，在重力作用下，海水必须保持一个等势面以达到相对平衡，于是海水从波源区向四周扩散，形成汹涌巨浪。这种隆起型的海底地壳运动形成的海啸波在海岸首先表现为异常的涨潮现象。1983 年 5 月 26 日，中日本海 7.7 级地震引起的海啸属于此种类型。

最近一次海啸发生于 2004 年 12 月 26 日，起因是印度尼西亚苏门答腊外海海底的地震。当地时间早上 7 点，距印度尼西亚苏门答腊岛 160 千米的印度洋上，发生了 8.7 级大地震，这是有史以来排名第五的超强大地震。美国宇航局下属喷气推进实验室的地球物理学家理查德·格罗斯说，当地震发生的瞬间，印度洋底一板块被另一板块挤压下沉，地球的质量向地心集中，进而导致地球自转周期缩短了 3 微秒，地球轴心也倾斜了大约 2 厘米。地震引发的海啸袭击了斯里兰卡、印度、泰国、印度尼西亚、马来西亚、孟加拉、马尔代夫、缅甸和非洲东岸等国家。

百年以来死亡人数过千的七次大海啸：

①1908 年 12 月 28 日凌晨 5 点意大利墨西拿地震引发海啸。7.5 级的地震在近海掀起浪高达 12 米的巨大海啸，海啸中死难人数达 8.2 万，这是欧洲有史以来死亡人数最多的一次灾难性地震，也是 20 世纪死亡人数最多的一次地震海啸。

②1933 年 3 月 2 日日本三陆近海地震引发海啸，8.9 级地震引发的海啸浪高 29 米，死亡人数 3 000 人。

③1959 年 10 月 30 日墨西哥海啸引发山体滑坡，死亡人数 5 000 人。

④1960 年 5 月 21—27 日，智利沿海地区发生了 20 世纪最大的震群型地震，其中最大震级 8.4 级，引起的海啸最大波高 25 米。海啸使智利某一城市的一半建筑物成为瓦砾，沿岸 100 多座防波堤坝被冲毁，2 000 余艘船只被毁，损失 5.5 亿美元，造成 1 万人丧生。此外，海浪还以每小时 600～700 千米的速度扫过太平洋，使日本沿海 1 000 多所住宅被冲走，2 万多亩①良田被淹没，15 万人无家可归。

⑤1976 年 8 月 16 日，菲律宾莫罗湾海啸 8 000 人死亡。

⑥1998 年 7 月 17 日，巴布亚新几内亚海底地震引发的 49 米巨浪海啸，导致 2 200 人死亡，数千人无家可归。

⑦2004 年 12 月 26 日，印度尼西亚苏门答腊岛发生地震引发大规模海啸，到 2005 年 1 月 10 日为止的统计数据显示，印度洋大地震和海啸已经造成 15.6 万人死亡，这可能是世界近 200 多年来死伤最惨重的海啸灾难。

——选自百度百科：海啸. http：//baike. baidu. com/View/9425. htm? fr = ala011

□ **阅读材料 2 - 2**

海边 SPA

SPA 为 "Solus Por Aqua" 的缩写，意思为 "平衡健康之水"，是指人们利用天然的水资源结合沐浴、按摩和香熏来促进新陈代谢，满足人体视觉、味觉、触觉、嗅觉和听觉，达到一种身心畅快的享受。SPA 也称 "水疗法"，即以水为媒介，利用人与水的接触，使水中含有的一些对人体健康有益的成分通过亲和渗透作用进入人体，达到治疗或美容美体的目的。SPA 具有以下功效：排除体内毒素、美容养颜、放松身体、舒缓身心、健康皮肤、治疗疾病等。近年来又发现，水疗配合各种芳香精油按摩，会加速脂肪燃烧，具有瘦身的效果。

SPA 于 15 世纪起源于欧洲，18 世纪后开始在欧洲贵族中风行，成为贵族们休闲度假、强身健体的首选；20 世纪的欧美又重新掀起了 SPA 热潮，并于 20 世纪末传入我国。据考，SPA 的名

---

①　亩为非法定单位，1 亩≈667 平方米。

字起源于罗马帝国时期比利时的一个叫"SPA"的小镇，因为那里有一温泉，可以美容甚至以治疗疾病而闻名。到了近代，科学家才揭开温泉的秘密，水中的精油成分来源于当地山上成千上万种花卉草木在上游水源的浸积，所以现在的人们就模拟建造类似的环境及水质，使其对人体具有健康及健美作用，即为现代的"SPA"。

现代 SPA 概念后来又有较大的延伸，有人称其为"五感疗法"，即通过人体的五大感官功能：视觉、嗅觉、听觉、味觉、触觉的感知来达到身、心、灵俱畅的感觉。现代 SPA 的关键是水资源及水设备，常见的有桶浴、湿蒸、干蒸、淋浴及水力按摩浴等，也常常选用矿物质、海底泥、花草萃取物、植物精油等来改善水质作用于人体。随着时代的发展，人们不断赋予 SPA 更新的方式和更丰富的内涵。如今 SPA 这种融合了古老传统和现代高科技的水疗方法已不再是贵族们的专宠，逐渐成为现代都市人回归自然、消除身心疲惫，集休闲、美容、解压于一体的时尚健康概念。配合着五感疗法，不论是舒缓按摩、美容还是温泉水疗，凡此种种与减轻压力、舒缓身心有关的活动，都可以称为 SPA。依照 SPA 的不同用途可分为：都市型 SPA（Day SPA）、美容 SPA（Beauty SPA）、饭店/度假村 SPA（Hotel/Restort SPA）、俱乐部 SPA（Club SPA）、温泉型 SPA（Mineral Spring SPA）、海边 SPA（Sea SPA）。

海边 SPA 已在不少海洋旅游区开展，其中比较有特色的是巴厘岛。当眼前是辽阔而平静的大海，空气中弥散着花儿的清香，脑海里是浪花舞动的样子时，身体完全浸泡在布满玫瑰花瓣的 SPA 池中，无论是谁都会感受到无比的轻松和舒适，每个人都希望时间过得慢些，再慢些，最好停滞下来。从 SPA 池中拖着不舍的脚步上来，趴在白沙滩上专门供做 SPA 的床上，不要昏昏欲睡，此时另一种享受才刚刚开始，这就是采自巴厘岛纯正的推油——如果你是敏感性肌肤，那么岛上的椰子去角质绝对是最好的选择。如果想让肌肤变得更白皙，可以利用冷冻优酪乳。还有一种叫 BOROB 的 SPA 方式是利用巴厘岛上的丁香、胡椒、生姜与各类草本药调配而成，涂抹于全身会产生灼热感，进而促进血液循环。巴厘岛 SPA 的独特在于它融合了相生相克的概念，包括了薰香精油（风）、海藻泥（土）、芳香精油（火），以及天然环境所营造出来的灵气（空），让都市人能够彻底地解脱和放松。

第3章 海洋旅游需求

■ 学习目标

◇ 掌握海洋旅游需求的基本概念
◇ 理解旅游市场需求的衡量指标和基本特征
◇ 识别旅游需求的影响因素
◇ 了解市场调查分析、旅游需求预测的基本知识

3.1 海洋旅游需求概述

旅游需求是旅游研究中最基本的问题之一，主要研究"需求什么""需求程度""需求多少"等问题，这对了解、评价和预测旅游者行为，提高对特定目的地的选择水平，稳定旅游地及相关旅游企业的经营环境都具有重要意义。对旅游需求的研究可以发现旅游者的需求特征及需求规律，找出影响旅游者需求的因素，对旅游市场进行细分，指导旅游公共管理部门及企业对旅游产品的开发与规划，为公共、私人部门制定经营管理策略提供科学的依据。

3.1.1 旅游需求定义

（1）什么是旅游需求

旅游需求（tourism demand）是旅游动机的产物，可以视为人们对到访某一特定目的地的真实行为意向的总和（Pearce，1993），就一般经济意义而言，旅游需求是在一个特定时期内有旅游欲望和闲暇时间，消费者在各种可能的价格下愿意并能够购买的旅游产品的数量。

由此推论，海洋旅游需求则是指在一定时期内在一定价格水平下，人们愿意而且能够购买的海洋旅游产品的数量。旅游需求通常有两个约束条件，即消费意愿和消费能力。这里的消费能力既包括支付能力也包括闲暇时间，旅游需求对象是旅游产品，因此旅游需求实际上就是旅游产品需求。

（2）旅游需求产生的条件

从旅游需求的定义及旅游行为主体角度可以明确，旅游需求需要旅游动机、相应的支付能力和闲暇时间三个条件的支撑。

①旅游动机是旅游需求产生的主观条件。所谓动机就是引发一个人为满足自身某种需要而决定采取某种行为的内在力量。从心理学的角度，旅游动机是在旅游需要同旅游目标相遇时，在需要的推动和目标的吸引下形成的一种活动。旅游动机是自主、能动的主观愿望，是形成旅游需求的首要条件。

②旅游支付能力是形成现实旅游需求的基本条件。旅游经济是旅游活动社会化、商品化的结果，在商品化的社会里，任何交换的实现都需要有货币的参与，旅游需要的实现在很大程度上取决于人们支付能力的大小。

③闲暇时间是除旅游支付能力以外，形成现实旅游需求的又一重要的客观条件。所谓闲暇时间就是人们在日常工作、学习、生活之余以及必需的社会活动之外，可以自由支配的时间。闲暇时间是个人拥有的不受其他条件限制，完全可以根据自己的意愿去利用和消磨的人生时间，是以时间形态存在的社会资源。

3.1.2　旅游需求特征

旅游需求的产生，首先是人们具有某种物质性或非物质性需要，在各种动机的驱动下，以旅游活动来满足这些需要；其次是只有当人们具有一定的支付能力时，需求或动机才能转化为经济学意义上的旅游需求。在研究旅游需求时，无论是个人的旅游需求还是全社会的旅游需求，人们的自由时间是一个重要的限制条件。

根据旅游需求约束条件的完备程度，可以将旅游需求分为真实需求和潜在需求。真实需求（actual demand）同时具备意愿和能力两个约束条件，即通常意义上说的旅游需求。真实需求又可以分为已实现的旅游需求和待实现的旅游需求。消费者已经购买的旅游产品数量是已经实现的旅游需求，而消费者有意愿和能力购买但是尚未实施购买行为的旅游产品数量是未实现的旅游需求。潜在需求（potential demand）只具备两个约束条件（意愿和能力）中的一个，是真实需求形成的基础。在有效需求不足的情况下，通过科学、合理的产品开发或有效的市场推介可以将潜在需求转化为真实需求。

根据消费者规模尺度，可以将旅游需求分为个体需求与社会需求（市场需求）。个体旅游需求是指个体在一定时期内、一定价格水平下愿意而且能够购买的旅游产品的数量；而社会需求（市场需求）是指社会整体或一部分在一定时期内、一定价格水平下愿意而且能够购买的旅游产品数量的总和。旅游需求研究更多的是社会需求（市场需求），它反映了整个旅游活动和产业部门运行的状态和趋势。但对社会需求（市场需求）的研究往往建立在对个体需求研究的基础之上。

与一般产品的市场需求相比，旅游需求具有弹性较大、季节性明显、集中度较高、敏感性较强等特征。旅游需求弹性是指由于价格、收入、汇率等因素的变化而引起旅游需求变化的程度。通常从价格弹性和收入弹性两方面来分析旅游需求弹性，价格一般和需求负相关，而收入一般和需求正相关。旅游产品不是必需品，容易受到价格、收入等因素的影响，因此需求弹性较大。

旅游需求除易受经济变动影响，对旅游目的地的社会状况、政治因素、环境条件、健康水平及旅游风尚变化都具有敏感性。如旅游目的地的政治不稳定或社会动乱，或者环境卫生出现问题，旅游需求则会减少。旅游需求是由不同的年龄、性别、身份、社会地位、偏好、兴趣的旅游者构成的，旅游者来自不同的国家或地区，宗教信仰、文化背景、生活习惯、家庭结构等都具有个别差异，因此，原本就十分敏感的旅游需求显得更加复杂多变。

旅游活动具有明显的季节变化（Baum 和 Lundtorp，2001），所谓季节性（seasonality），是指旅游活动中的暂时不平衡现象，其表现可以通过不同要素呈现出来，如访客人数、访客花费、公路或其他交通客流量、就业人数以及景区门票收入等（Butler，2001）。根据旅游资源的不同性质和不同的旅游活动类型，旅游季节性也有所差异。一般来说，依赖自然旅游资源吸引游客的国家和地区，旅游市场需求的季节性更加明显，波动较大；依靠人文旅游资源吸引游客的国家和地区，旅游市场需求的季节性相对不那么明显，波动较小。海洋旅游受季节性影响非常明显，对大部分沿海地区而言，5—10 月是游客来访比较集中的时间，期间 7—8 月的旺季还常常受到台风影响，而每年冬、春季因冷空气或雨雾天气影响，来访游客会大幅度减少，甚至是没有游客光顾。所有季节性供给变化最终会反映到旅游产品的价格方面。

旅游需求的集中性不仅体现在时间上，也体现在地理空间上。时间方面，除季节性，旅游需求的时间大多在寒暑假、"黄金周"等节假日。地理空间方面，旅游需求大多集中在某些经济发达、人口众多地区。旅游节事可以在任何季节举办，因此常被作为降低旅游季节性的工具，用旅游节事来弥补淡季客源不足，提高当地经济效益。

因为旅游活动的季节性，旅游活动所进行的时间对于交通方式的影响也非常明显，去往同样的旅游目的地，在不同的季节，相同的交通方式需要投入的成本也不同。比如，航空公司在"黄金周"期间一般折扣较低或者没有折扣，所以在"黄金周"期间选择航空交通方式出行成本会比较高。所以，旅游者选择在旅游淡季出行，其交通方式的选择往往具有更高的灵活度，在考虑不同的交通方式的时候，其成本因素的影响会相对较低。

受旅游活动季节性的影响，旅游餐饮经营具有较大的波动性。由于旅游活动安排的特性，旅游餐饮经营早、中、晚餐时间更加集中，其间则存在较长的间歇，比普通餐饮更加明显。

3.1.3　旅游需求指标

旅游需求指标是衡量一个国家或地区旅游需求状况的尺度，是旅游经济指标中的重要组成部分。常用的需求衡量指标包括抵达的旅游者人数、滞留天数、旅游花费、出游率和重游率等。

旅游者人数是最常见的一项需求指标，它反映了一定时期内旅游目的地接待国内外旅游者的数量，一般以旅游者人次来衡量。我国目前采用的旅游者人数指标主要有入境国际旅游者人数、出境居民人数和国内旅游者人数三项。

旅游者在目的地的滞留时间（duration of stay）是指从抵达目的地时起算的一次旅程所花的时间。一般采用两个指标来衡量，即旅游者停留人天数和旅游者人均停留天数。旅游者停留人天数是一定时期内旅游者人次与人均过夜数的乘积，它从时间角度反映了旅游者的需求状况，同时也表现了旅游产品吸引力的大小，它充分考虑到旅游者的停留时间，有助于全面衡量旅游需求的基本情况。旅游者人均停留天数是指一定时期内所有旅游者一次旅程中在目的地停留天数的平均状况，它从平均数角度反映了旅游需求的现实情况，同时也揭示出不同时期旅游需求的变化趋势。

除了在目的地滞留的时间长度，在统计时还会涉及旅程时间（duration of trip）这个概念，它是指从客源国或客源地开始旅行时起计算的一次旅程所花的时间。

旅游花费（tourism expenditure）是指访客自身或以其名义产生的途中及目的地期间的各种消费性花费的总和，它一般由国内旅游花费和国际旅游花费两部分组成。根据世界旅游组织的界定，国内旅游花费是指国内访客在其国家领土内旅行过程中直接产生的花费，包括访客在旅途中（交通等）和目的地产生的花费，还包括出行前为此次旅程的准备、回程后因为此次旅程的最终完成所需的花费；国际旅游花费是指出境访客（outbound visitors）在其他国家的花费，包括支付给外国航空公司的交通费用、出行前和回家后为得到目的地国家的物品或服务所支付的费用（World Tourism Organization，1995）。在我国的旅游统计系统中，旅游花费总额等于国际旅游（外汇）收入与国内旅游收入总和，其中国际旅游（外汇）收入指外国人、华侨、港澳同胞和台湾同胞在中国内地旅游所发生的一切旅游支出。

旅游者人均花费额指一定时期内旅游花费总额与旅游人数之比，它以价值形态从平均数的角度反映了某一时期的旅游需求状况。在同等情况下，更提倡发展人均花费额较高的旅游产品以提高旅游产业的附加值。旅游花费率是指一定时期内一个国家或地区的旅游花费总额与该国或地区的居民花费总额或国民收入的比率，它从价值角度反映了一定时期内一个国家或地区的居民旅游需求的强度。

旅游者出游率和重游率表示旅游者出游的倾向，也是衡量旅游市场需求的重要指标之一，可作为旅游目的地选择目标客源市场的依据。出游率包括总出游率和净出游率两种，总出游率是指一定时期内某地区旅游人次数与该地区总人口的比率；净出游率是指一定时期内某地区旅游人数与该地区总人口的比率。在实际研究中，很难作出对全体人口出游情况的普查，通常采用抽样调查方法，这时总出游率和净出游率就可以采用实际出游人次数或出游人数占总样本数的比例。出游率反映了该国或该地区的居民一定时期内的出游能力，也反映了旅游需求的大小和开发潜力。重游率是游客每一分析时段内（如一年）出游的次数。重游率与重访率不同，前者可以是指一个人在多个地方的移动，而后者一般是指针对同一个目的地再次访问的频率。研究者有时也用旅行倾向（travel propensity）这一术语来描述客源地的客源输送能力，用人均旅行次数或旅行频率等概念来预测客源地的市场规模。

3.1.4　旅游需求影响因素

影响旅游需求的因素大致分为目的地因素、客源地因素以及两地间的交互作用而产生的因素。一方面关系到旅游客源地，涉及客源地旅游需要的水平和旅游者个人的情况，前者包括经济发展程度、人口特征、政治制度、货币的价值、税收政策及旅游花费限制等；后者指旅游者个人可自由支配收入水平、收入分配、职业、度假权利、教育水平、生活阶段、个人偏好等。另一方面关系到旅游目的地的供给部分，包括资源的吸引力、目的地总体价格水平、供给竞争程度、旅游产品质量、旅游价格、货币汇率、交通速度、接待设施条件以及旅行组织机构、对旅游者的经济管制等。两地间的因素主要包括两地的比较价格、在客源地的促销努力、汇率、旅行的时间/费用、不寻常的事件等（表 3–1）。

表 3–1　影响旅游需求因素

客源地因素	目的地经济因素	两地间因素
个人可支配收入	旅游供给水平、旅游吸引物	客源地与目的地相对价格
收入分配	旅游供给的竞争	目的地在客源地的促销努力
带薪假期	旅游产品质量	汇率
消费习惯	对旅游者的经济管制	旅游的时间/货币成本
税收政策及旅游花费限制		不寻常的事件

（1）经济发展水平

客源地的经济发展水平是影响旅游需求的决定因素。国际上有这样的经验统计，当一国人均国民生产总值达到 800~1 000 美元时，居民将普遍产生国内旅游动机；达到 4 000~10 000 美元时，将产生国际旅游动机；超过 10 000 美元时，将产生洲际旅游动机。这反映了经济发展水平与旅游需求相互关系的一般规律。

（2）人口特征

总人口、人口增长的速度、城乡分布、人口密度、年龄结构、性别结构、家庭结构对旅游需求有一定的影响。

发达国家人口出生率低，人口较稳定，城市化水平高，经济发展快。城市人口密度大，交通发达，信息灵通，居民收入高，购买力强；但城市化使人口密集、拥挤，城市喧闹、污染、环境退化，城市居民感到生活紧张，迫切需要改换环境、调剂生活。所以，城市居民的旅游需求较大。

年龄不同，旅游需求也不同。年龄一般用时间顺序度量，与旅游倾向和旅游需求相关的是一个人的生活阶段。青年时期，对新地方和新体验充满好奇和憧憬，旅游倾向高，但这个群体经济上尚未独立，靠家长给予，旅游消费能力低。婚后可分为三个阶段，孩子出生之前的年轻夫妇，收入高，限制因素少，旅行倾向高；孩子出生之后，在时间和金钱上都受到限制，看望亲朋好友，短途旅行是主要的度假方式；当孩子长大成年独立后，时间和金钱的限制降低，旅游倾向增强。退休之后，既有钱又有空闲时间，只要身体适应旅游，旅游倾向较大，这是一个活跃的旅游群体。

性别结构也影响旅游需求。一般而言，男性比女性有更多的公务外出机会和可自由支配的空闲时间，旅游可能性大。

（3）收入和闲暇

旅游是一种社会经济活动，是一项离开常住地奢侈、花钱的物质文化生活，旅游需求的实现，必须在经济上有足够的支付能力、必须有空闲的时间。

总收入对旅游需求的影响不大，对旅游需求真正有影响的是扣除税收、购房和基本生活费之外的可自由支配的收入。这部分收入的多少，直接影响到旅游需求的大小。

人类活动的时间可以分成四种，即谋生活动时间、生理的必需活动时间、家务社会活动时间和闲暇时间。生理的必需活动时间和家务社会活动时间比较固定，闲暇时间随谋生时间的长短而变化。生产力水平越高，社会经济越发达，人们工作的时间越短，闲暇时间就越多，发达国家普遍实行每周5天、每天6小时工作制。对旅游需求影响较大的闲暇时间是带薪假期。世界上许多国家都规定有带薪假期，一年可以有一次、两次或三次，每次假期有一周、两周或三周不等，大尺度的旅游活动基本都是在带薪假期中进行的。

（4）职业和教育水平

职业不同，意味着收入、闲暇和教育程度不同，旅游的倾向和需求也不一样。一般来说，金融家、企业主、高级职员以及医生、律师、会计师、教师等自由职业者产生旅游的可能性较大。在我国，由于生产力发展水平不高，个人自由支配的收入不多，带薪假日少，利用出差顺便旅游的多，因此，公务员、工程技术人员、教师等产生旅游的可能性较大。受教育程度越高，对旅游的需求越大，越是愿意牺牲部分物质享受，通过旅游获得精神生活的满足。

（5）旅行距离

一般来说，客源地与目的地距离越近，旅游需求越大；距离越远，需求越小，这一现象就是距离衰减规律（distance decay）。距离衰减规律很明显地体现在客源地居民出游行为上。为什么会形成距离衰减规律？一个最主要的原因是，距离越远，需要花费的时间和金钱成本越多。吴必虎、唐俊雅等（1997）研究发现，中国城市出游市场的37%左右分布在距城市15千米范围内，约24%的市场分布在15～50千米范围内，约21%分布在50～500千米内。500千米以外的广大空间仅分割了城市出游市场的18%左右，其中500～1500千米之间约占12%，1500千米以外约占6%。从上面数据看出，中国城市居民旅游和休闲出游市场随距离增加而衰减，80%的出游市场集中在距城市500千米范围内。

距离衰减规律也可以从某目的地的客源地结构来反映。针对前来上海旅游的游客调查显示，旅游者的客源地存在显著的距离衰减现象。客源地分布在500千米范围内的游客比例高达66%，有近4/5的客源集中在距上海900千米的范围内，把2000千米之外目的地对上海对游客的吸引力实际上微乎其微（吴必虎，徐斌 等，1999）。

然后，旅游者的出行意愿除了与距离大小相关外，还与目的地的引力有关，距离衰减的作用随目的地引力大小的不同而有所变化。

（6）旅游资源和交通

旅游资源的吸引力越强，旅游需求越大，反之亦然。交通条件的好坏与旅游需求也呈正比；交通条件完善，旅游需求就增大。如浙江省舟山市2009年跨海大桥开通后，来舟山旅游的人数（包括自驾游在内）大幅度攀升，可见交通条件的改善对旅游拉动效应十分显著。

（7）价格和汇率

在其他情况不变时，旅游需求总是随着价格的变化而呈反向变化。旅游价格上升，旅游需求就会下降；反之旅游价格下降，旅游需求就会上升。

汇率的变动影响到国际旅游者对价格的看法，从而影响到旅游需求。汇率下跌，如果价格不变，等于旅游价格下降，旅游需求增加；汇率升高，在价格不变的条件下，等于旅游价格上升，旅游需求将会下降，旅游者将会采取一些措施：或选择一个比较便宜的旅游目的地，或减少在该旅游地的停留时间，或降低其食宿要求，或选择淡季时前往。譬如，由于人民币的升值效应以及人民币对美元汇率持续走强，促使我国更多游客舍弃欧洲而选择到美国旅游，据相关资料统计，中国游客在美消费从2004 年的 11.15 亿元，增长至 2008 年的 36.14 亿元，相当于平均每年以 30% 的速度递增。

（8）文化特征

客源地和目的地的文化都会对旅游需求产生较大影响。客源地文化对当地居民的出游偏好、产品选择具有影响；客源地与目的地之间的文化差异也会对需求产生促进或抑制作用。

旅游活动不仅是一种经济行为，同时也是一种文化行为。从个体层面来说，旅游者的出游行为与其所接受的文化传统、制度教育、历史熏陶等因素密切相关；从群体层面来说，一个国家或地区的旅游需求和这个国家或地区的文化传统特别是旅游文化传统有关。中国和外国、东方和西方的旅游文化传统存在很大差异，中国长期的历史发展形成的山水审美文化、旅行游览文化对旅游者的动机、态度具有巨大影响。

一个国家的旅游需求受到当地历史文化传统和旅游哲学的影响。文化是为某一群体或社会所共有的现象，并常常表现出与其他群体或社会的明显差异，从而形成所谓文化群或文化圈。不同文化圈之间的文化差异对不同文化圈的交往具有重要影响。一方面，文化差异构成可以满足人类好奇心的一种推动力；另一方面，这种差异又成为滋生不安和恐惧心理的力量。心理学的研究结果表明，趋同的文化对人缺乏魅力，而反差过大的文化也会使人望而却步。

除上述八方面因素外，还有其他一些因素，如替代性或竞争性旅游产品价格的变化、各种重大事件、节庆活动、自然灾害等，也均对旅游产品需求造成很大影响。

3.2 海洋旅游需求测量

决定旅游业发展的因素并不完全取决于资源的丰度，更在于客源市场的需求强度和密度。旅游需求的预测（demand forecasting）是任何地区旅游发展决策的前提条件之一，毫不夸张地说，目前所进行的预测研究大多集中在旅游需求的研究上（Van Doorn，1991）。研究表明，旅游需求研究离不开对市场的分析与调查，旅游市场需求又与技术要素和人口统计学要素紧密相关，在这两种因素作用下，加上市场规模和旅游投资力度，旅游需求增长一般被视为一种"logistic"增长模式，并且属于一种供不应求、产品分异的市场类型（Faria，2008）。对旅游市场的分析与预测，首先要获取市场的相关数据，再在这些数据的基础上采取相应的技术与方法进行分析。

目前见于报道的预测方法多建立在经验基础上，且多运用了计量经济学的方法，很少有什么方法能预测保持的效果稳定，但自回归分析、指数平滑法和计量经济学等方法是比较有效的预测技术（Witt 和 Witt，1995）。

3.2.1 市场调查

在进行旅游需求分析时，首先应该收集必要的数据资料。常用的数据采样与收集方法包括：二手资料收集、问卷调查、访谈、参与观察等。这些方法多数属于定性研究方法（qualitative methods），但也与定量方法紧密结合，如问卷方法就是始于定性设计，终于定量处理分析。

①二手资料（secondhand data）指的是并非特地为当前进行的研究目的而收集的已有信息和数据，主要来自图书馆、政府部门、统计机构、行业组织、新闻媒体及信息经营单位等免费提供或付费购买的资料，即公共数据和商业数据。前者包括各种经济发展计划、统计年鉴、各种普查与抽样调查资料等；后者指商业组织与机构提供的有偿（少数时候亦可无偿）的研究报告。获取二手资料的传统方法一般可概括为文献资料筛选法、报刊剪辑法和情报联络网法等。近几年来，随着网络的日益普及，越来越多的部门、机构、企业都有自己的网站，并在网上发布各种信息；同时，各种网上信息咨询机构不断涌现，所以二手资料的收集也变得相对简单。

在收集和使用二手资料时，必须注意恰当性和可靠性问题。"恰当性"指的是所收集的资料是否适用于所研究的问题。二手资料的不恰当性主要表现在：其一是资料过时；其二是资料划分标准不统一。二手资料还有一个缺陷便是缺乏准确性。有些机构为了迎合资料收集的目标而人为地对数据进行改动，从而降低了资料的可信度。有些网上信息可能已成为"三手资料"，准确性值得怀疑。所以在利用这些资料的时候要非常谨慎，应了解这些信息的原始提供者、时间、用途和使用者等。

②问卷调查（questionnaire survey）以较大的概率样本、标准化的程序、依据特定的测量方法等特点，成为很多需求研究收集数据的首选方式。按调查方式，可分为人员拦截调查、入户调查、邮寄调查、电话调查、网络调查等形式。拦截调查和入户调查是最为常见的问卷调查形式，并伴随一定程度的面对面访谈，由调查员根据被试（respondents）对问题的回答填写问卷。在调查中，问卷的设计非常重要。问题是问卷的核心部分，在设计问题时，通常要考虑问题的内容、类别、格式、措辞和顺序。依据内容，问题可分为事实问题和主观问题两类。

调查问卷的具体内容应根据调查对象和目的灵活设计，一般包括旅游者基本信息、旅游方式、旅游花费、旅游满意度、旅游偏好等。由于客源市场调查一般缺乏建立抽样框的完整资料，故通常采取概率抽样与非概率抽样结合的方法，即对抽样点的固定场所的选择可以采取概率抽样，而对自主性很强、流动性很大的旅游者样本的选择就只能采取随机非概率抽样方法。要保证每次调查都有一定数量的样本。根据经验，一次小规模问卷调查样本数至少保持在 400 份，这时问卷数量的边际影响是较为显著的。

③访谈（interview）是获得定性资料的一种有用方法。在进行需求预测研究时，有些观念和价值方面的重要信息难以通过一般的问卷调查来发现，只有通过当面访谈获取有关利益主体（stakeholder）的态度、观念和未来偏向，才能较为准确地把握市场动向，帮助作出合理预测。

焦点小组访谈（focus group interview）是近年常用的圆桌会议式的定性数据收集方法，主要通过有组织的座谈形式，收集与各利益主体相关的信息，以及这些利益主体对于市场的态度、意见、偏好等方面的资料。焦点访谈组成员主要有来自政府部门、私人部门、非营利的社会团体或组织以及社区居民等方面的代表。

深度访谈是通过一对一的深入交谈来获取信息，通常分为结构化访谈和非结构化访谈，两者的区别在于前者需要有一个事先设计好的问题程序进行访谈；而后者只需有一个大致的访谈提纲，在访谈中可以不局限于这些问题，也可以通过间接地谈话来获得想要的信息。

访谈的对象主要是旅游部门负责人、企业代表、研究人员等。他们对整个旅游产业有更深入的认识，其观点和态度对于未来旅游市场需求的分析具有重要指导意义和借鉴价值。

④参与观察方法（participant observation）是一种现场调查途径，是获取旅游市场数据的必要手段。通过对研究区域现场的考察和分析，系统地、有目的地观察和记录与研究目的有关的行为、态度、现象或环境，往往能获得旅游需求的重要数据。参与观察最大的优点就是直接性，常用于收集不太可能如实报告的有关行为的数据，及时记录和描述正在发生的事件和现象，收集其他方式无法获得的数据。现场调查人员常到的观察地点包括但并不限于景区入口、酒店大堂、餐厅、旅游商店、娱乐场所、机

场、车站、码头等游客集散地，关注的现象通常包括游客特征（年龄、性别）、行为（活动、逗留、流向、流量）、游客对旅游地的兴趣、本地居民对外来游客的态度、对促销广告的反应、就餐（住宿、候车）环境等。除了参与观察方法，还有一种非参与型方法，它是指采用仪器记录方式获得游客行为的现场记录。

⑤随着计算机技术和网络信息的广泛普及，利用网络支持进行市场研究越来越重要。电子网络的互动性优势使旅游市场调研者可以更为方便和经济的形式从目标市场群体中获得所需信息。网络调查主要分三类：网络问卷调查、电子邮件调查和 BBS 讨论。网络问卷调查和电子邮件调查均为问卷调研，不同之处在于前者直接设计专门的网页进行问卷的在线填写，而后者则是用电子邮件将问卷寄给目标被试，由其填写完毕后寄回给调查者。通过电子邮件还可进行追踪调查。BBS 讨论是在一些人气旺盛的专门旅游网站及大型门户网站的旅游论坛中，通过发起一些相关话题，与广大旅游者进行交流，获得所需的资料。网络调查在为研究者带来便利的同时，也存在诸如信息真实性较差、样本代表性不全、回答率低、覆盖人群有限、中途中止的比例高、问卷长度和深度有限等问题。

3.2.2　预测技术

旅游需求预测是对未来旅游市场需求的估计，预测的内容包括旅游者人次数、旅游者人均停留天数、旅游者人均花费等。根据预测期的远近，可以分为短期预测（2～3 年）、中期预测（3～5 年）和长期预测（5 年以上）；根据预测理论、方法，可以分为探研预测、推演预测、标准预测和综合预测四类（Van Doorn 和 Van Vught，1978）；也有人从定性预测和定量预测角度加以分类，包括趋势外推模型、结构模型、仿真模型、定性模型等（Smith，1992）。

①定量方法（quantitative methods）是指用数值形式以及数学、统计方法反映被评价对象特征的信息分析、处理方法，其目的是把握事物量的规定性，客观、简洁地揭示被评价对象重要的可测特征。一般考虑进行一项新的调研项目时，定量研究之前常常都要以适当的定性研究开路，有时候定性研究也用于解释定量分析所得到的结果。常用的定量方法包括时间序列方法和回归模型等。

时间序列方法因只与时间这一因素有关而得名，它根据历史数据推论未来，所以也叫趋势外推模型，是单一变量预测方法。宋海岩等（Song 和 Wong，2003）指出，时间序列方法假定指标在某个时段内保持稳定不变，这种假设面对旅游者行为随着时间变化而改变是不存在的，因此他们提出了一种新的预测模型，即时间变化指标方法（TVP），允许变量在一定时间内发生变化。趋势外推模型中用于预测包括无改变法、比例改变法、趋势拟合法（简单回归模型）、移动平均法、指数平滑法等。值得指出的是，虽然时间序列法被广泛应用于旅游需求预测，但随着预测期的延长，其准确性和可靠性迅速下降，因此不太适用于中长期的预测。

在需要对两种或两种以上的变量的相关关系进行预测时，可以采用线性回归模型或多元回归模型。一般将旅游预测回归模型分为经济模型、引力模型和旅行生成模型三种类型。其中，经济模型重点分析经济因素（主要是收入与价格）对旅游需求的影响，引力模型重视距离的衰减作用，旅行生成模型（trip generation model）则是经济模型和引力模型的综合。经济模型通常使用线性回归方法，又分为一元线性回归和多元线性回归；旅行生成模型直接对客源地的客源输送能力进行预测，而不是通过采用的根据目的地的游客统计记录进行预测。

②定性研究方法不仅在市场调查时就已发挥主要作用，在需求预测中同样具有不可忽视的重要作用。运用于需求预测的定性方法包括实地体验、开放型访谈、参与型和非参与型观察、文献分析、个案调查等。定性方法中研究者本人是主要的研究工具，其个人背景及其与被研究者之间的关系对研究过程和结果会有一定的影响。研究过程是研究结果中一个不可或缺的部分，必须予以详细记载和报道。

主要依靠专家的直觉判断来进行数据收集和分析的定性预测模型中，使用最广泛的也是争议最大的当数德尔菲法。德尔菲法由美国兰德公司（RAND）在 20 世纪 50 年代初首创。作为预测事件发展的一种方法，德尔菲法是在缺乏历史数据或动向数据的情况下，或者是在现有模型需要高水平主观判断情况下使用的。该方法通过由分析者召集的一组具有代表性的专家（一般情况下40～50位）来回答几轮认真设计的调查表来进行预测。调查表的设计旨在使小组在特性、可能性及未来事件上达成一致意见。

3.3　海洋旅游流特征及运动模式

旅游流是旅游学研究中的一个重要概念，它反映了旅游活动中旅游者在空间上的移动以及其相伴而生的其他复杂现象。旅游流从表面上看是一种空间和时间现象，但就本质而言却是一种社会经济和文化现象。掌握旅游流的特征、形成原因、运动模型以及影响旅游流运动的因素，将有助于我们更好地分析旅游流的运动规律，对各级旅游管理部门和旅游企业来说则有极其重要的现实意义。

3.3.1　旅游流的概念与特点

3.3.1.1　旅游流的概念

D. Pearce 在他的很有影响的著作《现代旅游的地理分析》一书中，曾广泛而深入地对世界范围内旅游者运动的空间模式进行了分析，在他的分析中始终贯穿着动态的研究方法，其中最突出的表现就是关于旅游流（tourist flows）概念的运用。但是，Pearce 先生并没有对旅游流的定义做明确的交代。[①]

在我国，对旅游者空间移动现象的研究，最开始习惯上使用"旅游客流"一词。这种情况在旅游地理学研究中比较普遍，并几乎一直持续下来。刘振理、王兵所编著的《新编中国旅游地理》一书，认为旅游客流"是旅游者从始发地至目的地所产生的客流，又称旅游者潮流或旅游人流"。

近年来对旅游流的概念又有了一些新的说法。其中比较突出的，可能是所谓"旅游流体系"的提法（唐顺铁和郭来喜，1998），认为不能用"旅游客流"代替"旅游流"，旅游流是一个包容着"旅游信息流""旅游客流""旅游物流""旅游能流"的综合体系。

谢彦君则在《基础旅游学》中指出，上述新说法对旅游流概念理解上的泛化不利于对问题关键的把握，他认为旅游流仍宜狭义地理解为旅游者的流动，它是指在一个或大或小的区域上由于旅游需求的近似性而引起的旅游者集体性空间移位现象。旅游流现象是现代大众旅游现象最外部化的特征，是现代旅游业发展所依赖的客观前提。与旅游流相伴生的其他复杂现象（如信息的流动、物品和劳务的交换、社会关系的发展演变，等等），构成了丰富多彩的旅游世界，它们都是旅游学研究的内容（谢彦君，2004）。

3.3.1.2　旅游流的特征

任何尺度的地理区域上的旅游流，都可以用三个维度加以刻画。换言之，旅游流的特征表现在三个维度上：即时间、流向和流量。

（1）旅游流的时间特征

从时间上考察旅游流的特点，包括两个方面的含义。

首先是旅游流发生的时间。一般来说，旅游者外出旅游有着明显的节律性。这一方面是因为旅游

---

① D. Pearce：Tourism Today：A Geographical Analysis, Longman Scientific & Technical Press, 1987. 值得提醒的是，英语中的 flows，还被用于表示"畅爽"，成了体验研究中的重要词汇。

的对象物可能具有不同的时相（或称季相）；另一方面旅游者自身工作、学习、休息的时间也可能呈现某种规律性，这二者的结合自然就形成了旅游者出游时间的一定程度的集中性分布。对于旅游地来说，旅游流的发生时间自然也就大不相同。到阿尔卑斯山滑雪的游客形成的旅游流，发生时间会在入冬以后；到我国北方海滨度假胜地北戴河旅游的游客，却不能在这个时间出行。对于旅游目的地从事旅游接待的从业人员和组织来说，把握旅游流发生时间上的规律并善于预测其变化，是做好旅游接待准备工作的前提。

其次，旅游流在时间上的特征表现在旅游流在旅游目的地持续时间的长短，也就是旅游流的流速。不管是从社会文化意义上还是从经济意义上，旅游流在一地持续时间的长短都会极大地影响当地社会经济的变革情况。旅游者若不能深入到旅游目的地社区的生活当中，他不会很好地了解当地社会，当然也不会在多大程度上对目的地社会施加自己的影响；旅游者在一地走马观花、匆匆而过，他也不会有机会在该地做更多的消费（而这又往往是当地社区所期盼的）。所以，旅游流在一地持续时间的长短，对目的地社区意义重大。

在我国每年接待海外旅游者的地区中，旅游者的逗留时间长短不同，表明了各地在旅游产品开发深度和广度以及旅游资源（或旅游产品）结构上存在的差异。表 3-2 列出了全国 31 个地区 1997 年由旅行社所接待的海外旅游者在区内逗留的时间资料，反映了旅游流的流速特征。

表 3-2 1997 年旅行社接待的海外旅游者在各地区停留时间

单位：天

平均分	北京	天津	河北	山西	内蒙古	辽宁	吉林	黑龙江	上海	江苏	浙江	安徽	福建	江西	山东
3.9	5.2	4.3	5.6	3.6	2.1	3.6	5.6	1.9	4.3	6.0	6.5	8.0	6.9	4.3	5.3

河南	湖北	湖南	广东	广西	海南	重庆	四川	贵州	云南	西藏	陕西	甘肃	青海	宁夏	新疆
9.0	4.7	3.3	2.3	2.9	2.8	2.5	4.9	5.1	4.0	7.7	5.1	8.1	9.6	5.4	2.5

资料来源：《中国旅游统计年鉴——1998》，国家旅游局编，中国旅游出版社。

从表 3-2 中可以看出，如果以 3~5 天作为平均水平（全国总平均逗留天数为 4 天），那么，低于这一水平的有内蒙古、黑龙江、广东、广西、海南、重庆和新疆，而高于这一水平的有北京、河北、吉林、江苏、浙江、安徽、福建、山东、河南、贵州、西藏、陕西、甘肃、青海和宁夏。这种差异的根源是相当复杂的，而客源构成、景点数量及分布肯定是影响旅游者在各地逗留时间长短的非常重要的因素。从目的地距离客源地的特点来看，处于低水平停留时间的地区多为边境口岸地区，离客源地很近，而且景点的分布比较集中，数量也不是很丰富，因此，这些地区接待的恐怕多为近距离、短时间的旅游者。相反，处于高水平停留时间的地区往往远离旅游客源地，而且又多是旅游资源大省（或地区），它们所拥有的资源或者可以作为中华文化的象征（如北京、河南、河北、陕西或山东），或者可以作为代表某一种亚文化的象征（如贵州、西藏、甘肃和青海等），对外国旅游者有着很大的吸引力，加上这些地区旅游景点分布广泛而且距离遥远，势必造成旅游者在该地逗留时间的延长。

（2）旅游流的流量特征

旅游流的流量是指旅游流在单位时间内和一定空间上所形成的规模。对于旅游目的地而言，持续、均衡、大规模的旅游流有着十分重要的意义。在世界许多旅游胜地，其最明显的标志就是每年接待大量的来自世界各地的旅游者。像传统的地中海地区、加勒比海地区、印度尼西亚的巴厘岛以及世界一些著名的旅游城市，每年都吸引着大量的观光客人，旅游流的流量很大，对当地社会经济的影响广泛而深刻。

世界各国在旅游流的流量这一点上所面临的挑战是很不相同的。旅游发生和持续时间的节律性，造成了旅游流在一定时间上的超量运动，而在另一些时间里却又只维持在极低的水平上。这自然会给目的地社区的旅游基础设施建设与运行、旅游产品开发、旅游企业经营造成很大的压力。

（3）旅游流的流向特征

旅游流的流向是指旅游流在持续运动过程中所经过的旅游路线，它反映着旅游目的地与旅游客源地之间关联的方式和途径。由于各种复杂因素（包括历史的、区位的、社会文化的和经济的因素）的影响，旅游资源和旅游客源之间的关联状态在各国（各地区）都有不同表现。在一定时期内，各国（各地区）所接纳和发送的旅游流会呈现某种比较稳定的模式。例如，我国在近20年的旅游业发展过程中，由入境外国旅游者所构成的旅游流在区域上的分布有着相对稳定的结构，形成了比较明晰的入境旅游流的流向特征。表3－3是1997年来华旅游外国人按地区进行的划分，反映了来华外国旅游者的地区构成，揭示了来华外国旅游者的流向和流量特征。

表3－3　1997年来华旅游的外国人地区构成

地区	亚洲	欧洲	美洲	大洋洲	非洲及其他
所占比例	59.4%	25.4%	11.7%	2.6%	0.9%

从旅游的全过程来看，旅游流的流向是一个闭环系统，旅游者总是从家中出来，最后再回到家中。在这个过程中，旅游客源地、旅游目的地以及在二者间起到联结作用的旅游通道，是决定旅游流向的三个主要成分。

3.3.2　旅游流的形成和运动模式

3.3.2.1　旅游流的形成

虽然个体的旅游行为可以追溯到很早以前，但旅游流的形成却是近代社会出现的现象。在近代旅游业形成之前，也可以说有旅游流发生，但其流量之小、流速之快、流程之短、流向之单一，都使之不能与现代社会的旅游流相提并论。考察旅游流的形成，可以从以下三方面入手。

第一，旅游流是一种历史现象，是在近、现代社会中人类获得全面发展并从生产劳动中解放出来之后发生的一种大众现象，或者可以说，旅游流是市场经济的产物。总之，旅游流的产生有其历史必然性。

A. Poon 在她的著作《旅游、技术与竞争战略》中曾经这样说，大众旅游是第二次世界大战后各种关键的社会、经济、政治和技术影响的必然产物。她认为，大众旅游差不多是与1958年喷气式飞机一起起飞的。战后的和平与繁荣的环境、带薪假期的推行、包机（charter flights）以及便宜的油价，这些都成了推动旅游变化车轮的润滑剂。追逐阳光的初次旅游者，连同各种前往阳光明媚的旅游目的地的包价旅游以及信用卡的广泛使用，确保了大众旅游需求的形成。在技术方面，大众旅游服务在全世界范围内都可以达到标准化，进行高品质的管理和分销，这些当然也促进了大众旅游的发展。

到了20世纪70年代中期，大众旅游成了时尚。与制造业的批量生产相类似，旅游业也遵循着集中生产线的原则发展：度假被标准化了，而且没有弹性，别无二致的度假产品被成批地生产出来，规模经济成了生产的第一推动力。类似地，度假产品也被以一种雷同的、像机器人一样的和日常的方式批量地消费掉了，从来不对所访问的目的地国家的行为规范、文化和环境做细致的咀嚼。

在短短的20年中，旅游业成为大众性的、标准化的硬性组合体。这个产业所提供的是较少有的弹性度假旅游选择，服务的对象是看上去千人一面的缺乏个性的大众旅游者。到70年代末80年代初，大众旅游几乎成了"最好的旅游"。在这样一种气候和环境当中，旅游者的运动表现出数量、方向、时间上的集中就不足为奇了。

第二，旅游流作为一种大众性的行为，产生于作为旅游者需要的内在近似性。不管是自然的哺育过程还是社会的文化过程，都没有能力创造出两个在任何方面都有所不同的人。因此，社会人的需要也就首先有个变化阈值，既有个体差异，也有集体倾向，而这种集体倾向便是形成旅游流的内在基础，这是旅游流形成过程中发挥"推力"作用的根本性因素。

1990 年，谢彦君在《论旅游的原始化与现代化》一文中探讨了旅游者需要与旅游景观的对应关系，提出了一个用以刻画作为集体现象的旅游者的心理类型与其所需要的景观的状态之间的对应关系的模型。在这个模型中，假定如果不考虑在旅游客源地和旅游目的地之间存在的社会、经济、文化和自然条件等方面的各种阻碍，单纯从需要和资源（或产品）之间的对应关系来分析的话，旅游者的心理状态与其所需要的旅游景观之间的关系可以用一个坐标图加以描述。我们用纵轴表示旅游者的心理发育状态，它可以反映或代表当今地球上处于不同开化程度上的各种潜在旅游者的心理类型，因此可以理解为是人类一般的心理状态从原始至现代的渐变过程，纵轴上不同的点表示其程度上的差异；与纵轴相对的横轴表示与旅游者心理状态相对应的旅游景观状态，它也具有从原始到现代的不同存在形态。这里，纯原始的景观是指那些未经后来人为修正、开发或破坏的各种自然和人文景观，而现代的景观是和现代科学技术、艺术形式和社会意识紧密相连的人文景观。

心理状态与景观状态之间存在着相逆的关系，在心理状态的两端都有明显的需要倾向性，即心理尚处于原始状态的旅游者，倾向于观览具有现代风格的旅游景观，相反，心理达到现代状态的旅游者，往往倾向于寻访具有蛮荒气息的旅游景观。正像 A. Gotllieb 在《美国人的假期》一文中所说的那样：富裕的美国人的假期要过上"一天农民的日子"，而那些比较贫穷的旅游者则可能企望过上"一天国王的日子"。但是，在这个模型中，这种倾向越往 EPQF 线的中间发展而越不明显，甚至完全消失，从而形成 OPQ 这样一个需要倾向不明显的随机区。这可能意味着，心理状态处于 cd 线段上的潜在旅游者对景观的需要没有明显的倾向，他的旅游行为的发生主要受其他随机因素的影响，在多数情况下会表现出对景观的两个极端状态感兴趣。

图 3 - 1 概括了旅游流形成的心理机制，也可以解释旅游流的基本运动形式的内在根源。换言之，只要排列在旅游目的地和旅游客源地之间的基本障碍（包括社会的、经济的、文化的和自然的），旅游流的运动规律基本上由上述模式加以厘定。这种流动的规律性具体表现在以下三个方面：①现代文明与古代文明之间的差异导致现代人对访古溯宗的偏好。人类总是对自己不很熟悉但又与自己有某种联系的事物怀有好奇心，这种情况在远古时代表现为远方崇拜、图腾崇拜甚至死亡崇拜，而在现代，这种好奇心表现为人们对过去的凭吊、对往事的缅怀、对先人的崇拜。在东方文化当中，"落叶归根"的普遍情结更进一步培育了人们寻觅故旧的心理基础，成了当代访古旅游的本原所在。②自然景观与人为环境之间的对应关系随历史发展而变化，从而带动人的心理出现逆反现象。回归自然的愿望随着工业污染的加剧和乡村城市化的进程而越来越强烈，所以人们对于具有原始风貌的自然景观就越来越偏爱。③人类聚居群体在空间上的差异分布造就了文化、经济以及社会诸方面的地理局部封闭性，并由此而产生了区域间的相对神秘性。这种神秘感恰恰就是区域间旅游行为产生的巨大动力。

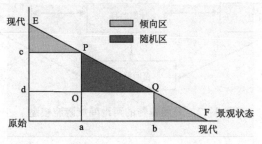

图 3 - 1　旅游者心理状态与其需要的景观状态之间的关系图

在使用上述模式解释旅游流的运动规律时，决不要忽略了我们对这个模式所做的重要说明：这个模式的价值仅仅在于一般地考察人们旅游心理需要上的某种倾向性，并没有纳入更多的变量。比如，在实践中我们会发现，人们对完全陌生和完全熟悉的东西都同样漠视，同样不感兴趣。此外，还有众多的因素在实践中影响着旅游流运动的方向、节律和规模。

第三，旅游吸引物系统在空间颁布上的区域集中性，在一定程度上约束了旅游者旅游的时间和空间结构，从而导致旅游者的流动呈现明显的汇聚现象，这是旅游流形成过程当中"拉力"所起的作用。

在任何一个国家或地区，其旅游资源、旅游产品、旅游接待设施等旅游吸引物的空间布局都不可能达到足够的（更不用说绝对的）均匀，相反，区域上的集中倾向却非常明显。这种集中从旅游供给的方面构成了使旅游者按照需求进行分化并进而重新组合和再集中的拉动力量，从而造成一定规模的旅游流。这是一个地区发展旅游业的基础。

D. Pearce 曾利用"集中比率"（concentration ratio）这个指标考察了一些国家在接待和发送旅游者时所形成的集中倾向，借以说明旅游供给的单一性程度以及旅游目的地与旅游客源地之间空间关系的性质对旅游流流量的影响。事实上，即使是世界一些重要的旅游接待国家，其客源市场也相当集中。应该说，旅游目的地国家的旅游供给结构和数量在这里也是一个很重要的影响因素。

3.3.2.2 旅游流的运动模型

从 20 世纪 60 年代末开始，出现了一些从空间角度探讨旅游的各种结构特征的模型。由于学科本身还处于草创阶段，研究人员零星地分布在世界各地（如欧洲、北美、澳大利亚和日本），这些模型自然相互孤立，缺乏对前人所做出的努力给予恰当的认可，更谈不上做有效的综合了。

在旅游研究的较早阶段，像 Wolfe 和 Defert 等一些学者探讨了存在于所有形式的旅游当中空间互动的形式和过程的基本方面。后来的研究人员曾试图对这些关系做更为清晰的表述，建立有关旅游空间的更为复杂的模型。但是，这些模型中的大多数还是建立在"客源地—媒介—目的地"体系基础上，只是不同的作者对三个要素所给予的重视程度不同，所使用的词汇不同而已。这些模型大体包括以下几种类型。

早期的有关旅游者运动的模型往往强调沟联（linkage）或旅行这一因素。例如，马里奥特（Mariot）曾提出联结永久居留地（出发地）与旅游中心（目的地）的三种不同的路径：进入路径、返回路径和休闲路径（图 3–2）。进入路径与返回路径在有些情况下可能是同一个，它们构成了直接联结两地的基本路径。而在另一方面，沿着休闲路径而旅行的人会一路上都在使用各种旅游设施，甚至对于那些本不属于旅游目的地的路过地的设施，旅游者也会使用。也有这种情况，旅游者在从出发地到目的地的旅行过程中只是部分地借助于休闲路径，不定在哪个环节上进入或离开。

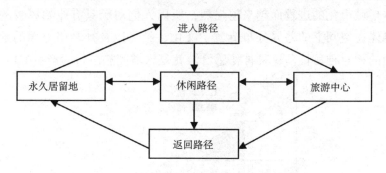

图 3–2　马里奥特的两地间旅游流模型

马里奥特模型中的休闲路径还含有圈游（touring）的思想，也就是说，旅途中所访问的目的地是多处，而不是一处。这种思想在康贝尔（Compbell）的模型中被进一步发展。该模型刻画了从一个城市中心向外辐射的不同的旅游流运动形式。康贝尔根据旅行的重要程度和停留期间的活动内容将旅游流的运动方式予以分类。对于"休闲者"（recreationist）来说，休闲活动本身构成最基本和最重要的元素，其旅行以辐射的形式分布在城市周围；而对于"度假者"（vacationist）来说，旅行构成了整个游程中的基本活动（也包括中间的停靠间歇），其旅行一般是线性的，沿高速公路分布；作为一种中间群体，"休闲度假者"（recreational vacationist）则在某种区域上做着环状的旅行，兼有上述两种特点。在康贝尔的模型中，尽管对这些不同类型的旅行所使用的概念和分析方法有一定用处，但显然其中存在着语义学上的问题，比如，如何将"旅游者"或"休闲者"一词用于观光旅行者的问题。

上面所讨论的模型忽略了一些基本的方面，其中之一是大多数旅游目的地同时在一定程度上又是旅游客源地。对于这种双重性及其相互作用，国外一些学者曾做过考察。沙罗特（Thurot）和兰德格林（Lundgren）的模型对此有所揭示。

沙罗特的模型是在国家和国际的尺度上探讨旅游流特点的。在列出的 A、B 和 C 三个国家系统中，沙罗特对供给与需求做了区分，也区别了国内旅游和国际旅游。产生于系统或国家 B 的这部分旅游需求（也许是最大的一部分），将由该国的旅游设施予以满足，其余流向国家 A 和 C。与此同时，国家 A 所产生的一部分需求，将流向国家 B（也流向国家 C），这样，国家 B 就兼有国际旅游目的地和客源地的双重身份。相反，国家 C 并没有向外输送国际旅游需求，但它却可能产生国内旅游需求，并接待国际旅游者。在这个模式中，国家 C 的类型被用以指代某些发展中国家，在那里生活标准还不足以产生国际旅游需求。

沙罗特模型最开始被当作分析环境承载力的工具来使用，但用它来揭示不同水平的旅游流及其空间结构也同样有用。显然，在这个模型中倘若增加国家系统，并对每个系统中的需求和供给要素进行不同形式的分类，这个模型就会变得非常繁复。这将淹没模型的概括力。

兰德格林（1982）的模型与沙罗特的不同，他关注的是不同地点（而不是国家）的作用。尽管他实际上是用目的地的眼光来看待这些地点，但它们彼此间的"旅游吸引度"（degree of mutual travel attraction）（旅游者的产生与流入）却是他用以在其所谓"旅游流动层次"（travel circulation hierarchy）模型中对目的地进行定位的定义变量之一。使用的其他变量包括相对地理集中性（relative geographical centrality）、区位特性（geographic place attributes）和这些地点在当地或地区经济体内部向旅游者提供所需要的旅游供给的能力。借助这一途径，兰德格林提出了四种类型的旅游目的地。

第一，中心地位的城市型旅游目的地（centrally-located metropolitan destinations），它兼有客源地和目的地的功能，并拥有大流量的往返客流。这些目的地包括那些处于国际和洲际交通网络中的大都市。

第二，周边小城市型旅游目的地（peripheral urban destinations），人口较少，中心地功能不很突出，往往只有旅游者的净流入。

第三，周边乡村型旅游目的地（peripheral rural destinations），其特征是节点较少，借助于地理分布比较集中的各种风景来吸引旅游者。由于人口很少而且居住分散，这种目的地几乎只有旅游流的流入。

第四，自然环境旅游目的地（natural environment destinations），通常远离客源地，人烟稀少，而且国家对这样的地区通常有比较严格的管理政策，比如像国家公园、地区公园和自然保护区等。另外，由于不存在任何本地经济系统，这些目的地只有靠向来访的旅游者提供各种旅游服务来维持运行，这就使得这种目的地完全依赖于旅游客源地。

D. Pearce 认为，兰德格林的空间层次模型对识别某一特定地点的功能及其相关的旅游流非常有用，但不幸的是他对这四种类型的旅游目的地却仅只提供了一个例子，而其他的某些特征实际上也需要做进一步的解释。另外，对于产生于一个城市地区的旅游流类型是否通过一个二级城市向下一级目的地再分流以及流向这些目的地的旅游者是否原本属于二级城市这样的问题，该模型也未能作出清晰的解释。所以，D. Pearce 在 1987 年提出的"主要城市间旅游流双向运动"（tourism flows to and from major urban areas）模式，特别强调城市尤其是大城市不仅仅构成客源地，而且作为国际和全国性的旅游目的地还发挥着许多不同的或互补的作用。D. Pearce 的模型更具描述性，在一定程度上是上述两个模型的很好的补充。

除了上面介绍的几种模型之外，研究国际旅游对第三世界国家的影响的人们一直强调在旅游客源地与旅游目的地之间的结构性关系。一些学者（如 Hills，Lundgren 和 Britton）在对加勒比和太平洋地区第三世界国家的旅游效应研究中充分地体现了这一点。他们所提出的模型有许多共性，体现了对旅游流结构的某种共同认识。结构模型的倡导者一般都认为，在每一种情况下，市场都依循"地方—地区—国家"层次向上集中，而国际性的旅游流移动发生在旅游客源地与旅游目的地的国家级城市中心之间。在旅游目的地周边地区的扩散相对有限，旅游者仅从他们的入境地点向某种"旅游飞地"（re-sort enclave）移动。在这种飞地之间的移动虽然也可能发生，但仅发生在向其他地区所做的有限旅行。他们认为，旅游流的这种运动特征源于中心城市中跨国公司对国际旅游产业所施加的控制。所以，从这里也许有助于我们窥探发展中国家在发展旅游产业时，是否实际上承受着某种结构性的损失。换言之，预期从发展旅游业获得增加外汇收入、创造就业机会、消除地区发展的不平衡、提高国家的国际形象等的效益或效果，是否带有某种幻想的成分或者说被过分地夸大了。因为，这些跨国公司不仅控制（或至少占有相当的份额）国际交通业，也提供其他大量的旅游企业所需的设施设备，甚至在旅游目的地从事很多旅游企业的经营。Britton 特别强调，这种结构性缺陷是承继了殖民时代的衣钵，它使跨国公司得以将自己的系统建立在旅游目的地依赖他们的基础上。这些公司满足了旅游者的大部分需求，并限制了旅游者与当地社会、环境的进一步接触和互动。从这一点来看，发展中国家的旅游发展所走的路径、所获得的收益、所承受的损失，与发达国家相比可能有很大的差异。

3.3.2.3　影响旅游流运动的因素

上面所概括的旅游流的运动模式，在一定程度上有助于我们认识旅游流流向、流量和流速，但这些模式没有将影响旅游流运动的各种因素予以考虑并加以刻画。旅游流的运动模式只是外在形式，是对旅游流运动空间关系的直观描述，要真正理解旅游流发展变化规律，还要发掘其内在根源。在这方面，我们已经从旅游流形成角度进行了一些探讨，现在对尚未涉及的因素再做进一步归纳。从世界各国旅游发展的历史和现状来看，影响旅游流运动的因素有以下几点。

（1）空间距离

旅游目的地与旅游客源地之间空间距离的远近，是决定旅游流流向、流量和时间特征的最重要因素之一。这是因为，空间距离不是单一的变量，而是一个综合性的因素，同时也是一个作用方向很难确定的因素，它能以十分微妙的方式和强度影响旅游者对目的地的选择。空间跨度大，意味着地理和文化差异大，这很难说是构成了促发旅游的推动力还是遏制旅游发展的阻力，重要的是这一对矛盾力量斗争的最后结果。同时，空间跨度大，意味着交通费用高，这无疑是旅游发生的阻力。一般来说，不管哪个洲、哪个国家（地区）的居民，都首先以本国（或本地区）附近的景区景点作为主要的旅游目的地，这样所花费的交通费用就相对较少，时间也节省，加之地理、气候甚至文化方面的差异不大，也就比较容易适应。所以，各国各地区均首先把周边地区作为主要的旅游客源地，市场促销的力度由近及远，由此构成了旅游目的地客源市场的圈层模式。谢彦君通过对锦州市国内旅游流空间移动特征的考察，得到一个表达锦州市作为国内旅游目的地每年所吸引的游客的地区结构的模型。该模型将锦州市国内旅游的吸引能力分成三个圈层和四个扇区。划分圈层的依据是锦州市接待的国内旅游客源所在地，而扇区的划分则主要考虑到客源市场的社会经济特点、旅游资源禀赋和该地与锦州市的复杂关系。因此这实际上是一个比较综合的模型。

（2）国际（区际）关系

旅游是不同国家、不同地区之间人民的相互交往过程。这种交往不会没有任何基础，相反，两国（地）之间在政治、军事、贸易等方面联系的密切程度，在社会、历史、文化等方面的渊源关系、依赖状态，在价值观、习俗、社会制度方面的近似或差异程度，都将在很大程度上影响旅游者对旅游目的地的选择。显然，两国间密切的政治、军事和贸易交往会带动旅游规模的扩大，因为这会创造一种安全的氛围，也能提供各种便利的条件。而国家（或民族）之间在社会、历史和文化上的渊源关系，常常是激发人们寻根情结的动力。日本与中国，美洲、澳大利亚与欧洲，在一定程度上就是这样一种关系。建立在这种关系基础上的旅游，容易产生理解，也会有很多的便利条件（如语言交流）。另外，在冷战时期形成的东西方阵营对垒而造成的旅游目的地选择的定势影响至今仍未完全消除，几十年前这壁垒如同雷池一般，形成西欧旅游者主要在西欧区域内或越洋到北美旅游，而东欧旅游者则以在东欧范围内旅游为主的局面。

（3）旅游供给与旅游需求的关系

这是影响国际间或地区间旅游流量运动的最根本因素。旅游需求与旅游供给之间的关系十分复杂，并且可能表现在极不相同的层面上，也具有不同的性质。概括起来，一是水平关系，二是结构关系。

从水平上来看，旅游供给与旅游需求关系规定了旅游流量的数量和规模特征。在旅游业的发展史上，现代旅游的发生最先是在发达国家，现代大众旅游也主要始于发达国家，重要的旅游目的地和重要的旅游客源地也都是在发达国家，这表明，由经济状况所决定的旅游需求能力和供给能力，是影响旅游流量的重要因素。

需求与供给不仅在数量上影响旅游流量，而且在结构上也发挥影响作用。需求是有指向的，虽然有时这种指向性存在一定弹性；供给也是有对象的，即便有时这种对象规定性也不是一成不变的。需求与供给在这种结构上的规定性，既影响着旅游流量的方向和时间特征，也决定着需求与供给既有的水平关系的现实意义。由此断定，需求与供给在结构上的协调和对应，是促发旅游流运动的根本所在。

3.4　海洋旅游的人口学特征

许多研究成果表明，不同年龄、性别、教育背景、收入和婚姻状况的旅游者有着明显不同的消费特点。例如，年轻人偏爱可以让他们亲自参与活动的旅游目的地，而年长者则喜欢既可观光又可免除舟车劳顿的旅游目的地，并且更乐于参加包价旅游。这种基于可度量的客观特征进行分类的方法，有助于营销工作者准确地了解旅游者所追求的消费利益，旅游营销工作者通常根据旅游者的人口统计特征，将旅游消费者划分为不同的群体，分类标准包括如下方面。

3.4.1　年龄

在传统观念中，18～30岁的青年是旅游者中的主流，在英国甚至有名为"18～30俱乐部"的旅游企业专门为这一年龄段的旅游者提供服务。青年旅游消费者喜欢通过旅游释放压力，挑战自我，结交新朋友。在选择旅游目的地和旅游产品时，他们更容易受到时尚的影响。他们的旅游消费行为主要是为了追求自由和快乐（Carr，2002）。大学生是青年旅游者中一个较独特的低消费群体。大学生有较强的旅游动机，但由于资金的限制，他们对价格的敏感程度较高，往往选择经济划算的方式来完成他们的出游计划。尽管对舒适程度要求较低，大学生非常注重旅游过程中的体验（蒙睿 等，2004）。

除了青年旅游消费者外，还有几类按年龄界定的旅游消费者：儿童和青少年旅游者、老年旅游者、中年旅游者。随着人口的老龄化，年龄在 55 岁及 55 岁以上的老年旅游者呈现出逐步增长的态势。这个消费群体的人员大多已经退休，有充裕的时间，子女成家立业，经济负担较轻，因而对旅游有巨大的潜在需要。欧美学者发现，老年旅游者一般较理性，很少表现出冲动性购买行为，他们会预先为游览活动或探亲访友做好计划，详细收集信息后再付诸实践。考虑到身体健康状况，老年旅游者通常把舒适、安全、保健放在首位。但是，受传统消费观念和生活方式的影响，中国的老年旅游者对价格的敏感程度往往又很高。有意思的是，在中国传统文化的影响下，许多老年旅游消费者并不是旅游产品和服务的真正购买者，为了让老人家的晚年生活过得更加充实，子女会全部或部分"赞助"老年旅游者的旅游费用。

儿童和青少年也是重要的旅游消费者。一般情况下，家长或学校会替儿童和青少年作出最终的旅游决策，但我们不可忽视儿童和青少年对家庭旅游决策的影响力。许多家庭选择旅游产品是为了满足孩子们的需要，而孩子们的需要会随着年龄的不同而有所不同。儿童对游乐场所情有独钟，青少年则倾向选择暑期露营等远离父母管制的旅游产品，希望在旅游活动中增长见识，结识新朋友，并体验"独立"和"成熟"的感觉。

与其他年龄段的旅游消费者相比，中年旅游者的消费行为较为复杂，并且在很大程度上取决于其收入、身份地位以及家庭生命周期中所处的阶段，要兼顾其他家庭成员的需要。

3.4.2 性别

随着社会的发展和教育的普及，女性的社会经济地位明显提高，外出度假和公务旅游的人数不断增加。目前，深入探讨女性旅游消费者行为的研究成果并不太多。一些欧美学者的研究结果表明，实际上，男性旅游者与女性旅游者的旅游动机没有显著的差别，但女性旅游者更希望获得生理和情感上的放松，逃避日常生活的喧嚣和乏味。与男性相比，女性旅游者更愿意选购手工艺品、礼物和纪念品，购物是一种能够给女士带来快乐、刺激和新奇感的活动，对于各个年龄段的女性都有强烈的吸引力。在我国，中老年妇女还是宗教圣地的忠实游客，她们乐于到心中的圣地许愿和还愿（蔡洁和赵毅，2005）。相比较而言，男性旅游者偏爱打高尔夫球等运动量较大的活动。此外，女性旅游者通常选择与家人或朋友结伴出行，或参加旅行团，以避免麻烦。

3.4.3 教育程度

一般来说，人们受教育程度越高就越可能去旅行。受教育程度较高的旅游者，对旅游审美的要求较高，并希望能参加有文化特色的活动；受教育程度较低的旅游者，则希望能在旅游目的地尝试日常生活中没有的新奇活动。旅游企业通常根据游客的学历对旅游者进行分类，把受过良好教育的群体视为重要文化景区或具有人文特色的节庆活动的目标顾客。

3.4.4 收入和富裕程度

不同收入层次的消费者，在旅游消费行为上存在着明显的差异。收入高的旅游消费者支付能力较强，超富裕阶层和高收入阶层，是昂贵旅游产品的主要消费者。普通收入阶层或工薪阶层，花上万元到欧洲或马尔代夫旅游的可能性比较少，但他们很可能到城市周边地区游憩。

欧美学者认为，人们越富裕就越愿意出游，旅游经验就越丰富，旅游经验越丰富的人也越乐于旅游；而且随着旅游者富裕程度的不断提高和旅游经历的不断丰富，他们会更具冒险精神、更加自信。英国亨利研究中心（Henley Research Centre）的研究人员根据旅游者的富裕程度和旅游经验将外出度假的旅游者分为以下四个级别。

① "透明罩"下的旅游者。即富裕程度较低，欠缺旅游经验，处于国际旅游的初级阶段的旅游

者，他们到国外旅游的主要动机之一是好奇。对他们而言，传统的"组团式"包价旅游是理想的选择。这种方式使他们既可以有机会一睹异邦风采，又免遭异国他乡不同的生活方式所带来的困扰。

②追求理想化体验的旅游者。这类旅游者富裕程度稍高，且具有一定的出国旅游经验。与"透明罩"下的旅游者相比较，他们更乐于选择自主性、灵活性较强的旅游活动，并乐于到文化差异较大或地域较远的目的地去度假。

③旨在增长见闻的旅游者。当人们在富裕程度有了大幅度提高且旅游经验日益丰富后，就有足够的信心去体验各种不同的文化氛围，按照自己的意愿展开范围更广的旅行。

④完全沉浸其中的旅游者。这类旅游者几乎超越了我们通常所了解的旅游者。他们不再满足于以游客的身份感受外国文化，而是要像当地人一样创造文化体验，完全融入当地的文化、传统和生活之中。

简言之，不同富裕程度的旅游消费者有不同的旅游动机，随着他们旅游经验的日益丰富，他们对旅游目的地和旅游产品的需求也逐步发生变化。

3.4.5　国籍和居住地域

旅游是人们离开惯常生活环境到另一个地区展开的活动，旅游者的居住地对他们的旅游消费行为有巨大的影响。例如，在选择旅游目的地时，居住在寒冷地区的人喜欢到气候温和的地区旅游，城市居民喜欢前往乡村度假，内陆地区的居民喜欢去有着沙滩和大海的海滨旅游；英国、法国、西班牙和葡萄牙的居民习惯到他们以前的殖民地度假，拥有众多国内旅游景点的美国人和法国人偏爱国内旅游，而德国人则乐于出国尝试新体验。因此，在旅游企业，尤其是跨国旅游企业，通常依据地理因素对旅游者分类，开发旅游线路和航线。

3.5　海洋旅游动机

在旅游决策过程中，消费者动机是一个非常重要的影响因素。在市场细分研究中，旅游动机往往也被视为一个重要角度（Kay，2003）。在理解并预测旅游消费行为（tourist consumer behavior）时，某些动机理论在解释旅游者行为时比其他理论更为有效。

3.5.1　旅游动机

动机是一个心理学名词，指促进和维持人的活动并促使活动指向一定目的的心理倾向。旅游动机（tourist motivation）是促发旅游者决定去旅游、到何处旅游以及如何旅游的内在驱动力。海洋旅游动机是指能引起、维持个人旅游活动，并导致该活动朝向海洋目的地进行的一种内在过程。需要是动机的基础，但是动机并不是需要的简单延续，动机是需要、诱因、情绪等共同作用的结果。

不同学者从不同角度对旅游动机提出了不同的分类。

德国学者葛里克斯曼（Glücksmann，1935）对旅游动机分类进行了研究，并提出心理动机、精神动机、身体动机和经济动机四类旅游动机。

日本学者田中喜一（1950）在其《观光事业论》中，对葛里克斯曼四类旅游动机做了进一步细分：在心理动机之下，还可分出思乡、交游、信仰等动机；在精神动机下，有知识动机、欢乐动机、见闻动机；在身体动机方面，有治疗动机、休养动机、运动动机；在经济动机下，有购物动机和商务动机。

美国学者麦金托什等（Mc Intosh，et al.，1995）也把旅游动机划分为四种基本类型：

①身体方面的动机。包括为了调节生活规律，促进健康而进行的度假休息、体育活动、海滩消遣、娱乐活动，以及其他直接与保健有关的活动。此外，还包括遵医嘱或建议做异地疗法、洗温泉浴、矿泉、做医疗检查以及类似的疗养活动。属于这方面的动机都有一个共同特点，即通过与身体有关的活动来消除紧张。

②文化方面的动机。人们为了认识、了解自己生活环境和知识范围以外的事物而产生的动机，其最大特点是希望了解异国他乡的情况，包括了解其音乐、艺术、民俗、舞蹈、绘画及宗教等。

③交际方面的动机。人们通过各种形式的社会交往，保持与社会的接触，包括希望接触他乡人民、探亲访友、逃避日常的琐事及惯常的社会环境、结交新友等。

④地位和声望动机。地位声望动机包括商务旅游、会议旅游、考察旅游以及其他为了实现个人兴趣爱好和求学求知的旅游活动，这类动机与自我实现和追求个人发展有关。旅游者可以通过旅游实现自己受人尊重、引人注意、被人赏识、获得好名声的愿望。

在上述旅游动机分类基础上，普伦蒂斯（Prentice，2004）对旅游动机分类作了综述。中国学者屠如骥（1986）则根据对海外来华旅游者的旅游动机的调查研究，将旅游动机归纳为"九求"框架：求实动机（追求旅游产品的实际实用价值）；求新动机（追求旅游的趋时和新颖）；求名动机（显示自己的声望、地位）；求美动机（追求旅游产品的欣赏价值）；求胜动机（满足争强好胜的心理）；求趣动机（满足个人的特殊爱好）；求知动机（追求知识，开阔视野）；求情动机（访古寻友、追宗归祖、满足人际交往的感情需要）；求健动机（健身、防病、强体的需要）。

事实上，由于旅游是一种综合性的活动，能够满足人们多方面的需要，而人们外出旅游时，也很少说是出于某一个动机，人们的旅游往往是多种动机共同作用的结果，只是有时是某一动机为主导动机，其他为辅助动机，而有时则是有的动机被意识到了，而有的动机未被意识到而已。但是，不管怎样，旅游动机是人们对认识到的旅游需要的表现形式，并直接指向旅游活动。人的需要的形成是多种因素共同作用的结果，由于外因总是通过内因起作用的，因此，人们不同动机的形成从根本上说是个人方面的因素影响的结果。

3.5.2　旅游动机的产生

有一种理论认为，动机来源于人的需要，是由人的内在需要推动而产生的。需求与需要不同，后者是指人和社会的客观需求在人脑中的反映，是个人的心理活动与行为的基本动力。从需要的起源来划分，可以分为自然需要和社会需要。自然需要包括衣、食、住、行、性等需要。自然需要以生理活动为基础，与生存和种族延续活动密切相关；社会需要是维持与推动社会发展所必需的，如对劳动、友谊、社交、社会赞许和成就等的需要。

人本主义心理学认为，动机产生于人的某种需要，这种需要使人的心理紧张不安，从而产生内在驱动力，即动机，进而确定行动目标，进行行动，使需要得到满足，紧张解除，然后进入下一个行为。不同的需要产生不同的动机。因此，研究人的动机，必须首先研究人的需要。旅游动机也是如此。在研究人的需要这一领域，具有较大影响的理论是著名的人本主义心理学家亚伯拉罕·马斯洛的需要层次理论。

马斯洛（Maslow，1943）将人类的需要分成五个层次：①生理需要：食物、饮水、空气等；②安全需要：治安、稳定、秩序和受保护；③社交需要：也称归属和爱的需要，包括情感、集体荣誉感、（家庭、朋友等的）情感联系；④受尊重的需要：自尊、个人声望、名誉、地位、成就等；⑤自我实现的需要：自我实现、最大限度地发挥个人潜能。

这些需要之间的关系如图3-3所示。

他认为，人的需要是由低层次向高层次方向发展的，当一个人低层次的需要基本满足之后，就会

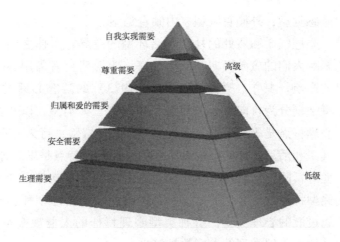

图 3 - 3　马斯洛的需要层次理论

出现较高层次的需要；人们就是在不断的追求中出现新的需要，直至达到自我实现的最高层次。马斯洛的需要层次理论对解释人的行为有着重要而普遍的意义。

旅游需要（tourist need）即人对参与旅游活动的需要，它是一种综合性需要，在早期的旅行活动中，商人主要是出于生存需要而四处奔波；直至近代，人们对于求知、交流、审美等方面的需要才在旅游需要中凸显出来；到了当代，人们更多地出于尊重、自我实现等高层次的需要而旅游。旅游需要是很复杂的社会心理现象，不同的人可能有不同的旅游需要。在对旅游者的旅行动机进行分析时，研究者发现人们的旅游需要差异很大。这些需要上的不同既表现在客源地上的差异，也表现为社会分层上的差别，因此旅游者对旅行的要求并不存在普遍的一致性，也不会一成不变，只有结合具体的历史、地理、政治、技术环境，才能对人们的旅游需要有符合实际的了解。在一个人的旅游需要中可能同时包含饮食、安全、休息、求知、审美、交往、自我实现等多种需要的内容，但是一次旅程不太可能满足一个旅游者的所有需要（Schmidhauser，1989）。

3.5.3　影响旅游动机的因素

旅游动机的影响因素非常复杂，概括起来可以分为外部环境因素和个体特征因素两方面：外部环境因素包括经济因素、政治因素和社会因素；个人因素又可以分为个人客观条件和个人主观特征。

人们的旅游需要是比较稳定的，但是直接支配人们产生旅游行为的旅游动机要受到外部环境因素的影响。当外部环境因素不利于旅游行为时，就会抑制旅游动机的产生。经济环境因素即整个社会经济发展水平对动机的影响，总体上是促进作用。旅游从以前贵族的特权变成了现代人的生活方式。随着经济环境不断得到改善，人们的旅游动机被大大激发出来。稳定的政局、安全的形势能够激发人们的旅游动机；相反，战乱、恐怖活动等将抑制人们的旅游动机。人是社会动物，总是归属于某个社会阶层，不同社会阶层、不同文化环境的人在价值观念、文化习俗、宗教信仰等方面也会有较大差异，因此旅游动机也有所不同。

人们的旅游动机除了受到外部环境因素的影响，还受到个人因素的影响，而正是个人因素决定了面对同样外部环境时个体之间旅游动机的差异。个人客观条件主要是指前面所讲的人口统计学特征，比如性别、年龄、受教育程度等。个人主观特征包括气质、性格、兴趣等构成的意识倾向性。气质是指人的心理反应的强度、色彩、节奏等。性格是在先天气质基础上，经过后天长期的个人信念、理想和意志的磨炼，形成的一种对客观现实的稳定的态度和相应的惯常行为方式的心理活动特征。著名瑞士心理学家和精神分析医师荣格（Jung，1928）提出了人类心理类型说，将人的性格分为外向型和内向型两类，并在此基础上勾勒了八种不同类型的人，即外倾思维型、内倾思维型；外倾情感型、内倾情感型；外倾感觉型、内倾感觉型；外倾直觉型、内倾直觉型。

由于先天的生理条件、心理气质和所处的社会生活环境的差异，个体之间也表现出不同的个性特征，而个性特征又极大地影响人们的旅游倾向和旅游偏好。旅游研究者借用心理学家对个性心理特征的分类，来解释旅游动机的影响。其中，普洛格（Plog，1973）的游客心理类型模式比较有代表性。普洛格将人们的个性心理特征划分为自向型、中间型和异向型三大类型，以及类自向型和类异向型两个过渡型。自向型的人，心理特点是思想谨慎，多忧多虑，不爱冒险；行为上表现为喜好安逸和轻松，活动量较小，喜欢熟悉的气氛和活动。异向型的人正好相反，心理特点是思想开朗，兴趣广泛而多变；行为上表现为喜好新奇，爱好冒险，活动量大，不愿意附和主流，喜欢与不同文化背景的人相处。中间型是综合以上两个极端类型特点的综合型心理，特征不鲜明。类自向型和类异向型的人则分别属于两个极端类型与中间型之间过渡的心理类型。五种类型心理特征的人群规模符合数学上的正态分布，即中间型的人群规模最大，两个极端类型的人群数量较少。

3.6　海洋旅游消费行为

旅游消费是旅游者满足自己精神文化需要的一种感性消费。海洋旅游消费行为具有明显的经济属性，但旅游消费行为往往不是单纯的经济行为，而是受社会文化背景、消费者个性和情感等因素影响的复杂的感性消费。获得心理和精神上的满足是海洋旅游消费者普遍追求的目标。海洋旅游消费行为是一个从产生旅游动机、进行行前决策、参与现场体验到事后满意评价等一系列完整的过程，而且影响海洋旅游消费行为的因素有很多，因此，旅游企业必须理解游客真正的需要以及消费行为的特征，提供满足游客特定心理需求、个性化、人文化的产品和服务，才能留住海洋旅游者的"心"。

3.6.1　旅游消费的概念

旅游消费是旅游主体在有时间保证和资金保证的情况下，从自身的享受和发展需要出发，凭借旅游媒体创造的服务条件，在旅游过程中对物质形态和非物质形态存在的旅游客体的购买和享用的支出（投入）总和。旅游消费活动是旅游活动与消费活动的交叉重合行为，包含旅游者的食、住、行、游、购、娱等多个环节。从旅游者完整的旅游经历来看，旅游消费活动主要体现在以下几方面。

①旅游者在起程前，为实施旅游计划而购买的产品和服务。例如，购买关于旅游目的地的旅行指南和地图，准备各种旅游用品和特定的运动器材，接种疫苗，通过旅行社预订机票和酒店，等等。

②旅游者在旅途中及其在目的地逗留期间购买的所有产品和服务。例如，购买交通运输服务、住宿服务、餐饮服务、旅途中的各种旅游纪念品，等等。

③旅游者在返回时购买的产品和服务。例如，冲洗照片、干洗衣服、修补旅途中损耗的一些器材，等等。

④旅游者在日常生活中购买的专用于旅游的一些物件或贵重耐用品。例如，旅行箱、露营器械、照相机、登山设备、越野汽车，等等。

总之，旅游者为了旅游而进行的消费，以及在旅途中和在旅游目的地的全部开销，都属于旅游消费的范畴。

3.6.2　旅游者消费行为模式分析

旅游消费行为是一个从产生旅游动机、进行行前决策、参与现场体验到事后满意评价等一系列完整的过程。动机之外，消费者行为一般包括三个阶段，即行前决策、现场体验和事后评估。在对不同阶段消费者的态度和行为进行观察、分析时，需要收集相关数据作为研究地基础，也就是涉及旅游态度与行为的测定问题，这是旅游消费者行为研究的另一个重要领域（Woodside，Crouch，Mazanec，2000）。

3.6.2.1 行前决策

人们从产生旅游动机到完成旅游行为之间的过渡环节是旅游消费决策，或简称旅游决策。旅游决策是指个人根据自己的旅游目的，收集和加工有关的旅游信息，提出并选择旅游方案或旅游计划，并最终决定把选定的旅游方案或旅游计划付诸实施的过程。与其他决策一样，旅游决策是一个包括从内在的心理活动到外显行为的连续体，可以划分为一系列相关的阶段或步骤。

（1）消费决策

影响旅游者出游动机的因素都会对购买决策构成直接或间接的影响。其不同之处在于，由于旅游决策比旅游动机更加接近旅游行为，因此其影响因素包含了旅游产品的情况。旅游目的地的产品质量、服务水平等信息会对旅游决策造成重大影响，直接决定旅游目的地的最终确定。所罗门和拉博尔特（Solomon 和 Rabolt，1996）认为，消费者作出决策的过程包括明确问题、收集信息、评价备选方案、选择产品、购买自己选择的产品。这里不包含消费和购买后的评价。

邱扶东、汪静（2005）在前人研究的基础上，通过访谈和问卷调查，提出个人的旅游决策过程可以划分为七个阶段：产生旅游的需要或动机、收集有关旅游的信息、确定旅游目的地或旅游线路、进行旅游预算、确定出游方式、决定是否外出旅游、外出旅游。信息收集在旅游决策过程中具有重要作用，在这个过程中，旅游者需要尽可能更多、更准确地获取信息，以帮助作出相应的出行决策。一般来讲，购买前信息搜寻（prepurchase information search）包括内部信息和外部信息。外部信息通常来自个人信息（口碑）、中立信息、广告信息和个人亲历信息四个信息源（Crotts，1999）。

口碑就是指旅游者的亲戚、朋友、同学、同事等熟人的言论对旅游者的旅游决策施加的影响。口碑信息大多源于上述成员的亲身经历，不仅包含客观描述，而且富有引导性。对于旅游者而言，口碑来源于旅游者小群体内部，因而具有很强的可信度。随着网络技术的发展，口碑效应已经不仅仅限于熟人之间，旅游者的旅游日记（博客）和评论都可以在网络上发布，对于潜在的旅游者而言也是非常有参考价值的口碑信息。中立信息是指通过报刊、图书、电影、电视等中立机构途径传播的，而非由旅游组织或企业提供的信息。中立信息源由于具有较强的客观性和权威性，对旅游者的决策起到重要的影响。近年来，电影、电视的信息对人们旅游决策的影响逐渐增强，很多旅游地成为某些电影或电视的外景拍摄场地之后，往往能够吸引大量旅游者前来访问游览。广告信息指来自旅游地政府或企业的推介信息。虽然这些信息带有明显的宣传广告性质，但是由于信息量大、影响面广，因此也会对旅游者的旅游决策产生很大影响。

在完成信息收集工作之后，消费者进入目的地选择（destination choice）阶段，它是旅游决策过程中最为重要的环节。旅游者通过前一阶段信息收集、比较和判断之后，最终权衡各个方面的情况，确定旅游目的地。消费者对目的地的感知和偏好影响目的地选择，目的地形象对选择行为也有重要影响（Woodside，et al.，2000）。基于此认识，伍德赛德和莱森斯基提出了一个旅行者目的地认知和选择的普通模型（Woodside 和 Lysonski，1989）。在对度假目的地选择模型的构造中，克朗普顿（Crompton，1992）提出了目的地组（destination set）的概念，游客对这些纳入其视野的目的地组之内的对象进行选择，而非漫无边际地加以考虑。

度假旅游者往往会选择单一旅游目的地，而观光旅游者则会选择多个旅游目的地。这样就出现了旅游线路的确定问题，旅游者需要考虑如何将这些选定的旅游目的地串联起来，根据客观条件和个人意愿，确定合理的旅游预算。需要注意的是，旅游预算不仅指金钱，还包括时间。在旅游活动中，时间成本也是非常重要的因素之一，它决定了旅游活动的日程安排。对于选择了多个旅游目的地的旅游者而言，还需要在不同的旅游目的地之间进行时间的分配。如果选择了跟团旅游，则需要确定旅行社。品牌和价格都是影响旅游者选择旅行社的重要因素。

（2）购买行为模式

旅游者从产生旅游动机，到完成旅游决策过程，最终确定购买旅游产品，其购买行为从不同的角度可以有不同的划分方法。研究者一般从确定程度、购买态度、行为模式三个方面分别对购买行动进行归纳。

依据购买目标的确定程度对旅游者的购买方式进行分类，是借鉴一般消费购买行为研究的分类，按照旅游者对要购买的旅游产品的确定程度进行划分。按照此方法分为确定、半确定、不确定三种购买状态。确定型购买是指旅游者在购买旅游产品之前，已经有明确的购买目标，旅游者非常清楚自己的旅游预期地，想要得到什么类型的旅游产品，获得怎样的旅游体验，包括时间安排、可承受的价格范围和旅游目的地等，旅游者都有明确的计划。半确定型购买是指旅游者在购买旅游产品之前，有大致明确的购买目标，但是具体细节并不明确。这类购买行为往往会经过一个反复比较的过程，最终才能确定购买对象，旅游者只是对旅游目的地的类型有大体的取向判别，但是具体选择哪个旅游地作为目的地等问题，仍然需要从旅行社或者其他渠道获取信息，以作出进一步的选择。不确定型购买是指在购买旅游产品之前没有明确的购买目标，偶尔遇到感兴趣的旅游产品就随机产生了购买行为。随着旅游者经验的积累及现代生活方式和价值观念的转变，不确定型购买在旅游消费购买行为中的发生频率有逐渐增加的趋势。

依据旅游者购买的态度，可以将旅游购买行为分为习惯型、理智型、经济型、冲动型、情感型、慎重型和随意型七种类型。习惯型购买的旅游者一般根据以往的购买经验和旅游习惯采取购买行为，经常选择同一家旅游代理商或者同一个旅游目的地，很少受到社会潮流和时尚的影响。理智型购买的旅游者在采取购买行为之前，会进行周密的分析和思考，在购买过程中，相信自己的判断，不愿意接受广告宣传和销售人员的推荐。经济型购买的旅游者主要从经济角度考虑，对旅游产品的价格非常敏锐，看重产品的性价比。冲动型购买的旅游者个性心理反应灵敏，外界刺激物尤其是新颖别致的外界刺激物容易引起心理的指向，容易受到广告宣传和潮流时尚的影响。情感型购买的旅游者个性心理特征具有较强的兴奋性，审美感觉较为敏锐，经常以旅游产品的品质是否符合其感情需要为标准判定是否确定购买。慎重型购买的旅游者个性心理特征具有内倾性，善于观察细小事物，行动谨慎而迟缓，体验深刻但敏感多疑；选择旅游产品时，十分细心，不盲从、不轻信广告宣传和促销信息。随意型购买的旅游者往往缺乏购买经验，其购买心理不稳定，多是新购买者；在选择旅游产品时这类旅游者往往没有主见，渴望得到别人的帮助和指导，乐于听取广告宣传和销售人员的介绍。

旅游产品的购买行为模式更加深入地从理论角度分析旅游消费者的行为特征。常见的理论模式包括边际效应模式、刺激—反应模式、需要—动机—行动周期模式等。

边际效应是经济学中的重要概念。每新增一个单位的产品获得的效益，如果大于新增产品所产生的成本，就会引起消费者满意度的增加，并增加购买决策的可能性，从而确定旅游者效应最大化的消费。大量经济学研究表明，消费的边际效应一般呈现递减的规律性特征。因此，旅游者每年的旅游次数、每次旅游的天数、每次旅游的目的地数量都会有趋于效应最大化的极限值。相应的，旅游目的地要吸引旅游者再来一次，再停留一天，就要考虑到旅游者价格、时间成本和获得的效应之间的关系。

心理学研究表明：人的行为是外部环境刺激的结果，是刺激的必然反应。当行为结果能够满足人的需求时，行为就会得到强化；反之，行为将趋于消退，这就是所谓的刺激—反应模式。旅游者在决策和购买过程中都会受到来自外部信息的刺激，旅游者经过内心决策，最终产生旅游购买和消费的行为。如果旅游消费行为能够使旅游者获得满足，即达到了预期的体验，则再次受到类似的外部刺激时，旅游者还会通过旅游消费行为来满足内心的需求。如果旅游消费行为的结果令人失望，则旅游者会放弃再次到该目的地旅游的想法，并且考虑是否还要旅游。

旅游者的需求、动机和购买行动构成了旅游者消费活动的一个循环周期。当旅游者产生旅游需要时，就会产生心理紧张感，进一步产生需要满足的目标时，需要就会转化为动机，推动旅游者进行旅游消费行为；旅游者通过旅游消费行为获得了满足，心理上的紧张感就会随之消失。每次旅游消费行为的结果都会影响下一次旅游需要的产生，开始一次新的循环。

3.6.2.2　现场体验

旅游现场阶段是旅游消费行为过程中最核心的部分。旅程中旅游者首先要做前往目的地的旅行，旅游者如果以散客方式出游，将自行前往机场、车站、码头，搭乘飞机、火车或轮船；如果团体出游，就会按照旅行社的安排前往集合地点出发。到达目的地后，以酒店或旅馆为基地，旅游者游览各个景区、历史街区、地标性地段，观赏自然和人文景观，参与娱乐活动，或者从事公共或私人事务活动，接触不同人群，直至旅程结束返回惯常环境。

旅游体验（tourist experience）是指旅游者通过与外部世界联系，包括风景、节事、人际接触与联系，改变其心理水平并调整其心理结构的过程，是旅游者内在心理活动与旅游客体所呈现的表面形态和深刻含义之间的相互交流和作用的结果，是借助观赏、交往、模仿和消费等活动方式实现的一个时序过程。

观赏是实现旅游体验的重要方式，是旅游者通过视听感官对旅程中所接触的事物进行欣赏、体验，并从中获得审美愉悦的审美过程。观赏是旅游审美活动的主要形式，是对旅游景观所包含的美景要素的具体感受和理解把握。

旅游交流（tourist communication）是指旅游过程中发生的人际交往活动，是一种异地性、暂时性的个人之间的非正式交往。旅游过程中，旅游者会接触到各种不同的人群，包括旅伴、旅游经营者、目的地居民、其他旅游者，或者远在异国他乡的亲友等，通过相互接触交往产生影响并相互作用，并从交往中获得社会交往需要的满足和个人心智的发展。由于旅游交流是一种异地性和暂时性的个人之间的非正式交往，因而具有非约束性。旅程中交往对象往往脱离了旅游者原来的社会环境、原有组织规范的严格约束出现放松。旅游者由于角色的转换，可以不受年龄、身份地位等约束，进行旅游接触交流体验。

旅游参与（tourist participation）是指旅游者对旅游目的地社会的带入需求和行为。当然，旅游参与程度也会因旅游者的个性特征不同而存在差异。有些旅游者仅仅观赏旅游目的地的景观和文化现象；有些旅游者则乐于深入当地社会生活，渴望通过各种活动体验异地文化。有的旅游者喜欢以模仿等形式，参与或体验目的地居民的生活，比如语言、服装等都是模仿的对象。旅游参与的最高境界是旅游者不再被当地居民看做旅游者，而成为受欢迎的客人。旅游者的旅游体验将不仅包括目的地的风光照片和纪念品，还会包括一段段生动的故事和一个个细节。

3.6.2.3　事后评估与重访

旅游者完成往返目的地的旅程、回到惯常环境之后，整个消费行为并未完全结束，还会在一定时段内经历某种形式的评估过程。在这个阶段，旅游者一般会做旅游经历总结、旅游评价和口碑传播，并最终完成角色的回归。

旅游者在完成现场体验活动之后，在对自己的旅游经历进行总结时，其形式并不一致。大多数旅游者会在回到惯常环境后对旅游期间拍摄的照片进行整理，并在整理过程中回忆旅游中美好的经历。有的旅游者可能仅仅在内心整理思绪，而有的旅游者可能会对旅游经历进行书面的总结，即完成旅游日志的整理，甚至以网络（博客）、日记、游记等特定方式向周围加以传播。

不管是以文字形式还是仅仅在内心思考，旅游者都会对旅游活动进行经历后的评价。即使不做理性的判断和分析，也会有满意或不满意的感性认识。旅游者在与别人交流这段经历的同时，往往倾向于表达对旅游经历和旅游产品的满意度评价，并对他人的判断给予倾向性引导。

当旅游者还沉浸在对旅游经历的回忆并陶醉其中时，其角色仍然是旅游者，对于身边的人而言，他是旅游信息的传播者。一段时间之后，旅游者都能完全回归正常生活的角色，基本将旅游经历的影响内化于心。这段时间的长短也与旅游者自身的心理特征相关，因人而异。

旅游消费满意度（satisfaction）是旅游者对旅游消费质量的一种感受。按照期望价值理论，满意度是旅游者的旅游体验与其旅游期望之间的对比关系，是一个相对的、主观的和多方面的概念。当旅游体验大于或者等于旅游期望时，旅游者获得满足感；反之，旅游者就感到遭受挫折。如果旅游者对旅程满意度较高，可能就会产生促进重复购买的效果。旅游消费者重复购买的水平也叫重访率，它是消费者在一定时段内对同一目的地或同一产品的再次或多次购买行为。提高重访率成为旅游地可持续发展的重要竞争力所在。对于旅游产品来讲，时间间隔对重复购买的影响要做具体分析。出于探新求异的心理，人们较少在很短的时间内重复到一个地方旅游；随着时间间隔的增加，旅游者故地重游的可能性反而会增加。

3.6.3 影响海洋旅游消费行为的因素

从消费者的旅游意识被唤醒，到作出旅游决策、形成旅游体验和评价，在整个旅游消费过程中，影响旅游者消费行为的因素大致分为两类：一类是消费心理层面上的因素，如旅游消费者的动机、态度、情绪、性格、认知结构和习惯等；另一类是家庭、社会阶层、文化群体、职业等影响潜在旅游者的抉择、旅游目的地的确定及现实购买行为的环境因素。

3.6.3.1 旅游者的消费心理因素

（1）动机

许多研究人员认为动机是旅游行为的主要决定因素，旅游动机促使旅游者寻求能缓解或消除其当前紧张状态的旅游目的地和旅游产品。理解旅游者的动机有助于解释旅游者为什么会去旅游，为什么会在旅游市场上购买产品或服务。但旅游消费行为背后的动机往往既复杂又隐蔽。迄今为止，旅游动机仍是研究人员热衷研究的难题。继弗洛伊德、默里和马斯洛提出了动机的一般理论之后，研究人员又提出了许多动机类型以解释人们的旅游行为。

（2）感知

旅游者的感知是指将外部世界的旅游信息转换为内部思维的过程。旅游产品的品质、价格和其他刺激都要通过旅游消费者的感知过程发挥作用。旅游消费者把来自旅游企业或社交网络的旅游信息与自己的旅游经验和知识结合起来，形成对旅游产品的判断。不同旅游消费者对同一刺激物所产生的感知是不同的。例如，搭乘同一次航班，有的旅游者觉得风险很大，有的旅游者觉得飞行的风险很低。旅游者对旅游产品或旅游目的地的感知，是旅游者作出抉择的重要依据。

（3）学习与记忆

旅游者在消费过程中会遇到不少问题。要解决这些问题，就得积累经验，收集信息，学习怎样消费。旅游消费者的学习与感知相关，通过感知信息，丰富知识与技能，适应新的环境。除自身的旅游经历之外，旅游消费者可以通过商业环境了解旅游目的地、旅游产品和服务。对于缺乏经验的旅游消费者而言，更重要的信息来源可能是亲友的介绍和推荐。获取信息后，旅游者会用联想的方法把信息储存在头脑里，并通过联想产生新的信息，完善自己的知识结构。例如，把某一度假地与气候、文化、自然环境以及旅游者的感觉等众多不同的特征联系起来，以便将来作出明智的消费决策。

（4）态度

态度是旅游者对人、事、活动等态度对象（attitude object）的稳定的基本看法。旅游消费者可能喜欢或不喜欢某个产品、某个广告、某个企业、与某一产品相关的行为。旅游消费者的态度甚至可以更广泛地指向与旅游相关的某类行为。心理学研究表明，消费者的态度一旦形成，就会产生特定的偏好和行为倾向，并进一步影响旅游决策。态度可以帮助旅游者在旅游市场上作出购买决定。当消费者对备选产品进行比较时，会在其中选出最为喜欢的一种产品。因此，旅游企业往往十分关心旅游者对产品和服务所持的态度，以及怎样才能改变旅游者的态度。

（5）个性、自我概念和生活方式

个性反映了一个人持久、独特的心理特征。心理学家认为个性是个人经历积淀的产物，它远远超出了社会人口统计学的范畴。个性因素决定了不同消费者在面临类似环境时会作出的独特反应，而且这种独特的反应不会轻易改变。1972 年，美国学者普洛格（Stanley. C. Plog）发表了探讨个性特征对旅游消费行为影响的著名论著，他把航空公司的乘客划分为心理中心型和多中心型，前者更为内向、忧虑和羞怯；后者更为外向、自信、喜欢冒险。他认为，多中心型旅游者更喜欢新奇的目的地，开展未经组织的旅游，并且更多地融入当地的文化；心理中心型旅游者更倾向于参加包价旅游，前往熟悉的目的地或常规的游览区。

自我概念，可以在很大程度上解释不同个性的旅游消费者为何表现出不同的行为。"自我概念"一词源自弗洛伊德的精神分析理论，它是指消费者对自我特点的一种认识。通俗地讲，自我概念就是旅游消费者如何看待自己。它包含两个层次：真实的自我（个人对自我的全面感知）和理想的自我（个人对自我设想的感知）。度假和旅行通常被认为是理想自我的一部分。一位认为自身具有高贵气质、向往浪漫经历的旅游者很可能把法国作为旅游目的地，或选择到高档豪华餐厅享受法国大餐。

生活方式是指思考和行为的独特模式，它表现了消费者的不同个性，是自我概念的反映。生活方式包括例行的日常生活、活动、兴趣、看法、价值、需求和感知。与纯粹描述性的人口统计数据相比，生活方式展示出人们的真实生活，能够为研究旅游消费者的时间、花费和感知方式提供更为有用的信息。

在旅游市场上，许多旅游者选择特定产品和服务的原因是旅游者认为该产品和服务与其个性、自我概念和生活方式相符。一些西方学者非常重视消费者的个性、自我概念和生活方式。其原因在于，个性、自我概念和生活方式是在消费者学习、感知、动机、情感与外部环境因素综合作用下逐渐发展起来的，一旦形成又会对购买决策的每个阶段产生影响。

（6）情绪

旅游者的消费过程，既是对信息进行加工处理的认知过程，也是一个情感体验过程。在度假旅游中，旅游者更是把追求乐趣、实现幻想视为旅游的重要目的，旅游目的地和旅游服务是帮助旅游者获取感官享受、实现"白日梦"的媒介。因此，旅游消费者在旅游经历中的情绪也是影响旅游消费行为的重要因素。

然而，长期以来，学术界只是从旅游者认知的角度，解释旅游者的消费行为和满意度。直至 20 世纪 80 年代，学术界才开始探讨消费者对旅游市场和广告宣传的情绪反应。现有的研究结果表明，在消费过程中，顾客的情绪会不断变化，顾客在前一阶段的情绪和消费过程中的情绪会影响他们消费后的情绪。此外，顾客消费前的情绪还会影响他们对员工服务实绩的评价，以及影响他们对服务经历的总体满意度和重购意向（温碧燕 等，2003）。

情绪的表现形式多种多样，旅游消费中影响旅游者行为的情绪可分为正面情绪和负面情绪两大类。正面情绪包括认同（如对自己选择旅行社表现出强烈的个人偏爱）、高兴（如在目的地欣赏富有地方特色的歌谣)、欣喜(如在客房里发现一瓶赠送的香槟酒)、期待(如准备登上天安门城楼),等等。负面情绪包括厌恶(如发现客房床垫下很脏)、恐惧(如旅游目的地发生非典型肺炎疫情)、悲伤(如发现久仰盛名的泉水已经枯竭)、气愤(如度假途中塞车,被堵在去机场的路上),等等。

3.6.3.2　经济、文化、社会等环境因素

旅游者的购买决策是在特定的环境下作出的。这里的环境是指影响旅游者思考、感觉、学习和行为方式的外部变量,主要包括以下几方面。

(1) 经济因素

主流的经济学家主张从经济学的角度研究消费者行为,如采用无差异曲线法分析旅游者的消费量。影响消费者行为的经济因素主要是可支配收入和价格。

可支配收入水平决定着一个潜在旅游者能否实现其旅游愿望及消费水平的高低。美国人口统计局、美国旅游资料中心以及许多市场调研公司的调查结果都表明,人们外出旅游与家庭收入水平有着直接的关系。当一个人或一个家庭的收入不足以购买基本生活必需品时,该家庭很少会外出旅游。一旦这个家庭的收入水平超过这一临界点,该家庭用于旅游的消费便会迅速增加,人们甚至愿意减少工作时间和收入,以增加用于旅游的闲暇时间。事实上,收入水平还会影响人们的旅游消费构成。一般来说,较富有的旅游者在食、住、购、娱等方面的花费比例较大,经济条件较差的旅游者在交通费用方面的花费比例较大,原因是食、住、购、娱等方面较易节省开支,而在交通方面省钱则比较困难。

旅游产品的价格也是影响旅游者消费行为的重要经济因素。旅游者的消费行为同样遵循经济学的需求规律:首先,由于人们的收入是有限的,当旅游产品的价格上升时,人们往往会减少对旅游的需求;其次,旅游产品与其他商品和服务之间存在替代关系,其他商品或服务的价格发生变化也会导致人们对旅游产品需求量的变化。

20世纪60年代后,许多学者指出传统经济学只涉及消费者"购买什么""购买多少"的问题,无法解释消费者"为什么购买""为何以特定的方式购买"。他们主张把社会学、心理学理论引入消费者行为研究领域,以便从多方面解释消费者的行为。

(2) 文化因素

文化是一个组织或社会的成员共同的价值观念和信念,共同遵守的习俗、仪式、规范和传统。旅游活动本身就是一种文化生活,旅游者的文化背景决定了他们的价值观、对旅游的重视程度及对不同旅游活动和产品的偏好。因此,虽然不少旅游者的出游目的是了解其他地区的风土人情和文化,但符合旅游者文化偏好的旅游产品和服务往往更容易被旅游者接受。

文化对旅游者的影响往往是潜移默化的,有时甚至连旅游者本人都没有意识到文化因素的影响。例如,体育活动是西方国家的一种重要的文化价值取向,它对度假旅游的活动内容产生着广泛的影响。高尔夫、网球、滑雪和潜水等体育活动是大多数欧洲和美洲旅游者娱乐旅游的首要动机,而不是旅游的附加产品。但是在中国,人们在旅游活动中通常不会考虑体育活动,而是更重视增加见闻。在出游时间上,中国人通常不会在大年三十至年初三期间离家度假,但是,在年初二却很可能展开探亲之旅,在重阳节则会选择一些短途的登高游憩活动。

目前,旅游几乎已成为西方发达国家公民生活中不可缺少的重要组成部分,但在中国,旅游尚未演变成中国人的消费习惯,对影响中国旅游者消费行为的文化因素研究也极为少见。

(3) 社会阶层

社会阶层是一种特殊的亚文化现象,它是根据地位和名望对社会公众进行阶层划分的结果。财富和收入状况、职业状况、受教育程度、居住地等因素,决定了消费者属于哪一个社会阶层。同一阶层成员往往具有类似的价值观念、兴趣爱好和行为方式,生存状态和支配财富的方式也比较接近。不同

社会阶层的消费者在获取资源的机会、生活方式和情趣等方面则有较大的差异，具体表现在衣着、娱乐爱好、说话方式和其他许多特征上。

在旅游市场，各社会阶层的旅游者显示出不同的产品偏好和品牌偏好，在出行方式、目的地、服务供应商的选择上有较大区别。例如，工薪阶层旅游者往往选择花费不高但又可以放松身心的旅游方式和目的地，以摆脱日常工作压力。属于较高社会阶层的游客则更可能出现在豪华邮轮、加勒比海湾、马尔代夫等地方。除了休闲享乐外，他们可能希望旅途中还有一点刺激。

（4）家庭和参照群体

群体，对个体来讲是非常重要的。个体可以从群体中寻求保护以及同类个体交流的机会，以确定自己的行为标准。参照群体，是个体在形成购买决策时，用以作为参考、比较的群体。消费者与亲戚、朋友、同事之间的交谈，是消费者获取旅游信息的重要途径。在购买和评价旅游产品和服务时，消费者往往会感觉到一种无形的压力，要尽量与身边的人一致，以获得所在社会群体的认同。例如，某某身边所有的同事都要往海洋旅游目的地旅游，于是，他很可能会决定在下一个假期前往类似海南、山东青岛、浙江舟山这样的目的地旅游。

家庭，是一个主要的参照群体，它决定了我们大多数人的行为准则。在现代社会中，家庭仍是许多人生活中最重要的部分，与家人一起出游度假是十分常见的现象。因此，旅游消费者往往不是独立作出决策，而是以家庭为单位共同商议作出旅游度假的决策。在家庭的旅游决策制定过程中，家庭内部的角色分配、沟通程度和制定决策的形式（是采用多数人的意见，还是商议、投票、自主决定等）都是影响决策结果的重要决定因素。例如，夫妻两人重视的问题可能各有侧重，双方会努力根据各自的意见对决策施加影响。随着我国计划生育政策的推行，人们对子女的重视程度不断提高，儿童和青少年对家庭旅游决策的影响范围正在逐渐加大。

（5）旅游市场的发展状况

在成熟的旅游市场上，旅游资源的开发比较充分，旅游企业经营者所提供的产品和服务种类较为丰富，相应的，旅游消费者可选择的旅游方案也较多。除了开发有吸引力的旅游产品和服务外，旅游企业往往会通过广告和推销等信息传递方式增强消费者原有的旅游动机，促使他们接受旅游企业的产品和服务，或激发他们作出计划外的瞬时决策。在商业环境较为不成熟的市场，消费者选择余地较小，旅游消费者与旅游经营者信息的不对称使旅游者在决策上产生困难。

简而言之，消费者在旅游市场中购买和评价产品及其服务时，往往会考虑到自己在社会中所处的角色和地位。消费者属于什么样的群体，他的消费行为就会体现出这个群体的特征，遵从所属群体的价值准则和行为惯例。从经济收入、教育水平、职业、文化群体等不同角度，我们可以划分出许多群体类型。同一名消费者可以归入不同性质的群体，同时具有不同群体的特征，呈现出复杂的消费行为。值得注意的是，当今社会的一大趋势是消费者行为模式越发个性化，越来越难以用经济学和社会学的原理来解释。这种情况在旅游市场更为明显。要深入了解旅游者的消费行为，必须要以旅游消费者为中心，探讨其动机、态度、个性特征等消费心理。

（6）情境因素

对特定的旅游消费活动而言，消费者所处的情境会成为度假决策中的限制性因素或促进因素。比如，身体的不适、气候的忽然变化、疫病的暴发等，都可能对购买决策产生意想不到的影响。影响旅游消费行为的情境因素主要有以下几方面：①物质环境。包括目的地的地理位置、天气状况、餐厅的装修格调、旅行社的橱窗装饰、有形标志、户外广告、商品的展示等。②社交环境。包括旅游者的社交网络、旅游者在常住地的居住环境等。例如，在选择旅游目的地时，居住在拥挤城市的人们往往倾向于到空旷的地点度假，在那里休息或独处。③时间因素。包括出游的时间段、可支配时间的限制、预期花费的时间等。例如，意大利人总是选择在每年的七八月份出外度假，即使政府努力劝说人们在一年中平均使用假期，也无济于事。一般情况下，旅游消费者理想的旅游活动是"旅速游缓"模式，即旅行应快速、省时、便捷，游览应从容、宽松、尽兴。如果花在这两部分活动上的时间并非如此，旅游者可能会产生不满。

总之，影响旅游者消费行为的因素是多方面的，既包括动机、感知、学习、态度、个性等具有持续的行为影响力且与个体紧密相连的个人因素，也包括对消费者具有长期影响的文化、社会阶层、家庭等环境因素，以及在特定时空条件下影响京族消费者活动的情境因素，其中，有些因素对旅游消费者行为产生直接影响，更常见的情况是，多种因素在一起共同影响旅游者的消费行为。

本章小结

海洋旅游需求是在一定时期内，一定价格上，旅游者愿意而且能够购买的海洋旅游产品的数量，即旅游者对某一海洋旅游目的地所需求的数量。旅游需求具有弹性较大、季节性明显、集中度较高、敏感性较强等特征。

旅游需求是难以预测的，但是为了提供合适的性质、适当的数量的产品，制定更好的可持续发展政策，需要在市场调查基础上，利用多种技术对旅游需求作出尽可能接近事实的预测。

旅游流表面上是一种空间和时间现象，但本质上却是一种社会经济和文化现象，对它的分析和考察不应该仅仅停留在空间和时间这两个维度上。旅游流将成为旅游学研究中的重要领域，并同样可能发展出比较系统的理论范式。

旅游流是市场经济发展的产物，它构成了海洋旅游学研究的重要内容。旅游需求的近似性和旅游供给的区域集中性是制约旅游流运动规律的两个重要的因素。

旅游流单纯指旅游者的流动，不包括与旅游活动相关的资金、信息和物质的流动，没有必要对旅游流的概念做太宽泛的延伸。那些概念直接称为资金流、信息流或物流也未尝不可。所以这些都是海洋旅游学研究的对象。

旅游者消费行为的影响要素很多。旅游者一次完整的旅游消费行为由包括目的地选择在内的行前决策、抵达目的地后的现场体验和完成旅程之后的事后评估三个阶段组成，旅游者对旅程的满意度将会影响其下一次重访。

 关键术语

旅游需求（tourism demand）　　　　　旅游需要（tourist need）

需求预测（demand forecasting）　　　　问卷调查（questionnaire survey）

参与观察法（participant observation）　　定量方法（quantitative methods）

定性方法（qualitative methods）　　　　旅游动机（tourist motivation）

旅游消费者行为（tourist consumer behavior）　重复购买（repeat purchase）

目的地选择（destination choice）　　　　旅游体验（tourist experience）

旅游交流（tourist communication）　　　旅游参与（tourist participation）

满意度（satisfaction）

复习思考题

1. 什么是海洋旅游需求？影响旅游需求的因素有哪些？
2. 距离衰减规律的核心是什么？如何用这个规律解释旅游需求随着距离发生的变化？
3. 设计调查问卷要注意哪些问题？假如要进行你所在地的旅游市场需求调查，请为该调查设计一份调查问卷。
4. 旅游需求预测的方法有哪些？各有什么优缺点？
5. 选择一个城市或地区，收集各种数据，对该城市或地区进行旅游需求分析。
6. 什么是海洋旅游动机？
7. 旅游者满意度较高，重游率就一定高吗？重复购买行为的影响因素有哪些？

参考文献

保继刚，楚义芳. 1999. 旅游地理学（修订版）. 北京：高等教育出版社.

蔡洁，赵毅. 2005. 国内女性游客旅游消费行为实证研究——以重庆旅游目的地为例旅游科学，19（2）：24 – 27.

李天元. 2002. 旅游学. 北京：高等教育出版社.

刘振理，王兵. 1996. 新编中国旅游地理. 天津：南开大学出版社.

蒙睿，赵文丽，刘嘉纬. 2004. 在校大学生旅游行为研究. 旅游科学，（2）：15 – 19.

邱扶东，汪静. 2005. 旅游决策过程调查研究. 旅游科学，19（2）：1 – 5.

唐顺铁，郭来喜. 1998. 旅游流体系研究. 旅游学刊，（3）：1 – 4.

田中喜一. 1950. 观光事业论. 东京：观光事业研究会.

屠如骥. 1986. 旅游心理学. 天津：南开大学出版社.

温碧燕，韩小芸，伍小奕等. 2003. 顾客的消费情感与顾客满意感关系的实证研究. 旅游科学，17（4）：1 – 6.

吴必虎，宋子千. 2009. 旅游学概论. 北京：中国人民大学出版社.

吴必虎，唐俊雅，黄安民等. 1997. 中国城市居民旅游目的地选择行为研究. 地理学报，52（2）：97 – 103.

吴必虎，徐斌，邱扶东等. 1999. 中国国内旅游客源市场系统研究. 上海：华东师范大学出版社.

吴清津. 2006. 旅游消费者行为学. 北京：旅游教育出版社.

谢彦君. 2004. 基础旅游学（第二版）. 北京：中国旅游出版社.

谢彦君. 1990. 论旅游的现代化与原始化. 旅游学刊，5（4）：49 – 51.

Auliana Poon. 1993. Tourism：Technology and Competitive Strategy. London：ABC International Press.

Baum T, Lundtorp S. 2001. Seasonality in Tourism. Dutch：Elsevier.

Butler R W. 2001. Seasonality in Tourism：Issues and Implications. //BaumT, Laudtorp S. Seasonality in Tourism. Oxford：Pergamon：5 – 21.

Carr N. 2002. The tourism-leisure behavioral continuum. Annals of Tourism Research, 29（4）：972 – 986.

Crompton J. 1992. Structure of Vacation Destination Choice sets. Annals of Tourism Research, 19（3）：420 – 434.

Crotts J C. 1999. Cunsumer Decision Making and Prepurchase Information Search. //Pizam A, Mansfield Y. Consumer Behavior in Travel and Tourism. New York：Haworth Press.

Faria J R. 2008. Demographic and Technological Growth in the Tourism market. Tourism Economics, 14（1）：115 – 121.

Glücksmann R. 1935. Allgemeine Fremdenverkehrskunde. Berna：Verlag Von Stampfli.

Jung C G. 1928. Psychological Types, Contributions to Analytical Psychology. //Cooper C L, Pervin L A. 1998. Personality：

Critical Concepts. London: Routledge: 28 – 39.

Kay P. 2003. Consumer Motivation in a Tourist Context. FANAMAC 2003 Conference Proceedings Adelaide, 2003（11）: 600 – 614.

Maslow A H. 1943. A Dynamic Theory of Human Motivation. Psychological Review, 50: 370 – 396.

Mc Intosh R W, Goeldner C R, Ritchie J R. 1995. Tourism: Principles, Practices, Philosophies（7th ed）. Chichester: John Wiley.

Pearce D. 1987. Tourism Today: A Geographical Analysis. London: Longman Scientific & Technical Press: 8 – 48.

Pearce P L. 1993. Fundamentals of Tourist Motivation. //Pearce D G, Butler R W. Tourism Research: Critiques and Challenges. London: Taylor & Francis: 113.

Plog S C. 1973. Why Destination Areas Rise and Fall in Popularity. The Cornell Hotel and Restaurant Administration Quarterly, 14（3）: 13 – 16.

Prentice R. 2004. Tourist Motivation and Typologies. //Alan A Lew, C Michael Hall, Allan M Williams. A Companion to Tourism. London: Blackwell Publishing Ltd: 261 – 279.

Schmidhauser H. 1989. Tourist Needs and Motivation. //Witt S F, Moutinho L. Tourism Marketing and Management Handbook. Boston: Prentice Hall: 569 – 572.

Smith V L, Eadingtong W R. 1992. Tourism Alternatives: Potentials and Problems in the Development of Tourism. Pennsylvania: University of Pennsylvania Press.

Solomon M R, Rabolt N J. 1996. Consumer Behavior. Boston: Prentice Hall.

Song H, Wong K K F. 2003. Tourism Demand Modeling: a Time-varying Parameter Approach. Journal of Travel Research, 42（1）: 57 – 64.

Van Doorn J W M. 1991. Can Futures Research Contribute to Tourism Policy? //Medlik S. Managing Tourism. Oxford: Butterworth-Heinemann Ltd: 3 – 14.

Van Doorn J W M, Van Vught F A. 1978. Planning. Assen: van Gorcum.

Witt S F, Witt C A. 1995. Forecasting Tourism Demand: a Review of Empirical Research. International Journal of Forecasting, 11（3）: 447 – 475.

Wolfe R I. 1970. Discussion of Vacation Homes, Environmental Preference and Spatial Behavior. Journal of Leisure Research,（1）: 2.

Woodside A G, Crouch G I, Mazanec J A. 2000. Consumer Psychology of Tourism, Hospitality and Leisure. Wallingford: CABI Publishing.

Woodside A G, Lysonski S. 1989. A general Model of Traveler Destination choice. Journal of Travel Research, 27（4）: 8 – 14.

World Tourism Organization. 1995. Concepts, Definitions, Classifications for Tourism Statistics. Technical Manual, No. 1, WTO.

□ **阅读材料 3 - 1**

中国国内旅游需求分析

雷平、施祖麟（2009）利用多变量序列分量方差分析模型（MTV 模型），通过对1984—2005年相关变量时间序列数据的计量分析，对中国国内旅游需求变化及影响因素进行了分析。他们发现，国内旅游需求主要受经济增长速度的影响，餐饮、零售产业对国内旅游推动较大，城乡居民生活水平的提高对国内旅游需求增长贡献有限。与西方发达国家相比，中国居民消费结构中旅游消费需求增长速度还低于生活水平改善速度，还没有真正进入国内旅游调整增长阶段。

由于研究指标的多样性与研究对象的复杂性，雷平、施祖麟采用 MTV 模型作为基本研究模型。MTV 模型主要应用于某些内在不确定性高、变动结构复杂的领域。由于影响旅游需求的因素多样、路径复杂，因此应用 MTV 模型是十分合适的。

为综合研究旅游需求影响因素，他们从宏观经济与食、住、行、游、购、娱的旅游六要素两个层次选择研究指标。所选指标从 1984 年延续到 2005 年共 22 年，除城镇居民人均纯收入指数、农村居民净收入指数外，其他指标均采用增长率序列，原始数据均来源于历年《中国统计年鉴》与《中国旅游统计年鉴》。以国内旅游人次代表国内旅游需求，所有指标均折算为 1984 年数值，各组变量分别反映经济总量与发展水平、投资需求、消费需求、进出口、居民生活水平与收入、交通费用、餐饮与住宿、购物等要素的变化。

经济总量与国内旅游需求具有较强的正相关性。但对三大产业的细分研究可以发现，这一正相关主要体现在第二产业，第三产业次之，第一产业对国内旅游需求基本没有影响。投资、进出口需求与国内旅游需求具有相当强的相关性。与国民经济发展水平相对应，居民生活水平的提高对国内旅游运输需求的解释量非常小，说明我国居民生活水平改善的速度超过国内旅游需求上升的速度。这是一个有意思的结论，与国内多数学者的研究结论相反。研究者发现，旅客周转量、民用汽车拥有量与国内旅游需求相关性较强，相对铁路、公路与内河航道里程的弱相关甚至负相关，说明民用汽车的增加，尤其是家用汽车与长途巴士的数量增长，确实有利于消费者出游，推动了国内旅游消费的增长。积极增加居民消费，发展与规范批零产业、餐饮业对提升国内旅游需求有较大的帮助。

□ **阅读材料 3 - 2**

特尔菲法

特尔菲法预测模型中最著名也是最有争议的方法之一。当历史资料或数据不够充分，或者当模型中需要相当程度的主观判断时，趋势外推模型和结构模型都无能为力，这时就得凭借特尔菲法预测事件的发展。

特尔菲法最先由美国兰德公司（RAND Corporation）在 20 世纪 50 年代初创立，它以问卷的形式对一组选定的专家进行征询，经过几轮征询使专家的意识趋于一致，从而得到预测结果。谢弗、莫勒和格蒂（Shafer E L, Moeller G H 和 Getty R E）1974 年应用特尔菲法预测未来有哪些发展将会影响美国的公园和游憩管理。他们开始选择了一个904人的专家组，专家组中包括游憩和公园管理者、生物和生态学家、人口学家、环境技术专家等。904 人的专家组后来缩减到 405人。第一轮问卷他们将时间定于 2000 年之前，收回第一轮问卷后发现很多专家认为某些事件将发生在 2000 年之后，于是他们将时间界限延至 2050 年之后。值得指出的是，这是 1973—1974 年时作出的预测。预测的结果如下：

1980 年

计算机将被用于给旅游者提供去哪儿游览的咨询；一些主要的公共游览点将会备有动植物和历史方面的解说材料。

1985 年

政府将建立对私人土地拥有者的税额减免制度以保护风景资源；在主要的露营地交有有线电视；荒地的利用将被限制；城市区域将为残疾人、老年人和青少年修建特别的垂钓场所。

1990 年

滑雪运动将在人造滑雪场全年开展；捕捞海鱼的渔民需要持有联邦颁发的许可证；将为公共公园建立国家露营地预订系统；公立学校将交错放假全年上课；大部分家庭将拥有录像系统。

2000 年

800 千米是周末旅行的单程合适距离；平均退休年龄为 50 岁；美国中产阶级家庭到其他州度假就像 20 世纪 70 年代在国内度假那样普遍；旅游车辆的内燃发动机将被电力发动机或其他无污染发动机取代；大型公园的旅行限制用影响最小的集中运输方式，如有轨电车、空中运输和地下快速运输。

2020 年

将建造专用于旅游和娱乐的人工岛；大部分大都市区将提供适宜的户外娱乐场所，使得大量的城市居民不会感到需要到乡村去娱乐。

2030 年

大部分美国中等收入家庭拥有度假住宅。

2050 年之后

第一个月球公园建立；公共娱乐场所收费以收回投资和维修成本；个人拥有水下娱乐场所；平均寿命达 100 岁。

第4章 海洋旅游产品与供给

■ 学习目标

◇ 了解旅游产品内涵
◇ 了解旅游产品的服务业特征和行业特征
◇ 理解旅游产品与旅游供给平衡的意义
◇ 理解旅游产品创新的意义
◇ 掌握旅游产品创新方法

4.1 海洋旅游产品

产品是经济学上的重要名词，也是现代经济的基本细胞，是指能够提供给市场，用以满足人们需要和期望的任何东西，包括实物商品、服务、场所、组织、人和创意。旅游产品也是旅游经济活动中的重要因素，现代旅游活动之所以具有经济性，就在于旅游需求与旅游供给双方要求交换旅游产品。

4.1.1 旅游产品的性质

国内外学界对于旅游产品历来有不同的认识，众说纷纭，见仁见智。归纳起来主要有三种界定角度：经济学角度、市场学角度和旅游消费者角度。前两种界定通常把旅游产品看作旅游企业依托旅游资源和旅游设施向旅游消费者提供的服务，服务是旅游产品的核心；后一种界定则从旅游消费者立场出发，将旅游产品看作一种经历和体验，认为旅游产品的核心应该是旅游吸引物，核心旅游产品的形式应该是旅游景点或旅游景区。还有的学者站在旅游者的立场上，认为旅游产品只能是旅游者自己创造的，旅游线路就是旅游产品。综上所述，旅游产品的概念可以从广义和狭义两方面来认识。广义上讲，旅游产品可以定义为旅游经营者为了满足旅游者物质和精神的需要，向旅游者提供的，旅游者在旅游活动中所购买、使用、利用和消费的各种物质产品和服务产品的总和；狭义上讲，旅游产品仅指旅游经营者为了满足旅游者物质和精神的需要，凭借各种物质条件向旅游者提供的各种服务产品的总和。可见，旅游产品是一个极为宽泛的概念，旅游产品丰富性、多样性的特征，也使学界在对旅游产品分类时，难以统一标准，各类别之间也相互交叉重叠，因此，要认清旅游产品的性质，必须树立以下正确观点。

(1) 旅游产品是整体性的组合产品

无论从经济学、市场学角度还是从旅游消费者角度来看，旅游产品都应该是一个整体性的概念，是一种包罗万象的组合与服务。首先，经济学上的旅游产品应该包括旅游经营者向旅游者提供的、满足其一次旅游活动所需要的各种物质和精神需求的总和，它涉及旅游资源、旅游纪念品、旅游服务多种要素，涵盖了有形的物质产品和无形的服务产品，是一种包括服务和服务理念在内的多种组合；其次，从市场学角度看，营销者向市场提供包括核心产品、形式产品、期望产品、延伸产品和潜在产品等不同层次的整体性旅游产品，以满足消费者对产品真正效用、利益的追求和期望，以及附加在产品上的服务和利益，实则也是一种组合性的整体产品；最后，从旅游者角度看，现代旅游活动是一种综合性的社会、经济和文化活动，旅游产品也可以看作旅游者花费了一定时间、费用和精力进行的一次不同于日常生活的完整经历，这个经历包括旅游者从离开常住地开始到旅游结束归来的全部过程，是旅游者对接触的各种事物和服务的综合感受，是对食、住、行、游、购、娱等多种要素组成的整体性组合产品的全面体验，对旅游者而言，任何一种旅游要素都十分重要，都是其深刻体验的一个组成部分。因此，一次完整的旅游活动必须由各种旅游要素组合而成的旅游产品来实现。

（2）旅游产品是动态性的产品

首先，旅游产品是一种随着旅游需求变化而变化的产品。旅游产品以顾客需求为中心，是指向市场提供的能满足消费者某种需要和利益的物质产品和非物质形态的服务的总和。随着社会物质生产水平的提高，人们的生活也发生了很大改变，旅游者对旅游产品的需求越来越呈现出个性化和多样化的趋势，旅游产品的品类体系和结构体系也顺应这一潮流而呈现出丰富多彩的面貌。譬如除传统的观光旅游、休闲度假旅游外，目前专项旅游、生态旅游、文化旅游、探险旅游等产品纷纷涌现，精彩纷呈。其次，旅游产品的层次也随着旅游者需求的灵活性而改变。不同层次的旅游者对旅游产品的需求是不同的，这要求提供给市场的旅游产品必须是丰富的，在内涵上、品种上、消费层次上都应该有适应于不同消费群体的产品，并且在单项品种和产品质量上也应该有相应的配套，才能保证整个旅游活动过程各个环节的衔接和配合，满足不同层次旅游消费者的不同需求。

（3）旅游产品的核心是服务

服务体现在旅游的全过程和旅游各部门的所有工作之中，是整个旅游活动的核心和灵魂。究其根本，旅游者参与旅游活动更主要的是追求心理上的感受和精神上的满足，而旅游服务就是把有一定使用价值的有形物质结合在一起并通过提供劳务发挥其有用性的一种服务。旅游产品中的服务可以分为可视服务和非可视服务两大类，凡能够向旅游者和公众（潜在旅游者）展示的服务都属于可视服务，其中包含静态的以服务于旅游者为目的而设计的形象物、体现旅游企业服务宗旨和理念的可以看得见的活动、旅游企业人员主动与旅游者接触所提供的面对面的服务等，范围十分广泛；非可视旅游服务是指旅游企业的服务宗旨和理念，以及为完善旅游服务而设置的组织与举办的各项活动。其实，旅游服务也是一种重要的旅游资源，作为服务性行业的旅游业，服务是一种提供给旅游者的特殊商品，一流的服务将实实在在地吸引游客，使旅游者舒心畅神，难以忘怀，获得精神和物质上的最大享受。

4.1.2　旅游产品的特征

考察旅游产品的特征，必须从两个角度进行，其一是服务产品的共同特征；其二是旅游各行业产品的个性特征，只有这样，才能全面地认清这一特殊产品的本质内涵。

4.1.2.1　旅游产品的服务业特征

旅游业是服务性行业，旅游产品也具有服务产品的不可感知性、不可分离性、不可储存性、差异性和缺乏所有权等共同属性。

其一，旅游产品是无形的、不可感知的，人们在消费前及消费过程中都无法感知到它的存在，即使是在接受服务后，其利益也不像实物消费产品那样被察觉。其二，旅游产品的生产过程和消费过程往往是同步的，旅游消费一旦结束，旅游服务产品的生产也即告结束，生产和消费是不可分离的。其三，由于上述两大因素的影响，旅游产品既受到服务人员因素影响，又受到消费者因素影响，因而旅游产品的质量水平存在着较大的差异性，难以统一和标准化。其四，旅游服务和消费又都在一个时空中进行，假如没有旅游者的购买和消费，以服务为核心的旅游产品就不会产生出来；旅游产品也不像其他实物产品那样，暂时销售不出去可以储存起来，留待以后再销售。"闲置就是浪费"，旅游产品的效用和价值不仅固着在地点上，而且固着在时间上，无论是航空公司飞机的舱位还是饭店客房的床位，只要有一天闲置，所造成的损失将永远无法弥补回来。其五，旅游产品既不像实物形态产品，也不像文化形态产品，产品的不可感知与不可储存特点决定了其缺乏所有权。

显然，上述特征中，不可感知性，一般被认为是服务产品五大共同特征中最基本的特征，其他特征都从这一特征中派生出来。事实上，正是因为服务的不可感知性，才使得产品生产与销售不可分离；而差异性、不可储存性和缺乏所有权，在很大程度上也是由旅游产品的不可感知性和不可分离性所决定。

4.1.2.2　旅游产品的行业特征

从行业构成上看，旅游业是一个包含着旅行社、饭店、餐饮、景区、交通、娱乐、购物等核心组织和旅游信息公司、纪念品生产者和零售商等辅助组织在内的综合性行业，由于本质使然，大多数旅游组织主要关心自己的单项旅游产品以及自己部门的市场，导致了不同行业提供的产品有着自己的行业特色；从供给角度看，旅游经营者提供给市场的是一个完整旅游产品，其中必定包含着旅游资源、旅游服务、旅游设施、旅游购物、旅游通达性各个要素，因此要分析旅游产品特征，必须要认清各旅游行业产品的个性特征。

（1）旅行社产品

在我国，旅行社实际上就是旅游经营商或者批发商，是某一具体旅游产品的真正生产者，旅行社通过包价等方式将单个或多个旅游服务组合起来，并直接售卖给旅游者。虽然旅游经营商有很多类型，大小不同、所有制形式不同，大到跨国公司和国有半商业化组织，小到个体私营企业，所提供的旅游产品类型各种各样，但它们都有一个共同的特征，即提供以服务为主的典型的综合性产品。从产品形态来看，旅行社产品有团体包价旅游、半包价旅游、小包价旅游、零包价旅游和单项服务等。

包价旅游是指参加旅游团的旅游者采取一次性预付旅费的方式，将各种相关旅游服务全部委托一家旅行社办理；而旅行社依照合同约定提供饭店客房、一日三餐和饮料、固定的市内游览用车、翻译导游服务、交通集散地接送服务、行李接送服务，以及游览场所门票和文娱活动入场券等。就旅游者而言，参加包价旅游可以获得较优惠的价格，可以预知旅游费用，而旅行社提供的全部旅游安排和全陪服务，也能使旅游者获得安全感；但是，包价旅游也存在着旅游者不得不放弃个性需求而适应团体包价旅游的缺陷。就旅行社而言，团体包价旅游预订周期较长，相对易于操作，而且批量操作可以提高工作效率，降低经营成本；但是，团体包价旅游在预订和实际旅游期间，经常会发生各种变化，而旅游旺季也极易遇到旅游服务采购方面的问题。

零包价旅游是一种独特的产品形态，多见于旅游发达国家。参加这种旅游的旅游者，必须随团前往和离开目的地，但在旅游目的地的活动则完全自由，形同散客。参加零包价旅游的旅游者可以获得团体机票的价格优惠，并可由旅行社统一代办旅游签证。

单项服务，又被称为委托代办业务，是旅行社根据旅游者的具体要求而提供的各种非综合性的有偿服务，其服务对象十分广泛，但主要是零散的旅游者。旅游需求的多样性，决定了旅行社提供的单项服务内容的广泛性，但其中常规性的服务项目主要包括导游服务、交通集散地接送服务、代办交通票据和文娱票据、代订饭店客房、代客联系参观游览项目、代办签证和代办旅游保险等。随着全球性散客旅游的迅速发展，单项服务日益受到旅行社的重视。

通过分析以上五种旅行社产品形态，不难看出其明显的行业特性，具体表现如下。

第一，产品的综合性。旅游产品由物质产品、精神产品及旅游服务等多种成分构成，它以旅游线路为内容，凭借多种旅游资源、旅游设施和特殊旅游服务组成，产品在形成过程中涉及众多生产部门和行业，除各旅游行业外，还涉及旅游部门之外的其他国民经济部门与行业。

第二，产品的无形性。旅行社提供的大多数旅游产品都以服务形式出现，同实物形式的产品相比较，人们在消费之前和消费过程中都无法触摸或感受到它的存在，服务本身及服务后的利益都具有不可感知性，它看不见、摸不着、闻不到，不能"先尝后买"。旅游者花费一定时间、费用和精力所获取的旅游经历和体验也是无形的，因此，旅行社产品的无形性加大了旅游者的购买风险，也增加了旅行社与旅游者交易的难度。

第三，产品的同步性。旅行社产品的生产过程与消费过程是同时进行的，服务人员为消费者提供服务时，也正是旅游者消费服务的时刻，二者在时间上不可分离。

第四，产品的不可转移性。旅游服务所凭借的旅游资源和旅游设施，无法从旅游目的地运输到客源所在地供游客消费，被运输的只能是旅游者。因此，旅行社产品生产是以旅游者来到旅游目的地为前提的，旅游者直接介入旅行社产品的生产过程，并在直接消费中检验旅游产品的数量和质量，又以自己的亲身感受表明他们的满意程度。另外，旅游产品虽进行交换但不发生所有权的转移，旅游者在使用或消费产品的过程中，只是取得在特定的时间和地点对旅游产品的暂时使用权。

第五，产品的脆弱性，又叫易受影响性或易折性，是指旅游产品使用价值和价值的实现，要受到多种因素的制约。旅游产品是由行、游、住、食、购、娱等因素组合而成的，各因素之间的比例关系是否协调、旅游目的地区位和季节变化等自然条件的差异、目的地和客源地的政治气候与经济发展水平，都会影响旅行社产品，使旅行社产品价值和使用价值发展改变。

（2）住宿业产品

住宿业是指以建筑物为凭借，主要通过客房、餐饮、娱乐等向旅客提供服务场所，全球的住宿业比其他任何旅游部门都分散和多样化，住宿旅游产品类型也多种多样，可以说，从没有任何服务的野外宿营到豪华酒店和巡游的巨轮，地理位置的不同，产品之间的差异性也很大，国外有些学者将这类旅游产品分成三大亚类（图4-1），这三种亚产品的组合方式控制着某一特定住宿产品的市场定位。通常，住宿产品的供应商主要有四大类：跨国酒店集团、跨国特许经营集团、专有的高质量住宿供应商和国际分时度假协会。

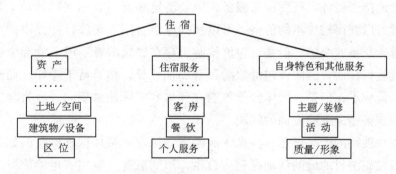

图4-1 住宿产品的构成（亚德里恩·布尔，2004）

服务是住宿产品的主要部分，"饭店服务"是一种通过提供住宿、饮食及其他设施，在客人现场参与的情况下满足客人精神和物质上的消费需要，并由此获得经营收入的行为。《国际旅馆业新规程》第一部分第一条就旅馆服务作出这样的描述："依据旅馆合同，旅馆应向顾客提供住宿和附带性服务。'服务'系指旅馆依其等级所提供的惯常服务，其中包括各种一般可由顾客使用的厅室与共同设施。缔结合同之当事人应支付约定的价金。"在旅游消费活动越来越成熟的今天，游客不仅追求饭店的服务，更要求饭店提供优质的服务。其实，优质服务就等于规范服务加上超常服务，譬如，住宿的环境条件和气氛要给顾客以生理上和心理上的舒适感，服务要给顾客以方便感、亲切感（如家庭式服务）、安全感和物有所值感——价格必须以价值为基础，可见住宿产品在具有服务行业的共性之外，还具有其行业的个性特征。

第一，产品的无形性。服务是无形的，对服务质量的衡量并无具体实在的尺度，顾客对产品的满意程度主要来自感受，与客人的经历、受教育程度、价值观等相关，因而带有较大的个人主观性。譬如，饭店服务的最终产品表现的就不是饭店客房、餐饮或其他服务项目，而是客人离开饭店或餐厅时所获得的"体验与感觉"。虽然客人离开时，饭店服务的生产也告结束，但是客人通过饭店服务所得到的"体验与感觉"这一无形性非物质性的"最终产品"将长期地留在他的记忆中，成为他全部经历中的一个重要部分。

第二，产品的即时性，或称生产与消费的同步性。住宿产品的生产（提供服务）是根据顾客的即时需要而定时进行的，各种服务与客人的消费同步进行，通常是边服务边消费，服务一旦结束，消费亦结束。

第三，产品的不可贮藏性。饭店的设施、空间、环境不能储存、不能搬运，在某一时间内没能销售出去的客房、菜肴等，这一时间内的价值便随时光而消失，也就是说，客房空置，它在当晚的价值就不存在了。

第四，产品质量的可变性。住宿业服务活动属于体验型的产品，这已是一种国际共识，客人对"人作为服务经历一部分的程度"（人的因素）及"场地和设备作为服务经历一部分的程度"（有形因素）这两者都有很高的要求。"顾客在服务过程中的有形参与程度越高，服务人员、设备和场地就越可能成为服务经历的一个重要组成部分。在相互竞争的供应商之间做选择时，顾客可能会把他们选择的标准建立在他们对这些要素和对实际的服务产出这两者的评价基础上。"（罗结珍，1990）因此，产品质量受人为因素影响较大，难以恒定地维持一致。一方面，由于服务的对象是人，他们有着不同的兴趣、爱好、风俗、习惯，又有着不同的动机和需要；另一方面，提供服务的也是人，提供服务时往往受其服务人员的知识、性格、情绪等影响，这些影响使得产品质量有着很大的可变性。

第五，产品供求的季节性。由于一个地区的旅游供需有淡旺季之分，并且呈周期性变化，因此，住宿产品的销售也受到季节性的较大影响。

供宿的饭店形象对顾客的选择有着极大的影响，顾客在选择住宿产品时，多从该饭店的社会形象及信誉方面进行考虑和比较，尤其是对饭店软件的选择很关注。住宿业产品的上述特点，要求员工具有较高的服务技能，热情的服务态度，去不断提高服务质量，培养忠诚顾客。

（3）景区产品

关于旅游景区（点），目前国内外都没有一个被普遍接受的论述。国外有些观点认为，旅游景区（点）必须是一个长久性的旅游目的地，其存在的主要目的是向公众开放并让公众得到消遣的机会、做感兴趣的事情、或受到教育，而不仅仅是用于购物、体育运动、观看电影或表演。国内一些学者则认为，旅游景区（点）是由具有某种或多种价值，能够吸引游客前来观光、游览、度假的自然景物、人文景观以及能够满足游客需要的旅游设施构成的，具有明确具体的空间界线的多元环境空间和经营实体，这一实体可以通过对游客进出的管理和提供相关服务，达到盈利或保护该环境空间的目的。上述各种观点中，多数学者是从广义角度对旅游景区的概念进行描述。2003年2月，中国质量监督检验检疫总局发表了《旅游区（点）质量等级的划分与评定》（GB/T 17775—2003）的国家标准，其中将旅游景区（点）界定为：具有参观游览、休闲度假、康乐健身的功能，具有相应旅游服务设施并提供相应服务的独立管理区。包括有风景区、文博馆、寺庙观堂、旅游度假区、自然保护区、主题公园、森林公园、地质公园、游乐园、动物园、植物园及工业、农业、经贸、科教、军事、体育、文化艺术等各类旅游区（点）。狭义上看，旅游景区就指旅游区中的旅游风景名胜区。在传统旅游市场中，旅游景区是旅游产品的生产者，旅行社则是旅游活动的组织者、景区旅游产品销售的代理商和中间商。

　　目前，我国的旅游景区有四种类型，第一类是以名山、大川、名湖和海洋为代表的自然类旅游景区；第二类是以人类在长期的历史演进过程中留下的遗迹、遗址为代表的人文类旅游景区；第三类是主题公园类旅游景区，这是人类现代科学技术和劳动的结晶；第四类是社会类的旅游景区，它既区别于传统的旅游景区概念，又是传统概念的发展和延伸，包括工业旅游、观光农业旅游、科教旅游和军事旅游景区等。

　　"景区"不是资源，而是被加工后的"组合产品"。旅游景区产品是借助一定的资源、设施而向旅游者提供的有形产品和无形服务的组合，是旅游者在旅游目的地或销售点以货币形式向旅游经营者购买的一次旅游活动所消费的全部产品和服务。旅游景区产品不能仅仅理解为旅游地的风景名胜，还应该包括必要的旅游设施、旅游环境、游客观赏和参与的活动项目、景区（点）的管理和各类服务等。按某种标准，旅游吸引物应该包括事件类吸引物、特别建造的永久性吸引物、自然和历史吸引物三大类。事件类吸引物的供给往往受到事件本身因素的影响而呈现出周期性或不稳定性，如里约热内卢的狂欢节、奥林匹克运动会；特别建造的永久性吸引物的供给也取决于其选址的区位，通常"热点"旅游区有着潜在的"注入"需求和集聚经济效应；自然和历史吸引物的供给，则受到管理和服务成本的影响。

　　旅游景区产品的结构包括核心产品、有形产品、外衍产品三个部分。核心产品是提供给旅游者体验的景区核心意境（核心价值）；有形产品包括观赏性景点、参与性游乐项目、深化主题的体验性项目、达到畅爽体验的节点、与他人共享、安全保障、服务质量、品牌等内容；外衍产品指可出入性、停车场、辅助性服务设施（如餐厅、商亭）、为有特殊要求的游客提供的服务、天气、开放时间、处理投诉的程序、环境质量、社区居民的态度等（图4－2）。

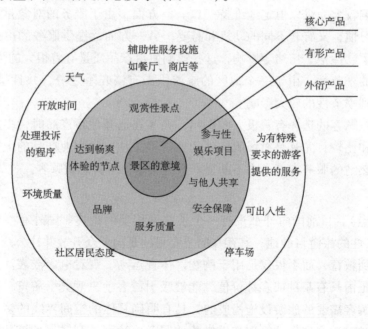

图4－2　景区旅游产品结构图

　　旅游景区产品的实质是服务，而不是风景名胜本身，任何风景名胜都不能通过购买发生所有权的转移。通常，旅游景区产品都具有一定的使用价值和审美愉悦功能，游客购买和参与旅游活动，就享受到参与这种活动体验带来的心理满足。涵盖了旅游吸引物、旅游活动项目、管理与服务、可进入性诸因素组合而成的景区旅游产品，既具有其他旅游行业所具有的共性，更具有行业自身的独特性。

　　第一，景区特色的稳固性。景区吸引物是景区内标志性的观赏物，它是景区旅游产品中最突出、最具有特色的景观部分。旅游从某种角度讲也可称作"眼球经济"，游客正是为了观赏旅游景区（点）

某一特定吸引物才不远千里、不怕车马劳顿赶来旅游的，这是旅游景区（点）赖以生存的依附对象，是旅游景区（点）经营招徕游客的招牌和幡帘，是景区旅游产品的主要特色显示；没有这个吸引物，游客不可能来景区旅游消费。无论是自然景区、文化历史景区和人造景区，只要形成特色就会在游客心中留下长期稳定的印象，给市场造成固定的认识。当然，在旅游市场竞争日益激烈的情况下，景区旅游吸引物不仅靠自身独有的性质来吸引游客，还要有一个良好的形象塑造和宣传才能起到应有的引力效果，或者说通过给景区旅游产品定位，把最吸引人的、最突出的特色表现出来，并将这个特色进一步打造形成景区品牌和旅游市场名牌。

第二，产品质量对社区环境的强烈依赖性。旅游景区（点）往往是从地方社区脱胎而来，与社区有着千丝万缕的联系。当社区利益与景区利益一致时，社区会协助景区开展经营活动；当社区利益与景区利益不一致时，社区则通常采用种种方式破坏、阻碍景区经营，加大景区经营成本。

第三，产品对可进入交通的依赖性。可进入性指的是旅游景区（点）交通的通达性。旅游景区（点）的产品销售与有形商品销售不同，是景定人动，顾客必须来到景区享受服务，经营要靠大量的客流。交通的通达性既带来了旅游客流，同时也降低了景区投资建设成本，有利于该景区形成"旅游热点"，集聚经济效应。

（4）旅游交通产品

旅游交通是联系客源地和旅游区的桥梁，是旅游的通道和媒介，是构成完整旅游功能系统的必要组成部分。旅游交通使旅游者（包括行李）实现了空间上的转移，因此，没有良好的交通条件就不能形成旅游流（客流）。20 世纪 60 年代后，大型喷气式客机的运营，使国际旅行变得方便、快捷、舒适，大大促进了国际旅游的发展，可以说，现代大众旅游就是在交通条件得到极大改善后才形成的。其实，旅游交通本身也是旅游活动的一部分，是实现旅游收入的重要来源和促进旅游业发展的关键因素，对旅游业的发展至关重要。通常，旅游交通支出占整个旅游消费的最大比例，其次才为旅游者的住宿和购物支出。在美国国内旅游中，交通占旅游总收入的 55%，在我国国内旅游中，交通收入占全部旅游收入的 30%，其中在海外来华人员中这一比重高达 32%，是旅游者旅游消费支出中最大的部分。

交通运输业的产品没有固定形态，也不存在存续时间，往往在生产的瞬间就被消费掉了，交通需求也因为不同时间和不同地区有着很大的波动，尤其旅游交通的季节性更强，当然，交通运输业的发展会对沿线经济产生极大影响。旅游交通是为了满足旅游者从客源地位移至目的地的需求而产生的，是旅游产品的一个组成部分，旅游者沿交通线上的移动，不仅是为了完成空间位移，其本身也是一种旅游的经历和体验，是旅游者最终获得的旅游体验中的组成部分。因此，与一般客、货运交通相比，旅游交通以客运为主，在交通线路的质量、环境的设计、交通工具形式的选择、交通需求的季节性影响等方面都有其独特的地方。

第一，交通线路组合的自主性。在旅游过程中，旅游者虽然常常利用已有的基础交通线路（并非为旅游而修建的交通线），但旅游者却可以根据自身的需要和目的地的分布来选择组合自己的交通线路，体现出极大的自主性。旅游交通从空间层次上可分为三种：第一层次是外部交通，指从客源地到旅游地所依托的中心城市的交通，空间跨越尺度大，主要方式为航空交通和铁路交通，也有部分水运和公路交通。第二层次是旅游区内由中心城市到旅游地、风景区的交通，跨越的是中、小尺度的空间，以公路或铁路为主要交通方式。第三层次是旅游地或风景区内部交通，跨越的是微观或小尺度的空间，以特种交通为主要方式，如索道、游艇、电瓶车、畜力车、骑马等，甚至步行。通常，旅游交通线路的设计会充分考虑旅游者的空间行为规律、资源与市场的空间关系。在大尺度空间上，为了适应旅游者作闭环状旅游、避免走回头路等行为规律，常常把规模、等级相当的景点和旅游地以最经济、最有利于旅游活动的方式联结起来，形成一个闭环交通线；在中、小尺度空间上，为了符合旅游者以中心城市（中心旅游地）作依托、进行节点状旅游的行为规律，可考虑依托中心城市做放射状地同低一级的旅游地（点）进行交通联结。

第二，交通方式、交通工具的新异性。现代旅游以追求娱乐为目的，在特定情况下，交通运输工具也成为娱乐工具，被旅游者当作体验或经历的对象。譬如，观光人力三轮车在我国许多城市一出现就被旅游者所喜爱和接受，表达了旅游者对传统交通工具的一种兴趣；"协和号"超音速客机的告别之旅，又使不少曾经乘过它的乘客为当今世界上飞行最快客机的谢幕感到惋惜；豪华邮轮被称为"浮动的度假村"，在欧美地区具有十分成熟的市场，在我国也具有相当的发展潜力；运行了100多年后已失去运输功能的"保存铁道"，仍然被欧洲发达国家作为颇具旅游价值的交通工具，受到许多旅游者的青睐，等等。"行"对于旅游者的吸引力首先来自各式各样交通运输工具的奇异、古老的样式的新奇感，其次才是在乘坐、使用"稀奇古怪"交通工具、或者是行走过程中所产生的紧张、刺激、享乐与快乐。

第三，交通线路和旅游线路高度统一性。在有限的资金和闲暇时间条件下，旅游者希望游览更多的景点，获得更大的出游收益，单一的旅游景点很难对旅游者产生足够的出游吸引力。旅游线路就是旅行社根据市场需求，以交通线路为基础，结合旅游资源和服务设施，把各旅游地和景点串联拼合起来、推向市场销售的旅游产品，这种做法通过交通将多个孤立的景点资源要素有机串联组合，形成主题鲜明、旅游资源与设施、时间三者统一的完整性的旅游产品，满足旅游者的精神和物质需求。

第四，交通的便捷、舒适和安全性。旅游者对不同交通工具的知觉并不相同，就国际旅游者来说，飞机是最主要的交通工具，对客运班机的知觉直接影响他们对旅游的知觉和旅游决策。研究表明，一位旅游者对客运班机的选择，主要与以下因素密切相关：一是起飞时间；二是按时抵达目的地；三是中途着陆次数；四是空中服务员的态度。影响旅游者对火车的知觉因素主要有运行速度、发车和抵达目的地时间、准时正点运行、中间停靠次数以及车上的服务质量；而对于乘坐汽车的旅游者来说，首先考虑的是时间因素，其次是汽车的功能和舒适程度，再次是服务质量。由于轮船速度较慢，旅游者对轮船的舒适程度就非常重视了，另外，船上的娱乐条件、服务员的态度也非常重要。然而，不管哪一类旅游者，不管其选择哪一种旅游交通工具，就旅游交通产品来说，便捷性、安全性和舒适性都是第一位的，是旅游交通的最基本因素。旅游活动按照精心安排的日程表一环扣一环地进行，如果交通不够便捷而延误时间，那就打乱了旅游计划，给旅游活动带来麻烦，甚至在经济上、政治上造成巨大损失。在旅游者心目中，交通安全问题是最重要的，甚至可以为了安全而牺牲便捷。旅游者全部的游览时间，将近1/3或一半是在各种交通工具中度过的，事实上，乘坐交通工具的过程，也是旅游的过程。旅游交通产品的构成中，不仅仅指利用现代化的交通工具实现旅游者的空间位移，交通组合还包括更广阔更深远的意义，譬如，通过"交通组合"达到"玩乐"和寻求知识的目的，通过"交通组合"实现怀古探奇的目的，等等。总之，"交通组合"可以带给游人乐趣和享受，有些交通组合本身就可以构成专项旅游商品、供游人参观的旅游点和游乐项目，可以说，不论在天空、海洋和陆地，人们都可以在"行"中得到"乐趣"，因此，交通工具的舒适性是十分关键的。

（5）娱乐旅游产品

娱乐旅游产品是指旅游经营者为了满足旅游者在旅游活动中的休闲、娱乐、观光、度假等各种需求，凭借着各种旅游接待服务设施、娱乐活动设备和良好的生态环境条件，向旅游市场提供各种服务和要素的总和，是开展旅游市场经济活动的基本细胞。旅游市场的拓展、旅游企业的发展、旅游者外出旅行浏览活动的终结，无不围绕着旅游娱乐产品这一核心问题展开。在旅游产业内部构成中，娱乐是旅游活动的主体，娱乐产品也是最主要的旅游产品种类，包括参加各种节庆活动在内的专项娱乐旅游活动，还有一些诸如购物游、美食游等形式的娱乐旅游活动等，虽然这类产品是大众化旅游时代发展的结果，但是，由于其包含着多种多样的活动方式，从某种意义上说，旅游娱乐也是一种具有多样性、层次性和复杂性的旅游产品，与一般的旅游产品相比较，具有比较明显的产品特点。

第一，产品构成的整体性。旅游娱乐是一种涉及经济、社会、文化等多方面的综合性活动，要满足旅游者在娱乐过程中物质和精神方面的双重需要和享受，这就决定了旅游娱乐产品及其服务过程具有不可分割特征的整体系统，旅游娱乐产品不单单用来满足旅游者意识上的享受需要，旅游者还要从中得到与此相关的额外服务所提供的辅助利益以及相应的文化感受。一方面，娱乐旅游产品的构成是吃、住、行、游、购、娱旅游六大要素以及相关服务部门共同运作的结果，是根据旅游需求进行的整体性再组合；另一方面，旅游企业所出售的娱乐旅游产品，从产品内容与形式、市场销售和服务的全过程，都遵循整体性原则。

第二，产品的精神性。娱乐旅游产品主要不是以物质形态表现出来的具体的劳动产品，而是以接待服务的方式体现出来的、具有显著的精神感受性的无形产品。这种无形性特点，导致了产品质量评价尺度的特殊性。对旅游娱乐产品质量好坏通常无法用传统的技术指标进行衡量，全由旅游消费者个人根据自身精神感受的满足程度来决定，而且也只有在旅游者到达旅游目的地并经历了旅游活动的全过程后，才能体会到该项旅游产品是否真正符合品味、是否真正具有价值。

第三，产品的时尚性。任何一项旅游娱乐产品都必须以满足旅游者观光和娱乐需求为原则而精心设计，体现出本时代社会文化生活价值趋向和精神向往。精神享受是人类最高级的情怀，而满足精神追求的方式总是多种多样的，并带着鲜明的时代性。过去的人喜欢到海滨度假、喜爱到阿尔卑斯山滑雪，现如今，人们又热衷从事回归自然的生态旅游活动；过去，静态观光、休闲娱乐受到欢迎，今天，像迪斯尼主题公园那种参与性、体验性的娱乐产品受到游客追捧，这种变化集中反映了旅游娱乐产品所包含的时代内涵。当然，旅游娱乐产品在市场上刚推出时，往往能够风光一时，而当社会再度发展，人们的休闲娱乐观念也随时代和社会而变化时，产品倘若不能适应形势变化，就无法满足人们消费潮流的新需求，就极易遭到市场的淘汰。因此，新潮的旅游娱乐产品具有时代性，也隐藏着脆弱性，极易被替代。

第四，生产与消费的同步性。由于生产结果不以具体产品形式体现，旅游娱乐产品就无法像其他普通的物质产品那样在暂时无人购买和消费的时候储存起来，往往是在同一时间完成了从生产到消费的转换过程；同时，娱乐旅游产品的生产也不是事先预制的，只有当旅游者到达旅游目的地时才开始进行并交付旅游者使用和消费。娱乐旅游产品的生产是伴随着旅游者观光、游览和娱乐过程而不断展开的，整个产品处于即生产—即消费的快速转换过程中，体现出生产与消费同步性特征。另外，旅游娱乐产品的消费还具有时间上、地点上的明确规定性，旅游者一旦购买了某项娱乐旅游产品，就必须按时、按地进行及时消费，超过这个时间，或错过这个地点，组成旅游娱乐产品的各个要素也就自行失去价值。

(6) *旅游购物产品*

吃、住、行、游、购、娱是旅游的六大要素，各要素密不可分。购物是旅途中的一种乐趣，许多游客喜欢在旅行途中购买当地特色产品，除了少部分作为生活必需品消耗掉外，大多数都被带回去留作纪念或作为礼物赠给亲朋好友，帮助旅游者更好地了解旅游目的地的文化、艺术和传统。购物也是游客除了吃住之外最重要的旅游开支。国际上，游客的购物支出占整个旅游支出的 30% ~ 36% (Bussey, 1987; Littrell, et al., 1994)。

购物是人们出游的最主要动机之一。在美国，为购物旅游的游客约占美国所有旅行的 33%，而其他原因出游的比重则低得多，譬如户外活动占 17%、参观历史遗址和博物馆占 14%、到海滨休闲占 10%、参加文化节庆占 10%、参观国家或州的公园占 10% (TIA Travel Scope, 2000)；2000 年美国的成年游客有 63% (9 100 万) 把购物作为旅行中的一项重要活动，购物游客的消费也比一般顾客高 3 ~ 4 倍 (Travel Industry Association of America, 2001)。购物也是我国出境旅游游客最喜欢的旅游活动之一。据 AC 尼尔森 2005 年的调查，我国游客境外旅游的平均购物消费为 987 美元，居全球之最，购物支出平均占旅游总预算的 1/3。国家统计局公布的数据显示，2008 年，我国全年入境旅游人数 13 003 万人次，其中，外国人 2 433 万人次，下降 6.8%；香港、澳门和台湾同胞 10 570 万人次，下降 0.1%。在入境旅游者中，过夜旅游者 5 305 万人次，国际旅游外汇收入 408 亿美元，人（次）均约 313.77 美元；国内居民出境人数达 4 584 万人次，增长 11.9%。其中因私出境 4 013 万人次，增长 14.9%，占出境人数的 87.5%。国内出游人数达 17.1 亿人次，增长 6.3%；国内旅游收入 8 749 亿元，增长 12.6%。根据能查阅到的一些统计数据和中国旅游行业分析报告判断，入境游客的购物消费约占他们在国内整个消费的 21%，国内游客的购物消费也在 20% 左右。当然，这些数据与国际上 30% ~ 36% 的购物支出比重相比，我国游客的购物水平还非常低，因此，我国的旅游购物市场大有潜力可挖。

人们旅游时的购物行为主要缘于多种因素。有的为了纪念、有的为了消遣、有的为了寻求冒险刺激、有的为了增加社交机会，等等，种种不同的购物动因驱使旅游者在途中乐此不疲地选购当地的一些土特产品、旅游食品、工艺品和艺术品，购物是游客旅途中受欢迎的活动之一。

从总体上看，游客都有购物的需求，但因购物或者与购物相关动因而产生的游客、为增加社交娱乐经历动因而产生的体验型游客和购物被动型游客，这三者对旅游购物产品的要求虽有差异，但他们也有一些共同的喜好。譬如他们都喜欢商店价格合理、产品质量可靠、购物点交通便利，这些共同性也为旅游购物产品供应商提供了有益的行动原则。目前，世界上主要的旅游购物产品模式有度假村购物中心（酒店）模式、带娱乐设施的大型购物中心模式、以景点为依托的购物区模式、传统的购物区模式和导游带领下赴购物区购物模式，不管采用哪种模式，问题的核心都是将旅游和购物更充分地融合起来深化旅游产业的价值链。当然，旅游地和酒店可通过增加旅游购物的设施吸引更多的游客、延长游客逗留时间和增加旅游收入；传统购物中心和购物区可通过调整战略，将过去纯粹以当地居民为目标顾客的定位转变为同时以当地居民和购物游客为目标顾客的定位，达到增加客流量和销售额目的（曾忠禄和张冬梅，2007）。

旅游购物产品不同于一般的日常生活和生产性商品，有着自己独特之处。

第一，产品的纪念特征。旅游购物不是为了获取生活必需品，旅游者购买的纪念品也非市场上流通的一般商品，这些商品应该是具有旅游纪念意义的、打上旅游地民俗和地方特色的旅游"信物"，是旅游者能够"睹物"而"生情"、回忆起旅途中种种经历的物品。这些物品不论大小，不管是有生命的还是无生命的，不管其形态多么千奇百怪，从本质上讲，都是构成旅游者旅游经历的重要组成部分。

第二，产品的文化特征。一般来说，旅游中购买的商品具有独特性，它可以代表一地的文化品格，成为当地民风民俗和社会生活的象征。事实证明，在异域他乡旅游的人在购物时，首先注重民族性较强的纪念品，注重有着强烈地方性、反映出地域文化特点和差异、且在家乡买不到的物品。当然，地方性、民族性，不等于就是陈旧落后的文化，相反，旅游者在怀旧的同时也总是喜欢追求时尚，紧跟时代潮流，有时，一件时尚旅游物品也会成为抢手货。

第三，产品的整体性特征。旅游购物产品之所以能够吸引游客，不仅仅在某商品本身，而在于它是一种由商品、购物环境、交通便捷性、配套设施、良好服务等共同组合而成的整体性产品。旅游购物产品的第一个因素是商品，包括商品的品种、质量、价格和式样，只有商品的品种达到了一定的数量规模（即"临界规模"），游客才能做足够多的选择，旅游购物才有吸引力。第二个因素是内外交通的方便性，包括大环境的方便性和小环境的方便性。大环境的方便性指从酒店到购物中心的道路条件、距离、安全性和进出购物中心的容易程度，小环境的方便性指中心内的停车设施和购物中心内流动的方便性。第三个因素是环境气氛，包括氛围、颜色、气味、音乐和布局。环境非常重要，它能刺激顾客，增加新鲜感。第四个因素是餐饮、娱乐设施。世界上一流的旅游购物中心都有一流的餐饮服务设施。由于旅游购物主要是满足游客娱乐性购物的需求，加上现在顾客都喜欢一站式服务（到一个地方能满足所有的需求），因此，一些大型旅游购物中心都有把餐饮、娱乐同购物融合的趋势。通过餐饮、娱乐以及购物的综合，加大旅游购物的吸引力，使顾客获得愉快的或兴奋的购物经历。第五个因素是良好的服务。主要指零售员工的行为举止，如礼貌、知识和态度等个人服务以及所提供的公共服务。良好的服务能够增加顾客整个购买经历的价值。

第四，产品的享受性特征。旅游途中的购物与在家中购物不同，后者是为了获取生活必需品，前者只是一种消遣，一种享受；购物者有更多的时间浏览、有更放松的气氛、要花的钱早就做了计划，因此旅游购物比在家里购物更放松、更没有时间和金钱的压力；旅游者处在一种完全不同于日常情景、气氛的陌生的购物环境中，体验着冒险和休闲的感觉，品味着刺激、兴奋、激动和放松，因此，旅游购物能给人带来一种全新的体验，这种体验比获得物品本身要重要得多。众所周知，逃避日常生活的压力或责任是旅游行为产生的一个最传统、最常见的动机，旅游购物能让平时饱受压力的人释放出压力，忘掉烦恼，和家人、朋友加强了联系，在旅游购物的讨价还价中改变自己的情绪，增加旅行的欢乐享受；在不同地方购物，还可以发现新的潮流和流行方式，看到新产品或充满地方特色的产品，从中获得快乐。

因此，购物是游客最受欢迎的活动之一，是旅游特别吸引人的地方。尽管购物可能不是游客到一个地方观光的首要动机，但购物的可能性增加了旅游地的吸引力，使旅游活动内容更加丰富。

4.1.3 旅游产品的价值

旅游产品也是在市场上可供买卖双方进行交换的商品，因此，也应该具有一般商品的属性，即具有使用价值和价值。

（1）旅游产品的使用价值

同其他商品一样，旅游产品的使用价值是指其具有满足旅游者在旅游活动过程的各种需要的效用；作为一种特殊的商品，旅游产品又有着自身的一些独特价值效用。首先，旅游产品的使用价值可以体现为基本部分和附属部分。基本部分是指旅游产品价值中必不可少的部分，而附属部分则指可有可无的附加部分，它不是每一次旅游活动中都会产生和体现出来的，有较大的随机性。前者如旅游餐饮产品中的"饮食"部分，后者则譬如旅游用餐中出现的突发事件，导游人员的及时处理解决问题所提供给旅游者的帮助。其次，旅游产品的使用价值具有综合性和多效用性。旅游产品提供的往往是一种综合性的服务产品，它不仅满足旅游者的物质需要，同时还能满足旅游者的精神需要。当然，任何一种旅游产品，消费者在支付一定货币后只能获得暂时性的使用权，其所有权不会发生根本性的转移，当一处游览结束后，使用权限也就结束了，不能长期独占和享受；特别是一些风景名胜，旅游产品经营者可以同时、重复地出售使用权，不同的旅游者则可以和其他游客同时分享该旅游产品的使用权。

（2）旅游产品的价值

旅游产品的价值也即凝结在旅游产品中的一般人类劳动，具体体现在以下三个方面（田里，牟红，2007）：

一是旅游服务所凭借的基础设施、接待设施的折旧，向游客提供饮食和一切用品的原材料成本，旅游企业因自身经营管理和服务需要而消耗的各种物资和用品；

二是支付旅游从业人员用以维持劳动力再生产所需消耗的各种物资和用品；

三是旅游从业人员创造的新价值。

4.1.4 丰富多彩的海洋旅游产品

旅游产品是一种以顾客需求为中心的整体概念，是指向市场提供的能满足消费者某种需要和利益的物质产品和非物质形态的服务的总和。随着社会物质生产水平的提高，人们的生活也发生了很大变化，因此旅游需求也在发生不断变化，旅游者对海洋旅游产品的需求越来越呈现出个性化和多样化的趋势，海洋旅游产品体系也顺应这一潮流而呈现出丰富多彩的面貌。目前，除传统的海洋观光旅游、海洋休闲度假旅游外，海洋专项旅游、海洋生态旅游、海洋文化旅游、海洋探险旅游等产品纷纷涌现，精彩纷呈。

（1）海洋旅游产品的结构

旅游产品结构是指旅游产业运行过程中满足旅游者的各种旅游产品的构成及各种旅游产品之间的相互关系，包括产品门类结构和品类结构两部分。

旅游产品的门类结构是旅游经营者根据旅游者在旅游活动中的食、住、行、游、娱、购等各种需要，凭借各种旅游设施、设备与环境条件向旅游市场提供的全部服务要素的总和，它表现为旅游产业中的不同行业和部门所提供的旅游产品之间的结构比例关系。旅游产品的品类结构指同一旅游产品门类内部，根据不同旅游目标市场设计的具有不同内容、不同档次和不同时间分配组合的旅游产品，它表现为同一行业和部门所提供的旅游产品之间的结构比例关系。

许多学者认为，旅游业通常是在利用气候、文化、传统、生活方式等自由资源的基础上，再利用劳动力、可达性、基础设施、土地特征（如海滩、水域等风景或活动基地）等公共资源和稀缺资源，旅游者消费的产品和供应者生产的产品实际上都是一种组合的产品，因此，现代市场营销学认为，任何产品都是由产品的核心部分、形式部分和延伸部分组成的，海洋旅游产品也同样由这三部分构成了完整的体系。

海洋旅游产品的核心部分是由海洋旅游吸引物和海洋旅游交通、海洋旅游服务这三个核心因子组成的，是满足旅游者消费需求的基本价值和效用，是旅游者购买和消费的主要部分。其中，海洋旅游吸引物是指能够吸引旅游者并满足其审美和愉悦需求的一切海洋旅游资源和各种条件，是旅游者选择海洋旅游目的地、引发海洋旅游需求和实现海洋旅游目标的主要动因，通常有海洋自然吸引物、海洋人文吸引物、海洋特产吸引物和海洋社会吸引物四大类。海洋旅游资源和物产丰富、海洋自然和文化环境独特、海洋社会传统吸引物丰厚，深深吸引着人们前去海洋环境旅游观光、休闲度假。

海洋旅游交通和服务作为产品的核心部分，是依托海洋旅游资源和海洋旅游接待设施向旅游者提供的相关服务，这是实现海洋旅游目标的手段和途径。目前，一些新型的海洋旅游交通工具，如游艇、邮轮等的出现，克服了海上航行的艰辛，降低了旅游风险，使海上航行成为舒适的度假，融行、游、娱等要素于一体，提升了海洋旅游产品的核心吸引力和游客的体验界面，丰富了海洋旅游产品体系。

服务是不经过任何产品生产企业而将其直接送达消费者的劳动，如银行服务、保险服务、贸易服务、信息服务、旅游服务以及经济咨询、法律咨询和税务咨询服务等。这里所提到的服务范畴就是我们平常所理解的一般性服务，它以"劳动"的方式不经过流通领域而直接送达消费者。在这些服务中，消费者的参与程度是极为不同的，有的是消费者不在现场参与就不可能产生服务，有的则不需要消费者本人在服务现场。根据旅游经营活动的不同阶段，旅游服务也有售前服务、售中服务、售后服务三部分。售前服务包括旅游线路编排、旅游咨询、保险服务等，是旅游活动实施前的准备性服务；售中服务是在旅游活动过程中向旅游者提供的包括食、宿、行、游、娱、购在内的各种服务；售后服务是旅游者结束旅游活动返程后的服务，包括离境手续、送机、行李托运以及返家后的信息跟踪服务等。从产品供给上来看，旅游服务又主要包括导游服务、酒店服务、交通服务和商品服务等方面，是构成旅游产品，左右旅游产品质量，提升旅游产品竞争力的主要部分。

海洋旅游产品的形式部分是指产品的载体、质量、特色、风格、声誉及组合方式等，是促进旅游产品核心价值，满足旅游者生理需求或向心理效应转化的以物化形式反映出来的部分，属于旅游经营者向旅游者提供的实体和劳务的具体内容。旅游接待设施、旅游景区景点、娱乐项目等都是物质形态的实体，而风格、特色、质量等是依托各种设施和资源反映出来的外在价值，也是激发旅游动机的具体形式。旅游资源和旅游接待设施方面的差别往往导致旅游产品的品位、质量、特色、风格和声誉等的差异，形成各种不同的旅游产品。一般说来，最终提供给旅游者的是能够满足旅游者多样性需求的组合旅游产品；不同的组合方式形成不同的组合产品，产生不同的吸引力和竞争力，满足旅游者多样化和个性化的需求。

海洋旅游产品的延伸部分是指旅游者购买旅游产品时获得的优惠条件、付款条件及旅游产品的推销方式等，是旅游者进行旅游活动时所得到的各种附加利益的总和，它往往成为旅游者对旅游产品进行购买评价和决策的重要因素，特别是在旅游产品核心和形式部分存在着较强替代性的情况下，延伸部分往往成为影响旅游者选择和决策的重要因子。许多例子表明，某些旅游者可能真正希望的是拥有在阳光充足的海滩上休息一周的机会，得到充分的放松并拥有一身晒得黝黑的皮肤；而另一些旅游者则仅仅想通过这样的旅游活动来实现一次面对面的商务会谈。旅游者的需求是多种多样的，他们中的有些人真正寻求购买的并非可交易的产品，而只是一份梦想、一种体验、一项活动或者一个商业机会。因此，随着旅游组织的发展，旅游营销的手段也愈发复杂，现代旅游营销更倾向于以旅游者需求为导向进行运营，如宣传非交易的旅游最终带来的好处，而不是促销自己的单项产品。

旅游产品的各组成部分通常存在着互补和互代的关系。

互补关系是指功能不相同的旅游产品之间相互依存、相互促进、共同发展的关系。一方面，旅游产品中的食、住、行、游、娱、购六大部分就是相互依存、相互促进的，每一部分的发展都必须以其他部分的发展为前提，各部分按比全例协调发展，其中任何一部分出现问题都会影响到其他部分，譬如，旅游交通出现"瓶颈"，其他部分的收入和客源同样受到影响。另一方面，互补关系又受旅游需求的综合性因素影响，要求旅游产品是一个综合性的组合产品，能够满足旅游者各方面的需求，因此，旅游业的各个行业、部门和企业一定要按比例发展，互相配合，才能共同营造旅游大环境，促进旅游业的协调发展。

互代关系是指旅游产品中功能相同或相近的组成部分之间相互替代的关系。这种替代关系存在于同一行业部门之间，也存在于不同行业之间，像提供交通服务的企业之间、提供食宿业的星级酒店和度假村之间、相类似的旅游目的地之间都存在着竞争替代关系，而旅游业与其他休闲产业之间，也存在着各式各样的竞争关系。当然，这种互代竞争性也并非绝对的，旅游经营者可以根据旅游需求的变化和自身条件，促使两种关系的转化。

（2）海洋旅游产品类型

旅游产品构成丰富，内容广泛，可以按照不同的标准划分出不同种类的旅游产品。若按照市场交换对象划分，海洋旅游产品可分为单项旅游产品、组合旅游产品和整体旅游产品；若按产品的特点划分，可分为观光旅游产品、文化旅游产品、度假旅游产品、公务旅游产品、生态旅游产品等；若按旅游产品的开发程度划分，可分为基础型产品、提高型产品和发展型产品三大类型（表4-1）；若按旅游产品的功能划分，可分为康体旅游产品、享受旅游产品、探险旅游产品、特种旅游产品；若按旅游产品的销售方式划分，可分为团体包价旅游产品、散客旅游产品、自助旅游产品；还可以根据旅游者参与程度划分，可分为观光型旅游产品、主题型旅游产品、参与型旅游产品、体验型旅游产品，等等。总之，各种分类互相交叉重叠，各种类型互相渗透，形成庞大而完整的海洋旅游产品体系。

一般来说，观光旅游产品具有全球性的吸引力，度假型旅游产品具有区域性吸引力，游乐型旅游产品通常只具有地区性吸引力，这三种类型的旅游产品都有各自生存的空间和存在的合理性。但是，纵观我国海洋旅游产品市场，目前，海洋旅游观光产品往往停留在低层次近距离的重复开发，产品内涵挖掘不深，差别性不强，雷同现象比比皆是；海洋休闲度假旅游产品则结构单一、层次少，不能根据旅游者的需求细分成不同消费层面的度假旅游产品，满足不了各层次旅游消费者的需求；游乐型的海洋旅游产品在发展中国家的海洋旅游目的地极难见到，尤其是高端的游乐型海洋旅游产品，虽然有一定的需求，但市场仍处于萌芽状态，譬如游艇旅游、海钓旅游、高科技参与性海洋旅游等产品都处于开发的初期阶段，热点虽已形成，但要形成规模尚待时日。

表 4－1　旅游产品的层次划分（马勇和周霄，2003）

层次	特征	项目内容	产品功能
基础层次	陈列式观光	自然风景名胜 人文历史遗迹	属于最基本的旅游形式，是旅游规模与特色的基础
提高层次	表演式展示	民俗风情展示 歌舞竞技表演	满足旅客由"静"到"动"的多样化心理需求，通过旅游文化内涵的动态展示，吸引游客消费向纵深发展
发展层次	参与式娱乐	亲身参与体验 游戏娱乐互动	满足旅客自主选择、投身其中的个性需求，是形成旅游品牌特色与吸引游客持久重复消费的重要方面

4.2　海洋旅游供给及构成要素

旅游是一个复杂的现象，任何一项旅游活动都涉及政策以及各种不同的服务和行业，因此，对旅游供给构成要素进行识别是十分必要的，旅游供给要素的质量和数量决定着一个旅游目的地的成功与否。

4.2.1　海洋旅游供给

供给与需求是相对应的一组概念。供给是指厂商在一定时期内、一定条件下、在一定价格水平上所愿意并能够出售的产品或服务的数量。旅游供给则是指旅游经营者在一定条件下愿意并且能够向旅游市场提供旅游产品的数量，包括旅游资源、旅游设施、旅游服务、旅游购物和旅游便捷性等。海洋旅游供给是指在一定时期内、一定市场上，旅游经营者在一定的价格水平上向旅游市场提供的海洋旅游产品的数量。旅游供给是一种旅游产品供给量与其价格之间的关系，这与经济学中供给概念的定义的内涵是一致的。

旅游供给必须以满足旅游者的需求为目的，因此，旅游供给不仅表现为旅游产品的数量，还必须表现出旅游产品的品种、价格和质量。旅游产品是一种特殊的综合性产品，旅游供给也是一种特殊的产品供给，除了具有一般产品的市场供给特征外，还有自身的特殊性。

第一，计量的差别性。旅游供给是由多种资源、设施与服务要素构成的，既不能用各种要素的累加统计，也无法用综合旅游产品的数量度量，只能用可能接待旅游者的人数来表示旅游供给的数量及生产能力。

第二，生产消费的同步性。其他产品的供给一般是通过流通环节把产品从生产地运送到消费地再提供给人们消费的，因此产品的生产和消费是分离的；在旅游产品供给中，旅游产品的生产与消费同时进行，旅游者只能到生产地进行消费，因此，旅游地的吸引力、通达性、环境容量和综合接待能力是直接影响旅游者数量的因素。

第三，供给的持续性。无论是旅游景点还是旅游服务，一旦形成就会保持较长时间内的持续供给，如果产品或设施遭到破坏，那么某种旅游产品供给的能力就受到影响，甚至失去供给能力。

第四，供给的非贮存性。旅游产品的生产、交换和消费是在同一时间内产生的，因此旅游供给也只有通过在市场上增加或控制旅游者人数，或提高旅游产品的供给能力来实现供求平衡。

第五，供给的多样性。旅游产品的使用价值主要是满足旅游者的生理、心理和精神需要，因此，旅游供给必然具备多样化特征。

4.2.2 海洋旅游供给要素

旅游是非常复杂的现象，一个旅游体验的交付要涉及多种不同的活动、政策、服务和行业，而供给要素的数量和质量又决定一个旅游目的地成败的关键因素，因此，识别和划分旅游供给要素，可以帮助旅游目的地更清楚地识别自己和竞争对手的情况。旅游供给的内容分为两部分：一部分为基本旅游供给，指的是直接为旅游需要而提供的设备设施的旅游服务，习惯上将旅游资源、旅游设施和旅游服务称为构成旅游供给的"三大支柱"；另一部分为辅助旅游供给，指的是为基本旅游供给提供服务的旅游基础设施，这些设施是针对当地居民需要而设计的，但也为来访的旅游者提供服务。

（1）自然资源与环境

这是旅游供给的基本内容，任何一个地方之所以成为旅游目的地，主要在于该地区具有供旅游者使用和欣赏的自然资源，这类要素包括海洋气候、滨海空气质量、海洋地形地貌、海洋生物、海洋水体、岸线、海洋自然风光以及海洋环境等。对自然资源要素的多种组合，可创造出促进旅游发展的环境吸引力。如季节性变化就可以创造出游客对热带和亚热带海洋地区的休闲需求。

（2）人造环境

这类要素是指人类利用海洋自然资源开发出来的人造设施。海洋旅游目的地的基础设施是其中最基本的，它包括所有开发建设的设施（如供水系统、供气系统、供电系统、排污系统、排水系统、道路系统、通信系统和商业网络设施，等等）和用于支持旅游者进行海洋旅游活动的一切设施（如机场、车站、码头、停车场、度假村、旅馆饭店、商店、娱乐设施、博物馆，等等）。大部分人造环境都是由旅游业的运营部门组成的，构成旅游供给中上层设施的主要部分。基础设施的基础性和服务性是旅游活动成功开展的保障，对于一个海洋旅游目的地来说，这些设施必须供应充足。一般来说，对游客有吸引力的人造设施往往是那些能够和谐地融入当地海洋文化和景观特色的设施，因此，在建设人造设施时必须尊重当地海洋文化和海洋地理地貌。根据旅游发展趋势，我国的海洋旅游目的地开发过程中也应该充分考虑到未来旅游者的需要。譬如，可根据我国汽车工业的发展趋势及我国公民人均汽车拥有量的不断上升，预见性地建设在一些适合汽车旅游的设施，景区道路应该考虑海滨环线，景区应该配备加油站、汽车露营基地等辅助性服务设施。

（3）经营部门

由旅游交通部门、住宿部门、餐饮服务部门、景点景区、旅游购物、旅游娱乐等组成，也即人们通常认为的"旅游业"。交通运输部门包括航空、铁路、邮轮、游船、公共汽车、出租车等客运服务企业，这是人们离开常住地前往旅游目的地的关键要素。住宿供给以满足来访旅游者的需求为准则，它是旅游业得以成功发展的保证，在目的地可进入性得到解决的情况下，住宿设施的开发应当优先于其他部门。景点和景区是吸引人们前来旅游的重要因素，没有景点景区，人们就不会对旅游交通、住宿、餐饮、购物产生需求。在海洋旅游活动中，海上交通运输部门的作用十分重要，它是旅游者在目的地内部空间移动的主要凭借，应尽量开发并提供舒适、安全、快捷的交通工具，缩短海上旅行时间，实现"行""游"一致。

（4）目的地社会文化

目的地社会文化是渗透于旅游目的地设施、环境景观之中的当地居民的语言、习俗、宗教信仰、艺术、文学、历史、音乐、戏剧、舞蹈以及与旅游接待工作有关的行为态度，正是由于一个地区的人及其文化，才使得对来访游客的接待成为可能。海洋旅游目的地有着与陆上不同的文化和习俗，是旅游者前来观光的主要吸引物，通过挖掘海洋旅游目的地独特的社会文化风情，整合并开发出吸引游客的海洋旅游产品。

4.2.3 影响海洋旅游供给的因素

旅游供给受到旅游环境容量、旅游生产要素和相关产品的价格、旅游经济方针与政策、社会经济发展水平和科学技术水平等因素的影响。

（1）社会因素

社会政治因素和社会经济因素都会对旅游供给产生深远的影响。一个国家或地区的政局稳定，能够对旅游供给的发展起促进作用；同时如果政府将海洋旅游产业定位为区域国民经济的支柱产业或者主导产业来发展，则会通过税收、金融等优惠政策促进海洋旅游业的进步。

（2）科技水平

旅游供给的增加必须依靠先进的科学技术，随着海洋科学技术的不断进步，原来人类不能涉足或者开发技术不完善的领域不断被冲破，海洋旅游产品供给也将变得更加丰富。譬如现代化交通运输工具的应用能够增强旅游运输能力，信息技术的进步又提高了海洋信息的使用效率；科技进步使生产方式得以改进，有助于缩短海洋旅游项目的建设周期，迅速提高旅游供给能力。

（3）自然环境条件

旅游目的地的自然环境容量决定着其旅游供给的最大容量，旅游目的地需要根据旅游服务设施的接待能力，合理确定旅游供给量，以保障在旅游高峰期能完全满足旅游消费需求的数量和质量。在海洋旅游目的地中，许多岛屿的生态环境都十分脆弱，因此，旅游流量的控制十分重要，在开发中必须事先有预见性地设定环境最大承载容量指标，确保海洋海岛旅游的可持续性发展。

4.3   海洋旅游产品创新

创新是发达国家和地区经济增长的动力。创新理论是马歇尔在1891年出版的《经济学原理》一书中提出的，他对由企业集聚而引起的产业区进行了研究，认为企业集聚的原因在于协同创新的环境等六方面因素。创新理论的先驱者熊彼特也认为，经济发展的动力不是价格竞争而是创新或"质量竞争"，竞争主要在于新产品、新技术、新供给来源和新的组织形式。随着现代城市旅游的兴起，热带和亚热带海洋旅游发展迅速，一些成熟的海洋旅游目的地已陷入发展困境，旅游地恢复和旅游产品创新重组成为世界海洋旅游发达地区旅游研究的重点。

4.3.1 海洋旅游产品创新的背景

21世纪是海洋的世纪，海洋旅游区正越来越吸引人们前往，海洋旅游产品也越来越成为人们消费的热点。然而，就海洋旅游产品结构而言，目前我国的海洋旅游产品结构单一，品种缺乏。就开发水平而言，海洋旅游产品开发层次低、雷同项目多、产品文化内涵贫乏、精品和高端产品少；就旅游开发环境而言，许多海洋旅游目的地的基础设施陈旧、旅游交通条件落后、缺乏有效资金的投入；就旅游服务而言，许多海洋旅游景区的服务水平低下，尤其是由渔业转产而形成的渔家乐旅游项目开发层次低，管理环节混乱，配套服务跟不上，产品市场竞争力弱，游客安全、企业发展得不到很好保障。可见，基于旅游目的地旅游产品独特性基础上的创新是实现旅游目的地稳定发展的有力手段。

（1）新经济下的海洋旅游新需求

旅游需求是在一定时期内有旅游欲望和闲暇时间，消费者在各种可能价格下愿意并且能够购买的旅游产品的数量（厉新建和张辉，2002）。从经济学层面进行分析，人类旅游需求产生的原因在于收入的增加和对生活质量提高的要求，而人们的可支配收入和闲暇时间是旅游需求产生的客观条件，对生活质量提高的追求属于旅游需求产生的主观因素。长期以来，旅游被看作"高级消费"，但随着人们物质文化生活水平和国民素质的普遍提高，旅游已渐渐成为普及而属于大众消费之列了（罗明义，2003）。

旅游需求是集行、游、住、食、娱、购为一体的整体性需求，具有整体性、季节性、多样性和敏感性的特点。旅游消费者在购买旅游产品时，会综合考虑旅游目的地包括景区景点、住宿、通达性、旅游购物等整体设施的状况，以确保自己各项需求得到满足。由于目的地的自然条件和旅游者的闲暇时间限制，旅游需求总是表现出时间规律上的强弱反差，传统节假日、近年来实行的休假"黄金周"期间，旅游需求总是陡然上涨。旅游需求是人们满足生理性需求后所产生的高层次需求，受到旅游者的文化、健康、个性等因素影响，消费内容和消费方式也呈现出多样化，需要丰富多彩的旅游产品来满足。旅游产品消费与生产的同步性特征导致了旅游需求对于产品信息、舆论的依赖，并且受到社会环境、政治经济形势的严重影响，呈现出敏感性。2003 年中国境内发生的"非典"事件、美国境内发生的"9·11"恐怖事件，印度尼西亚的海啸等，这些自然灾害和社会事件都使得旅游需求量急遽减少。通常，旅游需求变化还与旅游产品的价格变化反向、与人们的可支配收入同向，并受人们闲暇时间的影响。当旅游商品价格提高时，旅游需求就会减少，倘若旅游商品价格降低时，旅游需求会相应增加；而没有一定的支付能力，任何旅游欲望都不可能实现，因此，在其他因素不变的条件下，可支配收入越多，对旅游产品的需求量就会越大，反之亦然；闲暇时间是旅游需求产生的必要条件，旅游需求量的大小与人们的闲暇时间基本上呈同方向变化关系。由此可见，影响旅游需求的因素主要表现在社会、文化和个人三方面，这三者实际上都包括了旅游客源地的个人可自由支配收入、消费习惯、度假权利、货币价值、税收政策及旅游花费的限制、旅游目的地的总价格水平、供给竞争程度、旅游产品质量等经济因素，也包括了客源地与目的地之间的比较价格和汇率，当然，旅行时间与费用，不寻常事件等因素也左右着旅游需求。据国家统计局 2012 年 2 月份发布《2011 年国民经济和社会发展统计公报》数据显示，2011 年，我国农村居民人均纯收入 6 977 元，扣除价格上涨因素，比上年实际增长 11.4%；城镇居民人均可支配收入 21 810 元，实际增长 14.1%。农村居民家庭食品消费支出占家庭消费总支出的比重为 40.4%，城镇居民家庭为 36.3%（图 4-3 和图 4-4）。经济的增长和人们生活水平的提高，为旅游需求的产生奠定了坚实的经济基础。

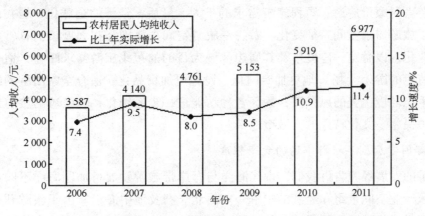

图 4-3 2006—2011 年农村居民人均收入及其增长速度

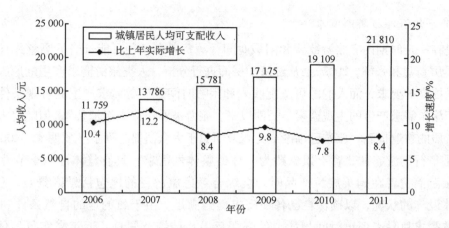

图 4 - 4 2006 - 2011 年城镇居民人均收入及其增长速度

在新经济形势下，高科技和全球化不仅带来了社会生产力效率的提高，还促进了人们生活方式的改变，带来了新的市场需求。以 IT 技术为中心的高技术对经济的作用，绝不仅仅是自身产业的产出所带来的经济增长和自身产业所表现出的新的经济特征，更重要的是对传统产业的渗透并使传统产业发生质的变化。电子商务作为一种全新的商务模式，其发展为信息和网络技术创造了更大的需求和供给，促进了旅游产业结构的调整和分工的新变动。总之，现在的"传统经济"已经不是过去的传统经济了，无论从产品的性能，还是从产品的质量来说，都被高新技术，特别是被信息技术改进了。汽车、火车、轮船、住房、服装、娱乐、休闲，以及伴随上述消费需求的手段（排队买票、挂号、等待、报销等），都"今非昔比"了；"吃、穿、住、行、游"等产品和服务的技术含量，或者说提供这些产品的生产活动的技术含量都大大提高了，因此，以信息技术为中心的高新技术在经济上的作用既体现在消费性产品和生产性产品的性能与质量、生产和管理过程各方面，同时也影响了教育、医疗卫生、体育、社会保险、旅游等观念，改变了人类的生活方式。

21 世纪是一个市场化、技术化、生态化、消费化、个性化的时代，随着以 IT 技术为中心的高技术对人类社会生活领域方方面面渗透的不断深入，旅游需求特征也出现了变化。首先，对生活方式内在价值的重视，使得旅游需求从传统的旅游方式转向更为多样化的旅游方式，出现了新的旅游需求类型，国内旅游者的旅游需求以休闲、观光、游览和度假为主；对旅游产品的精品需求更加强烈，产品市场的竞争将更多地体现为民族性和文化内涵的竞争，个性化、休闲性的生态旅游与民族性精品旅游将成为发展旅游业的新的增长点。其次，人们闲暇时间的增加将导致外出旅游机会的增加，而精细旅游观念的增强又使旅游者对廉价旅游、短程旅游需求的扩大。最后，经济的全球化、居住的城市化、信息的生活化，导致了旅游需求空间特征变化。游憩 - 旅游空间主要围绕在大城市的日常居住生活圈范围内，并将更加专业化；以游览一座城市及其周边区域为目的的短线旅游需求旺盛，适合于不同年龄段人口的大型各具特色的游乐（场）地更加专门化，设施更加精品化；适合全家出游的综合性度假型娱乐空间则集中于生态环境优美的风景区，景区各种功能进一步系统化；跨区域的旅游地与游线多串联于各具区域自然—民族—文化特色的大城市地带。

（2）产业外部因素加剧了旅游市场的竞争程度

世界海洋旅游的发展经验告诉我们，现代海洋与海岸带旅游发展将加剧海洋不同产业之间的资源和空间竞争，导致产业空间重组和经济结构单一。西北非洲及地中海沿岸由于旅游开发和景点城市化发展，使得水资源供需矛盾日益严重，尤其是该地区的夏季，既是旅游高峰期，又是农作物生长的主要需水期，旅游开发更加剧了水资源的短缺，使得旅游业与当地种植农业发生了冲突，导致种植业的退出，因此如何更新旅游产品类型，发展生态旅游，协调区域各产业的平衡发展是十分有益的事情。

另外，有些国家和地方的区域经济过度依赖旅游业，但旅游消费却只能大量进口，地方旅游收益水平低下；而旅游业发展与其他产业的竞争产生的地区经济结构发生刚性增加，在其他产业就业选择机会减少的同时，旅游业的进入门槛提高，从而导致社区人口的大量外迁。于是如何适度地发展区域旅游业，以创新理念设计出既适合区域生存又能吸引广大旅游者的旅游产品，使海洋旅游产业与其他海洋产业相协调是一个重要的问题。

（3）产品内部因素导致海洋旅游地竞争力弱化

近几十年来，我国的海洋旅游产业得到了长足发展，其经济地位不断上升，产品结构也正朝着完善化的方向努力，呈现出传统旅游产品与新兴旅游产品齐头共进、比肩齐飞的局面。但我国的海洋旅游产品由于低层次、重复性开发等问题，产品内涵挖掘不深，雷同现象比比皆是，不像旅游发达国家已将休闲度假产品进行细分，根据旅游者的不同需求形成不同消费层面。在产品门类上，我国也表现出不同海洋区域的趋同化现象，造成客源分流及旅游设施闲置与浪费，加剧了区域间不合理的竞争。正是由于许多滨海旅游目的地在产品开发上的低端化，缺乏国际定位，缺乏精品和名品，这导致海洋旅游目的地的竞争力弱化，使得海洋旅游目的地形象普遍落后于其他成熟的陆上旅游目的地，无法与成熟的高知名度的陆上旅游目的地相抗衡，也无法与世界发达的滨海旅游地竞争客源。

（4）旅游地演化的各阶段都存在着衰退

衰退原本是旅游生命周期中的最后一个阶段。旅游生命周期理论最初是巴特（Butler，1980）提出的，他用游客数量和基础设施在不同阶段的特征来描述旅游目的地的发展情况。任何一个旅游产品都具有生命周期，旅游产品生命周期是指旅游产品从开发并推入市场，到退出旅游市场的全过程。旅游目的地的兴衰与旅游产品的开发关系密切，旅游产品的生命周期可以划分成六个阶段，即探索期、参与期、发展期、巩固期、停滞期和衰退期。

探索时期的旅游产品只是基本成型，产品既缺乏市场形象，也缺乏成熟的消费群，消费者主要是抱着追求新异和探索好奇的心理而尝试该旅游产品，一般来说消费总量低，市场发展缓慢；参与期的旅游产品主要是指较完善的旅游产品，其产品形象已为越来越多的人所认知，市场发展迅速，消费者增长率不断提高；巩固期的旅游产品指产品的系列化和多样化已经形成，品牌已经确立，但市场发展速度下降，消费率维持在一定的水平，消费总量增加；衰退期的旅游产品指该产品已不能适应市场需求，产品形象不再新鲜，消费者增长率迅速下降并出现负增长，产品亟须更新换代，如果一个旅游地的客源持续萎缩而自身又无法与新兴的旅游地竞争，该旅游地可谓衰落了。然而只要实行反衰落措施，如对旅游吸引物重新定位、或改善其外部环境、或重新寻找该目的地的市场，等等，则可以使该旅游目的地避免衰落而走向复兴。

发达国家的海洋旅游业发展道路昭示我们，衰退不仅仅只是旅游地生命周期的最后阶段，也并非旅游地生命周期最后阶段的唯一形式。我们发现，衰退持续地存在于旅游目的地发展的各个不同时期；当旅游地发展进入停滞期后，如果适当地采取有效措施，则完全可以改变衰落面貌，使旅游地重新焕发新的生命。因此，旅游地的创新便显得格外有意义有价值，创新有必要发生在旅游地演化的任何阶段，旅游地演化的各个阶段也都需要创新。

经济全球化和国际化对旅游业发展影响巨大，经济的重构导致滨海旅游产品从大规模生产到重新组织、推陈出新，不断创建出与众不同的特色产品。一些传统海洋旅游目的地，尤其是经济高度依赖大众海洋旅游产品的目的地，供给过度危机客观存在着，造成了高度依赖于某一固定客源市场、过度商业化、旅游地形象庸俗化、旅游环境严重恶化。随着旅游消费与供给模式的变化，海洋旅游度假区的大众旅游产品正面临着发展危机，因此，海洋旅游产品的区域重组、旅游度假新产品的创造等问题也越来越显得重要，越来越引起人们关注和研究。

（5）可持续旅游已成为海洋旅游的重点

《可持续旅游发展宪章与行动计划》从全球角度提出可持续旅游发展的基本原则和目标，将海洋旅游作为可持续旅游优先发展地区。然而，从利用旅游作为经济发展的途径这一角度来看，世界银行指出，虽然海洋公园通常有助于保护受到威胁的生态系统并维持生物多样性，然而保护与利用之间却依然存在着某种交易。特别是欠发达国家和地区，海洋旅游常常是重要的甚至是主要的经济成分，因此基于海洋旅游产品的长远可持续性开发，生态系统的承载力和该地区的旅游经济效益的可持续性是十分重要的问题。在我国的一些滨海旅游目的地，利用旅游发展经济而造成的海洋环境的破坏也应该引起广泛的重视，必须寻找一种方法，一种适合该区域海洋旅游可持续发展的生态旅游产品，使得从海洋地带获得经济效益的同时能够实现保护的目的。近年来，随着旅游经济重要性的增强，以及基于自然的旅游活动的增长，很多旅游者对原始自然的旅游环境都有着较强烈的期望，这要求海洋旅游目的地在开发旅游产品时更具创新意识，要根据旅游者的需求特点开发出生态型海洋旅游产品。

4.3.2　海洋旅游产品创新路径

旅游产品是可以根据市场变化细分、塑造和创新的。海洋旅游产品创新的内涵十分广泛，包括传统旅游目的地内部的挖潜、边缘景区景点的建设、旅游线路的重组、旅游项目和产品结构的优化、旅游服务质量的提高、旅游产品种类的增加、旅游环境的完善和旅游形象品牌的树立以及旅游主题的延伸等多方面，所有创新的过程都必须以旅游市场需求为导向，以更有效地满足旅游需求为目标，通过创新不断增强海洋旅游目的地的吸引力和海洋旅游产品的竞争力，通过创新不断创造需求、引领旅游消费潮流。

当今旅游市场上，不管是单项旅游产品还是复合型旅游产品，它们都面临着创新的问题，否则就失去吸引力，进而失去旅游市场，因此，只有不断开发旅游新产品，旅游企业或旅游目的地才能在旅游市场中保持一定的市场份额和占有率。Agarwal 利用 Butler 的旅游地生命周期理论和现代产品重组理论，对英国滨海旅游地衰退机制进行分析后认为，旅游地产品重组包括投资和技术变化、集中化、产品专业化等形式，产品创新包括提高旅游服务质量、改善旅游环境、重定位、多元化、合作、适应性改造等。

海洋旅游产品的创新从产品结构角度来认识，主要包括：增加和补充选择性旅游产品开发在内的产品类型结构创新、对原有海洋旅游产品质量全面提升和新产品开发的内涵创新、对一些特殊海洋旅游景点和服务设施进行多功能化的综合创新设计、在保持主体资源不变情况下的新主题产品创新四个方面。海洋旅游产品创新的主要手段是采用新技术进行功能、结构和主题创新、内涵扩张等。

（1）创新环境，提高旅游服务质量

创新环境是区域内一组有利于创新的、实物与非实物因素的集合，它包括基础设施环境、制度环境和资源环境三个方面。创新环境是创新的基础，也是形成区域产业分化的潜在因素。改善创新环境，可实现旅游企业的现代化，为高技术企业提供孵化器。旅游产品的推陈出新，必然有恰当的政策加以引导；超前性的旅游新产品的出现，也需要政府各种有利环境的扶持，尤其是在高端产品投入市场初期，往往受到原有政策的限制而又缺乏环境保护和支持，那么，该产品则会使投资企业蒙受重大经济损失，而缺乏投入生产的决心，缺乏创新的动力。

旅游服务是旅游产品的重要组成部分，甚至有的学者认为旅游产品就是指旅游服务。实践证明，向旅游消费者提供旅游产品的最终目的是让旅游者在消费此产品的同时得到一种舒心的享受和满足，随着旅游消费市场的成熟，旅游者越来越追求个性化服务，渴望灵活而富有弹性的服务程序，渴望轻松而休闲的服务环境，从而提高旅游服务的满意度，因此，提高旅游服务质量，创造性地实行"超常"服务，是旅游产品深度开发的一个重要手段，它有助于旅游品牌的成功塑造，有助于旅游者美好的体验，有助于旅游产品价值的实现。

（2）重定位，形成创新型旅游产品

创新型旅游产品是指运用全新的科技原理，设计、生产出来的具有新技术、新内容等特征的旅游产品。创新型海洋旅游产品是在长期量变基础上质的飞跃，它受到企业的技术水平、资金等诸多方面的限制，其研发—试销—反馈—分析—改进的流程和耗时都较长。新技术包括食、住、行、游、购、娱六大旅游生产力要素的新技术、旅游服务与运营保障系统的新技术、能源节约技术、旅游促销和管理技术等方面。利用这些科技含量高的新旅游产品，是旅游产品创新的一个主要方向。旅游产品功能创新、结构创新和主题创新也是一种运用最新的高科技手段，多角度开发旅游景点和挖掘休闲活动文化内涵、提升海洋旅游景点的服务水平、进行多功能综合设计的旅游产品创新方式。

（3）多元化，形成旅游产品集群

旅游者类型的多样化及其旅游需求的多样化，决定了旅游产品内容及形式的多样化和层次化。可实际情况是，我国的海洋旅游产品层次低，结构单一，迎合旅游需求的面比较窄，海洋旅游景区景点分布依然局限在一些传统的海洋旅游目的地，新的海洋旅游资源尚未得到开发；许多滨海旅游目的地的旅游饭店呈现出"两头尖，中间胖"的格局，中等档次的饭店过于饱和，而高档次或适合平民消费的低档次饭店供不应求，且高档次旅游饭店主要集中在中心城市；在滨海度假区，由于度假产品不分档次，因此旅游饭店业的服务对象也一并迎合大众口味，缺乏合理的以市场为基准的层次分类，造成高端消费者不能满足需求，低端消费者又无力消费的局面。以上种种，说明了我国的海洋旅游还处在大众观光阶段，真正意义上的度假旅游时代尚未到来，因此，对原有产品结构进行重组，增加度假、商务、会议会展以及特种旅游产品的开发，才能完善海洋旅游产品结构体系，适应旅游消费者的个性化需求。

（4）区域合作，形成整合型旅游产品

我国的海洋旅游产品同质化程度十分严重，替代性很强，缺乏独特的竞争力，因此，海洋旅游产品创新应该挖掘区域旅游产品的内涵，增强地方性和独特性，增加创意，使之系列化，从而在某一主导性产品的带领下，形成同一主题下的产品集群，并强化其系统性和系列化，推陈出新，使老产品焕发新的生命力。产品整合实际上也是一种创新，一种对原来旅游产品的一种更新。原国家旅游局局长何光暐指出：完善和优化旅游产品的关键在于加强主打产品的完善和宣传，进一步突出产品特色的开发，加快发展高附加值的旅游产品。因此，旅游产品整合也就是要挖掘旅游地文化，提高旅游产品的文化品位、将文化的潜在价值转化为旅游经济价值。产品整合要注重项目的特色和多样性，倡导和鼓励项目的适当超前性。旅游目的地要想不断提高竞争力，就必然保持永久的创新。

区域旅游合作是旅游经济发展规律所决定的，需要打破行政区划间的利益隔阂；区域旅游资源开发中加强合作有助于强化组合开发、优势互补的作用，其对旅游地空间结构的演变主要表现在两个方面：一是旅游网络的形成；二是旅游圈的构建。然而在我国的滨海旅游区内，本着区域旅游保护主义而以行政区域代替客观上的旅游区域、分割旅游精品线路、与邻区重复建设、互抢国内外客源与市场等情况依然存在，这势必影响我国海洋旅游业的整体发展。在地域空间上具有较强的地缘旅游经营销售关联的滨海区域，无论从旅游产品的整体组合还是从各自产品的特色上，都应该与周边地区进行管理和营销的跨行政地域的联合。行政区域界限不应该是海洋旅游业发展的障碍，敢于与竞争对手加强合作，共同携手做好新线路、新景点的推广，形成市场和资源的共享，才能共创整体性旅游新品牌，才能赢得区域海洋旅游产业的共同发展。

实现区域联动，共创品牌，要求各海洋区域的旅游业根据自己的资源特色和文化特征，走错位发展的景区建设道路，既要与邻近区域共同协商、相互协调，通过延长旅游线路、精选旅游景点、促进线路网络化及在联动旅游开发、经营方面下功夫，取长补短，发挥整体优势，提高区域核心竞争力与旅游整体形象；同时区域旅游合作的成功必须从加强政府导向、合作机构的建立、合作规划的编制等方面加以研究。

（5）适应性改造，打造符合需求的旅游产品

随着旅游休闲市场的渐臻成熟，海洋旅游资源开发也向深层次、高质量、内涵丰富型发展，旅游景区建设则由单一的猎奇–游览观光向复合型、多功能型发展；在对现有景点和产品进行调整和更新时，要注重融入高科技手段、现代意识，突出参与性，要抓好资源的二次开发，不断提高现有景点和旅游基础设施内涵，提升传统观光型海洋旅游产品现代化水平，加快开发海洋休闲旅游、海洋度假旅游、商务旅游、康体旅游、海洋科考旅游等非观光型旅游项目，努力创造出品种多样、内涵丰富、品味高雅的旅游产品和旅游形式，以适应游客的多种需求。在未来的竞争中，任何一个旅游目的地只有不断以独特的自然资源及文化内涵、配套的文化旅游设施和优质的管理与服务逐步形成品牌，才能有市场竞争力，才能有说话权，才能真正的与其他海洋旅游区域强强联合。

我国的许多海洋旅游目的地都与大中城市相毗邻，或者说都是依托城市发展海洋旅游业，因此在旅游产品结构调整上要充分考虑旅游中心城市的因素，以城市为客源中心，为大城市提供"后花园"式的游憩功能。陈传康观察到，随着现代交通条件的改善和周末休闲时间的增加，城市郊区旅游与城市周边旅游、短线旅游区域重合；吴必虎率先提出了"环城市游憩带"（ReBAM）理论，他在调查上海从事国内旅游业的数十家旅行社后，得出距上海城市 250～300 千米以内的 ReBAM 空间，是城市居民出游活动密度最大的地区（吴必虎，2001）。那么，许多处于这一区域内的海洋旅游产业就应该开发出以度假和休闲为主的旅游产品，建立相应的康体休闲产业，推出包括康复养生、体育康体、娱乐、农渔业、水域游艇、垂钓、生态回归等活动，并按一定的"理念"加以综合组装，以满足都市市民和以大都市为旅游集散地的其他国内外游客的游憩需求，促进"环城市游憩带"的形成。

因此，基于创新的海洋旅游产品开发，必须注意对旅游产品的深加工，开展专题旅游、专项旅游，开拓会议会展旅游、休闲度假旅游、奖励旅游等新产品，还应借助现代技术的创新，开发出诸如游艇海钓、海洋旅游景观房产、分时度假等海洋旅游新产品，提高重游率和旅游消费水平，发展区域海洋旅游产业。

4.4　产品创新与区域海洋旅游产业发展

旅游产品的消费过程是旅游者在旅游目的地各行业之间的旅游经历过程，旅游产品结构往往反映出旅游产业结构状况。产品创新是区域产业创新的一个有机组成部分，创新之所以发生在区域，是因为区域是各种资源赋存、积累、消耗、流入和流出的场所，可为旅游产品创新提供支持性环境；同时，在创新的视角下，区域海洋旅游产业发展过程既是一个创新过程，同样也是经济–技术–社会过程，是各种因素综合作用的结果。

4.4.1 产品创新在区域

旅游产品本身具有生产、交换与消费的同步性，旅游产品的消费过程就是旅游者在旅游目的地各行业之间的旅游经历过程。因此，旅游产品的结构与旅游行业结构乃至旅游产业结构的联系较为紧密。而创新之所以发生在区域，这是因为区域是经济活动和各种社会网络的载体，是各种资源赋存、积累、消耗、流入和流出的场所，区域中各地方产业聚集，并为创新提供支持性环境；而产品的创新就是区域产业创新的一个有机组成部分，旅游产品的创新将促进该区域的海洋旅游产业的发展。

在创新的视角下，区域海洋旅游产业的发展过程既是一个创新过程，同样也是一个经济—技术—社会过程，是各种因素综合作用的结果。区域内的旅游产业发展的区位因素、发展过程、机制、目标在创新视角下都会与以往有所不同。在社会关系上，旅游产业的发展是通过区域内参与产业发展的各主体，包括政府、企业、个人、金融机构等之间的相互合作、学习而实现的；在生产过程中，知识和技术得以应用到工艺创新、产品创新和组织创新之中，构成区域内外关联紧密的产业链，构建区域专业化和分工协作的产业结构，并建设更高组织效率、管理效率的旅游企业；在空间关系上，通过旅游企业自发或有组织的集聚，产生并共享有利于创新活动的动态集聚效益，形成具有竞争优势的旅游企业。因此，区域内旅游产业的发展过程本身就是一个创新的过程，它是由各参与创新的主体共同完成的，并包括产品、工艺、管理等方面。产业创新一旦发生，区域内产业发展的特点和优势将会不断积累叠加，对产业未来的发展方向产生极大的影响。

传统经济学理论认为，区域产业发展的动力主要是资本、劳动力因素，此外，还有区域地理位置、自然资源状况，它重视自然资源、劳动力、交通条件这些物质性因素的作用，然而在社会经济已发生重大变革的当今世界中，仅考虑这些因素显然是不够的，因为生产技能知识、技术创新与扩散方面进行的质量竞争和合作，也是区域产业创新发展的重要因素。

4.4.2 转型期的"长三角"区域海洋旅游产业及产品创新

"长三角"地区位于中国南北海洋交通要道，是我国综合实力最强的经济中心、亚太地区的重要国际门户、全球重要的先进制造业基地、率先跻身世界级城市群的地区，它拥有全国10.68%的人口，创造了23.97%的国内生产总值、24.27%的地方财政收入和33.77%的进出口总额；这一地区海岸线漫长，沿海城市众多，域内海洋旅游资源丰富，地理环境得天独厚，具备了发展旅游的资源、需求、区位和产品四大优势，既是重要的旅游目的地，更是重要的旅游客源地。几十年的发展使得该区域的旅游产业日趋成熟，品牌效益日渐显现，黄金旅游圈建设稳步推进，海洋旅游产业结构不断提升，产业处于升级换代时期。

4.4.2.1 转型期的"长三角"地区旅游产业

改革开放20年来，我国的旅游业发展已进入快车道，旅游需求结构和需求内容都呈现出多元化和高级化的特征，旅游产业也从传统的计划经济体制下的接待事业型向市场经济型转变，并实现了"买方市场"的转型，转型成为我国旅游产业发展的主流。在我国最富裕和最充满活力的"长三角"地区，海洋旅游产业的规模和宏观经济效益显著，国际旅游和国内旅游收入逐年增长。然而，相比20世纪90年代，近年来旅游产业快速增长的势头已明显趋缓，经济递增幅度也在逐年降低；与过去将旅游作为主要创汇产业发展战略明显不同，入境旅游收入在对外经济体系中虽然占有一定比重，但其增幅明显下降（表4-2）；旅游市场已从快速增长趋向成熟稳定，进入了阶段性的转化时期，从旅游产品的打造、旅游目的地的建设、旅游产业集群的形成等方面都充分体现出产业的转型端倪。

表4-2　"长三角"地区2004—2006年主要旅游经济指标①

指标	年份		
	2004	2005	2006
入境人次/万	1 075.16	1 297.66	1 477.68
比上年增长的百分比/%	48.59	20.07	13.88
入境收入/亿美元	61.49	75.84	88.81
比上年增长的百分比/%	50.06	23.26	17.12
在对外经济体系中的百分比/%	1.36	1.47	1.75
国内旅游人次/亿	3.38	3.9	4.57
比上年增长的百分比/%	22.91	15.73	17.48
国内旅游收入/亿元	3 408.64	4 173.68	4 958.41
比上年增长的百分比/%	23.94	18.61	18.65
旅游总收入/亿元	3 958.81	4 838.55	5 704.42
总收入相当地区生产总值的百分比/%	11.36	11.86	12.01

（1）区域旅游新格局

"长三角"地区拥有15个国家重点风景名胜区、13座国家级历史文化名城、4处国家级度假区和数十个大型主题公园，空间上的整体性、文化上的同源性、资源上的互补性提供了区域合作的可能，因此，一体化整合将使该地区成为我国最大的旅游经济区。随着整个区域经济一体化进程的加快，该地区众多海洋旅游目的地协同合作，差异化竞争，并针对不同层次的旅游需求，开发包括海洋休闲度假游、海洋历史文化游、海洋民俗风情游、海洋休闲渔业游、海洋节庆旅游、游艇旅游、海钓和海洋休闲体育旅游、海洋科普旅游等多元化、系列化、边沿化和深度化的海洋旅游新产品，带动餐饮、宾馆、旅行社、旅游商品、交通等相关行业发展，从而形成海洋旅游产业群和区域旅游新格局，促进海洋旅游业向更高水平发展。

（2）旅游产业集群化

旅游产业集群化是产业发展在空间上集聚而成的，它通常跨越行政界限，与旅游资源分布、交通基础设施布局和经济活动集聚区相匹配，是提升区域竞争力和区域经济发展的重要阶段和必由之路。"长三角"地区的海洋旅游产业集群正在形成，它以海洋旅游核心吸引物为基础，产业链中的上下企业和相关支持单位在一定区域内大量集聚，形成具有竞争优势的经济群落。譬如：随着同旅游产业价值链相关的信息服务业、文化产业、教育产业、会展业、中介服务业、金融保险业的日趋成熟并与旅游相结合，形成了旅游电子商务、文化旅游、会展旅游、旅游保险等行业，延伸了旅游产业链，扩大了旅游产业的边界。与其他产业集群不同，旅游产业集群是以旅游核心吸引物为基础的地理空间上的聚集，旅游产业集群的核心层主要由吸引游客的目的地景观和旅游活动组成，中心城市是产业集聚的核心点，杭州、南京、苏州、宁波、温州、台州、舟山等城市利用各自的优势和特色，发展集观光、休闲度假、节庆会展、海洋科普、运动竞技、游艇海钓等为一体的现代综合海洋旅游经济，集中力量培育和打造具有鲜明区域特色的产业集群，造成对周边城市的辐射，形成板块状海洋旅游经济区。

①　表中数据来源于2004—2006年浙江省旅游概览，2004—2006年江苏省旅游经济发展公报，2004—2006年上海市国民经济和社会发展统计公报。

（3）目的地产业化及产业目的地化

"长三角"地区旅游目的地的整合，是一种以旅游目的地为核心的多层面多要素的区域产业开发新形态。在新的理念指导下，目的地不再只是单一的景点和景区，它包含着一条完整的产业链，提供了符合现代消费需求的各种产品和服务；海滨休闲度假区、海洋文化旅游区、节庆会展旅游区、游艇海钓旅游区等具有核心竞争力、差异化、特色化的块状海洋旅游经济区正在该区域形成。譬如，以普陀山佛教文化旅游产品为龙头，结合滨海休闲度假、海洋观光旅游，舟山就成为一个整体性的群岛型大型海洋旅游区。而将城镇或区域作为滨海旅游目的地来规划布局，建设中始终体现景观功能、文化功能和旅游休闲功能的做法也正在"长三角"地区实践着。区域特色化、城镇旅游化的发展，形成了长三角滨海城市产业目的地化及目的地产业化的双向发展趋势。

4.4.2.2　海洋特色旅游产品链构建

旅游业是观光、商务旅游、度假旅游、特种旅游四类产品聚集在一起的完整的产业体系。产品的支撑是一条链性支撑，是一种体系支撑，海洋旅游产业的发展，产业形态的提升，其中一个重要的触动因素便是海洋旅游特色产品链的构建。现代旅游业也是创意性产业，它摆脱了资源驱动和要素驱动形态，通过以市场需求为导向的创意策划，开发出新型旅游产品，拓展消费空间，实现旅游产业自身发展和转型。因此，产业的转型呼唤着新的特色产品出现，而新型特色产品链的构建又促成了产业的转型发展。"长三角"地区凭借其资源特色、区位优势和市场需求，目前已具备开发条件的海洋特色旅游产品主要体现在八大方面，这八大方面构筑成一条粗壮的特色产品链，它既满足了不断增长的个性化旅游消费需求，又催生出众多新的旅游业态，促进区域旅游产业的转型和升级。

（1）新型海洋休闲度假产品

海洋度假是世界旅游的传统节目，它主要以康体养生或休憩度假为目的；新型的海洋休闲度假活动则是基于现代工业技术发展，尤其是船舶工业发达后的产物。游艇及邮轮的出现，把海陆连成一体，极大地拓展了旅游者的活动空间和休闲方式，将海洋旅游休闲活动从滨海拓展到岛屿及海上，充分体现出亲水性特征，符合现代人追求精神放松的旅游新需求，是最有市场潜力的旅游产品。传统旅游业的运行是一种点线经济模式，旅行社是中心，团队观光旅游产品是主体，六大要素通过包价方式整合在一起，由此设计一定的线路，并以大规模标准化的景点景区为主要吸引物。随着旅游需求个性化与体验化特性的增强，点线经济体系提供的单一团队观光旅游产品不再完全满足消费需求，于是以旅游地政府为主导、以体验休闲度假产品为主体的旅游经济运行方式诞生了。这是以位于客源地的旅行代理商和位于目的地的散客服务商为主体的企业之间的结合模式，旅游目的地最终提供的是以景区景点和软环境为主要吸引物的休闲、度假型旅游产品。

"长三角"沿海城市风光秀丽，兼具阳光、海浪、沙滩三大海洋旅游要素，是优越的海洋生态旅游地。滨海观光、休闲度假、海洋竞技、水上运动、以海洋海岛风光为依托的休闲文化旅游、结合海岛渔村风情和相关活动开展的"渔家乐"休闲渔业旅游等，都是新兴的旅游休闲方式。通过特色化旅游开发来增加地方吸引力，使得"长三角"地区的一些城镇和渔农村成为区域短途休闲市场的新热点。诸如做一天渔民、体验渔家风情等海洋旅游项目，并不强调资源凭借，而是倡导复古怀旧、探寻文化之源、体验新生活方式，将旅游与其他产业结合在一起，形成体验化休闲型的旅游新产品。譬如舟山的东极岛，与其说旅游者前去小岛观光旅游，不如说是向往那里的原汁原味的海岛渔家风情；在海上垂钓、在渔码头吹着海风晒着太阳发发呆、在石头酒吧哼着渔家小调喝着啤酒，旅游不再是行路观光赏景的事，而是一种远离繁华和现代文明后的悠然自得的生活。更值得一提的是，越来越多的游客不再以经旅行社组团包价形式消费，消费过程更加自由随兴。

（2）海洋会展节庆旅游产品

会展和节庆活动影响力大、经济效益明显，不仅有利于带动旅游、餐饮、商业及旅游相关产业的发展，而且对提升文化产业，塑造和传播城市形象，扩大城市知名度有着极大作用。以经济和文化为主题的各种国际会展和文化节庆活动，已成为"长三角"旅游产业的一大新兴领域。充分利用得天独厚的海洋旅游资源和海滨度假设施，以上海为中心，积极主动地承揽各类国际、国内会展业务，是"长三角"会展旅游业的发展优势；各城市优势互补，资源共享，开发特色鲜明的海洋节庆旅游产品又是该地区旅游发展的策略。迄今为止，该地区已经形成了不少有影响力的旅游节庆产品，如浙江舟山的国际沙雕节、海鲜美食节，宁波象山的开渔节、舟山的国际海钓节等都是较成熟的产品；而2010年的上海"世博会"的成功举办，又将进一步带动该地区的会展节庆旅游产品的开发，办会造势，以节促旅，辐射和带动相关产业，推动区域旅游产业结构优化与升级。

（3）海洋科普旅游产品

海洋科普旅游产品是将海洋旅游与海洋科学技术有机结合的一种新兴的高层次的产品类型，其基本形式是通过海洋旅游资源中的科技要素，利用各种自然和人文景观，科学规划设计，开发成集科普教育、娱乐体验、观光游览、生产加工等为一体的旅游产品。就江浙沪沿海地区而言，独特的地理位置和悠久的人类活动历史，赋予旅游资源浓郁的海洋文化气息；在几千年的历史发展进程中，又形成了特色鲜明、内涵丰厚的海洋文化体系，可联合开发这一集知识性、趣味性和娱乐性为一体的特色产品。舟山的岱山岛利用内涵深厚的海洋文化资源，推出了"民房""台风""盐业""海泥""渔业""灯塔""岛礁"七大品牌的海洋博物馆。海洋科普旅游产品高扬了知识经济的时代特征，体现了人与自然和谐的时代旋律，游客从中可以领略到海洋历史文明的灿烂与辉煌，在休闲之中增长见识，在参与中体验科技的魅力、在游览中感受海洋的神奇，获得审美、娱乐和休闲等方面的享受。

（4）游艇旅游产品

游艇旅游是旅游业中增长最快的产品之一，也是经济功能极大的高端产品，开发游艇经济是沿海地区实现海洋经济可持续发展的理想项目。游艇本身可谓是一个游动在海上的旅游目的地，基于游艇可以开展海洋观光、休闲娱乐、海洋垂钓等活动，其功能丰富，吸引力强，颇受旅游市场青睐。游艇休闲服务的发展空间很大，现有的陆上许多休闲项目都可以移到海上，给游客意外的体验，将休闲活动提升到更精致的层面。"长三角"地区海岸线漫长，海域面积大，区位优势明显，经济富庶，中产阶层成长迅速，具有强大的旅游消费能力，发展游艇经济可谓天时地利。目前，上海已成功举办了十几届中国国际船艇展览会，并拟将建设10座以上的游艇码头；浙江舟山拟在沈家门、普陀山、朱家尖、桃花、六横等岛屿规划建设1 000艘以上泊位的游艇基地，形成游艇度假区。

（5）海钓休闲旅游产品

休闲是旅游的"蓝海"。传统的旅游业经营只是通过血腥的价格竞争来获取利润，而将旅游扩展到休闲这一新领域，摆脱了传统的鲜血淋漓的行业竞争，使旅游业进入宽阔的蓝海；这种方式不再需要血拼，也非恶性竞争（魏小安，2007）。事实上，现代休闲需求的普遍性催生出许多迎合该需求的旅游新业态。旅游业不仅提供产品和服务，更用新型体验化产品制造有益的休闲方式，提高闲暇生活质量，积累社会文化资本。海钓就是一种休闲时代极具吸引力的高端产品，也是风靡世界的时尚户外运动，有着"海上高尔夫"之美誉。随着我国海洋产业结构的调整和消费需求的不断扩大，高端的海钓休闲旅游产品前景广阔，它对提升休闲渔业、推动关联性产业拓展、调整海洋旅游产业内部结构起着重要作用。"一根钓竿救活一个渔场"的故事，就生动地演绎了新兴游钓产业成为沿海地区转产转业渔民致富的新举措。近年来，海钓业较为发达的日、韩两国因海钓鱼类资源减少，出现了海钓活动地点向外转移的趋势，这给"长三角"地区发展海钓业带来了机遇。这里海岸线曲折，岛礁众多，海域辽阔，发展海钓业具有得天独厚的优势，已经吸引了许多国内外海钓爱好者。

（6）海洋专项旅游产品

海洋专项旅游是适应市场需求、满足旅游者特殊偏好而形成的一种新兴海洋旅游产品，又叫特种旅游或专题旅游，如海洋探险和科考类旅游产品、潜水观光、海上极限运动、海上拓展训练等都是近年新兴的海洋专项旅游活动，颇受市场追捧。海洋专项旅游产品的开发应该注意与传统观光产品、休闲度假产品的差异，它是针对旅游者特殊兴趣与需求而定向开发组织的一种旅游活动，在消费价值取向上更侧重于自主性、个性化和目的性，更强调精神的满足和体验性。在"长三角"地区，海洋专项旅游产品也逐渐成熟并成为一些旅游企业的主营产品，海上极限运动和拓展训练、荒岛生存等新型特色产品颇受大集团公司管理层人员的青睐，越来越成为挑战个体、磨炼顽强意志、增强团队精神、培育健康心理素质和积极进取人生态度的一种重要方式。

（7）休闲体育旅游产品

全民参与式的海洋休闲体育活动也是近来颇值得打造的海洋旅游新产品。休闲体育旅游是以体育资源为基础，吸引人们参加与感受体育活动的魅力和大自然情趣的一种新型旅游形式，主要包括体验参与类产品和健身休闲类产品。譬如基于沙滩上的球类、摩托车、卡丁车活动，在海面及空中借助于新型器械进行的诸如动力三角翼、冲浪、帆船、帆板等运动，这些活动技能性不强，器械操作简易，不管男女老少，都可根据自己的体能状况选择合适的方式进行。充满激情、阳光的海洋休闲体育运动是勇气与智慧的对抗，能让嬉玩者在优美的海洋背景底色中展现出迷人的风采，享受极致的快感和刺激。在现代高科技的支持下，新型器械的不断出现和操作简便性趋向，使得该项活动的形式更加多样化、游人参与更加广泛化，活动开展更加普遍化。

（8）海洋旅游景观房产

旅游景观房产是指依托周边丰富的自然景区、人造景区等旅游资源，为全部或部分实现度假休闲功能而开发建设及经营运作的融旅游、休闲、度假、居住为一体的房地产项目，其形式主要有度假村、休闲别墅、酒店公寓、会议中心、产权酒店、时权酒店等。近几年来，由于大量民营资本的投入，加上良好的海洋生态条件与丰富的海洋旅游资源、成熟的旅游市场和区位优势、高强的消费能力群体，"长三角"旅游房地产业持续升温，已成为一种新型的旅游开发项目。该地区大批以海洋景观为依托，体现海洋文化特质，内涵丰富又具有吸引力和竞争力的景观房地产品正在建设中，未来的花园海岛、世界性的海洋休闲度假基地、海上休养天堂将在该地区形成，满足消费者休闲度假的需求。

产品创新是产业发展的助推器，海洋旅游特色产品链的形成，将有效地满足不断扩大的个性化旅游市场需求，增强产业竞争力，提升旅游产业整体层次。"长三角"地区拥有开发海洋旅游特色产品的需求和机会，充分利用好各地的特色资源，抓住机遇，努力创新，该区域将成为具有强大吸引力的海洋旅游目的地。

本章小结

旅游产品是人们进行旅游活动所需的多种吸引物、设施和服务的组合。旅游产品是一种整体性的组合产品、动态性产品，其核心是服务。旅游产品既具有服务产品的共同特征，又具备旅游各行业产品的个性特征。旅游产品的服务业特征是指旅游产品的不可感知性、不可分离性、不可储存性、差异性和缺乏所有权五大特征。

　　旅游产品是一个动态的开放体系，海洋旅游产品类型十分丰富，依据不同的标准可划分出不同种类的旅游产品。各种分类互相交叉重叠，各种类型互相渗透，形成庞大而完整的海洋旅游产品体系。但纵观我国目前的海洋旅游产品市场，观光产品停留在低层次近距离的重复开发层面，休闲度假旅游产品则结构单一、层次少，游乐型产品极难见到。现代旅游业是创意性产业，它通过以市场需求为导向的创意策划，开发出新型旅游产品。产品创新是产业发展的助推器，海洋旅游特色产品链的形成，将有效地满足不断扩大的个性化旅游市场需求，增强产业竞争力，提升旅游产业整体层次。

　　任何对旅游者有吸引力的地区都必须对供给要素进行某种广泛的分类，供给要素包括自然资源、人造环境、经营部门、目的地社会文化，这些要素可以多种方式结合在一起，创造出对旅游者具有吸引力的环境、设施和服务。

关键术语

旅游产品（tourism products）　　　　　　供给要素（supply components）

住宿设施（accommodation）　　　　　　　基础设施（infrastructure）

自然资源（natural resources）　　　　　　文化资源（cultural resources）

旅游业（tourism industry）　　　　　　　旅游体验（tourism experience）

核心产品（core product）　　　　　　　　形式产品（formal product）

度假区（resort）　　　　　　　　　　　　主题公园（theme park）

休闲度假旅游（leisure tourism and vacationing）

复习思考题

1. 什么是旅游产品？旅游产品有哪些层次？旅游产品具有哪些特性？

2. 根据现代海洋旅游发展的态势，你认为我国的海洋旅游产品应如何创新？

3. 在为一个全新的地区进行供给要素的开发规划时，应首先考虑四大要素中的哪一个？

4. 在我国，对一个新开发的旅游目的地来说，进入该地的道路应该由谁提供？

参考文献

阿尔弗雷德·韦伯.1997.工业区位论.李刚剑，陈志人，张英保译.北京：商务印书馆.

阿弗雷德·马歇尔.1997.经济学原理（上卷）.朱志泰译.北京：商务印书馆.

崔凤军.2002.中国传统旅游目的地的创新与发展.北京：中国旅游出版社.

菲利普·科特勒等.2002.旅游市场营销.谢彦君译.北京：旅游教育出版社.

罗结珍.1990.国际旅游业公约、协议汇编.北京：旅游教育出版社.

罗明义.2003.旅游经济研究与探索.昆明：云南大学出版社.

厉新建，张辉.2002.旅游经济学——理论与发展.大连：东北财经大学出版社.

李春芬.1995.区际联系区域地理学的近期前沿.地理学报，50（6）：491–496.

马勇，周霄.2003.WTO与中国旅游产业发展新论.北京：科学出版社.

马丽卿.2006.海洋旅游产业理论及实践创新.杭州：浙江科学技术出版社.

马丽卿，阳立军.2008.话说海洋旅游.北京：海洋出版社.

马丽卿，胡卫伟. 2009. 产业转型期的长三角区域海洋旅游特色产品链构建. 人文地理，106（2）：125－129.

迈克尔·波特. 2002. 国家竞争优. 李明轩，邱如美译. 北京：华夏出版社.

秦宇. 2000. 试析旅游产品定义问题. 北京第二外国语学院学报，95（1）：28－32.

曲玉镜. 2002. 旅游产品新论. 辽宁师范大学学报（社会科学版），364（2）：25－27.

宋书楠，张旭. 2003. 对旅游产品概念及其构成的再探讨——兼与曲玉镜等同志商榷. 辽宁师范大学学报（社会科学版），26（2）：16－18.

田伯平. 2007. 长三角：可持续的率先发展. //2006长三角蓝皮书. 北京：社会科学文献出版社.

田里，牟红. 2007. 旅游经济学. 北京：清华大学出版社.

吴必虎. 2001. 大城市环城游憩带（ReBAM）研究——以上海市为例. 地理科学，24（4）：355－359.

吴必虎. 2002. 区域旅游规划原理. 北京：中国旅游出版社.

徐红罡，相阵迎. 2007. 珠海旅游产业集群的案例研究. 人文地理，98（6）：76－80.

魏小安. 2002－5－7. 促进旅游目的地的新发展. 中国旅游报，3.

魏小安. 2007. 中国旅游发展大趋势探讨. 旅游管理，（10）：3－9.

王慧敏. 2007. 旅游产业的新发展观：5C模式. 中国工业经济，231（6）：13－20.

W·钱·金，勒尼·莫博涅. 2005. 蓝海战略. 吉宓译. 北京：商务印书馆.

魏江. 2003. 产业集群创新系统与技术学习. 北京：科学出版社.

沃恩著. 2001. 饭店营销学. 程尽能等译. 北京：中国旅游出版社.

维克多·密德尔敦. 2001. 旅游营销学. 向萍等译. 北京：中国旅游出版社.

亚德里恩·布尔. 2004. 旅游经济学. 龙江智译. 大连：东北财经大学出版社.

杨吾杨. 1989. 区位论原理. 兰州：甘肃人民出版社.

曾忠禄，张冬梅. 2007. 我国发展旅游购物的模式研究. 商业研究，364（8）：144－147.

邹再进. 2007. 区域旅游业态理论研究. 地理与地理信息科学，23（5）：100－104.

张陆，徐刚，夏文汇. 2001. 旅游产品的内涵、类型划分及价值问题研究. 重庆工学院报，15（1）：9－14.

张梦. 2006. 旅游产业集群化发展的制约因素分析——以大九寨国际旅游区为例. 旅游学刊，21（2）：36－40.

Agarwal S. 1997. The Resort Cycle and Seaside Tourism：an Assessment off its Applicability and Validity. Tourism Management，18（5）：65－73.

Baud Bovy M. 1982. New Concepts in Planning for Tourism and Recreation. Tourism Management，9（3）：55－62.

Butler R W. 1980. The Concept of a Tourist Area Cycle of Evolution：Implications for Management of Resources. Canadian Ggeographer，24（1）：5－12.

Bussey K. 1987. Leisure + Shopping =?. Leisure Management，7（9）：22－24.

Littrell, et al. . 1994. Souvenirs and Tourism Styles. Journal of Travel Research，33（1）：3－11.

Porter M E. 1998. Clusters and the New Economics of Competition. Harvard Business Review，（6）：77－90.

Porter M E. 1990. The Competitive Advantage of Nations，London：Macmillon.

TIA Travel Scope. 2000. Travel Industry Association of America. http//www. tia. web/travel/demestictravel. asp

Travel Industry Association of America. 2001. Research：Economic Impact of Travel and Tourism. http//www. tia. org/Travel/econimpact. asp.

□ 阅读材料 4 – 1

商务旅行也是一种旅游活动

长期以来，人们习惯于仅将观光、休闲度假等愉悦旅游视为旅游学研究的主要对象，并因此形成许多理论学说，如谢彦君的愉悦体验学说。这种情况并未因为世界旅游组织对旅游活动定义的改进（旅游是人们为了休闲、商务或其他目的而旅行）而得到多少改变。彭陈艳等曾对1990—2008 年间 Elsevier SDOL 数据库中与旅游相关的文献，采用关键词"bussiness tourism"（商务旅游）、"bussiness travel"（商务旅行）进行检索，结果令人诧异，18 年间仅有 26 篇文献问世。与此现象形成强烈对比的是，随着全球化进程的加快，国际商务旅行已经成为澎湃潮流。

商务旅游涉及的是那些因为工作关系而旅行的人们，因此是最古老的旅游类型之一。目前，商务旅行已经成为一个真正的全球化产业，并且出现了全新的特殊类型，主要包括个人商务旅游、各类会议、展览、奖励旅游、商务接待、培训、跨区域的产品发布会、政府雇员的公务旅游、学术交流，以及大型的体育赛事、纪念或庆祝活动等。商务旅游在世界范围内增长迅速，已占据旅游业的主导地位。

彭陈艳等通过综述西方文献发现，航空公司是与商务旅游密切相关的一类供应商，也是研究关注的焦点。面对日益激烈的市场竞争，航空公司纷纷采取措施，占领并提高这一市场的份额，如创新产品类型并提高服务质量，实行常客计划培养顾客忠诚度，制定以消费者为导向的营销策略等。近期的研究表明，企业减少旅行开支的压力正在施向商务旅行者，价格是影响购买的重要因素，商务旅游者已成为低价航班的主要市场。由于受到企业规模、经济效益以及购买渠道的影响，中小型企业更倾向于使用低价航班。

认识到商务旅游的迅速发展对旅行服务提出了新的要求，宋子千、宋志伟对传统的从事愉悦旅游业务的旅行社如何向商务旅游转型进行了分析。他们指出，商务旅游的迅速发展要求提供相应的旅行服务，而旅行社传统上以经营观光旅游产品为主，即使是接待商务旅游者，也主要是承接散客的委托代办服务，如机票、酒店的预定，基本上没有针对会议、展览、奖励等新兴商务旅游的产品，不能适应商务旅游的发展。国外一些知名的商务服务公司如美国运通、罗森布罗斯等则乘虚登陆中国，抢占比传统旅游市场利润更为丰厚的商务旅游市场。

宋子千、宋志伟指出，传统产品市场的竞争迫使旅行社寻找新的市场空间，全国近 80% 的旅行社都处于无利或亏损状态，旅行社行业竞争激烈是不争的事实。这种状况迫使旅行社寻找新的市场空间。突破传统产品范畴，开拓商务旅行市场，不失为一个重要的途径。团体观光旅游产品是预先组织的，按照同一标准，旅行社可以大批量复制生产，向不同消费者多次出售。但是对于商务旅游活动来说，消费者只有一些最基本的需要是相同的，而其他大量与事务相关的需要都是存在差异的，产品要求照顾到个性化。差异化的需求，因而几乎每一项产品都是定制的、不可复制的，对不同客户出售的产品也是不同的。正是由于团体观光旅游产品、传统商务旅游产品和新兴商务旅游产品之间存在的这些差异，旅行社的利润来源和产品定价权限也有所不同。对于前者，旅行社的利润来源在于批零差价，而对于后二者，旅行社的利润来源不仅包括批零差价，还包括专业化服务。

□ **阅读材料 4 - 2**

非惯常环境下的旅游消费者行为

旅游活动是人们在惯常环境之外的一种空间移动现象和社会文化行为。张凌云（2008）指出，从非惯常环境角度分析旅游者的消费行为非常重要。旅游就是人们对非惯常环境的体验和生活方式。张凌云认为，这是旅游的本质，也是旅游学研究的核心，是旅游学科能够独立于其他相关学科而存在的基础。

张凌云强调，非惯常环境体验是指人们日常经历以外的体验，其特点是短暂的、开放的，不受或较少受日常生活种种戒律约束。人们往往对于惯常环境的需求是多样的、复杂的，如对公共设施、文化教育、对外交往、经济水平、医疗卫生、职业生涯、人际关系等诸多方面都有较高要求，而对于非惯常环境的需求则相对较为单一，只要能满足新奇刺激、放松愉悦、好看好玩中的一项即可。如果说非惯常环境是旅游的外因，那么非惯常环境体验则是旅游的内因。人们不仅有离开惯常环境的需要，而且在非惯常环境下，旅游者的行为往往是有别于惯常环境下的。旅游者在旅途中的所谓"非理性消费"实际上是生活在惯常环境里的人的惯常思维得出的判断。实际上，旅游者在非惯常环境中的成本—效用函数是不同于惯常环境的，旅游者在非惯常环境里的时间成本和机会成本要远高于惯常环境，因此尽管在景点购物价格较高，但旅游者在景点购物可以说是一种理性选择。

张凌云还指出，在非惯常环境下，身份匿名化往往也可能使一些在惯常环境中经济社会地位较低的旅游者，在旅游消费（包括支付小费等）时会显得格外慷慨大方，即炫耀性消费，亦即所谓的凡勃伦效应（Veblen effect）。还有受参团的其他团友互相影响，在购物时缺乏自主决策能力，受他人心理暗示，而采取从众行为，即羊群效应（flocks of sheep's effect）。旅游消费中除了一部分固定消费，随机消费占较高的比例，消费偏好和行为往往与在惯常环境中判若两人。

在旅游地等非惯常环境里，由于旅游者身份匿名化，其行为可能会逾越惯常环境下的道德规范和法律规定，如出现信手涂鸦、观看色情表演、艳遇、性旅游、吸食软性毒品、酗酒、赌博、品尝受法律保护的野生动物等失范和越轨行为。因此对旅游的社会影响进行适当引导，是十分必要的。

□ **阅读材料 4 - 3**

托马斯·库克集团公司

托马斯·库克集团公司是一家全球领先的专门从事旅游业务的著名企业，是全球第二大旅游公司，有 33 000 名员工，年收入 180 亿美元。业务包括旅游运营、航空和金融服务。旗下航空公司拥有 97 架飞机。目前市值大约 60 亿美元。目前托马斯·库克业务拓展的重点是中国、印度、俄罗斯等市场。

托马斯·库克集团公司根据地理区域分为五个部分：英国与爱尔兰公司（包括英国与爱尔兰旅行社，英国航空公司）；大陆欧洲公司（包括比利时、荷兰、波兰、匈牙利、捷克、法国、德国、奥地利与瑞士公司）；北欧公司（包括瑞典、挪威、丹麦与芬兰公司）；德国航空（包括由托马斯·库克德国公司经营的两家康多尔包机航空公司）；北美公司（包括美国和加拿大的业务）。

　　1841 年 7 月 5 日，托马斯·库克包租了一列火车，运送了 570 人从莱斯特前往拉夫巴勒参加禁酒大会，往返行程 22 英里，团体收费每人一先令，免费提供带火腿肉的午餐及小吃，还有一个唱赞美诗的乐队跟随，这次短途旅游活动标志着近代旅游及旅游业的开端。此后，他率先在英国正式创办了通济隆旅行社，专门经营服务业务。托马斯·库克与他的旅行社的名字蜚声于英伦三岛。为此，托马斯·库克被世界公认为商业性旅游的鼻祖。1851 年他组织 16.5 万多人参观在伦敦水晶宫举行的第一次世界博览会。4 年后，博览会在法国巴黎举行，他又组织 50 余万人前往参观，使旅游业第一次打破了国家界限，走向世界。至 1864 年，他成立了托马斯·库克父子公司，全面开展旅游行业，为走向世界做了一系列的准备工作。1872 年库克组织了 9 位不同国籍的旅行者进行为期 222 天的第一次环球旅行，这次环球旅行的成功受到世人的称颂。接着，他又在欧洲、美洲、澳大利亚与中东建立起自己的系统。1880 年他又打开印度大门，拓展了埃及市场，成立世界上第一个旅游代理商，被誉为世界旅游业的创始人。

第 5 章　海洋旅游吸引物与目的地

■ 学习目标

◇ 掌握旅游吸引物和旅游目的地的定义
◇ 了解旅游吸引力决定因素及其发展
◇ 理解旅游目的地的综合体体系
◇ 了解旅游目的地建设与管理内容

5.1　海洋旅游吸引物与海洋旅游资源

旅游吸引物、交通和住宿业是旅游业基本的组成元素，对增加旅游地的吸引力起着至关重要的作用。对大多数旅游者而言，旅游目的地的吸引物是他们到访的原因所在。有着丰富吸引物的旅游目的地可为旅游者提供有趣的和令人满意的体验活动。

5.1.1　海洋旅游吸引物

5.1.1.1　旅游吸引物的概念

旅游吸引物（attractions）所涉及的内容相当广泛，它是指所有能够吸引大众旅游者或特殊旅游者的人造与自然景观及举行的节事活动，包括景区、节事、社区等多种内容，也就是说，旅游吸引物是指对旅游者具有吸引力，给旅游者以积极效益的所有因素的总和，它包括旅游资源、各类旅游产品、接待设施和优良的服务，甚至包括了快速、便捷、舒适的旅游交通。但在多数情况下，主要是指各类景区。很多旅游吸引物构成基础设施，可为当地社区、商务和经济发展及旅游享受提供机遇。旅游吸引物是前往一个旅游目的地进行旅游活动的诱发因素，它是一个动态性概念，对旅游者产生的吸引力会因时而变化，诱发动因很容易消失。旅游产业包含了旅游吸引物、旅游交通、旅行社和旅游接待等行业，其中旅游吸引物是整个产业形成的关键，是吸引旅游者前来的动力源泉。旅游吸引物不等同于旅游产品，只是旅游产品的一个组成部分。

5.1.1.2　旅游吸引物的分类

根据吸引力范围、吸引物资源属性、产权属性和吸引物空间边界，可对旅游吸引物进行分类。

按照吸引力范围，可以将吸引物由高到低分为国际、国内、区域、地方等不同级别。

按照资源属性，可以将吸引物分为自然型、历史型和商业型三类旅游吸引物。

按照吸引力范围空间边界，可以将吸引物分为封闭的和开放的两类。

5.1.1.3　旅游吸引物的核心功能

旅游吸引物的核心功能是指吸引旅游者前来旅游地访问游览、休闲度假或商务会展。一方面，旅游吸引物能够激发旅游者的旅游动机，满足旅游者的旅游需要；另一方面，吸引物是旅游产业发展的核心和基础，能为当地带来直接和间接经济、社会和环境效益。

5.1.1.4　旅游吸引物的开发

多数旅游吸引物是在旅游资源基础上开发、加工、创造形成的。按照旅游资源向旅游吸引物转化的不同途径，主要有资源型、提升型和创造型三类开发模式。

一是资源型开发模式。它是依赖资源本身品质的开发，开发的任务主要集中在完善配套设施、产品包装和向市场推介等方面，其最核心的吸引力是资源本身。

二是提升型开发模式。它是在旅游资源基础上进行加工和提升，不仅要完成配套设施，还要对核心产品进行加工和再创造，然后才走向市场。

三是创造型开发模式。它是通过人工创造有吸引力的产品。该模式一般在没有旅游资源或者旅游资源级别很低的情况下，利用原有的空间资源和后期资金投入，通过规划开发出满足市场需求的旅游吸引物。

5.1.1.5　海洋旅游吸引物

（1）海洋旅游资源

旅游资源是自然界和人类社会中凡能对旅游者产生吸引力，可以为旅游业开发利用，并可产生经济效益、社会效益和环境效益的各种事物和因素。海洋旅游资源是因海洋自然和人类的海洋活动而构成的旅游资源，它是海洋旅游的基础，各类海洋旅游活动都必须以其为依托。海洋旅游资源大致可划分为两大类，即海洋自然旅游资源和海洋人文旅游资源。

海洋自然旅游资源是天然赋存的，它以大自然造物为吸引力本源，是由具有旅游价值的自然景观和自然环境组成的。依据国家标准，自然类海洋旅游资源主要由地文景观、水域风光、生物景观、天象与气候景观四大主类构成，具体包括海岸地貌、大陆架地貌、深海与大洋底地貌、岛礁、观光游憩海域、潮涌现象、击浪现象、海洋性植物、海洋动物栖息地、海市蜃楼、海上日出、海火和避暑避寒地等。

海洋人文旅游资源是人类在长期的生产实践和社会生活中所创造的，以社会文化事物为吸引力本源的海洋旅游资源，主要由遗址遗迹、建筑设施、旅游商品、人文活动四大主类构成，其中人文活动包括人物、地方风俗与民间礼仪、民间节庆、文学艺术作品、特色饮食风俗、旅游节庆等。海洋人文旅游资源彰显着独特的文化内涵，蕴含深厚的海洋文化底蕴，是旅游者感受和体验海洋文化的主要对象。

（2）主要海洋旅游产品

我国海洋旅游产品开发思路是以传统海洋观光游览型旅游产品为基础，以海洋休闲度假旅游产品为主导，以海洋专项旅游产品为侧翼，挖掘海洋旅游景点的文化内涵，面向不同层次的游客，开发出多元化、系列化的海洋旅游产品。围绕"吃、住、行、游、娱、购"六大要素，我国海洋旅游产品基本上形成了较为完整的以观光旅游产品为主、向休闲度假产品转型的旅游产品结构体系，主要开发出海洋休闲观光、海洋康体度假、海洋文化、海洋宗教、海洋民俗风情、海洋休闲渔业、海洋会展节庆、游艇旅游、海钓、海上运动竞技、海洋科普等产品。

5.1.2　海洋旅游资源类别

旅游资源是一个地区成为旅游目的地的关键性因素，是旅游目的地开展旅游活动、建立旅游经济体系的基本条件，是形成一个国家或地区旅游吸引力的核心。一定条件下，海洋旅游资源仅为海洋旅游吸引物的核心部分，只有资源转化为旅游产品才能发挥其整体效益。

中华人民共和国国家标准 GB/T 18972—2003《旅游资源分类、调查与评价》将旅游资源（tourism

resources）定义为：自然界和人类社会凡能对旅游者产生吸引力，可以为旅游业开发利用，并可产生经济效益、社会效益和环境效益的各种事物和因素。依据旅游资源的性状，即现存状况、形态、特性、特征划分旅游资源为"主类""亚类""基本类型"三个层次。主类包括地文景观、水域风光、生物景观、天象与气候景观、遗址遗迹、建筑与设施、旅游商品、人文活动 8 个，下有 31 个亚类，155 个基本类型。[①]

自然与社会和客观事物与现象成为旅游资源，一般要具备两个条件：①对旅游者要构成一定的吸引力，具有游览观赏价值；②对旅游经营者有经济价值，经营者凭借这种客观事物与现象，获得一定的经济效益和社会效益。

海洋是海滨海岛旅游的主要资源特色，孕育着百万种鱼蟹虾贝水族生物，但是水陆交接的海滨才是充满魅力的活动主体，海湾、沙滩、礁岩、砂岩、海岬、海滨海岛、旅游海岛、潟湖、沙丘、石灰岩、花岗岩、玄武岩、海积、海蚀地形等构成各类不同的地貌景观，海岸林、海滨植物、珊瑚藻葵、潮间带贝蚌蟹螺、海鸥雁鹬等构成各类不同的生态景观，渔村、船艇、民俗节庆、鱼塘养殖、渔捞活动、水产品加工、港口、灯塔、气象台、遗迹等构成各类不同的人文景观。位于海洋旅游区域内，能够吸引旅游者前来进行旅游的自然的、人文的、社会和文化的各种因素，都可认为是海洋旅游资源。

为了体现海洋旅游的特色，便于对海洋旅游资源进行深入的开发，吴必虎在《旅游研究与旅游发展》一书中对海洋旅游进行了专门分类研究，将海洋旅游资源分为：核心资源、衍生资源和附加资源三类。核心资源是指海洋旅游活动开展的基础与核心内容提要；衍生资源是指核心资源衍生组合而形成的海洋旅游资源；附加资源是指处在海洋环境中，不具有完全海洋自然或文化属性的旅游资源（表 5 - 1）。

表 5 - 1　海洋旅游资源专项分类（吴必虎，2009）

核心资源	海洋地貌	包括海岸地貌和海底地貌
	海洋水体	近海水域与深海水域以及极地冰川等
	天象气候	海滨气候资源与自然气象等
	海洋生物	海洋环境下生长的植物、动物与海洋微生物等
	海洋文化	与海洋有关的宗教、节庆、民风民俗等无形的文化资源
衍生资源	整体海岛观光资源，自然保护区，海洋康体疗养设施，海洋娱乐活动设施，船舶石头、滨海游憩休闲空间、宗教场所，渔业工业场地，科学教育场馆，海洋文体体育场馆，海产品和纪念品、相关艺术作品等	
附加资源	其他自然资源包括上述提到以外的地文、水域、生物和气象资源等	
	其他人文资源包括海滨历史遗址与遗迹，历史人物，宗教、会展接待场所，休闲娱乐设施、文化体育场馆，其他人工设施，以及旅游商品、习俗与节庆活动等	

5.2　海洋旅游目的地

旅游目的地既是一个要素综合体，也是一个地域综合体。作为明确的地理区域，旅游目的地各部

---

① 中华人民共和国国家标准 GB/T 18972—2003，旅游资源分类、调查与评价。

分之间的有机联系，形成一个空间系统，向旅游消费者提供完整的旅游空间体验；作为要素综合体，旅游目的地向旅游者提供满足其需要的设施和服务。基于对旅游目的地的这种认知，要建设世界旅游强国，培育新兴支柱产业，就必须加强对旅游目的地发展的研究，全面培育旅游目的地的竞争力，从而进一步提升中国在国际上的总体旅游形象。

5.2.1 旅游目的地概述

（1）什么是旅游目的地

有很多学者都曾经试图对旅游目的地作出定义（布哈利斯，2000；保继刚，1996；崔凤军，2002；张辉，2002；魏小安和厉新建，2003）。其中布哈利斯的定义具有代表性，他认为旅游目的地是一个明确的地理区域，这一区域被旅游者理解为一个具有用作旅游营销和规划的政策和法律框架的独一无二的实体，他同时还总结了前人提出的对旅游目的地的定义：目的地是旅游产品与向消费者提供的一种完整经历的综合体。Leiper（1995）认为目的地是人们旅行的地方，是人们选择逗留一段时间以体验某些特色或特征——某种感知吸引力。库伯、弗莱彻、吉尔伯特、万希尔（2004）把目的地定义为：设计用来满足旅游者需要的设施和服务的集中。2003年魏小安和厉新建的定义：能够满足旅游者终极目的地地点或主要活动地点。从效用的角度看，旅游目的地是能够使旅游者产生动机，并追求动机实现的各类空间要素的总和。

张辉（2002）认为，特定地区要成为旅游目的地，必须具备三个条件：一是要拥有一定数量的旅游资源，同时，这种旅游资源可以满足旅游者某些旅游活动的需要；二是要拥有各种与旅游资源性质相适应的地面旅游设置和交通条件，如旅游饭店、度假村和通往各地的航空港、火车站和公路交通网，旅游者可以借助这些设施从不同的地区顺利地到达旅游地并利用这些设施在该地停留；三是该地区具有一定的旅游需求流量。由此可见，旅游目的地是一种集旅游资源、旅游活动项目、旅游地面设施、旅游交通和市场需求为一体的空间复合体。

（2）旅游目的地系统

旅游目的地系统是区域旅游系统的重要子系统（吴必虎，2001），旅游目的地既是一个要素综合体，也是一个地域综合体。作为一个明确的地理区域，旅游目的地各部分之间有机联系，形成空间系统，向旅游消费者提供完整的旅游空间体验；作为一个要素综合体，它向旅游者提供设施和服务以满足旅游者的需要。

目的地系统由吸引物、设施和服务三方面要素组成。

旅游吸引物是在旅游资源的基础上经过一定程度的开发形成的，一般包括景观系统和旅游节事两个部分。景观系统一般可以分为原赋景观（physical landscape，一般包括自然遗产景观和文化遗产景观）和人工景观（artificial landscape，主要有游乐场、主题公园、现代城市休闲设施等）两种类型。旅游节事（hallmark tourist events）是指围绕某一事件，如啤酒节、桃花节、豆腐节、火把节等组织的，意在吸引旅游者前往观看、参与的活动。

设施系统包括除交通设施以外的基础设施（给排水、供电、废物处置、通信及部分社会设施）、接待设施（宾馆、餐饮）、康体娱乐设施（运动设施、娱乐设施等）和购物设施四部分。设施系统和前述吸引物系统往往构成旅游资源学、旅游规划、园林设计、饭店管理等学科的主要研究对象。

服务系统是一类特殊的子系统，它是造成目的地吸引力的有机组成部分，虽然它大部分情况下是非形态的，却可起到举足轻重的作用。

5.2.2　海洋旅游目的地的形成

5.2.2.1　旅游吸引力决定因素

目的地吸引力是指目的地景观、设施、服务、知名度、游客关于它的意境地图的强弱等若干因素综合作用形成的对旅游者或休闲者的诱惑强度，目的地吸引力是旅游产生最重要的条件，是一种旅游者的综合感知，它对旅游者决策起决定作用，是旅游发展的基本要素。

旅游吸引力的综合性表现在它的层次构成上：主体吸引力、辅助吸引力和最终形成的整体吸引力。

旅游吸引物产生的是吸引旅游者从客源地到目的地直接的基本吸引力，以此为基础形成的旅游景区（点）自然是"第一产品"，而旅游地的其他设施及服务虽然不是旅游者访问目的地的主要因素，但作为"第二产品"，它们将影响旅游者的整个旅游经历，因此当两地旅游吸引物存在替代关系时，服务质量优劣、设施完善程度、交通便捷程度将会对旅游者的目的地决策产生重大影响，从而使交通、旅游设施及服务作为辅助吸引力的依托，与旅游吸引物共同构成旅游地的整体吸引力的来源，但这些是辅助而非基本吸引因素，所以它们不构成旅游吸引物。

一个地区的旅游资源是形成旅游吸引力的主体因素。在其他条件一定时，一个旅游地所拥有的旅游资源越丰富，旅游吸引力越强。旅游地资源是目的地用于发展旅游业所必需的基础资源，旅游吸引物只是其中的一个组成部分，此外还应包括其他的资源禀赋。旅游景区（点）所产生的吸引力是旅游目的地得以形成的基本动力，旅游景区（点）的开发、发展在很大程度上决定了目的地旅游经济发展的广度和深度，并因旅游消费的关联性，进而使得旅游经济的发展在很大程度上影响着很多目的地地区国民经济的发展。

此外，旅游吸引力还与旅游地的其他因素有关，这些因素主要包括：旅游地的旅游经济组织体系、服务水平、旅游接待设施状况、旅游价格水平以及社会环境等。对于国际旅游来说，两国之间的社会经济文化的联系也是一个重要的决定因素。

总之，旅游资源的丰富程度，符合市场需求的旅游开发程度以及由此形成的旅游服务组织的完善程度，是决定旅游吸引力大小的三个主要因素。旅游吸引力不仅决定着旅游需求的数量和类型，同时，也会影响旅游需求在地区间的分布状态。一个地区旅游吸引力的大小直接决定了这个地区旅游需求规模以及旅游经济规模，从而决定这个旅游地在特定范围内（比如一个国家或者全世界范围内）的旅游经济的地位与作用。

5.2.2.2　旅游目的地吸引力发展

旅游目的地吸引力发展将经历旅游景区（点）创新、配套设施及服务创新、组织管理制度创新三个阶段（图 5-1），这三个交替而非继起性的演进进程在目的地发展的不同阶段起着不同作用，因而

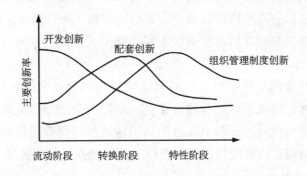

图 5-1　目的地创新动态模型（厉新建，2002）

其主导性创新也是发展变化的。

第一阶段，开发创新。该阶段为景区（点）创新或开发创新，类似于阿特拜克和埃伯纳西描绘的工业经济创新第一阶段——产品创新阶段。在交通及住宿设施相对不足的情况下，积极利用目的地优势资源的比较优势或垄断优势，对目的地进行数量型的广度开发，通过旅游中间商进行粗放型包价产品的生产与销售。

第二阶段，配套创新。该阶段是配套设施及服务创新，或称配套创新，类似于工业生产中的工艺创新。仅凭第一阶段的创新，不足以推动目的地旅游经济的长久发展，也不符合大众旅游的发展现实，目的地必须从初期的"多样化"发展开始注重大众旅游者的需求，注重进行面向大众旅游者经历的针对性设计，建设大量与旅游景区（点）吸引能力相适应的交通、住宿等相关配套设施和相应服务，给目标客源市场提供一个被市场证明是最好的标准产品，接近旅游者效用最大化的第一个层面——满足最大化。

第三阶段，组织管理制度创新。该阶段类似于工业生产中的特性阶段，无论是产品创新还是工艺创新都相对下降，目的地进入稳定发展时期，为下一轮创新发展积蓄力量。随着进入供给市场的目的地越来越多，目的地竞争越来越激烈，旅游者的选择将越来越多，旅游者追求效用最大化的内在机制促使其在满足最大化的基础上进一步提出成本最小化的市场要求。目的地此时极为重视成本、产量和生产能力的充分运用，因此需要通过组织管理创新、目的地供给能力的协同等来改善产业组织以及市场竞争格局。通过企业规模的变动、发展战略的成熟、自我积累和发展机制的形成、组织经验和能力的增强、政府规制下的公平有序的市场环境来改善目的地的竞争力；通过相关制度创新使目的地获得创新租金，取得景区改革中的先行优势，在营销影响或者实质性发展推进上与其他目的地竞争中取得较为有利的地位。

5.2.2.3　旅游目的地系统打造

旅游目的地是一个地域综合体，旅游目的地打造是一个系统工程。目的地系统，需要一个整合发展的过程，并形成可以根据市场变化、自动修正的、持续发展的自组织系统。市场吸引力是目的地系统的核心要素，围绕市场需求，形成完整游憩与接待的要素配置与配套，形成系统的功能构架十分重要。

①目的地核心吸引力打造。目的地的形成，需要有独特的、强大的旅游吸引力。无论是自然资源、人文资源，还是新的游乐景观创造，都必须具备对游客需求的高程度满足，才可能成为旅游的目标。

②游憩方式设计与项目策划。旅游目的地之所以吸引游客不断到来，不仅仅因为吸引物本身的独特性，还必须形成最大限度满足游客游憩需要的具体的观赏、游乐、体验方式，也即需要游憩方式设计，通过设计游憩方式，使之落地为具体的项目和游线安排，成为可以实现的目的地内涵。

③目的地要素配置与配套。旅游目的地的运作，需要围绕吸引核及游憩过程进行要素配置，形成旅游功能的完整组合，并通过空间结构的安排，形成功能布局。一般而言，按照食、住、行、游、购、娱六要素进行配置，又可以按游览项目与配套服务实施两个方面进行功能配置，功能配置结合空间结构，形成布局安排。

④旅游目的地及旅游产业的运作战略。目的地战略是目的地运作的纲领，它以目的地合理建设、持续发展、有效营销为目标，高效率推进目的地建设。旅游产业的运作战略，不应该局限于目的地系统，还着眼于分行业的整合与发展，着眼于旅游产业的带动与富民效益的发挥，因此运作战略的内容必须包含目标定位、主题定位、市场定位、重点选择、路径选择、顺序选择以及配套构架等。

5.2.2.4　旅游目的地形成的条件

旅游目的地是一个能够吸引游客的地方。由此可见，没有游客去的地方不能算作旅游目的地，一些地方则可以通过一定的营销手段吸引潜在游客的注意力；如果某地区具备的吸引物具备足够魅力就足以让游客慕名而来，如果目的地的经营管理者充分了解游客的需要，并致力于开发目的地的资源以满足这些需求，那么这个地方就会成为旅游目的地。

从对目的地发展的简单的解释中我们可以清楚地发现，仅鼓励人们去游览一个地方的做法本身并不足以创建目的地。一个村庄、城镇、地区甚至是国家，可以不断为居民的日常生活和商业贸易提供必需品和娱乐享受，但是若不遵循以旅游者为导向的发展方式，这个地方就无法成为旅游目的地。若要将某个地方建设成为旅游目的地，以下四项重要行动值得推荐：①将潜在的资源转变为吸引力；②为旅游者提供合理的住宿；③为旅游者往来目的地提供便利的交通条件；④确保从长期、可持续的角度将与旅游相关的发展规划成功地整合到该地区不断变化的行为模式中去。

有的目的地是旅游业自然发展的产物，而有的则是人们积极促成的结果。无论是哪种情况，目的地的形成都会受到当地主要社会、文化、环境、经济和政治背景的影响，也离不开旅游企业和其他机构有意推动。但旅游业通常并不是目的地唯一的产业或经济活动，必须将旅游业整合到该地区总体发展模式中去。

5.2.2.5　国内外著名海洋旅游目的地的形成分析

综观世界级海洋旅游目的地的形成，尽管其开发时间和发展背景各不相同，但共同的特点都是很好地把握并且利用了各自拥有的内部条件和外部机遇。

（1）世界级海洋旅游目的地形成的内生因素

大多数世界级海洋旅游目的地都具有优越的自然条件和独特的文化背景。在自然条件上，"3S"（Sunlight，Sandbeach，Seawater）即温暖的阳光、洁净的沙滩和蔚蓝的海水是海洋旅游发展的基本前提和必备条件。"阳光"意味着温暖的气候条件及其生物景观。如前所述，200年来世界海洋旅游的重心先是从波罗的海、欧洲大西洋沿岸的温带地区转移到地中海沿岸的亚热带地区，接着又出现了从亚热带地区向加勒比海、东南亚等热带地区转移的迹象；"沙滩"和"海水"是海洋旅游活动的主要载体，世界上主要的海洋旅游目的地，无不具有碧海金沙的资源环境条件。不过随着海洋工程技术的进步，人造沙滩的技术已日臻成熟，成本不断下降，美国夏威夷、法国巴黎、南美洲和非洲沿海的不少地方，都相继通过建设人造沙滩弥补自然禀赋的不足。

在人文环境方面，最重要的是原生文化资源与环境。从地中海、加勒比海、东南亚、南太平洋到美国夏威夷和南亚的马尔代夫、斯里兰卡，土著民族的生活方式、多民族交融的文化背景、传统文化积淀与现代时尚元素的结合，不仅成为最有魅力的旅游吸引物，而且成为海洋旅游目的地的独特形象。

（2）世界级海洋旅游目的地形成的外生因素

世界级海洋旅游目的地一般都有稳定的近距离国际客源市场的支撑。地中海地区主要依靠欧洲市场的支撑，加勒比海地区主要依靠美国和加拿大客源市场的支撑，东南亚地区主要依靠本地区国家和中国等周边国家的客源市场。南太平洋地区、南亚地区属于欧美国家的传统影响范围，除本地客源外，欧美客源构成其主要的市场基础。新加坡、中国香港等滨海城市本身都没有高品质的自然资源与环境，之所以能够成为世界海洋旅游的重要目的地，与其独特的区位条件和市场条件分不开。从海洋旅游目的地发展看，如果说区位条件及其伴生的市场条件是海洋旅游发展的原动力，那么各国政府采取的具有针对性的政策措施就是海洋旅游发展的助动力，而产品和形象的创新则是海洋旅游持续发展的永动力。

（3）国内外著名海洋旅游目的地分析

根据对东南亚、印度洋、地中海、加勒比海等国际著名的海洋旅游目的地和中国的环渤海、珠三角、福建沿海和海南岛等著名滨海旅游区的资源优势、地理优势比较分析，可以看出，海洋旅游业发达的地区依据的是内外两个因素，即源于资源本身的内生因素和源于客源市场的外生因素，而且较高层面的区域比较优势主要集中在内生因素上。

地中海地区和加勒比海地区的海洋旅游较为明显地反映了这一内外因素的完美结合，既有美丽的风光、松软的沙滩、洁净的海水、明媚的阳光，又有邻近富裕国度庞大的客源市场。新加坡凭借其独特的地理位置，每年接待 400 多万海外旅游者，这里既是国际上主要的航空中转港，又是购物、旅游的天堂。马尔代夫仅仅依靠撒在浩瀚印度洋上的颗颗明珠（珊瑚礁岛），四季如一的气候特征，沙滩、椰树、珊瑚、热带鱼、清澈湛蓝的海水，依托发达的水上飞机和海上航线，将无人岛屿开发成欧美游客的度假天堂，令度假游客感受到无忧无虑的忘我境界。我国的大连、秦皇岛、青岛、厦门、海南等海滨旅游目的地同样具备较好的内外生因素，海洋旅游资源品质较高，具有各自的独特性，某些资源为国内垄断性资源。

5.3　海洋旅游目的地管理

旅游目的地具有生命周期，它通常要经历初始的形成，到发展、巩固等阶段，任何一个旅游目的地最后都会出现停滞、衰落阶段，而若加强对旅游目的地的管理，并实施新的开发举措，开发出新产品，往往又使得旅游目的地推迟进入衰落期，或者使已进入衰落期的旅游目的地得到复苏。因此，对旅游目的地的环境容量、游客行为等进行管理是十分必要的。

5.3.1　旅游地生命周期

旅游地生命周期（tourism area life cycle）研究是地理学对旅游研究的主要贡献之一，它具体描述了旅游地从开始、发展、成熟到衰退阶段的生物界普遍规律。把旅游地生命周期概念（the concept of destination life cycle）引用到旅游目的地管理研究中，其理论起源最早可上溯到 1939 年吉尔伯特（Gilbert）的《英格兰岛屿与海滨疗养胜地的成长》一文，但目前被学者们公认并广泛应用的旅游地生命周期理论是 1980 年加拿大地理学家、旅游专家巴特勒（R. W. Butler）提出的。

巴特勒在《旅游地生命周期概述》一文中，根据产品生命周期理论和其他人文地理学者的研究成果，提出了"S"形旅游地生命周期演化模型。他认为，旅游地的演化要经过 6 个阶段：探索阶段、参与阶段、发展阶段、巩固阶段、停滞阶段、衰落或复苏阶段，而且每个阶段都有其标志性的一些特征（图 5 - 2）。

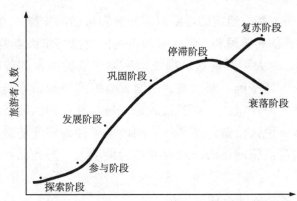

图 5 - 2　旅游地生命周期六阶段说（Butler, 1980）

①探索阶段（exploration stage）。这一阶段是旅游地发展的初始阶段，只有零散的"异向中心型"旅游者进入，没有特别的旅游设施，其自然和社会环境未因旅游而发展变化。以较少的旅游者，简单的设施，未被破坏的自然环境以及未被打扰的地方社区为特征。

为数很少的探奇旅游者对某个地方的探访标志着勘探阶段的开始，他们是具有冒险精神的独立旅游者。这个地方没有"旅游开发的痕迹"，拥有"原始"的环境和区域特色因而能吸引探奇旅行者的到来。

②参与阶段（involvement stage）。这一阶段旅游者人数增多，旅游活动变得有组织、有规律，地方社区都参与到旅游业的建设中来，建立一些基础设施和辅助设施，甚至设立旅游协会，明确旅游地的目标市场。

在"进入"阶段，当地的居民和政府共同协商，就是否为旅游者提供所需的设施、积极促进旅游发展的问题进行决策。这一阶段中可能会建立起一些适当的旅游组织。

③发展阶段（development stage）。这一阶段旅游人数增长迅速。旅游目的地开发新的吸引物，进行广告活动以影响潜在旅游者的知觉，较为成熟的旅游市场开始形成，外来投资骤增，简陋膳宿设施逐渐被规模大、现代化的设施取代，旅游地自然面貌的改变比较显著。

"发展"阶段见证了旅游产业的成长和巩固。这时决策权已经从当地人手中转移出去，旅游者很可能受到过度的约束。保守型旅游者是该阶段旅游的主体，而探奇型旅行者们则踏上搜寻新的、"未开发"的地方的征途。

④巩固阶段（consolidation stage）。这一阶段旅游者的数量仍在增长，但增长率下降。旅游地功能分区明显，地方经济活动与旅游业紧密相连。旅游地不断加强市场营销，因为旅游业对于地方经济已相当重要。外来资本进一步控制供给，目的地对旅游依赖度很高。

⑤停滞阶段（stagnation stage）。旅游者数量达最大值，旅游环境容量超载，旅游对环境、社会文化以及经济都产生了一定的影响，相关问题接踵而至。旅游地自然和文化的吸引力被"人造设施"代替，旅游地的良好形象已不再时兴，市场量维持艰难。经过这个阶段，旅游地面临两种命运：要么衰退，要么复兴。

如果在反省期间吸取类似目的地的经验和教训，制定出有效的策略，目的地还是可重新"恢复"活力的。由于旅游业常常已经成为目的地生命力的一部分，吸引人的环境将不可避免地给发展施加限制。成功的战略应该基于重新定位、开拓新市场，甚至是应有基础设施所具备的"非旅游特征"，如将酒店转换成退休人员的住所，对某些商店和娱乐设施做适当的调整以满足老年人的需要。

⑥衰落或复苏阶段。旅游者流失，旅游市场衰落，进而房地产的转卖率很高，旅游设施被移作他用。另外，旅游地也可能采取增加人造景观、开发新的旅游吸引物等措施，增强旅游地的吸引力，从而进入复苏阶段。

巴特勒的旅游地生命周期理论为研究旅游地演化过程，预测旅游地的发展和指导旅游地的市场营销和规划，提供了理论框架。后来，许多学者对巴特勒模型进行了修正和补充。

Haywood（1986）认为任何旅游地最后成功及演进要受到七大因素的影响（图 5 - 3），1992 年又进一步指出：旅游地生命周期模型应该是动态的、开放的，应该关注旅游相关企业之间的竞争以及目的地的区位问题，认为旅游地生命周期理论需要考虑影响旅游系统中供给方面的众多复杂因素，特别是私人企业的状况。

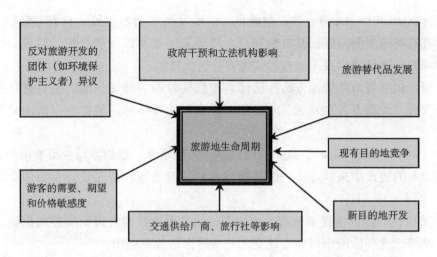

图 5 - 3　旅游地生命周期影响因素（Haywood，1986 和历新建，2002）

5.3.2　旅游目的地容量管理

（1）旅游容量

旅游容量是影响目的地可持续发展的重要因素。旅游业极限容量或负荷能力（Touvism Carrying Capacity），简称旅游容量，是指一定时期内不会对旅游目的地的环境、社会、文化、经济以及旅游者旅游感受质量等方面带来无法接受的不利影响的旅游业规模最高限度，一般量化为旅游地接待的旅游人数最大值。显然，在这个最高限度的"临界点"以下，增加额外的消费人数不会引发问题产生；当超过"临界点"之后，由于存在着负的外溢效应，即外部负效益，增加更多的消费者将减少全体消费者的效用，是旅游者寻求其他旅游地之前所愿意接受的最低享受程度，也就是能吸引并保持旅游者前往的旅游业资源最高利用程度，这是旅游感受质量在行为上的数量表现。

国外对于旅游环境容量的系统研究始于 20 世纪 60 年代。1964 年，美国学者韦格（J. Alan Wagar）出版了他的学术专著《具有游憩功能的荒野地的环境容量》。韦格认为，游憩环境容量是指一个游憩地区，能够长期维持旅游品质的游憩使用量。1971 年，里蒙（Lim）和史迪科（George H. Stankey）对游憩环境容量问题做了进一步的讨论，他们提出，游憩环境容量是指某一地区在一定时间内维持一定水准给旅游者使用，而不破坏环境和影响游客体验的利用强度。此后关心旅游环境容量问题的人逐渐增多，20 世纪 60—80 年代，是游憩环境容量研究的高峰年代。而 70 年代末，美国的主要大学几乎都有学者研究环境容量问题。

旅游业的综合性规定着旅游业极限容量的多维化特征，物质容量（physical capacity）、环境容量（environmental capacity）、心理容量（perceptual/psychological capacity）、社会容量（social capacity）以及经济容量（economic capacity）五方面共同决定旅游业发展规模及其影响的大小和波及范围。

（2）旅游容量管理

旅游容量管理是目的地实现可持续发展的重要一环，其主要目标：一是旅游目的地旅游活动对自然生态不过度利用以保证自我更替能力；二是对旅游者应充分考虑其旅游经历的质量，保证满意度；三是对当地社区应考虑其所得利益与所付出代价保持恰当，不受负面影响。

旅游容量管理的基本原则要求体现在以下四个方面：建筑特色和风格与目的地区域文化遗产和环境协调；要致力于维护和提升当地资源的质量；游客服务设施开发应弘扬当地文化遗产和环境资源；旅游发展应以提高当地社区生活质量为前提和归宿。

一个目的地可以成功存活多长时间将取决于其管理方式是否可持续。理想的管理方式，根据目的地旅游容量制订合理的旅游发展规划，开发规模和游客接待量控制在该地容量的范围之内，防止超负荷发展。同时，旅游目的地政府和旅游行政管理部门要建立和健全有关的法律和法规，将旅游经营者和旅游者有损环境的行为置于法律和法规的监督之下，避免有悖社会公德和损害环境行为的发生。

5.3.3　旅游目的地游客管理

旅游目的地游客管理（visitor management）是一种以游客为中心的新型旅游管理模式，可以细分为游客需求和偏好研究、游客容量管理、游客行为管理、游客体验管理、游客安全管理以及游客冲击管理六个方面。

5.3.3.1　游客管理的内涵

游客管理是指旅游管理部门或机构通过运用科技、教育、经济、行政、法律等各种手段组织和管理游客的行为过程。游客管理的目标是在不破坏旅游地资源环境质量的前提下，最大限度地满足游客需求和提供高质量的游客体验，同时实现旅游地经济、社会和环境三大系统的可持续发展。游客管理有助于旅游管理部门更加全面深入地了解现有和潜在的游客需求偏好，建立科学的管理决策机制，提高旅游目的地经营管理水平，因而具有重要的理论和现实意义。作为一个新兴的研究领域，游客管理涉及行为学、环境学、管理学、社会学、心理学等众多学科。

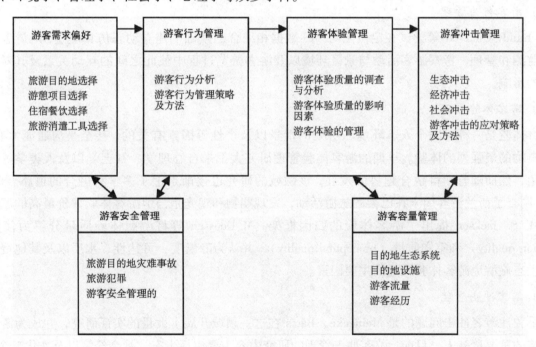

图 5 - 4　游客管理内容框架（曹霞和吴承照，2006）

5.3.3.2　游客管理相关理论及实践研究

从"游憩承载力"这一概念的提出开始，学者们在游客管理这一领域进行了一系列的理论研究和实践探索，并先后提出了游憩承载力（Recreation Carrying Capacity，RCC）、游憩机会序列（Recreation Opportunity Spectrum，ROS）、可接受的改变极限（Limits of Acceptable Change，LAC）、游客体验与资源保护（Visitor Experience & Resource Protection，VERP）、游客风险管理（Visitor Risk Management，VRM）等理论，倡导通过对游客容量、行为、体验及安全的调控和管理等来强化旅游资源和环境的吸引力，提高游憩体验质量，以实现旅游资源的永续利用和旅游目的地经济效益最大化的双赢局面。

（1）游客需求和偏好管理

Um S. 等从游客需求偏好的角度出发，研究了游客选择出游地的决策过程，并认为游客从感知到需求的过程是一个被动转为主动的变化过程；Bill Bramwell 指出，全面深入地了解游客的需求偏好对旅游规划的编制和旅游产业的发展具有十分重要的意义；Deborah Crick-Furman 提出了旅游者的多重价值观模型；Stephen W. Litvin 的研究表明，普通民众与游客以及第一次来目的地的游客与回游客之间在旅游产品的需求偏好上存在明显差异；Noam Shoval 以耶路撒冷为例，采用"co-plot 多元分析方法"分析了不同城市旅游者对不同城市旅游吸引物的偏好，并发现游客在旅游地逗留时间的长短和到旅游地的次数对他们在旅游地的消费有重要影响；Alison J. McIntosh 将游客对于异质文化旅游产品的需求偏好归结为以下五个方面：猎奇、了解当地传统和现代的生活方式、文化的原真性、与当地人交流以及寓教于乐的学习机会等。Yong Kun Suh 研究了来自欧洲、北美和日本的国际游客对韩国首尔的旅游需求偏好，并认为游客对特定游憩活动的偏好与他们在该活动中的花费之间并没有直接的联系。

（2）游客容量管理

旅游地的资源环境难以承受游客的无限增长。为了避免旅游业的过度增长为旅游地资源、环境和社会造成不可挽回的破坏，游客容量管理变得十分必要。从已有的研究成果来看，对于游客容量的研究既包括形体上和生态上的容量，也包括经济容量和社会容量。需要考虑旅游经历质量，保证满意度。

（3）游客行为管理

H. Randy Gimblett 等尝试在定位图与 GIS 数据相结合的基础上建立动态仿真模型，对游客行为进行跟踪监测和管理，考察游客活动与景区环境以及游客游览过程中彼此之间的互动关系及其对游客体验质量的影响。

（4）游客体验管理

游客体验是一种可因个人、环境、所处的情景以及个性等因素有关的，甚至是沟通能力有关的、对特定事物的最强烈的体验。早期的游客体验管理研究大都来自心理学、社会学以及人类学等领域的研究视角，然而随着学科融合趋势的发展，该领域的研究也逐渐走上了多学科融合的道路。Benedict Dellaert 调查了荷兰游客周末在巴黎的旅游活动，发现购物和观光是当地游客体验评价最高的城市旅游活动；M. S. Jackson 提出了游客体验的归因框架。M. Doossen 等将游憩体验质量分解为使用质量（utilisation quality）和感知质量（preception quality），并认为静谧度、可达性、水质以及其他侵扰因素是影响生态旅游地游客体验质量的主要因素。

（5）游客冲击管理

最早关注游客冲击问题的是 Meinecke。Bates 在这一领域开展了大量的实证研究，并成为游客冲击管理领域的重要奠基人。目前，游客冲击管理的研究内容主要包括生态、社会经济以及文化三个方面。

首先是生态冲击。对环境生态冲击的研究起步最早，文献数量上也远胜于其他两方面的研究。Bayfield 关于人类践踏行为对土壤和植被的破坏的研究，在全球范围内引起了学术界对于游客冲击的广泛关注。Cole 致力于游径和露营地等对山区生态冲击的研究，提出了一项有关游客生态冲击的标准草案。Mieczkowski 和 Hvenegaard 将游客对遗产旅游地造成的冲击概括为过度拥挤、过度开发、无规则游憩活动、垃圾污染、汽车活动以及对土壤、植被产生的冲击和影响等。制定游客行为规范是最常见的生态冲击应对策略，其他措施还包括在特定地点对特定的游憩活动进行限制，设置栅栏或围篱等。

第二是经济社会冲击。John Glasson 研究指出牛津作为英国国内和国际旅游接待的中心地之一，面临着巨大的游客冲击压力。Nicholas Haralamboulos 等认为，游客对于目的地经济社会方面的冲击主要表现为引起物价上涨、毒品泛滥、公共设施破坏、嘈杂、性骚扰以及犯罪等。D. Sun 认为应当从规划、管理、教育以及法律四个方面来应对游客冲击。Joseph E. Mbaiwa 认为"飞地旅游（Enclave Tourism）"不利于实现旅游地目的地经济社会的可持续发展。

第三是文化冲击。Smith 提出了"旅游人类学"的概念，从而使游客对旅游地社会文化冲击领域的研究取得了突破性进展。Fox 把游客对目的地社会、文化的影响定义为"人类之间的冲击（People Impact）"，即指游客对宗主社区的影响，及与当地人之间相互影响的过程。Stuart Mc Minn 对洪都拉斯伯里兹城的不同游客群体对城市经济、文化和社会的影响做了研究。刘伟等指出旅游使民族文化产生异化。保继刚与楚义芳研究指出旅游使得文化商品化和本土文化的扭曲。

（6）游客安全管理研究

国外对于旅游地游客安全管理问题的研究大致起始于 20 世纪 80 年代早期，至今为止已经积累了大量研究案例，并且提出了较为完善的游客安全风险识别框架。世界旅游组织明确提出，安全是任何高质量游憩体验的重要构成因素，不仅游客能得益于此，所有与旅游行业相关的人都能因此而受益。目前，国外对于游客安全管理的研究主要包括旅游灾害事故和旅游犯罪两个方面。

在国外游客管理研究中，游客冲击管理和游客体验管理，尤其是生态冲击管理和游客体验评价等是当前最受关注的研究方向。游客对旅游目的地的选择、游客行为分析、游客体验质量的调查与分析、游客体验的影响因素以及游客生态冲击及其应对策略等是目前国外相对成熟的研究领域，而游客对游憩项目的偏好、旅游客流的预测、旅游目的地主客关系、游客安全管理、游客管理的相关利益者以及游客管理的绩效评估等领域的研究仍有待加强和深入。总结和借鉴国外旅游目的地游客管理领域的研究成果及经验，对我国游客管理理论和实践的发展将起到十分重要的启发和促进作用。

5.3.4　旅游者感知度分析

游客对旅游目的地的选择过程，实际上是他们在旅游期望、旅游偏好于旅游目的地感知形象间所进行的差异性与统一性的评判过程，如果旅游目的地感知形象和旅游者的期望与偏好之间差异性越大，选择的可能性越小；而统一性越大，则中选的几率会增大。此外，旅游者感觉中的旅游地形象还受到感知距离和目的地的人文事象等因素影响。

游客在选择旅游目的地时，在选择评估阶段，其旅游决策主要取决于他对旅游目的地的选择偏好。旅游目的地选择被视为个体评估备选方案所涵括的社会实质环境属性的结果，个体从不同方向去整合他对于每个属性的主观印象，即为评估，因此他对于不同的备选地点方案会有不同的偏好。一般而言，游客会依照自己的偏好，找出各项旅游目的地属性的重要性，再从中选择几项重要的属性，作为选择旅游目的地时的评估准则，这就是所谓的旅游目的地选择偏好。

（1）旅游者对旅游目的地的认知

旅游者对旅游目的地的认知或印象好坏主要取决于两个因素：一是对目的地的期望值；二是实际的感受。旅游目的地是一个涉及景观、人、环境等因素的复杂系统，受主体认知水平、认知客体复杂性及相关因素的影响，旅游者对旅游目的地的认知具有区别于其他认知活动的特点：

①认知水平的差异性。受生活习惯、文化程度、兴趣爱好、民族、宗教信仰、职业、年龄等因素的影响，旅游者在认知水平上具有明显的差异性。同时由于旅游者的认知过程涉及较多的主观因素，导致认知结果带有浓厚的主观性、模糊性、差异性。

②认知内容的情节性。旅游者只是个人在人生大舞台中所扮演的众多角色中的一个，是一个简短的片段，通过与旅游目的地居民及旅游景观的短暂接触，他们无法对旅游目的地有一个全面的了解，而只能对其中印象最深刻的景观或情境有一定的记忆，这些记忆大多属于情节记忆。记忆是认知的结果，是旅游者对旅游目的地信息进行综合评价之后形成的相对稳定的印象。

③认知结果具有较强的片面性。旅游者的旅游活动时间较短，同时受主体认知水平、认知客体和环境因素的影响，因此往往会使认知结果发生这样或那样的偏差。由于旅游者在旅游目的地的认知时间很短，无法深入彻底地了解旅游目的地的文化特征与个性，因此旅游者往往以第一印象来评价旅游目的地，也即人们所说的首因效应，旅游目的地给旅游者的第一印象，即首次或最先的印象，对于旅游者对旅游目的地的认知具有极其重要的影响。在旅游活动过程中，当认知者对旅游目的地形成好的或坏的印象之后，人们还倾向于据此推论该地其他方面的特征，也即人们所说的"晕轮效应"。

（2）影响旅游目的地选择偏好的因素

影响旅游者之消费决策过程及消费行为形成的因素，可谓错综复杂，主要包括：

①旅游目的。旅游者的旅游目的是影响旅游者目的地选择偏好的最基本因素。

②个体因素。个体因素指旅游者的性别、年龄、教育水平、职业等因素。个体因素是影响旅游者旅游目的地选择偏好的最直接因素。

③地理因素。地理因素指旅游目的地的区位、客源地与旅游目的地之间的距离等因素。

④社会因素。社会因素包括参考群体、家庭、角色与地位因素。

旅游者的目的地选择偏好会因旅游者类型的不同而有所差异。在旅游行为中，旅游目的、个体因素等个人因素是影响旅游者旅游目的地选择偏好的最直接因素，而地理、社会因素等外在环境对旅游者旅游目的地选择偏好的影响是间接性的。

5.4   世界主要海洋旅游目的地

海洋旅游在世界旅游业中占有举足轻重的地位并且呈现强势增长态势；热带和亚热带目的地在世界海洋旅游中占主导地位；目前最具市场影响力的世界级海洋旅游目的地主要包括地中海地区、加勒比海地区和东南亚地区，南太平洋地区和南亚地区正在迅速成为世界海洋旅游的新热点。

在旅游收入排名前25位的国家和地区中，沿海国家和地区有23个，这些国家和地区的旅游总收入占到全世界的近70%。其中，在西班牙、希腊、土耳其、墨西哥、澳大利亚、泰国、马来西亚、葡萄牙、印度尼西亚、新加坡等国家和地区，海洋旅游业已经成为国民经济的重要产业或支柱产业。在热带、亚热带的许多岛国，旅游业已经成为其最主要的经济收入来源或创汇来源。在百慕大、巴哈马、安提瓜和巴布达、圣克里斯托弗和尼维斯、荷属安的列斯等加勒比海岛，旅游业占国民经济的比重都在一半以上。

5.4.1   海洋旅游目的地形成和发展

在世界海洋旅游的形成和发展过程中，不同阶段的海洋旅游重心都表现出明显的、规律性的空间转移现象，即从温带地区转向亚热带和热带地区。

18世纪早期为世界海洋旅游的孕育阶段，英国的布莱顿、斯盖堡拉成为海滨疗养地和度假地。19世纪上半叶开始，火车和轮船的广泛使用促使海洋旅游的诞生。英国布莱顿成为更加有名的疗养地和度假地，波罗的海沿岸和欧洲大西洋沿岸出现不少温带滨海旅游度假区，欧洲南部的地中海沿岸出现了意大利圣雷莫和博盖拉等著名的冬季避寒疗养地，标志着世界亚热带海洋旅游的兴起。19世纪末到第二次世界大战结束，随着汽车的普及，海洋旅游也迎来了它的成长发展时期，地中海的亚热带气候优势使它取代了温带地区，加勒比的热带海洋旅游迅速兴起，热带和亚热带地区成为世界海洋旅游的重心。

第二次世界大战后的海洋旅游进入繁荣阶段。几乎所有海岛和滨海国家和地区都开始重视海洋旅游，热带和亚热带海洋旅游空前繁荣，热带海洋旅游迅速崛起，成为世界海洋旅游的主要目的地。西班牙的太阳海岸、澳大利亚的黄金海岸、泰国的帕塔亚海岸、夏威夷的怀基基海岸成为新的滨海旅游胜地；东南亚的新加坡、马来西亚、印度尼西亚、菲律宾，加勒比地区的牙买加、巴哈马，地中海中的塞浦路斯、马耳他，都是世界热带海洋旅游的天堂和发达的旅游国家。

欧洲是海滨度假旅游的发源地。20 世纪初，地中海沿岸度假胜地成为世界著名海滨旅游中心。第二次世界大战后，以中产阶级为主要消费群的现代海滨度假旅游逐步兴起，发展成为国际旅游主流。2007 年，欧洲海洋旅游区共吸引了 4.8 亿旅客，占当年世界国际旅游人数的一半以上（2007 年世界国际旅游人数共 8.98 亿人次），其中 85% 流向西班牙、意大利、法国和土耳其的海滨。

"旅游王国"西班牙拥有海岸线超过 8 000 千米，其中 24% 为沙滩。金色海岸、白色海岸、阳光海岸、闪亮海岸、巴利阿里和加纳利群岛等众多度假地，在国际上久负盛名。2007 年，西班牙接待国际游客 5 970 万人次，旅游收入 499 亿欧元，占 GDP 的 12%，并提供了 150 万个就业机会。

世界第一旅游大国法国，南临地中海，西濒大西洋，堪称度假旅游者的天堂。法国每年外出度假人数占 60% 以上，其中有一半人选择去海滨地区度假。2007 年，法国接待国际游客 8 200 万人次，占世界旅游市场的 9.13%，旅游收入 350 亿欧元，旅游业从业人数占就业总数的 7.5% 以上。

意大利拥有海岸线 7 300 千米，海滨旅游十分发达，其中有旅游中心 500 个、海滨浴场 6 000 个、专业海滨旅游公司 1.2 万家。2006 年接待国际海滨度假游客 4 106 万人次，占全国接待总量的 34%，遥遥领先于各类景点。南部的坎帕尼亚大区，2002 年旅游收入相当于 GDP 的 20%，海滨旅游占国内旅游的 65%，占国际旅游的 55%。

岛国马耳他面积 316 平方千米，人口 37 万。该国将美丽的海岛风光与深邃的历史文化结合起来，大力发展度假旅游，年接待国际游客 110 万人次，是其人口的 3 倍，旅游收入 2.46 亿马耳他里拉，相当于经济总量的 1/3，旅游业税收占财政收入的 22%，提供了 1/3 的就业岗位，其中海滨度假旅游对旅游业的贡献率接近 50%。

南太平洋岛国新西兰，由十几个大小岛屿组成，是海洋文化的典型代表。北部亚热带海湾岛屿星罗棋布，海岸景色独特，温泉城众多。该国对旅游业高度重视，将旅游业确定为新经济主导产业。年接待入境游客 320 万人次，占国内生产总值（GDP）的 10% 以上，已成为全国最大的出口创汇产业，提供了全国 10% 的就业岗位。

澳大利亚海岸线长达 36 000 千米，特殊的地理、气候条件，使各类沙滩、海湾和海岸景观丰富多彩、独具特色，是海滨度假旅游的胜地，黄金海岸和大堡礁举世闻名。2008 年，澳大利亚接待入境游客 556 万人次，权威旅游资讯机构"孤独星球"的一项跨国调查报告显示，澳大利亚连续第二年蝉联成为全球旅客最喜欢去的国家。

巴西是世界上最大的热带国家，8 000 千米的海岸线上分布着众多风景绚丽的海滩。该国充分发挥多姿多彩的热带风光、独具风韵的人文景观优势，发展海滨度假旅游，旅游业成为近年来巴西发展最快的行业之一。

墨西哥是世界十大著名旅游国之一，沿海岛屿众多，海岸线 16 000 多千米。20 世纪 70—80 年代，墨西哥政府选择 5 处荒凉的海滩，开发建设了坎昆、洛斯卡沃斯等 5 个大规模的海滨度假区，在国际上开创了政府规模开发度假区的成功范例。游客到墨西哥旅游，第一目标就是海滨。2006 年全国接待外国游客 2 135 万人次，提供 170 多万个直接就业机会，旅游业是墨西哥第三大支柱产业。2002 年乘豪华游船到墨的游客超过 478 万人次，占世界游船旅游的 65%。

美国海岸线长 22 680 千米，东部、西部和东南海滨拥有众多迷人的海滨度假地。美国有 2.3 亿人口，每年去海滨旅游者达 1 亿人次以上。2007 年美国接待的外国游客达 5 670 万人次，实现国际旅游收入 1 227 亿美元，维持着美国 850 万个就业岗位。夏威夷地处北太平洋，由 132 个岛屿组成，长度达 1 500 英里（1 英里≈1 609 米），年均气温 25～30℃，是世界著名的旅游度假地，一年接待游客 600 万～900 万人次，游客占夏威夷人口的 80% 以上。

5.4.2　国外著名海洋旅游目的地

经过 200 多年的发展，特别是第二次世界大战结束以来，世界范围内涌现出越来越多的海洋旅游目的地。其中，对全球旅游市场产生较大影响的海洋旅游目的地主要集中在地中海、加勒比海、东南亚和南太平洋等区域。地中海区域的主要有法国东南部的格拉斯海滨、科西嘉岛，西班牙的太阳海滩、阿尔梅里亚海滩、巴利阿里海滩和加那利海滩，意大利的西西里岛、撒丁岛和卡布利岛（地中海上的花园），希腊的克里特岛和阿索斯山半岛；加勒比海地区的主要有"西印度群岛的疗养院"巴巴多斯、"美洲花园"哥斯达黎加、"加勒比海明珠"哈瓦那、"泉水之岛"牙买加、"度假天堂"巴哈马、"香料之岛"格林纳达，以及墨西哥的加利福尼亚半岛、尤卡坦半岛、雷维亚希赫多群岛、提布隆岛等；东南亚地区主要有泰国的帕塔亚、普吉岛海滩，马来西亚的马六甲、波德申、边加兰海滩，印度尼西亚的巴厘岛，菲律宾的宿务岛、马尼拉海滩以及缅甸的毛淡棉、仰光海滩等；南太平洋地区主要有澳大利亚的大堡礁、黄金海岸、太阳海岸，新西兰的峡湾，汤加海岸的珊瑚岛和火山岛等。此外，美国的夏威夷和近年来迅速发展的马尔代夫、斯里兰卡等也都是驰名世界的海洋旅游目的地。与此同时，许多滨海城市依靠独特的区位和优越的环境，相继成为海洋旅游的集散中心，在世界海洋旅游业发展中发挥着越来越重要的作用。

（1）法国尼斯（Nice）天使湾畔的碧海蓝天

尼斯背靠与意大利交界的高山，面临气候温暖宜人的天使湾（Baie des Anges），艳阳下迎风飘展的棕榈树别有一股慵懒的情调，是蔚蓝海岸有名的度假胜地。尼斯四季繁花盛开，茉莉、玫瑰、水仙、康乃馨、龙舌兰等花香四溢，和海岸风光同样令人沉醉。每年复活节前在此举行嘉年华会，其热闹程度更不亚于夏季的海滩。盎格鲁街（Promenade des Anglais）这是一条沿着海岸边的主要道路，原意为"英人散步街"。高级旅馆、餐厅林立，夏季满是五彩缤纷的海滩伞，游客都会在此戏水，做日光浴。尼斯的旧市街（Vieille Ville）全是 17—18 世纪的建筑物，这里狭窄的街道间布有花市、鱼市及许多海鲜餐厅，小巷道中可见保留着洛可可式建筑风格的教堂和城堡遗迹。

（2）帕琉

帕琉地处西太平洋密克罗尼西亚群岛，由 340 个大、小岛屿组成，其中仅 8 座岛有人居住。帕琉群岛拥有全世界透明度最高的海域，能见度可达 100 米，被评定为世界七大透明度最高的海域之一，是一个名副其实的潜水胜地，享有"国际潜水联盟"认定全球最佳潜水者梦寐以求的必访胜地。从空中俯瞰帕琉群岛，宛若绿宝石散落在太平洋上，又仿佛登临彩虹的故乡，俨然一幅雅致悠闲的南国景致。

（3）夏威夷

夏威夷位于中部太平洋，由 19 个主要的岛屿及珊瑚礁组成，从成因上看，多为海洋岛（珊瑚岛和火山岛），根据该州政府的官方统计，包括全部离岸小岛及各个珊瑚礁周围的独立小岛，共有 137 个岛屿，只有 7 个岛有人居住，整个岛链从尼好岛向西北方延伸 1 000 英里（1 600 千米），全部的岛屿原来都是由火山活动所形成。目前世界上只有夏威夷岛有火山活动，其他岛屿最近一次的火山爆发时间是 18 世纪末的哈里亚卡拉的西南峰（东茂伊火山）。旅游业是夏威夷的主要经济产业，其美丽的热带风光每年吸引数以百万计的全世界游客。

（4）美国渔人码头

渔人码头原来只是个意大利渔民出海捕鱼的港口，现在早已是旧金山最充满欢乐气息的地方。附近沿海盛产鲜美的螃蟹、虾、鲍鱼、枪乌贼、海胆、鲑鱼、鲭鱼和鳕鱼，渔民们每天凌晨 3 点起锚出海，下午再收船返回码头，那时总会有一些好奇的人去观看他们的渔获，甚至向他们购买，后来他们就干脆在码头边设摊子贩卖海鲜，并把螃蟹、鲜虾放在锅子中煮熟，做成鲜蟹和虾仁色拉以飨游客，逐渐形成了渔人码头的一景。在这里，你可以大啖螃蟹酸面包，参观惊悚搞怪的蜡像馆（Wax Museum），遨游美丽的"水底世界"（Underwater World），欣赏精彩的街头艺人表演，或是在宽敞而有格调的购物中心血拼，等累得双脚发软时，再去喝一杯香浓的爱尔兰咖啡提神。任何人到渔人码头走走，精神都会不自觉地振奋起来。

（5）冲绳

冲绳以冲绳群岛为中心，由宫古群岛，八重山群岛等 150 个岛屿组成，其中 40 个为有居民岛屿。冲绳的总面积为 2 263 平方千米，约为台湾的 1/16。

细长的冲绳本岛分为北（金武町以北）、中（石川市至西原町）、南（宜野湾市以南）三部，各有不同的美景及游览重点。北部通称为 YAMBARU（山原），是冲绳多山地形的所在，冲绳最高岳—与那霸岳海拔 496 米就位于北部。北部西海岸地区也是有名的"海上道路"海岸娱乐区，大型观光旅馆及海滩从读谷村蔓延到那成村，海上活动整年都在进行。

冲绳本岛周围的离岛，在有关单位的规划下，也建成了美丽的休闲中心。最北面的有伊平乌岛、古迹很多的伊是名岛以及山形如帽的伊江岛、三日月型岛、水纳岛和以现代化大桥与本岛连接的屋我地岛，中部海域则有海底道路连接的平安座岛、宫城岛、以大桥连接的伊计岛、拥有绚丽景观的庆良间群岛、有海滩及野营场地设备齐全的渡嘉敷岛和座间味岛，和以庆留间鹿而闻名的庆留间岛。

（6）巴厘岛

巴厘岛（Bali）是印度尼西亚群岛 17 000 多个岛屿中的一个小岛，是亚洲最漂亮而有特色的观光胜地之一，其特有的文化风采与自然风光每年吸引上百万位来自全球各地的旅客。巴厘岛是一个装点着棕榈树的沙滩、珊瑚礁围绕的海域以及峻峭火山所组成的美丽岛屿，岛上有独特民族音乐、舞蹈、绘画、雕刻、建筑、戏剧和诗歌，吸引着世界游客。

（7）马尔代夫

马尔代夫位于斯里兰卡南方的海域里，被称为印度洋上人间最后的乐园。马尔代夫由露出水面及部分露出水面的大大小小千余个珊瑚岛组成，由北向南经过赤道纵列，形成了一条长长的礁岛群岛地带。1 000 多个岛屿都是因为古代海底火山爆发而形成，有的中央突起成为沙丘，有的中央下陷成环状珊瑚礁圈，点缀在绿蓝色的印度洋上，像一串串的宝石，海水清澄，煞是美丽。马尔代夫有着得天独厚的海洋旅游资源和文化基础，支离的小岛俨然独树一帜，每一座岛屿皆发展出不同风格的度假饭店，形成独特的旅游景观和休闲气氛，雪白晶莹的沙滩，倒影在水中婆娑的椰影，色彩鲜艳的热带鱼构成马尔代夫的迷人风情，渔业和观光业并列为两项主要的经济收入。

5.5 中国主要海洋旅游目的地

比较世界上海洋旅游发达国家和地区，我国的海洋旅游业兴起较晚，然而发展势头却十分迅猛。从 20 世纪 80 年代开始，各沿海地区就纷纷提出"海洋战略"，大大地促进了海洋旅游业的发展，迄今为止，自北向南在沿海地区形成了一批旅游目的地。近年来，随着海洋开发步伐的不断深入，国务院批准设立海南国际旅游岛，这些举措更进一步激发了我国的海洋旅游目的地建设热潮，以北方的大连、青岛，南方的海南岛，中部的舟山群岛为代表的一批知名的海洋旅游目的地已初步形成。

5.5.1 国内海洋旅游现状与开发动向

(1) 战略地位的提升

从20世纪80年代开始，我国沿海11个省（自治区、直辖市）相继提出了海洋经济发展战略。山东在1991年提出"要用10年、20年或更长一段时间，再造一个海上山东"，并把海洋农牧化、临海工业、海上大通道和滨海旅游列为四大海洋建设工程；广东省在2002年提出建设"海洋经济强省"，要在全国率先建立"蓝色产业带"，把旅游业与海洋渔业、海洋交通运输业、海洋工业作为重点发展的四大产业；《海南省海洋经济发展规划》中写道"以海带陆，依海兴琼，建设海洋经济强省"的发展战略，并把发展热带滨海旅游作为重要的战略任务；福建省"十一五"规划明确指出了建设海洋经济强省的战略目标，并把滨海旅游业和港口物流业、临港工业、海洋渔业、船舶修造业作为海洋经济的主导产业。辽宁的"海上辽宁"战略、河北的"环渤海"战略、江苏的"海上苏东"战略、福建的"海上田园"战略和广西的"蓝色计划"等，海洋开发成为新世纪沿海地区经济发展的重点区域，标志着我国对海洋的开发利用进入了一个崭新的阶段。党中央把"实施海洋开发"写入了党的十六大报告，国务院《全国海洋经济发展规划纲要》则第一次明确提出了"逐步把我国建设成为海洋强国"的战略目标。国家和各省（自治区、直辖市）海洋经济发展战略的实施，有力地促进了海洋旅游业的发展，并使得海洋旅游业在海洋经济中的战略地位得到明确和提高。

(2) 海洋旅游业发展迅猛

在旅游业和海洋经济受到高度重视的背景下，我国的海洋旅游业出现了持续强势增长的良好态势。一是青岛、大连等传统海洋旅游目的地通过完善老产品、开发新产品，使旅游业发展持续走旺；二是海南三亚、广东三门岛等一大批新兴的海洋旅游目的地相继崛起；三是包括豪华邮轮在内的高端海洋旅游产品开始出现在国内市场，与世界海洋旅游高端产品的差距正在缩小；四是旅游业的跨行政区合作不断加强，合作层面已经从政府层面深入到企业层面，合作空间已经从国内走向国外，长三角无障碍旅游区建设、泛珠三角区域旅游合作和北部湾跨国旅游合作等都是这方面的重要案例。

5.5.2 中国著名的海洋观光与休闲旅游目的地

近年来，中国内地随着经济的快速发展，其观光休闲需求快速成长，海洋旅游业采取依托沿海城市、突出海洋特色及分区建设的政策走向，沿海地区开发建设了300多处海洋和海岛旅游娱乐区，兴建了各具特色的旅游娱乐设施，使海洋旅游业迅速发展为新兴海洋产业。已知名的海洋旅游目的地与具开发潜力之资源景点如下。

(1) 辽宁海岸

辽宁位于中国海岸线最北段，主要以观赏海景与度假为主，目前开发的滨海旅游资源仍集中在大连旅顺近郊海滨，然而鸭绿江与辽河入海处有丰富的生态景观，长山群岛与风浪平静的辽东湾均深具旅游开发潜力。鸭绿江风景名胜区，江中翠岛棋布，生态景观丰富，深具旅游发展潜力；丹东大孤山与鹿岛有山海岛地貌景观，还有明清古镇与炮台遗址等，森林水瀑景观秀丽；兴城海滨风景名胜区位于辽西走廊中段，兼具山、海、古城、温泉资源，植被苍翠，沙滩绵延，海流稳定，可容纳每日20万游客量，为夏季优质海水浴场。

(2) 河北海岸

环渤海的河北省海滨主要为软砂质海岸，岸线平直少离岛，海面风平浪静，适合开展旅游。山海关为历史重要关隘，古迹保存完整，自然与人文景观并胜；北戴河、南戴河旅游度假区是生态观赏、文化古迹、度假疗养、海水浴场、水上活动综合型之旅游区，旅游设施发展成熟，旅游承载量大并且稳定；昌黎黄金海岸林木茂密，岸线优美，湾浅波平，冬季海水冰冻又可成为海上滑冰场。

（3）天津海岸

这里的地貌构成主要为燕山余脉与海河平原出海口，并且有地热、地质与海滨生态景观资源，目前正陆续规划开发中。大沽口炮台地势险峻，景观优美，是明清以来重要军事古迹与战役纪念地；天津古海岸贝壳堤，有露出地表蜿蜒数百米分属三个地质年代海岸遗迹，为中国重要地质公园；海滨带河曲沼泽密布，为大型水禽天鹅等生态栖息地，具有观赏价值；天津南侧乡村海岸还有沙滩、渔村、温泉、海岸森林和生态等旅游资源，尚未发掘利用。

（4）山东海岸

山东海岸地貌景观主要由泰劳地块胶东半岛构成，许多海岬深入黄海，景观优美，且长年风浪平静，沙滩均适合开展多种水上运动。胶州湾旅游度假区、青岛乡郊风浪平静，景色宜人，为著名之度假疗养区；崂山风景名胜区由大型岩块组成，丘陵起伏，名寺分布其中，海岸岬角曲折多变，夏季石老人头沙滩可容纳数万人旅游活动；威海海滨包括成山角、刘公岛、石岛湾天鹅湖、乳山银滩旅游度假区等，山海逼临，森林翁郁，多海岬港湾与优质沙滩，并有清末北洋舰队史迹遗址派台等；日照海滨著名景点虽不多，但沙滩绵长，日照充足，晒盐与渔村景观亦相当吸引人。

（5）江苏海岸

江苏海岸主要为沙质堆积岸，海岸线平直，部分有沙丘与海岸林景观，多泥滩地生物多样性良好，较适合观赏性旅游，水域活动开展条件较为不足。连云港连岛原为离岛渔村，鸟类生态丰富，近年来辟建大桥与大陆连接，开发成包括海水浴场之综合性旅游景区；连云港云台山兼具山、海、温泉、石刻等旅游资源，登高眺望观望海景，并建有渔湾景区、孔望山景区、花果山主题游乐园等；大丰国家级麋鹿自然保护区位于盐城市东南海岸滩涂地区，为国际合作之重要自然保护区，除麋鹿外也孕育多种生态景观；盐城国家级珍禽自然保护区为东亚候鸟南北迁徙路径重要停栖据点，保护多种候鸟禽类，重点为丹顶鹤。

（6）上海海岸

上海海岸亦多为沙质岸，景观变化较少，但浦东仍有许多海滨适合开展乡村旅游；长兴岛因交通不便，发展迟缓，反而保留较丰富的芦荡生态自然风光，为上海居民主要的乡村旅游热点；横沙岛旅游度假区，位居长江口最外缘，也是以农场自然风光为主要特色。

（7）浙江海岸

浙江地区花岗岩质丘陵逼临海岸线，形成多岬角湾澳离岛之滨海景观，各河口则形成三角江之景观，深具滨海乡村旅游发展条件。普陀山风景名胜区为著名之佛教圣地，古刹众多，山峰秀丽，海景丰富优美，适宜避暑度假旅游；嵊泗列岛风景名胜区位于舟山群岛东北区，由数百个岛屿组成，具有滩多礁美石奇的特点，且渔产丰富，未来发展深具潜力；海宁观潮为著名旅游项目，钱塘江口因地形关系海潮涨退形成自然奇观；台州海滨多渔村，离岛有东矶列岛、台州列岛，海景风光佳，渔产丰富，都适宜开展离岛乡村旅游；温州离岛有洞头列岛、南鹿山列岛，海景风光佳，渔产丰富，适宜开展离岛乡村旅游，但邻近资源同构型高，距离主要城市较远为其限制条件。

（8）福建海岸

福建海岸临靠台湾海峡，地理环境与浙江类似，大多属花岗岩质丘陵与岬角离岛，近海渔业发达，开展滨海乡村旅游有较大潜力。福州鼓山风景名胜区位于闽江口北岸，山岩节理显著，风化作用强烈，怪石嶙峋，林茂洞奇，古迹古寺众多，为著名风景名胜区；平潭岛风景名胜区奇峰美景引人入胜；厦门位于台湾海峡西岸的中部，地处亚热带，四季如春，气候宜人，自古以来与台湾人民血脉相通，又是我国东南沿海主要通商口岸和海外华侨出入境港口，厦门鼓浪屿上中外风格各异的建筑物完好汇集、保留，有"万国建筑博览"之称，小岛还是音乐的沃土，人才辈出，钢琴拥有密度居全国之冠，又得美名"钢琴之岛""音乐之乡"。

（9）广东海岸

岭南地区滨靠南海，海岸线长3 000余千米，山海交错，岛屿众多，气候属亚热带季风气候，动植物农渔产品丰富，有绝佳之滨海乡村旅游条件。

（10）香港

香港素有"东方明珠"美称，是举世瞩目的美丽的海港城市。这里是世界上最大的、功能最多的自由港，主要特点是：贸易自由、经营自由、资本进出自由、货币兑换自由。香港社会稳定、金融制度自由、税率低、法制健全等有利条件，与纽约、伦敦并称为世界三大金融中心，吸引着众多的国外金融机构来港开业。香港是旅游者购物的天堂，香港拥有极舒适的海滨浴场和海滩，香港海洋公园是亚洲最大的海洋博物馆，可以使旅游者欣赏到海底世界的奇妙景观。

（11）广西海岸

广西海岸为中国内地最西南段，隔红河与越南相望，临靠北海度假旅游区。主要有防城上岳－自然保护区、山口红树林自然保护区等。

（12）海南岛

海南岛是我国热带海洋旅游区，主要有三亚珊瑚礁自然保护区、大州岛自然保护区、尖峰岭森林公园与自然保护区等。

（13）台湾岛

台湾四面环海，地理上属于板块运动皱折高山，海岸景观丰富多样，气候四季如春，适合发展多种旅游活动。岛的东北角风景区属海蚀地形景观，有海岬、湾澳、海蚀平台、蜂窝石、沙滩等多种形态地貌。东海岸风景区亦为岩岸海蚀地形景观，山峦高耸翠绿，逼临碧蓝辽阔的太平洋，海涛拍击浑厚是其特色。澎湖群岛风景区为火山玄武岩地质，有奇特的节理地貌，群岛周围海水温暖且清澈碧蓝，岩礁岸有多彩珊瑚环绕分布，为优良海滨旅游发展区。垦丁国家公园位于台湾岛南端，为隆起珊瑚礁岩海岸，兼具珊瑚礁岩、贝壳金黄沙滩、热带雨林、海蚀景观、海岸沙漠、原住民文化等地貌、生态与人文奇观之风景旅游区。清水断崖位于太鲁阁地质公园东侧海岸，变质岩高山耸立3 000余米，太平洋水深有3 000余米，景观险峻奇特。兰屿离岛孤悬于台湾东南外海之火山岛，岩质朱红，岛上植被生态奇特，环岛为瑰丽的热带海洋珊瑚礁群，有原始半穴居之南岛民族居住。台湾西部沿海大多为沙质堆积海岸，有沙丘与海岸林分布，许多河口有热带红树林沼泽滩地，水陆空域生态景观生动丰富。且面对台湾海峡落日方向，落霞孤鹜气象景观特别吸引人。

（14）南海诸岛

南海诸岛包括东沙、西沙、中沙与南沙，为中国历史海疆，大多为珊瑚礁岩，热带海洋风光，海底景观丰富绚丽，甚具发展旅游潜力，其中以东沙岛珊瑚环礁与南沙太平岛条件最佳，但目前仅西沙永兴岛提供旅游条件。

本章小结

在本章中，我们主要讨论了旅游吸引物与旅游目的地相关内容，首先对旅游资源与旅游吸引物概念与分类进行阐述，再从影响旅游目的地吸引力的因素、旅游目的地吸引力创新、目的地选择与构架以及旅游目的地管理等方面进行讨论，旨在找到增强目的地吸引力的途径，引导旅游目的地健康、持续发展。

关键术语

旅游资源（tourism resources）　　　　　　旅游目的地（tourist destination）

旅游吸引物（tourist attractions）　　　　　目的地选择（destination choice）

游客管理（visitor management）　　　　　　旅游地生命周期（tourism area life cycle）

游客风险管理（visitor risk management，VRM）

游憩承载力（recreation carrying capacity，RCC）

复习思考题

1. 什么是旅游吸引物？旅游吸引物类型有哪些？
2. 旅游目的地的"盛极藏衰"是指什么？
3. 什么是游客管理？我国主要从哪几个方面对游客进行管理？
4. 旅游地生命周期理论各阶段的特点分别是什么？
5. 从哪些角度可能提升目的地旅游吸引力？

开拓思维题

1. 游客管理作为一种管理理念，已为发达国家旅游目的地所广泛应用。请进一步阅读相关资料，了解游客管理的最前沿进展。
2. 从旅游地生命周期演进的角度分析"富民—富地方—富国"的发展阶段。

参考文献

亚德里恩·布尔. 2004. 旅游经济学. 龙江智译. 大连：东北财经大学出版社.

保继刚，楚义芳. 1999. 旅游地理学. 北京：高等教育出版社.

布哈利斯，马晓秋. 2000. 目的地开发的市场问题. 旅游学刊，15（4）：69-73.

查尔斯·R·格德纳，J·R·布伦特·里奇. 2010. 旅游学（第10版）. 李天元，徐虹译. 北京：中国人民大学出版社.

曹霞，吴承照. 2006. 国外旅游目的地游客管理研究进展. 人文地理，88（2）：17-23.

崔凤军. 2002. 中国传统旅游目的地创新与发展. 北京：中国旅游出版社.

代改珍. 2009. 旅游目的地的构建模式与方法. http://www.lwcj.com/report090319001_1htm.

弗兰克·豪伊. 2006. 旅游目的地的经营与管理. 丁宁，姜婷婷，马瑾译. 沈阳：辽宁科学技术出版社.

焦彦.2006.基于旅游者偏好和知觉风险的旅游者决策模型分析.旅游学刊,21(5):42-47.

克里斯·库伯,约翰·弗莱彻,艾伦·法伊奥等.2004.旅游学:原理与实践.张莉莉,蔡利平等译.北京:高等教育出版社.

厉新建,张辉.2002.旅游经济学——理论与发展.大连:东北财经大学出版社.

刘俊,保继刚.2007.英国传统海滨度假地衰退研究——综述与启示.旅游学刊,22(1):49-54.

刘俭,黄猛.2005.旅游目的地空间结构体系构建研究——以长江三峡为例.经济地理,25(4):581-584.

史蒂芬·佩吉,保罗·布伦特,格雷厄姆·巴斯比等著.2004.现代旅游管理导论.刘劼莉等译.北京:电子工业出版社.

王昕,陈婷.2009.基于旅游行为的旅游目的地空间层次与管理.人文地理,106(9):107-110.

魏小安.2002.旅游目的地发展实证研究.北京:中国旅游出版社.

魏小安,厉新建.2003.谈旅游目的地发展十二要素及其内涵.http://news.sina.com.cn/c/2003-12-02/17552264249.shtml[2003-12-02].

维克多·密德尔敦.2001.旅游营销学.北京:中国旅游出版社.

吴必虎.2009.旅游研究与旅游发展.天津:南开大学出版社.

吴必虎.2001.区域旅游规划原理.北京:中国旅游出版社.

吴必虎,宋子千.2010.旅游学概论.北京:中国人民大学出版社.

杨锐.1996.风景区环境容量初探——建立风景区环境容量概念体系.城市规划汇刊,106(6):12-15.

张广海,田纪鹏.2007.国内外滨海旅游研究回顾与展望.中国海洋大学学报(社会科学版),93(6):5-9.

张辉.2002.旅游经济论.北京:旅游教育出版社.

钟行明,喻学才.2005.国外旅游目的地研究综述.旅游科学,19(3):1-9.

钟艳,厉新建.2006.旅游目的地竞争与吸引力创新分析.商业经济与管理,181(11):77-80.

朱青晓.2007.旅游目的地系统空间结构模式探究.地域研究与开发,26(3):56-59.

Alison J, McIntosh. 2004. Tourists' appreciation of Maori culture in New Zealand. Tourism Management, (25): 1-15.

Bates G H. 1935. The vegetation of footpaths, sidewalks, cart-tracks and gateways. Journal of Ecology, 23 (2): 470-487.

Bates G H. 1938. Life forms of pasture plants in relation to treading. Journal of Ecology, 26: 452-455.

Bayfield N G. 1971. Some effects of walking and skiing on vegetation at Cairngorm. Symposia of the British Ecological Society, 11: 469-485.

Bayfield N G. 1973. Use and deterioration of some Scottish hill paths. Journal of Applied Ecology, 10 (2): 635-644.

Bayfield N G. 1979. Recovery of four montane heath communities on Cairngorm, Scotland, from disturbance by trampling. Biological Conservation, 15 (3): 165-179.

Benedict Dellaert. 1995. Using conjoint choice experiments to model urban tourism' choice of activity packages. Tourism Management, 16 (5): 347-353.

Bill Bramwell. 1998. User satisfaction and product development in urban tourism. Tourism Management, 19 (1): 35-47.

Butler R W. 1980. The concept of a tourist area cycle of evolution: implications for management of resources. Canadian Geographer, 24 (1): 5-12.

Cole D N. 1978. Estimating the susceptibility of wild land vegetation to trailside alternation. Journal of Applied Ecology, 15: 281-286.

Cole D N, Bayfield N G. 1993. Recreational trampling of vegetation: standard experimental procedures. Biological Conservation, 63 (3): 209-215.

Cooper C, Jackson S. 1989. Destination life-cycle: the isle of man case study. Annals of Tourism Research, 16 (3): 377-398.

Deborah Crick-Furman, Richard Prentice. 2000. Modeling Tourists' Multiple Values. Annals of Tourism Research, 27 (1): 69-721.

Doossen M, Langers F. 2000. Assessing quality of rural areas in the Netherlands: finding the most important indicators for recreation. Landscape and Urban Planning, 46 (1): 241-251.

Fox M. 1977. The Social Impact of Tourism: A Challenge to Researchers and Planners. In A New Kind of Sugar: Tourism in the Pacific, Edited by B. Finneyand B. Watson. Santa Cruz: University of California - Santa Cruz Center for South Pacific Studies.

Gilbert E. 1939. The growth of inland and seaside health resorts inEngland. Scottish Geographical Magazine, 55 (1): 16-35.

Gimblett H R, Robert M Itami. 1997. Modelling the spatial dynamic and social interaction of human recreationists using GIS and intelligent agents. International Congress on Modelling and Simulation. Hobart, Tasmania. December 8 – 11.

Haywood K M. 1986. Can the tourist area-life cycle be made operational. Tourism Management, 7 (3): 154 – 167.

Hvenegaard G T. 1994. Ecotourism: a status report and conceptual framework. The Journals of Tourism Studies, 5 (2): 24 – 35.

Hvenegaard G T. 2002. Using tourist typologies for ecotourism research. Journal of Ecotourism, 1 (1): 7 – 18.

Jackson M S, White G N, Schmierer C L. 1996. Tourism experience within an attributional framework. Annals of Tourism Research, 23 (4): 798 – 810.

John Glasson. 1994. Oxford: a heritage city under pressure: visitors, impacts and management responses. Tourism Management, 15 (2): 137 – 144.

Leiper N. 1995. Tourism management. Collingwood, Victoria: TAFE Publication.

Lime D W, Stankey G H. 1971. Carring capacity: Maintaining outdoor recreation quality, in recreation symposium proceeding, suracuse. NewYork: College of Foresty, 12 (14): 122 – 134.

Lockyer T. 2005. The perceived importance of price as one hotel selection dimension. Tourism Management, 26 (4): 529 – 37.

Mbaiwa Joseph E. 2005. Enclave tourism and its socio-economic impacts in the Okavango Delta, Botswana. Tourism Management, 26 (2): 157 – 172.

Meinecke E P. 1928. A Report upon the Effect of Excessive Tourist Travel on the California redwood parks. Sacramento: California State Printing Office.

Mieczkowski Z. 1990. World Trends in Tourism and Recreation (American University Studies: Series 25, Geography), New York: Peter Lang Publishing.

Mieczkowski Z. 1995. Environmental Issues of Tourism and Recreation. Lanham: University Press of America.

Nicholas Haralamboulos, Abraham Pizam. 1996. Perceived impacts of tourism: the case of samos. Annals of Tourism Research, 23 (3): 503 – 526.

Noam Shoval, Adi Raveh. 2004. Categorization of tourist attractions and the modeling of tourist cities: based on the co-plot method of multivariate analysis. Tourism Management, 25 (6): 741 – 750.

Ross E L, Iso-Ahola S E. 1991. Sightseeing tourists' motivation and satisfaction. Annals of Tourism Research, 18 (2): 226 – 227.

Smith Valene L. 1989. Hosts and Guests: The Anthropology of Tourism (2nd ed). Philadelphia: University of Pennsylvania Press.

Spreng R A, Page T J Jr. 2001. The impact of confidence in expectations on consumer satisfaction. Psychology and Marketing, 18 (11): 1187 – 1204.

Stankey G H. 1984. Limits of acceptable change: A new framework for managing the Bob Marshall Wildness Complex. Western Wildlands; Fall, 10 (3): 453 – 473.

Stephen W Litvin, Sharn Ng Sok Ling. 2001. The destination attribute management model: an emempirical application to Bintan, Indonesia. Tourism Management, 22 (5): 481 – 492.

Stuart M, Erlet C. 1998. Tourism Typology: Observations from Belize. Annals of Tourism Research, 25 (3): 675 – 699.

Sun D, D Walsh D. 1998. Review of studies on environmental impacts of recreation and tourism in Australia. Journal of Environmental Management, 53 (4): 323 – 338.

Um S, Crompton J L. 1990. Attitude determinants in tourism destination choice. Annals of Tourism Research, 17 (3): 432 – 448.

Wagar J Alan. 1964. The Carrying Capacity of Wild Lands for Recreation. Forest Science: Monograph 7. Washington, DC: Society of American Foresters.

World Tourism Organization. 1996. Tourist Safety and Security: Practical Measures for Destinations. Madrid: World Tourism Organization.

Yong Kun Suh, Leo McAvoy. 2005. Preferences and trip expenditures-a conjoint analysis of visitors toSeoul, Korea. Tourism Management, 26 (3): 325 – 333.

□ **阅读材料 5 - 1**

法国尼斯"旅游目的地管理"的先进经验

尼斯市位于法国东南部的蓝色海岸地区，濒临地中海，距巴黎 933 千米；人口 90 万，其中市区人口 38 万。尼斯为阿尔卑斯滨海省首府，是法国第五大城市，也是法国南部地中海沿岸第二大城市。

尼斯市依山傍水，气候宜人，是法国著名的旅游、度假胜地。市内有 19 家博物馆、32 个历史古迹和众多的美术馆、游乐场。尼斯东部是旧城和港口，西部是新城。市内主要名胜和游览点有：马塞纳广场、阿尔贝一世花园、英国人步行海滨大道、美国海滨大道、拉斯卡里宫、圣·雷帕拉特大教堂、古罗马圆形大剧场遗址、马克·夏加尔博物馆、马蒂斯博物馆、朱尔·谢雷美术博物馆、现代美术画廊、考古博物馆、展览宫等。

尼斯旅游业直接带来的经济效益有 15 亿欧元，占 GDP 的 30%，直接从事旅游业人员占就业人数的 18%，与间接从事旅游业人员相加则占就业人数的 40%，表明旅游业是尼斯重要的支柱产业。尼斯有法国第二大机场，尼斯到巴黎每天有 30 多个航班，此航线是欧洲最繁忙的航线之一，年运送旅客达 320 万人次；据统计整个蓝色海岸地区每年接待游客约 1 000 万，其中尼斯就接待达 300 万，1/5 的旅游者为商务旅游者。尼斯有 9 个专业会议与展览中心，2 000 多个座位；另有 20 多个用于会议展览的场所（7 000 多个座位），14 个酒店配备了专业性的会议设施，每年接待 50 万人；商务旅游者带来的效益为人均 150 ~ 200 欧元/日，若是会议则达到人均 200 ~ 300 欧元/日。尼斯星级酒店共有 732 家，近 4 000 商业住宿接待设施，床位数 153 000 张，位居法国第二。1/3 的酒店为 4 星级，全年入住率为 65% ~ 70%。

尼斯市非常重视旅游产业的发展，主要表现在：一是对旅游客源的分类分析上；二是制订旅游营销计划和实施上；三是依靠高科技等手段增强对旅客的服务上。依托于海滨城市宜人的自然环境，每年举行各种购物节和长达三周的尼斯狂欢节以充分体现尼斯旅游的特色。近年来，为发展商务会展旅游，建设度假胜地，当地兴建了许多会展和游乐设施，建设"硅谷"，促进产业转型升级，实现旅游业的可持续发展。

（1）保护古城遗迹，挖掘人文历史景观

尼斯有得天独厚的自然资源和历史文化条件，如博物馆、罗马遗迹，以及世界一流的歌剧院，同时将普罗旺斯风格融合在大街小巷，为其发展旅游业创造了良好的基础。当地政府非常重视旅游资源的开发和保护，把旅游资源的保护和开发列为其重要职能，从资金、政策、税收等方面给予大力支持。尼斯所有的历史文化遗迹都受到很好的保护并按"修旧如旧"的原则加以修复，政府在依法保护旅游资源的同时，对人文景观和自然景观进行了充分挖掘和开发利用。

（2）整合旅游资源，推出新的旅游项目

旅游地的发展是有生命周期的，只有旅游资源的重新整合，才能注入持续发展的动力。尼斯地方政府在整合好人文景观资源的基础上，不断推出新的旅游线路。体现在对资源的整合定位上，从传统的尼斯海滨旅游发展到山区旅游和深度开发海滨旅游。10 年前尼斯将海滨度假游作为其亮点，其结果是占地 10% 的海滨地区集中了 90% 的游客，而占地 90% 的山区旅游资源没有得到充分开发，目前山区乡村旅游已逐渐成为旅游的新亮点，主要旅游项目是冬季和春季的滑雪。深度开发海滨旅游主要是指游艇旅游，其已成为尼斯旅游业的一个亮点，每年接待 20 万游客来到尼斯，是法国最大的游艇游客上下点。

（3）举办国际会议，发展商务旅游

近几年，尼斯市通过举办各种大型国际会议等方式，吸引了来自世界各地的商务游客来此开会、旅游。会展业的效益体现在社会综合效益上，尼斯政府非常重视展览场馆的市政配套和服务，在交通和安全方面提供保障。会展业给城市带来的效益是综合性的，比如尼斯的航空业、酒店业高度发达，就直接得益于会展中心的营运。目前，尼斯的宾馆客房数量和空港规模仅次于巴黎。作为欧洲最好的会展中心之一，Acroplis 会展中心建于 1984 年，每年主办近 200 场活动，迎接来自世界各地约 70 万名参会者，其中国际性的会议、展览和公司奖励旅游已占 70%。Acroplis 会展中心由一个协会管理运作，协会成员的利益体现在与会展中心的合作上，比如，酒店为会展中心优惠提供客房，而会展中心为它们招徕顾客等。Acroplis 会展中心由政府投资建设，建成后的营运管理通过招标产生，Acroplis 协会通过竞标获得管理权，其成功的关键在于其营运理念是免费或优惠承接政府各类会议，同时积极招徕各类商业性会展，以盈利性的会展收入补贴公益型的会议支出，使会展中心的经营维护得以良性循环。

（4）整治城市环境，提高旅游服务质量

尼斯市政府不断致力于整治环境，交通畅通、发达，路况良好，绝大多数旅游景点都与高速公路相连接。同时，处于旅游线路的高速公路或国家公路的两旁设立旅游景点的指示牌，进入市区设有介绍市区交通现状的电子公告牌。沿途的加油站、公共洗手间、餐饮、住宿点布局合理，给客人的游览带来了极大的方便。考察期间，旅游从业人员的良好服务质量给我们留下了深刻的印象。考察团住宿和参观过的饭店，其饭店大堂和客房的面积，硬件设施并不比国内同档次的星级饭店优良，员工的配备数量也较少，但其装修布置都具有强烈的地域和民族风格，简洁实用，尤其是卫生状况让人感到安全和放心。

（5）完善管理体制，建设游客满意城市

尼斯会议与旅游局的功能是推进旅游业发展，建设游客满意城市，会议与旅游局是一个公营机构，但它并不是市政府的一个部门，其管理机制类似于我国的事业单位。当地还有由其旅游企业民主选举产生的旅游协会，旅游协会是当地的游客服务中心，代表旅游企业利益和为旅游企业与游客提供中介、宣传促销等各项服务，起着联系政府、游客和企业的枢纽作用。

（6）开发山区旅游，促进商旅互动

大自然为尼斯提供了独一无二的自然资源，尼斯人则学会了如何将之转化为最大的财富。凭借新颖的创意和智慧的头脑，尼斯人将这些形形色色的建筑和景点稍加改造，即为商旅人士举办世界级的会议、活动、展览和奖励旅游，提供了种种实现的可能。近年来，尼斯旅游部门积极吸引商务客人前往山区的乡村旅舍度假旅游。乡村旅游主要有两类，一是中低海拔山谷的乡村旅游；二是平均海拔 3 500 米山峰的乡村旅游。乡村旅游根据不同的地带分为不同的主题，有美食、钓鱼、滑雪、骑马、野生动物保护、葡萄园等，以满足商务客人的需求。乡村旅舍适合山区旅游的需求与发展，采用全国统一的品牌和标准，使用统一的标志。

□ **阅读材料 5-2**

中国著名的海洋观光与休闲旅游目的地

（1）大连

大连处在环渤海地区的圈首和东北亚经济区的中心，三面环海，港湾众多，风景秀丽，气候宜人。大连地理条件优越。东濒黄海，西临渤海，南与山东半岛隔海相望，北依辽阔的东北平原，是东北、内蒙古连通华北、华东以及世界各地的海上门户。大连处于北半球的暖温带地区，冬无严寒，夏无酷暑，四季分明，是中国北方著名的旅游城市和避暑胜地。市区环境优美，景色宜人；街心花园广场绿地葱郁，鲜花织锦；城市建筑别具一格，欧式古典流派与现代艺术造型建筑相映成趣；依山傍海的滨海路把沿海诸多景观连成一片，令人流连忘返。南部沿海风景区、旅顺口风景区、金石滩风景区和冰峪沟风景区分别为国家和辽宁省重点风景名胜区。每年5月，大连全城槐花飘香，大连赏槐会成为世界各地游客欢乐的节日。具有较高知名度的大连国际服装节每年吸引众多国家和地区的客商、艺术家、服装设计师、名模佳丽、新闻记者汇集滨城。在农历正月初二至初六举办的大连烟花爆竹迎春会，笑迎无数海内外客人到大连过年，成为大连春节的一道独特风景。大连素有"苹果之乡""水产基地"等美誉。质量优良的苹果、黄桃等水果和鲜美可口的鲍鱼、海参等海珍品远销国外。大连还是中国体育名城，素有"球城""田径之乡"的美誉。大连是中国环境保护最好、绿化最好、广场最多的城市之一。先后被中国政府授予"国家卫生城市""全国环保模范城""国家园林城市""中国优秀旅游城市"等称号。

（2）青岛

青岛位于山东半岛南端（北纬35°35′—37°09′，东经119°30′—121°00′），东南濒临黄海，东北与烟台市毗邻，西与潍坊市相连，西南与日照市接壤。青岛依山傍海，风光秀丽，气候宜人，是一座独具特色的海滨城市。全市海岸曲折，岬湾相间，海岸线（含所属海岛岸线）总长为870千米，其中大陆岸线730千米，占山东省岸线的1/4。青岛地处北温带季风区域，属温带季风气候。市区由于海洋环境的直接调节，受来自洋面上的东南季风及海流、水团的影响，故又具有显著的海洋性气候特点。空气湿润，温度适中，四季分明。春季气温回升缓慢，较内陆迟1个月；夏季湿热多雨，但无酷暑；秋季天高气爽，降水少；冬季风大温低，持续时间较长，但无严寒。红瓦、绿树、碧海、蓝天辉映出青岛美丽的身姿，赤礁、细浪、彩帆、金沙滩构成青岛亮丽的海滨风景线，历史、宗教、民俗、乡情、节日庆典赋予青岛丰富的旅游内涵，浓缩了近代历史文化的名人故居，具有典型欧式风格的建筑，形成了中西合璧独具特色的美丽的海滨城市，素有"东方瑞士"之美誉。

（3）普陀山

普陀山位于浙江省杭州湾以东约100海里的莲花洋中，是浙江省舟山群岛的一个小岛，与著名的沈家门渔港隔海相望。岛呈狭长形，南北纵长8.6千米，东西横宽3.5千米，面积12.76平方千米。最高山峰为佛顶山，海拔约290米，有石阶1 088级。岛上风光旖旎，峰峦郁翠，洞岩奇异，古刹古庵遍布；海岸金沙盖地，礁石嶙峋；目眺重洋，四时景变，崇岩曲洞，云蒸霞蔚，晨昏各异，完全是"缥海云飞海上山，石林水府无尘寰"的一个海天佛国。普陀山现开放的著名寺院有普济、法雨、慧济三大禅寺及大乘、梅福、紫竹林、杨枝等30余处禅院。一年四季香火兴旺，游人不断。香会期间名寺院香烟缭绕，拜佛诵经，通宵达旦，海内外的香客和游客络绎不绝。岛上洞、亭、桥、池、泉、碑、石等古迹和景点比比皆是，自然与人文相映成趣，梵音共涛声交相融合。

（4）海南岛

海南包括海南岛和西沙、中沙、南沙群岛，是中国唯一的热带海岛省份。这里夏无酷暑、冬暖如春，自然、人文旅游资源丰富，生态环境极佳，目前是中国的热点旅游地区，旅游业已成为该区域的支柱产业。根据世界旅游组织和海南省政府制定的《海南省旅游发展总体规划》，到2020年，海南将建设成为世界著名、亚洲一流的国际性热带海岛度假旅游胜地。海南岛将建成为最佳生态的长寿岛：森林覆盖率52.3%，生物种类丰富，生态环境一流，人口平均寿命是全国最长；椰风海韵的阳光岛：海南岛椰风海韵迷人、明媚阳光宜人、优质沙滩诱人；风情万般的欢乐岛：海南岛主要有汉、黎、苗等多民族，民俗风情浓郁，全年地方节庆活动主要有换花节、冼夫人文化节、三月三、国际婚庆节、欢乐节等。

第6章　海洋旅游者与文化交流

■ 学习目标

◇ 掌握海洋旅游者的概念
◇ 了解旅游的文化属性
◇ 掌握海洋旅游文化的概念
◇ 了解海洋旅游目的地的生态文化系统
◇ 理解旅游是一种文化交流的意义
◇ 了解海洋旅游的审美意义

6.1　海洋旅游者

旅游是人的活动，海洋旅游者是海洋旅游活动的主体。正是由于人们走向海洋的旅行游览，海洋旅游活动才得以出现，而参与海洋旅游活动的人数日益增多和规模的扩大，也为海洋旅游业提供了生存和发展的前提和可能。海洋旅游业无论何时，都始终关注海洋旅游者的需求，只有提供各种能够满足旅游者需要的产品和服务，海洋旅游业才能继续获得生存和发展。回顾旅游业在世界上每一步的发展，无一不是以旅游者为中心实现的。没有旅游者，就不会有旅游活动这一社会现象，更不会有旅游业。从这一意义上来说，研究海洋旅游，就必须研究海洋旅游者。

6.1.1　海洋旅游者界定

6.1.1.1　旅游者的概念

关于"旅游者是谁"这一旅游学科中最基本的问题，仍然存在着不同的看法。对旅游者的定义，目前占统治地位的不是学者们的界说，而是官方的定义。这些定义因多产生于各国或地方政府部门进行的旅游统计时的实际需要，所以颇具技术性。

对旅游者所作的官方定义一开始就特别注意旅游是否跨越国境的问题，由此形成了对旅游者的最基本的分类，即国际旅游者与国内旅游者。

（1）国际旅游者的定义

最早的有关国际旅游者的半官方定义是在 1937 年由临时国际联盟统计专家委员会（the Committee of Statistics Experts of the Short-lived League of Nations）提出的。该委员会把旅游者定义为"离开定居国到其他国家访问旅行超过 24 小时的人"，并确认四种人是国际旅游者：为娱乐、家庭或健康原因而旅行的人；参加国际会议的人；为商业原因而旅行的人；在海上巡游途中停靠某国，即使逗留时间不足 24 小时的人。

同时，该委员会还规定四种人不属于国际旅游者：为到另一国家谋求职业或长期居住的人；寄宿在校的学生；居住在边境地区而跨越国界到邻国工作的人；途经一个国家但不做法律意义上的停留的人，不管其停留时间多长。

1950 年，国际官方旅游组织联盟（the International Union of Office Travel Organizations，简称 IUOTO）对上述定义做了修改，包括将以修学形式旅游的学生视为旅游者，以及界定了一个新的旅游者类型"International Excursionists"（通常译为"短途国际旅游者"或"当日往返国际旅游者"）。短途国际旅游者是在另一个国家访问不超过 24 小时的人。另外，IUOTO 还定义了过境旅行者，他们是路过一个国家但不做法律意义上的停留的人，不管他们在该国逗留多久。

1963 年，联合国在罗马举行的国际旅行与旅游会议（又称罗马会议），又对逗留时间超过 24 小时的旅游者（tourists）与逗留时间不足 24 小时的游客（visitors）加以区别。这种划分实际上对应于 IUOTO 在 1950 年所做的旅游者（tourists）与不过夜旅游者（excursionists）的划分方法，只是用词有所不同罢了。1967 年，下设在联合国统计委员会（United Nations Statistical Commission）的统计专家（Expert Statistical Group）对这种区分做了进一步明确，建议分为 tourists 和 excursionists，但两者统一于 visitors 一词，并把 visitors 定义为"除为获得一个有报酬的职业外，基于任何原因到一个非定居国访问的人"。在 1976 年，联合国统计委员会召开的有世界旅游组织以及其他国际组织代表参加的会议上，进一步明确了 visitors、tourists 和 excursionists 的技术性定义。这些定义成为大多数国家在进行旅游者统计时所依循的主要蓝本。具体内容是：

①国际游客（international visitors）不包括下列人等：为移民或就业而进入目的地国家的人；以外交官或军事人员身份访问该国的人；上述人员的随从；避难者、流民以及边境工作人员；逗留时间超过一年的人。但下列人员是或可以是国际游客：出于休闲、医疗、宗教、探亲、体育运动、会议、学习或过境的目的而访问他国的人；中途停留在该国的外国轮船或飞机的乘务人员；逗留时间不到一年的外国商业或企业人员，包括安装机器设备的技术人员；国际团体雇佣的任职不超过一年或回国做短暂停留的侨民。

②国际游客又分为国际过夜旅游者和国际不过夜旅游者（international tourists and international excursionists）两类，前者指在目的地国家的接待设施中度过至少一夜的国际游客，后者指利用目的地国家的设施少于一夜的国际游客，包括那些居留在巡游船上只上岸游览的乘客。不过夜旅游者中不包括那些虽落脚于他国但却未在法律意义上进入该国的过境旅客（如乘飞机在某国中转的乘客）。

（2）国内旅游者的定义

对于国内旅游者的定义目前尚不完全统一。各个国家在参照世界旅游组织所提供的国内旅游者的定义的基础上，针对本国情况又分别给出了自己的定义。

①世界旅游组织的定义

与对国际游客所做划分类似，国内游客也被区别为过夜国内旅游者（domestic tourists）和不过夜国内旅游者（domestic excursionists）。国内过夜旅游者是指在本国某一目的地旅行超过 24 小时而少于一年的人，其目的是休闲、度假、运动、商务、学习、探亲访友、健康或宗教。国内不过夜旅游者是指基于以上任一目的并在目的地逗留不足 24 小时的人。

②北美国家的定义

北美的加拿大和美国是以出行距离为标准来区别是否属于国内旅游者的（在英语国家中，不同的机构在使用 visitors 或 tourists 时相当混乱，以明确的区分）。例如美国有些机构如美国国家旅游资源评价委员会（the National Tourism Resources Review Commission）用至少 80 千米（单程）作为衡量是否为国内旅游者的临界尺度，而美国旅游数据资料中心和美国人口普查局（the US Trade Data Center and the US Bureau of the Census）则坚持用至少 160 千米的标准。加拿大统计局和加拿大旅游局（Statistics Canada and Tourism Canada）在他们所进行的加拿大旅游调查中使用了最小距离为 80 千米的标准，而一些省份也在使用自己确定的标准（如安大略省用 40 千米），其混乱情况可见一斑。另外，所有这些定义多数都不问逗留时间的长短。

③欧洲国家的定义

与北美国家的风格不同，以英国为代表的一些欧洲国家在判断是否属于国内旅游者时所采用的标准不是出行距离，而是在异地逗留的时间长度。例如，英格兰旅游局在每年一度的英国旅游调查中对国内旅游者的定义是：基于上下班以外的任何原因，离开居住地外出旅行过夜至少一次的人。而法国旅游总署的定义则是：凡以下列原因离开自己的主要居所，外出旅行超过 24 小时，但不超过 4 个月的人均可视为国内旅游者。这些出行原因是：

a. 消遣（周末度假或假期）；

b. 健康（温泉浴或海水浴治疗）；

c. 出差或参加各种形式的会议（体育比赛活动、讨论会、朝圣或代表大会等）；

d. 商务旅行；

e. 改变课堂教学的修学旅行（如海上课程或滑雪课程）。

但下列人员不属于旅游者：

a. 外出活动不超过 24 小时的人；

b. 不论是否订有劳动合同，凡前往某地是为了就职、从事职业活动的人员；

c. 到某地区定居的人员；

d. 在寄宿学校或一般学校读书的学生或年轻人及现役军人；

e. 到某一医疗单位治疗或疗养的人员；

f. 在各自应享有的规定假期内，为家庭事务（疾病或死亡）而探亲访友的人员。

可以看出，法国的这一定义为了将"临时户口"（如外国留学生和长期在该国旅行的人）排除在国内旅游者之外，还规定了一个最长的期限。

6.1.1.2　海洋旅游者的概念

海洋旅游者是指离开自己的惯常环境前往海洋旅游区旅游的旅游者，这些人不会在目的地长期居住，并且与在目的地获取报酬无关。

6.1.2　海洋旅游者类型

海洋旅游者类型的划分常常是与海洋旅游活动的类型划分联系在一起的。有何种类型的海洋旅游活动，就有何种类型的海洋旅游者。因此，同海洋旅游活动的划分一样，海洋旅游者类型划分也没有一定的标准，而且也不需要有一定的标准，我们可以根据实际需要选择不同的划分方法。经常用到的海洋旅游者类型的划分方法有：

按地理范围划分，如：国内海洋旅游者、国际海洋旅游者、洲际海洋旅游者、环球海洋旅游者，等等；

按组织形式划分，如：团体海洋旅游者、散客；

按计价方式划分，如：包价海洋旅游者、非包价海洋旅游者；

按消费水平划分，如：经济型海洋旅游者、大众型海洋旅游者、豪华型海洋旅游者；

按海洋旅游活动方式划分，如：按空间位置可分为滨海旅游者、海面旅游者、海底旅游者和海空海洋旅游者；按活动区域可分为海岸带旅游者、海岛旅游者、远洋旅游者和环球旅游者，等等。

我们可以看出，按照不同的划分标准区分出的海洋旅游者类型，彼此之间都互有交叉。因此，在实际工作中，有时我们也可以根据需要，采用两种及以上的标准对海洋旅游者进行划分。需要清楚的是，划分海洋旅游者类型应该是出于实际工作需要进行的，并非为了划分而划分，类型划分只是为一定的研究目的服务的手段。

6.2　认识海洋旅游文化

旅游是一种文化活动，是文明人所特有的生活方式，人类真正意义上的旅游一开始就带有文化色彩。长期以来，人们偏重旅游的经济性研究，甚至把旅游简单地视为纯经济现象。事实上，旅游是人类物质文化生活和精神文化生活最基本的组成部分，它首先是一种文化现象，它与文化之间存在着密不可分的关系。旅游的本质是文化的产物，是一种文化审美创造活动，是异域文化之间的碰撞与融合。作为一种文化活动和文化现象，旅游的历史与人类文明相始终，其影响或许比单纯的经济影响更为深远。

6.2.1　旅游的文化属性

旅游的文化属性可以从旅游的主体、客体和介体三个方面予以说明。

（1）旅游主体的文化属性

从旅游主体的角度来看，文化性是旅游主体活动的本质属性。旅游作为人的一种主观的能动活动，一个人能否成为旅游者，不仅需要外在的客观条件，更需要内在的主观动因，这种动因是随着社会生产力水平的提高，人们探求知识、平衡心理、审美愉悦、交流沟通而产生的一种需要，是人类精神性的享受和发展的需要，是一定文化背景下的产物，也即文化驱使的结果。在现代旅游活动中，文化因素占有很重要的地位。第二次世界大战以后，世界范围内旅游活动的兴盛，不仅仅是全球经济恢复、繁荣的结果，更是人类文化发展的需要。现代的人们在紧张的劳动和工作之余，更迫切地需要心理上的平衡和体力上的恢复。同时，由于城市人口骤增，环境污染加剧，人们更加趋向自由，以净化身心，返璞归真。旅游作为一种自由、主动、积极的文化活动不仅能满足人类对精神文化生活的追求和享受，更是一部反映历史与现实、文化和社会的生动教材，成为人们求知、交流的一种重要途径。日本前首相大平正芳曾说过：20世纪中后期是从经济为重心转向文化为重心的时代，国民关注的目标由物质转向精神与生活品质的全面提高。正是这种转变与经济的增长交互作用，才使旅游活动在近半个世纪内逐渐大众化、生活化和社会化。

总之，就旅游者而言，旅游活动尽管带有经济色彩，但在本质上是一种文化活动。旅游者进行旅游，本质上也是购买文化、消费文化、享受文化、交流文化。人是文化的产物，旅游主体（旅游者）是一定文化的负载者。因此，文化性是旅游主体活动的本质属性。

（2）旅游客体的文化属性

从旅游客体的角度来看，旅游资源、产品所具有的独特魅力，是调动和激发人们旅游欲望和动机的诱因，这种诱因结合旅游主体"理性冲动"的需要，使人们最终将旅游动机转化为实际行动，促成了旅游活动的产生和普及。那么，旅游资源的魅力又从何而来呢？魅力就存在于文化之中。工业化促进了世界一体化，而世界一体化反过来使文化个性受到越来越多的青睐。一方面，特色鲜明的人文旅游资源在旅游市场竞争中不断刺激着旅游业的发展，起到了垄断或近似垄断的作用；另一方面，以文化交流为目的的旅游活动日趋活跃，旅游活动的文化色彩日益浓厚，非物质资料生产部门的"产品"在旅游产品综合体系中的地位不断提高。美国夏威夷大学旅游学院院长朱卓仁教授在论及上海市的旅游业发展问题时指出："上海只有成为文化中心，才能成为国际旅游中心。"（朱卓仁，1995）其言外之意显而易见。中国的旅游资源、旅游产品的开发应该在体现文化个性、充实文化内涵、提升文化品位上狠下功夫，发挥出自己的优势。

（3）旅游介体的文化属性

旅游介体即旅游业。应该针对旅游主体（游客）的文化特性（追求精神享受、审美情趣等），开发和经营有文化含量的旅游产品，在开发、经营、管理中既遵循经济规律，又遵循文化规律。

当代需求与消费文化的模式已经发生变迁，消费文化正向充满审美和文化意义要求的消费过渡，人们对文化含量高、精美的旅游产品的需求不断增加。旅游与文化已交织在一起，旅游活动与文化活动已经不再被完全分开，旅游业的发展应该顺应这种消费模式的变迁。

旅游资源开发和利用反映着一个国家和地区人民的智慧和创造力，既是一种经济活动，更是一种文化创造活动（即"点子工程"）。旅游资源开发、旅游产品设计，如果缺乏文化品位，就不可能吸引游客和具有生命力。

旅游饭店、旅行社的经营管理也具有明显的文化色彩。从某种角度上讲，旅游企业是生产文化、经营文化、销售文化的企业；旅游企业经营的产品主要是文化产品。旅游者千里迢迢前来旅游，本质上也是购买文化、消费文化、享受文化。只有增强产品的文化内涵，注重产品的文化品位与文化形式，提高从业人员（如饭店服务员、导游等）的文化素质，加强企业文化建设，才能增强吸引力与竞争力，在市场竞争中立于不败之地。文化竞争是高于价格竞争、质量竞争的最高层次的竞争，突出文化性竞争是旅游业发展的重要趋势之一。目前，许多旅游企业正热衷于迎合旅游者的文化需求，积极地对旅游供给要素进行"文化包装"，并加强企业文化建设，增强文化竞争力，就充分说明了这一点。

文化是旅游业可持续发展的支撑。旅游业的可持续发展不是一个简单的经济问题，把旅游业视为"经济—文化产业"更符合旅游业的本质。离开了文化的支撑，旅游业的可持续发展是根本不可能的。总之，文化是旅游者的出发点和归结点，是旅游景观吸引力的关键与核心，是旅游业的灵魂或生命。

6.2.2　旅游文化与海洋旅游文化

旅游文化这一名词实际上是舶来品，最早出现于美国学者罗伯特·麦金托什和夏希肯特·格波特合著的《旅游学——要素·实践·基本原理》一书。近十余年来，出于学科建设的需要，我国学者开始重视对旅游文化的研究。

旅游文化是人类文化中的一种特殊形式，它以一般文化的内在价值因素为研究依据，同时又与旅游活动密切相关。目前我国旅游学界对旅游文化概念的界定主要有以下几种理解。

旅游文化是与旅游有关的物质财富与精神财富的总和，它是人类过去和现在所创造的与旅游活动紧密相关的精神文明与物质文明。

旅游文化是旅游主体、旅游客体和旅游媒介相互作用的结果，它不是旅游和文化的简单组合，而是旅游主体（旅游者的文化要求和情趣）、旅游客体（旅游资源的文化内涵和价值）、旅游媒介（旅游业的文化意识和素质）三者相互作用所产生的物质和精神成果。具体地说，潜在的旅游者由于受到旅游动机的冲击和旅游客体的吸引，在旅游业的介入下，实现了旅游，在旅游过程中产生了欢快愉悦的心理状态和审美情绪，这种心态和情绪是旅游三要素中任何一个要素都没有的，这就是旅游文化最初和最核心的部分。因此，旅游者处于旅游文化的中心位置，旅游者在旅游活动中所显示出来的特殊的欣赏取向、审美情绪、心理状态及其文字、形象的记载，构成了旅游文化的主要内容。

旅游文化是旅游生活的一种文化形态，是旅游这一独特的社会现象体现出来的文化，它是由旅游者与旅游从业者在旅游活动中共同创造的，说得具体一点，就是旅游者或旅游服务者在旅游观赏中或服务过程中所反映出来的观念形态及其外在表现。

旅游文化是奠基于人类追求人性自由、完善人格而要求拓展和转换生活空间的内在冲动，其实质是文化交流与对话的一种方式，它是世界各区域民族文化创造基础上的后现代全球化趋势中大众的、民间的休闲消费文化。

这几类定义从不同角度揭示了旅游文化的本质属性。

海洋旅游文化内涵丰富，具有多层面、多元化的特点，从形态上来看，海洋旅游文化具体包括海洋历史旅游文化、海洋宗教旅游文化、海洋民俗旅游文化、海洋节庆旅游文化、海洋休闲旅游文化等。在本教材中我们把海洋旅游文化定义为：海洋旅游文化是指以海洋旅游为依托，旅游主体、旅游客体和旅游媒介之间相互碰撞、作用而产生的各种物质财富和精神财富以及各种文化现象的总和。

6.3　海洋旅游目的地的生态文化系统

任何经济活动都离不开特定的地理环境，地理环境是人类经济活动的背景和基础。然而，地理环境对不同经济活动存在着不同程度的影响。经济活动层次越低越容易受到自然环境特别是自然条件与资源的制约，但高层次的经济活动也永远摆脱不了自然环境千丝万缕的影响，无论消耗的物资材料或多或少，物质始终是基础。经济活动层次越高越明显受到人文环境尤其是经济技术因素的影响，但低层次的经济活动同样也受人文环境的影响，只不过影响甚小。地理环境相同的地区不一定有相同的经济活动，因为除了自然环境、经济活动自身所要求的经济技术合理性等以外，人文环境也是影响经济活动分布的重要因素。人是文化的动物，人在文化创造活动中，一方面由于生存的需要带有一种亲自然的倾向；另一方面，文化创造又为人带来了新的环境，使人具有一种文化的适应性。

在人类发展的历史长河中，以聚居地形式和层次分类，可明显地区分出村落、城市和居于两者之间的市镇，这三种聚居地形式以各自鲜明的文化特色并存于世。

6.3.1　村落文化

村落文化是人类由游牧、采集、狩猎生活走向定居生活所产生的一种文化形态。这种文化的产生、发展，不仅表现着人类生活方式的变化，而且显示了它自己一系列的特征。

村落聚居地是从人类旧石器时代、母系氏族家族集合住所演变而来。村落文化的出现和形成是从中石器时代到新石器时代所发生的原始农耕和畜牧业革命开始的。人类历史上的三次社会大分工成为村落发展的核心动力。在农业与畜牧业的分工中，农业被分离出来，这样，在耕地附近便产生了以农业为主的固定村落。6 000年以前我国的西安半坡村氏族公社就是大型固定的农业村落。农业村落一般由居住区、制陶场和墓葬区三部分构成。在公元前6000年左右，散住在波罗的海沿岸至英法海岸的马格尔莫斯居民，他们用火制的石斧建筑房屋，制造独木舟、弓箭，一方面以独木舟、渔叉、渔网为工具，从湖泊、沼泽、森林中捕鱼捉蟹，获得食物；另一方面又不同程度地饲养家畜，种植谷物，沿海滨建立了许多居住地。虽然住处范围不大，但三五错落成群。

村落文化的形成经历了由季度性定居向永久性定居的过程，这个过程反映了人类从游牧狩猎生活到畜牧、农业生活的转变。实际生产和生活的需要把一些氏族团体或部落集团在一定季节里聚拢到一个共同的生活环境中来，形成一系列的营地。远在新石器文化尚未广泛形成农业村庄或城镇的时候，人类在游牧、采集和狩猎过程中已经懂得如何为后来这些村庄、城镇选择有利的地点了。例如那些流水终年不断的清泉、坚实的高地，交通便利而又有河流或沼泽，濒临江口的河湾，有丰富的动植物资源之地等——这些因素在许多地区的过渡性石器经济中，都成了重要条件。随着野蛮时代的到来，人类先后在美洲、欧洲、西亚、东亚等地区，以动物的驯养、繁殖和农作物的种植为标志，开始了一次畜牧业和农业的革命。村落文化的形成正是这次革命的结果。

我们关注影响人类定居地选择的因素。人类是在一定的自然环境中生存的，自然环境从物质和精神两方面影响着人类。在定居地的选择中，人类必然是从物质和精神两方面来考察自然环境的。这些选择依据和条件表明，人类定居地的选择首先要考虑自然环境是否符合农耕文明的生产和生活的要求、符合农业社会居住地的要求。从自然环境的物质因素来考察，影响人们选择定居地的因素主要有三点。

一是具备宜于农耕的土地。有了土地就有了基础，失去了土地就失去了立身之本。

二是除土地以外的其他自然环境条件，如水源、能源、地形、气候等自然要素。在村落文化的形成中，人口的分布主要聚集在肥沃的江河流域的河谷、平原、三角洲，或群山环抱的盆地，或沿海岸的海湾地带。虽然这种定居地的选择仍然体现着人与自然的亲和力，但它较之巢居洞宿可谓第一次表现出了人类利用、改造自然的产物，但并非完全由自然生产所提供。人类利用自然规律，通过劳动以及由此产生的整个村落文化，获得了一代又一代人延续和发展所需的物质资料，从那个时候开始，人类就不再仅仅是适应自然环境去生存，而是利用自然条件创造自己的文化环境。自然是财富和整个社会的发展之母，而创造文化的劳动则是财富和社会发展之父。

三是环境产生的人类精神作用。人类学家们注意到，人类在选择定居点时似乎并非只看重作物收获维系生存的物质因素。在万物有灵的神话时代，某种图腾圣灵显现的地方、某种被认为死后可以进入福祉的地方，通常都会引起古人的特别注意。图腾的、巫术的、堪舆的、灵感的、信仰的、理想的等统称为精神作用，这种精神作用随着村落定居的逐步进化成形，和农业社会的发育繁荣一道，其内容也日益丰富起来，乃至先祖的坟茔、宗族的祠堂、名人的故居、礼拜的建筑等，都会成为人类居住在此不愿迁居的理由和赖以炫耀的家乡的荣光，它们和一个地区的物产共同构成为人类聚居地的最原始依据，而且它们是与村寨、乡镇和城市本身的人气、经济基础密不可分的。

当然，一定的自然环境仍然是村落文化创造的重要变量。虽然同是村落文化，人类在不同的自然环境中所创造的文化具有不同的特质，自然环境对村落建设的影响十分显著。这种居住文化特质在现在的渔村渔镇中仍然可以看出。如沿海渔村房屋的建筑形式和建筑材料都与沿海的自然环境和气候条件直接相关。由于海岛平地少坡地多而且台风活动频繁，为了抵御台风的袭击，这些房子往往是建在高低不平的坡地上，房屋多就地取材，用石块堆砌，为了防止台风把房瓦掀翻，当地的村民们便用一些砖块大小的石头压在屋顶上，这便形成了渔家村落中一道奇特且古朴的景观。

在村落文化的形成过程中，自然环境虽然重要但已不是唯一的决定性因素，更为有意义的是人类所创造的文化环境。一些被创造出来的文化环境，它们不是消极地存在着，而是积极地影响着人类的生存活动，形成人类生存的文化环境。人类创造出一种文化环境，要适应它就要进行新的文化创造。因此，文化环境本身构成了文化创造的重要变量，特别是一些根基性物质文化的创造更是这样，它常常构成人类活动的物质基础，推动着整个文化的发展。

6.3.2 市镇与商贸文化

在人类村落聚居地形成之后，一些人口数量众多的聚居地慢慢地发展起来，出现了市镇、"城市"。从考古中发现，埃及新石器时代的巴达里文化层中，已有居民聚集而住的"城市"中心。公元前3500年左右，从那个时期遗留下来的铜器中发现了涅伽达文化，那时定居在尼罗河两岸的居民出于治理水利灌溉工程的需要，已经形成了几个公社结合而成的城邦。涅伽达城可能是埃及最早的城市。在西亚两河流域，远在苏美尔时期，就出现了大小不等的城邦，其中卡法伊城就是当时的宗教圣地和政治中心。跃然经过几次改建，到苏美尔王朝后期卡法伊城的神庙面积就达8 000多平方米。在爱琴海，新石器时代也有了城堡或城邦；到了青铜器时代，城邦就更多了，特别是克里特岛。荷马史诗《伊利亚特》中说克里特有百城之称，足见当时该地城邦之多了。城邦和城堡等居民聚居地的社会组织形式与村落不同，它们是由不同血缘关系的人聚居在一起的，可以说，这种组织结构为以后的市镇或城市形成和发展提供了条件。市镇、城市与村落的一个重要不同就是居民的混居，来自天南地北，完全没有血缘关系的人们生活在同一个区域，成为邻居。

一些海洋资源丰富且生存环境相对优越的濒海地区，早在几千年前就有人类繁衍生息。在历史发展的进程中，渔业资源较为丰富的沿海地区及渔场，吸引着各地渔民竞相迁徙涌入，人们在此打桩捕鱼、搭棚晒鲞，从事渔业劳作，渔船云集逐渐形成远近闻名的渔港。随着渔业的兴起，招来四方居民、工匠，人口日增，市集兴旺，于是一个繁华的海上商埠以及当地的政治、经济和文化中心，便因渔之利兴市而逐渐形成。渔镇上往往以鱼汛时节最为热闹，在浙江舟山群岛上有许多这样著名的古渔镇，其中东沙镇为近代史上最为有名的一座，现在早已开发成为海洋旅游胜地。据旧志书记载，每当渔汛期间，有数万船只和数十万人口在此云集。1917 年鱼汛时停泊在东沙洋面上的渔船有 12 601 艘，渔民超过 8 万人，港内渔船云集、桅樯如林，景观极为雄伟。1919 年 4 月 9 日，上海《申报》有一则报道也有所提及，"浙洋鱼汛，以东沙角为最久。届时渔民群集，商贩皆来，人数增十余万"。渔业兴则百业兴。在诸多行业中，古渔镇一般以水产加工业最为兴旺，旧时的东沙角近海岸的地方都布满了鱼货加工厂以及渔需物资和鱼货交易的鱼行，不分鱼汛淡旺季，长年累月生产、加工、销售、外销鱼鲞和渔产品。渔、盐之利带动了商贸业的高度发展，小小的古渔镇往往吸引了四方居民和百作工匠，渐渐地，渔镇也就成了远近闻名的商业贸易区，富甲一方。当然，渔镇也会随着渔场资源的衰竭而逐渐萧条。东沙古渔镇在 20 世纪 80 年代就因为岱衢渔场资源的衰竭而衰落，存留下来的一些当年的古街古商铺现在却仍然古韵依存，吸引着游客驻足停留。

6.4　海洋旅游中的文化交往与传播

关于旅游的概念，世界上虽然没有统一的定论，但各国学者绝不会否认"旅游是暂时离开居住地前往异地且不导致在异地长期居留活动"的说法。毋庸置疑，旅游首先就是人的活动，是旅游者离开久居地前往旅游目的地的活动，因此，旅游也必然导致客源地与目的地在空间关系上的相互作用，旅游者的迁移必定是伴随着二地之间的物质流、文化流以及经济关系上的相互交换流通。旅游，在旅游者得到身心满足的同时，也影响着旅游目的地东道主的生活与环境，并反作用于客源地，促进客源地社会、经济、文化的发展。目的地、客源地本为各自独立的二者，却在旅游事实的开展中，由于旅游者的关联都在发生着文化变迁与涵化作用。正因为旅游与生俱来的这种本质属性，我们才说旅游文化的实质就是旅游的跨文化交流。

在海洋旅游活动中，跨文化交流的内容非常丰富。有大陆文化和海洋文化的汇合，有东方文化和西方文化的碰撞，有现代文明和古老文明的交融，这是培育"和而不同"的人类新文化的最合适的土壤。曾经培育过生命的海洋，现在又在培育着人类的新文化，"和而不同"正是人类在全球范围内和谐共处的根基。

6.4.1　旅游，当代民间跨文化交流活动

根据人类学家作出的统计，迄今为止我们这个星球上大约生存过 800 亿人，而其中 90% 以上的人是处于生活空间转换的状态之中。从量与质相统一的哲学思维分析人类这一生存事实，今天的学者应该可以更全面地把握人类迁徙与定居这一对立统一的生存辩证法。哪一种是人类更为根本的生存状态呢？就整个人类而言，迁徙、漂泊、流动、交流、旅游、旅行……说法都一样，转换生活空间是常态的，是人类根本的生活状态。人类诞生之初，在文化创造的源头，人类便是在迁徙和流动中求得生存与发展的；在出现了定居生活方式后，人类仍然没有停止过他们出游和交流的脚步；在未来的时间里，人类仍将在转换生活空间和异质文化交流中源源不断地生存发展下去。定居是迁徙的补充，是暂时的。

在人类历史中存在过有迁徙、游牧而不知定居的时代，但从没有过单一的定居时代。严格的定居就是封闭，封闭就会导致静止、退化乃至毁灭，这样的事例在文化人类学那里俯首可拾。现代社会里，人们似乎无须迁徙或漂泊，定居生活似乎一切就绪，然而，旅游就成为深藏于人类潜意识中迁徙情结的必要补充和代偿，在未来的社会里，古老的转换生活空间的生存方式将越来越失去其存在的可能，而旅游，包含着那些商业动机的、求学求知动机的、科技、艺术、宗教等文化交流动机的……笼而统之的大旅游将越来越发达，并越来越成为人类生活的必需品。或许人类由农耕和工业生产而定居下来的生活方式会"还原"，特别是在后现代生活趋势下，人们或许会为拥有两处或多处居住地的季节性定居，过一种定居和旅游互补的生活方式，但旅游始终是生活的一种重要的、不可或缺的样态。

（1）跨文化交流与当代世界旅游大趋势

跨文化交流从其现象来看并不是什么新东西，所有的远程旅行、旅游都是在具有不同文化背景的人们中进行的接触，由此也肯定会产生跨文化交流。跨文化交流当然古已有之。我们甚至可以说，跨文化交流的历史，就是人类本身的历史。

在有文字可考的历史中，古代巴比伦著名的汉穆拉比法典的第 280 条和第 281 条就记载了到国外购买奴婢的规定；公元前 1750 年，远在古希腊智者踏上埃及土地之前就有埃及人与亚洲人交往的记载；在《荷马诗史》里记载着希腊英雄们得胜后的返程旅行，表现出远征的情结，这些都是人类跨文化交流的业绩。

在中国，张骞两次出使西域，开辟了西汉通往西域的道路，从此，我国的蚕丝和丝织品从长安往西，经河西走廊运往了西亚和欧洲。这条著名的丝绸之路是古代跨文化交流之路，也是著名的商旅之路，是连接中国和西亚、欧洲人民的友谊桥梁。唐代高僧玄奘法师赴佛教圣地天竺求经，历时 18 年，回国后翻译带回佛经 1 300 多卷，玄奘求法是中印两国人民友谊史上的佳话。唐代高僧鉴真，为前往日本，12 年间不辞劳苦，竟至双目失明，终于公元 753 年，67 岁时东渡成功。鉴真东渡不仅传播佛法，还带动了中国的建筑、雕刻、文学以及医学上的世界交流。日本奈良唐招提寺至今仍供奉着的鉴真坐像，被尊为日本的国宝，成为中日两国文化交流的象征。玄奘与鉴真只是古代无数传教布道和宗教文化交流的杰出代表，同时成为当今开展宗教旅游的历史渊源。明代郑和率庞大的船队 7 次出使西洋，到过中南半岛、孟加拉、南洋群岛、印度、伊朗及阿拉伯其他地区，最远到达非洲东海岸和红海沿岸，访问了 30 多个国家。郑和下西洋不但是古代世界航海史上的壮举，更是古代的大规模跨文化接触的诗史。

事实上，任何一次古代的旅行和现代旅游都可以归属到跨文化交流的范畴，跨文化交流本身是同文化交流的变体或扩展。今天人们强调的"跨文化"，乃是因现代人类社会的交通与通信工具发达、科学技术进步，压缩了时间与空间，缩小了我们这个世界，使得生活在不同文化地区的人们之间的交流变得空前容易。各种媒体、信息高速公路以及通信技术的发达，使我们人类迎来了信息化的时代；信息化的社会跨越了地区、民族以及文化的界限，消除了时空的差距。在今天，地球上任何地方发生的重要事件，都能很快地传遍整个世界。高度信息化的时代使地球上的人们几乎同时拥有信息。

自 1978 年我国实行改革开放政策以来，不仅国内各民族、各地区间的相互交往日益增多，而且各行各业的人们与五大洲的不同肤色、不同民族、不同文化的人民之间的双向交流也日渐频繁。我们将不同文化的人们一起交往的过程称为跨文化交流或跨文化交往。一些学者曾探讨交流和交往两个概念之间的区别，认为交流的重点在于相互理解，而交往的重点则在于行为和行动。不过，在此我们可以忽略这些区别。在旅游行动中增加相互的了解和理解，既是交往也是交流。当归属于不同文化的人们走到一起，而他们相互清楚对方是"不一样的"，他们感到相互"陌生"，那么，跨文化交流就开始了。跨文化是指参与者依据自己的代码、习惯、观念和行为方式了解某种陌生新异的代码、习惯、观念和行为方式的所有关系。因此，跨文化包括对所有的自我特征和陌生特征的认同感和奇特感，包括亲密性和危险性、正常事务和新事物等对人的中心行为、观念、感情和理解所起作用的关系，跨文化交流学就是研究这样的具有不同文化背景的个人、组织、国家进行信息交流的社会现象，研究文化与交流的关系，特别是文化对交流所产生的影响。

（2）旅游是一种跨文化交流

今天，旅游已是当代人类社会不可或缺的生活方式；旅游业，曾被认为是紧跟石油业、汽车业之后的第三大产业，是当代乃至未来社会的一大产业。各种"文化"被不同方式包装并出售给游客，甚至连普通百姓的日常生活——正因为它是异己的生活也被作为商品向旅游者出售。

国际观光旅游已成为一种全世界范围内的现象，是一种无从否认的"国际事实"；而每年的节假日出国旅游的群体规模都特别大，它使其他所有跨国流动的形式都相形见绌。国际观光旅游已影响到所有的国家并渗透到大多数国家内部的文化、经济、社会生活和宗教，即使在那些遥远的地方，它也使当地居民生活的各方面都感受到旅游者光顾的影响。

旅游业正发挥着日趋增强的文化影响力，国际旅游业使人们与接待国社会直接进行民间交流和做身临其境的体验，它已成为以不同的方式存在于生活中的，并不断充当全球整合的民间文化"传送带"。相比较而言，国际旅游业有一个比其他全球化力量大得多的行动范围，甚至超过了跨国公司所具有的力量。不断增长的文化交流涉及那些连领土边界也无法限制的互动和社会联系。在文化可以用跨越国境的社会网络而自由共生以及交通和重叠的地方，全球化就被旅游者培育出来了。为数众多的国际旅游者促进了名副其实的多元文化的理解以及文化选择的多样性。自20世纪70年代以来，国际旅游业正走向全球化。"地球村"（Global Village）的概念是20世纪60年代加拿大学者麦克鲁汉提出的，在此之后的40年中，科学技术飞速发展，交通和通信技术日新月异。这个"地球村"的村民之间的交往就更加便利了。当今越来越多的人生活、工作、学习在不同文化的人群中；不同文化背景的人们彼此间的交往日益增多。密切的跨文化交流是当今世界的一个重要特征。

6.4.2　旅游，在异质文化中的交往

无论是旅游团队还是散客旅游者，人们一旦跨入异国他乡，不同文化间的人们一经接触，不论他们愿意与否，或者是否意识到了，他们的所有行为都在交流着某种信息，即他们无时无刻不在接收信息和传出信息。两人见面即使一言不发，其容貌、穿戴打扮、举止表情和行为都在传递信息。人们互相接触，问题不在于人们是否在交流信息，而是交流了什么信息。

在人类旅游日益频繁的"地球村"中，为了在不同文化的人际、群体、国际旅游交流时避免误会，在个人间建立起对异地他国的良好影响，在群体间增进理解与友谊，在国与国之间促进彼此友好的文化交流，使得旅程快乐并利于人类的和平与发展，人们需要了解跨文化交流的知识，提高跨文化交流的能力。

不同文化的彼此交流，对一个人的个性和文化属性的发展，对一个群体、一个国家文化的发展和走向都会产生影响，而世界跨文化交流的信息量和影响力都在加大加快。跨文化交流对文化发展的影响是客观存在的，也是有规律可循的，人们需要认识跨文化交流规律，只有认识了其中的规律，才能在跨文化交流中走向自由。

掌握和了解旅游跨文化交流的知识和能力，其目的大致有三个。

第一，通过旅游接触、观赏及参与当地人的民俗活动，培养人们对不同文化的积极理解态度。文化是有差异的，通过发现对方的不同点，反过来加深对自身文化的理解，从而做到客观地把握各自的文化特性。

第二，在旅游中学会旅游，培养跨文化接触时的适应能力。初次与异质文化接触时，往往会受到文化震惊或惊愕，从而产生某种不适应。要使旅游得以顺利和愉快地继续下去，必须学习、了解当地

的异质文化，设法减缓冲击、提高适应能力，融入旅游地的人文生态环境中去。俗话说见多识广，旅游本身必然包含着对旅游主体思想情操、文化修养、审美素质等多方面的影响。所以，这是旅游跨文化交流的一项重要内容。

第三，从旅游间接的长远的社会效应看，旅游的跨文化交流可以积累对异质文化交流的感性认识，培养跨文化交流的理性思考。随着对外开放的进一步扩大，走出国门到世界各地去旅游的人和在国内东西南北做跨文化旅游的人越来越多，无论他们旅游的具体情况如何，人们都可以通过旅游学习着、掌握着、传播着与不同文化背景的人打交道时的实际技能和文化素养。如果说某些有关民俗的、涉外的、宗教的专门内容可以在学校里学习，社会上如商业界也有机构专门负责跨文化交流技能的培训与进修，以适应国际化社会的需要，但这样的专门学习绝对不可与实际的全民的、全球性的旅游跨文化交流相比拟。可以说，正是基于这一点，跨文化交际研究的实践意义要大于理论意义。

一个现代化的社会，必定也是一个国际化的社会。作为"地球村"的一个村民，面对未来越来越开放的社会，我们在加深对自身文化理解的同时，还必须积极参与跨文化的交流，主动地去理解对方的文化特性，认识在旅游中文化所带来的影响，努力把自己造就成具有多重文化能力、善于开展跨文化交流的现代人。这样做的结果，并不是抛弃我们自己的传统文化，而是在保存自身优良传统的同时，积极地吸收对方有益的一面，使自己能够自由自在地驰骋在多元文化的天地里，最终更加深刻地认识我们自己。

6.4.3　海洋文化本身辐射性与交流性并存

海洋旅游文化是涵盖在海洋文化范畴之内的一个重要组成部分。海洋文化是与内陆文化相对应的、和海洋有关的文化，它是缘于海洋而生成的文化，即人类对海洋本身的认识、利用和因有海洋而创造出的精神的、行为的、社会的和物质的文明生活内涵。

就海洋文化的运作机制而言，是它的对外辐射性与交流性，亦即异域、异质文化之间的跨海联动性和互动性，这也是由海洋文化的本质所决定的。因为海洋的自然属性，也因为人类对海洋的认识和利用，海洋文化从总体上来说不是囿于一域一处的文化，人类要借助于海洋的四通八达，并由异域的四面八方再行传承播布开去，这样的传承播布、再传承播布的过程，都必然会对异域的土著文化产生不同程度的影响，使其或多或少地也具有了异域、异质文化的内涵，这就是联动性；同时，四面八方的异域的土著文化因发生了"土洋"文化的联动而产生了"杂交"，那些"杂交文化"也从四面八方的异域"土著"那里通过海水和船只的布达而反过来传承播布回来，对这里的"土著"（或者已经不是原来意义上的"土著"了）发生影响，在这里产生"杂交"或新的"杂交"，这就是其互动性。这样的联动与互动的过程，就是异域异质文化相互辐射与交流的过程，也是海洋文化得以发展、变迁的历史过程。

无论就人类历史长河中的大部分时段看来，还是就人类过去和现在的大部分众体看来，既然海洋是人类生命的发源地，既然海洋占人类所在的地球面积的70%还多，那么，显然地，宏观地说来，人类赖以生存的环境主要就是海洋——人类的居住多依傍于海洋，人类的生活多依傍于海洋，人类的迁徙多依傍于海洋，因而基本上说，或者从总体上说，人类文化的对外辐射和交流，尤其是异域、异质文化之间大跨度的辐射和交流，大都是依傍于海洋才发生的。从总体上说，人类因海洋而有了先是小船后是大船，因而也就必然有了先是近海之间后是远洋之间的相互迁徙"入住"，并由此带来异域、异质文化之间的辐射与交流，包括精神、物质、语言行为和社会制度结构模式之间的辐射和交流。海洋文明越发达，人们的海洋观念越强烈；海外的信息越多，海外异域、异质文化的吸引力就会越大。因而，通过人自身"亲自"体验来进行异域之间的交流、迁徙的愿望和实践也就越来越成为热线和热点。与人类海洋文明的早期、中期、近期和现当代相比较，情况不言而喻；中国开放以来的出国潮大家有目共睹，海外的出国潮（对于吸纳方来说是"入国潮"）其温度同样也越来越高，因而其异域、异质文化之间的辐射和交流量也就越来越大。这就是世界性海洋经济贸易文化一体化能够得以实现的缘由和前提。

就海洋文化的历史形态而言，它具有开放性和拓展性。一个真正的海洋国家和民族，是不能闭关锁国的；人类面向海洋的时代，就应该也只能是开放的时代。海洋连接着五大洲的大大小小的岛屿和陆地，人类的大多数民族、国家和地区濒临海洋，海洋面向人类开放着，几乎每一寸海面（甚至不仅仅海面）都是天堑通途，几乎每一滴海水都是公路、铁路的路基，陆地上的铁路只能靠人工铺设成线，而海洋上的"公路""铁路"却是天然一片，这样的天然开放性谁也堵截拦断不了，因而人类对海洋的开放性的利用，必然产生出"天然"的开放性的文化历史。古今中外的历史发展证明，什么时候、哪里面向海洋开放了，什么时候、那里的经济文化就繁荣发展了；否则，即使不因战争的征服和自然灾害的毁灭性打击，那里的文明也容易衰败、落后，甚至走向死亡。面向海洋的开放，必然带来拓展，并以拓展为手段，同时也是目的。它的拓展性，包括经济活动范围的拓展、生活资料来源的拓展、商贸市场的拓展、人文精神影响力的拓展以及人居空间环境的拓展。尤其是哥伦布、达·伽马、麦哲伦等开创了世界大航海和地理大发现的时代之后，西方资本主义原始积累和大规模殖民时代随之到来，这种通过海外的拓展扩张来实现经济范围、资料来源、商贸市场和人居空间拓展的海洋文化表现十分明显。当然，尽管不少人曾经甚至仍然十分赞赏和宣扬西方的蓝色文明，但其武力的征服，殖民的文化心态及其作为，无论如何不是我们今天的人类所应该借鉴和效仿的。

6.5　海洋旅游的文化震惊与冲突

从某种意义上说，人们向他人学习的能力取决于克服自身文化身份障碍的能力。尽管有时人们的愿望是良好的，但结果并不令人满意。跨文化交往中的文化震惊和冲突有时会使人变得更加民族中心主义，对他人或他种文化存在偏见和歧视。这是由于人们虽能意识到跨文化传播的障碍所在，但往往将问题归结于他人，而不是反省自己的某些缺陷。旅游跨文化接触给人与人之间带来了理解、欢乐的同时，也会带来误解和不快，如何培养足够的旅游跨文化交往能力，以保证旅游交往的成功，这是旅游文化应面对的问题。

6.5.1　旅游交往中的文化震惊

文化身份、文化距离等所表达的思想，都涉及跨文化交流中的文化差异。中国、日本、朝鲜、韩国、新加坡等东方文化与美国、英国、法国、德国、意大利等西方文化不仅在语言交流和非语言交流的符号系统上有差异，而且在人际交流的其他方面也多有差异。这些差异引起了跨文化交流中的文化震惊和文化冲突。

6.5.1.1　跨文化交流中的文化差异

东西方在人际交流上的差异涉及面很宽，从其中的表现来分析有一点明显的差异，那就是东方文化注重维护群体和谐的人际交流环境，体现在重礼仪、多委婉；西方文化注重强调坚持个性的人际交流环境，表现在重独立、多坦率等方面。

中国的传统社会，历来主张尊卑有别、长幼有序、敬老爱幼、尊师重教等；中国是礼仪之邦，每个人在交流时要受到各自地位和角色的制约，否则就是失礼。受到中国儒家文化影响的朝鲜、韩国、日本、越南、新加坡以及东南亚国家的一些地区多少都有这种倾向。在东方的等级观念比较强的文化里，两个素不相识的人相遇时，在谈及主题之前，通常要交换与个人有关的背景资料，例如，工作单位、毕业的学校、家庭情况、年龄、籍贯等，以此确定双方的地位和相互关系，并进而依据彼此的关系来确定交谈的方式和内容。如果一方为长辈或上级，那么多由这一方主导谈话的进行，同时在出入的先后以及起坐方面都有一定的礼仪；如果交谈的双方在地位或身份上是平等的，那么，交谈就会放松得多。在西方文化里，特别是美国文化，等级和身份观念比较淡薄，人际交流中，在称呼和交谈的态度上较少受到等级和身份的限制，不像东方文化那样拘礼；熟人相遇一律以平等的"你好"（Hi）表示问候，祖父母与孙辈之间、父母与子女之间、老师与学生之间都互相直呼其名。这对许多中国人来讲都是难以接受的。

在亚洲文化里，不同辈分和身份的人意见不同时，常避免正面的冲突和争辩。中国人喜欢婉转的表达方式，以给对方保全"面子"。西方人，特别是美国人在彼此意见不同时，坚持己见，常争论得面红耳赤，无所谓"面子"问题。例如，美国学生在课堂上，常与老师争论问题，有些问题提得很尖锐。美国人认为，与老师争辩是正常的。而这种情况如果发生在中国，无论是老师或学生都感到不自在。美国人的坦率在很多中国人看来有些唐突，有时甚至是粗鲁。一位美国朋友写道："从我自己的经验来说，我知道我们那种急性子、任性和毫不隐讳的言行常常得罪中国朋友。几乎在同样程度上，中国朋友那种慢条斯理、繁文缛节和捉摸不透的兜圈子，常常弄得我们这些可怜的'洋基'们火冒三丈。"在美国人看来，婉转与真诚大相径庭，与装假却有相似之处。1968 年，美国人安德森在一项研究中，向一些大学生出示了 555 个形容词，让他们说出对这些品质喜欢的程度。结果表明，在 20 世纪 60 年代的美国大学生中，受到评价最高的个人品质是"真诚"，评价最低的是"说谎"和"装假"，"说谎"和"装假"比"不友好""敌意""贪婪""恶毒""冷酷""邪恶"都恶劣得多。因而，我们不难理解中国人的婉转何以会使"洋基"们火冒三丈。虽然近代以来，随着西方文化的影响和社会的发展，东方重礼仪、多委婉的特点已经发生不少变化，但是比起西方文化特别是美国文化来，仍有明显的差异。

东方多自我交流、重心领神会，西方少自我交流、重言谈沟通。东西方人对交流本身有不同看法。在中国、朝鲜、韩国、日本等国的观念中，能说会道并不被人们提倡。在中国传统文化中，儒家、道家和佛教的禅宗都是如此。孔子认为，"巧言令色，鲜矣仁。"（《论语·学而》）其意不外乎是说，如果一个人花言巧语，装出和颜悦色的样子，那么他的"仁德"是不可能多的；巧言会败坏人的道德："巧言乱德，小不忍则乱大谋"；而言谈缓慢、迟钝是仁的表现。道家的老子说："希言自然。飘风不终朝，骤雨不终日。孰为此者？天地。天地尚不能久，而况人乎？"（《道经·二十三章》）意思是说，少说话合乎自然，喋喋不休违反天道。他还认为，知"道"的人不随便说，随便说的人不知"道"；所谓"知者不言，言者不知"就是这个意思。庄子也曾说："狗不以善吠为良，人以不善言为贤。"在东方，和谐、一团和气胜于说服；西方反之，说服重于和谐、一团和气。

西方人际交流观受到古希腊哲学的影响，在交流的目的上，强调的是信息发送者用自己的信息影响和说服对方，是有意识地对信息接收者施加影响。这一观点在西方古今研究传播学的著作中都可以看到。例如，亚里士多德在《修辞学》里就指出，所有交流的基本目的是"施加影响"。当今的传播学者杰拉尔德·米勒认为，"在大部分情况下，传播者向接受者传递信息旨在改变后者的行为"。美国实践心理学家 C. 霍夫兰等人认为，交流是"某个人（传播者）传递刺激（通常是语言的）以影响另一些人（接受者）行为的过程"。

在人际交流中，中国人开场白或结束语多谦虚一番。开场通常说自己水平有限，本来不想讲，又盛情难却，只好冒昧谈谈不成熟的意见，说得不对的地方，请多指教。或者把这一套话放在结束语中讲，常说的是，以上只是个人粗浅的看法，目的在于抛砖引玉，谈错的地方难免，敬请批评指正，多多包涵。而西方人，特别是美国人，在开场白和结束语中，没有这一套谦辞。而且这类谦辞使美国人产生反感："你没有准备好就不要讲，不要浪费我的时间。"中国人在和不熟悉的人交谈中，其开场白常问及对方在哪里工作、毕业的学校、家庭情况、年龄、籍贯等，即从"拉家常"开始。对中国人来说，这样开始交谈十分自然。而这样做会使英美人十分恼火，因为这种开场白干涉了他们的隐私，交谈一开始就使他们不快，很难使他们敞开心扉，进行有效交流。英国人交谈开头的话题是今天天气如何如何，美国人则常常是从本周的橄榄球赛或棒球赛谈起。中国人在人际交流中进入正题之前，"预热"时间比美国人长。而英美人一般喜欢单刀直入，预热的阶段很短，闲谈多了会被认为啰嗦，有意不愿谈正题等。

中国文化中注重集体主义，强调组织的团结与和谐，因而在交流的目的上，注意摆平信息发送者和信息接收者的关系，强调和谐胜于说服。孔孟之道主张人们应当和平相处，免于争斗，主张"和为贵""忍为高""君子矜而不争"。这些思想至今仍对人们的交流起着很大的影响。

东西方民族的文化差异或许是当今世界文化差异性的典型之一，但不是世界文化差异性的全部，文化多元共存是当今世界的基本特征之一。文化差异的存在就必然导致跨文化交流中文化震惊的不可避免。

6.5.1.2　旅游者的文化震惊

西方国家的红灯区、东南亚特别是泰国的人妖表演以及印度、南美一些国家的奇异民俗等，都曾引起我国旅游者的好奇和惊恐。少见才多怪，多怪就是跨文化旅游中的文化震惊现象。

在海洋旅游过程中，特别是内陆旅游者到达海洋旅游目的地后，便立即被广袤、浩渺壮观又带着神秘色彩的蓝色海洋所惊叹折服，峻峭奇突的岛屿礁岩、千帆云集的渔船渔港、品类丰富的鱼贝海鲜产品，别具风貌的渔村渔镇，更有那台风来时的惊涛拍岸，众多和海洋相关的旅游纪念品等，海边人家耕海牧渔创造出来的博大精深的海洋文化，无一不让初来乍到者惊叹不已。类似的例子其实还有很多，它们的情况可能千差万别，却都可以说明一个问题，那就是旅游中出现的文化震惊。

文化震惊（culture shock）是指某人进入一新的文化环境时所经历的情感落差或创伤性经历。当人们离开自己所熟悉的环境时，往往会产生焦虑和不安。托夫勒（A. Toffler）描写道：文化震惊是某人发现自己所处的环境中，"是"的意思变成了"否"，"固定的公价"变为可以讨价还价，微笑可以表示气愤。人们发现自己处于陌生的环境，无法对信息作出相应反应，不能问路，也不知如何回答他人的问题，气候与自己家乡的气候不同，食物几乎不认识，等等，这些给人们带来的震惊犹如经历一种动乱，一场内在的文化积累或文化构成上的动乱。尽管最基本的生活问题也许很快就能得到解决，但旅游在外的人还会遇到态度和价值观不同的问题，而这些问题给他们带来的阻碍更大。旅游在进入异国他乡某个新文化环境时因文化差异而带来惊奇、疑惑和不习惯是极自然的，这种不习惯的根本原因是每个人都有自己的文化身份。

在此，需要重提文化身份这一概念。文化身份是被用来强调建立在种族、共同语言和共同历史基础之上的文化群之间的内聚力。它有一套潜在的特定文化成规，群体间希望这种共同的文化关系能得到确认。因为，如果群体人或个体的文化身份得到了确认，那么，他们之间的沟通就变得简捷可行。同时，文化身份给每个人确定了文化上的界限，这一界限自然有碍于不同文化间的交流与对话。

旅游跨文化交往中的震惊由来已久，十分多见。无数童话、传说、故事、小说以及报道都曾以此为题材大写特写，无论是奥德赛、马可·波罗、鲁滨孙的经历，还是人们已涉足深入的非洲赤道附近的乞力马扎罗、中国云南的香格里拉、南美的马丘比丘、英国南部的大石圈、埃及的金字塔，等等，都以其神秘惊险宣泄于不同时代的人们，引起强烈的震惊。

6.5.1.3　文化震惊产生后的障碍

文化震惊会有多方面的表现，既有身体上和生活习惯上的、感觉和感情上的，也有思维方式上的、道德观念上的。那么，受到文化震惊后主体心理上会产生哪些主要的障碍呢？

一是希望并努力适应陌生文化环境时产生的紧张感。例如，总是担心自己说的话能不能被对方理解，经常注意自己的行为有无违背当地社会行为准则之处，见到、听到一些自己不理解的事，总是希望想个明白，去理解它们。但又不是一朝一夕能够做到，白天、黑夜在外出游览、购物总要提防可能的袭击或冲突。甚至自己的衣着打扮不符合当地社会的潮流也会成为一块心病，等等。

二是失去原本熟悉的环境和所拥有的社会地位而产生的失落感。例如，原本拥有的物质上的东西，在新的环境里自然不再拥有，有一切都要从头开始的意向。初到美国纽约的曼哈顿，一些人看见林立的高楼大厦、金碧辉煌的店铺、衣着入时的人们，在新鲜感过后不禁会发出这样的感叹：我来到这里干什么，这里的一切都属于他人，与我无关。尽管国内繁华大街上的一切也不属于他所拥有，但走在那里他却能心安理得，毫无失落之感，这不能不说是受到异质文化冲击后的心理反应。另外，在异质文化环境里所充当一般的旅游者，一个格格不入的外来"他者"或无足轻重的底层消费者，社会角色乃至身份地位都发生了变化，原先在国内或许是受人尊敬的人，但在异国他乡这一切已不存在，尽管理性上会告诉他，这仅仅是短暂的旅游期间，但一切人际交往中的不愉快随时使他感受到一种不习惯的文化氛围，于是，就会产生失落感，且文化身份上的剥离感会时时袭来。

三是面对新环境里的繁荣与安详会产生出一种自卑感。自卑心理最容易发生在发展中国家旅游者到发达国家去旅游的跨文化交往之中。全球经济发展的不平衡，使得国与国之间的贫富差异悬殊，反映在旅游的跨文化交往中，就会出现一种"权势关系"，使得双方的交往处于不对等状态。除了经济的因素之外，个人的综合素质低下也可能导致自卑感。例如，物质上人家有的他没有，能力上人家会的他不会，素质上人家具备的他不具备，习惯上人家养成了他没养成，等等，自然会觉得低人一等。另外，过多的有求于人，而无相应的回报，也会挫伤人的成就感、自信心，在东道主面前会产生低人一等、抬不起头来的感觉，甚至会产生出赶快离开的念头。当然，有些旅游者一贯自我感觉良好，对所有一切文化受冲击的交往，都视而不见、充耳不闻，似乎永远沉浸在最初的惊喜、赞叹中；理解不理解的都会一晃而过，有震惊也不往深处感受，甚至对自己不良的、不合适的表现也从心理上强词夺理，自我感觉良好就行。其实，自卑感也是自强感的一种曲折表现，没有自卑感，并不等于真正胜人一筹。

四是个人长期以来建立的信念、价值观念发生混乱。到一个社会制度、文化背景完全不相同的国度，一开始可能无所适从，自己长期形成的价值观念、行为准则不适于新的环境了，一时间，什么是好，什么是坏，什么是美，什么是丑，竟然无从分辨。意志力薄弱者往往会在随乡入俗，恭敬不如从命等的原谅中在异质文化环境里放纵自己，冲破自己原本固守的道德防线，而作出一些使自己终生后悔的事来。错失了在跨文化交往中去做有利的、有意义的事的机会。

五是环境适应、人际交往力不从心，从而产生出无能感、沮丧感。陌生的环境、陌生的人，再加上语言能力有限，与在国内相比，交际能力必然大打折扣。办事处处碰壁，有时出现重大的交际失误，由此经常怀疑周围对自己充满敌意感，冷静下来后又自责无能。其实，任何文化下善良的人总是多数，没有无缘无故的爱，也没有无缘无故的恨。办事碰壁、交际失败总有具体的原因，缺乏理解、缺少有效的沟通恐怕是主要的原因。

有学者研究指出，人的心理健康与否对能不能适应异质文化环境有很大的关系。我们日常生活中所经历的事物的变化也包含着重大的文化环境因素，它也会给予人以很大的影响，同样有一个心理健康问题。旅游跨文化震惊的症状很多是心理上的，如焦虑感、忧郁感、食欲不振、失眠、易怒、不明原因的身体不适等，因此可以说它是一种心理现象，但是这种现象只出现于在异质文化环境下生活的时候，从这一点来看，它是一个文化现象。同时，受震惊和冲击的程度、症状的表现形式与轻重也因人而异，有的人轻一些，有的人重一些，有的人很快就能适应，有的人很久都不能适应，从这一点来看，它又是一种个人现象。人们在接触异质文化的时候，或多或少地都会体验到文化震惊。

总之，异国、异质文化的陌生世界有双重性，一是新或陌生对旅游跨文化交往会造成一定的障碍；二是新或陌生所具有的吸引力令旅游者产生出"远方崇拜"的系列想象。崭新和陌生与旅游同在，它是文化震惊产生的直接根源，只是不同的旅程、不同的旅游主体有着不同程度的表现罢了。文化震惊的发生既有文化、社会因素，又有个人因素。文化、社会因素主要指价值观、社会观念、环境背景等，此外还指文化及政治、经济的差别。一般来说，差别越大，文化震惊的程度就越大。对于那些一直在高原或内陆城市居住的居民而言，来到充满了异质文化的海洋旅游目的地，他们的文化震惊程度显然会大于在沿海城市居住过的市民。个人因素方面主要包括学历、年龄、性别、社会地位、自立程度、身心健康状态、性格、交际能力等。诸多因素之间的差异，对异质文化的适应不可能有一个绝对的模式。

6.5.2 旅游交往中的文化冲突

文化冲突是不同形态的文化或者文化要素相互接触所产生的相互竞争和对立排斥的状态。

文化的产生是以人的生命体验和生存经验为基础的。不同生存环境的刺激和作用，造成了人们对自身及自身以外的世界的不同感受与看法，而处在相同生存环境里的人，又会形成许多共同的感受和经验。在封闭的生存环境里，这些共同的东西是产生部落或者村落文化的基础。随着历史的发展，部落或者村落之间人们的各种联系不断增多，封闭的状态逐渐就会被打破。人们带着自己所处的环境里所形成的感受、认识、习惯等互相交往，必然会产生冲突、调适和渗透。所以，文化的冲突是由文化的"先天性"或者文化的本性所决定的，是文化在不断发展过程中不可避免的一种必然现象。

社会文化虽是人们的智慧和实践所创造，但也是社会和自然在实践基础上相结合、相统一的结果。社会文化也要受到地理环境条件的影响，带上自然的特征，染上自然的色彩。气候条件的变化、自然资源条件的限制都会造成人们生活方式的变更，相应地引起文化特质变化，影响文化模式的变化；陆地和海洋之间由于地理环境和资源条件的差异也必然导致两者辐射范围内文化上的差异性。海洋旅游是一种跨越文化空间并联结异质文化圈的活动，因此，海洋旅游文化必定常常伴随着接触、冲突、互渗和交融的发生。

旅游跨文化交流中的文化转型出于东道主的主动接受，如目的地东道主与游客间相互不能接受、不能进入，以至于造成冲突，那就是文化的抵制、对立和对抗了。旅游跨文化的交流、交往，何以会发生如此相反的结局？当然，这也是旅游文化学学科应该关注和予以研究的课题。

6.6 海洋旅游的审美意义

旅游活动就是审美活动。因此无论哪一种旅游形式包括海洋旅游，都是在各种活动中寻求美的享受，以愉悦身心，陶冶性情，增添生活的乐趣。同其他审美领域一样，旅游审美的取向和结果常常因主体的不同而有较大的差异。究其原因，是由于旅游者的旅游审美观存在差异，而审美观差异的形成，主要有两个原因：其一是个体差异，也就是说人们在旅游审美活动中所获得的美感会随着审美主体心理结构的不同而千变万化；其二是文化差异，无论哪一个国家、哪一个地区的旅游者，对于景观的审美都以其文化为背景，在旅游审美实践中形成各自的审美文化。

6.6.1 旅游审美构成与旅游审美活动的基本特征

6.6.1.1 旅游审美构成

（1）旅游审美主体

旅游审美主体是指旅游审美行为的承担者，具体地讲，是指有着内在审美需要、审美追求，并与旅游资源（或旅游产品）构成一定审美关系的旅游者。

旅游产品的吸引力一方面与旅游产品本身的特质有关；另一方面与旅游者自身的文化素质和审美情趣、审美能力有关。如果旅游者不具备一定的文化素质和审美情趣、审美能力，旅游产品的吸引价值就会大大下降，甚至消失。旅游审美主体具有一般审美主体的规定性，其主要特点包括以下几方面。

第一，旅游审美主体是精神活动的主体。旅游审美活动是一种以主体内在的审美需求为根据和动因的活动，审美需求在审美活动中具体化为主体特有的欲望、兴趣、情感与意识上的不同层次的需求。在旅游审美活动中，旅游者追求的主要是精神享受，物质享受是次要的。

第二，旅游审美主体是情感活动的主体。旅游者在旅游审美活动中主要处于一种情感状态，否则就不可能进入审美境界获得旅游真正的乐趣。在旅游审美活动中，旅游者追求的是一种情感活动与情感交流的愉悦体验。

第三，旅游审美主体是自由的、生命活动的主体。旅游审美同其他审美活动一样，是摆脱了生理需要支配的活动，是脱离了对"物"的绝对依赖性的活动。旅游审美主体不是粗陋的物质需要者，也不是低级的实用主义者，而是能对审美对象凝神观照，不旁及日常功利，不为物质欲望所纠缠的享有高度生命自由的人。譬如，真正欣赏黄山奇松的游客，绝不会产生此木可烧炭或打家具的念头。在旅游审美活动中，旅游者追求的是一种精神的放飞和生命的自由。

旅游审美主体的审美尺度（即审美标准）有两种：一是形式韵律尺度，通常称为形式美尺度，根源于人的心理结构和作为自然生命体的活动规律，如均衡、对称、比例、韵律等；二是形式意蕴尺度，根源于人的社会文化心理和活动规律，与社会的理性观念相联系。如东方人偏爱静美与伦理美、理想美，西方人偏爱动美与科学美、现实美；我国北方人偏爱阳刚之美，南方人则偏爱阴柔之美。

（2）旅游审美客体

旅游审美客体是指旅游审美行为所及的客体。具体地说，就是具有审美价值属性（即符合"美的法则"）并与主体结成一定审美关系的旅游资源和旅游产品。旅游审美客体具有自身特殊的规定性，其特点主要表现在以下几个方面。

第一，规模性。旅游审美客体一般是包括一个区域的风光，旅游审美主体可置身于风景之中进行欣赏，达到景随步移、步移景换的审美快感。这与欣赏一件艺术品不一样，因为艺术品只能从外部观赏。

第二，广泛性。旅游审美客体丰富多样，其融自然、社会、艺术、生活于一体，包罗万象。

第三，协调性。旅游景观体现了人与自然之间的协调关系，即自然景观美与人文景观美的有机融合。

第四，变化性。即旅游景观存在着时间上的变化。风景在一定程度上受季节变换的支配，随着时间的流逝而变化。如春山艳冶而如笑，夏山苍翠而如滴，秋山明静而如妆，冬山惨淡而如睡。

（3）旅游审美关系

旅游审美关系是指在旅游活动中，主体的审美需要、审美结构与客体的审美属性之间构成的一种"双向同构"关系。旅游审美关系的出现除具备主体与客体两个因素外，还有赖于人们的旅游审美社会实践活动。换言之，旅游审美关系是具有审美需要的旅游者通过旅游实践活动，在对景物的那些"满足需要"的属性的把握（或占有）过程中建立起来的。旅游者在特定的旅游环境中，与旅游审美对象结成多向度、多层次的审美关系，并在交互作用和观照体味中获得满足。

6.6.1.2 旅游审美活动的基本特性

（1）综合性的审美实践

这是由旅游审美对象的丰富多样决定的，旅游审美活动集自然美、人文美、社会美、艺术美、技术美于一体，熔山河、古迹、建筑、园林、雕塑、书法、绘画、音乐、舞蹈、戏剧、民风民俗等于一炉，涉及阳刚、阴柔、崇高、秀美、和谐等一切审美形态，可以满足人们不同层次的审美需求。

（2）特殊的审美场值

有学者借用物理学中"场"的概念来比较旅游审美活动与其他审美活动的不同。审美场值作为特定的审美行为、经验或感受结果，通常在不同的时空与审美关系中表现出一定的差异性。旅游审美与山水文学审美就有着许多不同；例如，欣赏一幅长江三峡风景的绘画作品所获得的体验（"次陶醉"），与亲自游览长江三峡（全然陶醉的"高峰体验"）是无法比拟的。

（3）循环效应

由于内外两方面原因的共同作用，往往促成部分旅游者成为某些旅游地的"回头客"。其内因主要有人类的社会文化心理需求及认知的循环与提高过程；外因主要是旅游景观的丰富性、变异性及旅游服务的艺术性、发展变化性。

（4）巨大的反馈作用

旅游审美活动可以起到促进旅游者的全面发展和社会进步的巨大反馈作用，使旅游者的心灵得到净化，情操得到陶冶，精神得到升华，行为得到规范的；使社会按美的规律行事，促进人与自然、人与人、人与社会的和谐。

6.6.2 海洋旅游审美对象

人和自然具有天然的亲和关系、依赖关系和互动关系。审美主体人总是要在他们的生存环境中找到其审美对象物的。审美，是人本质力量的对象化的过程。在审美过程中，人的各种感觉经验受到审美对象物的感应，构成一个新的复合整体，在人的心灵和精神中运作，从而在人的意识里把这种运作的感觉——往往呈现为一种快感——投放到审美客体即对象物上面，使其仿佛成了对象物的一种属性，并且人将自身也不自觉地融于其中。

海洋现象是大自然现象的重要组成部分，是人类与之相依相存、密不可分的生存环境，因而人类就必然把本来就神奇绝妙、风光无限、神秘多多的海洋大自然视为审美鉴赏的自然对象物了。海洋辽阔广大，使人心怀宽广；海洋深邃、神秘，让人学会储蓄、谦逊、虚心、睿智；海洋潮涨潮落有定时，教人守信；海洋波翻浪滚，使人热情奔放；海洋惊涛骇浪，使人勇敢无畏；海洋五彩缤纷，使人感情丰富；海洋化岩石为白沙，使人刚毅柔韧。总之，海洋可以陶冶人的审美性情。当旅游者站在海滨高高的碣石上，以观浩瀚的沧海，感到平静而又充满遐想，当获得心灵上极大的满足时，美的力量已足够潜移默化改变人生的心境。

作为审美客体的海洋，无论空间的平面布局还是时间的立体呈现，无论静态的还是动态的，它的浩瀚、它的变幻多姿、它的柔情和剽悍，都是人类丰富情感和心态宣泄的对应物和对象物。同样是海，同样是人，每个人所面对的具体的海洋风光的形态不同；人们当时的意识和心境不同，对海的审美认知和感受就不同，即对海洋风光的"人化"结果不同。一句话，海洋风光的自然存在，是由于人类的审美认识才变得具有审美和感受价值的；人类对海洋风光的鉴赏，是人类灵魂的外化；外化的结果，是对人类灵魂拷问的体现。

人类与海洋长期以来的互动发展，不仅使海洋自然风光的存在成了人类审美鉴赏和心灵外化的感应对象，而且造就了历史悠久、丰富灿烂的海洋人文景观。海洋自然风光与海洋人文景观共同构成了占地球面积 71% 的海洋风情区域。

所谓海洋人文景观，就是人类文明的历史在海洋上的反映所构成的可供旅游观光、审美鉴赏的存在物，既包括人造存在物及其残留，如海洋艺术建筑，海洋历史名人事迹、历史事件的遗址，海洋文化活动场馆等；也包括"拟人造化"的自然存在物，即虽非人造物，却在人们的眼里酷似人造物，因而它（它们）在人们的信仰里或审美中被看成了人造物或神造物。

人文景观集历史遗迹、诗词歌赋、建筑艺术、书法雕刻、民俗信仰、山海园林等于一体，名声远大，历史悠久，富含海洋历史文化底蕴，能给人以海洋艺术审美的魅力，具有陶冶性情、观瞻审美的多重价值。

我国海滨旅游胜地从南到北主要有：大连、北戴河、青岛、蓬莱、长岛、威海、成山头、连云港、普陀山、海宁、湄州岛、围头、厦门、深圳、珠海、香港、澳门、湛江、北海、海口、三亚、高雄、台南等。世界著名的海滨度假旅游地主要集中在太平洋、地中海和加勒比海沿岸的国家和地区，如泰国的宋卡，日本的镰仓，比利时的奥斯坦德，法国的尼斯、加莱、布伦海滨，西班牙的巴塞罗那、西洪海滨，意大利的斯培西亚和利古里亚海滨，美国的火奴鲁鲁和尼加拉瓜的科林托海岛、长岛、新泽西州海滨和加尔维斯敦海滨等。这些美丽的海滨旅游胜地，都是以具有美学价值的海岸为依托，以辽阔壮观的海洋为主景，与清澈透明的海水、洁白平缓的沙滩、风和日丽的天气相结合，构成景观独特的海滨度假地，成为永远的旅游热点。

6.6.3　海滨旅游的审美类型与意义

6.6.3.1　海滨旅游的自然审美要素

"滨"，古语意为"近水之地"。而海滨是大陆与海水交互作用的历史记录。海洋辽阔无限，气象万千；海岸地貌丰富多彩，变化无穷。这海洋、陆地，两大地貌单元相会过渡的地带，形成旅游胜地。不能复制的海滨自然旅游资源，是大自然沧桑巨变的神奇杰作。

（1）海岸带

海岸带，通俗地说，是临接海水的陆地部分。进一步说，海滨海岸带是海岸线上边很狭窄的那一带陆地，是把陆地与海洋分开同时又把陆地与海洋连接起来的海陆之间最亮丽的一道风景线。但它不是固定不变的，而是在潮汐、波浪等因素作用下，时刻都在发生变化的一处奇幻生动地带。现在，海岸带正在作为地球上陆地和海洋两大自然体系的衔接地带，成为海滨度假旅游中最基本也是极富魅力的景观之一。早期度假旅游研究中心曾把阳光（Sun）、海水（Sea）、海滩（Sand）称为最吸引游客的"3S"旅游资源，而同时具备 3 个"S"要素的地方就是海岸带了。海岸地带作为旅游资源是从海水浴的普及开始的，18 世纪的英国人最早开始海水浴，以后逐渐向欧洲大陆发展，并从海水浴发展到以海滨为依托的度假。围绕海岸带，海滨度假旅游成为早期的旅游热点。由于海岸构成不同，形成了基岩海岸（包括沙砾质海岸）、泥质海岸（包括滩涂）、生物海岸（包括珊瑚礁海岸、红树林海岸等），这些海岸景观不同，审美意趣各异。

◆基岩海岸的雄壮之美

由坚硬岩石组成的海岸称为基岩海岸。其中，以山地丘陵构成的基岩海岸自然景观最为宜人，所以主要的海滨旅游胜地大都分布在基岩海岸上，是旅游者涉足最多的海滨海岸。从总体形态上看，基岩海岸轮廓分明，线条强劲，气势磅礴，不仅具有阳刚之美，而且具有变幻无穷的神韵。基岩海岸上常有突出的海岬，岬湾相间，绵延不绝，使海岸线十分曲折逶迤，站在曲折的海岸边，大自然的沧桑和柔韧让人感慨万千，无不叹服那种海与岸的相互依存，相互包容，相互改变的深情相伴。基岩海岸最为壮观的景象还是从海上奔腾而来的巨浪在悬崖峭壁上撞出冲天水柱，发出阵阵轰鸣，给游客雄奇壮美之感。

由于基岩海岸多由花岗岩、玄武岩、石英岩、石灰岩等各种不同山岩组成，所以基岩海岸之旅就是踏上基岩海岸观石之美景之旅。在旅游者的审美视野里坚硬的岩石，其质地、色泽（在光线作用下）、纹线形态等形式美都能引发旅游者遐想，而石水相依、刚柔相济，也使旅游者有独特的美感体验。

位于台湾北县万里乡、距基隆市约17千米的野柳海滨度假地就是有名的基岩海岸，是一突入海洋约2千米的岬角，远望如一只海龟蹒跚离岸，昂首拱背而游，因此也有人称之为野柳龟。受造山运动的影响，深埋海底的沉积岩上升至海面，产生了附近海岸的单面山、海蚀崖、海蚀洞等地形，海蚀、风蚀等在不同硬度的岩层上作用，形成蜂窝岩、豆腐岩、蕈状岩、姜状岩、风华窗等世界级的岩层景观，成为台湾著名的海滨度假旅游地。

我国青岛石老人国家旅游度假区，也是背倚在花岗岩组成的基岩海岸上，海岸上奇石林立，千年沉静。其画龙点睛之笔乃是耸立于岸外的高24米、长10米、宽5米的一块巨石。该石远远望去像一尊老人的雕像。任凭风吹雨打，我自岿然不动，人称"石老人"。石老人中部有一高8米、宽3米的鸡心状的海蚀洞，在海上掀起大风浪时，汹涌的海水冲过海蚀洞，发出哗哗的声响。这是石老人的呼喊，大海的呼唤。这也为这座旅游名城增添了新的风采。

◆卵石海岸的奇趣之美

潮滩上下堆积大量碎玉般石块的海岸称为卵石海岸。卵石海岸在我国分布较广，多在背靠山地的海区。辽东半岛、山东半岛、广东、广西及海南都有这种海岸分布。辽东半岛西南端的老铁山沿海断续分布着以石英岩为主的卵石海岸。在山东半岛，许多突出的岬角附近都有卵石海岸出现。卵石海岸宽度各处不一，山东半岛东端成山头附件卵石海岸宽度约40米，胶南及日照岚山头附近的卵石滩宽度可达数百米。在山东沿海的一些岛屿，如田横岛、灵山岛也有典型的卵石海岸存在。台湾岛东南岸，濒临太平洋，水深坡陡，形成金牌卵石海岸段。台湾东海岸卵石滩宽度较大，在北端的三貂角和南端的鹅銮鼻一带宽度可达800～1 000米。在那里，还可见到崖壁上崩落的巨大块石和略有磨圆的巨砾。

卵石海岸形成的历史十分漫长，其形成方式主要有两种：①海边的山崖在波浪的冲击下，在海水溶蚀和热胀冷缩作用下，在自然风化作用下，导致的岩石的破碎。这些碎石大小相差悬殊，极不规则，棱角分明。它们在海中受巨浪的冲刷，并随着激流上下滚动，相互碰撞、摩擦。锋利的棱角逐渐地被夷平，慢慢地变小而且变得圆滑起来，终于成为人们喜爱的光滑的卵石。许多卵石堆砌在一起，就组成了卵石海岸。②发源在山地的短促的入海河流。由于这种河流的河床较低，在山洪暴发时，急促的水流携带大量石块入海。这些入海的石头在河床中曾随水流一起滚动，在搬运过程中已经有一定程度的磨圆，但棱角依然清晰可辨。这些石头在波浪的冲击下，棱角进一步被夷平，变得更为圆滑，堆积起来，形成入海区的卵石海岸。它们的圆滑光洁也形成了颇具动感、拙朴天成的海岸美景。

卵石的大小不一，比鹅卵大的，与鸡蛋相似的，比鹌鹑蛋还小的都有。卵石的圆度也不相同，浑圆状、椭圆状、长椭圆状都有，其中以椭圆状的居多。它们色彩纷呈，红、黄、灰、黑、白、黑白相间、红黄辉映的应有尽有，美不胜收。卵石经过海水的打磨，去尽棱角，是人生态度的体味和生命蕴涵的诠释。它质朴无华，而情趣盎然。自然亲切，返璞归真，使得海洋休闲旅游变得别有情趣。

◆红树林海岸的绚烂之美

在热带海滨度假时，再也没有比层林尽染的红树林海岸更能使你浮想联翩了：你驾一叶机动扁舟驶进某一处海岸，舟下是碧翠剔透的海水，两旁是郁郁葱葱的绿树，千百条同样碧翠剔透的水道，在绿林中交错纵横，随着你的扁舟驶过，白色的海鸟掠过……你会为此惊叹大自然的美妙，大自然的神奇，这便是红树林海岸。

红树林是生长在热带特有的海边维管类植物，受周期性海水浸淹淤泥海滩上的一种耐盐的常绿乔灌木植物群落，能起扩展滩涂、防御风浪潮汐袭击和保护海岸等作用。红树林海岸主要分布于热带地区。南美洲东西海岸及西印度群岛、非洲西海岸是西半球生长红树林的主要地带。在东方，以印度尼西亚的苏门答腊和马来半岛西海岸为中心分布区。沿孟加拉湾—印度—斯里兰卡—阿拉伯半岛至非洲东部沿海，都是红树林生长的地方。澳大利亚沿岸红树林分布也较广。印度尼西亚—菲律宾—中印半岛至我国广东、海南、台湾、福建沿海也都有分布。由于黑潮暖流的影响，红树林海岸一直分布至日本九州。我国的红树林海岸以海南省发育最好，种类多，面积广。

红树林因其树皮及木材呈红褐色，因而称为红树、红树林。红树林的根系十分发达，盘根错节屹立于滩涂中，其郁郁油绿的绿叶，油光闪亮，与荷花一样，出污泥而不染。有趣的是红树植物的种子成熟后在母树上萌发，成长成幼苗，由于重力作用幼苗离开母树下落，插入泥土中，被称为植物界罕见的"胎生"现象。更使人们惊奇的是，当幼苗落至水中，它们随海水漂泊，有时长达几个月，甚至一年也未能找到它生长所需的土壤，然而一旦遇到条件适宜的淤泥，几个钟头就可扎根生长，有时从母树落下的幼苗平卧于土上，也能长出根，扎入土中。它们以顽强的生命力在海滨海岸上形成美丽的屏障，也让无数游客赞叹不已，为海滨旅游增添无限情趣。

◆ **珊瑚礁海岸的奇异之美**

在蔚蓝色的海面下，盛开着色彩艳丽的"石花"。色彩斑斓的热带鱼在石花中欢快地穿梭往来，然而，真正目睹海底"石花"风采的人却为数不多。"石花"学名为珊瑚，它是一种较高级的腔肠动物，是生长在海洋中不能移动的动物。

珊瑚对生长地有着严格的要求，最适宜生长的海水温度需在 20℃ 以上；它洁身自好，对于不清净的海水难以忍受；它既不嗜盐如命，又不喜欢清淡的海水，只有海水盐度保持在 35 左右，才能颜色绚丽，缤纷绽放；它喜欢海水中具有新鲜而充足的氧气，它生长的深度不超过 40～60 米。如果不具备上述条件，它将无法容身；如果原来舒适的住处环境恶化，它将以死相拼，真有一股"宁为玉碎，不为瓦全"的气概。在河流入海口，因有淡水和泥沙的侵入，那里就没有珊瑚礁群体生长；在海水过于平静的海湾中，因氧气充足，珊瑚群体生长十分缓慢，奄奄一息。由于珊瑚对生长条件的要求比较严格，所以珊瑚多死亡，死亡的珊瑚骨骼与一些贝壳和石灰质藻类胶结在一起，形成大块具有孔隙的钙质岩体，像礁石一样坚硬，因而被称为珊瑚礁。近岸浅水处的珊瑚礁便构成了风光绚丽的珊瑚礁海岸。

珊瑚礁海岸独特美丽，但它们的根扎在哪里？珊瑚礁并不是无本之水，它也需要有固着的地方。岩石是珊瑚礁最好的附着体，我国海南岛北岸、西岸的珊瑚礁多固着在海底的玄武岩上。除岩石外，珊瑚礁还能建筑在细砂和泥质基底上。澳大利亚堡礁的珊瑚礁层之间存在着泥沙夹层，印度尼西亚有些珊瑚礁形成在淤泥之上。无论是岩石、细砂或淤泥都能托起美丽的"珊瑚礁大厦"，它们形状各异，千姿百态，玲珑逼真，留给游客无尽的想象空间。

走近珊瑚礁保护区内，就可看到蔚蓝、透明、清澈的海水，这是因为绚丽多彩的珊瑚礁能够分解海水中的有害物质，净化环境。由于海域盐度较其他地方高得多，透过清澈的海水你就能看到水下五颜六色飘动的活珊瑚。这些海底五颜六色的珊瑚礁、热带鱼以及种类繁多的贝类和海底植物，组成了五彩缤纷的审美世界，由阳光和珊瑚折射产生的蓝色的海水由深至浅，仿佛集中了蓝色和绿色之间的所有色彩，令人不禁感叹这些色彩的神奇变化和大自然的伟力。

我国西沙群岛、亚龙湾和三亚湾等地区海水清澈，透明度达 6～10 米，那里附近海域拥有世界上最大、最完整的软珊瑚族群以及丰富多彩的硬珊瑚、热带鱼类等海洋生物。亚龙湾国家旅游度假区，还拥有中国最迷人的海湾、沙滩，是中国对世界开展海底观光旅游的最佳景区之一。

◆广阔之美—淤泥质海岸

淤泥质海岸主要是由细颗粒的淤泥组成，平均粒径只有0.01~0.001毫米。我国的淤泥质海岸坦荡无垠，其坡降在0.5‰左右，高低潮线之间的滩涂宽度一般为3~5千米，宽的可超过10千米。潮汐是塑造淤泥质海岸的主要动力。从广阔海面上涌入海湾的潮流，把泥沙带进湾底。落潮时，潮流又把一部分泥沙带入海中。在潮流进出淤泥滩的过程中，强潮流冲刷海岸和滩面，弱潮流使泥沙沉积下来淤高和加宽滩面。波浪的作用占第二位。它在局部地区能对海岸、滩面造成侵蚀，使海岸后退，在滩面上形成许多坑洼。

淤泥质海岸靠近大潮高潮线的滩地称为高潮滩，那里是整个滩涂地势最高，离海最远的地方。一般高潮时，海水涨不到这一地带，只有在发生大潮或风暴潮时，潮水才能将其淹没。这里裸露的滩面受强烈的蒸发作用的影响，表层脱水干缩，形成许多不规则的裂纹。这些裂纹与龟壳上的图案很相似，因而被称为龟裂纹。滩面脱离海水的时间越久，龟裂现象就越明显，龟裂带的宽度可达几百米。而发生大潮时，海水到达高潮滩，龟裂纹消失，滩面又恢复潮湿平整的面貌。这种变化有时十分迅速。在渤海湾西岸的淤泥质海岸，当海面上吹起偏北风，又恰当大潮的高潮时，海水漫滩，那里的龟裂纹就消失殆尽。当你一夜醒来，再去岸边时，那里的滩地面貌大变，再也找不到龟裂纹的踪影了。然而大潮过去，海水退却，近岸的高潮滩许多天不见海水，滩面上又将形成龟裂纹。

在淤泥质海岸线附近还有一种有趣的现象，即有无数大大小小的泥丸堆积。那泥丸就像孩子们用手搓成的圆泥球，小的直径有3厘米，大的直径有6厘米，有的泥丸里还含有贝壳碎屑。这些泥丸不是孩子们的手艺，而波浪的杰作。夏秋时节，大潮海水不断地冲刷着龟裂的滩面。被剥离下来的大小不一的黏土块，随着接踵而来的波浪沿岸坡上下往复滚动，并不时地黏结一些贝壳碎屑。黏土块越滚越圆，最后成了一个个泥丸。潮水退后，泥丸一个个静静地堆积在高潮线附近。冬季潮水比夏季要小，一般很少有海水漫滩那样的大潮。沿着潮沟进来的海水，把其携带的泥沙沉积，埋没了夏秋季节形成的泥丸。冬春季节，淤泥质海岸附近的泥丸就像被人埋藏起来一样，一个也看不见了。科学家通过实地观察，揭开了泥丸的秘密——制作泥丸、埋藏泥丸的孩子就是人们所熟悉的波浪。

我国淤泥质海岸主要分布在渤海的辽东湾、渤海湾、莱州湾及黄海的苏北平原海岸。淤泥质海岸与河流有密切的关系，有河流存在，淤泥质海岸就兴旺发展，失去了河流，淤泥质海岸就萎缩后退。我国上述的淤泥质海岸与在这里入海的辽河、黄河、海河等有关。特别是黄河，把巨量泥沙搬运入海，在沿海形成广阔平坦的淤泥质海岸。在我国大连海滨海岸，退潮时可到潮坪上挖贝壳、捉螃蟹，观看各种海鸟，进行泥浆浴，参观盐场等。潮水退去，上百里宽的滩涂一望无际。滩沙坚硬有弹性，名为"铁板沙"，可以行车，在此追逐戏耍，十分有趣。

（2）海滩

海滩是陆地向大海的延续，是人类接触海洋的临界地。海滩主要集中在海岸带上，但也存在于海岛上。蓝天、阳光、洁白的沙滩，五彩缤纷的洋伞像千万朵绽放于海滨的花朵，成千上万的人在海中游泳嬉戏，在沙滩上、太阳伞下静卧的人悠然自得，沙雕创作的人神情专注，沙滩排球激战正酣……人们休闲娱乐的笑颜也如花朵。这一切几乎是旅游者在海滨度假最为向往的。在沙滩上体验度假旅游，几乎成为了海滨度假方式的首选。

在夏季酷暑难熬的时候，人们最好的消暑、休闲的去处当数海滨浴场的沙质海滩了。沙滩的形成是山地、丘陵腹地发源的河流，携带大量的粗沙、细沙入海，一部分在河口沉积形成拦门沙，大部分会随海水流动扩散的沙在海湾里就会沉积成沙质海滩。虽然泥沙不断带入海洋，也不断地被风吹走，但海滩上的沙也会不断得到补充，变得绵长、舒展、平缓、细腻。海滨的沙丘就是在经常不断的补给中逐渐变得高大、雄伟、壮观的。

在我国，沙质海滩很多，如北戴河、南戴河、昌黎黄金海岸、青岛汇泉浴场、北海银滩浴场、海南三亚大东海、亚龙湾等。金沙银沙堆成的滨海沙丘，在夏日阳光照射下，光彩夺目，分外壮观，往往被人们称为黄金海岸。这些海滩上不仅有金色的、银色的、黑色的沙粒，更重要的是通过开发，海滨度假旅游业已蓬勃发展起来，海滩都成为寸土寸金之地。我国的青岛也是一座国内外闻名的海滨旅游城市，青岛第一海水浴场就建在汇泉湾沙质海滩上。那里的沙细、沙纯又特别松软，光着脚走在沙滩上十分舒服、惬意。

（3）海岛

海岛是指海洋包围的在高潮时露出水面的自然形成的陆地。这些海岛有大有小，距离大陆有远有近，是不同于大陆的，具有独特优势、自然特点和海滨旅游资源的陆地，具有不同的水文与气候，以特色资源吸引着无数旅游者。有一位航海家曾经说过："海洋里的岛屿，像天上的星星，谁也数不清。"用这句话来形容海岛之多一点也不为过。到目前为止，作为海滨度假型的已开发海岛全世界空间有多少，很难说出一个准确数目来。

可以进行海滨旅游的海岛类型复杂多样，但按其成因、分布情况和地形特点，一般将海岛分为大陆岛（陆缘岛）、火山岛和珊瑚岛三种。这几种类型的海岛在旅游度假中各具特色。

◆ **山川秀丽的大陆岛**

大陆岛原是大陆的一部分，与大陆是连接着的，后来由于地壳运动，海的侵蚀作用而与大陆慢慢分离开，但它常常靠近大陆沿岸，所以在地质构造上与附近的大陆十分相似，是同源的。它们提供了一个整体美丽的海滨度假地。我国海区中有许多大陆岛，成因多样。如北方的长山群岛、庙岛列岛，南方的舟山群岛、海坛岛、湄州岛、台湾岛、海南岛等。

海南岛就是典型的大陆岛，它位于我国雷州半岛的南部。从平面上看，它就像一只雪梨，横卧在碧波万顷的南海之上。海南岛的面积 32 200 平方千米，是我国仅次于台湾岛的第二大岛。海南岛岛内山势磅礴，每当天气晴朗、万里无云之时，站在雷州半岛的南部海岸遥望，海南岛便隐约可见。海南岛是一个"四时常花，长夏无冬"的地方，气候条件特殊，年平均气温在 24℃左右。充满热带风光的海南岛，五指山热带雨林郁郁苍苍，环岛皆是基岩岬湾型的海岸，岸边堆积着洁白的珊瑚砂，滩前海水碧蓝透明，滩后青山苍翠。在那里，白色的环礁、碧蓝的大海、绿色的椰子树，构成一幅美丽的图画。山脚下椰林、茅屋，是黎、苗族同胞的村寨。海南西南端的三亚市，一年大部分时间阳光灿烂，海风猎猎，是世界少有的既无严寒又无酷暑的热带海滨度假旅游胜地。

◆ **千姿百态的火山岛**

火山岛是海底火山喷发露出水面而形成的岛屿。世界旅游度假胜地夏威夷群岛就是典型的火山岛，也是太平洋上有名的火山活动区，因为这些岛屿正位于太平洋底地壳断裂带上，夏威夷群岛就是由地壳断裂处喷发出的岩浆形成的。直至现在，一些岛上的火山口，还经常发生火山喷发活动。火山岛度假能满足旅游者审美需要里的猎奇心理，是海滨度假的又一种审美形式。

夏威夷的各个岛屿，都是地势起伏的纵横山地、丘陵，平原很少，这也形成了夏威夷群岛美丽独特的自然景色。除此之外，在群岛的冒纳罗亚活火山上，还有夏威夷国家火山公园。这个火山公园自冒纳罗亚山顶的火山口，一直延伸到海边。在火山公园里，可以看到世界其他地方难以见到的景观。如火山喷发时形成的由硫磺堆积起来的平原、熔岩隧道等。还可看到从裂开的地面中喷发含硫的热水蒸汽。在冒纳罗亚活火山的几老亚喷火口，可见到沸腾的熔岩岩浆在翻滚，有时可见到断落的岩层掉进熔浆里，溅起的火炬有几十米高。在火山喷发口活动强烈时，会从火山口溢出熔融状态的岩浆，滑着山坡向下流，一直流淌到远在几十千米的太平洋里，并发出咆哮的声响，这为旅游者增添了更多的观赏选择。

◆ **风光旖旎的珊瑚岛**

珊瑚岛是由珊瑚遗体为主的生物碎屑长期堆积而起的。它们一般围绕在岛屿四周，或堆积凝固于海山海峰或海底平台山的顶部而成，可以说是站在"巨人的肩膀"上形成的。位于斯里兰卡南方650

千米的马尔代夫群岛，由北向南经过赤道纵列，形成了一条长长的珊瑚礁岛群地带。若能搭乘小飞机翱翔于马列南、北环礁，从空中俯瞰马尔代夫，一定会惊异非常。无际的海面上，星罗棋布一个个如花环般的小岛，犹如天际抖落而下的一块块翠玉。小岛中央是绿色，四周是白色，而近岛的海水是水蓝、深邃的蓝，逐次渐深。印度洋犹如一面蓝色的天鹅绒布，在蓝色天鹅绒布上，则缀饰着一串串的翡翠、绿宝石。在其中 200 个有居民的岛中，有 73 个度假岛屿饭店。每一座珊瑚礁就是一所豪华的度假酒店。雪白晶莹的沙滩，倒映在水中婆娑的椰影，大群大群五彩斑斓的热带鱼构成了马尔代夫的"动画"景观。这里海水洁净，透明度高，潜泳爱好者只要潜入几米深处，就可欣赏多姿多彩的海底景色。那五光十色的珊瑚丛中，白玉般的菊花珊瑚，粉红色的莲花珊瑚，朱红色的牡丹珊瑚以及淡黄色的蘑菇珊瑚，各放异彩，争奇斗艳。加上各种奇形怪状，却格外可爱的热带鱼虾和海藻等悠游生长其间，构成了一个神奇美丽的"海底花园"。

美丽的澳大利亚东海岸外的大堡礁，也是世界著名的海滨珊瑚岛，大堡礁水下景色非常美丽，被国际组织评为世界水域七大奇观之一。澳大利亚已把它列为国家海滨公园和海上自然保护区，每年吸引了世界许多游客去观光。

可见，各类型海岛是独具一格的巨大的旅游资源，正确认识海滨地区海岛旅游资源也将是开发海滨旅游资源的前提。

6.6.3.2　海滨旅游的人文审美要素

绚丽的海洋若与当地的文化古迹、山水风景、娱乐设施相结合，便可构成旅游者最向往的旅游、娱乐、消遣和疗养休闲的海滨地。海滨度假地有以人文景观为代表的公园、度假村、灯塔、渔港、渔村和码头等，有以海底为旅游活动舞台的海底世界观光，有以海岸为运动场所的海水浴、帆船、游艇、舢板、冲浪、滑水、垂钓以及在海滩上拾蛤蜊、贝壳等活动，使旅游者享受着美好生活和美好心情。它们是人类社会文明美和智慧美的凝结，用美的思想创造出美的海滨人文世界。

（1）海滨公园

海滨公园一般依山傍水，环境幽雅宁静，空气格外清新，是人类社会改造利用自然环境的典范。它的审美区域一般由以下组成：

◆**森林旅游区**

畅游林中，近观绿树挺拔，远树含烟，清风吹拂，松涛远扬，海啸入耳，更兼百鸟齐鸣，松鼠欢舞。每逢春暖花开，绿树浓荫，蝶飞蜂舞，树下草丛与路间时有地蟹爬过。有的公园还拥有"植物活化石"之称的"水杉"，使公园林内平均气温要比日照城区降低 4 ~ 5℃，是人们休憩的好去处。

◆ **娱乐区**

公园海滨浴场，各项指标要求超过普通海滨浴场标准。在黄金海岸线上，浪缓滩阔，沙质细腻，海水洁净，人们开展了海上快艇、摩托艇、沙滩车、升空伞、观光游览车、多人骑自行车、欧式贵族马车等游乐项目，可吸引众多的游客前来避暑度假。由于安全性强，公园海滨浴场尤其适合老人、儿童及初学游泳者前来海浴玩耍。

◆ **疗养度假区**

该区域位于森林和海滨衔接地带，环境静谧，非常适合度假疗养。有各类旅游接待场所和标准宾馆，还有别具特色的小木屋等住宿设施，在这里旅游者可以品尝各种时令海鲜，领略渔家风情，有道是"海外桃源别有天，此处小住亦神仙"。

◆ **特色文化区**

该区由文化广场和娱乐中心组成，是档次品位最高的文化景观之一，它丰富了森林公园的人文景观，并为进一步挖掘和弘扬各地各民族文化奠定了基础。我国北海公园内建有一生态广场，造型独特，线条优美，花木繁茂，郁郁葱葱，建有 30 多幢具有滨海特色、风格各异的楼台阁宇。有曲折宛延伸展的林荫小道，有反映北海人精神风貌的大型雕塑——海恋，有独具南国风情的椰树林，还有供游客观赏娱乐的太空船、高空飞车、异国珍奇鸟类表演、越南民族风情表演、俄罗斯风情表演和海上跳伞等游乐表演项目，可欣赏精湛演出，可搏击海面，亦可信步海堤，这里海天相连，海帆点点，波涛滚滚，白云朵朵，令人如入仙境，心旷神怡，流连忘返。

（2）海滨度假村

海滨度假村通常是个独立的近海观光景区，它集吃、住、游一体。常在陆域和水域上兴建了一大批具有海滨特色的旅游基础服务设施。度假村内有与大海相接的游泳池和高尔夫球练习场，网球场，健身院，酒吧，中、西餐馆，咖啡厅，会议厅等设施；还有人工的专用白沙滩，水上客房、温泉公寓、海滨别墅、沙滩帐篷，具有海滨风情的椰林木屋，集餐饮、住宿、会议为一体的望海宾馆等，构成了极富特色的度假区域。它的审美区域一般由以下部分组成。

◆ **海滨浴场**

海滨浴场一般分为人造游泳区域和自然海水浴场。人造游泳区域主要选择在人群比较集中，海面相对平静的海滨区域，通常这一带区域沙质细软，没有碎石，海水波浪起伏较小，水深适中。这主要是出于安全方面的考虑，专门为特殊人群，如老人、小孩而设置的区域。自然海水浴则一般安排在海面凹入处，并修建一个浮筏码头，以利于安全。自然海水浴场将利用相邻的快艇活动区造浪来增添游泳的乐趣。傍晚时，在海滩上烤肉，欣赏歌舞节目，别具情趣。

◆ **水上别墅及低层公寓**

由于水上别墅基础做于水中，通过连桥相连，显得特别别致悠闲，可提升度假生活的惬意感。水上别墅的建筑风格和美感要求以轻巧、新颖为主，室内布置尽量灵活多样又不失规律性，水上别墅都应设有游船码头，停靠旅客租用的游艇和往返于别墅区与其他景点的游船。这样给旅游度假者营造出更为浪漫的度假氛围。

低层公寓主要是满足短期居住的旅客的住宿要求，内部可设厨房，住客可通过赶海或海鲜街购买食品，自己烹饪制作，使海滨的度假生活很有生活情趣。

◆ **海鲜街**

游人在赶海满载而归后，可到海鲜街的店面里自己制作或请厨师制作。除以烹调海鲜为主的饭店外，海鲜街还设一些出售旅游用品和纪念品的商店。海鲜街建筑风格往往体现当地海滨特色风情，中间围合的小广场体现了当地建筑独特的风格。在美景地享受美食，使度假生活情趣盎然。

◆ **休闲世界**

这是对度假旅馆周围以休闲、活动为主的一片综合区域的总称，它包括网球场、遛马场、大型室内活动中心、高尔夫球练习场和集模拟枪战与传奇故事于一体的"海盗战争"等。另外，这里还设有其他的娱乐机构，如老年俱乐部、航海俱乐部、垂钓俱乐部等。这些区域丰富多彩的娱乐性和海滨的特殊环境相互契合，为旅游度假者提供了更为有趣的海滨度假休闲生活。

（3）渔村

渔村是海滨人文旅游资源里最原生态、最返璞归真的景区，它往往是近海生活的完整写实。这里有着纯真古朴的渔家民俗，有着引人入醉的碧海蓝天，有着渔家人的豪爽。如今，一个个依然保持着原生态的渔村，是人们远离都市喧闹，尽情享受大自然赐予的度假旅游休闲好去处。

◆ **天然氧吧**

浩瀚的海边，每天倾吐着大量氧气，步入其中仿佛置身于巨大的"天然氧吧"，清风拂过，海风阵阵，游客的心情立刻就会被沁人心脾的空气所净化，每一根神经都放松了。

赶海捕鱼。渔村衔山抱海，待到潮落时，一片沙滩慢慢地展现在游人的面前，螃蟹成群结队，牡蛎附岩而生，各种贝类海菜比比皆是。游人自寻自采，实乃采之不尽，拾之不完。旅游者看着那累累的丰收果实，可感到欢娱惊叹。旅游者当一回渔家人，既能欣赏到大海的美好风光，又能体验渔民生活，掌舵、摇船、下鱼笼、捉鱼，然后品尝一下您的劳动果实，这为海滨度假休闲生活增添无穷情趣。

◆ 海边垂钓

渔村是钓鱼的最佳选择地。钓鱼之乐在于山水之间。旅游者入住渔村后，可乘船海钓，也可依岸垂钓。热情的当地村民为您提供各种优质的钓具和安全的设施，使您既能饱览海景，又可荡涤心胸，驱除俗虑，尽享渔翁之乐。归来自炊自饮，品味自己的劳动果实，别有情趣。

◆ 自助海产品烧烤

渔村可为游客提供各种自助烧烤炉具和各种调料，以及时令野菜和新鲜蔬菜，旅游者在海边沙滩上，围炉烧烤，烧烤着自己钓来的鱼和拾来的海贝、螃蟹等，品尝着鲜美的食物，如鱿鱼、虾、鲈鱼、石斑鱼、黄鱼、牡蛎和扇贝等，太惬意了。

（4）海滨人工造景

◆ 音乐喷泉

喷泉是海滨人工美景之集大成手笔，它是人类社会想象力的升华。

我国广西北海有被誉为亚洲第一不锈钢雕塑的海滨音乐喷泉——"潮"，它位于北海银滩旅游度假区的海滩公园内，是由中央美术学院魏小明设计，投资 1 000 余万元，用两个月零 15 天建成的。整座雕塑以象征一颗大明珠的球体和七位裸体少女护卫球为主体，并由安装有 5 200 个喷头的音乐喷泉组成。雕塑高 23 米，钢球直径 20 米。巨大的钢球是用不锈钢镂空制成。每当华灯初上时，随着音乐的旋律节奏，水池里的 5 200 个喷头就从不同方位、不同角度喷射出一条条银色水柱，宛若仙女起舞，婀娜多姿，迷煞万千游人。水柱最高可达 70 米，为亚洲第一。喷泉建筑以大海、珍珠、潮水等为背景，与钢球、喷泉、铜像遥相呼应，互相映衬，既显示出海的风采，又构成潮水的韵律，使传统的人文精神与现代雕塑建筑艺术融为一体，形成完美和谐的统一。

◆ 造型雕塑

雕塑以独特造型在海滨增添生动一景，它往往可以浓缩海滨的风格，甚至历史、传说。

我国厦门海底世界入口处在主体建筑外 60 米的地方就有一个设计独特、别具一格、张牙舞爪的章鱼雕，高 6 米、跨径 11.2 米。它以独特的雄姿热诚地欢迎旅客光临，是厦门海底世界的标志性建筑，也是游客们首先拍照留念的景观。

（5）海滨人文活动

海底世界观光。有人统计，海底世界中有超过 18 万余种动物，2 万余种植物，总共 20 余万种。它们构成了美丽的海底世界，在海底世界观光，如此近距离的观赏海洋生物，实现人类步履海底的梦想，的确能让旅游者感到海滨休闲的无穷惊喜和魅力。

◆ 美丽奇幻的潜水世界

水下是个奇妙的世界，与水面相比有着另一番感觉。潜水的好处不仅在于水中的奇异世界给人的精神带来巨大的享受，而且更重要的是能够提高并改善人体的心肺功能。

海底有五颜六色的珊瑚礁、热带鱼以及种类繁多的贝类和海底植物，组成了五彩缤纷的审美世界。当旅游者头顶着一片片蔚蓝的海水，脚踏着深深的海床，周围是美丽的珊瑚礁，不时游过来一条凶猛的鲨鱼，你仿佛惊悚了一下，仔细瞧瞧，还看到了沉没的军舰、海底古城、古代海上丝绸之路的瓷器……每一个角落似乎都藏着一个神秘的传说。走进梦幻奇妙的海底世界，就好像走进了一个博大精深的海洋课堂，让你获益匪浅。

◆ **绚丽多彩的海洋水族馆**

水族馆是人类审美想象力的杰作下的建筑群。主要定居者是热带、亚热带独特鱼类和海洋动物，它们来自世界各地的海洋，美丽奇特。

水族馆一般展有花鳗鲡、胭脂鱼、鲟鱼、鳇鱼、锯鳐、大马哈鱼、亚马孙河鱼类、斑海豹、中华白海豚、吃人鱼、地图鱼等。海洋动物主要有巨鲨、巨魟、巨型石斑、珊瑚礁鱼类、巨型苏眉、医生鱼、海龙、海马、食人蟹、棘皮动物杰出代表——海星、八爪鱼、石头鱼、河豚及狮子鱼、海龟等。其中，最精彩的展区如珊瑚鱼厅和海龟馆。美丽斑斓的蝴蝶鱼、憨厚的大海龟让你兴趣盎然，一见难忘。条条珊瑚礁鱼（又称蝴蝶鱼）在大水屏内争奇斗艳，缤纷夺目，让你叹为观止。

在很多水族世界有一个独特的设施，那就是约高 7 米、直径 2.5 米的圆柱形鱼池，这个高度相当于近三层楼房，在台阶上可以看表层的鱼类活动，也可以看底层的鱼类活动，立体感就更明显了。大型圆柱鱼缸主要展示海中五彩缤纷的珊瑚礁鱼类。

◆ **精彩纷呈的人造海底隧道**

美丽的人造海底游览通道，大多都拥有数百种上千尾美丽的海洋生物，旅游者漫步在 100 米长、270 度亚克力玻璃环绕而成的海底隧道中，五光十色的珊瑚鱼群环绕在您的四周，迷人的海底风光尽收眼底，在这里您可以尽情领略到海底风采，让您漫游海底的梦想成真。

我国厦门海底世界景观设施新颖，有现代化的设备，而最突出的设施就是海底隧道。海底隧道长 80 米，宽 1.5 米。进入海底隧道，站在电动代步道上，可以看到两侧的凹形大鱼池。旅客不需潜水也能进入海底世界与鱼共游，感受到四面八方和上下前后都是鱼的世界。

◆ **知识丰富的海洋展览馆**

海洋展览馆内可陈列形形色色的海洋生物标本，从海绵无脊椎的低能生物到大脊椎哺乳动物依次陈列于展馆中。这样可以弥补旅游者在潜水或海底隧道中无法观赏到一些大型的、凶猛的海洋生物的遗憾。

我国 2000 年 3 月 11 日在厦门海域出现一只死亡的抹香鲸，乃迄今国内最大的抹香鲸个体，全长 18.6 米，重 16 吨。厦门海底世界按国家有关规定和程序接收了这只巨大的鲸鱼，并制作成皮和骨架两幅标本。抹香鲸为国际上受保护的濒危鲸类之一，最大个体长达 19 米，重 50 多吨。抹香鲸标本馆通过 VCD 及图片，为游客们再现了整个抹香鲸处理的壮观场面及标本制作的过程，同时馆内还通过大量的图片及说明介绍有关鲸的生活史，使游客们在领略了大自然的美妙及香鲸标本馆其伟大的创造力的同时，也增长了鲸豚知识。

◆ **海洋动物表演馆**

海洋动物表演馆的主体建筑一般是"大型海洋动物表演场"，以海狮、海豹、海豚等大型海洋动物表演为主题。动物的憨态可掬，聪明活泼，让旅游者的心情欢乐愉悦至极。

表演馆内部主计数仿真船舱，游客通过镶在展览池侧面的超大平面玻璃幕（2 米×30 米），直接观赏各种海洋动物在水下优美的泳姿，以及海洋动物在水下生活的动人场面。海滨旅游之旅变得浪漫生动、和谐。

◆ **海上运动**

目前，各海滨旅游地都已建成包括香蕉船、拖电伞、徒手潜水、玻璃观光船、快艇观光、摩托艇、冲浪飞车、沙滩摩托车、冲浪、沙滩浴场等娱乐项目的娱乐场所，游人可以从中领略到海滨旅游的无限乐趣。它们为喜欢运动、畅游于运动美中的游客提供了太多选择，在美景陪伴下，运动休闲，这一定是海滨度假中的乐事。

——冲浪。冲浪是站立在冲浪板上驾驭海浪的水上运动。冲浪是一种非常紧张刺激的水上运动，使用冲浪板的冲浪旅游者通常都是站在一块窄长的冲浪板上，乘着浪峰掠过水面。另外，还有一种称为"人身冲浪"，就是不使用冲浪板的冲浪运动。无论哪一种，冲浪选手都需要把握很准确的时机，同时要有很灵敏的反应，以保持身体的平衡。在远离海岸的地方，当海浪涌来的时候，冲浪者斜站在冲浪板上随波逐浪，滑行如飞。在汹涌的海浪中，冲浪者总是冲在浪峰的前面，似乎与大海融为一体，全然是一幅人与大海一比高低的美妙场景。

虽然目前冲浪运动在中国还不普及，但是盛行于西方，在度假旅游中冲浪运动还是很受广大体育爱好者的欢迎。在中国主要是由于运动条件的限制，随着全民健身运动的开展和运动场馆的建设和完善，参加冲浪这一刺激新鲜运动的人会越来越多。

——徒手潜水。世界上著名海滨度假胜地海水的能见度一般均在 8 米以上，有些海域从海面上即可看海底珊瑚和鱼类相伴，如旅游者想漂浮于碧海之间，只要穿一套泳装，戴一副潜水镜、一支呼吸管，着一幅蛙鞋，就能体验到徒手潜水的乐趣，轻松自如地欣赏神秘的海底景观，享受与鱼类同游的感觉。

——快艇观光。海上娱乐的惊险和刺激莫过于快艇，快艇操作简单易学。旅游者身着救生衣，劈波斩浪，挑战自我，笑傲人生，可以尽情体验一下海面追风的感受。

——香蕉船。香蕉船是一个新兴的海上娱乐项目，因为船形似香蕉得名。骑上香蕉船，随着快艇的速度，犹如一匹脱缰的野马自由穿梭在碧蓝的大海之中，给旅游者带来很刺激的运动快乐。

——摩托艇。看到大海，人们都是心旷神怡，如果能够急速在海上游览，更是让人心醉，如果旅游者喜欢速度的感觉，那么乘坐摩托艇在海面上风驰电掣一把，也肯定让人终生难忘，海面上驾驶摩托艇，风驰电掣，刺激无比。

◆ 海滨疗养

海滨的空气中含有大量的负氧离子，负氧离子称为"空气维生素"，它可以通过呼吸进入人体，改善肺的换气功能，增加氧的吸入量，二氧化碳的呼出量。在城市内的一般公共场所，每立方厘米含负氧离子为 10～20 个，室内含 40～50 个，绿地草坪可为 100～200 个，而海滨可超过 1 万个，为室内的几百倍。负氧离子是带负电的离子，有杀菌的作用，在空气中能抑制细菌的繁殖。大量的负氧离子可以提高人的交感神经的功能，使人精神焕发，精力充沛，还能增加血液中的血红蛋白的含量。

因此，海滨建有很多的疗养院，因为海滨空气对患有肺气肿、高血压、神经衰弱、哮喘、贫血等疾病的人有治疗作用，有益于人体的健康，使人精神振奋。

据科学研究，海水浴是保健身体的好方法。海水浴不仅可以享大海之乐，舒心养身，海水中还含有大量无机盐类及各种微量元素，如氯化钙、磷酸镁等，常洗海水浴可增强体质，对神经衰弱、慢性气管炎、早期高血压、慢性关节炎等有缓解作用。

海滨有许多特色菜肴，旅游者可以在这里品尝到许多在内陆城市难以见到的海鲜，例如海虾、扇贝、螃蟹、牡蛎，以及各种海鱼等，旅游者还可以品尝高档海鲜，如海参、鲍鱼、大虾等，绝大多数海产品的营养价值较高，富含蛋白质、脂肪、维生素等多种营养成分，营养价值大大高于牛肉、猪肉、鸡肉等肉制品，矿物质数量、种类丰富，选择食用对人体健康也是十分有益的。

本章小结

旅游是人类物质文化生活和精神文化生活最基本的组成部分，它首先是一种文化现象，它与文化之间存在着密不可分的关系。旅游的本质是文化的产物，是一种文化审美创造活动，是异域文化之间的碰撞与融合。作为一种文化活动和文化现象，旅游的历史与人类文明相始终，其影响或许比单纯的经济影响更为深远。

海洋旅游文化是指以海洋旅游为依托旅游主体、旅游客体和旅游媒介之间相互碰撞、作用而产生的各种物质财富和精神财富以及各种文化现象的总和。海洋旅游文化内涵丰富，具有多层面、多元化的特点。

　　在海洋旅游中，跨文化交流的内容非常丰富。有大陆文化和海洋文化的交流，有东方文化和西方文化的交流，有现代文明和古老文明的交流，这是培育"和而不同"的人类新文化的最合适土壤。曾经培育过生命的海洋，现在又在培育人类的新文化。而"和而不同"的文化正是人类在全球范围内和谐地共处的根基。旅游是一种跨越文化空间并联结异质文化圈的活动，因此，旅游文化常常伴随着接触、冲突、互渗和交融的发生。

　　海洋现象是大自然现象的重要组成部分，是人类与之相依相存、密不可分的生存环境，因而人类就必然把本来就神奇绝妙、风光无限、神秘多多的海洋大自然视为审美鉴赏的自然对象了。美丽的海滨旅游胜地，都是以具有美学价值的海岸为依托，以辽阔壮观的海洋为主景，与清澈透明的海水、洁白平缓的沙滩、风和日丽的天气相结合，构成景观独特的海滨度假地，成为永远的旅游热点。

关键术语

旅游的文化属性（cultural character of tourism）　　海洋旅游者（marine tourist）

海洋旅游文化（marine tourism culture）　　文化震惊（culture shock）

海洋旅游目的地（marine tourist destination）　　审美意义（aesthetic significance）

生态文化系统（ecological culture system）　　文化冲突（culture conflict）

复习思考题

1. 如何理解海洋旅游者的概念？
2. 旅游的文化属性以及海洋旅游文化的内涵是什么？
3. 怎样理解海洋旅游中的文化震惊与冲突？
4. 海洋旅游的审美意义何在？

参考文献

曹诗图 . 2006. 旅游文化与审美（修订版）. 武汉：武汉大学出版社 .

成竹 . 2006. 新编旅游美学 . 天津：南开大学出版社 .

陈建宪 . 2004. 文化学教程 . 武汉：华中师范大学出版社 .

陈永正 . 2007. 文化旅游的产业属性及其发展战略——以成都市为例 . 郑州航空工业管理学院学报，85（1）：89－91.

董玉明 . 2002. 海洋旅游 . 青岛：青岛海洋大学出版社 .

关世杰 . 1995. 跨文化交流学 . 北京：北京大学出版社 .

黄安民，李洪波 . 2000. 文化生态旅游初探 . 桂林旅游高等专科学校学报，42（3）：56－58.

李江敏，李志飞 . 2000. 文化旅游开发 . 北京：科学出版社 .

李隆华，俞树彪 . 2005. 海洋旅游学导论 . 杭州：浙江大学出版社 .

李天元 . 2003. 旅游学概论（第 5 版）. 天津：南开大学出版社 .

马勇，周青 . 2004. 旅游学概论 . 北京：旅游教育出版社 .

马勇，周青 . 2008. 休闲学概论 . 重庆：重庆大学出版社 .

邱德玉 . 2006. 中国旅游文化 . 北京：科学出版社 .

曲金良 . 1999. 海洋文化概论 . 青岛：青岛海洋大学出版社 .

田里 . 1997. 旅游管理学 . 昆明：云南大学出版社 .

王春艳，王月 . 2008. 海洋休闲旅游研究初探 . 长春师范学院学报（自然科学版），109（3）：89 – 92.

谢彦君 . 1999. 基础旅游学 . 北京：旅游教育出版社 .

谢彦君，彭丹 . 2005. 旅游、旅游体验和符号 . 旅游科学，19（6）：1 – 6.

于岚 . 2000. 文化旅游概念不宜泛化 . 北京第二外国语学院学报，97（3）：78 – 79.

张国洪 . 2001. 中国文化旅游——理论·战略·实践 . 天津：南开大学出版社 .

朱卓仁 . 1995. 忠告上海旅游业 . 中国旅游，96（1）：27 – 31.

Annie Crawford. 2001. Successful Tourism at Heritage Places. New York：Biographies，Abstracts and Papers IAA Conference.

Chirgwin S，Hughes K. 1997. Ecotourism：The Participants' Perceptions. Journal of Tourism Studies，8（2）：2 – 7.

Kaufman，Tammie. 2007. Cultural Tourism and the Vacation Ownership Industry. Journal of Retail & Leisure Property，（3）：213 – 220.

Lucero Morales Cano，Avis Mysk. 2004. Cultural Tourism，the State，and day of the Dead. Annals of Tourism Research，31（4）：879 – 898.

Robert，Wood Bali. 1998. Cultural Tourism and Touristic Cu1ture. Annals of Tourism Research，（3）：770 – 772.

□ **阅读材料 6 – 1**

海洋文化对中国海洋经济的影响

一、海洋文化与海洋经济的内涵

（1）海洋文化的内涵

对海洋文化的定义具有以下特征：①倾向于从广义角度定义海洋文化，认为海洋文化是人类在对海洋实践中创造的物质财富和精神财富的总和；②对海洋文化的定义具有多样性，不同的学者定义的海洋文化是不同的；③强调海洋文化与其他文化的巨大差别性，海洋文化具有一系列其他文化形式不具有的本质特征。综合以上特征，认为海洋文化是人类在长期对海洋认识利用基础上，通过海洋实践创造的物质文明和精神文明的总和，包括海洋制度、海洋意识、海洋观念等众多分支。具体表现在沿海居民的行为方式、性格特征以及一系列与海洋文化相关的艺术、饮食、习俗等众多领域。

（2）海洋经济的内涵

随着人类社会经济的发展，陆地的资源逐渐枯竭，而且开发陆地资源造成的环境污染日趋严重。伴随着人类对海洋认识的加深，海洋科技的发展，海洋的经济开发受到重视，海洋经济成为了人们开发和利用海洋的重要领域，国外虽然对海洋经济开展了一系列广泛而深入的研究，但是至今为止，国外并没有明确地提出海洋经济的概念。中国于20世纪80年代末提出了海洋经济概念，并在各级发展报告上频繁使用。最早界定海洋经济概念的是中国的学者杨金森。他指出，海洋经济是以海洋为活动场所和以海洋资源为开发对象的各种经济活动的总和。从经济内容来看，海洋经济包括渔业、种植业、工业、运输业、旅游业等，是一个多门类的经济领域；从活动场所看，它包括海岸带、近海和远洋，水面、水中和海底，范围极为广泛；从管理体制看，有中央的许多部门，也有地方各级行政单位和经济组织，还有一部分国际联合和协作活动机构；从生产关系看，有国营企业，集体企业，还有不少个体生产者。这些部门和产业，都以海洋为统一的活动场所，既有独立性，又相互制约，相互联系。继杨金森以后，权锡鉴、柳时融等学者又对海洋经济进行了定义，近20年来，学术界一直在对海洋经济的定义进行探讨，但是并没有形成统一的认识，总结学术界对海洋经济的定义。

二、中国海洋文化的特点

（1）海洋文化地域性明显

中国国土面积大，海岸线长，海域面积广阔，沿海地区的自然环境和人文环境具有很大差异，由此中国的海洋文化表现出很大的地域性特征。中国北方的大陆文化发达，对中国北方的海洋文化亦产生了较大影响，从而形成了大陆文化和海洋文化相结合的包括天津、河北、山东、辽宁在内的北方环渤海海洋文化区域；由于靠近大陆文明发达的中原地区，自元代以来更有卫戍京畿的作用，这一文化区域具有大陆文化和海洋文化的双重特征。以百越文化为代表的南方海洋文化由于远离大陆文化发达的中原地区，民间的海洋活动较北方频繁，其海洋文化更多地显示出海洋文化自身的特点。

（2）海洋文化类型多样

作为一个海洋大国，中国海洋文化具有多种类型。在发展过程中逐渐形成了深受齐鲁文化影响，又独具自身特色的环渤海海洋文化区、以吴越文化为基础的长三角海洋文化区和以潮汕地区文化为基础的闽粤海洋文化区。这些文化区域具有不同的特点，其中环渤海文化区和长三角文化区自古以来就是文明的中心，其海洋文化在具有海洋文化一般特征的同时又具有大陆文化的一系列特征，表现在海洋文化上就是大气包容、中西文化并存。而闽粤海洋文化由于远离大陆文明中心，所以较少受到大陆文化的影响，其海洋文化更多地表现出富于海洋冒险精神、勇于探索海洋等方面。

（3）海洋文化影响广泛

海洋文化对一个海洋国家的影响是多方面的，涉及海洋城市的景观建设、饮食习惯、价值取向等方面。中国海洋文化历史悠久，海洋文化对中国的影响是全方位的。改革开放以来，随着对海洋文化理解的加深，海洋文化受到重视，海洋文化中开放包容、不断进取的独特气质渗透到社会生活的各个方面，国家和地方政府对海洋文化以及海洋经济的重视程度大幅提高，把开发利用海洋作为一项重要政策。随着海洋开发的深入，海洋文化的影响会更加广泛。

三、中国海洋文化对海洋经济的影响

第一，中国海洋经济的发展离不开海洋文化的支撑。法国经济学家佩鲁强调，文化价值对社会发展具有决定性意义，他认为任何发展目标与发展环境都与文化环境息息相关："企图把共同的经济目标同他们的文化环境分开，最终会以失败而告终，尽管有最为巧妙的智力技巧。如果脱离了它的文化基础，任何一个经济概念都不能得到彻底的思考。"人们开发利用海洋的历史，也就是海洋文化的创造历史，始终离不开海洋文化经济中的人文特性。缺乏文化基础的经济发展并不能长远。

第二，海洋文化可以解决海洋经济中的问题。中国海洋经济相对于中国的总体经济规模所占比重偏小，虽然改革开放以来，中国海洋经济产值每年增长率都超过10%，2007年海洋总产值达到24 929亿元，但是中国海洋产业还存在一系列问题，海洋产业发展粗放，第一、二、三产业不协调，第二产业规模相对偏大，第三产业规模相对偏小，在开发海洋上则存在过度开发海洋资源、海洋环境污染严重等问题。

第三，海洋文化为海洋经济的发展提供智力支持。海洋文化的本质特征是开拓进取，富于冒险精神，它存在于沿海地区人民经济生活的各个方面。面向海洋、开发海洋，已经成为中国沿海地区的共识。1978年以来，沿海省份的GDP增长速度、固定资产投资额都排在全国省份的前列，这很大程度上表现出了海洋文化对海洋经济的带动作用，海洋文化为海洋经济提供了精神动力和智力支持。

第四，海洋文化对海洋旅游业的重要作用。中国海洋文化历史悠久，海洋文化景观丰富，为中国成功发展海洋旅游业奠定了良好的发展基础。2001年沿海地区接待外国入境旅游人数占全国总人数的43%，海洋旅游业已经成为中国海洋经济中的重要组成部分。

资料来源：林宪生，张磊《海洋文化对中国海洋经济的影响》，经济研究导刊，2009，（10）：128－129。

□ 阅读材料 6 – 2

文化震惊的概念链接

"culture shock" 翻译为 "文化震惊", 在很多跨文化交流的著作中也译为 "文化冲击" "文化休克" "文化震荡" 等, 在旅游文化学中取 "文化震惊" 更合适。Culture shock 是跨文化交流学中一个重要概念, 1960 年, 它首先由文化人类学家奥伯格 (Kalvero Oberg) 提出, 并界定为 "由于失去了自己熟悉的社会交往信号或符号, 对于对方的社会符号不熟悉, 而在心理上产生的深度焦虑症"。早期关于文化震惊的研究多集中在社会心理学家中, 他们注重研究个人对新的文化环境的适应过程。其后有许多学者都尝试给这一概念下定义。霍尔的定义是: "所谓文化震惊, 就是自己迄今为止所经历过的大量的熟悉的环境或是失去或是扭曲, 而被另外的自己所不熟悉的环境所替代。" 日本学者星野命在总结大量观点的基础上认为: "文化震惊一般来说指的是一个人在接触与自己的文化所具有的生活方式、行为规范、人际关系、价值观或多或少不相同的文化时, 最初所产生的感情上的冲击和认知上的不一致。但是, 情况还不止于此, 它还是由此而产生出的身心不适症, 以及累积产生出的一种潜在性的、担心的恐慌状态。" 了解文化震惊这一现象, 有利于人们应付跨文化交流中的心理反应。

自 20 世纪 60 年代起, 跨文化传播成为独立学科, 文化震惊由此成为跨文化研究的热点。每一个人在遇到与自己成长的文化所不同的文化环境时, 都会体会到这样的震惊和冲击。这是因为, 自己迄今为止所生活过的那个社会与眼前的这个陌生的社会是如此的不同, 以往运用自如的社会技能、自觉遵守的行为规范, 在异质文化的环境中失去了作用, 从而引起心理状态的混乱。文化震惊既是在异质文化环境中最初所受到的冲击, 又是在异质文化环境中心理状态演变的一个过程。母体文化的烙印具有不可磨灭性, 正是由于这一点, 在异质文化环境中, 才经常会有新的发现、新的感受, 并时时受到冲击。

文化震惊一般有三个阶段: ①在主体进入一个新文化之前; ②在主体经历文化震惊之中; ③在主体回到自己文化群体之后。旅居国外的人们在回到自己的文化群体时, 还会经历一次文化震惊, 其强度不亚于进入新文化。文化震惊表明, 文化对于人们的行为有着重要影响。

资料来源: 章海荣《旅游文化学》, 复旦大学出版社, 2004: 226。

第7章 海洋旅游业

■ **学习目标**

◇ 了解海洋旅游业概念及其内涵
◇ 了解新业态的出现对我国海洋旅游业的影响
◇ 熟悉海洋旅游业主要行业系统构成
◇ 掌握邮轮、游艇、游船业等新业态

7.1 海洋旅游业概述

现代旅游活动由一系列旅游行业支撑。整体旅游产品的构成涉及多个相关产业和行业部门，但是它们通过提供各自的产品和服务满足旅游者的需求，从而使得不同的产品在整体旅游产品的前提下统一起来。因此，可以这样说，广义的旅游业是指向旅游者提供观赏和愉悦产品的企业的集合，即通常所说的旅游观赏娱乐业和以此为轴心并由各种与满足旅游者消费有关的行业的集合。所谓海洋旅游业，简单地说就是指为海洋旅游活动提供服务的行业，主要包括海洋旅游交通运输服务部门、海洋旅游中介服务、海洋旅游接待服务、海洋旅游支持行业等。

7.1.1 海洋旅游业

（1）旅游业

旅游，顾名思义即"旅行"与"游览"。人类的旅行和旅游活动是社会经济发展的产物。旅行仅仅是为完成某个动机的一般空间移动过程，旅游则包含旅行和游览。迄今为止，关于旅游的定义有很多。一般认为，旅游是指人们因消遣性原因或目的而离家外出旅行的活动。1991年，世界旅游组织（UNWTO）对旅游定义为，旅游是一个人前往其惯常环境之外的某地开展的一整套活动，在该地的连续停留时间短于一年，并且主要访问目的不是从事某种从该到访地区之内获取报酬的活动。旅游资源、旅游设施和旅游服务是旅游业经营管理的三大要素。从国家或地区的旅游发展角度来看，旅游业主要由五大部分组成，即旅行中介组织部门（旅行社）、住宿接待部门（旅游饭店）、交通服务部门（旅游交通）、游览场所经营部门和各级旅游管理组织。

旅游业不像其他产业那样界限分明，整体旅游产品的构成涉及多个相关产业和行业部门。尽管这些产业或行业的主要业务或产品各不相同，但在涉及旅游方面，它们都有一个共同之处，即通过提供各自的产品和服务满足旅游者的需求，便于旅游活动的开展，从而使得不同的产品在整体旅游产品的前提下统一起来。

因此，广义的旅游业是指向旅游者提供观赏和愉悦产品的企业的集合，即通常所说的旅游观赏娱乐业和以此为轴心并由各种与满足旅游者消费有关的行业的集合，主要由三种类型行业（部门）组成：一是有关旅游"准备"的行业，主要是为即将出行的旅游者办理各种预备性服务，如办理旅游问讯和预订业务的旅行社以及出售旅游用品的商业企业；二是有关旅游"移动"的行业，负责实现旅游者和旅游信息的空间移动，如交通运输和通信业；三是与旅游"逗留"有关的行业，负责旅游者在旅游目的地的一切消费满足，旅游观赏娱乐也可归入此列，另外还包括饮食业、住宿业、旅游购物等。

实际上，从旅游活动形式上看（行、游、住、食、购、娱），旅游业的构成应包括旅游中介服务、以饭店为代表的住宿业、餐馆业、交通客运业、游览娱乐业、旅游用品和纪念品销售业，还有各级各类旅游管理机构和旅游行业组织几大部分。

（2）旅游业的构成

旅游产业是一个多行业的综合构成，综合性很强。我们可以将旅游产业的构成加以提升后概括为：旅游是离开住所及办公场所的所有人类休闲方式，包括离开家庭与单位的出游过程中所涉及所有的方面，旅游涉及行业非常多，我们大体上将其分为八大类别：

①游憩行业：包括景区、公园、娱乐区、游乐区、主题公园、体育园区、康疗区、旅游商业区等的经营管理和运作的行业；

②接待行业：宾馆、饭店、餐饮、会议、展览等；

③营销行业：旅行商务行业、旅游媒介广告行业，主要是旅游营销渠道方面，包括旅游文件、旅游广告等相关的方面；

④交通行业：公路客运、铁路客运、航空、水运等；

⑤建设行业：园林绿化、生态恢复、古建、艺术装饰等建筑行业；

⑥生产行业：车船交通工具生产、游乐设施生产、土特产品加工、旅游工艺加工、饭店用品生产等；

⑦商业行业：旅游购物商业、购物休闲商业（Shopping Mall）等；

⑧旅游智业：规划、策划、管理、投融资、景观设计等咨询行业。

由上述八大类别基本形成了旅游产业链，即我们所谓的旅游大视野概念。

把旅游产业链作为一个更加全面的、互动的结构清理出来，形成一个大的构造，即为旅游大视野中核心的部分，它包括两个方面：一是与旅游直接相关的产业：宾馆酒店业、餐馆业、运输业、文化业、娱乐业、体育业、保健美容疗养业、博彩业、会展业、生态与观光农业、加工工业和技术产业。二是综合提升的产业：就是说旅游与其相关联的目的地的结构导致了旅游整合而形成的相关产业结构，其中：第一种是旅游房地产业，以度假结构为依托、第二居所和第三居所等所体现的旅游度假酒店、旅游公寓、别墅区等形态，将旅游与房地产相结合的旅游房地产业；第二种是城市游憩型商业，如步行街、ShoppingMall、中央游憩区、城市休闲的核心区及旅游小城镇，这是把旅游的产业链与城市经营、城市运营结合在一起，把旅游和城市名片的打造、城市旅游、城市周边旅游、景区旅游结合在一起，形成整个以旅游产业为依托的城市经营的理念。

（3）海洋旅游

海洋旅游是一个范围极为宽泛的概念。它既包括了滨海（海岸带）的旅游活动又包括了更广阔的海洋水域中进行的旅游活动，以及依托于海岛开展的旅游活动。海洋旅游是与陆地旅游相对应的，是按旅游活动地域不同来分类的一个子类。因此，可以把主要活动在陆地的旅游称为"陆地旅游"，而把主要活动在滨海地区、海上、海底、海岛的旅游称为"海洋旅游"。当然，对陆地旅游与"海洋旅游"的划分是相对的，因为任何旅游活动都离不开陆地。海洋旅游又有许多不同的内涵，如滨海旅游、海岛旅游、海上旅游等。但这些都不能涵盖或替代海洋旅游。海洋是由作为海洋主体的海水水体、生活于其中的海洋生物、邻近海面上空的大气和围绕海洋周缘的海岸及海底等几部分组成的统一体。

弄清了海洋旅游的范围，再结合旅游的定义，我们可以给出海洋旅游的概念——所谓海洋旅游，是指在一定的社会经济条件下，以海洋为依托，以满足人们精神和物质需求为目的而进行的海洋游览、娱乐和度假等活动所产生的现象和关系的总和。

国际上把海洋旅游定义为：离开惯常环境而集中到海洋环境下的一些游憩活动。海洋环境主要指含盐分并且受潮汐影响的水域。很显然，这一说法粗略地看来似乎并不含海岸带的旅游活动而是直指海洋水体中的活动，但仔细分析后便可发现，该定义依然强调了海洋旅游应该包含基于海岸带的海洋旅游活动特征。旅游业是一个开放的体系，在这个体系里，可涉及动态的人、客源地、目的地、中转地以及旅游行业这五大要素，这是一个十分宽泛的概念。首先，旅游开发就包括旅游接待设施、餐馆业、食品业、第二住宅等方面；其次，旅游基础设施又指零售业、港口、交通等旅游活动支持系统；再次，旅游活动本身的方式十分广泛，包括不同形式的观光、休闲、运动以及基于远洋的深海垂钓和游船活动，等等。

（4）海洋旅游业

旅游产业是一个新兴的产业。它不是一个独立的产业部门，而是与其他有关部门和行业的边缘组合；它有一个多元性的行业群体结构，与经济、社会各部门之间有着难以割舍的联系，因此，学界至今没有关于旅游产业的统一概念界定。本教材根据我国对海洋经济统计口径、我国对三类产业划分的方式为依据，来探讨海洋旅游产业的概念和范畴。

根据国际上对海洋产业（marine industry）的界定推论，海洋旅游业实际上是指人们利用海洋空间或以海洋资源为对象的社会生产、交换、分配和消费的经济活动，以及为各类旅游消费活动生产和提供产品的各种企业集合。

产业分类具有多样性特点，通常的海洋产业分类有三种：一是应用国民经济物质生产部门分类标准划分海洋产业。一般把海洋产业划分为海洋农业、海洋工业、海洋建筑业、海洋交通业和海洋商业服务业；更具体一点的划分是：海洋水产业、海洋油气业、海滨砂矿业、海洋盐业、沿海造船业、海洋交通运输业和滨海旅游业 7 个部门。二是应用国民经济三次产业分类标准划分海洋产业。海洋三次产业是按照中华人民共和国国家标准《国民经济行业分类》（GB/T 4754—2002）和中华人民共和国海洋行业标准《海洋经济统计分类与代码》（HY/T 052—1999）的规定，对海洋三次产业所作的划分：海洋第一产业包括海洋渔业，主要指海洋捕捞业和海水养殖业，以及正在发展中的海水灌溉农业；海洋第二产业包括海洋油气业、海滨砂矿业、海洋盐业、海洋化工业、海洋生物医药业、海洋电力和海水利用业、海洋船舶工业、海洋工程建筑业等；海洋第三产业包括海洋交通运输业、滨海旅游业、海洋科学研究、教育和社会服务业等。三是应用海洋产业发展的时序和技术标准划分海洋产业。一般认为海洋产业包括传统海洋产业、新兴海洋产业和未来海洋产业。

根据以上对海洋产业的分类，可见海洋旅游产业属于海洋第三产业范畴，是新兴的产业门类，是海洋产业的一个组成部分。

厉新建在《旅游经济学——理论与发展》一书中指出：旅游经济是闲暇时间私有化和商品化后商品化、社会化了的旅游活动所引发的，在旅游活动商品化过程中自然需要有相应的供给商提供相应的产品和服务，而社会化的旅游活动也为供给商从中获得足够的收益提供了必要的条件，因此，旅游产业是指在旅游经济运行过程中，为旅游需求的实现提供产品和服务的企业和组织的集合，而特别是指其经营目标主要是旅游者，经营收入主要来自旅游花费的企业组织，只有这些企业才构成旅游产业的组成部分。旅游产业作为国民经济中的一个新兴产业，有其特殊的产生发展规律，作为一个综合产业，它与国民经济其他产业间相互依存、相互促进。如果说，旅行社所提供的服务是旅游业的起点，那么，随之而形成的一系列商品和服务链所涉及的行业之多、乘数效应之大，决非旅行社行业的直接收入所能反映的。

浙江省旅游局在 2002 年《浙江省旅游产业统计及对国民经济贡献研究》的课题研究中，对旅游产业进行了界定，围绕"行、游、吃、住、娱、购"六大要素，以第三产业中的相关行业为主，把与旅游活动密切相关和一般相关的部门进行归并，从而形成了一个比较符合客观实际的旅游产业结构框架。根据此界定，旅游产业具体包括：交通运输、仓储及邮电通信业；批发零售贸易业、餐饮业；金融、保险业；社会服务业；卫生、体育和社会福利业；教育、文化艺术及广播、电影电视业；以及其他为旅游者服务但组织形式上依附于第一、第二产业的活动。由此可见，旅游产业不同于传统产业，也与一般的第三产业有着差异，它是集多种活动为一体的综合性较强的行业，其产品形式多样，涉及的部门也十分广泛。

海洋旅游产业就其本身而言，是指以"行、游、吃、住、娱、购"六大要素为主要环节的行业链，属第三产业范围。但是这六大要素的综合配套过程，实际上就是带动海洋相关产业或部门的发展过程，因此，海洋旅游业是指海洋旅游行业以及与海洋旅游行业密切相关，并为其提供文化、信息、人力、物力、财力和智力等物质或非物质服务和支持的行业和部门。这些行业或部门不限于第三产业，有的还属于第一或第二产业的范围。自1998年起，我国滨海旅游产业的统计就是以地（市）为单位，把全部沿海地市的旅游产值均计入海洋旅游业之中，这充分体现出海洋旅游产业的带动性和关联性。

按照国家海洋经济统计年鉴的口径，海洋经济是开发利用海洋的各类产业及相关经济活动的总和；海洋产业是指人类利用海洋资源和空间所进行的各类生产和服务活动。可包括以下五个方面：①直接从海洋获取产品的生产和服务；②直接从海洋获取的产品的一次加工生产和服务；③直接应用于海洋和海洋开发活动的产品的生产和服务；④利用海水或海洋空间作为生产过程的基本要素所进行的生产和服务；⑤与海洋密切相关的海洋科学研究、教育、社会服务和管理。

那么，海洋旅游产业主要包括海洋与海岸带旅游开发（旅游接待设施、餐饮业、食品业、第二住宅等）、旅游基础设施（零售业、港口、交通等旅游活动支持系统），以及所有基于海洋与海岸带的旅游、休闲和娱乐活动（不同形式的潜泳、游泳、冲浪以及基于远洋深海垂钓和游船旅游等活动）。

7.1.2　海洋旅游业地位及特征

从人文意义上看，海洋旅游业的发展可以美化、改善旅游地的环境。世界旅游组织顾问 Edward Inskeep 认为，旅游业的发展对旅游地的环境产生双重影响，既有积极的一面，也有消极的一面。其中积极的一面包括保护环境、提高旅游区的环境质量、能够增强旅游区居民的环保意识和改善旅游地的基础设施；消极的一面主要来自规划、开发和管理不当而对旅游地环境产生的破坏和污染。另外，海洋旅游业的发展也提升了旅游地的文明程度，促进各地区间的交往。从经济意义上看，海洋旅游业的增加值是国内生产总值的重要组成部分，同时还增加了社会就业机会。

7.1.2.1　海洋旅游业在海洋产业中的地位

海洋旅游业在海洋产业中的地位问题，应从它的发展现状、潜力、趋势、产业联动性、产业结构等方面来考虑。

（1）海洋旅游业是方兴未艾的朝阳产业

海洋旅游业的前景光明是依据它的发展趋势而言的，它完全是植根于人民群众日益增长的精神、物质需求，是与一部分先富起来的居民的享受、发展需求相联系的，这就在整体上确保了海洋旅游业恒久发展的前景。从该意义上来说，海洋旅游业是一个朝阳产业。据统计，全世界已有上千个海上娱乐和旅游中心，其中有200多个海洋公园；美国近年来仅参加游钓的就有4 500万人，年收入超过180亿美元；加拿大每年参加游钓的也有650万人，年收入47亿加元；日本每年参加海水浴的达1亿人左右；欧洲盛行海洋疗法，即使是冰天雪地的南极洲，每年也有近3 000名欧洲各国的游客前去观光。我国海洋旅游胜景很多，具有"滩、海、景、特"四大特点。进入 20 世纪 90 年代，我国的海洋旅游业蓬勃兴起，沿海及海岛各地都把海洋旅游业作为经济发展的先导产业来抓。统计资料表明，沿海及海岛地区，近年来接待的游客人次以每年高达 20% ~ 30% 的速度递增。从世界范围来看，海洋旅游不仅历史悠久，而且现代海洋旅游业蒸蒸日上，发展潜力很大。

（2）海洋旅游业是联动性大、带动性强的产业

海洋旅游业是一个多元性的行业群体结构，它与经济、社会各部门之间有着难以隔离的联系，特别是与海洋相关产业或部门之间都存在着不可分割的依存关系。这种关联在互动中又转化为彼此有益的联动关系。海洋旅游业靠着自身的生命力吸引着全社会对它的关注和支持，激励起人们参与海洋旅游业的热情。海洋旅游"六大要素"（食、住、行、游、娱、购）综合配套的过程，也就是带动海洋相关产业或部门（造船、运输、养殖、捕捞、工程、贸易等）发展的过程，进而为他们创造发展的新机遇。据有关部门预测，旅游消费支出每增加一个单位，工业产值可增加 3.2 倍，国民收入可增加 2.03 倍，投资可增加 0.57 倍。这种预测，在一定程度上也显示出海洋旅游业在海洋产业中的显著先导作用。

（3）海洋旅游业可为社会提供较多的就业机会

劳动就业问题是困扰社会经济发展的一大难题，安排国民就业是各国政府都十分关心的大问题。任何国家都可能会在不同时期或多或少地存在一定数量的失业或待业人员，这些人员的数量如果过大，则会带来许多严重的社会问题，形成影响国家社会经济发展的不稳定因素，因此安排就业是国家政府的重大工作之一。海洋旅游业作为一个劳动密集型行业，在接待工作中，许多工作都必须依靠员工手工操作，可以容纳较多的劳动力。根据有关部门推算，旅游消费支出每增加一个单位，在工业发达国家就业可增加 0.78 倍，在发展中国家就业可增加 0.92 倍。根据世界许多地区的经验，在低工资成本地区，饭店业的平均客房与员工比率为 1:1.5，这仅是饭店提供的直接就业比率。另外，饭店每增加一间客房，其他直接海洋旅游企业可相应增加 2.5 ~ 3 人的就业机会。也就是说，整个海洋旅游业的直接就业人数同当地饭店客房数的比例为 4.5:1。如果再进一步考虑到其他非直接海洋旅游企业或者与海洋旅游业有关的其他海洋行业，那么发展海洋旅游业所提供的就业机会就更多了，这无疑会促进整个海洋产业的发展。

（4）海洋旅游业是高新技术水平较高的产业

随着人民生活水平的大幅度提高，对精神和物质生活不断提出更新更高的要求，娱乐休闲已经成为人们重要的消费内容，特别是在我国实行每周双休日制和"黄金周"长假制以后，举家旅游度假已成为时尚。就目前现有的游乐设施来说，远不能满足人们日益增长的精神和文化需要，亟待开发新的旅游资源和建设新的游乐设施，特别是海洋旅游资源开发和海洋旅游项目建设。海洋高新技术的迅速发展，已实现人类遨游海洋的梦想，然而，海洋仍以它特有的神秘、深奥和变幻莫测吸引着无数的人们。为了满足人们对海洋知识的强烈兴趣和推广高新技术，近年来，美国、欧洲、日本等相继建起了"海洋世界"或"海洋城"等融科技与游乐于一体的娱乐设施，取得了巨大的社会效益和经济效益。大型娱乐项目的建成不仅能满足人们游乐的需求，同时对提高科技知识、提高人民素质、加强文化建设将会起到有力的推动作用，并以其知识性、科学性、新颖性、趣味性的独到特色吸引大批游人，从而带动海洋旅游业的发展。

（5）海洋旅游业是海洋文化含量较大的经济产业

海洋旅游业的近代、现代、当代海洋文化的内涵更为丰富，海上交通、贸易、航海、海洋科技、各国人民往来、中西方海洋文化交流诸方面，形成了海洋旅游业的海洋文化体系，它在思想观念和物质演进方面，为推动社会进步和经济发展发挥了巨大作用。

寻求享受和发展是旅游者的基本动因所在，唯有提高旅游产品、旅游环境和旅游服务的文化含量，才能使海洋旅游业始终居于时代进步的前列，适应旅游市场不断发展着的需求。海洋旅游业是海洋文化含量较大的经济产业，这是其他海洋行业无法比拟和替代的，它对经济的发展起着强大的促进作用。海洋文化就是与海洋有关的文化，就是缘于海洋而生成的文化。"人类社会历史实践过程中受海洋影响所创造的物质财富和精神财富的总和就是海洋文化。"地中海孕育了古希腊文化和古埃及文化，印度洋熏陶过古印度文化和古巴比伦文化，大西洋造就了近代商业文化，太平洋与古代中国文化和现代文化有着直接的联系。从我国情况来看，在中华民族古老的历史文化中，存在着内陆文化和海洋文化两大支流：黄帝一系代表了中国的内陆文化，炎帝一系代表了中国的海洋文化。从中国古代的思想流派来讲，如果说儒家、墨家、法家体现了中国内陆文化精神的话，那么道家、阴阳家、神仙家更多地体现了中国海洋文化精神。中国沿海广大地区的海洋文化遗存丰富，有着关于道家、阴阳家、神仙家的众多历史古迹和传说故事，特别是关于越王勾践徙都琅琊、秦皇汉武东巡、徐福东渡求仙、八仙过海、崂山道士和郑和下西洋等故事及与之相关的传说，在这里面占有着相当重要的地位。先民们通过漫长的海岸线和众多的河流，有利于与各地的经济联系，这种开放式的经济文化联系，促进了沿海地区经济和旅游的发展。

7.1.2.2　海洋旅游业的特征

现代海洋旅游产业历史虽短但发展势头迅猛，目前已经成为海洋经济中一个新兴的支柱性产业。比较其他产业，海洋旅游产业有以下特征。

（1）关联度大

海洋旅游产业不同于传统意义的产业，它不是独立的产业部门，而是其他有关部门和行业的边缘组合；海洋旅游产业还是一个多元性的行业群体结构，它与经济、社会各部门之间有着难以割舍的联系，特别是与海洋相关产业或部门之间存在着不可分割的依存关系，关联度大是其一大特色，几乎没有哪个部门不为旅游产业提供生产资源，旅游产业对其他产业也存在着较强的拉动作用。

海洋旅游产业联系的纽带主要有以下四个方面：第一是产品和劳务联系。产品和劳务的联系是产业间最基本的联系，海洋旅游产业的存在和发展，可以为海洋交通运输业、信息技术等产业部门提供大量作用对象，同时，海洋旅游产业的行、游、住、食、娱、购等构成要素之间也存在着相互间的提供服务或产品的关系。第二是生产技术联系。生产技术进步是推动产业联系方式、改变产业结构的最活跃、最积极的因素。海洋旅游产业部门对其产品和劳务有着自己的要求，这一要求使得海洋旅游产业与其他产业之间的操作技术有着必然的联系。第三是劳动就业联系。海洋旅游是公认的劳动密集型产业，它的发展必定带动相关产业的劳动就业机会，促进各产业间的发展。第四是投资联系。海洋旅游产业的发展又必然建立在基础设施较完善的基础上，因而各国各地在确立以发展海洋旅游业为新经济增长点时，必须对海洋旅游进行必要的投资，譬如加大对旅游交通、食宿设施投入，就势必带动建材、建筑、交通产业的发展，其投资的效应是其他产业所不能比拟的，海洋旅游投资乘数效应显著。

由于海洋旅游产业的强关联性，所以海洋旅游产业也往往被认为是一个脆弱性的产业，其实这只是一个阶段性的表现，就长远而言，特别是在现阶段，旅游产业的强关联性正成为带动国民经济其他行业走出经济低谷的重要保证，海洋旅游产业也成为海洋经济结构中的重要组成部分。

（2）综合性强

海洋旅游产业包括海洋旅游交通、海洋旅游游览、旅游住宿和餐饮、旅游购物、旅行社、娱乐等部门，这些部门横向交错造就了海洋旅游产业链，生产出丰富的产品满足旅游者在海洋旅游活动过程中的游、行、食、住、娱、购的六大基本需求，因此，广义的海洋旅游产业部门就包含了旅游六大要素所涉及的各大部门，即为旅游需求提供旅游产品和服务的所有行业和部门（图7-1），这充分显示出海洋旅游产业的强大综合性特征。

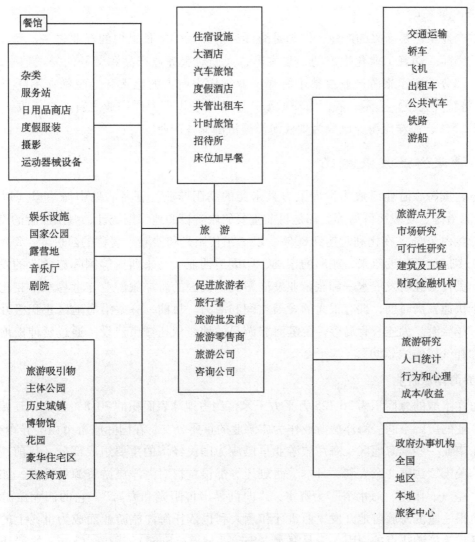

图7-1 旅游产业部门结构构成图（王大悟 等，1998）

（3）环境容量大

海洋旅游资源环境容量大，经济开发程度也大，适宜建设一批具有一定规模的旅游和娱乐区。经过多年发展，世界几大海区的海洋旅游业已形成十分稳定的格局，我国海洋旅游业以滨海现代城市为中心，正逐步形成环渤海地区、长江三角洲地区、闽江三角洲地区、珠江三角洲地区和海南岛等颇具地方特色的海洋旅游区，这些海洋旅游区的建设和不断完善，将极大地满足越来越旺盛的旅游需求，弥补陆上旅游环境容量的不足。

（4）劳动密集型

旅游产业部门是由那些给公众提供服务大致相同的部门组成的，这些服务功能使得旅游行业便于进行标准化，这意味着该产业的劳动密集程度依然很高，因此，我国海洋旅游产业的快速发展也促进了沿海地区的劳动就业。21世纪初中国涉海就业情况调查结果显示，全国就业人数为63 052.7万人，沿海地区就业人数为25 848.1万人，其中涉海就业人数达2 107.6万人，占沿海地区就业人数的8.2%，涉及国民经济16个门类，165个行业小类。我国涉海就业行业辐射范围广，人员素质和年轻化程度高，就业结构较为合理，而作为劳动力密集型产业的海洋旅游，能够吸纳更多的劳动力就业。通常，旅游产业的直接就业与间接就业之比为 1：5，可见海洋旅游产业对其他产业部门的就业拉动作用。

（5）经济地位突出

海洋旅游产业虽然是新兴的产业，但却是海洋经济体系中增长最快的产业之一，海洋旅游产业的经济地位日益突显。随着工业化生产的长足发展，人们对服务业产品和劳务的需求越来越大，因此，作为服务业一部分的海洋旅游产业在整个海洋产业结构中所占的比重和地位都在不断上升。2011 年《中国海洋经济统计公报》显示，我国海洋旅游产业位居各主要海洋产业之首，全年收入 6 258 亿元，同比增长了 12.5%，海洋旅游业已成为现代海洋经济的支柱产业。

7.1.3 海洋旅游业发展概况

综观全球，滨海旅游业已成为世界上方兴未艾的朝阳产业。著名的地中海沿岸（以西班牙为代表）、加勒比海沿岸、夏威夷群岛等，都是目前重要的旅游目的地。据统计，海滨旅游的游客在德国占50%，在英格兰占 70%，在比利时达到 80%。以"出售阳光和沙滩"著称的西班牙，每年的旅游外汇收入高达 100 多亿美元。近年来，亚洲的泰国、印度尼西亚、马来西亚等国际旅游业的发展，也得力于海滨度假。受社会经济发展水平和旅游业发展影响，我国的海洋旅游业与世界水平相比还有较大差距，但却处于快速发展时期，拥有很大的发展空间和潜力。目前，一些沿海地区正积极开发海洋旅游资源，发展海洋旅游。大连、青岛等传统滨海旅游目的地，依托城市建设，通过延伸极地海洋动物世界等产品来弥补气候的"软肋"。

7.1.3.1 世界海洋旅游业

地球上海洋水域的总面积为 36 125 万平方千米，约占地球表面积的 70.8%，这一辽阔的领域，有着发展旅游产业的广阔空间。海洋旅游业作为旅游业的重要分支，在国际旅游市场上异军突起，欧美、澳大利亚和东南亚一些滨海地区，海洋旅游业早已成为国民经济的重要组成部分。目前，世界各旅游大国如英国、美国、法国、意大利、日本、西班牙等都很重视对海洋旅游资源的开发，如地中海沿岸的西班牙以"空气、阳光、海水浴"为资本，"向世界出售阳光和海滩"，它的四大旅游区都位于海滨；意大利也很注重滨海旅游地开发，西班牙和意大利也依托海洋旅游业而成为世界上的超级旅游大国。海滨地区成为旅游热点的原因，一是海水（Sea）、海滩（Sand）、阳光（Sun）的"3S"资源，以及由这些景物所构成的综合景观，适宜避暑度假、休息疗养和旅游观光；二是神秘、瑰丽、壮阔的大海自古以来一直像磁石般吸引着现代城市生活中紧张、焦虑和渴求脱离嘈杂环境的人们。当前，世界各国都在自己的领海以及广阔的公海、大洋领域开发旅游资源，开辟了多种综合性的海洋旅游项目，世界海洋旅游事业正在不断向更深、更广的意义上蓬勃发展。

世界海洋旅游业经历了四个发展阶段：最早的海水浴场出现于 1730 年英国的斯卡伯勒和布赖顿；现代滨海旅游形成于 19 世纪中叶，在欧洲大西洋沿岸、波罗的海沿岸开辟众多的滨海疗养地；20 世纪初，地中海沿岸避寒度假胜地成为新的世界著名滨海旅游中心；在世界范围内，海洋旅游产业兴起于 20 世纪 60 年代后期，最早出现于拉丁美洲的加勒比海地区，后来逐渐扩大到欧洲和亚太地区，形成了巨大的市场影响力。海洋独特的风光、人们对海洋的内在依恋，工业文明后人类对回归大自然的向往，以及伴随着可支配收入的增加和更多闲暇时间的出现，越来越多的人奔向海洋，从而形成了世界范围内的海洋旅游热潮。地中海沿岸，加勒比海地区，波罗的海及大西洋沿岸，夏威夷的海滨、海滩、海岛等，都成为著名的世界级的海洋旅游度假胜地。欧洲、北美洲、加勒比海地区，海洋旅游业各有千秋，各领风骚，其中西班牙、意大利、法国、英国、美国、俄罗斯等较为卓著。

迄今为止，世界滨海旅游产品开发大致可分为三个阶段：一是治病疗养产品阶段，这个阶段的主要产品是海水浴、阳光浴的治病和医疗保养；二是疗养游乐产品阶段，这个时期除传统产品外，出现了水上娱乐项目，如滑水、摩托艇、空中跳伞；三是游乐度假产品阶段，这一阶段主要新产品有度假村、海底观光、水上体育活动等。

7.1.3.2　中国海洋旅游业

中国既是陆地大国，又是沿海大国。中国濒临西太平洋，大陆边缘有渤海、黄海、东海、南海，海岸线总长1.8万余千米，分布着6 500多个岛屿、50多个群岛和列岛，是一个航海自然条件非常优越的大陆性兼海洋性国家。

我国的航海历史极为悠久，海上旅行活动自古有之，远古航海文明萌芽的产生至少可以追溯至新石器时代。在遥远的时代里，中国人便凭借自己非凡的勇敢与智慧走向海洋，在很长的历史时期内，中国是一个航海大国、强国，为人类开发海洋作出了许多重要的贡献。

到了现代社会，中国的社会和经济发展越来越多地依赖海洋，海洋这片蓝色的国土已迅速发展成为旅游业新兴开辟的空间，海洋旅游逐渐成为旅游新产品开发中的重要领域。我国滨海旅游开发最早可追溯至19世纪，开始于秦皇岛的北戴河，但当时的北戴河滨海主要用于避暑、疗养。而把海滨当作公众游览之地，并对它进行一定的管理，在内地始于新中国成立后。滨海旅游作为一项产业是进入到20世纪80年代后才出现的，除了港澳台地区外，与世界滨海旅游开发相比，我国滨海旅游开发不仅起步晚，而且发展缓慢。但由于中国内地滨海旅游资源十分丰富，而且品质高，加之改革开放后中国沿海地区对外开放程度高，经济充满活力，因此我国滨海旅游的开发速度较快，发展势头强劲，涌现了一大批滨海旅游胜地。

中华人民共和国成立后，我国的海洋旅游进入了新的发展时期。从新中国成立至今，海洋旅游产业发展经历了三个不同的发展阶段。

①初创阶段（1949—1965年）。新中国成立之初，我国旅游业主要作为人民外交的一条途径，旨在宣传国家的方针、政策和社会主义建设成就，增进我国与世界各国人民的了解和友谊等。因此，当时我国的海洋旅游业进入了一种以政治接待为主的经营期，处于自发和缓慢发展的状态。

②停滞阶段（1966—1976年）。当现代世界旅游业以高速度向前发展的时期，中国的旅游业却遭受到"文革"的十年浩劫，旅游工作处于瘫痪状态，我国的海洋旅游业受其影响，发展几乎处于停滞状态。

③发展阶段（1976年至今）。1978年党的十一届三中全会召开，并提出实行"改革开放"的基本国策，这使得沿海地区成为对外开放的前沿。由此，沿海地区的海洋旅游业率先进入持续、快速发展的阶段。这一阶段，中国的海洋旅游业受到前所未有的重视，来中国滨海地区的海内外游客逐步递增。经过多年的发展，各沿海地区的海洋旅游产业已初具规模，海洋旅游产业在海洋产业中的重要地位日益凸显，至今，中国很多沿海地区把海洋旅游产业列为支柱产业和区域经济发展的新增长点，对其发展尤为重视。

20世纪80年代后期，中国海洋旅游业蓬勃兴起。自20世纪90年代以来，我国滨海旅游业持续升温，海洋旅游业取得了长足的发展和进步，在我国旅游产业中占有重要地位，海洋旅游产品日趋丰富和多样化，旅游外汇收入和入境旅游者人数逐年稳步上升，如渤海沿岸的天津、秦皇岛，黄海沿岸的大连、烟台、青岛和连云港，东海沿岸的上海、舟山和厦门，南海沿岸的深圳、北海和三亚等重点开发的滨海旅游区每年接待着大批来自海内外的游客，已具有较高的知名度。在大众旅游时代轰轰烈烈到来之时，海洋成了人们旅游的重要目的地，进入21世纪，海洋旅游业的前景愈加光明，人们奔赴海洋旅游目的地的热情不断高涨，全国由沿海地区入境的游客和旅游外汇收入，以及到沿海地区旅游的国内游客，大幅度增长。中国国家旅游局确定将2013年作为"中国海洋旅游年"。重要的海洋旅游目的地有大连、秦皇岛、烟台、威海、青岛、连云港、上海、舟山、福州、厦门、广州、汕头、湛江、北海、海口、三亚、香港、澳门等。

7.1.3.3　中国海洋旅游分区

经过 30 多年来的发展，我国海洋旅游业已逐步形成了环渤海地区、长江三角洲地区、闽江三角地区、珠江三角洲地区和海南岛五大海洋旅游区（表 7-1）。

表 7-1　中国主要海洋旅游分区

海洋旅游分区	重点海洋旅游目的地
环渤海地区海洋旅游区	天津、大连、秦皇岛、烟台、青岛、威海
长江三角洲海洋旅游区	上海、杭州、绍兴、宁波、舟山、温州、台州、南通、连云港
闽江三角地区海洋旅游区	泉州、厦门、福州
珠江三角洲海洋旅游区	广州、深圳、珠海、汕头、惠州、湛江、北海
海南岛旅游区	海口、三亚

◆ 环渤海地区海洋旅游区

本区包括辽宁、河北、天津、山东三省一市的滨海旅游业和海岛旅游业。本区海岸线北起鸭绿江口，南至山东与江苏两省交界处的秀针河口，大陆岸线长 5 656 千米。区内有岛屿 660 个，面积 354.6 平方千米，岛屿岸线 1 428 千米。

本区"滩、海、景、特"一应俱全，海洋旅游资源极为丰富。在海滩旅游资源方面，据统计，仅适宜于建设浴场的优良海滩就达 30 余处，目前约有一半尚未开发利用。在海岛旅游资源方面，大连的三山岛、棒槌岛、蛇岛、小平岛，烟台的庙岛群岛、芝罘岛，威海的刘公岛、石岛等岛屿都具有较高的旅游开发价值。在景观资源方面，丹东的大狐山古建筑群、大连老虎滩、旅顺的鸡鸣山、金州的金石滩、营口的西炮台、秦皇岛的山海关、北戴河的滨海疗养地、昌黎的黄金海岸、蓬莱的蓬莱阁、青岛的滨海风光、崂山道教圣地等自然景观和人文景观均对游客有较大的吸引力。在奇特景观资源方面，以长岛、蓬莱的海市蜃楼最为有名。此外，本区海上、陆地交通发达，周围地区经济发展水平较高，特别是本区众多的自然景观资源和人文景观资源环绕渤海和渤海海峡分布，便于从陆路和海上组成大大小小的环形旅游线路。这一优势是其他海洋旅游区所没有的。

◆ 长江三角洲海洋旅游区

本区主要包括江苏省、上海市、浙江省二省一市的滨海旅游业和海岛旅游业。本区海岸线北起山东与江苏两省交界处的秀针河口，南至浙江省与福建省交界的虎头，大陆岸线全长 2 966.2 千米。区内有岛屿 1 949 个，面积 2 822 平方千米，岛屿岸线 4 637.9 千米。

本区在我国的海洋旅游业中占有重要地位。首先，该区域具有丰富的自然旅游资源和人文旅游资源。上海是国际旅游者的进出门户；杭州、绍兴、宁波的自然旅游资源和人文旅游资源丰富，都是历史文化名城；舟山的海岛环境优美，其中普陀山是我国四大佛教名山之一。其次，本区旅游区位优势明显。本区位于我国南北海运航线和长江内河航道的结合部，依托我国最大的经济中心城市和工商业城市——上海和经济发达的长江三角洲经济区。这一区位优势，决定了本区在吸引国内外游客方面具有独特的优势。再次，本区经济发达，人口密集，大中城市集中，极有利于海洋旅游业的发展。

◆ 闽江三角地区海洋旅游区

本区包括福建省的海洋旅游业和海岛旅游业。本区海岸线北起福建省与浙江省交界的虎头，南至诏安县闽粤交界线，大陆岸线全长 3 051.1 千米。区内有岛屿 1 202 个。

本区发展海洋旅游业具有一定的优势。首先，本区为我国著名的侨乡，散居在世界各地的闽籍侨胞有数百万之多。其次，本区与我国的台湾省隔海相望，对吸引台胞前来投资办厂、旅游观光具有一定的优势。再次，本区拥有较为丰富的自然旅游资源和人文旅游资源。如福州市的三山（屏山、于山、乌山）鼎立，两塔（白塔、乌塔）遥对；泉州是我国四大商港之一；厦门的鼓浪屿风景秀丽。

◆ 珠江三角洲海洋旅游区

本区包括广东省和广西壮族自治区的滨海和海岛旅游业。本区海岸线东起闽粤两省交界线，西至中越交界的北仑河口，大陆岸线全长 4 823.5 千米。区内有岛屿 1 543 个，岛屿岸线 2 585.2 千米。

本区与香港、澳门邻近，与东南亚国家或相邻或隔海相望，发展海洋旅游具有独特的区位优势。同时，本区依托经济发达的珠江三角洲，发展海洋旅游业具有一定的优势。

◆ 海南岛旅游区

本区包括海南岛以及周围岛屿的海岛旅游业。本区在行政区划上属于海南省管辖。海南岛东西长 240 千米，南北宽 210 千米，总面积 33 920 平方千米，全岛海岸线长 1 617.8 千米。海南岛及其周围岛屿处于我国热带气候区，具有我国其他地区少有的热带风光和独具特色的旅游资源。海南岛还是我国少数民族集中居住地，各民族的风土人情对游客具有较大的吸引力。但海南岛地处祖国的边陲，内地人到海南岛旅游，不仅路途遥远，而且交通不便，虽有空中交通，但费用较高，一般国内旅客难以承受。这些因素在一定程度上限制了海南岛及其周围岛屿旅游业的发展。

1996 年以来，海南省委、省政府明确提出，"努力把海南建设成为中国的新兴工业省、中国热带高效农业基地和中国度假休闲旅游胜地"，新兴工业、热带农业和旅游业成为海南省三足鼎立的产业基础，确立了旅游业在海南省经济发展中的支柱地位。2009 年 12 月 31 日《国务院关于推进海南国际旅游岛建设发展的若干意见》提出海南岛的发展目标，到 2020 年，旅游服务设施、经营管理和服务水平与国际通行的旅游服务标准全面接轨，初步建成世界一流的海岛休闲度假旅游胜地。

我国近年海洋旅游业取得了不俗的成绩，2003 年 5 月 19 日由国务院印发施行的《全国海洋经济发展规划纲要》提出了把我国建设成海洋强国的奋斗目标。发挥海洋旅游资源优势，发展海洋旅游产业，弘扬先进的海洋文化，实现海洋经济跨越发展，共同建设海洋强国，已经成为民族繁荣复兴的必然选择。

7.2　海洋旅游交通服务

人类生活的四大基本要素衣食住行都与交通运输息息相关。

旅游与交通有着密不可分的紧密关系。古代，人类深受交通运输闭塞的困扰，生产、生活受到极大限制。最早的水上交通工具是独木舟。

随着世界旅游业的发展，人们对旅游交通运输的需求也越来越高，18 世纪下半叶蒸汽机发明，并相继应用于船舶和铁路，揭开了一个崭新的机动船舶时代和铁路机车牵引时代的序幕。19 世纪末到 20 世纪初汽车和飞机也相继诞生，很快成为现代运输的主要运输工具。现代交通运输主要包括铁路、公路、水路、航空等运输方式。在短途旅游中，人们选用较多的是汽车、铁路旅行；在长距离的旅行中，更多地选用航空运输；海洋旅游发达的地区，邮轮、游艇等则受到广大消费者欢迎。

旅游地的交通发达程度直接关系到旅游者的总体支出，进而影响着游客对于旅游目的地的挑选与甄别。交通闭塞但旅游资源丰富的地区可以通过交通网的不断完善而形成后发优势；区位良好的地区也可能由于重要交通线路的擦肩而过错失发展良机。

7.2.1　邮轮旅游

水路运输包括内河运输和海洋运输。水路运输中，除运河以外内河航道均是利用天然江河加以整治，修建必要的导航设备和港口码头等就可通航；海运航道更是大自然的产物，一般不需要人工整治，且海运航线往往可以取两港口间的最短距离。因此，一般说来，河运的平均运输成本比铁路略低，而海运成本则远比铁路为低，这是水路运输的一个突出优点。

水路运输的输送能力相当大。在海洋运输中，目前世界上超巨型油船的载重量达 55 万吨，巨型客船已超过 8 万吨。海上运输在条件允许的情况下，可改造为最有利的航线，因此，海上运输的输送能力比较大。

由于水路运输具有占地少、运量大、投资省、运输成本低等特点，在运输长、大、重件货物时，与铁路、公路相比，水上运输更具有突出的优点。对过重、过长的大重件货物，铁路、公路无法承运，而水上运输都可以完成。对大宗货物的长距离运输，水路运输则是一种最经济的运输方式。但水路运输速度通常比铁路运输等运输工具慢，而且受自然条件的限制较大，冬季河道或港口冰冻时即须停航，海上风暴等也会影响正常航行。

7.2.1.1 邮轮旅游内涵界定

邮轮（cruise ship）原是指海洋上定线、定期航行的大型客运轮船（shipping-liner），早期还负责运载两地间的邮件，因为"邮"字与邮政事业有关，于是被称为邮轮。随着航空技术和旅游业的发展，原本意义上作为客运或邮政运输的邮轮渐渐退出了历史舞台。取而代之的是定位完全不同的豪华邮轮，有配备齐全的生活、娱乐、休闲与度假的各类设施。现代邮轮含义是指船上生活和娱乐的各种设施齐全，用于旅客在海上、沿海港口城市、海岛等观光游览。旅客乘坐邮轮不仅仅是旅行，主要还是度假，因此，现代邮轮也被称为"浮动度假村"。邮轮旅游作为一种以大型豪华游船为载体，以海上巡游为主要形式，以船上活动和岸上休闲旅游为主要内容的高端旅游活动。从旅游产业链角度来看，邮轮抵达之前、抵达、停靠、离开邮轮码头所引发的一系列产品与服务的交易，即通常所指的邮轮旅游业，是一种介于运输业、观光与休闲业、旅行业之间的边缘产业。同时，邮轮旅游产业的运行与发展又会拉动相关产业的发展，形成多产业共同发展的邮轮经济现象。由中交协等部门发布的《2008—2009 中国邮轮发展报告》将邮轮经济定义为，以海上巡游（sea-cruising）的豪华邮轮为其明显的识别特征，依托母港与停靠港及其所在城市的各类资源，主要推销豪华舒适的生活品质，以邮轮旅游产品为核心、向上下游领域延伸，构成跨区域跨行业、多领域多渠道的投入产出形式。

7.2.1.2 全球邮轮旅游产业发展现状

20 世纪 60 年代，在航空客运业的强力冲击下，经由一系列业务功能转型、运营模式创新和市场重新定位，邮轮旅游已经从原来海上客运业淡季时的补充性业务，成长为规模庞大的现代专业旅游业务活动。经过 50 多年的发展，全球邮轮产业已经成为国际旅游业中的一项重要业务内容，2008 年全球邮轮旅游业接待量为 1 300.5 万人次。以美国为代表的北美地区是全球最大的邮轮旅游市场，处于绝对领先地位。该地区所接待的邮轮游客数量占全球邮轮游客总量的比重虽然一直在降低，但年市场占有率依然在 80% 左右。

表 7 – 2　全球主要邮轮公司邮轮数、运载量及其全球布局情况

邮轮公司（船队）	北美市场		全球其他市场		市场定位
	运载量/客位	邮轮数	运载量/客位	邮轮数	
嘉年华邮轮公司	55 148	22			时尚市场
公主邮轮公司	38 770	18			尊贵市场
歌诗达邮轮公司			36 928	15	时尚市场
荷美邮轮公司	23 119	15			尊贵市场
冠达邮轮公司	8 212	3			豪华市场
世鹏邮轮公司	1 536	5			豪华市场

续表

邮轮公司（船队）	北美市场		全球其他市场		市场定位
	运载量/客位	邮轮数	运载量/客位	邮轮数	
轶行邮轮公司			19 052	9	时尚市场
爱达邮轮公司			13 727	7	时尚市场
伊比罗邮轮公司			3 441	4	时尚市场
海村邮轮公司			3 369	2	时尚市场
嘉年华邮轮集团总计	126 785	63	78 517	37	
皇家加勒比邮轮公司	65 299	23			时尚市场
名人邮轮公司	22 372	11			尊贵市场
精钻邮轮公司	1 554	2			豪华市场
普曼特邮轮公司			9 489	5	时尚市场
CDF 邮轮公司			758	1	时尚市场
皇家加勒比邮轮集团总计	89 225	36	10 247	6	
挪威邮轮公司	26 290	11			时尚市场
丽星邮轮公司			7 244	6	时尚市场
云顶香港邮轮集团总计	26 290	11	7 244	6	时尚市场
地中海邮轮公司	3 880	2	22 191	9	时尚市场
路易斯邮轮公司			10 174	8	时尚市场
托马斯邮轮公司			7 153	5	时尚市场
海达路德邮轮公司			5 923	13	时尚市场
弗瑞德. 奥尔森邮轮公司			4 567	5	时尚市场
迪斯尼邮轮公司	4 800	2			时尚市场
丽晶七海邮轮公司	2 222	4			豪华市场
大洋邮轮公司	3 312	4			尊贵市场
水晶邮轮公司	2 014	2			豪华市场
银海邮轮公司	2 028	6			豪华市场
赫伯罗特邮轮公司			1 176	2	豪华市场
赛珞邮轮公司			1 275	4	时尚市场
皇家至尊邮轮公司	1 068	1			时尚市场
全假日邮轮公司			1 048	2	时尚市场
西方邮轮公司	982	9			特殊市场
易游邮轮公司			332	2	时尚市场
探索者邮轮公司	750	1			时尚市场
星风邮轮公司	608	3			豪华市场
海豚邮轮公司			650	1	时尚市场
东方邮轮公司			650	1	时尚市场

续表

邮轮公司（船队）	北美市场		全球其他市场		市场定位
	运载量/客位	邮轮数	运载量/客位	邮轮数	
栈海邮轮公司	630	3			豪华市场
波纳特邮轮公司			647	4	豪华市场
海梦邮艇俱乐部	110	2			特殊市场
其他公司总计	22 404	39	56 286	56	
总计	264 704	149	152 294	105	

资料来源：根据国际邮轮协会网站和各主要邮轮网站数据资料整理而成

7.2.1.3 中国邮轮旅游发展现状

作为国际旅游市场上发展潜力巨大的一项休闲旅游项目，近年来中国邮轮旅游保持着较高的发展速度，并且带动了一批相关产业的蓬勃发展。随着中国经济的长期稳健发展，居民生活水平的持续提高和旅游消费需求的迅速增长，以及旅游方式从以游览观光为主向度假休闲的转变，国际上已经非常成熟的邮轮旅游，逐渐引起中国旅游消费者的关注，并成为一种充满魅力的新兴旅游方式。据统计，2001 年中国邮轮旅游消费者人数仅为 8 325 人，而到 2009 年，从内地乘坐国际邮轮出境旅游的人数达到近 20 万人次，加之到中国香港、新加坡、美国、欧洲等登轮游览的游客，中国国内邮轮旅游游客规模为 35 万～38 万人次。2009 年以我国沿海城市为出发港的国际邮轮达 80 个航次，同比增长 38%；访问我国沿海城市的国际邮轮共 76 个航次，比 2008 年都有较大的增长幅度，上升势头在全世界范围内颇受关注。中国邮轮旅游业发展时机已经到来。

与此同时，国内港口城市对邮轮旅游市场的竞相逐鹿和国际邮轮巨头的大举进入，也使得国内邮轮旅游开发热潮不断高涨。目前，国内已建成或即将建成的专业邮轮码头有上海国际客运中心、厦门国际邮轮中心、三亚凤凰岛邮轮码头，上海吴淞口邮轮码头、天津港国际邮轮码头等。另外，大连、青岛、宁波、深圳、广州、珠海、汕头等城市也都制定了建设或改造邮轮客运中心的规划。近年来，我国初步形成了依托长江三角洲和环渤海湾的东北亚邮轮港口群，依托珠江三角洲和环北部湾的东南亚邮轮港口群，依托海峡西岸和台湾岛的（台湾）海峡两岸邮轮港口群。面对欧美邮轮市场的渐趋饱和、中国邮轮市场的巨大潜力，国际邮轮巨头纷纷进入中国市场。2006 年以来，歌诗达邮轮公司、皇家加勒比邮轮公司、丽星邮轮公司相继在上海、天津等港口城市设立合资旅行社、办事处等机构开展中国市场的邮轮运营业务，并开辟了以上海、天津、厦门、三亚等中国港口为母港的东北亚和东南亚邮轮航线。

产业发展政策方面，邮轮旅游亦得到了中国政府和各级地方政府的大力扶植与推进。近年来，相关部门相继出台了一系列推动我国邮轮旅游市场发展的利好政策。国家发展与改革委员会于 2008 年 6 月出台了《促进我国邮轮业发展的指导意见》。2009 年 3 月 25 日国务院提出促进和规范邮轮产业发展。2009 年 10 月 19 日，国家交通运输部明确外国籍邮轮经特案批准，可在华开展多点挂靠业务。2009 年 12 月国务院发布的《关于加快发展旅游业的意见》将邮轮游艇作为新时期重点培育的旅游消费热点。相关政策的出台将有力地拉动中国邮轮经济的发展。

7.2.1.4 世界邮轮经济的发展趋势

（1）邮轮巨型化和功能多样化趋势

鉴于邮轮产业的规模经济特征以及满足旅游者多样化需求的考虑，国际邮轮企业所购置的船只越来越趋向大型化及内部功能的多样化。从邮轮吨位来看，相关资料表明：20 世纪 80 年代建造的邮轮单船平均达 2.6 万总吨、776 客位；90 年代建造的邮轮单船平均 4.6 万总吨、1 205 客位；2000 年后建造的邮轮单船平均 7.66 万总吨、1 815 客位。世界主要邮轮公司预计于 2009 首航的新建邮轮平均吨位达到 12.8 万总吨，其中最大的为皇家加勒比邮轮公司的创世纪工程号邮轮，其总吨位为 22 万总吨，可承载 5 400 位旅客。在邮轮巨型化的同时，邮轮功能也日趋多样化。目前，除了传统的酒吧、咖啡厅、免税商店、夜总会、健身中心、图书馆、会议中心、豪华赌场、游泳池、青少年中心外，很多邮轮还设置有高尔夫球场/练习场、保龄球馆、篮球馆、排球馆、网络咖啡吧、滑浪池、攀山墙、滑冰场等设施。

（2）邮轮旅游主题化趋势

主题邮轮产品早在邮轮业发展之初就已存在，但其成为邮轮公司开发和营销的重点则始自 20 世纪 80 年代。在市场竞争日益激烈和邮轮需求日趋多样化的环境下，适应特定消费群体的旅游需求，开发主题化的邮轮产品以形成差异化成为邮轮公司获得竞争优势的利器之一，主题化邮轮旅游也成为世界邮轮市场中热销的产品。如嘉年华公司推出了"魅力海上读书"活动，邀请畅销书作者与游客同船旅游，共同讨论书中精彩的情节。皇家加勒比游船公司在游船上推出了运动型的项目，如高尔夫爱好者可以打轻击球，热衷攀岩的人可以参加攀岩活动，为游客的旅行增添了许多乐趣。此外，一些游船公司为儿童准备了各种游戏活动，为年轻人准备了舞会，为成年人提供水疗和室内运动项目或专题讨论会等。在主题化邮轮产品热销的趋势下，依托鲜明主题，按照主题公园的模式与思路进行经营，也成为当前全球邮轮公司新兴的经营模式。

（3）短程化和近岸游增多趋势

邮轮旅游的日程变化幅度较大，从历史数据来看，有长达 100 多天的环球航游，也有仅停留一日或一夜的短程近海巡游。基本上可将其分为四种类型：环球游、远洋游、区域游和近岸游。根据马丁对 1985—2002 年间前两类邮轮旅游类型研究的结论可知：环球游平均航期为 100 天，远洋游为 60 天。另外，根据世界各大邮轮公司的航线数据，区域游的航期平均为 6~7 天，而近岸游则平均为 2~3 天。根据国际邮轮协会的相关数据，在上述四类邮轮旅游类型中，环球游和远洋游所占比例很小，仅为 1% 左右；区域游所占比例最大，历年来约占到 60%；近岸游的比例在近年来一直呈上升趋势。综合来看，导致这种趋势的主要原因有三个：一是自"9·11"恐怖袭击后，人们普遍产生了对远程旅游安全性的担忧，因此，人们倾向于避免跨洋航游，参加近岸旅游。二是虽然停靠港的旅游吸引物仍是促使人们参加邮轮旅游的一个重要因素，但在邮轮巨型化和功能多样化的趋势下，邮轮本身作为一个终极目的地的观念更加深入人心，因此，一些仅在周边海域航游而不停靠任何港口的邮轮产品日益增加。三是邮轮公司为吸引新的客源市场，特别是亚太等新兴经济体内的客源市场，开发出一些旨在提供尝试性体验的短程航游产品。

（4）联营化趋势

邮轮旅游联营化指的是邮轮公司与旅游经营商、交通服务提供商（陆路和航空）、旅游港口等相关企业形成较为紧密的合作关系，共同为游客提供一体化的邮轮体验服务。这种运营模式首先且主要体现在交通体系方面，即邮轮公司开办飞机——游船、铁路——游船、汽车——游船等多种方式的联运业务。比如，英国公主邮轮公司与其主要客源地美国的 140 多个城市及加拿大的 11 个城市的航空公司建立联运业务关系，使旅游者在上下游船当天能够免费享受机场接送服务，为游客乘船旅游提供了极为便利的条件。随着邮轮产业的进一步发展，联营化特征也逐步扩展至其他业务，如有些邮轮公司开始购买海岛，开发岸上旅游观光产品。

7.2.2　游艇和游船业

游艇旅游是传统海洋旅游业向海洋旅游产业高端化、消费现代化发展的体现。

第二次世界大战结束后，欧美国家的游艇产业迅速崛起，目前均已成熟，全球发达国家游艇拥有量达到了1/171。据有关报道，美国现有游艇的数量达到了1 760多万艘，平均每16人就拥有1艘游艇，参加游艇娱乐的人数高达7 800万，约占全国总人口的1/3，与游艇娱乐业相关的就业人数也已达50万。20世纪60年代，法国游艇产业开始兴起，现在国内游艇爱好者达到了900万人次，其中半数左右的游艇爱好者长期参加水上运动。2003年法国的业余体校和游艇俱乐部达到了7 900家，拥有娱乐艇90多万条，分布在大大小小374个港口和游艇码头，总共有16万个泊位，平均每66人就拥有一艘游艇。意大利在休闲游艇生产方面稳居世界第二的位置，目前，意大利共有88万艘游艇，平均每66人拥有一艘。

中国是游艇旅游的新兴国家，由于受到国家的高度关注和重视，游艇旅游正迎来蓬勃发展的春天。目前已经形成三大港口群，以深圳广州为代表的华南珠三角港口群、以上海港为代表的华东长三角港口群和以天津大连港为代表的华北环渤海港口群。目前，我国各地已经认识到游艇休闲市场的需求巨大；一批游艇经济发展的地方政策已经出台；一批现代化功能齐全的游艇俱乐部正在如火如荼的规划建设。在中国人传统的印象中，游艇已成为奢侈品的代名词之一。名流对游艇的青睐给这种休闲运动生活蒙上了一种奢华的面纱，使大众对这种媒体所谓的"高级奢华物品"望而却步。其实，在世界游艇发达国家，游艇作为休闲、运动生活产品，早已成为平民化消费的工具。据中国交通运输协会邮轮游艇分会（CCYIA）调查：从全球看，游艇消费市场是多元化的，游艇的价格从一二十万人民币到几亿、几十亿元不等，既有贵族富豪专属的超级游艇，但更多的是白领阶层、中产阶级买得起的帆船、钓鱼艇、快艇、休闲艇。北美占世界游艇市场份额的55.9%，大多数游艇销售单价为1.5万~5万美元，豪华游艇的销量只占2.5%；占世界游艇市场份额38.4%的欧洲市场，出售的游艇较为大型和豪华，但平均单价也只有115 234美元，约合80万人民币。目前，欧美游艇价格已经进一步滑落。美国共有1 700万游艇用户，其中70%是帆船，80%是5万美元以下的中小游艇，前几年美国市场出售的游艇平均单价为27 639美元，不到20万人民币；欧洲84%的游艇也是几万欧元的中小游艇（帆船）。

近几年随着游艇经济在中国的兴起，越来越多的人特别是城市白领开始接触游艇文化，了解游艇真正的内涵。在湛蓝的大海中央放松自己疲惫紧张的心态，更容易缓解日益增强的压力，游艇也逐渐成为一种有品位的休闲运动而为人们所喜好，游艇海上休闲运动将开始流行。

我国沿海主要城市游艇发展概况如下：

◇**珠海**　2009年4月2日，中共中央政治局委员、广东省委书记汪洋，省长黄华华等省市领导到珠海市平沙游艇与休闲旅游区视察，充分肯定了平沙游艇产业的发展。汪洋书记认为游艇产业是朝阳产业，珠海已经占领了制高点，前景是可期的，勉励园区要加快发展。11月2日，珠海市政府常务会议讨论并研究通过《珠海市加快发展游艇产业的政策措施（草案）》，这是珠海市进一步促进游艇产业发展、壮大产业集群的重要举措，对调整和优化产业结构、加快构建现代产业体系意义重大。目前在平沙聚集的游艇制造和配套企业已达26家，分别来自美国、澳大利亚、德国、加拿大、中国台湾、中国香港和中国内地，2008年游艇园区企业销售额超10亿元，较2007年增长56%。平沙游艇工业区及园内企业在国内外业界具有较高的知名度和影响力，被业界认为是国内设立最早、规模最大、聚集度最高的游艇制造基地。

◇**厦门**　近几年，厦门市游艇产业发展迅速，目前拥有游艇生产制造企业和配套加工贸易服务企业40多家，一些自有品牌已成功打入欧美和澳大利亚市场，游艇产业的总产值占了全国游艇产业产值的30%。厦门游艇行业协会成立仅一年，已经拥有单位会员29家，个人会员45位。2009年9月24日，厦门路桥游艇开发有限公司申请设立的游艇保税仓库获厦门海关批准，这是国内首个游艇保税仓库。该保税仓库预计占地面积达3 000平方米，建成后将为阿兹姆、法拉帝、博纳多等国内外知名游艇品牌提供展销平台。该项目将大大提升厦门市在游艇行业的国内、国际竞争力。

◇**上海**　上海是我国游艇文化、消费理念最为发达的城市，聚集了一批国际游艇销售企业，由于上海水域、航道的限制，上海游艇业主大部分将游艇停放于周边城市和城镇。正在筹建中的上海国际游艇中心，其建设目标是全力打造国际游艇文化博览中心、游艇俱乐部、游艇培训基地、水上主题游乐中心、现代商业服务圈、水上交通和游艇度假区七部分，项目总投资 150 亿元。

◇**舟山**　据统计，舟山市拥有中型、大型、豪华型游艇的总数达到了 7 艘，已经建成的游艇泊位有 16 个，并规划在桃花岛、东极岛、白沙岛建设更多的游艇专用泊位。普陀区作为舟山市比较重要的游艇产业基地，已经先后出台了一系列相关规划，其中对游艇产业园区的设计以及游艇俱乐部的位置着重进行了规划。2010 年底，舟山阿尔法船舶制造有限公司，历时一年建造的首艘豪华系列的 50 英尺游艇成功试航，标志着该公司从生产小型游艇到生产大型、豪华型游艇的升级。2011 年 7 月，历时两年，总投资 3 700 万元的中国舟山朱家尖国际游艇码头工程顺利完工，可停泊 100 艘大小游艇。2011年 7 月，舟山举办了第一届中国（舟山）国际游艇展。

◇**青岛**　近几年，青岛陆续在莱西、城阳、黄岛、李沧和即墨等地引进了来自韩国、日本和欧美的多家游艇企业，据不完全统计，目前青岛游艇企业已有 50 多家，2008 年年产各种小型游艇 2 万多艘，产值 3 亿元，其中 90% 以上销往欧美国家，已经成为国内重要的游艇产业基地。

◇**天津**　目前，天津中心渔港整体规划已完成，正在进行建设。按照规划，天津中心渔港面积 8 平方千米，分为作业港区和休闲港湾区，将充分利用休闲港湾区 1 000 个游艇泊位，为游艇下水、试航、停泊和运输提供必要水域条件，培育辐射京津冀的游艇消费市场，形成游艇制造、游艇会展、游艇俱乐部三大产业共同发展的游艇产业集群，将打造成为北方游艇产业中心。

◇**三亚**　三亚辖区拥有游艇的公司或个人共有 22 家、游艇 31 艘。2009 年 8 月，三亚市鸿洲游艇码头一期 72 个国际标准游艇泊位正式开放。为了规范对来访三亚口岸的外籍游艇的边防检查和监管，维护游艇停泊点、专用码头、港口的管理秩序，三亚制定了《三亚口岸外籍游艇管理暂行办法》，走在全国前列。

◇**深圳**　深圳将鼓励开拓建设公众游艇码头，扩大消费群体规模，在规划上已建议开设南澳旅游口岸，并结合原南澳码头改造建设公共游艇码头。政府部门提出建设公共游艇码头，这在内地尚属首次。

7.2.3　航空、铁路和公路

（1）航空

航空运输在 20 世纪迅速崛起，是运输行业中发展最快的行业。与其他运输方式相比，其最大的特点是速度快，并且具有一定的机动性。在当今时代，高速性具有无可比拟的特殊价值。现代的喷气运输机，时速一般在 900 千米左右。航空运输不受地形地貌、山川河流的阻碍，只要有机场并有航路设施保证，即可开辟航线，如果用直升机运输，则机动性更大。其缺点是载运能力小、能源消耗大、运输成本高。

据 2008 年 7 月 4 日出版的《环球时报》报道，60 年来第一批大陆旅游团今日乘坐两岸首批周末包机直航飞往台湾，这标志着两岸在上个月达成的历史性协议正式进入落实阶段。据东森电视台报道，大陆的"观光首发团"确定为 26 团 662 名旅客，此外，还有 31 人交流考察团以及 60 人媒体记者团亦将同时抵台，合计 753 人。

（2）铁路

铁路是人类社会文明进步的重要产物，也是促进世界经济社会发展的重要基础设施。铁路运输与其他各种现代化运输方式相比较，具有运输能力大，能够负担大量客货运输的特点，每一辆列车载运货物和旅客的能力远比汽车和飞机大得多。速度快是铁路运输的另一特点，常规铁路的列车运行速度一般为每小时 80 千米左右，而在高速铁路上运行的旅客列车时速目前可达 210~260 千米。此外，铁路运输成本也比公路、航空运输低。运距愈长，运量愈大，单位成本就愈低。铁路运输一般可全天候运营，受气候条件限制较小。同时具有安全可靠，环境污染小和单位能源消耗较少等优点。铁路运输极适合国土幅员辽阔的大陆国家；适合中长距离的货物运输以及城市间的旅客运输的需要。

随着人民群众生活水平的进一步提高，乘坐火车旅游的需求不断增加，对运输服务质量要求不断提高，每逢春运暑运、"五一""十一"黄金周，全国各大车站人流如织，一票难求。

2008 年 10 月，《中长期铁路网规划》（调整）经国家批准正式颁布实施。根据调整规划，到 2020 年，全国铁路营业里程达到 12 万千米以上，其中客运专线及城际铁路达到 1.6 万千米以上，复线率和电化率分别达到 50% 和 60% 以上，主要繁忙干线实现客货分线。

我国人口众多、内陆深广，解决大规模人口流动问题，最安全、最快捷、最经济、最环保、最可靠的交通方式是高速铁路。中国铁路决定把发展客运高速作为实现现代化的一个主要方向。

沪杭高铁连接上海至杭州及周边城市群，全长 202 千米，途径上海市闵行、松江、金山区和浙江省嘉兴市和杭州市。高铁启用国产"和谐号"CRH380A 新一代高速动车组，在沪杭高铁试运行杭州至上海途中，最高时速达到 416.6 千米，已刷新世界铁路最高运行时速。新开通的沪杭高铁与原有的京沪高铁、沪汉蓉铁路通道、杭长和东南沿海高铁紧密衔接，并与杭甬、沪宁、宁杭等城际铁路一起，组成覆盖长三角地区并向其他区域辐射的快速客运网。8 000 万旅客因此将获得更快速的服务和更多选择。

（3）公路

公路运输是现代运输的主要方式之一，它的主要优点是机动、灵活，而且对客运量、货运量大小具有很强的适应性。由于汽车运输灵活方便，可实现门到门的直达运输，因而不需要中途倒装，既加速了中短途运输的送达速度，又加速了货物资金周转，有利于保持货物的质量和提高客货的时间价值。公路运输还可负担铁路、水路运输达不到的区域内的运输，它是补充和衔接其他运输方式的运输。在短距离运输时，汽车客运速度明显高于铁路，但在长途运输业务方面，有着难以弥补的缺陷：①耗用燃料多，造成途中费用过高；②机器磨损大，因此折旧费和维修费用高；③公路运输所耗用的人力多，如一列火车车组人员只需几个人，若运送同样重量的货物，公路运输则需配备几百名司机。因此汽车运费率远高于铁路和水路；此外，公路运输对环境污染较大。总之，公路运输（高速公路除外）与其他运输方式相比，投资少、资金周转快、投资回收期短，且技术改造较容易。汽车运输的出现还不到 100 年，但在载货吨位、品种、技术性能、专用车种类等方面都有了很大的改进与提高，能较好地满足社会经济发展对运输的需要。

我国公路交通发展迅速，现已形成由高速公路、国道、省道和乡村公路组成的四通八达的公路交通网，县县通公路，乡乡（镇）已基本通公路，行政村之间通公路的比例已经很高。

自 1988 年建成我国第一条高速公路——沪嘉高速公路以来，我国的高速公路建设速度很快，通车总里程仅次于美国，位居世界第二。

我国将用 30 年的时间建成 8.5 万千米的国家高速公路网，把全国人口超过 20 万的城市全部用高速公路连接起来。国家高速公路网将包括 7 条首都放射线、9 条南北纵向线和 18 条东西横向线，简称为"7918 网"。

7.3 海洋旅游中介服务

我国滨海旅行社业规模不断扩大。2004 年我国沿海地区共拥有旅行社 7 706 家，其中国际旅行社 670 家，国内旅行社 7 036 家。我国沿海城市的旅行社与外国相比差距明显，面对旅行社业总体规模不断扩大、市场竞争日益加剧的现状，以及加入 WTO 以后，沿海城市的旅行社受到了更为严峻的挑战。这样就造就了沿海城市旅行社的特色——与全国其他地区的旅行社相比具有更强的开放性和创新性。

7.3.1 旅游中间商

随着旅游业的发展，为了分别满足需求者和供给者的需要，逐渐出现了为旅游供应商和旅游者提供整合业务的中介服务。提供这类中介服务产品的企业就是旅游中间商。

旅行社是依法设立并具有法人资格，从事招徕、接待旅行者，组织旅游活动，实行独立核算的企业。旅行社是旅行业务的组织部门，是旅游业的重要组成部分。尽管旅行社在不同的国家和地区具有不尽相同的含义，但提供与旅行有关的服务是旅行社的基本职能，只不过由于各国旅行社行业发展水平和经营环境的不同，世界各国旅行社行业分工的形成机制和具体分工状况存在着较大的差异，这种差异决定了各旅行社企业的经营范围是不同的。因此，人们往往需要将旅行社划分为不同的类型。

7.3.1.1 外国的旅行社分类

这里所谓外国旅行社分类主要是指欧美国家旅行社的分类。在欧美国家中，人们根据旅行社所经营的业务类型，即是经营批发业务还是经营零售业务，将旅行社划分为两大类。

（1）旅游批发经营商

旅游批发经营商即主要经营批发业务的旅行社或旅游公司。

所谓批发业务是指旅行社根据自己对市场需求的了解和预测，大批量地订购交通运输公司、饭店、目的地经营接待业务的旅行社、旅游景点等有关旅游企业的产品和服务，然后将这些单项产品组合成为不同的包价旅游线路产品或包价度假集合产品，最后通过一定的销售渠道向旅游消费者出售。

根据其销售渠道的差别，人们又将这些从事批发业务的旅行社分为两个亚类，即旅游批发商（Tour Wholesaler）和旅游经营商（Tour Operator）。

（2）旅游零售商

旅游零售商即主要经营零售业务的旅行社。旅游零售商主要以旅行代理商为典型代表，当然也包括其他有关的代理预订机构。一般来讲，旅行代理商的角色是代表顾客向旅游批发经营商及各有关行、宿、游、娱等方面的旅游企业购买其产品，反之，也可以说旅行代理商的业务是代理上述旅游企业向顾客销售其各自的产品。

7.3.1.2 我国的旅行社分类

我国的旅行社分类不同于欧美国家。根据自 2009 年 5 月 1 日起施行的《旅行社条》（简称《条例》），将我国的旅行社划定为两类。

经营国内旅游业务和入境旅游业务的旅行社。

经营国内旅游业务、入境旅游业务和出境旅游业务的旅行社。

我国对旅行社类别的划分是出于国家对旅游业行使宏观管理、确保旅游接待质量的目的而作出的规定，而不是根据各旅行社在业务方面的自然分工所进行的归纳。实际上，除了在业务内容是否涉外方面有所不同外，各类旅行社的业务职能并无根本区别。同欧美国家的旅行社相比，我国的旅行社既经营"批发"业务，也经营零售业务。在批发业务方面，我国的旅行社同欧美国家中的旅行社并无大的不同，都是设计和组织产品、形成旅游线路，并在产品成本的基础上适当加价推出销售。但在零售业务，特别是在代理预订方面，我国的旅行社同很多外国旅行社都有差异。主要表现在我国旅行社在代理这类业务中，多是向顾客收取手续费而一般不向被代理企业收取代理佣金。

7.3.2　旅游电子商务

7.3.2.1　产生背景

（1）信息技术的迅猛发展

21世纪是旅游、信息技术的时代，信息技术的迅猛发展创造了一个无疆界的数字世界，产品和服务几乎可以瞬时在世界各地交易。随着信息技术的发展给旅游业带来的新契机，网络的交互性、实时性、丰富性和便捷性等优势促使传统旅游业迅速融入网络的浪潮之中。信息技术的应用对旅游业的影响主要有两个方面：一是对旅游消费者行为产生重大的影响；二是对所有与旅游相关的企业创造机遇的同时又形成了战略性的挑战。信息技术的发展，使旅游消费者形成了一系列新的需求行为。

信息技术在旅游业中各领域得到空前的普及，原因在于信息技术的飞速发展为旅游业创造了条件，同时旅游产品的属性和特征决定了旅游业适合采用信息技术。旅游产品的综合性要求旅游业经营者必须全面、准确、及时地掌握相关协作部门经营信息，旅游产品的无形性、不可转移性和不可储存性则要求旅游业经营者凭借快捷、有效的信息手段将旅游产品的信息广泛传播至目标市场和相关销售渠道，以吸引旅游者参加其活动，正是这些特点，决定了旅游业适合采用现代信息技术。

根据西方企业管理理论，信息技术已成为企业价值链中的重要一环，成为与财务、人力资源管理、物资采购并列的企业基础设施之一。不少西方企业管理理论界人士认为可将信息技术对企业的影响历程分为四个阶段：①数据处理阶段，20世纪60年代信息技术主要应用于企业内部的数据处理；②管理信息系统（management information system，MIS）阶段，70年代信息技术主要用于提高企业管理效率；③决策信息系统（strategic information system，SIS）阶段，80年代信息技术已根本改变了企业动作模式，并主要用于提高企业竞争优势；④网络阶段，90年代信息技术主要用于加强企业内部和企业之间的横向和纵向联系。上述理论可通用于各类企业，也同样适用于旅游企业。

（2）旅游需求个性化

当今旅游者通过各种信息手段，便捷地获取各种旅游信息。由于不同的旅游者文化、经济、爱好、职业、年龄各不相同，旅游需求的个性化趋势不断增强。

旅游需求多样化。旅游需求的个性化势必引起旅游需求的多样化。信息技术对旅游业的渗透，使得旅游需求的多样性更加广泛和普遍。

（3）旅游需求高档化

休闲时代即将来临，旅游者正改变过去单一的观光旅游需求形式，要求享有度假、休闲等更高层次的旅游消费。在信息技术高度发达的社会中，科技含量大的旅游产品能吸引或刺激更多的旅游需求。

7.3.2.2　国外旅游电子商务发展概况

国外旅游企业十分注意应用现代信息技术。信息技术在旅游业中的应用由来已久，例如航空公司的订票系统和饭店的预订系统等。信息技术的应用引起重视是在互联网（Internet）以及3W（World Wild Web），即所谓的信息高速公路发展起来之后。20世纪90年代早期，3W成为了互联网上成长最快的领域。基于互联网的3W技术集合了媒体、电信和信息技术，可以传输文本数据、图表、图片和声音，为有效地、实时地、适时地交换产品提供了平台。

在西方发达国家，关于信息技术在旅游业中应用的研究已经形成了一定的规模。在欧洲，以计算机键盘上的回车键"ENTER"命名的"旅游领域信息与通信国际会议"于1994年首次召开，年会的参加者主要包括旅游研究人员、旅游企业的管理人员和信息技术研发人员，内容集中讨论信息技术在旅游业中的应用前景及对旅游业产生的影响。美国也有类似的会议召开，例如1995年由当时的美国国家旅游局和世界旅游组织赞助举办了"信息技术与旅游业世界大会"。另外，亚太旅游联合会（PATA）等组织也主办过相关主题的研讨会。

现在有许多开展互联网业务的公司也在做旅游的项目，旅行社做网上旅游电子商务活动相当于扩大业务范围。利用现有的一些图形处理软件，图像处理的某些方面的特有功能，开发应用，将旅游景点和旅游相关业务尽可能生动和现实，吸引更多的游客。如现在兴起的网上商场，利用普通摄像技术得到的图片也许不太美观，但经图像处理软件的特殊处理后能给用户立体的、360度旋转的实物模拟图形，能使客户有身临其境的感觉。虽然自2008年来，美国次贷危机引发的金融危机对IT产业的发展具有一定的负面影响，但是欧美国家的旅游网站，发展潜力巨大，前景喜人。

7.3.2.3　我国国内旅游电子商务发展概况

随着社会经济的不断发展，要实现管理科学，就必然借助于信息技术等现代高新技术手段。一个企业对信息技术的应用情况如何将反映出这个企业的管理水平，进而也可以看出这个企业是否符合现代企业制度标准。

国家旅游局从1990年起开始抓信息化管理并筹建信息中心，1994年，信息中心独立出来，专为国家旅游局和旅游行业的信息化管理提供服务和管理技术。中国科学院地理所旅游规划研究中心在旅游规划过程中，结合旅游资源普查、规范工作，建立旅游目的地的精品旅游资源信息库。2001年1月11日国家正式启动"金旅工程"，实现政府旅游管理电子化和利用网络技术发展旅游电子商务。

一般说来，旅游业主要由目的地旅游组织部门、交通运输部门、住宿接待部门、旅游业务组织部门和游览场所经营部门五大部分组成。信息技术已在旅游业各部门中得到广泛应用，并已形成各部门具有代表特色的信息系统，对旅游业的发展产生了重大的影响。

信息技术的飞速发展是当今社会不可阻挡的潮流，给世界旅游业带来了机会，也带来了挑战。如何发挥和利用信息技术的最新成果，改进和完善各种现有计算机系统的功能和作用，使之更有效地服务于旅游目的地、交通运输设施、住宿接待部门以及旅游业务部门的运作和管理，是摆在旅游业界人士面前的一个艰巨任务。如何实现现有各类系统之间的交叉运作、功能互补、优势共享，也将是业内人士重点研究和开发的课题。

7.3.2.4　旅行社信息技术应用及发展趋势

信息技术在旅行社业的应用大体上分为三个方面：在旅行社内部的应用；在旅行社外部网中的应用；应用互联网和通信技术整合营销系统。信息技术在国外旅行社业的应用始于航空客票销售系统的建立。CRS电脑预订系统的发展促进了信息技术的推广和普及。其次基于CRS系统的GDS全球分销系统与旅行社经营在国外旅行社的普及。在某种意义上，全球分销系统已不仅仅是航空领域的信息平台，它还包括了强大的非航空产品，特别是旅游领域。在饭店客房、旅游景点、汽车租赁、出行导向等方面提供了方便快捷的服务平台。应该说，全球分销系统代表了未来航空乃至整个旅游销售市场的方向。

信息技术在未来中国旅行社行业中的应用可分为三个阶段：

第一阶段，内部管理现代化。

信息技术主要应用于企业内部管理，尤其是规模较大的企业内部管理。面对广大的国内市场，大规模旅行社的理想状态是在全国范围内广泛分布营业点，期间的信息沟通应该通过一个高效率的信息系统来完成。管理信息系统构建与应用是旅行社提高经营管理水平、提高办事效率、进行科学管理的必经之路。

第二阶段，旅游企业外部信息的网络建设。

信息技术主要应用于旅行社企业外部网的建设。旅行社与合作单位之间建立外部网络联系，可以加强企业之间的战略合作，及时互通信息，以应对千变万化的市场需求。旅行社通过信息网络进行规范化操作，可以防止由于人为因素造成的信息错误和不良债务的发生。

第三阶段，提高网络营销能力。

网络旅游形象宣传，网上业务促销，提供新产品信息等。信息技术的应用主要表现在旅行社应用和联网合同新技术整合营销系统，加强市场信息收集、促销与客户关系管理工作等。

未来旅行社与旅游网站联盟的战略与策略是一个双赢的举措。其联盟方式可以是多元化的。既可以通过资本手段进行战略性重组，造就大型企业集团，也可以委托旅游网站完成旅行社的网络化。实现资源的优化组合，便于管理和运作，达到与大企业竞争的实力。政府主导旅行社电子商务发展。旅行社旅游目的地营销是对旅游目的地进行整体的、抽象的一种理性综合。向旅游客源市场宣传整个目的地形象。从 2002 年起开始实施的国家旅游信息化工程——"金旅工程"把建设"旅游目的地营销系统"作为电子商务部分的发展重点，计划将"旅游目的地营销系统"建设成为信息时代中国旅游目的地进行国内外宣传、促销和服务的重要手段。这一系统将按国家—省—市—旅游景区企业的多层结构设计，各个层次的旅游目的地信息有序组织，并逐级向上汇总。在完善建设国家级主站（www. yahtour. com）的同时，以省、市层次为建设重点，主要建设内容包括目的地网络形象设计、目的地旅游网建设、目的地信息系统、旅游电子地图系统、旅游企业黄页系统、旅游行程规划系统、旅游营销系统、电子邮件营销系统、三维实景等系统，通过这些功能的有效组合形成旅游目的地网上宣传平台。

"旅游目的地营销系统"以一种平等的、毫无偏袒的方式来代表目的地的所有旅游企业，并特别对支持当地的中小旅游企业负有责任。同时，也为当地的旅游企业提供信息，让旅游企业了解当前旅游业发展趋势、旅游市场形势和国内外竞争情况。面向旅游者，"旅游目的地营销系统"还有提供信息咨询的职责——旅游者希望有一个公正可信的机构为他们提供客观的旅游产品信息，以及一些有用的建议。在信息技术时代，"旅游目的地营销系统"担负起促进旅游目的地旅游电子商务发展的职责已成为世界各国的广泛趋势。

移动电子商务将为旅行社电子商务的发展提供新的机遇。随着信息服务的多元化以及电脑技术的发展，无线接入互联网成为不可逆转的潮流。传统的 PC 接入方式具有操作复杂、不便于随身携带等缺点，而用户随时随地检索信息，获得在线服务的要求促进了无线接入技术的发展。基于无线网络的移动电子商务具有方便、灵活、安全等特点，是速度最快的营销方式，可以提供最快的服务和最广泛的自助式旅行。专家预测，中国旅行社电子商务理念从"以交易为中心"向"以服务为中心"发展，旅游电子商务将在服务上更加完善，更人性化。中国的旅游业正在发展为世界上最大和增长最快的产业之一。中国旅游市场在 21 世纪将进一步扩大，旅行社电子商务已经被大多数旅行社经营人员和广大消费者所接受，并且将随着信息化的发展而不断向前推进。

7.4   海洋旅游接待服务

沿海地区的涉外星级饭店在全国同行业中处于领先地位。2002 年，沿海城市星级旅游饭店数有所提高，比上年增加 244 家，客房出租率也提高了 3. 5 个百分点。2004 年主要沿海城市拥有星级饭店共计 2 318 座，客房平均租率 63. 54%。从绝对数量上，全国 31 省按星级饭店座数排名中，沿海十一省

（自治区、直辖市）占有半席位；按星级饭店拥有客房间数排名，前十名中沿海省（自治区、直辖市）占六位；从经营情况看，全国各省按营业收入排名前十名中沿海省（自治区、直辖市）占六位；按上缴税金排名前十名中沿海省市占有七位。显示了滨海旅游酒店业的强劲实力。

7.4.1　住宿业

7.4.1.1　饭店的概念

饭店的产生和发展过程源远流长，已有几千年的历史。现代的饭店，就是从中国的驿馆、中东的商队客店、古罗马的棚舍、欧洲的路边旅馆及美国的马车客栈演变而来。饭店是伴随着人类旅行生活的开展而出现在人类社会的，并随着人类社会的不断变化而发展变化。饭店一词源于法语，原指贵族在乡间招待贵宾的别墅。后来，英、美等国也沿用了这一名称来泛指所有商业性的住宿设施。在中文里表示住宿设施的名称有很多，如：宾馆、饭店、旅馆等。由于我国国家旅游局将现代宾馆、饭店等统称为旅游涉外饭店，所以本书就选用了"饭店"这一规范的名称。

饭店是以大厦或其他建筑设施为凭借，为旅游者提供住宿、饮食、娱乐、购物或其他服务的企业，是为满足社会需要并使得自身盈利而进行独立经营、独立核算、具有法人资格的基本经济组织。它是度假旅游者的安适之家和康乐中心，是商务旅游者和商业集团的商务活动场所，是城市的城中之城和旅游者的"家外之家"。

7.4.1.2　饭店的类型与等级

现代饭店业是由各种不同的饭店所组成的行业，不同的饭店是针对不同的消费者设计的。由于历史的演变、传统的沿袭、地理位置与气候条件的差异，世界各地存在着多种多样的饭店类型。从而对饭店等级的划分也不同。

按照饭店的服务对象分类，可将饭店分为：

①商务型饭店。又称暂住型饭店，此类饭店多位于城市的中心地区，接待商务客人、旅游客人以及因各种原因而作短暂逗留的其他客人。这类饭店的客人在饭店平均逗留期较短、流动量较大，饭店的服务及设施配备的适应性较广，在饭店业中所占的比例最大。为方便商务客人开展各种商务活动，饭店往往设有商务中心，为客人提供打字、复印、传真、秘书、翻译等服务，并提供各类会议室供商务洽谈之用。有的饭店还在客房内提供办公用品、传真机、宽带上网设施等。高档饭店还设置"行政楼层"，专门为高级行政人员服务，并在行政楼层上配有商务套房和商务中心。

②度假型饭店。传统上以接待休闲度假的宾客为主。此类饭店多位于海滨、山区、温泉、海岛、森林等旅游胜地，开设各种娱乐、体育项目，如滑雪、骑马、狩猎、垂钓、划船、潜水、冲浪、高尔夫、网球等，以吸引游客，因此这些度假地区及其活动的吸引力是一个度假型饭店成功的关键。疗养型饭店亦属此类。度假型饭店因易受淡旺季节的影响而采取较为灵活的经营方式，如实行淡季、旺季价，拉大价格差距。不少度假型饭店增设了会议设施来吸引各种会议客人。近年来，不少旅游胜地也出现了分时度假型饭店。

③长住型饭店。长住型饭店也称为公寓型饭店。此类饭店一般采用公寓式建筑的造型，适合住宿期较长、在当地短期工作或休假的客人或家庭居住。长住型饭店的设施及管理较其他类型的饭店简单，饭店一般只提供住宿服务，并根据客人的需要提供餐饮及其他辅助性服务。饭店与客人之间通过签订租约的形式，确定租赁的法律关系。长住型饭店的建筑布局与公寓相似，客房多采用家庭式布局；以套房为主，配备适合宾客长住的家具和电器设备，通常都有厨房设备供宾客自理饮食。在服务上讲究家庭式氛围，特点是亲切、周到、针对性强，饭店的组织机构、管理和服务较其他类型的饭店简单。

从发展趋势看，长住型饭店一是向豪华型发展。服务设施和服务项目日趋完备，如我国不少大城市中出现的高档饭店式公寓；二是分单元向客人出售产权，成为提供饭店服务的共管式公寓，不少饭店还实行定时分享制，与其他地方的相同类型设施的所有者交换使用。

按照饭店的规模分类，可将饭店分为：

①大型饭店。主要指拥有 500 间以上标准客房的饭店。一般饭店内的设施和服务项目较齐全，豪华舒适。因而有很多大型饭店都是豪华型饭店。

②中型饭店。主要指拥有 300～500 间标准客房的饭店。一般饭店内的设施完备，较优雅舒适，服务项目齐全、价格适中，是多数旅游者愿意接受并喜欢选择的饭店。

③小型饭店。主要指拥有 300 间以下标准客房数量的饭店。一般饭店内的设施和服务能基本满足旅游饭店的标准和要求，价格便宜，属于经济型饭店。

按照饭店的地理位置分类，可将饭店分为：

①中心城市饭店。一般位于城市中心或商业区等繁华地带，地理位置优越，适宜于发展以商务游客为主的旅游饭店。

②风景区饭店。一般位于旅游风景区、海滨、湖滨、森林等地，环境优美，空气质量较高，适宜于发展以度假游客为主的旅游饭店。

③汽车饭店。一般位于公路沿线，为适应汽车旅游需要而设置的各种经济、方便的饭店，适宜于发展以汽车旅游为主的旅游饭店。

④机场饭店。一般位于机场附近，为乘坐飞机的旅客提供住宿、餐饮及其他所需服务的旅游饭店，以便利、安全为主。

⑤郊区饭店。一般位于城市郊区或交通便利之地，包括建在市郊的车站、码头等地，适宜于发展以汽车旅游方式为主及经济型游客为主的旅游饭店。

按照饭店的经营方式，可将饭店分为：

①集团经营饭店。一般是由旅游饭店集团以各种不同方式经营的饭店。此种经营方式可使集团公司在统一品牌下打开市场、树立形象、统一管理。但也由于这种统一管理的束缚，使得旗下各家饭店在其控制下难以突出自己的特色。

②独立经营饭店。一般是由投资者独立经营的单个饭店。在目前饭店业界，绝大多数中小型饭店都属于独立经营饭店。

③联合经营饭店。一般是由多家单个饭店联合而成的饭店企业，借联合的力量来对抗集团经营饭店的竞争。此种经营方式在保持各饭店独立产权、自主经营基础上，实行联合统一的对外经营方式，如建立统一的订房协议系统、统一对外的质量标准、统一的公众标志等，并可开展联合对外的促销、宣传和内部互送客源等，形成规模经济。

按照所有权，可将饭店分为：

①全民所有制饭店。这类饭店生产资料归国家所有。

②集体所有制饭店。这类饭店属于公有制企业，但生产资料和它的产品归有关劳动集体所有。

③合资饭店。合资饭店是指由两个或两个以上的投资者合作兴建并联合经营的饭店。投资双方可以是全民所有制之间、全民与集体、全民与外资或集体与外资等。

④独资饭店。独资饭店多指外国（或华侨）投资者独自在我国境内开设的饭店。

⑤个体饭店。个体饭店由个人投资经营，目前在我国饭店中尚属少数，且规模较小。

⑥辅助旅游住宿设施，包括露宿营地、共管公寓、活动预制住宅等，其中有些在我国已经使用，有的尚待开发，主要是为了适应广大宾客的需要。

饭店的等级划分。全世界有近 100 种等级评定系统，不同的国家和地区采用的等级标准不同，用以表示级别的标志与名称也不一样，我国采用的主要是五星等级制。目前，世界上通用的饭店等级制定与表示方法大致有以下几种：星级制、字母表示法和数字表示法。

①星级制。把饭店根据一定的标准分成的等级分别用星号"★"表示出来，以区别其等级的制度。比较流行的是五星，星级越高，设施和服务越好。这种星级制在世界上，尤其是欧洲，采用最为广泛。我国的国家旅游局也采用此种分级方法。一星级饭店：设备简单，具备食、宿两个基本功能，能满足客人最简单的旅行需要，提供基本的服务。属于经济等级，符合经济能力较差的旅游者。二星级饭店：设施一般，除具备客房餐厅外，还设有购物、邮电、美容等综合服务设施，服务质量好，属于一般旅行等级，符合经济能力中下等的旅游者。三星级饭店：设备齐全，除提供优良的食宿外，还有会议室、游艺厅、酒吧、咖啡厅、美容室等综合服务设施。属于中等经济水平旅游者，目前最受旅游者的欢迎。因此，此类饭店数量最多。四星级饭店：设备豪华，各种服务齐全，设施完善，服务质量优良、室内环境高雅。顾客可以在此得到物质、精神的高级享受。属于上层旅游者和公务旅行者的等级。五星级饭店：饭店的最高等级。设备十分豪华，服务设施十分齐全，服务质量高级。标准间设施华贵、高雅，各种设施齐全。五星级饭店的客源主要是政府高级官员、社会名流、跨国公司商务人员、企业老板、上层管理人员、高级技术人员、著名学者等。

②字母表示法。许多国家将饭店的等级用英文字母表示，即 A、B、C、D、E 五级。A 为最高级，E 为最低级。有的国家虽是采取五级制，但用 A、B、C、D 四个字母表示，最高级用 A 来表示。

③数字表示法。用数字表示饭店等级的方法，一般采用最高级用豪华表示，继豪华之后由高到低依次为 1、2、3、4，数字越大，档次越低。

7.4.1.3　世界饭店业的五大发展趋势

（1）服务个性化

21 世纪饭店业将从标准化服务向个性化服务发展，但并不是说饭店业将要放弃标准化。标准化是饭店优质服务必不可少的基础，但标准化服务不是优质服务的最高境界；真正的优质服务是在标准化服务基础上的个性化服务，这才是完全意义上的优质服务。而且，随着社会的进步，技术的发展，人们对富有人情味的服务的需要越来越高。满足人们受尊重与个人特殊需求的个性化服务，是符合现代化饭店发展趋势的最高境界的服务。在这方面，崇尚以提供专业个性化服务，创造高附加值为宗旨的"金钥匙"服务，有其得天独厚的潜力。这也是 21 世纪饭店业发展的趋势。

（2）顾客多元化

21 世纪饭店业面对的顾客呈现更加多元化的趋势。包括：顾客构成多元化、顾客地域多元化和顾客需求多元化。

（3）经营管理集团化

20 世纪，世界上先后出现了诸多跨国饭店集团，如假日、雅高、马里奥特、希尔顿等。200 家最大的饭店集团基本上垄断了饭店市场或说是主导了饭店市场。在饭店业竞争中，饭店集团比独立经营的饭店有明显的优势。

（4）广泛应用高新技术

过去 20 年以现代信息技术为代表的高新技术的持续发展对饭店业产生了深远影响，饭店业的繁荣发展和竞争力的提高，将更大程度地依赖于高新技术的应用，21 世纪高新技术将在饭店业的管理、服务、营销等方面发挥更大的作用。

（5）创建"绿色饭店"

目前，饭店业作为第三产业的重要组成部分，在全球性的绿色浪潮推动下，饭店经营中的环保意识逐渐成为广大从业人员和消费者的共识。创建"绿色饭店"，走可持续发展之路已成为 21 世纪饭店业发展的必然选择。以环境保护和节约资源为核心的"绿色管理"也成为全球饭店业共同关注的大事。创建"绿色饭店"，推行绿色管理的基本内容可概括为"5R"原则：即研究、减少、循环、替代、保护。可以预见，今后将会出现大量的"绿色饭店"倡导绿色消费，提供绿色服务将成为饭店的主要服务产品。综上所述，服务个性化、宾客多元化、经营集团化、新技术的广泛应用和绿色饭店是 21 世纪饭店业发展的五大趋势。

7.4.2 海鲜美食

7.4.2.1 我国海鲜美食文化发展历程

中国饮食文化以其历史渊源的悠久、流传地域的广泛、食用人口的众多、烹饪技法的卓绝、营养菜式的丰美、文化内涵的深蕴而享誉世界，成为人类饮食文化宝库中的明珠。中国的饮食，首先是以单纯的物质形式出现，并以其实用价值发生作用。从距今 170 万年前元谋人出现到 50 万年前北京人学用火为止，先民们处于"茹毛饮血"的生食阶段；从北京人的学会用火开始，进入熟食阶段；几千年来，中国人在食源开发、食物制作、营养保健和饮食审美等方面逐步积累了丰富的经验，最终创造了具有东方风味的中国饮食文化。

（1）海鲜美食文化旅游的初级阶段

海鲜美食文化旅游最早是由其他旅游形式演变而来，如"游宴""船宴"等，在观赏山水风光、欣赏自然美景的同时饮酒、赋诗及饮食，所以它是在观光旅游等旅游形式之后，成为人们社交、应酬、文化生活中不可或缺的重要部分。海鲜美食文化旅游与物质文化生活需求二者成正相关的关系，属于享受层次的旅游。

（2）海鲜美食文化旅游的发展阶段

随着海鲜美食的发展，在这一时期海鲜美食文化旅游的内容和形式都得到了丰富和拓展，以海鲜美食文化为主题反映当时的社会文化、经济以及生活的方式层出不穷，使得人们再也不必借用观光旅游的方式，就可以享受到海鲜美食文化旅游的真谛。海鲜美食文化旅游开始向专业化、复合化、多层次化旅游方向发展，也说明海鲜美食文化旅游能很好地满足不同群体的不同层次的社会生活和文化需求。随着美食旅游者旅游意识的逐渐增强，海鲜美食文化旅游必然会向生态休闲美食旅游、海鲜菜肴美食旅游等方向发展。

（3）海鲜美食文化旅游发展的高级阶段

近年来人们对饮食回归自然、回归生态的呼声越来越高，以绿色、健康、环保为经营理念的绿色饭店、绿色餐厅正在逐步走进现代生活。海鲜美食文化旅游讲究的是一种可持续发展的消费理念。健康环保，必定是它最大的特色。因而海鲜美食文化旅游核心是生态的、绿色的、无污染的，而且应该贯穿整个旅游的过程。在生产与消费过程中要注意经济效益、社会效益和生态效益之间的利益关系，做到实现真正的海鲜美食文化生态旅游。

7.4.2.2 海鲜美食文化旅游在现代旅游中的地位

（1）在现代旅游地建设中的地位

饮食旅游资源是旅游资源的重要组成部分，开发旅游目的地旅游资源时，可以把具有浓郁地方特色的饮食旅游资源作为一种主要的旅游资源。主要目的是突出体现饮食与旅游相结合、饮食与文化相结合，充分展示丰富多彩的饮食精品，从而弘扬我国源远流长的饮食文化。在开发海鲜美食旅游资源时，不仅可以宣传当地海鲜美食精品，而且还可以大大地提高当地的知名度，让更多美食旅游者慕名前来体验当地特色的海鲜美食文化旅游。海鲜美食文化旅游在旅游产品和旅游商品的开发中，应占有一席之地。

（2）在现代旅游规划中的地位

餐饮服务和餐饮场所的规划设计中应充分体现饮食文化内涵，开发具有地方特色独特风格的主题餐厅。餐饮环境与旅游景观设计要求相协调，如杭州西湖虎跑泉旁龙井茶肆，北京的大碗茶和老舍茶馆，都是享誉全国的著名旅游吸引物。饮食特色与旅游产品设计相得益彰，如舟山群岛在开发具有海洋文化特色的海鲜美食文化旅游资源，设计几条与之匹配的海鲜美食旅游线路，在品尝海鲜美食过程中游览、了解和感受浓郁的海洋文化。但目前美食旅游在旅游规划中的功能还没有得到充分的重视。

（3）在现代新兴旅游产品中的地位

在现代的各种新兴旅游中，如生态旅游产品、绿色旅游产品、享受旅游产品等，而美食文化旅游产品则属于享受旅游产品。美食文化旅游可以给整个市场经济带来新的发展机遇。全国各地都积极打造特色旅游产品，大大地促进了当地经济的发展，推动社会文化进步。海鲜美食文化旅游正是在这种机遇下获得发展的时机。人们越来越注重高质量、高品位、高享受的生活，故盼望美食文化旅游的到来，而海鲜美食文化旅游不仅可以让游客品尝到地方特色美食，而且还感受到当地文化的熏陶，提高自身文化内涵素养。

7.5　休闲渔业

海洋旅游业正历经由"旅游"向"休闲"的发展进程，海洋旅游业的发展未来必将以休闲为主题。由于经济发展迅速，人们的收入提高，闲暇时间增多，加之生活观念转变，休闲已经成为一种普遍的社会经济现象并引起了人们广泛关注。当前休闲经济、体验经济背景下的海洋旅游是中国沿海地区最具发展潜力的产业之一。发展海洋休闲渔业、海钓业、海洋旅游节庆等大有可为。

7.5.1　国外研究现状

依据国际公认的大旅游发展理论，旅游业经历"旅游—旅游休闲—休闲旅游—休闲"的发展历程，发展旅游的未来，将必定以休闲为主题。

在西方，自凡勃伦（Veblen，1899）以来，休闲一直被作为一种重要的经济活动加以研究。20 世纪 60 年代以前，西方主要关注休闲现象。60 年代后开始注重休闲本质。80 年代开始重视休闲经济。

19 世纪中叶初露端倪的休闲产业发端于欧美，是近代工业文明的产物。休闲产业这一概念自提出以来，就引起了学者们越来越大的兴趣，迄今为止学术界发表了对休闲产业许多不同的理解，杰弗瑞·戈比（2000）曾把休闲业定义为与旅游、疗养、娱乐及游园等休闲行为有关的职业和团体组织。

国外休闲渔业发展显著，20 世纪 60 年代，休闲渔业诞生在美洲加勒比海地区。20 世纪 70—80 年代，在一些社会经济和渔业发达的国家和地区，如美国、加拿大、日本、欧洲以及中国台湾地区，休闲渔业开始盛行起来。目前，休闲渔业在许多国家和地区已成为一项重要的产业。

7.5.2　国内研究现状

现代休闲的概念在中国主要是从城市功能和现代人类生活方式来理解的。国内学者从不同的角度对休闲的含义进行了探讨。

我国休闲产业研究是在改革开放以后。20 世纪 80 年代初，于光远先生提倡要对休闲进行研究，他对休闲产业研究的提倡，开启了中国休闲产业研究的先河。有学者认为休闲产业是指与人的休闲生活、休闲行为、休闲需求（物质的、精神的）密切相关的领域，尤指以旅游业、娱乐业、服务业和文化产业为主的经济形态和产业系统。休闲产业是劳动密集型的产业，能吸引大量的劳动力，并成为经济新的增长点。随着中国加入 WTO，以及 2008 年奥运会、2010 年上海世博会的举办，全球经济一体化的形成，中国休闲产业作为经济发展的重要组成部分和国民经济新的增长点，极大地促进了我国经济和社会的发展。

休闲渔业就是利用渔村设备、渔村空间、渔业生产的场地、渔业产品、渔业经营活动、渔业自然环境及渔村人文资源，经过规划设计，以发挥渔业与渔村休闲旅游功能，增进人们对渔村与渔业之体验，提高渔民收益，促进渔村、渔民和渔业的发展。换句话说，休闲渔业就是利用人们的休闲时间、空间来充实渔业的内容和发展空间的产业。因此，休闲渔业是把旅游观光、水族观赏等休闲活动与现代渔业方式有机结合起来，实现第一产业与第三产业的结合配置，以提高渔民收入，发展渔区经济为最终目的的一种新型渔业。

目前所研究的休闲渔业是集渔业生产、自然景观与科普文化于一体，将渔业与旅游有机融合的新型业态。发展休闲渔业是创业富民、创新强渔的有效实践，是弘扬渔业文化、推进新农村建设的有效载体，也是顺应城乡居民消费需求、统筹城乡发展、完善旅游产业供给层次的有效途径。

7.5.3　舟山休闲渔业概况

舟山位于浙江省东北部、上海市东南、杭州湾外缘的东海海域中，与上海、杭州、宁波等城市隔海相望。由 1390 多个大小岛屿组成，是全国唯一以群岛组成的海上城市。舟山海域辽阔，海洋渔业发达，山海景观独特，名胜古迹众多，四季气候宜人，是中国东部著名的海岛旅游胜地，发展休闲渔业的条件得天独厚。

1999 年 7 月，嵊泗县五龙乡田岙村渔民用改装后的 5 艘流网船，接待 24 名上海游客登船出海，亲身体验渔民的海上生活，首次推出了具有浓厚渔村特色的"渔家乐"旅游项目。随之休闲渔业在舟山市逐步兴起。

近年来，舟山市的休闲渔业（渔家乐）发展呈现了良好的势头，取得了一定的成效。舟山市把发展休闲渔业（渔家乐）作为破解"三农"难题、安置渔农村闲置劳动力就业、增加渔农民收入的重要途径，逐步建立起一批集吃、住、游、娱、购于一体的休闲渔农村和项目点。

经过多年发展的舟山休闲渔业，以"海天佛国、海洋文化、海鲜美食、海滨休闲"为特色的海岛旅游，已形成了与大陆农庄截然不同的特色。舟山旅游集佛教朝拜、山海观光、海鲜美食、滨海运动、环境疗养、休闲度假、商务会议等诸多旅游功能于一体。如普陀区、嵊泗县的休闲观光渔业，依托著名景区资源和饮食文化而闻名市内外；定海区结合丰富的人文资源，城郊型农庄已成规模，特色鲜明；岱山县对古镇文化资源和自然生态资源加以挖掘，已初具特色轮廓。

山海景观历史军事资源丰富。舟山山海景观独特，名胜古迹众多，旅游资源极其丰富。"海天佛国"普陀山、"碧海金沙"嵊泗两个国家级风景名胜区和岱山、桃花岛两个省级风景名胜区等都以其独特的山海景观在旅游者的心里留下了美好的印象，鲜明的山海景观使得这些地方在舟山的旅游地位不容替代，越来越多的旅游者来舟山都冲着这些旅游景点去享受美景。舟山又因其独特的军事地位，历史军事文化非常丰富，军事特色浓郁。舟山历史文化古城——定海，是一座历史悠久，古迹众多的千年古城，也是一座英雄之城。定海城内有明清建筑为主的传统名居和深宅大院组成的历史街区并保存完好。还有建筑风格迥异的祖印寺、御书楼、瞭望楼、都神殿等古建筑。作为海防前哨、军事要地，曾发生数十次战争。现有爱国主义教育基地——鸦片战争纪念遗址公园，马岙新石器古文化遗址等。

舟山地方文化特色浓郁。舟山地方文化气息浓郁，文化特色鲜明，如海洋文化、佛教文化等。舟山是个群岛，海洋文化是舟山具有的最普遍、最广泛的文化；佛教文化则以普陀观音文化为主，并以此吸引着众多的旅游者；沙雕文化主要表现为在朱家尖举办的中国舟山国际沙雕节，每年都吸引着世界各地的沙雕爱好者的到来。舟山海洋与渔业资源丰富、历史悠久、渔村风情独特，位于岱山县的中国海洋渔业博物馆和中国台风博物馆，为人们认识海洋、了解舟山渔业历史和渔村风俗创造了条件，参观的游客逐年增多。岱山县计划建造十多家博物馆，以海洋与渔业等文化为底蕴，着力打造别具特色的岱山休闲渔业。

海岛渔业、渔村、渔俗风韵独具。海岛渔俗文化主要体现在休闲渔业旅游中，着重表现为休闲渔业，到海岛去体验渔俗旅游已经成为越来越多都市人放松身心的一种休闲方式，东海鸟岛休闲渔业开发、定海盘峙王家山岛、馒头山岛的开发荒岛、营造海洋生态旅游休闲度假村及东极列岛休闲旅游项目等都是极具海岛渔俗风韵的旅游目的地。

本章小结

在本章中，我们主要讨论海洋旅游业的概念及其内涵，在此基础上介绍当前海洋旅游业的主要行业构成，主要包括海洋旅游交通运输服务部门、海洋旅游中介服务、海洋旅游接待服务、海洋旅游支持行业等。鉴于世界范围内海洋旅游的新业态层出不穷，无法一一列举，本章重点就当前热门的几个行业进行阐述，如邮轮、游艇和游船业；休闲渔业；海鲜美食等，以此为依据，对海洋旅游业的未来进行简要探讨。

 **关键术语**

旅游业（tourism industry）　　　　　　海洋旅游业（marine tourism）
邮轮旅游（cruise tourism）　　　　　　游艇旅游（yachting tourism）
休闲渔业（recreational fishery）　　　　海鲜美食（seafood-regale）

复习思考题

1. 现代海洋旅游业主要由哪些行业构成？
2. 针对当前我国沿海各地大力发展邮轮、游艇业的热潮，谈谈你的看法。
3. 结合地方实际，以休闲渔业为例，论述海洋旅游的未来。

参考文献

柴寿升，张佳佳. 2007. 美、日休闲渔业的发展模式对我国休闲渔业发展的启示. 中国海洋大学学报（社会科学版），88（1）：27 - 30.

戴斌，杜江. 2010. 旅行社管理（第三版）. 北京：高等教育出版社.

董玉明. 2002. 中国海洋旅游业的发展与地位研究. 海洋科学进展，21（4）：109 - 115.

黄少辉. 2011. 中国海洋旅游产业. 广州：广东经济出版社.

吉布森. 2010. 邮轮经营管理. 陈杨乐，赵善梅译. 天津：南开大学出版社.

江明方. 2005. 当前休闲渔业发展中存在的困难问题及改革对策. 中国渔业经济，17（1）：52 - 54.

杰弗瑞·戈比. 2000. 21 世纪的休闲与休闲服务. 昆明：云南人民出版社.

李崇生. 2007. 对"海洋体育文化"及"滨海体育休闲产业"的探讨. 广州体育学院学报，27（1）：63 - 65.

李隆华，俞树彪. 2005. 海洋旅游学导论. 杭州：浙江大学出版社.

李平，盛红. 2001. 海洋旅游研究初探. 海岸工程，20（1）：58 - 63.

李天元. 2011. 旅游学（第三版）. 北京：高等教育出版社.

厉新建. 2002. 旅游经济学：理论与发展. 大连：东北财大出版社.

马克·曼西尼. 2004. 乘船航游与邮轮管理. 高玲译. 北京：清华大学出版社.

平瑛. 2001. 完善管理体制、促进休闲渔业健康发展. 中国渔业经济，96（4）：25 - 26.

卿前龙. 2007. 休闲产业：概念、范围与统计问题. 旅游学刊，22（8）：82 - 85.

王大悟等. 1998. 新编旅游经济学. 上海：上海人民出版社.

王坚. 2006. 旅行社企业管理. 北京：北京大学出版社.

吴必虎. 2009. 旅游研究与旅游发展. 天津：南开大学出版社.

于庆东. 1998. 中国海洋旅游分区及其特点. 海洋信息，150（12）：15 - 16.

张广海，董志文. 2004. 青岛市海洋休闲渔业发展初探. 吉林农业大学学报，26（3）：347 - 350.

张言庆，马波，范英杰. 2010. 邮轮旅游产业经济特征、发展趋势及对中国的启示. 北京第二外国语学院学报，183（7）：26 - 33.

周春林. 2006. 旅游管理信息系统. 北京：科学出版社.

周国忠，张春丽. 2005. 我国海洋旅游发展的回顾与展望. 经济地理，26（5）：724 - 727.

Dowling R K. 2006. The Cruising Industry. Cruise Ship Tourism. Michigan：CAB International.

Veblen T. 1899. The Theory of Leisure Class：An Economic Study of Institutions，New York：Vanguard Press.

Wild P，bearing J. 2000. Development and prospects for cruising in Europe. Maritime Policy and Management，27（4）：315 - 337.

□ **阅读材料 7 - 1**

世界著名邮轮公司

美国嘉年华邮轮集团公司（Carnival Corporation & PLC）

皇家加勒比海邮轮公司（Royal Caribbean Cruises Ltd.）

云顶香港有限公司（Genting Hong Kong Ltd.）

世界著名邮轮

（1）"玛丽皇后 2"号（Queen Mary 2）

世界上最奢华的远洋邮轮，比巴拿马运河还宽。

"玛丽皇后 2"号是世界上最奢华的远洋邮轮，造价高达 8 亿美元，而它在海上每小时能赚 6 万美元，所以靠岸停泊对它来说都显得奢侈。

这艘邮轮必须装载 300 万升的燃料，足以开车往返月球 70 次，费用超过 100 万美元。

投资人米奇·艾瑞森对远洋旅行之梦的坚持，让"玛丽皇后 2"号的每一个舱房都配备了阳台，而消费这样一个舱房则需要 3 万美元。

邮轮上有世界最大的海上图书馆、舞厅和剧院，且拥有全球唯一的海上天文馆。

（2）"嘉年华传奇"号（Carnival Legend）

排水量：86 000 吨；载客量：2 680 人；工作人员：930 人；注册地：巴拿马；下水年份：2002 年。

（3）"星光公主"号（Star Princess）

甲板楼层 18 层。可以容纳 2 600 位乘客，客舱共 1 301 间（935 间外舱/366 间内舱），私人阳台舱房 711 间（占所有外侧舱房的 80%）。

（4）"狮子星"号邮轮（Super Star Leo）

狮子星号邮轮是亚洲最大的豪华邮轮，隶属于新加坡丽星邮轮公司。丽星邮轮公司总吨位在世界邮轮公司中排名第二，在世界旅游界享有盛誉。由于有经营香港出发的航线，因此港澳人士较为熟悉。

邮轮上有多家不同风味的饮食场所，为游客提供的美酒佳肴，远比其他邮轮更为丰富多彩；除了传统邮轮餐厅格调的来福斯自助餐厅，提供欧陆式盛宴的美斯法国餐厅，也有日本菜馆，选择多不胜数。

□ 阅读材料 7 - 2

舟山跨海大桥

舟山是中国新兴的海岛港口旅游城市，具有显著的区位优势和得天独厚的"渔、港、景"资源。舟山跨海大桥构筑出一条全天候的舟山——大陆通道，使舟山从孤悬海中的岛屿，变成同大陆相连的半岛，成为大陆伸向海洋的港口城市，实现了海岛同大陆的连接，把发展海岛特色旅游经济与大陆比较完善的基础设施网络密切结合起来，把中国最好的深水岸线资源与广大幅地密切结合起来，对进一步开发舟山海洋资源，推动浙江省、长江三角洲乃至中国经济发展都具有深远的意义。

舟山跨海大桥是国家高速公路网杭州湾地区环城高速公路联络线，始于舟山本岛国道 329 线鸭蛋山的环岛公路，途经里钓岛、富翅岛、册子岛、金塘岛四个岛屿，至宁波镇海登陆，全长 50 千米。由岑港大桥、响礁门大桥、桃天门大桥、西堠门大桥和金塘大桥 5 座跨海大桥及接线公路组成，是中国规模最大的岛陆联络工程。前三座桥作为地方项目于 2006 年 1 月 1 日建成通车；西堠门大桥、金塘大桥两个特大跨海大桥项目于 2005 年开工，总投资 100.6 亿元，2009 年 11 月建成。2009 年 12 月 25 日，舟山跨海大桥实现全线通车。

（1）岑港大桥

岑港大桥是连岛工程的第一座跨海大桥，跨越岑港水道，连接岑港和里钓岛。全桥长为 793 米，桥面宽 22.5 米，双向四车道，通航等级为 300 吨级，通航净高 17.5 米，通航净宽 2 米×40 米，主桥为 3 跨 50 米的先简支后连续预应力混凝土 T 梁。

（2）响礁门大桥

响礁门大桥是舟山大陆连岛工程的第二座跨海大桥，跨越响礁门水道，连接里钓岛和富翅岛，全长 951 米；桥面宽 22.5 米，双向四车道；通航等级为 500 吨级，通航净高 21 米，通航净宽 135 米；主桥为 80 米 + 150 米 + 80 米的大跨径预应力混凝土连续箱梁，引桥为先简支后连续预应力混凝土 T 梁。

（3）桃天门大桥

桃天门大桥是舟山大陆连岛工程的第三座跨海大桥，跨越桃天门水道，连接富翅岛和册子岛，全长 888 米，桥面宽 27.6 米，双向四车道。通航等级为 2 000 吨级，通航净高 32 米，通航净宽 280 米，主桥为主跨 580 米的双塔双索面半漂浮体系混合式斜拉桥，主塔高 151 米，是浙江省第一座跨海斜拉桥，也是世界上第九大跨海斜拉桥，大桥可满足 3 000 吨级船舶双向安全通航要求。

（4）西堠（hòu）门大桥

西堠门大桥是连岛工程的第四座跨海大桥，西堠门大桥项目由金塘岛和册子岛接线组成，全长 5.452 千米，其中大桥长 2.588 千米，按双向四车道高速公路标准建设，概算总投资 23.6 亿元。西堠门大桥主桥为两跨连续钢箱梁悬索桥，是连岛工程五座跨海大桥中技术要求最高的特大型跨海桥梁，大桥主塔高 211 米，主跨 1 650 米，是目前世界上最大跨度的钢箱梁悬索桥，世界上首座分体式钢箱梁悬索桥，它是跨径世界第二、国内第一的特大桥梁，设计通航等级 3 万吨，通航净高 49.5 米，净宽 630 米，为我国迄今为止最长的悬索桥。

（5）金塘大桥

金塘大桥是连岛工程的第五座跨海大桥。金塘大桥和宁波镇海炼化厂西岸接线组成。金塘大桥是舟山跨海大桥工程中规模最大的跨海特大桥梁，按我国桥梁新规范体系进行设计，全长 26.54 千米，其中大桥长 21.029 千米，横跨灰鳖洋，有斜拉桥、连续钢构桥、连续桥梁等多种桥型，设三个通航孔。按双向四车道高速公路标准建设，概算投资约 77 亿元。金塘大桥主通航孔桥全长 1 210 米，主塔高 204 米，主跨 620 米的五跨双塔双索面钢箱梁斜拉桥，设计通航等级 5 万吨，通航净高 51 米，净宽 544 米；是目前世界上位于外海主跨最大的斜拉桥。

舟山跨海大桥的建成为舟山经济、人民生活及旅游事业带来无限的发展空间，现在上海至舟山仅需 4 小时车程，宁波到舟山仅需 1 小时车程。

第8章 海洋旅游市场调研与营销

■ 学习目标

◇ 了解海洋旅游市场调研的内容与方法
◇ 了解海洋旅游市场营销策划的特点、原则及程序
◇ 掌握海洋旅游市场形象设计与传播的原理
◇ 了解海洋旅游目的地公共营销的概念与内涵、熟悉海洋旅游市场营销策略

8.1 海洋旅游市场调研

随着海洋旅游市场竞争的加剧，谁能及时准确掌握市场信息，谁就能在竞争中掌握更多的主动权。建立一套完整的海洋旅游市场营销信息系统，保证该系统的信息随着环境的变化而不断更新，正确地进行市场调研，及时掌握市场变化动态，是整个海洋旅游市场营销的基础。

8.1.1 海洋旅游市场营销信息系统

市场营销信息系统（marketing information system，MIS），是指一个由人员、机器和程序所组成的连续的和互为影响的复合体，用以收集、挑选、分析、评估和分配适当的、及时的和准确的信息，为市场营销管理人员改进市场营销计划、执行和控制工作提供依据。

海洋旅游市场营销信息系统由内部报告系统、营销情报系统、营销调研系统和营销分析系统构成。

（1）内部报告系统

内部报告系统提供的数据包括预订数量、销量、资金流向与流量、应收应付款、成本、投资等，"预订—接待—账单"是这一子系统的基本流程，是决策者们利用的最基本的系统。任何一家旅游企业通过计算机网络将全集团的预订、接待情况得以及时、准确地汇集和传递。

（2）营销情报系统

营销情报系统的主要功能是向营销部门及时提供有关外部环境发展变化的情报，它与内部报告系统的区别在于其观察对象注重旅游企业外部，而内部报告系统注重的是旅游企业内部。

（3）营销调研系统

营销调研系统是就旅游市场营销的某一专题，着手进行调查分析研究，并对研究结果提出正式报告，供决策部门用于解决这一特定问题。营销调研系统与内部报告系统和营销情报系统最本质的区别在于：它的针对性很强，是为解决特定的具体问题而从事信息的收集、整理和分析。

（4）营销分析系统

营销分析系统又称营销决策支持系统或专家系统，由数据库、统计库、数学模型库和计算机硬件等所组成。可帮助分析者深入了解数据之间的关系及其统计上的可靠性，借助先进的数学模型，作出

科学的营销决策，如确定最佳销售区域、分销渠道配置、广告预算分配等。目前，我国大多数旅游企业都已配备了计算机，但离有效地将计算机用于营销信息的系统处理还有相当距离。因此，重视并掌握将计算机用于营销信息处理的技术，仍是我国旅游营销人员面临的重要课题。

8.1.2　海洋旅游市场营销调研类型与内容

海洋旅游市场营销调研包括旅游市场调查和旅游市场预测两部分，是对旅游市场调查和旅游市场预测的统称。海洋旅游市场营销调研是运用科学方法，有目的、有计划地收集、记录、整理分析和报告有关海洋旅游市场的各种情况、信息和资料，以了解海洋旅游市场发展变化的现状和趋势，解决海洋旅游面临的市场营销问题，为经营决策提供科学依据的活动。

8.1.2.1　旅游市场营销调研的类型

旅游市场调研类型多种多样，每种调研都有其独特的功能和局限性，只有按照旅游市场调研的目的、任务和调研对象的特点，选择科学的调研方式，才能准确、及时、全面地取得所需要的各种信息资料。

（1）按提供信息的目的

①探测性市场调研。探测性市场调研是指在对市场状况不甚明了或对问题不知从何处寻求突破时所采用的一种调研方式，其目的是要发现问题的所在，并明确地提示出来，以便确定调查的重点。例如，海洋旅游产品销售量几个月来一直在下降，是质量问题？价格不合理？海洋旅游者的需求发生了变化？还是市场上出现了新的替代品？这些都需要通过探测性调研来寻找问题发生的可能原因。探测性市场调研一般都通过收集二手资料，或请教一些专家，也可以参照过去类似的具体实例。

②描述性市场调研。描述性市场调研是指对所面临市场的不同因素、不同方面现状的调查研究，其资料数据的采集和记录，着重于客观事实的静态描述。大多数的市场调研都属于描述性调研。例如，市场潜力和市场占有率、产品的消费群结构、竞争企业状况的描述。与探测性调研相比，描述性调研的目的更加明确，研究的问题更加具体。

③因果性市场调研。因果性市场调研是指为了查明项目与不同市场要素之间的关系，以及查明导致产生一定现象的原因所进行的调研。通过这种形式调研，可以清楚市场因素的变化对项目进展的影响程度，以及项目决策变动与反应的灵敏性，具有一定程度的动态性。因果关系调研的目的是找出关联现象或变量之间的因果关系。描述性调研可以说明某些现象或变量之间相互关联，但要说明某个变量是否引起或决定着其他变量的变化，就用到因果关系调研。因果关系调研的目的就是寻找足够的证据来验证这一假设。

④预测性市场调研。预测性市场调研是指专门为了预测未来一定时期内某一环节因素的变动趋势及其对市场营销活动的影响而进行的市场调研，是对事物未来发展变化的一个预测。如市场上消费者对某种产品的需求量变化趋势调研、某产品供给量的变化趋势调研等。

（2）按调研对象范围

按调研对象范围不同，旅游市场调研可分为全面调研和非全面调研。

①全面调研。全面调研又叫普查，是对调研对象中所有单位无一例外地进行调研的方式。全面调研能取得比较全面系统的总体资料，适用于旅游市场的宏观了解。全面调研数据详细，但消耗大量人力物力和时间。

②非全面调研。非全面调研是对调研对象中的部分单位进行调研的方式。所选单位应具有充分的代表性，以利于最终获取较全面的总体资料。非全面调研又分为典型调查、重点调查、抽样调查等几种形式。a. 典型调查：根据调研的目的和任务，从对象总体中选择一个或若干具有典型代表意义的单

位进行深入调研的方式。b. 重点调查：在被调研对象中选择一个或几个市场现象比较集中、对全局具有决定性作用的重点单位进行调研的方式。c. 抽样调查：按调研任务确定的范围，从全体调研对象总体中抽选部分对象作为样本进行调查研究，用所得样本结果推断总体结果的调研方式。根据调研对象总体中每一个体单位被抽取的概率是否相等的原则，又分为随机抽样调研和非随机抽样调研。抽样调查是以小窥大，以局部估计总体的调查方法。优点为简单快速。缺点为需要足够好的样本，具有代表性和随机性，具有不稳定性，有一定的误差率。

在市场调研中，一般全面调研是不经常使用的，因为大规模的普查在时间和成本上耗费巨大，通常使用非全面调研方式。

8.1.2.2 旅游市场营销调研的内容

旅游市场调研内容包括所有与海洋旅游活动有关的需求、社会、政治、经济、环境以及自身等方面信息。

①市场需求。海洋旅游市场需求是在一定时期内、一定价格上，旅游者愿意并能够购买海洋旅游产品的数量，即旅游者对某一海洋旅游产品所需求的数量。市场需求调研是海洋旅游市场调研内容中最基本的部分，它又主要包含：海洋旅游者规模及构成、海洋旅游者动机、海洋旅游者行为等内容。

②市场环境。市场环境是海洋旅游发展的基础，它主要包括以下几方面。

政治法律环境：包括国内外政治形势以及国家旅游市场管理的有关方针政策，我国及海洋旅游客源国或地区的有关法律和法规条例，如环境保护法、旅游法、保险法、出入境规定、海洋旅游区旅游管理条例等。

经济发展状况：我国及海洋旅游客源国或地区的经济特征和经济发展水平、旅游资源状况、世界旅游经济发展趋势等。

社会文化因素：包括一些对海洋旅游市场需求变动产生影响的社会文化因素，诸如文化水平、职业、民族构成，宗教信仰及民风、社会道德与审美意识等。

技术发展状况与趋势：主要是与旅游及海洋旅游发展有关的技术水平状况及趋势。

竞争对手：在竞争中要保持优势，就必须随时掌握竞争对手的各种动向，在这方面主要是关于竞争对手数量、竞争对手的市场占有率及变动趋势、竞争对手已经并将要采用的营销策略、潜在竞争对手情况等方面的调研。

③自身情况。海洋旅游地或旅游企业内部情况，又可称为可控因素，这方面主要包括对海洋旅游的产品、价格、销售渠道和促销方式等内容。

产品：包括有关海洋旅游产品性能、特征和顾客对产品的意见、要求；产品寿命周期以了解产品所处的寿命周期的阶段；产品的包装、品牌、外观等给顾客的印象，以了解这些形式是否与海洋旅游者的习俗相适应等。

价格：它包括海洋旅游产品价格的需求弹性情况；新产品价格制定或老产品价格调整所产生的效果；竞争对手价格变化情况等。

销售渠道：它包括现有海洋旅游产品的分销渠道状况，中间商在分销渠道中的作用及各自实力，用户对中间商尤其是代理商、零售商的印象等。

促销方式：主要是对人员推销、广告宣传、公共关系等促销方式的实施效果进行分析、对比等。

8.1.3 海洋旅游市场营销调研程序

海洋旅游市场营销调研是一项有序活动，它包括准备阶段、实施阶段和总结阶段三部分。

（1）调研准备阶段

这一阶段主要是明确问题，确定调研目的、要求及范围，并据此制订市场调研实施计划。这个阶

段包括以下三个步骤:

一是明确问题。营销调研人员根据决策者的要求或由市场营销活动中所发现的新情况和新问题,提出需要市场调研的课题。

市场调研一般从情况分析入手,进而提出问题,明确调研目标。在一定时期,海洋旅游面临的市场问题可能会很多,由于时间、人员、费用的限制,市场调研不可能面面俱到,必须针对所面临的市场现状,寻找出亟待解决的问题,确定市场调研的目标和范围。所要调研的问题一定是海洋旅游所面临的重要问题,这样才能做到有的放矢,避免"眉毛胡子一把抓"。

市场调研问题可以通过对以下六组问答来确定:①海洋旅游面临的市场营销问题有哪些? ②哪些市场营销问题值得调研分析或亟待调研分析? ③为什么要进行这项调研? ④通过调研要知悉哪些情况? ⑤调研所获信息资料有何用途? ⑥不做调研,有没有其他方式解决问题?

许多情况下,营销调研人员对所需调研的问题尚不清楚,或者不能抓住调研问题的关键和范围要点而无法确定调研内容,需要先收集一些有关资料进行分析,或者聘请有丰富知识和经验的、精通市场情况的专家,倾听他们对问题的分析,必要时也可以进行小规模市场试验,找出市场调研所要解决的问题。

二是制定市场调研实施计划。周密的计划是海洋旅游市场调研得以顺利进行的保证。进行市场调研前必须事先拟好调研计划,在充分利用现有资料信息的基础上,根据海洋旅游市场营销调研的具体问题、具体情况及既定目标的要求,制定详细的调研实施计划。市场调研实施计划的内容包括:调研目的与要求,调研对象,调研时间、地点,调研方法,调研人员安排与分工,调研费用预算以及调研工作进度等。

（2）调研计划实施阶段

市场调研计划批准后,就进入正式市场调研阶段。这一阶段的主要工作是按调研计划和调研工作进度表的规定,进行实质性的资料收集。具体分为两个工作步骤:

组织并培训调研人员。首先必须对调研人员进行一定的培训,目的是使他们对调研方案、调研技术、调研目标及与此项调研有关的经济、法律、礼仪等知识有一明确的了解。

收集资料。一般首先收集的是第二手资料。其来源通常为国家机关、行业机构、市场调研与信息咨询机构等发表的统计数据,也有些为发表于科研机构的研究报告或著作、论文等。其次,根据调研方案中已确定的调研方法、方式以及调研单位进行的实地调研,收集第一手资料,即原始资料。

（3）调研总结处理阶段

营销调研的作用能否充分发挥,它和以下工作密切相关。

调研资料的整理分析。通过调研获取的信息资料往往相当零乱,有些只是反映问题的某个侧面,带有很大的片面性或虚假性,必须经过审核、分类、整理、汇总和分析后才有实用价值。资料的分析处理一般经过审核、编校、分类、编码、制表、鉴定等几个程序来完成。首先要审核资料的正确性、完整性和真实性,然后再运用统计方法进行分类、整理,编制成统计表或统计图,便于对资料的分析运用。

撰写市场调研报告。市场调研报告是市场调研结果的一种集中表现形式,它通过文字、数据、图表等形式将调研结果、研究结论及行动建议简明扼要、系统地展现出来,是调研活动结论性意见的书面报告,为市场营销提供依据。市场调研报告撰写原则是客观、公正、全面地反映事实,以求最大限度地减少营销活动管理者在决策前的不确定性。调研报告基本内容包括调研对象的基本情况、对所调研问题的事实所做的分析和说明、调研者的结论和建议。

追踪反馈。有些情况下,在写出调研报告以后,还要作追踪调研,了解调研报告中的方案是否被采纳,实施效果如何。

8.1.4 海洋旅游市场营销调研方法

海洋旅游市场营销调研方法可划分为直接调研法与间接调研法两大类。直接调研法是调研者亲临现场进行考察，或是正面同调查对象发生直接接触的调研。间接调研法是调研者不必亲自接近信息主体，而是利用已有的材料进行深入细致的调研。直接调研与间接调研有各自的优缺点（表 8-1）。

表 8-1 直接调研与间接调研的优缺点比较

优缺点	直接调研	间接调研
优点	可用且能用，准确可靠，适时	便宜，便捷，快速
缺点	昂贵，费时费力，不及时	不可用，可信度较差，过时

（1）文案调研法

根据一定的研究目的，通过对收集到的与调查课题相关的各种信息和情报资料进行分析研究，获得调研成果的一种调查方法。

海洋旅游地或旅游企业自身内部一般都保留有海洋旅游者的信息。主要有预订记录、客史档案、问讯记录、投诉记录和拒客统计等，这些记录信息成为方案调研法数据的重要来源。另外，信息来源还包括政府机构、海洋目的地营销组织、互联网、杂志期刊和报纸、电台和电视台、旅游行业协会、调研组织和其他私人咨询公司等进行的调查、统计资料及行业态势分析、预测等。

（2）实地调查法

实地（直接）调研是通过收集原始数据来解答特定问题的方法，一般在间接调研的基础上进行。海洋旅游市场直接调研方法一般有实验、观察、"神秘顾客"和问询等方式。

①访谈法。访谈法是以语言交流作为收集资料的手段，以询问方式向被调查者提出问题，以得到的答复作为调查结果获得市场资料的调查方法。是市场调查中最常见、最广泛采用的一种方法。问询是海洋旅游最流行的市场调研方式，它灵活也易于使用。问询通常有海洋旅游者面谈问询、邮件问询、电话问询和网上问询，表 8-2 是这四种问询方式的优缺点比较。

表 8-2 顾客面谈问询、邮件问询、电话问询、网上问询优缺点比较

优缺点	面谈问询	邮件问询	电话问询	网上问询
优点	高度的灵活性；较高的回复率；回复及时；容易处理无固定答案的；开放式问题	花费较低；调查面广；较为客观真实；时间充裕；无距离问题	信息收集快；较高的回复率；回复及时；无距离问题	调查面广；回复快且回复率高；较为客观真实；时间充裕；费用低；可选定难以触及的人群
缺点	成本相对较高；样本规模小，易产生偏见；难以调查私人或敏感问题；约定时间较难；对调查者受训练程度要求很高	较低的回复率；降低样本的代表性；滞后；难以处理无固定答案的开放式问题；对调查者受训练程度要求低	电话费用较高；更具强迫性；不便建立和谐关系；时间有限；对调查者受训练程度要求很高	可能存在一定重复率

面谈问询能够对某些问题的含义进行更全面的解释，还可以通过修饰问题、深入探讨和观察海洋旅游者的行动和肢体语言来收集更全面详细的信息。但是，面谈有它的缺点，与海洋旅游者约定面谈的时间较难，调查人员的误差或调查偏见；有时海洋旅游者也会从面谈调查人员处得到暗示，并企图以调查人员满意的方式来回答问题；或者海洋旅游者很匆忙，没有完全理解问题；或者海洋旅游者不愿意回答个人问题，可又不想失礼，所以不管问什么问题都欣然表示同意。加之面谈选择的海洋旅游者数量有限，所以，面谈问询存在较强的主观偏见。

邮件问询可以使海洋旅游者有充裕的时间思考问题选择答案，由于可以匿名，避免了面对面时的尴尬，海洋旅游者回答问题较为客观真实。邮件问询的最大不足是回复率较低，一般有 30% ~ 40% 的回复率已是相当不错了。产生这种结果一方面是广告邮件的充斥，使人不同程度地患上了垃圾邮件综合征；另一方面是人们不愿花费多余精力去回答问题，并且还要贴邮票寄出，互联网的发展，让人们对传统信件的使用度降低。解决的建议是装入贴有邮票、写好回信地址的信封，给被调查者提供方便，也表示调查者的诚意。

电话调查与面谈调查有很多共同优点，但比起面谈，更难与回答者建立起和谐的关系，电话调查一般不事先约定时间，不能顾及海洋旅游者现时状况，所以有被视为电话骚扰的倾向。另外，如果进行长途电话调查，话费也会变得较高。

由于互联网的快速发展，网上问询规模可以非常大且能够选定一些难以触及的目标海洋旅游者，传统调查尤其是细分化调查的困难之一是确认和接近适合一定生活方式和兴趣爱好的目标客源，而特殊偏好的网站很容易确认和获得，只要将醒目的调查插入这类站点即可。网络的便捷性使 300 ~ 400 份样本能够在一周内即可收集，相比于 3 ~ 4 个月的邮件调查、或者需要 6 ~ 8 周训练调查者和获得电话问询资料，网上问询回复速度大大加快，且费用低，参与者从不提出要求获得对参与调查的奖赏。因为没有调查人员、没有了调查人员的干扰，反映的信息也较为客观真实。网络多媒体的广泛应用，使网上问询还能提供全方位的视听感受。网上问询的回复率远高于邮件问询，可达 70%，有一项研究显示，同一份调查，愿意用电子调查的顾客比愿意完成书面调查的顾客多出 5 倍，并且愿意回答比传统调查更多的问题，因为电子调查的娱乐价值实际上会降低被调查者对完成调查所花费时间的感觉。但网上问询存在着同一个人多次重复回答的可能性，在一定程度上影响了网上问询的有效性。

②观察法。观察调研是通过观察并记录海洋旅游者行为的调研方式。尽管潜在需求对海洋旅游者来说很重要，但海洋旅游者通常很难预测他们自己将来的需求，他们关注的大都是目前的需求，所以海洋旅游者对需求表述有时比较模糊，通过观察可以获得海洋旅游者较真实明确的需求信息。

③实验法。实验法调研是通过创设一个临时的环境，并根据海洋旅游者对这个临时环境的反应，测定改变环境所带来的结果。它是从自然科学的实验室实验法借鉴而来的一种调查方法。设定特殊实验场所，置调查对象于特定状态下进行试验，控制某些实验因素（实验变量、营销自变量），研究实验因素的变动对目标变量（营销因变量）产生的影响。

④"神秘顾客"法。"神秘顾客"是海洋旅游地或旅游企业雇佣外部调查机构或专家，像普通顾客一样进入服务设置中并体验海洋旅游服务，评估绩效和体会需求。

调研应采用几种方式的组合，以便于获得较为全面真实的信息。

8.2　海洋旅游市场营销策划

海洋旅游市场作为旅游市场经济的一个组成部分，与一般意义上的旅游市场并无本质区别。海洋旅游市场营销策划，就是根据海洋旅游市场变化趋势的分析判断，对海洋旅游未来的市场营销进行的超前筹划，它不同于一般意义上的营销计划，需要更多的战略思维，对海洋旅游营销活动作出科学的指导。这里所指的营销策划是指海洋旅游整体营销方案的策划，而不是指专项营销活动的策划。

8.2.1　海洋旅游市场营销策划的特点

海洋旅游市场营销策划是对其在未来较长一段时间内的营销活动作出总的规划和设计，一般具有以下五大特点。

（1）超前性

营销策划主要着眼于未来，是对未来环境的预测和对未来行为的设计，因此它首先是一种超前性的行为。营销策划既需要一些程序性的决策，同时也需要利用群体智慧做创造性的思维活动。

对未来环境的预测可以借助两大系统来实现，一是形象系统；二是概念系统。前者凭借现实世界的各种形象资料，通过形象思维来作出的未来预测；后者凭借抽象世界的间接化和概括化了的理论资料，通过逻辑思维来作出的未来预测。通过这两个系统的综合影响所形成的判断预测，就构成了市场营销策划的基础。

对未来营销行为的设计也需要借助两大系统来完成，一是经验系统，二是创新系统。前者借助已有的丰富经验将各种营销要素进行传统的组合，形成最优化的效果模式。这种方法的优点是具有较大的安全性和保险系数，但缺乏新意，难以取得出乎意料的效果；后者借助高超的创造力将各种营销要素进行前所未有的重新组合，设计出最优化的效果模式。这种方法具有很大的风险性，但有可能产生较好的效果。

（2）主观性

营销策划是由人来完成的，这就不可避免地使营销策划带有主观性。策划以各类现实信息及未来预测为基础，是客体作用于主体之后所形成的主观产物，不仅需要大量间接经验的投入，同时还需要大量直接经验的投入。

不同的主体，由于年龄特征、生活经历、气质性格的不同，可能会有不同的需要动机、态度情绪和价值选择等，因而即使是对同一信息也会在认识上形成个体差异。这种认识上的差异继而会影响到个体接受、反应、处理信息的过程，造成个体行为的差异。即使是具有相同的认知水平、认知能力的不同个体，在信息处理上也会形成很多差异，因此，不同的策划人所提出的营销策划方案也必然是不同的。另外，在不同的时间、不同的空间，对营销策划的理解及评价也是不同的。因此，策划要根据当前的实际情况设计所需的方案，同时兼顾长远发展目标。

（3）系统性

营销策划是关于海洋旅游市场营销的系统工程，需要有一定的全局观念。营销策划的系统性主要表现在时间和空间两个方面。在时间上，营销策划的每一环节都应紧密相连，环环相扣，一个营销活动的结束，必然是下一个活动的开始，构成完整的营销活动链。在空间上，主要表现在立体组合方面。海洋旅游营销活动，需要多种营销要素的立体组合，通过这种组合才能形成综合的促进力，来推动产品的销售。如果只是采用某一方面的营销策略，或者只关注某一种产品，这种策划只适宜在短时间内拓展小范围市场。

（4）复杂性

营销策划是一项非常复杂的脑力劳动，营销策划需要相当丰富的知识及严谨的程序，同时也要求强烈的创新意识。一方面策划人要收集当前各种市场信息；另一方面要从有关的渠道收集各种间接经验及已有的信息，通过分析综合，比较分类，抽象概括，最后形成新的思想，并以方案的形式确定下来。首先，直接的市场经验是策划的基础，一个连市场都不了解的策划人不可能设计出适合市场的优秀营销方案。营销策划是针对当前情况所作出的对未来的规划，这就要求策划者必须具备大量的直接营销经验，必须直接去了解市场，感受市场。如果只是去寻找相应的理论依据，按照常规经验来操作，那就会造成该方案的明显滞后，不能适应当前和未来的形势。其次，营销策划要求大量间接经验的支持。单纯的直接经验有时会带有一定的主观性，需要有相关的理论经验作指导。一项优秀的营销策划方案，一般需要经济学、管理学、市场学、心理学、社会学、文化学等多学科的知识。策划人通过理解、筛选，将这些综合知识灵活地运用到策划之中去，使之成为策划的重要依据。第三，营销策划需要进行庞杂的信息处理。在策划之初，需要收集政治、经济、法律、文化、竞争、商品、消费、价格等大量信息，并从中筛选出有效信息加以处理。

（5）灵活性

市场作为营销策划的操作空间，千变万化，反复无常；因此，任何营销策划活动，都不可能一成不变，它必须具有弹性，能够因时而异、因地制宜。策划需要以动态的眼光考虑外部环境和内部条件的变化，考虑不同时期不同内容的策划重点，突出针对性。一般在营销策划之初，就应考虑未来形势的变化，让方案适度超前。另外，在执行过程中，还需要根据市场的反馈来及时修正各种营销方案，让方案始终贴近市场。

8.2.2　海洋旅游市场营销策划的原则

（1）战略性原则

营销策划是一种战略性决策，一个完整的营销策划，是海洋旅游地或旅游企业未来进行营销决策的依据，它将对未来相当长一段时间的市场营销起指导作用，所涉及的组织、部门或个人都必须严格执行，贯彻到底。虽然营销策划有适应性，但也有相当的稳定性。若情况稍有变化就妄加更改，必然导致营销资源的巨大浪费。

（2）信息性原则

营销策划，是对信息的充分利用，是在充分收集分析了有关事态的历史信息和当前信息，从中找到了有关事态的发展趋向，由此对事态发展到某一阶段的可能状态进行定位后而进行的营销决策。信息是营销策划实施效果的基本保证，是营销策划的基础，缺乏信息的营销策划是危险的策划。

（3）公众性原则

公众性原则是指营销策划必须以公众的海洋旅游消费要求为中心，充分考虑相关公众的意见、建议和需求，把公众的意见和建议作为策划的依据，做到知己知彼。营销方案能否充分体现公众利益，是营销策划成功与否的关键。

公众的主体是现在和潜在的海洋旅游者，此外，还有政府、社区、供应商、经销商、股东、内部员工等。例如，作为政府，他们希望能创造更多的经济效益和社会效益，推动社会进步。作为供应商，他们希望能为自己提供更多的市场机会，突出供应商的良好形象。作为经销商，他们希望能为他们提供优秀的产品和真实详尽的信息，希望为他们的销售提供全面的服务保障。作为股东，他们希望营销能塑造良好的产品形象和企业形象，以获得更丰厚的红利回报。作为员工，他们希望产品能顺利销售并从营销收益中获取劳动报酬。作为海洋旅游者，他们希望营销能为他们提供优秀的产品，为他们提供一流的服务，等等。

（4）系统性原则

系统性原则是指任何营销策划都必须从全局角度来进行设计实施，不能孤立进行，否则，策划就难以取得预期的成功，甚至对其他方面产生不利的影响。首先，海洋旅游活动受到政治、经济、自然、人文等环境的综合作用，海洋旅游市场营销策划应系统地分析研究各种因素，并恰到好处地利用这些因素，才能保证策划的成功。其次，海洋旅游涉及各个组织、部门、岗位、人员，而客人对旅游的评价往往是一种综合感觉，因此，海洋旅游营销策划应充分考虑各子目标间的协调性和主次性，考虑不同部门、不同岗位、不同人员之间的关联性，形成整体力量，确保营销策划的系统性。再次，海洋旅游者市场应该是立体的，而不只是局限于区域上的平面分布。应根据不同的标准将市场划分出若干层次，然后依据不同层次的海洋旅游者需求设计与之相适应的产品。因此，海洋旅游市场营销策划，常常不是一个单一的方案，而是一个系列，或是几套方案的组合。

（5）可操作性原则

营销策划是一种实实在在的战略和策略，必须可以操作。不能操作的方案，创意再好也无任何价值。不易操作的方案，必然耗费大量的人力、物力和财力，而且成效甚微甚至损失惨重。另外，由于市场营销策划是一种超前行为，不能预料到未来市场的一切因素，可能会出现营销方案与现实脱节的情形。因此，任何策划方案都需要在实施过程中根据实际情况不断加以调整和补充。

（6）综合效益原则

综合效益原则，一是经济效益，每一次海洋旅游营销活动都必须事先进行充分的项目可行性研究，认真进行投资效益分析，不断提高海洋旅游投资开发的经济效益。二是社会效益，在海洋旅游活动要考虑当地社会经济发展水平，要考虑政治、文化和地方习惯，要考虑当地居民的心理承受能力，形成健康文明的旅游活动，并促进地方精神文明的发展。三是生态环境效益，按照海洋旅游发展的规律和自然环境的可承载力，以开发海洋旅游促进环境保护，以环境保护提高开发海洋旅游的综合效益，从而形成保护—开发—保护的良性循环，创造出和谐的生存环境。

8.2.3　海洋旅游营销策划的程序

营销策划虽然没有定式，属于一种创造性的思维活动，但作为一项基本工作，有着基本的规律与方法。完成一次海洋旅游市场营销策划，一般需要以下程序。

（1）确立策划目的和目标

策划目的和目标是营销策划操作的依据。海洋旅游市场营销策划是为了解决一些问题，实现一定的目标。海洋旅游市场营销策划目的主要有三种：①海洋旅游发展初期，无一整套系统的营销方略，需要根据市场特点，策划出一套可供参考的营销方案。②海洋旅游发展壮大或市场行情发生波动，原有的营销方案不适应新的形势，则需要根据市场变化重新设计新的阶段性方案。③原营销方案严重失误，或经营方向发生改变，需要对营销方案进行重大修改或重新设计。确定海洋旅游市场营销策划目标时，要特别强调其针对性、具体性和协调性。所定的策划目标必须是有的放矢，切中要害，选准解决问题的突破口，如改变客源结构，提高顾客层次。目标不能模棱两可、含糊其词，最好能用各种量化指标来体现目标的具体性。如境外客源的比重提高多少个百分点。

（2）市场营销分析

市场营销分析就是要分析可能面对的市场威胁和机会，通过分析所在海洋旅游市场结构及海洋旅游地、旅游企业在市场中的地位，找出营销中存在的具体问题，并分析其产生的原因，提前制定解决市场威胁的计划，主动在市场中寻找机会，准确把握和充分利用市场机会。

（3）制定市场营销战略

市场营销战略是指市场营销策划制定者想借以实现其市场营销目标的营销逻辑，它具体包括目标市场战略、定位战略、营销组合战略等。海洋旅游市场营销战略应强调海洋旅游地或旅游企业以哪些细分市场为目标市场，从竞争的角度明智地把精力投入到最适合的细分市场中，然后为每一个目标市场制定营销战略，并对每个战略如何面对威胁、机会和重要问题作出具体解释。

（4）拟定行动方案

营销行动方案就是针对海洋旅游市场营销中存在的问题、威胁和机会以及市场营销战略而提出的具体实施方案。行动方案应包含：将做什么，何时做，由谁负责，何时开始、检查和结束以及所需费用等。对有些涉及面大、投入较多的行动方案，则需要在一定范围内进行试运行，借助于试运行的反馈信息来确认方案的可行性。行动方案还必须对营销策划方案实施后的可能效果进行预测。主要包括直接经济效果和间接社会效果两部分。

（5）预算策划经费

在拟定策划计划书时，必须预测用于策划的具体费用。一般而言，用于策划的费用，包括市场调研费、信息收集费、策划报酬等费用。

（6）市场营销控制

由于在实施营销策划的过程中会有许多意外情况发生，所以必须持续地进行营销控制，以采取正确的行动保证实现目标。营销控制包括四个步骤（图8-1）。

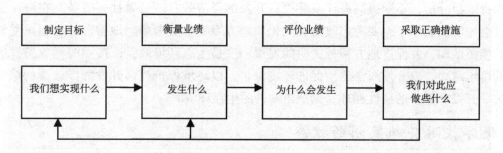

图8-1　市场营销控制过程

（7）效果测评

行动方案实施后，就应对其效果进行跟踪测评。测评的形式主要有两种：过程性测评和结果性测评。过程性测评是指在方案实施过程中进行阶段性的测评，其目的是了解前一阶段方案实施的效果，并为下一阶段更好地实施方案提供一些建议和指导。结果性测评是指在方案实施完结后进行总结性测评，其目的是要了解整个方案的实施效果，为以后制订营销方案提供依据。

8.3　海洋旅游市场形象设计与传播

形象是一个内涵极深、外延极广的概念，在西方旅游学中，"形象"一词是指"一种抽象的概念，它包含着过去存留的印象、声誉以及人们之间的评价，并蕴含着使用者的期望"。《现代汉语词典》将"形象"解释为"能引起人的思想或感情活动的具体形状或姿态"。形象既是一种抽象物，一种综合的感觉，又是具体的、可观的、可加以描述的。随着海洋旅游市场的发展，形象营销成为越来越重要的一个环节。

8.3.1　海洋旅游市场形象设计

海洋旅游市场形象是指海洋旅游地或旅游企业在市场调研和细分的基础上，寻找自身与目标市场的最佳结合，从而发现或创造出独特形象的过程（图 8-2）。

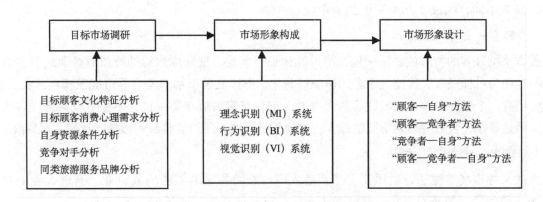

图 8-2　海洋旅游市场形象设计过程

市场调研是形象设计不可省略的前奏，由于海洋旅游的特性，形象设计需要考虑到目标顾客消费者文化特征、消费心理需求及变动发展趋势、自身资源条件、竞争对手情况、同类旅游服务和外界环境变化等因素，以使形象更加科学、合理、有效、可操作，形象定位与目标顾客的需求相一致、与海洋旅游地或旅游企业发展相一致，适应海洋旅游战略发展需要。

8.3.1.1　海洋旅游市场形象构成

海洋旅游地或旅游企业形象体系由理念识别系统（mind identity system，MIS）、行为识别系统（behavior identity system，BIS）、视觉识别系统（visual identity system，VIS）三个子系统构成。

（1）理念识别系统（MIS）

理念识别系统是在对旅游地或旅游企业经营者的意向、旅游地或企业的文化形态、各种资源和内外部环境周密分析的基础上，提炼出具有个性的理念思想。一般包括旅游服务宗旨、价值观、道德、经营哲学等，理念识别系统虽然属于思想意识范畴，但它对内规范员工的服务行为、质量管理，对外展示旅游地或企业形象，同时指导行为识别系统和视觉识别系统的建立与设计，决定着形象个性特征。

（2）行为识别系统（BIS）

行为识别系统是传播海洋旅游市场形象信息的动态识别系统，是形象理念的具体体现。它一般由服务行为系统和社会行为系统两个子系统构成，服务行为子系统是社会行为子系统的基础，社会行为子系统是服务行为子系统的延伸。服务行为子系统主要体现在对待顾客的态度和提供服务方式、服务项目、服务质量等方面。社会行为主要体现为对社会、环境的行为态度上。

（3）视觉识别系统（VIS）

视觉识别系统是运用视觉传达方法，通过组织化、系统化的各种符号来展示独特市场形象的系统。视觉识别系统可分为基础和应用两大部分。基础部分包括形象名称、标志、标准字体、标准图形、标准色彩等。应用部分包括各类客用物品、员工制服、内部标记系统、服务环境等，视觉识别系统一旦确定就不会轻易改变。

海洋旅游通过理念识别系统、行为识别系统和视觉识别系统实现形象定位，形成特色鲜明的个性形象，这三个系统是一个有机的整体，缺一不可，理念系统是形象设计的核心，行为系统和视觉系统是形象的具体表现与执行。

8.3.1.2　海洋旅游市场形象的设计思路

海洋旅游市场形象设计是一个立体的概念，主要考虑顾客、竞争者和自身三种因素的影响，只有把这三种因素综合起来考虑，才有可能找到一个比较完善有效的形象个性。这三种因素对形象个性设计产生的影响不同，构成了几种不同的形象设计方法。

（1）"顾客—自身"方法

这种方法把顾客的需求放在第一位，尽可能地加以满足，把海洋旅游地或旅游企业最有实力满足的那部分顾客作为目标顾客。这使竞争者的影响被弱化，海洋旅游市场形象有尽可能发挥自己实力的空间。这种方法还有一个变形，即在权衡顾客和自身时，把自身实力放在第一位，不是寻找符合顾客理想预期的形象，而是寻找符合自身预期特征的顾客。这通常是一些不愿改变自身的做法，比较主观冒险。

（2）"顾客—竞争者"方法

此方法又称市场空隙法，适用于一些新进入海洋旅游领域的旅游地或企业。新进入者一般不愿刚进入市场就硬碰硬，便转而寻找一些还尚未有或少有其他竞争者涉足的市场领域。

（3）"竞争者—自身"方法

市场竞争发生在不同的层次，有产品形式竞争、产品种类竞争、品牌竞争或文化竞争。海洋旅游地或旅游企业一定要清楚到底哪一个层次的竞争者是最强劲的对手，避免与强手短兵相接，挑选一些距离更远的方式与之竞争，不仅能缓冲对手竞争，有时还能起到标新立异的作用。

（4）"顾客—竞争者—自身"方法

这是最为充分的通盘考虑的方法。首先，要研究竞争态势和市场环境，还要确定顾客对呈现在他们面前的海洋旅游产品的选择依据，明确什么样的产品利益对顾客来说是最重要的，这些利益对不同的顾客群具有何等不同的重要性。如果顾客需求在这一阶段发生重要差异，则这种基于利益的分化对形成细分市场十分重要。其次，要确定竞争者和自身在重要属性上的表现，以发现在不同的指标下各自所处的市场地位。再次，用同样的指标确认顾客的要求，找到顾客认为理想形象的各项指标数值。最后，将上面所有因素组合起来，选择目标顾客和差异优势，实施形象个性定位。

8.3.2　海洋旅游市场形象传播

海洋旅游市场形象传播就是指海洋旅游经营者找到自己满足顾客的优势价值所在，用恰当的方式持续地与顾客交流，促进顾客的理解、认可、信任，使其产生再次购买的愿望，并不断维护顾客对该形象好感的过程。

（1）媒体传播

媒体传播是指海洋旅游经营者通过文字（报纸、杂志、书籍）、电波（广播、电视）、电影、互联网等大众传播媒介，以图像、符号等形式，向不特定的多数人表达和传递信息的过程。不同的媒体传播效果不尽一致，每一种媒体各有其优劣势，因此要找到一种媒体组合，以使传播用最低的成本、最有效的方式把形象特征信息传播给尽量多的目标受众。

（2）人际传播

人际传播也就是口碑传播，是人类最原始的传播方式，由于旅游服务的特性，人际传播是现代海洋旅游市场形象最具效应的一种传播方式。人际传播又可分为以下三种：①员工有意无意地向身边的亲友介绍海洋旅游，使顾客感知形象；②经销商或旅游营销人员，积极地向顾客推介海洋旅游；③顾客口碑，顾客向周边的亲友介绍消费体验，传递形象品质信息。

（3）产品和服务传播

海洋旅游是一种经历，产品和服务是旅游形象的最重要载体。产品和服务体验涉及顾客的感官、情感、思考、行动、关联五个方面，这使海洋旅游形象不再抽象，而是能够看得见、摸得着，感受得到的，从而让顾客感受到其形象中所传递的价值观，与形象共鸣，产生强烈的认同感，并把这种形象体验愉快地传递给他们的朋友和家人。

（4）公关传播

公关传播是指通过参与某项社会活动，并围绕活动开展的一系列营销活动，借助所参与活动的良好社会效应，提高形象的知名度与美誉度，获得社会各界广泛的关注与好感，为海洋旅游发展创造有利的生存和发展环境的过程。

海洋旅游形象公关传播要做到行之有效，必须注意以下三点：①适宜的公关时机。尽管公关活动是一项经常性的工作，其作用是潜移默化的，但是利用或抓住有利的公关时机，开展强有力的公关活动，往往能事半功倍。②针对的公关对象。公关传播必须结合海洋旅游形象的特点，有选择、有重点、有目标地展开公关活动。③创意的公关活动。公关活动多种多样，公关传播要根据不同的公关目的、时机、对象，选择不同的主题和活动形式，以特见长，出奇制胜，使公众留下深刻的印象，以收到良好的效果。如可以借助名人、某一事件、文体活动、赞助公益活动等进行公关传播。譬如：是政府支持具有一定社会意义的活动，或是公众关心的贴近公众生活的活动，或者是引起公众兴趣、受新闻媒介追踪焦点或热点，同时又能给形象自身带来较大收益的活动。

8.3.3　海洋旅游市场形象维护

海洋旅游市场形象维护既要注重形象的有效保护，防止形象受损或被侵权，又要利用形象促进海洋旅游发展。海洋旅游形象维护可以分为积极性维护和保守性维护，前者是指通过传播手段、产品创新、管理创新等方式提升海洋形象，是一种进攻性的战略，其核心是追随海洋旅游者消费心理变化与市场变化，不断创新；后者是指在海洋旅游经营过程采用非进攻性的，用于稳固形象地位和声誉的经营手段，如形象危机处理。

（1）产品和服务保证

产品和服务是旅游市场形象的最重要载体，也是旅游市场形象的基础。必须从市场需求出发，始终如一地提供高品质的海洋旅游产品和服务，在质量上遵守形象所代表的承诺。同时，在产品和服务设计更新方面积极响应市场的变化，保证提供的海洋旅游产品和服务既能在功能上满足海洋旅游者的核心利益，为海洋旅游者带来更多的附加利益，还要超越海洋旅游者的期望，以增加形象竞争力，维护形象地位。

（2）广告宣传

有效、合理的广告设计和实施，能不断加强形象在海洋旅游者心中的印象，引导海洋旅游者建立消费偏好，逐步形成形象忠诚。

（3）形象危机的防范与处理

海洋旅游产品在很大程度上是情感消费品，海洋旅游更要注意形象危机的防范，增强全体海洋旅游工作者的危机意识，建立危机预警系统。一旦出现形象危机，要迅速查清事实，表现出对顾客负责的态度，主动与新闻媒体沟通，公布造成危机的原因，以事实为突破口寻找转机，控制和消除危机事件对海洋旅游市场形象的负面影响。

8.4　海洋旅游市场营销方法与策略

进入 21 世纪，海洋旅游面临的市场营销环境发生了很大变化，因此，海洋旅游市场营销方法与策略也必须推陈出新，与时俱进。

8.4.1　海洋旅游市场营销面临的挑战

（1）国内竞争将进一步成为国际竞争

加入 WTO 以来，我国旅游业面临严峻的考验，一是我国旅游市场大面积对外开放，允许在中国开办合资、独资旅行社；二是外国人可以在中国做导游；三是饭店合资期限逐步延长；四是更多的外方独资经营饭店将在中国兴起。总之，在中国，旅游业这一不出国门的非贸易创汇的领域中，外国人竞争的公开宣战书已经高挂。

（2）我国旅游企业素质、管理体制机制面临国际同行的考验

目前我国的旅游企业，规模偏小，经营分散，缺乏灵活的经营机制、自我约束机制，风险意识、自我发展能力、管理能力等方面都有很大的问题，而我们所面临的竞争对手则是信息灵敏、反应迅速、管理有方、实力强大的国际旅游企业。能否迅速提高企业素质，改善体制，转变机制，是我国旅游业能否经受国际同行业所带来的挑战和考验的一个关键。

（3）旅游人才短缺状况能否很快改变是影响我国旅游业长远发展的大事

参与国际竞争要求有一大批精通市场经济规则、国际旅游业务、旅游管理的精兵强将，而这正是我国旅游业发展的薄弱环节。能否迅速改变传统的自我封闭、自我满足、自我感觉良好的状况，鼓励人才竞争，造就人才不断涌现的氛围，这是我国旅游行业今后将要面临的真正考验。

8.4.2　海洋旅游市场营销策略

8.4.2.1　主题营销策略

海洋旅游主题营销策略是指通过有意识地发掘、利用或创造某种特定主题来实现海洋旅游目的地营销目标的一种手段。它是将原本单纯、枯燥的旅游销售活动中注入一种思想和理念使旅游目的地营销活动变为旅游者和旅游目的地之间情感的交流。这样，游客在游玩的过程中会得到精神享受和欲望满足，产生一种心理共鸣。海洋旅游主题营销关键在于海洋旅游目的地如何选择主题及通过何种方式表现海洋旅游的主题。

（1）主题产品营销

主题产品营销的重点是产品，通过将原有主题产品的改进、新主题商品的开发或其他营销手段等尽可能把更多的产品销售出去，其主要目的是获取更高的销售额或利润。主题产品营销是第一层次的主题营销，这种纯粹的以产品销售为目的的市场竞争非常激烈，越来越多的企业不得不在产品之外付出更大的努力。而在海洋旅游营销的过程中，即可将旅游产品理解为总体旅游产品，又可分为单项旅游产品。主题产品的营销就是要将富有海洋特色的旅游资源和相关的服务赋予特定的主题，进而使旅游者达到心灵上的满足。

（2）主题品牌营销

主题品牌营销其重点是旅游目的地主题产品的品牌，以及旅游主题品牌的建立和发展，它十分关注品牌对旅游目的地所带来的长期的持续性的经济效益。通过对旅游目的地主题品牌的塑造，提高旅游目的地的声誉，提高游客对目的地的忠诚度。一个成功的海洋旅游主题品牌营销可以保证游客对旅游地的重游率，又可以带来较高的旅游收益。

（3）主题文化营销

主题文化营销是更高层次的主题营销手段，它的重点不是具体的旅游产品或某一旅游目的地的品

牌，而是旅游产品中所蕴含的文化。主题文化营销通过指导消费者节假日活动和旅游购买行为这种深层次的东西，自觉或不自觉地影响着人们的旅游消费行为和内容。海洋旅游中的主题产品是其主题文化的一部分，或者说是物质上的载体之一，海洋旅游中的主题文化还可以通过其他方式表现出来，如海洋旅游礼仪、海洋旅游中特殊的行为方式、消费程序、通过颜色和声音形成的文化氛围等，因此，主题文化是一个复杂的多层次的综合体。主题文化营销研究海洋文化对居民海洋旅游主题消费的影响，通过精心设计的海洋旅游主题产品和适当的海洋旅游主题促销活动去满足旅游者内心的愿望和需要，使游者在旅游过程中不仅获得物质利益的满足，更达到文化的交流和精神上的愉悦，以实现商品文化和海洋文化的和谐和融合。在海洋旅游主题营销的过程中，主题文化营销与主题产品营销最根本的区别是营销观念的不同，主题文化营销更多的是关注旅游者在游玩过程中的精神上的满足。

8.4.2.2　海洋旅游市场品牌营销策略

品牌营销（Brand marketing），是通过市场营销手段让旅游者形成对旅游品牌认知的过程。旅游目的地要想在旅游行业竞争中不断获得和保持竞争优势，必须构建高品位的营销理念。最高级的营销不是庞大的营销网络，而是利用品牌符号，把无形的营销网络铺建到社会公众心里，把旅游地品牌输送到游客心里。在海洋旅游品牌营销的过程中，对旅游产品的质量、诚信、定位、个性、传播等几个要素加以关注，做到质量第一、诚信至上、准确定位、鲜明个性和巧妙的传播。

表 8 - 3　海洋旅游品牌营销策略

品牌策略	包含的内容
品牌个性	品牌命名、包装设计、产品价格、品牌概念、品牌代言人、形象风格、品牌适用对象
品牌传播	广告风格、传播对象、媒体策略、广告活动、公关活动、口碑形象、终端展示
品牌销售	通道策略、人员推销、店员促销、广告促销、事件行销、优惠酬宾
品牌管理	队伍建设、营销制度、品牌维护、终端建设、士气激励、渠道管理、经销商管理

8.4.2.3　海洋旅游市场网络营销策略

海洋旅游网络营销（On-line Marketing 或 E-Marketing）就是以国际互联网为基础，利用数字化信息和网络媒体的交互性来辅助海洋旅游目的地营销目标实现的一种新型的营销方式。网络营销有广义和狭义之分，广义上的网络营销就是以互联网为主要手段开展的营销活动；狭义的网络营销则是指组织或个人基于开放便捷的互联网，对旅游产品、服务所做的一系列经营活动，从而达到满足旅游者需求的全过程。而海洋旅游网络营销按具体的推广方式可以分为：口碑营销、网络广告、媒体营销、事件营销、搜索引擎营销（SEM）、数据库营销、短信营销、电子杂志营销、病毒式营销、问答营销、针对 B2B 商务网站的产品信息发布以及平台营销，等等。按与顾客互动交流分类，有在线咨询—留言本、在线咨询表单、QQ、MSN 等为代表的即时通信，百度商桥、53KF 为代表的在线客服，E-mail 邮件及邮件列表。随着互联网技术发展的成熟以及联网成本的下降，越来越多的旅游企业、团体、组织以及旅游者通过互联网跨时空联结在一起，更多地获得关于旅游目的地信息。正因如此，网络营销呈现出以下一些特点：时域性、交互式、个性化、成长性、整合性、超前性、高效性、经济性、技术性。海洋旅游网络营销的基本职能可以概括为：旅游网站推广、旅游目的地网络品牌建设、旅游地信息发布、旅游信息反馈在线调研、旅游目的地与游客之间的关系等（表 8 - 4）。

表 8 - 4　网络营销的方法

方式类型	手段
搜索引擎营销	交换链接
网络广告	信息发布
许可 E-mail 营销	邮件列表
个性化营销	会员制营销
网上商店	"病毒性"营销
来电付费	网络视频营销
论坛营销	网络图片营销
网络营销联盟	网上折价

8.4.2.4　海洋旅游市场绿色营销策略

绿色营销是适应 21 世纪人们的消费需求而产生的一种新型营销理念。肯·毕提教授在其所著的《绿色营销——化危机为商机的经营趋势》一书中指出："绿色营销是一种能辨识、预期及符合消费的社会需求，并且可带来利润及永续经营的管理过程。"而刘锋、董四化所编著的《旅游景区营销》中将绿色营销定义为："景区以环境保护观念作为哲学思想，以绿色文化为价值观念，以绿色消费为中心和出发点，力求满足绿色消费需求的营销观念。"绿色营销是人们在追求健康（health）、安全（safe）、环保（envioroment）的意识形态下所发展起来的新的营销方式和方法。海洋旅游目的地在运用绿色营销策略时，要坚持可持续发展战略，注重海洋生态环境保护，促进海洋经济与生态协调发展，以实现海洋旅游各利益相关体的协调统一。所以我们可以把海洋旅游绿色营销理解为：以满足旅游者和旅游目的地的共同需求为目的的海洋生态绿色需求管理，以保护海洋旅游目的地生态环境为宗旨的市场营销。

绿色营销要求海洋旅游目的地在营销的过程中从环境保护和社会意识出发，向旅游者提供清洁的、无污染的、有利于节能减耗和符合社会道德标准的旅游产品和服务，在营销方式上要采用绿色环保的方式，满足旅游者休闲度假和身心健康的需求。绿色营销的核心是按照环保与生态原则来选择和确定营销组合的策略，是建立在绿色技术、绿色市场和绿色经济基础上的、对海洋生态关注给予回应的一种经营方式。海洋旅游中的绿色营销既不是一种诱导旅游者消费的手段，也不是旅游目的地塑造旅游景区形象的"美容法"，而是一个海洋旅游景区持续发展、永续经营的过程，它的最本质的目的是在化解环境危机的过程中获得商业机会，在实现旅游景区和旅游企业利润和旅游者满意的同时，达成人与自然的和谐相处，共存共荣。目前，国内的绿色营销还处于起步阶段，只能对部分食品、家电产品、通信产品等进行部分绿化，无法实现对所有消费需求进行绿色营销。

8.5　海洋旅游目的地公共营销

21 世纪被誉为海洋的时代，而海洋旅游业是 21 世纪产业和朝阳产业。全球海洋旅游已经进入新一轮的大变革、大调整、大发展的时期，各国和各地区对加快发展与培育海洋旅游经济显示出了坚定不移的信心和魄力。中国政府重视发展海洋旅游业，提出覆盖面广、针对性强的政策支撑体系，上下齐抓、部门联动的格局正在逐步完善，政府旅游公共营销有声有色。

8.5.1　海洋旅游目的地公共营销概念

海洋旅游目的地公共营销是目的地政府针对某一特定旅游目的地（诸如全国、国内某一地区或城市等），政府有关部门或者政府性旅游局来负责国家或地区层面上的旅游营销活动。我们可以从以下四方面理解海洋旅游目的地公共营销。

（1）区域性

海洋旅游资源的地理区域与所属的行政区域没有一一对应的关系，同一具有相同内在资质的资源往往跨越地域上的行政界限，跨地区、跨省（自治区、直辖市），甚至跨国界跨洲。也就是说，旅游资源是以内在特质为纽带联系在一起的，而不是以行政区域为单位进行分布的，对海洋旅游资源的开发和利用，必须以"大旅游""一盘棋"思想，对具有共同特质的跨越行政地域界限的旅游资源，要紧紧围绕资源本身进行开发，而非以行政单位进行开发利用，更不能各自为政，圈地经营。因此，只有政府出面主导、统一协调，在互利互惠、互相依赖的前提下，打破行政界线，实现区域联合，才能有效地解决体制上、管理上和经营中的一系列问题，才能形成资源合力，也才能真正按照市场经济规律办事。

（2）公共性

海洋旅游资源具有公共产品属性，需要政府提供旅游基础设施。旅游资源的公共产品或准公共产品的特性，以及由此而来的外部性现象使得政府出面进行旅游营销推广成为现实。旅游资源是公共性资源，即在一定的政治地理范围内，同一旅游资源具有共享性和非排他性，无法阻止"免费搭车者"。外部性的存在又导致了旅游市场机制的失灵，这就需要政府发挥有形之手的作用，积极参与旅游基础设施的建设和旅游形象的宣传和推广，否则就会形成瓶颈，产生制约作用，阻碍旅游全局和整体发展。

（3）非营利性

旅游目的地公共营销不是以营利为目的的活动，政府出资进行旅游营销推广本身就说明政府在旅游业中的宏观调控能力和协调作用。政府搭台，企业唱戏，在旅游业的发展中各司其职，共同为当地旅游业的健康发展出谋划策，同时也进一步提升了政府工作的效率。

（4）可持续性

海洋旅游目的地公共营销推广旨在宣传当地旅游形象，营造良好的旅游环境，吸引更多的旅游者前来旅游。政府部门的公共旅游营销推广活动不同于单个旅游企业的营销活动，它是一个连续和渐进的过程。每年政府部门都会推出一个旅游主题，并使这些旅游主题在内容和形式上有所衔接，旅游营销推广的活动安排和经费支持都会成为政府工作的一个重要方面。

8.5.2　海洋旅游目的地公共营销战略与策略

8.5.2.1　海洋旅游目的地公共营销战略

海洋旅游资源的公共物品属性以及我国的政治体制特性，决定了政府在旅游资源开发、旅游产品设计以及旅游目的地营销方面的主导地位；旅游产品的不可转移性和游客的跨地域性，也决定了旅游目的地在营销过程中必须依赖政府整体的协调性。海洋旅游目的地公共营销战略主要归纳为促销战略和支持战略。

促销战略主要针对潜在的目标群体所采取的一系列促销方案与促销手段，它把旅游目的地的整体形象作为促销目标，目的是树立旅游目的地的形象及扩大旅游目的地的知名度。支持战略主要通过加强旅游目的地与旅游企业之间的合作关系，使其朝着政府拟定的方向和目标发展，它更多的是针对旅游产品和旅游目的地的重大节事活动。政府在进行公共营销战略时，首先要以海洋旅游目的地市场需求及海洋旅游资源本身为基础确定营销范畴；其次要不断提高海洋旅游目的地接待水平，完善综合服务能力；最后还要深度挖掘海洋旅游目的地的文化内涵，开展具有海洋特色的文化活动。

8.5.2.2 海洋旅游目的地公共营销策略

（1）加强地区间合作，开展区域整合营销

进入 21 世纪以来，中国海洋旅游进入快速发展阶段，长三角、珠三角以及环渤海湾的海洋旅游区域不断发展、壮大。海洋资源的整体性和不可分割性，决定了各地区政府间应加强区域合作。各地区通过整合营销必定会互利互惠、共同发展，实现各地区利益最大化。

（2）突出海洋旅游特色，发展体验营销

海洋旅游公共营销的本质，就是依靠政府的力量，结合海洋旅游的主题、设施和旅游者的需求，为旅游者创造一个新的有别于陆地旅游的环境，令游客获得难忘的体验，同时实现旅游者的经济利益的过程。在体验营销过程中，要重视对海洋旅游目的地传统文化的开发、运用现代科技和各种艺术手段，设计出具有优秀的参与性体验产品，增加海洋旅游的内涵。

（3）引进人才，打造专业营销团队

海洋旅游目的地公共部门营销包括代表旅游目的地发布旅游信息、发放旅游目的地宣传资料、举办各种宣传活动、促进本地区与外地旅游业间的合作、设计城市旅游形象的标识口号等，这一系列活动与一支专业化政府营销团队密不可分，将富有专业背景的高素质人才引入政府公共部门已刻不容缓。

本章小结

旅游市场营销是海洋旅游经营发展的理论基础。本章分别从海洋旅游市场营销策划、海洋旅游市场调研、海洋旅游市场形象设计与传播、海洋旅游市场营销方法与策略和海洋旅游目的地公共营销五个小节阐述海洋旅游市场营销知识。

关键术语

海洋旅游市场营销策划（marine tourism marketing plan）

海洋旅游市场调研系统（marine tourism marketing research system）

海洋旅游市场形象（marine tourism marketing image）

海洋旅游市场形象设计（marine tourism marketing image design）

海洋旅游市场营销形象传播（marine tourism marketing image promotion）

海洋旅游市场营销形象维护（marine tourism marketing image maintenance）

海洋旅游市场主题营销策略（marine tourism theme marketing strategy）

海洋旅游市场品牌营销策略（marine tourism branding strategy）

海洋旅游市场网络营销策略（marine tourism online marketing strategy）

海洋旅游市场绿色营销策略（marine tourism green marketing strategy）

海洋旅游目的地公共营销（marine tourism destination public marketing）

复习思考题

1. 说出海洋旅游市场营销策划的原则、特点与程序。
2. 海洋旅游市场营销调研？
3. 如何进行海洋旅游市场形象的个性设计？
4. 就旅游形象危机试举一例，并谈谈如何进行海洋旅游市场形象危机处理。
5. 海洋旅游市场形象传播方法有哪些，各有什么优缺点？
6. 结合实际，谈谈海洋旅游市场营销方法的选择与组合策略。
7. 海洋旅游目的地公共营销时应注意什么？

参考文献

查尔斯 R，戈尔德耐 J R，麦金托什等 . 2003. 旅游业教程：旅游业原理、方法和实践（第 8 版）. 贾秀海译 . 大连：大连理工大学出版社 .

池雄标 . 2003. 到论政府旅游营销行为的理论依据 . 旅游学刊，18（3）：58 – 61.

范琳琳 . 2004. 旅游目的地政府产品营销内涵分析 . 北京第二外国语学院学报，123（5）：1 – 6.

郭琰 . 2004. 旅游景区宣传营销之我见 . 理论月刊，127（9）：77 – 79.

郭英之，张丽 . 2005. 名旅游市场营销 . 长沙：湖南大学出版社 .

黄蔚艳 . 2008. 现代旅游服务导向与策略 . 上海：上海交通大学出版社 .

黄震方，李想 . 2002. 旅游目的地形象的认知与推广模式 . 旅游学刊，17（3）：65 – 70.

蒋满元 . 2008. 旅游目的营销体系构建中的政府行为选择分析 . 毕节学院学报，103（2）：91 – 94.

李蕾蕾 . 1999. 旅游地形象策划：理论与实务 . 广州：广东旅游出版社 .

李隆华，俞树彪 . 2006. 海洋旅游学导论 . 杭州：浙江大学出版社 .

李天元 . 2002. 旅游学 . 北京：高等教育出版社 .

刘锋，董四化 . 2006. 旅游景区营销 . 北京：中国旅游出版社 .

Phlip K，Gray A. 2000. 科特勒市场营销教程（第四版）. 俞利军译 . 北京：华夏出版社 .

唐代剑，徐行健 . 2002. 论杭州国际旅游形象设计与营销 . 商业经济与管理，132（10）：57 – 62.

田敏 . 2009. 论旅游危机营销战略体系的构建——基于政府层面的探讨 . 西华大学学报（哲学社会科学版），28（1）：125 – 126.

万后芬 . 2001. 绿色营销 . 北京：高等教育出版社 .

王晓飞，苗维亚 . 2008. 旅游目的地营销中政府功能的研究 . 价值工程，175（11）：31 – 33.

韦瑾 . 2004. 关于旅游地形象重新定位和形象传播的探讨——以桂林为例 . 西南民族大学学报，25（1）：355 – 359.

维克多·密德尔敦 . 2001. 旅游营销学 . 向萍等译 . 北京：中国旅游出版社 .

谢礼珊，杨莹 . 2003. 营销具有可持续性竞争优势的旅游目的地 . 旅游科学，81（4）：31 – 34.

叶万春，万后芬，蔡嘉清 . 2001. 企业形象策划——CIS 导入 . 大连：东北财经大学出版社 .

赵西萍，2002，旅游市场营销学，北京：高等教育出版社 .

章勇刚 . 2006. 政府与市场合作：旅游目的地营销系统的最佳运营模式 . 桂林旅游高等专科学院学报，17（1）：104 – 107.

张玉明，陈鸣 . 2005. 旅游市场营销 . 广州：华南理工大学出版社 .

周帆，刘三明 . 2006. 旅游营销方案与公文实战范本 . 长沙：湖南科学技术出版社 .

庄丽娟，齐文娥 . 2006. 市场营销学 . 太原：山西经济出版社 .

邹益民，周亚庆 . 2004. 饭店管理——理论、方法与案例 . 北京：高等教育出版社 .

邹益民 . 2006. 现代饭店管理 . 杭州：浙江大学出版社 .

□ **阅读材料 8-1**

刍议生态旅游产品的绿色营销策略

一、营销理念的绿色化

在可持续发展原则的指导下，树立生态旅游的核心就是保护的概念，向游客宣传生态旅游的绿色消费：以观赏和感受生态环境、普及生态知识、维护生态平衡为目的，倡导全球旅游业与绿色建立伙伴关系，保持一个绿色的地球，做绿色的消费者等。在绿色营销思想的指导下，进行绿色产品设计，采用绿色包装、建立环境标志制度，树立绿色消费观念，实现旅游与社会、环境的融合发展。

二、产品设计的绿色化

生态旅游在设计符合绿色化要求的旅游产品时，应遵循生态原则，建立旅游地的绿色形象，确立合适的旅游产品。

（1）生态旅游地的绿色形象设计

生态旅游地形象设计是指为旅游目的地设计一个悦目且符合环保与生态消费观念的旅游形象，它包括生态旅游的景区地名、徽标、广告标识语、景区交通工具乃至垃圾箱的设计。生态旅游地形象设计还要为生态旅游者创造一个愉悦的绿色服务环境，包括旅游从业人员的服务行为绿色化、当地居民的态度与行为绿色化以及景区旅游者行为的绿色化。所谓行为绿色化，是指行为要承担可持续发展的责任，其中最重要的是导游人员的行为绿色化。在开发一个生态旅游景区时，必须认真研究分析其独特的环境特点，进行环境影响评价，以最终决定其承载力的恰当类型和水平，然后以环境保护为基础进行规划。

（2）生态旅游产品的设计

旅游产品的设计总是以满足不同层面的"人"的需求为目的，生态旅游产品设计应遵循的原则是：尽量保证旅游地生态环境不受破坏；满足旅游者求知、好奇的愿望，体现教育性为原则；满足旅游者健康、益智需求；突出参与性、体验性，满足旅游者"自我实现"需求层次；以强调小规模、多批次、专业性、小尺度；尽可能让旅游地居民受益。

（3）生态旅游产品形态的选择

在改善传统大众旅游营销态度的同时，重视选择性旅游的营销。选择性旅游的形式，分为自助和团体选择性旅游。选择性旅游的内容，以可替代的旅游项目作为推销重点，包括软旅游、绿色旅游、绅士旅游、渐进式旅游、责任旅游、适宜性旅游、时尚旅游、背包旅游、原野旅游、社区旅游、文化旅游、教育旅游、科学旅游、探险旅游、农业旅游、工业旅游、乡村旅游、自然旅游等绿色生态意义的内容。然后，根据替代性旅游的重点是在自然吸引物上，还是在"朴真"的文化吸引物上，又可将其划分为自然导向的替代性旅游和社会文化导向的替代性旅游。

三、管理模式的绿色化

（1）生态旅游的绿色生命周期

作为生态旅游产品，由于其生态环境的脆弱性，更有可能因环境质量的下降而使产品进入衰退期。按照传统的营销观念，最有效的解决办法就是开发新产品取而代之。然而，这不符合绿色营销观念，因为这实际上是以旧代新、浪费资源、破坏环境。生态旅游要使产品生命周期符合绿色营销策略，就要采取严格的限游开发模式，加强可持续管理，使旅游者对环境的负面影响减少在环境承载力范围之内。这样,旅游导致的环境质量下降速度就会减缓,甚至停止。同时,在同一生态旅游地内,为达到延长环境衰退周期的目的,可根据环境需要定期调整旅游线路,使旅游资源得以"休养生息";也可以定期推出不同特色的主题旅游活动,以不同特色的主题活动来调节旅游对环境的影响,使环境能"自我恢复"。

（2）旅游产品的绿色审核

与传统营销观念最大的不同,绿色营销更强调对产品的绿色审核,即对企业及产品的完整环境状况进行审核,其目标是检测产品的环境业绩。对生态旅游产品而言,绿色审核主要是指对生态旅游地环境的监测,以及旅游服务人员、旅游者的行为调查,以确保生态旅游地和生态旅游服务的绿色化。当前生态旅游的绿色审核主要内容有:环境质量现状评价;生态旅游者行为规律研究;生态旅游经济效益与环保效益的审核。

（3）建立绿色营销机构

完整意义上的旅游产品包括食、住、行、游、购、娱等要素。对旅游要素进行组合,进而向旅游者提供服务组合,并通过与旅游者进行交换和旅游者的参与,最终构成完整意义上的旅游产品。生态旅游在产品组合过程中,应事先对产品要素进行绿色评价,订立具体的约束条件,加强现场验证,充分发挥其在整个旅游产业中的先导作用,优先选择对生态负责的供应商,建立"绿色供应链"。旅行社是联系旅游者与旅游产品的纽带,由于生态旅游的特殊性,为生态旅游者提供服务的导游人员必须具备广博的专业知识和较强的实践能力;旅游服务机构必须具备丰富的生态旅游经营组合经验,以及相关的硬件设施。这都对传统旅行社大而全的业务功能提出了挑战,在生态旅游个性需求日益明显的时代,组建专门从事生态旅游的旅行社进行绿色营销与管理势在必行。

四、旅游交换过程的绿色化

生态旅游组织者与旅游者的交换过程包括:旅游者与生态旅游服务设施、服务手段之间的相互作用,旅游者与生态旅游各系统之间的相互作用,旅游者与生态旅游服务人员之间的相互沟通,旅游者之间的相互作用。因此,生态旅游所有服务和信息在递送过程中,都是通过服务人员的言行和有形展示来提高旅游者参与生态环境保护的自觉性、普及生态旅游的行为规范、倡导生态旅游者的行为责任、引导绿色消费方式。为实现旅游交换过程的绿色化,树立起完整的生态旅游绿色形象,生态旅游经营者和服务人员都要有高度的生态责任感,系统地掌握生态和环境科学知识,具备处理环境问题和事故的能力。

分析:运用绿色营销理念所进行的各方面积极研究正是对生态旅游营销创新的一个良好尝试,但是目前研究还存在一定的不足和局限。生态旅游业实施生态绿色营销策略是一项长期的、全方位的、全人员、全过程的旅游业系统工程建筑,需要各部门、各行业、各层次人员的配合和支持,特别是应充分发挥政府的推动和支持作用,政府应引导企业开发市场所需的绿色旅游产品,积极促进绿色需求,大力协助企业拓展绿色旅游产品营销,引导生态旅游企业走良性的旅游资源利用模式。

□ **阅读材料 8 - 2**

澳大利亚昆士兰州旅游局网络营销案例

　　本·绍索尔赢得了"世界上最好的工作"——澳大利亚大堡礁护岛人，这一事件已被路透社在内的知名媒体评为 2009 年堪称经典的网络营销案例。有数据显示，澳大利亚昆士兰州旅游局以 170 万美元的低成本，收获价值 1.1 亿美元的全球宣传效应，成功进行了一次超值的旅游营销。

　　"世界上最好的工作"共吸引来自全球 200 个国家和地区的 3 万多人竞聘，之所以如此瞩目，很大程度上是因为它的申请低门槛与胜出高门槛。在海选活动的官方网站上，共有英语、日语、韩语、中文（简体和繁体）和德语 5 个版本。这一方面为网上申请提供了便利，另一方面也达到了更广泛的宣传效果。昆士兰旅游局首席执行官海斯说："这是一个面向任何人的工作。"

　　目前，营销界最为关心的是昆士兰旅游局如何延续大堡礁后营销，把轰动效应一波一波延续下去，让经典案例完满收官。

　　分析：真正成功的营销策划，不能追求一时轰动，更应看重后续影响以及带来的利益。大堡礁这个营销案例前期的确漂亮，用小钱办了大事。但历经前期招聘的几轮营销活动之后，新的营销高潮该何去何从？护岛人公布了，你会不会有想去看他的冲动？护岛人住的地方有多豪华？工作餐都能享用到哪些美食？与他合影需不需要花钱？许多关注者都期待尽早通过"护岛人"不断更新的博客、相册、视频来了解他每天的工作和生活，这将是宣扬大堡礁美妙的群岛一个最难得的机会。

第 9 章　海洋旅游经济

■ 学习目标

◇ 了解旅游经济的主要构成
◇ 掌握旅游需求与供给的概念、特征及影响因素
◇ 熟悉旅游给社会经济带来的积极影响及负面影响
◇ 了解衡量旅游经济影响的方法

9.1　旅游经济活动的基本因素和经济关系

旅游经济是社会生产力发展到一定阶段的产物，是国民经济的有机组成部分。旅游经济学以旅游经济活动中旅游产品的需求与供给为主要研究对象，透过这一矛盾揭示旅游经济活动的运行及其运行过程中所产生的经济现象、经济关系和经济规律。

9.1.1　旅游经济的三大要素

旅游经济是基于旅游者的旅游活动而形成的，是旅游者和旅游新产品经营者之间针对旅游产品展开的；旅游活动的实现过程也就是旅游产品的交换过程，这一过程包括旅游产品的购买与旅游产品的销售两个方面，这是旅游经济活动运行的基本环节。旅游产品购买环节的主体是旅游需求者，旅游产品销售环节的主体是旅游产品供给者，他们使旅游经济活动分成对立的两方，其目的各不相同，经济运转的形式也不一样。旅游产品的销售是旅游供给者将产品转化为货币的过程，旅游产品的购买是旅游者将货币转化为旅游产品的过程，这两个过程的结合组成了旅游经济活动的运转。因此，构成旅游经济三大要素即旅游者、旅游产品经营者、旅游目的地政府，三者既相互制约又相互依存，彼此的协调发展构成旅游经济的运行过程。如果三者的最大利益均能较好地实现，旅游业便会良性协调发展；如果任何一方利益得不到实现或受到损害，旅游经济活动的运行就会不畅，旅游业就难以顺利和健康地发展。

9.1.2　旅游经济的主要矛盾

旅游经济建立在商品经济基础之上，是以旅游产品的生产和交换为主要特征的旅游活动，因而必然要产生供需双方和交换对象。一方面，只有当市场上存在着旅游经济活动的需求主体——旅游者，才可能产生大量的旅游需求；而旅游需求的规模数量、消费水平、旅游目的、游览内容等，又决定着旅游经济活动能否有效地进行，并对旅游经济发展的规模和水平产生决定性的影响。另一方面，只有当市场上存在着旅游经济活动的供给主体——旅游经营者，才有可能为旅游者提供各种旅游产品，满足旅游者的各种需求。旅游经济现象包含许多矛盾，其中旅游需求和旅游供给的矛盾是主要矛盾，此外还有旅游需求中旅游者的旅游欲望与支付能力的矛盾、旅游者之间争夺旅游"热线"和"热点"的

矛盾、旅游企业之间争夺客源的矛盾、旅游企业收益与成本之间的矛盾等。

旅游经济的运行是旅游需求与旅游供给矛盾运动的结果，旅游经济能否正常有效地发展，根本上取决于旅游供求的均衡状况。旅游经济的矛盾又往往外显在旅游者、旅游产品经营者与旅游目的地国家或地区政府三者之间利益的争夺上，也就是说，旅游者通过购买旅游产品而获得身心上的最大享受和满足，旅游产品经营者则通过销售旅游产品得到最大的利润，旅游目的地国家或地区政府通过支持旅游业的发展取得最大的经济和社会效益。在旅游市场中，旅游者作为买方，决定需求；而旅游产品的提供者，决定供给。旅游供给与旅游需求是旅游经济活动的两个主要环节，它们之间既互相依存，又互相对立；既互相适应，又必然互相矛盾：它们之间的对立统一关系构成了旅游经济活动的基本内容。一方面，旅游供给与旅游需求各自以对方的存在作为自身存在与实现的前提条件；另一方面，由于旅游供求双方利益不同，决定了旅游供给与旅游需求必然又是矛盾的。

9.1.2.1 旅游供求矛盾的表现形式

(1) 旅游供给与需求在数量方面的矛盾

旅游供给与需求在数量方面的矛盾，主要表现在旅游供给或旅游接待能力与旅游总人次上的矛盾。在旅游市场上，旅游需求是一个多变量，人们的收入水平、消费水平、时间、气候、社会环境、宣传舆论等的改变，都会使旅游需求产生较大的波动，使旅游总人次很快地增加或减少。旅游供给的这种既定性与旅游需求自身的多变性，必然使供给与需求难以适应，出现旅游供给总量与接待旅游者总人次上的不平衡。要么供不应求，景区景点人满为患；要么供过于求，宾馆饭店冷冷清清。

(2) 旅游供给与需求在质量方面的矛盾

旅游供给与需求在质量方面的矛盾，主要表现为旅游者的心理预期与实际旅游供给之间的差距。旅游产品是一种无形的产品，主要以旅游服务形式表现出来，旅游者对产品质量的判定不能像一般商品那样，可以用具体的尺度和指标去求证，旅游供给质量的高低主要取决于旅游者自身的感受。由于这种感受带有很强的主观性，因此会使旅游者对旅游产品的心理预期与实际的旅游供给产生一定的差距。

(3) 旅游供给与需求在结构方面的矛盾

旅游供给与需求在结构方面的矛盾是指旅游供求在构成上的不适应，这种不适应是多方面的，集中表现在旅游供给的内容和项目与旅游需求不相适应、旅游供给的档次和级别与旅游需求不相适应以及旅游供给的方式与旅游需求不相适应三个方面。造成不适应的原因在于，旅游供给在一定时期内是稳定的、固定的，而旅游需求却是复杂的、多样的。

(4) 旅游供给与需求在时间方面的矛盾

在市场上，旅游需求的发生是多变的、不稳定的，但旅游产品在产生的时间上还是具有一定指向性的。在客源国或客源地区的节假日，旅游需求就会产生得多；而在旅游资源，特别是自然旅游资源表现最好的季节，旅游需求也会产生得多。旅游需求在时间上的指向性和集中性与旅游设施的常年性和均衡性形成了很大的反差，造成某一地区的旅游产品在一段时间内供不应求，而在另一段时间内供过于求，形成所谓的旅游旺季和旅游淡季。

(5) 旅游供给与需求在空间方面的矛盾

旅游供给与需求在空间方面的矛盾，主要表现为旅游供求在地域空间上分布失衡。造成旅游供求在空间上产生矛盾的原因主要与两方面有关：一方面是旅游目的地旅游资源的类型、数量和质量等状况，决定了不同旅游目的地的旅游供给有先天性的差别。另一方面是旅游目的地旅游设施的完善程度不同，导致在市场经济条件下，旅游供求矛盾主要依靠价值规律进行调节，即通过价格机制的作用，促进供求趋于均衡。

9.1.2.2 旅游供求均衡的调控

旅游供求均衡主要是质量的均衡，但由于影响旅游供求数量的变化因素较多，因而旅游供求除了量的均衡，还应在供求的质的方面也要相互适应，即表现在旅游供求构成、供求季节和地区不平衡的协调等方面。因此，旅游供求均衡与一般产品的供求均衡相比，具有均衡的相对性、不均衡的绝对性、供求均衡的随机性等特点，从而要求加强宏观调控，从旅游业的长远发展来确立调控目标，并采用一定的调控方式，有效地实现旅游供求均衡的调控目标。

（1）旅游供求均衡的规划调控

旅游供求均衡的规划调控，是一种通过调节旅游供给来实现旅游供求均衡的调控方式，是一种前馈控制。它对旅游供给的发展给出目标限定和范围，其内容包括：旅游需求预测、旅游资源开发、供给规模确定、旅游区建设、旅游接待设施供给、相关旅游基础设施发展计划、人员培训和行业规范管理等方面。

（2）旅游供求均衡的过程调控

旅游供求均衡的过程调控，是根据旅游市场中旅游供给和需求的变化来调控旅游供求均衡的调控方式，其包括宏观调控和微观调控两个方面。在宏观层次，国家可以根据旅游经济发展的目标和旅游供求均衡的现实状况，通过政策对旅游供求变化进行引导或限制，促成旅游供求均衡。在微观层次，主要通过市场机制对旅游供求均衡进行调控，即遵循旅游供求规律来调节旅游供给的数量。

9.2 旅游经济影响与经济效益

旅游产业是一个对国家繁荣、民族兴旺、社会进步有着重大作用的产业，发展旅游产业前景广阔、大有可为。旅游经济作为一个经济性产业，是国民经济的重要组成部分。国民经济作为一个有机整体，要求各部门之间保持一定的比例关系，而每一个经济部门在整个国民经济中的地位，则取决于其本身的性质、规模和运行状况。因此，旅游经济在国民经济中的地位如何，主要取决于旅游业的性质、发展规模及运行状况。

旅游经济效益，是指旅游经济活动的有效成果与生产要素占用和消耗之间的比例，即从事旅游经济活动的投入与产出的比值。有效成果，是指旅游经济活动的最终产出，即产品和劳务，最终体现为营业收入、税金和利润等。生产要素的占用和消耗，是指在旅游经济活动中，所占用和耗费的资本、劳动、技术和管理资源等，即旅游成本和费用。旅游经济效益与旅游经济活动的经营成果成正比，与生产要素的占用、消耗成反比。

9.2.1 旅游经济在国民经济中的地位

从旅游业的性质看，旅游业是一个以提供服务为主的综合性服务行业。通过为人们提供食、住、行、游、购、娱等各种服务，旅游业不仅为物质资料生产部门的简单再生产和扩大再生产提供了实现的途径和方式，即满足人们对基本生活和精神生活的需求，而且也是社会总产品实现的重要环节，促使社会产品和社会劳动进行合理分配，并不断创造着新的需求。

从旅游业的发展规模看，随着社会生产力的提高和社会经济的发展，旅游业在国民经济中日益占据重要地位。

从旅游业的运行状况看，旅游业符合当今世界经济发展的总潮流，与发展"绿色产业""低碳经济"相适应，而且旅游业还是一种"朝阳产业"，正展现着良好的发展势头。

从产业定位上看，旅游业是形象产业和动力产业。发展旅游业是让地区乃至国家扩大知名度、展示良好形象的最佳途径，可见，旅游业首先是形象产业；旅游业既能有力带动工业、农业等产业融合，又能促进环境改善、提高居民文化素养，从而引领经济社会方方面面的改善和提升，可见旅游业的动力产业地位突出。

旅游产业在世界经济体系中占据重要地位。2009 年旅游产业收入占全球 GDP 总量的 9.3%；与旅游产业相关的就业人数约有 2 亿人，占全球就业总量的 8%。旅游产业还是世界各国税收的主要来源，2006 年全球旅游产业直接和间接产生税收总额达 1.3 万亿美元，占全球总税收的 11%。无论是总收入、就业，还是投资、纳税，旅游产业对世界各国经济的发展都发挥着举足轻重的作用。

9.2.2　旅游的经济影响

旅游在各地产生的收益和成本水平是不同的，旅游经济影响的特点和范围往往决定于其所处的地理区位及社会经济结构。发达国家与发展中国家以及一个国家里的各地区之间都存在差异。马西森与沃尔（Mathieson 和 Wall，1982）认为，旅游产生的经济影响的重要程度受到五种因素的影响：旅游设施及吸引物的类型、旅游者消费的数量及水平面、地区经济发展水平面、地区吸纳消费资金和再利用的程度和地区季节性的差异程度，这五种因素决定了旅游将产生积极的经济影响还是负面的经济影响。

9.2.2.1　旅游经济效益作用

（1）增加外汇收入

任何国家要扩大对外经济合作关系，就必须增加外汇收入。而增加外汇收入，一是通过对外贸易获得贸易外汇收入；二是通过非贸易途径获得非贸易外汇收入。在当今世界贸易竞争激烈、关税壁垒林立的背景下，旅游业作为非贸易外汇收入的来源渠道，作用非常突出。从入境游人次和外汇收入看，2004—2009 年，我国入境旅游人数从 1.1 亿人次增长到 1.26 亿人次，年均增长 3%，我国已经成为世界上继法国、美国、西班牙之后第四大入境旅游接待国；旅游外汇收入从 257 亿美元增长到 397 亿美元，年均增长 9%。

（2）有力拉动消费需求

旅游消费是集食、住、行、游、购、娱于一体的综合性消费活动，在社会总需求——特别是居民消费需求中占有重要地位。旅游消费形式多种多样，能够满足各种消费人群的需求，旅游产业"一业兴"带动"百业兴"，进而使内需成倍扩大。据日本野村综合研究所测算，在发达国家，旅游消费支出每增加一个单位，工业产值可扩大 2.71 倍，国民收入可扩大 1.36 倍，投资可扩大 0.25 倍。旅游消费在发展中国家所起的作用更加显著，相关数据可分别扩大到 3.7 倍、2.7 倍和 0.9 倍。旅游产业的饭店、餐馆、客运业、旅行社、娱乐业等直接为最终消费服务，对内需的拉动作用更为全面。据统计，2008 年我国国民旅游消费总额已经占全年社会消费品零售总额的 10% 以上，在"保增长、扩内需、调结构"中发挥了重要作用。同时，旅游消费还是可持续性消费，对经济的调节是内在的、自然的，对内需的刺激是良性的、和缓的，不会对经济社会的发展造成剧烈冲击和过度反应。

（3）扩大就业机会

旅游业是一个综合性服务行业，能为社会提供大量的就业机会。在国民经济体系中，旅游产业是劳动密集型产业，就业成本低，就业方式灵活，对不同类型的劳动力都有较大的需求。据国外学者研究表明，旅游从业者每增加 1 人，可增加 4.2 个相关行业的就业机会。因此，很多国家都把旅游产业作为扩大就业的重要领域加以培育和扶持。例如，西班牙、意大利、希腊的旅游从业人员分别占全国就业总量的 9.5%、8% 和 10%。在法国，新增就业机会的 20% 来自旅游产业。美国迪斯尼乐园、好莱坞影城等著名旅游景点，也是解决成千上万人就业的典型范例。我国旅游直接就业人数达 1 100 万，间接就业人数达 6 500 万，相当于全国就业总量的 9.6%。旅游已经成为吸纳就业量最大的产业之一，特别是在解决少数民族地区居民、妇女、农民工、下岗职工、大学毕业生首次就业者等特定人群的就业问题上发挥了重要作用。

（4）广泛带动其他产业发展

旅游业虽然是一个非物质生产部门，但它的关联带动功能很强，不仅带动物质生产部门的发展，而且还带动第三产业的其他部门的迅速发展。理论界公认，现代旅游产业综合性强、关联度大、产业链长，已经极大地突破了传统旅游业的范围，广泛涉及并交叉渗透到许多相关行业和产业中。据世界旅游组织（WTO）统计，旅游产业每收入 1 元，可带动相关产业增加 4.3 元收入，旅游产业影响、带动和促进与之相关联的 110 个行业发展。其中包括民航、铁路、公路、餐饮、住宿、商业、通信、会展、博览、娱乐、文化、体育等。随着众多新的旅游形态的出现，旅游又扩展到工业、农业、教育、医疗、科技、生态、环境、建筑、海洋等领域，催生出一批富有生命力的新业态。

（5）积累建设资金

任何经济产业的发展都离不开资金的投入，但相对于传统产业而言，旅游业的发展主要是依靠自身的经济效益，并且还为其他产业发展积累资金。从中国旅游业看，"八五"期间旅游业总投资为 250 亿元人民币，而国际国内旅游总收入则达到 1 135 亿元人民币，投入产出比为 1:4.6。说明旅游业是一个低投入、高产出、高创汇的产业，其经济效益的增长，不仅为自身发展创造了良好的条件，同时也为整个国民经济及社会的发展积累了资金。

（6）促进贫困地区脱贫

从实际看，我国少数民族地区多数是贫困地区和经济欠发达地区，但同时也多是旅游资源富集的地区。因此，通过开发贫困地区旅游资源，大力发展旅游业，不仅有利于充分发挥贫困地区旅游资源富集特点，开发特色鲜明、品位较高的旅游产品，而且能够通过旅游开发及旅游业发展带动贫困地区人民群众脱贫致富，加快贫困地区的综合开发和社会经济的发展。

9.2.2.2　旅游经济成本

（1）通货膨胀

旅游发展通常会对当地经济产生通货膨胀效应，这种通货膨胀涉及土地、房产和商品等方面。对土地需求的增加导致了当地土地价格的上涨，这对土地出售者而言是有益的，但对当地居民尤其是旅游业之外的其他人员则是无益的。当地居民不得不卷入与旅游开发部门之间对于土地和住房的利益冲突当中。这一现象在发达国家已经相当普遍，特别是在风景如画的乡村和海滨度假地，旅游者对度假别墅需求的增加推动平均房价不断上涨，并且已经达到当地居民难以负担的程度，特别是对于希望购买自己的房产成为有房阶层的年轻人而言更是难以负担。

（2）机会成本

机会成本与发展旅游消耗的时间、工作和资金有关，并以放弃对其他业务或区域的投资为代价。如果地方政府决定投资旅游业，那么这部分资金就不能用于别处，这对当地社区的福利而言是无益的。当然，旅游投资可以通过改善基础设施、提供服务和增加就业机会来使当地居民受益。

（3）依赖性风险成本

任何国家或者地区过分依赖于单一产业，从长远来看都是一种风险战略。市场的变化是无法控制的，旅游需求的减少必将对旅游目的地造成巨大的冲击。对于一个旅游目的地而言，尽量不要让经济过分依赖于来自少数客源国的旅游者，最好是能够保证所吸引旅游者的多元化，当某个特定市场进入低迷时期，旅游目的地所受到的打击也不会太严重。

（4）季节性闲置成本

旅游活动具有季节性周期，存在淡旺季现象，对资源造成一定的压力（堵塞、拥挤、员工紧张），影响旅游企业的经济效益，对于某些旅游服务部门而言，必须在旺季实现收入最大化以支持本部门全年的运营（Murphy，1985）。也就意味着，投入旅游业的部分资金在一年内的部分月份里将处于闲置状态。较依赖环境和气候的企业必须采取多样化的营销策略、促销手段以及激励措施来保持全年营业水平的稳定。

（5）漏损

在很多情况下，旅游活动产生的外汇收入并未使旅游目的地受益。一些发展中国家旅游外汇收入的流失非常严重，这些外汇收入可能流向发达国家的旅游企业、旅行供应商以及饭店供应商。很多发展中国家不能够负担用于吸引西方高消费旅游者的建设投资，一些资金实力雄厚的跨国公司就充分利用了这一机会，出资控制了饭店，一部分旅游收入流向出资国家，这部分旅游收入就称之为旅游漏损。所以旅游的综合效应不能够得到充分发挥。马丁·霍兰与菲利普斯（Martin de Holan 和 Phillips，1997）指出，古巴出现了高达75%的旅游漏损，原因在于四个方面：一是支持旅游活动的商品及服务生产部门落后；二是分配体系不完善；三是地方企业缺乏效率；四是国际饭店的作业。一般认为，旅游漏损越高对当地经济的刺激作用就越小。但这并非绝对的。仅仅发展纯粹的生态旅游、自然旅游、探险旅游项目，其需求总量可能不足以支撑目的地的经济发展。

9.2.2.3 旅游经济影响的衡量

目前，用于精确衡量旅游经济影响的方法还存在相当多的争论，但有一些方式可以大概测定旅游产生的影响，乘数效应理论被广泛用于分析旅游收入的效益。

（1）乘数理论

在旅游经济影响研究中，国外学者普遍认为旅游经济乘数理论既是评价旅游对促进目的地经济发展最有效、最具有说服力的手段，也说明旅游业具有促进国民经济各部门倍数增长的优势，故旅游经济乘数理论成为旅游经济影响研究的最有效的基础性分析工具。

乘数理论反映了现代经济的特点，即由于国民经济各部门之间存在互动关系，某行业的一笔投资或收入不仅能增加本部门的收入，而且会在国民经济的各个部门中引起连锁反应，增加其他部门的收入，最终会带来比投入本身大数倍的收益，从而使国民收入总量成倍地增长，这就是乘数效应。

随着现代旅游业的蓬勃发展，许多学者根据旅游业综合性强、涉及面广的特点，对经济学的乘数理论加以修正和发展，逐步形成了旅游乘数理论。马西森（Matheson）和沃尔（Wall）于1982年提出旅游乘数概念的雏形，即"旅游乘数是这样一个数值，最初旅游消费和它相乘后能在一定时期内产生总收入效应"；世界著名旅游学者，英国萨瑞大学的阿切尔（Archer）认为，旅游乘数是指旅游花费在经济系统中（国家或区域）导致的直接、间接和诱导性变化与最初的直接变化本身的比率。

（2）旅游乘数效应作用过程

旅游乘数的大小可以从两个方面估计：一是旅游消费中留在经济系统内继续转手花费的数额；二是旅游者的花费能够在本地区内再花费的次数。如果前者数额大，则乘数值大，反之则乘数值小；如果后者轮转次数越多，乘数越大，反之乘数则越小。旅游乘数数值的基本计算公式：

$$K = \frac{1 - L}{1 - c + m} \tag{9-1}$$

其中：c 为边际消费倾向；m 为边际进口倾向；L 为旅游进口倾向。

$$K = A \cdot \frac{1}{1 - BC} \tag{9-2}$$

其中：A 为旅游消费经一轮漏损后余额部分的比例；B 为当地居民收入的旅游消费的比例；C 为当地居民在本地经济系统中的消费倾向。

通常旅游乘数效应发挥作用有三个阶段。

①直接效应阶段是旅游乘数效应发挥作用的第一阶段。在这一阶段，旅游收入最初注入的一些部门和企业（如旅行社、餐饮业、交通运输业、邮电通信业及参观游览部门等）都会在旅游收入初次分配中获益。旅游者的最初旅游消费对于经济系统中旅游企业在产出、收入、就业等方面造成的影响，称为旅游消费的直接效应。

②间接效应阶段是旅游乘数效应发挥的第二阶段。在这一阶段，上一阶段中直接受益的各旅游部门和企业在再生产过程中要向有关部门和企业购进原材料、物料、设备，各级政府要把旅游业缴纳的税金投资于其他企事业、福利事业等，使这些部门在不断的经济运转中获得效益，即间接地从旅游收入中获利。

③诱导效应阶段是旅游乘数效应发挥的第三阶段。在这一阶段，直接或间接为旅游者提供服务的旅游部门或其他企事业单位的职工把获得的工资、奖金等用于购置生活消费品或用于服务性消费的支出，促进了相关部门和企事业的发展。此外，那些从旅游收入的分配与再分配运转中受到间接影响的部门或企事业单位在再生产过程中不断购置生产资料，又推动了其他相关部门生产的发展。

（3）旅游乘数类型

人们在旅游研究中经常使用的旅游乘数类型有四种：

①营业额或营业收入乘数（sales multiplier 或 transactions multiplier）。这一乘数用以测定单位旅游消费对接待国经济活动的影响。顾名思义，这一乘数表示的是单位旅游消费额同由其所带来的接待国全部有关企业营业收入增长量之间的比例关系。

②产出乘数（output multiplier）。它同营业收入乘数非常类似，但所测定的是单位旅游消费同由其所带来的接待国全部有关企业经济产出增长程度之间的比例关系。

③收入乘数（income multiplier）。它表示的是单位旅游消费同其所带来的接待国净收入变化量之间的比例关系。

④就业乘数（employment multiplier）。这一乘数有两种用法：一是表示某一特定数量的旅游消费所创造的就业人数；二是表示由某一特定数量的旅游消费所带来的直接就业人数与继发就业人数之和同直接就业人数之比。

（4）乘数理论的局限性

乘数理论虽然已被广泛应用于评估旅游业对接待国家或地区的经济影响，但同时也存在如下局限性：一是乘数理论不以分析旅游接待国家或地区的产业结构、经济实力为基础，然而后两者的不同可能产生不同性质和不同量值的乘数；二是乘数理论的前提条件之一是要有一定数量的闲置资源和存货可被利用，以保证需求扩张后供给能力相应增长。

9.2.2.4 旅游卫星账户及其应用

（1）旅游卫星账户（TSA）

旅游卫星账户（tourism satellite accounts，TSA）指按照国际统一国民账户的概念和分类要求，将因旅游消费而引致的产出部分从各个旅游消费相关部门中分离出来，在国民账户之外单独设立一个虚拟账户，以准确测度旅游的经济影响。20 世纪 90 年代初，世界贸易组织（WTO）和经济开发合作组织（OECD）就旅游业对社会经济的重要性作了大量的研究工作，着力解决了如何描述旅游经济以及如何测度旅游对经济的影响等难题，这对后来卫星账户的设立起了重要的作用。WTO、OECD、欧共体统计局（Eurostat）和联合国统计司合作进行编制"旅游卫星账户：推荐方法框架"（Tourism Satellite Account：Recommended Methodological Framework（TSA：RMF））。统计委员会同意此框架，于2000年3月批准采纳。

（2）TSA重要统计的意义

旅游卫星账户为政策制定者提供了对旅游部门的概览，以及与其他经济部门的比较。"框架"遵守国民核算原则，设置了一系列全球标准和定义来测量旅游对GDP、就业、资本投资、税收等的贡献以及旅游业在国家收支平衡中的重要作用。

旅游卫星账户使各国的旅游统计体系遵从了一致的标准，因此旅游卫星账户就成为了进行国际对比旅游业经济贡献的一种工具。各国旅游卫星账户的表格填制遵从的是旅游业特征产品和旅游业特征活动清单的有关规定，所以它可以提供有关旅游的国际可比的宏观经济总量，从而在揭示各国旅游业的规模及其经济重要性的基础上，很容易进行相互对比。目前，国际旅游对经济影响的对比，已在实施旅游卫星账户的国家间进行。

建立旅游卫星账户重要统计意义之一还在于它将创建一个用途广泛的数据库。建立旅游卫星账户的主要目的在于把关于旅游的分散信息集中到一个整合的框架中来，它可以把国民统计体系中来自需求方调查的数据和不同的供给方企业调查数据结合起来，而来自这两方面的数据就形成了一个庞大的数据库。总体而言，旅游卫星账户提供了旅游者消费的详细数据，并显示这些消费是如何由国内供给和进口得以满足的；它还包括关于就业、与其他生产性经济活动的联系和资本形成的数据；还提供旅游业分析需要的基本信息，包括经济数据与非货币信息之间的联系。

（3）TSA的实践

目前旅游卫星账户已经逐渐成为旅游区域经济影响评价研究最重要的工具，在西方发达国家和部分第三世界国家得到广泛应用。法国是世界上第一个为其国民统计建立"卫星账户"的国家，它早在20世纪60年代就开始利用卫星账户来分析住房问题。加拿大在1994年于世界上首次开发出综合性的旅游卫星账户。通过TSA提供的信息，可以了解一个国家：①旅游对GDP的贡献；②旅游对最终消费的贡献；③旅游对投资的贡献；④旅游部门的生产效率；⑤旅游对该国涉外贸易的影响；⑥旅游的净产出，并可与其他产业的产出进行比较；⑦旅游对就业的贡献；⑧旅游对税收和其他政府财政的贡献；⑨以上各项随时间的变化情况。由此可以看出，TSA的最大特点在于：因为它要求建立该分析模型的所有国家都利用相同的国民账户体系（System of National Accounts，SNA，1993年版），所以它的分析结论可以供不同国家相互比较，也可以随时间推移进行动态调整。

（4）TSA的不足之处

TSA在理论上是可行的，对旅游区域经济影响的分析和解释能力是强大的，但是TSA在付诸应用方面可能面临五大困难：①建立一个TSA成本高昂，收集旅游供需有关的详细数据任务艰巨；②TSA所依赖的国民经济I/O分析并不能经常更新，原因也在于成本高昂，大量耗费人力物力财力；③TSA一般只适用于对国民经济层次进行旅游经济影响分析；④TSA所采用产业分类体系可能无法提供旅游决策者和分析者所需要的细节信息；⑤TSA所采用的一些定义和结论形式与旅游决策者传统上所采用的并不一致，这就有可能造成一些误解和误用，或者是无法理解和无法使用。

虽然应用TSA方法会遇到这样那样的障碍，但长远来看它所具有的价值终将超越这些困难。

（5）旅游卫星账户在我国的实践

从实践上看，引入旅游卫星账户的主要是发达国家和旅游业发达的小国，对于我国这样的发展中大国，改变旅游统计体系并非易事，加之我国国民收入核算体系与国际存在差异，所以目前我国还没有建立起全国性的旅游卫星账户，但厦门、秦皇岛、广西、江苏等地仍有一些有益尝试。针对我国 TSA 的应用发展，需要着重指出的一点，TSA 所依赖的数据来源——国民账户体系（SNA）——目前已经得到联合国、国际货币基金组织、欧盟、经济合作发展组织、世界银行等主要国际机构的认可。这是 TSA 的产业分类和统计指标确定的基础，也是使一些重要研究结论能够进行国际比较的前提。然而，由于我国目前还采用自行制定的国民经济统计账户体系，要利用 TSA 框架分析旅游对我国的区域经济影响，还存在着产业分类、指标含义、数据结构等与国际对接的问题，并已经对国内极少数案例研究的完整性和客观性造成了负面影响。

具体而言，我国一些地区建立旅游卫星账户的基本步骤主要有：①明确旅游业的产出定义；②确定旅游相关产业和产品类别；③建立旅游消费账户和生产账户；④测算旅游增加值。

9.3　海洋旅游经济发展

发展海洋旅游业符合世界潮流，海洋旅游业在促进我国整体国民经济健康、快速、持续发展，增强国际竞争能力，拓展人们生存空间和扩大对外开放等方面起到积极的作用。我国是环境优美的海洋大国，发展海洋旅游业符合我国的国情。海洋旅游业有着旺盛的生命力和巨大的发展潜力。

9.3.1　海洋旅游的特殊性

旅游产业一直得到政府的大力扶持，政府的主导作用由主要进行微观的支持和管理向宏观的调控和管理演进。海洋旅游业在海洋产业中具有先导地位，对国民经济发展的带动作用很大，但是，发展海洋旅游业的条件要求高、经营风险也大。

首先是发展海洋旅游业成本高。一是进入成本高，海洋旅游业基础设施的建造，如修建旅游港口、开辟海上旅游航线和购置游船，其投资比陆上的一般项目要多；开办业务手续涉及的管理部门多，难度比一般项目要大；对海上从业人员的要求高，相应的劳动力价格比一般的也要高。二是经营成本高，我国北方滨海地区的旅游季节性强，客源不稳定，组织均衡作业难度大；由于受海上自然环境的影响，进行计划作业的难度也大；海洋旅游业涉及的管理部门多，企业的负担相对过重。

其次，经营海洋旅游业风险大。海洋旅游业由于成本高、投资大、经营条件又不稳定，因此它是我国北方滨海地区投资风险较大的产业。从目前情况来看，我国有的海洋旅游项目半途而废，有的项目勉强搞起来，经营也非常困难，在当前条件下，很难持续发展下去。海洋旅游业在全球海洋及滨海周边地区蓬勃发展，有着旺盛的生命力，发展潜力很大。但是，发展海洋旅游业的前提条件要求高、经营风险大。因此，要使我国海洋旅游业快速和可持续发展，尽快与国际海洋旅游业接轨，必须加强管理，研究其对策。

9.3.2　海洋旅游的经济效益

（1）海洋旅游产业在世界经济体系中占据重要地位

海洋旅游业的前景光明是依据它的发展趋势而言的，它完全是植根于人民群众日益增长的精神、物质需求这块土地上，是与一部分先富起来的居民的享受、发展需求相联系的，这就在整体上确保了海洋旅游业恒久发展的前景。从此意义上来说，海洋旅游业的确是一个朝阳产业。据统计，全世界已有上千个海上娱乐和旅游中心，其中有 200 多个海洋公园；美国近年来仅参加游钓的就有 4 500 万人，年收入超过 180 亿美元；加拿大每年参加游钓的也有 650 万人，年收入有 47 亿加元；日本每年参加海水浴的人达 1 亿左右；欧洲盛行海洋疗法，即使是冰天雪地的南极洲，每年也有近 3 000 名欧洲各国的游客前去观光。我国海洋旅游胜景很多，具有"滩、海、景、特"四大特点。进入 20 世纪 90 年代，我国的海洋旅游业蓬勃兴起，沿海及海岛各地都把海洋旅游业作为经济发展的先导产业来抓。统计资料表明，沿海及海岛地区，近年来接待的游客人次以每年高达 20%～30% 的速度递增。从世界范围来看，海洋旅游不仅历史悠久，而且现代海洋旅游业蒸蒸日上，发展潜力很大。

（2）海洋旅游业的联动性

海洋旅游业是一个多元性的行业群体结构，它与经济、社会各部门之间有着难以割离的联系，特别是与海洋相关产业或部门之间存在着不可分割的依存关系。这种关联在互动中又转化为彼此有益的联动关系。海洋旅游业靠着自身的生命力吸引着全社会对它的关注和支持，激励起人们参与海洋旅游业的热情。海洋旅游"六大要素"（行、食、住、游、娱、购）综合配套的过程，也就是带动海洋相关产业或部门（造船、运输、养殖、捕捞、工程、贸易等）发展的过程，进而为它们创造发展的新机遇。据有关部门预测，旅游消费支出每增加一个单位，工业产值可扩大 3.2 倍，国民收入可扩大 2.03 倍，投资可扩大 0.57 倍。这种预测，在一定程度上也显示出海洋旅游业在海洋产业中的显著先导作用。

（3）海洋旅游业所提供的就业机会

海洋旅游业作为一个劳动密集型行业，在接待工作中，许多工作都必须依靠员工手工操作，可以容纳较多的劳动力。根据有关部门推算，旅游消费支出每增加一个单位，在工业发达国家就业可扩大 0.78 倍，在发展中国家就业可扩大 0.92 倍。根据世界许多地区的经验，在低工资成本地区，饭店业的平均客房与员工比率为 1∶1.5，这仅是饭店提供的直接就业比率。另外，饭店每增加一间客房，其他直接海洋旅游企业可相应增加 2.5～3 人的就业机会。也就是说，整个海洋旅游业的直接就业人数同当地饭店客房数的比例为 4.5∶1。如果再进一步考虑到其他非直接海洋旅游企业或者与海洋旅游业有关的其他海洋行业，那么发展海洋旅游业所提供的就业机会就更多了，这无疑会促进整个海洋产业的发展。

（4）海洋旅游业是高新技术水平较高的产业

海洋高新技术的迅速发展，已经实现了人类遨游海洋的梦想，然而，海洋仍以它特有的神秘、深奥和变幻莫测吸引着无数的人们。为了满足人们对海洋知识的强烈兴趣和推广高新技术，近年来，美国、欧洲、日本等相继建起了"海洋世界"或"海洋城"等融科技与游乐于一体的娱乐设施，取得了巨大的社会效益和经济效益。

（5）海洋旅游业是海洋文化含量较大的经济产业

海洋旅游业是海洋文化含量较大的经济产业，这是其他海洋行业无法比拟和替代的，它对经济的发展起着强大的促进作用。海洋文化就是与海洋有关的文化，就是缘于海洋而生成的文化。"人类社会历史实践过程中受海洋影响所创造的物质财富和精神财富的总和就是海洋文化。"地中海曾孕育了古希腊文化和古埃及文化，印度洋熏陶过古印度文化和古巴比伦文化，大西洋造就了近代商业文化，太平洋与古中国文化和现代文化有着直接的联系。中国沿海广大地区的海洋文化遗存丰富，有着关于道家、阴阳家、神仙家的众多历史古迹和传说故事，特别是关于越王勾践徙都琅琊、秦皇汉武东巡、徐福东渡求仙、八仙过海、崂山道士和郑和下西洋等故事及与之相关的传说，在这里面占有着相当重要的地位。先民们通过对漫长的海岸线的利用，借用舟楫之便与各地进行经济联系，这种开放式的经济文化联系，促进了沿海地区经济和旅游的发展。

海洋旅游业的近代、现代、当代海洋文化的内涵更为丰富，海上交通、海上贸易、航海、海洋科技、各国人民往来、中西方海洋文化交流诸方面，形成了海洋旅游业的海洋文化体系，它在思想观念和物质演进方面，为推动社会进步和经济发展发挥了巨大作用。

9.3.3 海洋旅游经济的发展战略

9.3.3.1 发展背景

2009 年底国务院出台了《关于加快发展旅游业的意见》（国发〔2009〕41 号）将旅游业定位为国民经济的战略性支柱产业和人民群众更加满意的现代服务业，定位了旅游业的经济属性，指出旅游业资源消耗低、带动系数大、就业机会多、综合效益好，在保增长、扩内需、调结构、惠民生等方面具有重要作用。这标志着旅游产业正式进入了国家战略体系，必将迎来新一轮发展高潮。

蓝色经济是未来经济，需要按照后工业化的视角，挖掘前工业化资源，形成超工业化的产品，对应变化中的市场。其中，节能、环保是重中之重，要发展低碳经济，培育低碳生活。后工业化社会是服务业主导，海洋旅游应当占据重要地位。丹尼尔在《后工业社会的来临》一书中把社会分为先工业社会、工业社会、后工业社会。他认为就后工业社会来讲，经济将由制造业经济转向服务业经济。进入到后工业社会，很多国家印证了这一论断，日本工业化完成以后提出了以观光和休闲立国的概念，世界各国服务业的经济在整个产业经济中占的比例在不断提高。

用工业化指数来衡量我国发展的阶段，2009 年我国已有 6 个省市进入到后工业社会的发展时期，它们分别是北京、上海、天津、广东、江苏和浙江，还有辽宁等 12 个省处在工业化后期，陕西等 13 个省处在工业化中期。可见目前我国正在处于一个由工业化社会向后工业社会转型的历史时期，未来十年内，我国将全面进入后工业化社会时期。当前这一历史时期，产业转型、经济调整，服务业经济将会取代制造业经济，成为我国经济发展的重要动力，以休闲、旅游为主体的服务业经济可能成为下一阶段城市发展、国民经济发展的重要支柱。"十二五"期间，我国经济仍将维持较高的发展速度，服务经济、知识经济、体验经济将成为主流；从收入分配上来看，财富的分配将从"国富"到"民富"，城市化进程的加快、农村旅游消费结构将趋同于城镇居民，更多的居民向高消费群体靠拢，这一切意味着大众旅游时代的到来。

9.3.3.2 发展战略

（1）转型升级战略

国际经验充分说明，经济增长特别是经济的持续增长，必须伴随着产业结构的优化，只有结构合理，与市场需求、技术发展相适应，才能有效配置资源，保证经济增长。在中国改革开放之初，为了满足国际、国内旅游市场需求快速增长的需要，粗放式的数量扩张是当时我国旅游产业发展的模式。而当旅游产业发展到一定阶段以后，随着旅游市场的不断成熟、旅游市场竞争的日益激烈、旅游产业经济效益的下降等，旅游产业增长方式必须要实现转型升级。

转型升级战略是通过产业结构优化，实现区域各产业部门及其内部各行业之间的产业结构合理化和产业结构高度化。前者指提高产业之间的内部联系，使它们相互之间产生"1＋1＞2"的整体功能；后者是指产业结构从低度水准向高度水准发展。旅游产业结构的合理化主要是指吃、住、行、游、购、娱诸要素相互均衡，协调发展。促进旅游产业结构合理化主要运用协调机制，我国海洋旅游业已初步形成了门类比较齐全的产业结构，但产业结构并不合理，旅游业六要素发展不平衡。旅游产业结构的高度化是指旅游产业内部诸要素各自的水准要不断提高，不断创新，主要运用创新机制。我国海洋旅游以观光产品为主，小型同质低档的产品多，上规模上档次的产品少，高端海洋旅游产品稀缺，与日益兴盛的个性化、多层次的休闲度假市场需求不相匹配。

（2）精品名牌战略

当前，全球已跨入品牌竞争时代。知名品牌的多少，品牌经济的发展水平，越来越成为国家和地区综合实力和国际竞争力的关键因素。旅游经济也是品牌经济。名牌是指社会公众通过对组织及其产品的品质和价值认知而确定的著名品牌，能见度、相关性、资产价值、差异化等是名牌创建的关键要素。名牌战略是行为主体谋求长远利益，从全局出发，根据自身特点及名牌形成的普遍客观规律，综合分析各种相关因素而制订的具有竞争意识的发展名牌事业的一种长远的总体规划。

旅游精品名牌战略是一个完整的系统化工程，是对海洋旅游资源的整合与统筹。立足海洋旅游产业发展现状，制定科学的海洋旅游精品名牌发展战略，是海洋旅游精品名牌战略的首要着眼点。此战略框架应以沿海及海域旅游资源品位、特色、区位优势、基础设施条件和市场发育状况等为基础，通过科学论证分析，确定未来海洋旅游精品名牌发展的方向、目标、规模和速度，全方位构建海洋旅游精品名牌发展的战略体系。

"品质"优先于"数量"，要从产品、服务、管理角度努力打造旅游精品系列，塑造系列旅游品牌。通过提供国际化的产品与服务，增加科技含量，大力发展旅游信息化，整体提高海洋旅游产品的质量与服务水平，在更高的层次满足国内外旅游者的需求。采用城市营销战略，着重在主要市场上确立产品品牌和增强市场知名度、美誉度，使效益最大化。

（3）区域合作战略

区域协作融合即在一个广大区域内，各具特色的不同地区，最大限度地发挥地缘和资源互补的现实优势，强强联手，进行区域协作和联合，打破行政区域界限，突破不合理的体制障碍，整合综合旅游资源，实现优化组合、一体化开发，如区域整体旅游交通、区域整体旅游形象、区域整体旅游宣传与促销等，共同参与市场竞争，形成一个强势区域整体旅游品牌。

从国际旅游方面看，推进旅游区域一体化，打造旅游黄金圈，共同开发旅游市场，互为市场，互为腹地，互送客源，共筑旅游信息平台，共同制定旅游服务标准等已成为区域旅游国家的共识，而在区域一体化发展与区域协作经营走在世界前列的仍是欧洲国家，譬如，法国蓝色海岸城市群马赛、尼斯、戛纳、摩纳哥等，通过特色差异与区域协作，使每个滨海城市旅游都获得了巨大成功。除此之外，世界其他国家的滨海海岛型旅游发展同样十分重视区域整体协作发展，如美国夏威夷的旅游开发，包括近年来迅速崛起的东南亚各国的滨海旅游，其发展无不是以旅游为切入主题加强与国内、国际其他旅游城市之间的合作，共享更多的国内、国际客源市场，在旅游产业链的延伸方面探索综合产业之路，与商务、会展等结合共同构筑城市经济高级化和国际化平台，全面改善城市对外形象，增强城市作为经济整体对投资金融的吸引能力。

世界著名度假品牌"地中海俱乐部"，自其20世纪50年代在法国成立，目前已成为世界上最大的旅游组织之一，每年接待的客户可达160万人。他们将"一切在内"的度假概念扩展到最大限度，旅游度假服务内容包括往来路程、住宿、用餐、运动、娱乐等一价全包，在进行市场细分时更多地考虑到消费者的生活方式及其业余时间利用的变化趋势，使顾客以相对低廉的价格得到高质量的服务，不仅形成了与竞争对手的区别，而且压低成本保证收益率，使旅游经营从旅游景点走向旅游综合服务整体。由于俱乐部的知名度和美誉度高，游客以拥有会员证为荣，并视为地位与身份的象征。地中海俱乐部的组织经营是成功的，也为其他旅游连锁经营公司（如 Center Parcs 和 Club Robinson）的发展开辟了道路。目前，旅游业的连锁经营组织形式已成为旅游事业发展的大趋势，世界各国滨海海岛旅游也正是通过连锁经营的形式迅速扩展壮大。

旅游业本质上就是一个高度开放的产业，在旅游产业不断受重视的背景下，海洋旅游必须在开放中求发展，合作中求效应，要跨越行政区划的界限争取各地区的合作与分工，要与国内其他地区和港澳台之间建立各种形式的合作关系。加强多层次、纵横向的旅游交流与协作，通过联手打造精品线路、包装优势产品、策划整体活动，不断提升区域整体功能和产业素质，增强区域海洋旅游竞争力。

（4）循环经济战略

循环经济的本质是一种生态经济，是一种按照自然生态系统物质循环和能量流动规律构建的经济系统。它以资源的高效利用和循环利用为核心，把传统的、依赖资源净消耗的发展，转变为依靠生态型资源来循环发展的经济模式。海洋旅游循环经济通过"海洋旅游资源—海洋旅游产品—海洋旅游资源再生"过程，实现海洋旅游资源的高效利用，从而从根本上缓解海洋旅游环境保护与海洋旅游经济及沿海海洋经济发展之间的矛盾冲突。循环经济作为一种新的经济发展模式，其减量化、再利用、再循环的思想理念切合海洋旅游经济可持续发展的要求，成为实现海洋旅游经济可持续发展的有效途径。

海洋作为一个既与整个陆域关系极为密切，同时又相对较为独立的大的物质闭环流动系统，对它的开发利用要实现可持续发展所要求的环境与经济双赢的战略目标，遵循循环经济理论中"减量化、再使用、再循环"的 3R 原则，建立其以海洋大系统为中心的反复利用的循环机制，维护生态平衡，实现人类发展与海洋资源、海洋环境的有机协调和统一。

（5）创新领跑战略

创新是发展的源动力，创新是一个系统的、动态的、突变与渐进相结合的过程。正如英国贸易与产业部对创新下的简单定义那样，"创新是新知识的成功利用"。创新可以是技术上的、组织上的、管理上的、工艺上的，也可以是思想观念上的，这些新的知识、新的思想要能够得到利用。

旅游业与创新有着不解之缘，旅游文化现象正是人类创新意识的产物，并始终以创新的姿态与面貌在动作着、变化着。随着创新时代的到来，旅游业也进入了"旅游创新的新时代"，其标志为：旅游者更趋于年轻化、个性化，旅游者更注重心理经历、注重参与，旅游需求更趋于特殊化、多样化，这就要求用全新的思路去开发具有知识性、享受性、科技性、娱乐性、多样性、参与性的旅游新产品，以满足人类不断增长的旅游需求。旅游创新时代要求把创新意识作为旅游业发展的永恒主题和灵魂。

国内外大量调查研究表明，旅游业发展的市场动力主要来自旅游者趋同和求异求新的两种心理追求。在海洋旅游范畴，温暖的阳光、洁净的沙滩和碧绿的海水是世界著名旅游目的地的共同基础特征，各类旅游目的地之间的差异主要体现在文化、技术、管理、服务等方面。老是按照海洋旅游开发的传统思路即依靠"3S"资源求发展的思路显然不符合实际情况，必须根据实际情况创新发展思路与发展模式。一方面从文化入手，通过挖掘文化，丰富产品内涵，如开发与海滨密切联系的海滩文化、海岛文化、渔家文化等，提升海洋旅游产品的文化内涵，增加产品的趣味性和游客的体验感，超越季节限制，减少季节性过强造成的负面影响；另一方面，着力开发具有资源支撑的专项产品，特别是开发与国际市场接轨而国内尚属稀缺的高端海洋旅游产品，如邮轮游艇旅游等，借此提升市场竞争力，开拓海洋旅游的市场空间，引领海洋旅游的发展潮流。

本章小结

在本章中，我们主要想讨论旅游经济活动中旅游需求与旅游供给这一对内在矛盾，和旅游经济活动的外在表现——旅游业中旅游者、旅游产品经营者与旅游目的地国家或地区政府——之间利益上的矛盾。旅游业作为一项全球性产业，为目的地的经济发展、赚取外汇、增加就业及收入提供了契机，带来了许多经济影响，这些影响有积极的一面也有消极的一面，影响方式主要取决于旅游目的地所处的地理区位以及社会—经济基础。通过分析比较世界旅游经济发展，结合我国旅游业发展特点，对海洋经济发展作出展望。

关键术语

旅游需求（tourism demand）　　　　　旅游供给（tourism supply）

旅游经济（tourism economy）　　　　　旅游动机（tourist motivation）

漏损（leakage）　　　　　　　　　　　客源地（generator area）

旅游卫星账户（tourism satellite accounts，TSA）　　乘数（multiplier）

复习思考题

1. 旅游经济主体构成要素是什么？

2. 影响旅游需求和旅游供给的因素有哪些？

3. 旅游供求矛盾主要表现在哪些方面？如何均衡这些矛盾？

4. 试归纳旅游对目的地经济的有利影响和不利影响。

5. 旅游业的发展如何带动其他行业的发展？

开拓思维题

1. 为什么说旅游产业是一个对国家繁荣、民族兴旺、社会进步有着重大作用的产业，发展旅游产业前景广阔、大有可为？

2. 你对到你家乡旅游的游客是什么态度？你认为游客在你家乡中的花费越多，你的父老乡亲的经济收益就越多吗？

3. 阅读2~5篇介绍海洋旅游经济研究文章，了解全球及我国海洋旅游经济研究的发展状况。

参考文献

查尔斯·R·格德纳，J·R·布伦特·里奇. 2010. 旅游学（第10版）. 李天元，徐虹译. 北京：中国人民大学出版社.

董玉明. 2003. 中国海洋旅游业的发展与地位研究. 海洋科学进展，20（1）：26-28.

刘俊，保继刚. 2007. 英国传统海滨度假地衰退研究——综述与启示. 旅游学刊，22（1）：49-54.

史蒂夫. 2004. 旅游测度 & 旅游卫星账户（Broadening the Viewpoints of Tourism Measurement）中英文对照版. 赵丽霞，刘臻译. 北京：中国统计出版社.

史蒂芬，布伦特等. 2004. 现代旅游管理导论. 刘劼莉等译. 北京：电子工业出版社.

田里，牟红. 2006. 旅游经济学. 北京：清华大学出版社.

亚德里恩·布尔. 2004. 旅游经济学. 龙江智译. 大连：东北财经大学出版社.

张俐俐. 2006. 旅游经济学原理与实务. 北京：清华大学出版社.

张骁鸣，保继刚. 2004. 旅游区域经济影响评价研究述评. 桂林旅游高等专科学校学报，15（2）：38-44.

Archer B. 1995. Importance of Tourism for the Economy of Bermuda. Annals of Tourism Research，22（4）：918-930.

Archer B, Fletcher J. 1996. The Economic Impact of Tourism in the Seychelles. Annals of Tourism Research，23（1）：32-47.

Dorde. K. Comic, Beograd. 1989. Tourism as a Subject of Philosophical Reflection, Revue de Tourism，44（2）：6-13.

Martin de Holan P, Phillips N. 1997. Sun, sand and hard currency: the cuban tourism industry. Annals of Tourism Research, 24 (4): 777 - 795.

Mathieson A, Wall G. 1982. Tourism: Economic, Physical and Social Impacts. London and New York: Longman.

Monika T, Thiele, Richard B Pollnac, et al.. 2005. Relationships Between Coastal Tourism and ICM Sustainability in Thecentral Visayas Region of the Philippines. Ocean & Coastal Management, (48): 378 - 392.

Murphy P. 1985. Tourism: A Community Approach. New York & Landon: Methuen.

□ 阅读材料 9 - 1

美国旅游经济春风习习

　　旅游庆圣诞，是美国人欢度这个最重要节日的传统方式之一。然而，后危机时代，高失业率使美国人囊中羞涩，在一些人选择"宅假期"的同时，另一些人则把假期旅游与商务活动结合起来，不失为一种聪明的做法。而在美元贬值的诱惑下，更多外国游客把美国作为旅游出行的首选目的地，大量外国游客在美消费，直接拉动了美国经济的增速。

　　◇旅游、赚钱两不误

　　2010 年初，美国人乔尔·格利菲斯和瑞恩·格利菲斯兄弟俩结伴到中国来旅游。行前哥哥乔尔预计，今年人民币兑美元汇率会从年初的 1:6.8 升值到 1:5，乔尔用 10 万美元兑换了 68 万元人民币，在中国吃喝玩乐一年花费 18 万元人民币，年底打算用剩下的 50 万元人民币再兑换成来时的 10 万美元回家。由于预估有误，未能如愿，只换回 7.6 万美元，但较年初时的汇率，仍多了 2 000 余美元。弟弟瑞恩则精明一些，年初用 10 万美元兑换了 68 万元人民币，先花 50 万在二线城市买了一套小公寓，剩余的 18 万元用来花费。年底要回去了，房子不能带走只能卖掉，由于房价上涨，出手净得 70 万元人民币，兑换到手 10.5 万美元。

　　出国旅游是西方人的一大爱好。美国知名旅游咨询公司"寂寞星球"调查报告表示，金融危机前，美国人年均花费在旅游上的支出相当于人均一个月的劳动所得，约占该国国内生产总值的 8%；大部分出境游的人会把加勒比海、加拿大和欧洲作为首选目的地。

　　金融危机爆发后情况发生了很大变化。美国商务部数据显示，2008 年美国国际航班飞行次数减少了 1.4%，2009 年减少 1.8%，2010 年情况尚无明显好转。飞往欧洲的航班下降比例更高，2008 年下降 6.2%，2009 年下降 4.2%，2010 年截至目前下降了 6.7%。分析人士预计，今年美国到欧洲的游客将比金融危机之前的 2007 年下降 17%。

　　旅游经济学家詹姆斯表示，往年度假，在罗浮宫、埃菲尔铁塔或者去往欧洲的火车上，到处都可以看见美国游客。结伴出行的老者、做礼拜的中年人、吵吵嚷嚷的大学生，他们背着双肩包，手里拿着《欧洲旅游指南》，作为美国人的优越感溢于言表。

　　而如今，越来越多的美国人把假期旅游和商务活动结合在一起，更多的商务人士携带家眷飞往亚洲新兴经济体国家，在做生意的同时享受度假旅游。美国旅馆互动网站表示，随着美国企业在亚洲地区投资的增加，商务旅客人数会持续上升。该网站预计，亚洲，尤其是中国，将是美国人未来一个时期出国旅游最热门的首选地。美国商务部最新统计数据显示，截至 11 月底，2010 年乘飞机前往亚洲的美国游客人数比 2009 年同期增加 7%，预计 2011 年将会在此基础上再增加两成左右。

　　◇游客消费驱动经济

　　美联储实施量化宽松货币政策，促使美元贬值以来，赴美旅游成为不少外国游客的选择。这对缩减美国贸易赤字、刺激经济增长而言，无疑是重大利好。

美国《新闻周刊》专栏作家丹尼尔·格罗斯称，今年夏秋之交，纽约挤满了来自世界各地的游客，在废弃的高架铁路线遗址建成的"高线公园"里，来自巴西、印度、中国等新兴经济体国家的游客悠闲地散步、消费，这些国家的经济复苏速度超越发达国家，人们消费起来也显得"出手阔绰"。

美国旅游局数据显示，从 2009 年第四季度开始，境外游客赴美国旅游人数出现回升。截至目前，2010 年入境游客人数已逾千万，与去年同期相比增长约 15%；其中中国赴美游客已突破百万，同比增长 30% 以上。自 2007 年 12 月中美签署并实施旅游备忘录后，中国公民赴美旅游年均增幅超过 20%。

旅游业的回暖促进了美国贸易收入的增加。当一个外国游客踏上美国的土地，下榻酒店、购买服装饰品、烟酒食品，或在美国国家美术馆消费的时候，美国对外出口贸易就已经发生。随着外国游客人数的稳步上升，在美国的旅游消费支出不断扩大，对缓解美国贸易赤字起到了积极效应。仅 2010 年下半年，旅游业为美国产生的贸易顺差已达 140 亿美元，比上半年增加了 29%，推动了美国国内生产总值的增速。

资料来源：中国证券报—中证网

□ 阅读材料 9-2

旅游产业已经成为世界第一大产业

（1）旅游产业成为世界第一大产业经历了长期历史发展过程

现代旅游产业产生于 19 世纪，在 20 世纪得到前所未有的发展。特别是第二次世界大战以后，旅游产业获得了相对和平与稳定的发展环境，迅速成为一个新兴产业。在 1950 年，全世界旅游人数仅有 2520 万人，旅游收入约 21 亿美元。此后，世界旅游产业平均每年以 10% 的速度增长，增值水平明显高于其他产业。例如，1992 年美国旅游业增值为 3300 亿美元，远远高于农业的 900 亿美元、汽车工业的 550 亿美元以及金属工业的 400 亿美元。德国、法国、英国、日本等其他发达国家也与美国的情况类似。世界旅游组织提供的资料表明，自 20 世纪 90 年代开始，国际旅游收入在世界出口收入中所占比重达到 8.25%，超过石油出口收入的 6.5%、汽车出口收入的 5.6% 和机电出口收入的 4.6%。自此，旅游产业正式确立了世界第一大产业的地位并保持至今。

（2）国际金融危机没有改变旅游产业作为世界第一大产业的地位

旅游产业具有抗冲击、易恢复的产业韧性，对化解国际金融危机影响和扩大内需具有特殊作用。根据世界旅游组织的报告，尽管国际金融危机对欧美等成熟旅游市场部分行业、领域造成了严重影响，但新兴经济国家以及发展中国家的旅游产业依然保持了总体增长。旅游产业成为在国际金融危机中率先恢复增长的产业之一，在减缓危机消极影响方面发挥了积极作用，为全球经济的复苏作出了新的贡献。从长远来看，旅游产业在创造就业机会、推动全球经济增长等方面将继续发挥示范引领作用。据世界旅游业理事会（WTTC）预计，2010 年旅游产业将吸引 1.8 万亿美元的资本投资，占全球总投资的 12%；到 2020 年，全球国际旅游消费收入将达到 2 万亿美元。另据世界旅游协会预测，2010—2020 年，全球旅游经济预期年增长率可达到 4.4%，国际旅游业人数和国际旅游收入将分别以年均 4.3%、6.7% 的速度增长，远高于同期世界财富年均 3% 的增长率；到 2020 年，旅游产业收入将增至 16 万亿美元，相当于全球生产总值的 10%；提供 3 亿个工作岗位，占全球就业总量的 9.2%；从而进一步巩固其作为世界第一大产业的地位。

（3）旅游产业作为世界第一大产业的基本特征

一是旅游产业在世界经济体系中占据重要地位。2009 年旅游产业收入占全球生产总值总量的 9.3%；与旅游产业相关的就业人数约有 2 亿人，占全球就业总量的 8%。旅游产业还是世界各国税收的主要来源，2006 年全球旅游产业直接和间接产生税收总额达 1.3 万亿美元，占全球总税收的 11%。无论是总收入、就业，还是投资、纳税，旅游产业对世界各国经济的发展都发挥着举足轻重的作用。

二是旅游已经成为人们的基本生活方式。随着经济的发展和生活水平的提高，人们对精神文化的需求进一步上升。科学技术的不断进步，又极大地提高了社会劳动生产率，使人们有更加充裕的时间。在这种情况下，旅游成为人们使用闲暇时间的最佳选择之一。近年来，国际旅游在许多国家广泛开展，并迅速形成一股新的时代潮流。据世界旅游组织统计，人们每年参与各种形式的旅游活动达到 40 多亿人次。据预测，2010 年、2015 年、2020 年全球国际旅游人次将分别达到 10 亿、12 亿、16 亿人次。国际旅游人口将占世界总人口的 3.5%，其中德国、日本、英国、法国、荷兰、加拿大、俄罗斯、意大利等十大客源国出游总人数将占全球出游人数的 49.2%。

三是国际旅游区域的重心正向东方转移。20 世纪 80 年代以前，西方发达国家几乎垄断了国际旅游市场，接待人数和旅游收入都占到世界总量的 90% 左右。进入 20 世纪 90 年代，世界上出现了由欧洲、美洲、亚太地区、非洲、中东、南亚组成的六大国际旅游市场格局体系，这一市场格局体系的形成标志着旅游大众化时代的到来。特别是东亚、太平洋地区的国际旅游增长率年均达到 7.5%，远高于世界其他地区。随着旅游重心由传统市场向新兴市场转移速度的加快，欧美地区国际旅游市场份额不断缩小，亚太地区成为国际旅游的热点区域。

四是旅游消费需求向多元化方向发展。旅游消费需求是生产力发展水平的集中反映，受到社会形态、价值观念、行为取向、政治、科学、文化等一系列因素以及个人所处阶层、教育、经历、职业、性格、性别、兴趣等的影响和制约。纵观世界旅游的发展，人们的旅游消费需求模式经历了一个单一观光型—观光、度假型—需求多元化的发展过程。随着旅游方式朝个性化、自由化的方向发展，传统的观光旅游、度假旅游和商务旅游已不能满足旅游者的需求，各种内容丰富、新颖独特的旅游方式和旅游项目应运而生、层出不穷。目前，国际旅游消费需求的基本态势是：从人们出游的组织方式来看，在追求个性化的浪潮下，散客旅游特别是家庭旅游成为全球流行趋势；从旅游动机和目的来看，生态旅游、文化旅游、奖励旅游、探险旅游、科考旅游、潜海旅游以及其他各种形式的主题旅游，构成了人们外出旅游的主旋律。

五是国际旅游市场竞争与合作并存。国际旅游市场蕴藏着无限商机，也成为竞争最激烈的市场之一。一些国家和地区为了增强旅游竞争力，与邻国结成密切协作关系，相互借鉴先进的技术和管理经验，对共同的客源市场开展联合促销，对人员进行统一培训轮训，旅游区域合作、地区旅游一体化的步伐加快。同时，鉴于旅游产业的敏感性，世界各国与国际旅游组织进一步建立健全旅游合作和发展机制，共同应对自然灾害、疾病疫情以及经济危机等各种突发事件对旅游产业带来的负面影响，以实现资源共享、优势互补和协调发展。

中共北京市委研究室、北京市旅游局

第 10 章　海洋旅游经营管理

10.1　海洋旅游经营管理概述

管理是对组织资源进行有效整合以达到组织既定目标与责任的动态创造性活动。从广义上看，管理即是一定组织中的管理者通过协调他人的活动以充分利用各种资源，从而实现组织目标的一系列社会活动过程。管理的核心是组织，基本对象是人，通过计划组织、指挥、协调和控制等基本活动来实施管理。旅游管理是指为了以最有效的方式实现旅游活动的目标，综合运用管理职能的作用，对旅游活动所涉及的各种关系和现象进行管理的活动与过程。

旅游的经营管理活动，从对象上看，包括旅游企业经营活动的管理、旅游行业组织活动的管理及旅游产业运行活动的管理；从过程上看，包括确立旅游管理目标的活动、建立旅游信息系统的活动、开展旅游预测与决策的活动、制订旅游发展计划的活动以及对旅游发展的监督活动等；从内容上看，包括人力资源管理、物质资源管理、财务资源管理、信息资源管理和技术资源管理等；从业务上看，包括旅游资源管理、旅游设施管理、旅游市场管理和旅游服务管理等；从体制上看，包括建立和执行旅游产业管理体制的活动、建立和执行旅游部门管理体制的活动、建立和执行区域旅游管理体制的活动、建立和执行旅游企业管理体制的活动四大部分；从方法上看，则包含了行政方法管理、经济方法管理、法律方法管理、技术方法管理和德育方法管理，等等；从组织层面看，可以把旅游管理分为微观旅游管理和宏观旅游管理。下面侧重对旅游微观以及宏观旅游管理做进一步阐述。

（1）旅游微观管理

旅游微观管理是指旅游企业的经营管理活动。在现代旅游企业里，人们从事着既有分工又有协作的共同劳动，只有通过管理，才能使这些共同劳动协调有序地进行。旅游企业管理就是企业管理者根据一定的理论、原则、政策、法规、程序，运用一定方式和方法，对企业所能支配的人、财、物、信息、能源等有形资产和无形资产，进行有效的计划、组织、指挥、协调和控制，使各项要素得以合理配置，以达到企业所预期实现的战略目标和策略目标。

（2）旅游宏观管理

旅游宏观管理是指政府部门从促进国家旅游产业发展的角度来管理旅游活动，它主要包括两个方面的内容：一是旅游活动的引导与管理。也即根据国民经济发展水平和社会进步的需要，对旅游活动制定促进或限制的政策，协调旅游活动与社会经济发展之间的关系。二是旅游行业管理。即制定促进旅游业发展的各项政策、规划和标准，把握旅游业发展总量，对旅游企业进行宏观指导和间接协调。旅游宏观管理的职权行使者是政府部门或其授权的有关机构；管理的对象范围十分广泛，包括了旅游者的活动、旅游企业、旅游资源、旅游信息等，管理者与管理对象之间的关系较为松散，管理者通过引导与监督等间接手段进行管理。宏观管理的主要目标是为了取得国家的整体利益。

10.2　海洋旅游企业经营管理

旅游企业经营管理，是指对旅游企业面向市场的经营活动的管理。它以旅游市场需求为对象，以旅游产品经营为交换手段，确定旅游企业的经营目标、经营方针和经营策略，使旅游企业的生产经营活动与旅游市场需求、企业外部环境达成动态均衡的管理过程。旅游企业经营管理的内容主要有：一是研究旅游企业的内部条件和外部环境，通过综合分析和比较，确定旅游企业的经营方针、经营战略和经营目标，并建立必要的经营管理组织机构，采取相应的经营策略和方法。二是开展旅游市场调查，进行经营预测和分析，做好旅游企业的经营决策，并在决策的基础上制订出相应的经营计划，围绕经营计划搞好旅游市场营销和市场开拓等工作。三是合理组织旅游资源和旅游产品开发，科学配置和整合旅游企业生产要素资源，加强旅游企业人力资源开发，推动旅游企业的技术进步，提高旅游企业的生产经营效率。

10.2.1　旅游企业

企业是以盈利为目的，由各种要素资产组成并具有持续经营能力的自负盈亏的法人实体。企业作为特殊的资产，具有盈利性、持续经营性、整体性等特点。旅游企业通常指主要和直接为旅游者的旅游活动提供产品和服务的企业，包括旅行社、旅游饭店、旅游景点和旅游交通四大类企业。

10.2.1.1　旅游企业的分类

（1）按旅游企业的组织形式划分

在现实经济生活中，旅游企业的组织形式主要有三种：即业主制（proprietorship 或 single proprietorship）、合伙制（partnership）和公司制（corporation）。一般来说，业主制企业和合伙制企业规模都比较小，规模较大的企业往往采取公司制形式。虽然小企业在数量上占有优势，但是从销售额、资产、政治和经济力量、工资数额和职工人数看，大公司则占有支配性的地位。

①业主制旅游企业是最简单的旅游企业组织形式，这种俗称"夫妻店"的典型小旅游企业只有一个产权所有者，企业是业主的个人财产，由业主直接经营。业主享有该企业的全部经营所得，同时对它的债务负有完全责任。如果经营失败，出现资不抵债的情况，业主要用自己的家庭财产来抵偿。

②合伙制旅游企业是在两个或两个以上业主的个人财产的基础上进行经营，合伙人分享企业所得，共同对企业债务承担责任。合伙制旅游企业往往需要综合不同人的才智，譬如不同专业的会计师、厨师、经理人等。

③公司制旅游企业是一个法人组织体，它以法人的名义行使民事权利，承担民事责任，有权举债，签订合同，能在法院起诉和应诉。公司的产权分属于股东，股东有权分享公司的盈利。与合伙制旅游企业不同，公司人股人（股东）并不对企业债务负无限责任，而只在他投入的股本的范围内对债务负责。

（2）按旅游企业的业务构成划分

按旅游企业的业务构成，我们把旅游企业划分为中介企业、交通企业、住宿企业、吸引物企业四大类，它们分别承担着不同旅游产品的生产和经营。

①旅游中介企业也称为中间商，它们从旅游产品生产者那里订购各种旅游产品和服务，如住宿、交通、保险等，然后再转卖给旅游经营者或游客，并从中获得佣金。由于旅游中介企业面对着不同的经营对象，又可以分为旅游经营商（包括批发商）和零售代理商。

②旅游交通企业是为游客从常住地到旅游目的地的往返以及在各旅游目的地内提供空间转移服务手段的机构。其中往返于旅游目的地的交通企业具有公共性，既可以为旅游消费者服务，也可以满足非旅游的运输需要，称为大交通企业；在旅游目的地的交通服务对象相对更明确，主要为游客服务，也称为小交通企业。

③旅游住宿企业即我们通常所说的商业性质的饭店和宾馆。它是为顾客提供住宿和其他服务的企业机构。住宿企业同其他企业一样，是利用各种生产要素和管理手段从事生产经营活动，在创造利润的动机和承担风险的情况下，取得企业效益和社会效益的经济组织。

④旅游吸引物企业。旅游的动机就是期望在外地获得愉悦，因此，旅游吸引物企业经营的对象才最能满足游客的愿望和要求，也是吸引人们到旅游目的地享受的根本原因。旅游吸引物可以划分为许多种类，形成了企业经营的业务内容。

10.2.1.2　旅游企业的属性和发展趋势

旅游服务既有无形性、生产与消费的同步性、不可储存性、异质性等一般服务的属性，又具有季节性、敏感性、易模仿性、经营品牌和形象的重要性、分销渠道的多样性和重要性、相互依赖性等旅游行业特性，因此，就旅游企业来说，它们表现出对国民经济的依赖性和适当超前性、敏感性与波动性、旅游产业客源市场的互补性和关联性、旅游产业的先进技术和基础性的劳务活动并存等行业属性。就旅游企业的发展而言，其特点与趋势主要表现在以下六个方面：①旅游企业集团化势在必行；②旅游产品趋向多样化与个性化；③旅游企业的经营将趋向国际化与全球化；④旅游企业营销将趋向网络化；⑤旅游企业的服务将趋向优质化；⑥旅游企业的可持续化发展。

10.2.2　旅游企业行为分析

企业是一个经济行为主体，旅游企业在追求利润最大化行为时，所考察的资源配置主要是通过市场机制进行的。在市场机制的运行中，旅游企业是一个根据价格信号作出决策的行为主体。作为一个具有复杂内部结构的组织，旅游企业不仅是市场机制配置资源得以实现的一个要素，其本身也是资源配置的一种形式。旅游企业活动的过程就是将各种生产要素的投入转化为产出，以实现利润最大化。

10.2.2.1　旅游企业的选择

（1）旅游生产技术选择

旅游生产就是把投入变成产出的过程，旅游企业在生产经营过程中的某一时期内，总是追求使各种投入量能生产出某产品的最大产量。投入—产出关系反映了从不同投入组合中所能取得的最大产量的表达式，具有一定时间上的技术性质，要求旅游企业必须考虑其技术限制。

旅游企业往往遵循着如下原则进行生产决策：①在单一生产投入要素可变的情况下，边际生产力是递减的规律；②若投入两种可变的要素，在两种要素可以相互替代的情况下，企业会更多使用廉价要素，更少地使用昂贵要素，以使总的生产费用最小；③企业生产规模的扩大一般是遵循着从规模报酬递增，到规模报酬不变，再到规模报酬递减的线路变化的。旅游企业只有处在适度规模时才是最经济的。

（2）旅游企业成本选择

从决策的目标出发旅游企业必须考察成本。所谓旅游企业成本即旅游企业各种生产投入量的价值总和。成本存在着随产出量变化而变动的规律，旅游企业在成本决策时就是要确定在给定产量的情况下的最低成本，或者是既定成本产出最大的产量。

（3）旅游企业利益最大化产量选择

分析了生产和成本以后，接下来旅游企业面临的是生产多少的选择。由于旅游企业的目标是利润，因而企业决策的中心问题就是如何使某一产量的利润最大化。从数学上分析，利润等于总收益与总成本之差。由于总收益是产量和价格的函数，总成本是产值的函数，故利润函数就等于总收入函数减去总成本函数。根据数学最大值计算原理，利润函数的最大值是边际成本等于边际收益时的产量。

10.2.2.2　旅游企业市场行为

旅游市场行为是指旅游企业在市场上为了获得更多的利润和更高的市场占有率所采取的战略性行为的总称（唐留雄，2001）。其描述的是市场内部企业之间的竞争与协作的关系，在不同的市场结构中，企业为获得最大利润所采取的行为或策略是不同的，在所确定的市场结构中研究企业的行为是产业经济学的一个重要的问题。包括价格行为、非价格行为和组织调整行为三类。

（1）旅游企业的价格行为

价格本是市场经济中最为活跃的因素，是最为有效的竞争手段之一，所以价格行为是市场机制的基础，也是最原始的竞争手段。价格行为是以控制和影响价格为直接目的和基本特征的定价行为，包括价格竞争和价格协调等。价格竞争又包括降价竞争和旨在限制新企业进入市场的进入阻止价格，价格协调主要是价格卡特尔和价格共谋。

①价格竞争行为。由于旅游产品具有不可贮存性的特点，各旅游企业势必会为补偿变动成本和部分固定成本而展开低价竞争，排挤竞争对手，陷入恶性竞争的怪圈。如我国旅游业发展过程中伴随着日益严重的价格战争，许多旅行社一度实行零团费，旅游饭店市场降价让利现象更比比皆是，甚至有些企业进行残杀性定价，破坏了旅游市场机制作用的正常发挥，造成旅游资源的巨大浪费。

②价格协调行为。所谓价格协调，就是企业间关于价格调整的协定或共同行为。价格协调有两种形式。第一类是价格卡特尔。分为明确协定卡特尔和秘密协定卡特尔两种形式。建立卡特尔的直接目的通常是提价、不景气时稳定价格、协调降价以获取较高利润和排除竞争对手。第二类是价格共谋（或称为暗中配合）。可分为价格领导制和有意识的平行调整两种形式。前者表现是随着某个企业的价格调整，其他企业也相应调整价格；后者指在平行调整过程中，没有明显的企业追随调价表现，只是一种默契。市场结构决定企业的价格协调行为，产品差别化是直接影响企业间价格协调的主要因素。

（2）旅游市场的非价格行为

企业为获得最高的市场份额和最大利润会采用价格策略，但由于旅游产品自身的特点，企业在产品利用上没有绝对的专有权，这就会导致市场中的"价格失灵"，加上旅游产品的异地消费性和体验性，因此，产品差别化、广告、产品研究开发和创新等策略成为旅游企业更为有效的竞争行为。

①旅游企业的营销行为。旅游产业规模和旅游企业服务接待能力的非均衡增长，加剧了旅游市场的竞争程度，迫使旅游企业实施各种营销战略来争夺客源市场。各旅游企业十分重视以市场调研、投放诱导型广告、建立与客户的长期联系以及老顾客优惠等手段和方式开拓市场，使产品不断丰富，产品品位较高和档次齐全。

根据相关统计资料显示，旅游企业普遍存在着在经营过程中营销手段的单一性，过于依靠广告竞争的效应。表现在某一地区的各家旅行社其行动往往是极其一致的，大家联合起来在相同媒体相同时间打出内容形式都极为类似的广告，这种广告行为使得各家企业的广告效果都很一般，而且也相差无几。不过各地市场已注意到树立市场品牌的重要性，纷纷打出以诚信经营和品牌化竞争的口号。然而由于大多数旅行社对于品牌竞争的认识都不清晰，即使有些旅行社意识到了品牌竞争的重要程度，但是由于自身能力和行业现状所限，也很少真正去规划和实施。很多喊出品牌竞争的旅行社都是把品牌竞争停留在口号上，在真正的实施方面除了一些无关痛痒的小举措之外还是换汤不换药，效果并不明显。而行业内部有实力进行品牌竞争的企业由于其目前在行业中的优势地位又没有进行品牌竞争改革的紧迫感，所以最终导致整个行业中少有企业能真正扛起品牌竞争的大旗。

②旅游企业的创新行为。旅游企业的创新活动主要表现在四个方面。第一是产品创新。旅游市场通过整合各类旅游资源，使都市旅游产品种类日益丰富，产品质量不断提升，初步建立了以都市观光旅游、度假旅游和专项旅游三大类产品为主体的产品体系，规模较大、特征鲜明、具有竞争优势的都市型现代化旅游产业体系，入境旅游、国内旅游、出境旅游三大市场共同发展的市场格局，使旅游业抵御风险和危机的能力得到增强。第二是市场创新。主要表现在海外旅游市场持续扩展的同时不断优化结构。第三是管理创新。人本管理、全面质量管理、标准化管理等先进管理理念已经植入旅游企业，企业组织正积极地由传统的 U 型和 M 型演进为符合知识经济特点的网络组织，极大地密切了与区域内及国内其他地区旅游企业的分工与协作，充分发挥了企业自身的竞争优势，同时，现代管理技术和手段的采用提高了企业的管理效率。第四是技术创新。即利用区域信息、智力等无形资产的优势，广泛运用互联网等现代高科技手段加速区域旅游联合发展。

（3）组织调整行为

组织调整行为是指企业合并、兼并、联合等行为，它是对产业和市场集中度、市场绩效影响颇大的一种市场行为。其中，企业合并是资本集中的一种基本形式，其特点是伴随产权关系的转移而转移；而现代企业集团是除企业合并之外的又一种生产资料集中形式，也是最重要的产业市场行为，直接影响着市场中度。

10.2.3　海洋旅游企业发展战略

（1）旅游企业经营一体化

一体化发展战略是指企业充分利用自己在产品、技术、市场上的优势，根据物资流动的方向，使企业不断地向深度和广度发展的一种战略。企业一体化的经济原因主要有：①利用生产、财务等协同效应提高企业效益；②通过一体化带来的规模经济、范围经济、关联经济效应，降低企业成本，提高竞争能力；③通过一体化提高企业的市场份额，增强企业的垄断力和市场操纵力；④通过一体化实现企业多样化经营，进入新市场、寻求新的利润机会，分散并降低企业经营风险。

按照一体化对企业未来生产经营活动及经济性的影响划分，企业一体化有以下三种形式。第一种为横向一体化。即企业在原有生产经营范围内，通过兼并、联合、投资等方式扩大生产规模。第二种为纵向一体化。指企业同一产品生产链上的扩张，包括后向一体化和前向一体化。后向一体化（backward integration）是对投入供应的扩展，是指获得供货方企业的所有权或加强对它们的控制；前向一体化（forward integration）是对分销业务的扩展，是指获得分销商或零售商的所有权或加强对它们的控制。第三种为混合一体化。是指处于不同产业部门、不同市场且相互之间没有特别的生产技术联系的企业之间的联合。

（2）旅游企业多元化战略

多元化战略又称多样化经营或者多角化经营，是指企业为了获得最大的经济效益和长期稳定经营，开发有发展潜力的产品或者丰富充实产品组合结构，在多个相关或不相关的产业领域同时经营多项不同业务的战略，是企业寻求长远发展而采取的一种成长或扩张行为。主要有以下三种形式。第一种为集中多元化战略。是指增加新的但与原有业务相关的产品与服务，强调企业从内外搜寻、获取稀缺资源以支撑其核心竞争力。集中多元化可以带来战略协同而产生竞争优势。第二种为横向多元化战略。是指向现有用户提供新的与原来业务不相关的产品或业务。第三种为混合式多元化战略，亦称不相关多元化或联合大企业式的多元化战略，是指增加新的与原有业务不相关的产品或服务。

关于多元化经营的一个重要理论是范围经济理论。范围经济性强调企业在一定的投入条件下，增加产品品种或业务种类范围而带来的成本节约。一个企业进行多元化经营、拥有若干个独立产品和市场，当若干个经营项目联合经营比单独经营能获得更大的收益时，该企业就获得了范围经济性。企业追求范围经济性的重要条件是企业所经营的各项事业之间存在某种联结性，而旅游行业的基本特征有利于满足这一基本条件。旅游业是一个关联性较强的行业，与运输业、房地产业以及零售业等都存在着较强的关联性。

旅游业具有固定投资规模较大、回收期长以及经营收入季节性明显的特征，这给旅游业的经营带来了一定的行业风险。为了规避风险，一个有效的策略便是多元化经营，以使当危机来临，企业经营的部分业务受到打击时，另一部分业务则可能盈利，从而减少企业的整体损失。此外，围绕主业所进行的相关多元化还有利于企业在"做大做强"的同时形成范围经济效应和协同效应，提高企业经营绩效。

旅游业在论证开发阶段，需要大量的固定资产投资，而一旦正常运营，其所需要的流动成本则较低，一般情况下还可以带来稳定的现金流。因此，旅游企业进行多元化经营，进入其他产业，有利于缓解其投资回收期较长的困境，尽快地提高企业的经营收益，同时稳定的现金流也为向其他产业的扩张提供了资本，形成有效的内部资本市场，降低企业的资本成本，形成有效的财务协同效应。此外，多样化经营中企业围绕产业链所进行的纵向联合还有利于分散企业特有的行业风险，做大做强企业，形成经营协同效应，提高企业的整体业绩。

（3）旅游企业集团化战略

旅游企业集团化是指单体旅游企业组建旅游集团，进行集团化经营的动态过程。旅游企业集团战略是以旅游企业为主体，通过产权关系和生产经营协作等多种方式，由众多的企事业法人组织共同组成经济联合体的发展战略。旅游企业集团化战略可以开拓客源市场、聚集人才，提高企业管理水平；可以利用规模优势，实施有效的价格策略；旅游企业集团具有较强的融资调控能力，享受国家优惠政策，因此具有较强的竞争力。

（4）旅游企业的国际化战略

旅游企业的国际化战略是指旅游企业在旅游业对外开放和全球化的背景下，在企业投资主体、投资方式、经营模式以及市场份额等方面出现的与国外企业相互融合、交流、渗透的过程和谋划。全球化的发展、市场的对接，直接推动了旅游企业的跨国化经营。国外旅游企业集团很早就实施了全球化战略，开展了跨国化经营；而我国旅游企业在跨国经营方面还相对落后，必须要加快跨国经营的步伐。在跨国经营过程中，利用国际性的生产要素和管理技能带给我国旅游企业最大的变化就是意识和观念的转变，意识和观念先进与否将直接决定我国旅游企业的行为模式，意识和观念的转变将带来旅游企业的变革。国际市场营销观念将取代传统的市场营销观念，旅游企业应以市场为导向，充分了解目标市场的需求特点，认真剖析自身的特长优势，有针对性地开展旅游业务，以确定生存与发展的方向。跨国经营有利于我国旅游企业向外国旅游企业学习，吸取对方的长处，弥补自身的不足之处，培育我国旅游企业自身的核心竞争力，为将来在国际市场上建立起竞争优势打下坚实的基础。在跨国经营中，可以不断学习和借鉴先进经营管理经验，提升经营管理水平。

在有些情况下，不同的国家之间在文化环境、经济环境、政治环境和竞争环境方面存在着巨大的差异，因而在跨国经营中选择多国与全球战略就显得非常有必要。国际市场的多样性越大，需要采用多国家战略的必要性就越大。因为在多国战略下，旅游企业可以采取特定的战略方式来适应每一个东道国的市场环境。一般来说（但不是在所有的情况下），采用多国战略的企业往往会在每一个国家都推行相同的竞争战略（如低成本、差异化等）；多国战略最适应于那些多国竞争占统治地位的行业，而全球战略则最适于全球型的竞争行业。全球战略是指公司在所有的国家之间的竞争策略几乎是一样的。

旅游企业国际化战略可分为"内向型"跨国经营和"外向型"跨国经营两种类型。"内向型"旅游企业跨国经营主要通过有效引进资金、技术、管理经验及高素质人才等途径，扩大旅游企业的规模，降低旅游企业经营的风险，进而提高旅游企业的经营效益。因此，选择有效的"内向型"跨国经营方式将有利于提高我国旅游企业的国际竞争力，并最终走向世界，参与国际市场竞争。"外向型"旅游企业跨国经营就是指我国的旅游企业积极实施"走出去"的经营战略，企业及其资本、服务、技术、人力资源等走向国外乃至全球市场，进行境外直接投资，从事生产或提供服务，以获取经济效益。"外向型"旅游企业跨国经营的形式多样，如境外服务、开发市场、劳务输出等。

研究制定更加积极的政策措施，鼓励我国旅游企业"走出去"，加快旅游企业的国际化进程有着十分重要的意义。我们要进一步扩大对外开放与国际合作，统筹国际国内两个市场，综合利用国际国内两种资源，将"走出去"与"引进来"结合起来，进一步增强我国旅游业在世界旅游经济体系中的竞争力和话语权。

10.3　海洋旅游产业管理

产业是介于宏观与微观分析对象之间的一个"集合"概念，它既不属于微观经济学的研究对象，也不属于宏观经济学的考察内容。微观经济学以经济中个量的行为准则作为考察对象，宏观经济学则以总供给及总需求为考察对象。

产业结构的研究内容主要包括两大部分：一是研究各产业之间在生产规模上的比例关系，所涉及的是量上的结构均衡问题；二是考察各产业之间内在的质的联系，所涉及的是产业结构高度和结构效益问题。与微观经济分析相比，产业结构分析更具集合性和概括性；与宏观经济分析相比，产业结构分析又更具结构性和过程性。我们也可以从以下两个方面来考虑旅游产业结构的优化：一是考察旅游业现有的各个子行业在供给与市场需求之间的拟合程度；二是考察各行业自身发展的现状与后劲，行业的变化与发展是否有利于其自身进一步发展，把能够促进其当前发展，并能创造出未来更广阔的发展空间的内容，作为旅游业优化发展的方向。

10.3.1　旅游产业内涵

产业是指生产性企业、行业、部门的某种集合。旅游业是以旅游者为对象，为其旅游活动创造便利条件并提供其所需要的商品和服务的综合性经济产业。旅游产业涉及许多行业或部门，若把旅游产业的边界定得过窄，则不能完全反映旅游产业结构的现实情况；反之，若把旅游产业的边界定得过宽，把许多关联产业都包括进来，又会使产业结构分析不具操作性。

所谓的旅游业是指直接为旅游者在旅游活动中的食、住、行、游、购、娱等活动提供产品和服务的行业的总称。它包括的行业有：旅游饭店业、旅游交通运输业、旅行社业、游览娱乐业（旅游资源开发经营业）、旅游购品经营业（旅游商业）五大行业。旅游业的经营活动是直接围绕着旅游者的食、住、行、游、购、娱等活动来展开的，它内部的五大行业形成了以旅游者为直接服务对象，以他们的食、住、行、游、购、娱为主要环节的行业群。

旅游产业，即广义的旅游业，它所包括的范围则要比旅游行业广泛得多。广义的旅游产业是指旅游业和为旅游业直接提供物质、文化、信息、人力、智力、管理等服务和支持的行业的总称，它由食、住、行、游、购、娱组成的旅游服务业构成了旅游产业的核心体系，由城建、工业、农业、商贸、文化、科技、环保、教育、通信和信息等相关行业和部门组成了旅游产业的社会支撑体系，由管理、法规、政策、国际合作和环境与资源保护等构成了旅游产业可持续发展的保障体系。

旅游产业所包含的行业涉及第一产业、第二产业和第三产业的众多行业，这些行业主要有：旅游业本身所包括的行业；为旅游业提供物质支撑的属于第一产业的农业、林业、畜牧业和渔业的相关部分；为旅游业提供物质支撑的属于第二产业的轻工业、重工业和建筑业等部门和行业中的相关部分；属于第三产业中的邮电通信业、金融业、保险业、公共服务业、卫生体育业、文化艺术业、教育事业、信息咨询服务业等行业中的相关部分以及国家机关中与旅游相关的部门，如旅游行政管理部门、海关、边检等。

由此得出：旅游产业是由旅游服务业与其直接、间接相关的行业和部门共同构成的综合性产业，即人们经常说的"大产业"，是一个由众多行业链组成的产业群体。从产业供给出发，旅游产业应该是以旅游业生产力六要素的"吃（旅游餐饮业）、住（旅游宾馆业）、行（旅游交通业）、游（旅游景观业）、购（旅游商品业）、娱（旅游娱乐业）"为核心，以旅行社为产业龙头，由一系列行业部门组成的社会、经济、文化、环境的整合产业，是一个开放的复杂系统。

10.3.2 旅游产业结构优化

旅游产业结构（structure of tourism industry）是指旅游产业各部门、各地区以及各种经济成分和经济活动各环节的构成及其相互比例关系。分析旅游产业的产业结构，在于保证旅游产业的总体发展规模和速度与国民经济发展的要求相适应、相协调，从而有利于旅游产业的快速发展。

10.3.2.1 旅游产业结构概念

产业结构指全社会各个产业之间的关系，也指某个产业内部各行业之间的关系。旅游产业结构则指旅游产业各部门、各地区以及各种经济活动的各环节的构成及其相互比例关系，它是旅游经济的构成要素在社会供求关系及旅游经济运行中形成的相互联系。

旅游产业的多层次性和多样性使得旅游产业结构呈现多样化的特点。旅游产业结构主要有旅游产业部门（行业）结构、地区结构、组织结构、产品结构、所有制结构等（图 10 - 1）。各种旅游产业结构纵横交错和前后延伸构成了旅游产业结构网络体系。旅游产业结构是一个动态的概念，旅游产业的不断发展使得旅游产业结构不断变化，旅游产业结构的不断合理化、高级化又会推动旅游产业的进一步发展。

（1）旅游产业的部门结构

指在旅游产业经济运行中所形成的各个行业、部门之间的比例关系及其相互作用关系。它是旅游产业结构中最基本的结构，包括旅游交通，旅游游览、旅游住宿、旅游餐饮、旅游购物、旅行社、娱乐等部门，这些部门按递进关系横向构造旅游产品形成旅游产业链、满足旅游者在旅游活动中的行、游、食、住、购、娱等各种基本旅游需求。

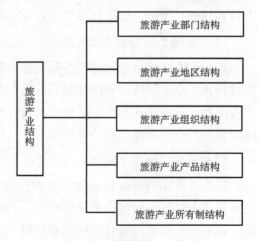

图 10 - 1 旅游产业结构分类

（2）旅游产业的地域结构

指各地区的旅游产业在当地经济和全国旅游产业中的

地位，它们之间的相互关系以及相应的资源配置。合理的地域结构是科学的旅游产业结构体系的重要内容，它显示在旅游规划区内旅游资源的合理配置与协调。我国地大物博，各个地区具有自然、社会、经济、历史、政治、文化等多方面的差异，特别是旅游资源条件和经济发展水平的不平衡，导致旅游产业发展水平存在较大的差异，旅游资源条件与旅游产业发展水平并不一致。

（3）旅游产业的组织结构

指构成旅游产业结构的各行业、部门机构和旅游企业机构的设置以及旅游企业的规模等。它一般包括旅游行业组织机构、旅游企业规模结构以及旅游企业内部的组织结构等。我国旅游产业发展起步晚，旅游企业规模偏小，旅游企业现代企业制度建设滞后等旅游产业结构方面存在的问题比较多，影响了旅游产业经济效益的提高和旅游企业市场竞争力的提升。要加快旅游企业现代企业制度建设的进程，理顺产权关系，明确责权利；旅游产业经营上实现大型旅游企业集团化、中型旅游企业专业化、小型旅游企业网络化的经营战略，走规模化经营、质量型经营、效益型经营的发展道路。

（4）旅游产业内部的产品结构

指旅游产业经济运行过程中，满足旅游者的各种旅游产品的构成及各种旅游产品之间的相互关系。随着旅游产业进一步发展，旅游市场需求的不断变化，旅游者对旅游产品的需求呈现出多样化和个性化趋势。

（5）旅游产业结构中的所有制结构

指旅游产业经济运行过程中的各种所有制成分在旅游产业经济中的地位、作用及相互关系。

旅游产业结构是动态变化着的，旅游产业的不断发展也导致旅游产业结构的不断变化；不同类型的旅游产业对应着不同类型的旅游产业结构。按照旅游产业的发展阶段可以将旅游产业结构划分为起步型、成长型、成熟型和衰退型旅游产业结构；按照旅游产业的区位特征可以将旅游产业结构分为景区型和都市型；鉴于旅游需求对旅游产业结构存在的最直接最根本的影响，根据旅游客源市场的特征将旅游产业结构划分为国内和国际两种。

10.3.2.2　旅游产业结构优化内涵

旅游产业结构的优化，就是从旅游经济综合性角度研究旅游产业结构的合理化和高度化，保证旅游产业的发展速度和规模既符合客观经济规律要求，又与国民经济发展的要求相适应并协调发展，实现旅游业持续快速地发展。旅游产业结构的合理化和高度化，是旅游产业结构优化的两个相辅相成的内容和目标。所以，要研究旅游产业结构的优化必须从旅游产业结构的合理化和高度化入手。

（1）旅游产业结构合理化分析

旅游产业结构合理化是指在现有技术基础上，旅游产业与其他产业之间、旅游产业内各行业之间保持符合产业发展规律和内在联系的比例关系，即旅游产业各行业之间有较强的协调性、互补性及和谐的配合，从而实现整个旅游产业的持续稳定协调发展，促进旅游产业在国民经济中的比重不断加大，保证旅游产业与其他产业协调发展。

（2）旅游产业结构高度化分析

旅游产业结构高度化是指在旅游产业结构合理化基础上，充分利用科技进步和社会分工的优势，使旅游产业结构不断向资源深度开发、产出高附加值化的方向发展，从而不断提高旅游产业的技术构成、旅游生产要素的综合利用率和旅游产业的经济效益。旅游产业结构高度化以技术进步为标志，是一个不断创新发展的动态过程。

（3）旅游产业结构类型的优化

旅游产业结构优化的内容和目标就是旅游产业结构的合理化和高度化，所以，旅游产业结构要达到优化，只有通过调整产业结构，使其能够合理化，进而上升到高度化。产业结构的调整需要分析目前旅游产业结构的现状，通过对现状的分析，找出旅游产业结构的缺陷，才能对产业结构进行调整。

①旅游产业的部门（行业）结构优化。旅游产业是综合性的经济产业，它主要包括旅游交通、旅游游览、旅游住宿、旅游餐饮、旅游购物、旅行社、娱乐等部门与行业。这些部门与行业之间彼此相互关联、相互作用，形成一个大的产业系统。旅游产业的部门结构优化就是要实现旅游产业与其相关产业协调发展、实现旅游产业内部各要素的合理配置与协调发展。

②旅游产品结构的优化。经过近 20 年来的发展，我国的旅游产品结构已形成了一定体系。观光旅游、度假旅游、探亲访友旅游等一大批传统旅游项目已发展成熟，具备一定生产规模，销售稳定，并满足不同的旅游者的需求。随着旅游市场的不断发展，现代重复旅游者和散客旅游比重的不断增长，表明人们已满足大众化、传统性旅游产品的消费，针对旅游市场需求的这种变化，旅游企业要不断调整产品结构，开发生态旅游、探险旅游、体育健身旅游、农业旅游等新兴的旅游产品，满足不同年龄、收入、文化结构的旅游者的多样化的需求。

③旅游产业区域结构的优化。我国地域辽阔，不同地区的旅游资源具有各自不同的优势与特点，但各区域间的各种旅游资源又不是孤立存在的，科学地分析旅游产业地域结构要求，将旅游资源存量、新开发旅游项目置于整个区域乃至整个国家旅游产业结构体系中进行合理配置，能够增加其整体功能。随着我国旅游市场结构的变化和交通运输的发展，我国旅游产业的区域结构正在发生深刻的变化。在旅游产业结构调整与优化过程中，要特别重视西部地区旅游资源的开发，以促进我国旅游产业的均衡发展，推动旅游产业发展的整体水平。

④旅游产业组织结构的优化。旅游产业组织结构的优化是一个动态过程，是旅游产业组织结构不断调整和合理化的过程，尽管在不同发展阶段和不同条件下，旅游产业组织结构优化的内涵各不相同，但一般而言，它都要求旅游产业组织结构国际化、集团化、网络化和企业内部组织结构的现代化。

10.3.2.3　旅游产业结构的调控思路和方向

旅游产业结构的宏观调控应当从旅游产业结构变动规律的要求出发，遵循科学的调控基本原则，使旅游产业结构推进速度同旅游业发展水平相适应，以需求为导向，同世界旅游业发展态势相适应，充分发挥具有优势的产业部门，形成地方特色。根据我国旅游产业发展状况，着重从以下八个方面进行调控。

①实现旅游科学管理，促使旅游产业结构的调整由数量发展型模式向数量、质量、效益结合型发展模式方向转变。

②树立新的旅游产业发展观，在旅游产业结构的调整中求速度、求效益。

③产业存量结构的调整。首先解决结构不合理，使其均衡发展，然后再逐步推进旅游产业结构的高度化。

④旅游产业内部各要素纵向上要升级换代，协调旅游产业与其他行业的关系，调整旅游产业结构。

⑤做好旅游区开发与规划，实现旅游产业地域结构优化，进行目的地产业化调整：强化旅游目的地整合理念，向区域优化、特色化、城镇旅游化方向引导，形成产业目的地化及目的地产业化的双向趋势。

⑥加强市场研究，增强旅游产业产品结构的经济效益，进行产品深度化与多元化结构调整：加速开发交叉产品、边沿化产品、深度化产品，满足多元需求的产品要求。

⑦优化产业结构环境支持，包括制度支持、发展政策支持、技术支持。

⑧探索体验与生活方式新理念：遵循人本主义方法，推进生活方式变迁。

10.4 海洋旅游行业管理

旅游行业管理是随着市场经济的发展而发展的。旅游行业管理的最终目标是努力形成一个涉及旅游运行全过程的动态管理体系，为旅游者创造一个良好的旅游环境，为旅游企业创造一个良好的经营环境。旅游行业管理的出发点、管理政策的制定以及管理手段的推行，都应努力符合市场经济的内在规律，符合企业的长远发展，符合国际惯例。在旅游行业管理的工作把握上，依靠旅游组织的职能和作用，协调各方利益，开展全方位的合作；依靠旅游标准化工作来开拓旅游行业管理的范围；依靠信息化手段和服务质量的提升促进旅游企业的进步；依靠旅游法律、法规建设和执法力度规范市场秩序。

旅游行业管理应着力于两个方面，一是发挥政府在管理旅游业中的职能；二是发挥行业协会的作用。旅游业涉及的方面极其广泛，这就需要对全行业加强管理，进行深入的研究，以形成大旅游、大市场的格局。

10.4.1 旅游行业管理

10.4.1.1 旅游行业管理概念

旅游行业管理简单地说就是管理旅游市场、培育旅游市场机制、建立旅游市场规则并维护旅游市场秩序。具体而言，也即运用规划、法律、政策手段，引导市场趋势，建立市场规则，进而协调、监督、维护市场秩序，规范企业行为，维护旅游者利益，为旅游经济快速、健康、持续发展树立良好形象，创造良好的经营环境。

10.4.1.2 旅游行业管理主体

旅游行业管理的主体即管理者，世界上不同的国家均根据本国国民经济发展特点和旅游业在政治、经济中的地位，设置了符合本国国情的不同层次的旅游管理机构。

（1）国家旅游管理机构

在发展旅游业的历程中，几乎所有国家都成立了专门机构，负责执行政府主体在本国旅游经济活动中的职能，而最为常见的专门机构是国家旅游管理机构。

（2）国家旅游管理机构的类型

国家旅游管理机构的设置与该国的政治体制，经济体制，旅游产业发展规模、阶段及其在国民经济中的地位与作用密切相关。通常有三种类型：①最高级的全国旅游决策与协调机构；②部（局）级旅游行政管理机构；③旅游与其他部门合成一个综合性部门。

（3）旅游行业管理的理想主体

旅游行业管理的理想主体是政府旅游行业管理机关，包括国家层面的管理机构以及各级地方政府旅游行政管理机关，它们实行法规和政策为主的调控和干预性管理；行业管理组织是自主协调的行业管理，有半官方（推动性管理）和纯民间（自律性管理）两种形式，它的职能是以协调服务为主。

世界旅游组织（WTO）对政府旅游行业管理机构下了这样的定义：国家旅游行政管理机构（national tourism administration，简称 NTA）是指在最高层次上承担旅游业行政管理职能的中央政府机构，或有权直接干预旅游部门的中央政府机构，也可以是国家政府所有权干预旅游部门的管理机构。而其他一些地位相对较低的政府组织或正式机构（包括法律上或经济上与 NTA 有某种联系的中央级组织机构）则通过与更高机构合作或完全自治，成为 NTA 的执行机构。

国家旅游组织（national tourism organization，简称 NTO）是政府旅游行业管理机构的最主要形式，它是国家建立或承认的，在国家层面上负责入境国际旅游促销（在某些情况下，也负责推广）的公共、准公共或私营性质的自治机构。NTA 与 NTO 的根本区别在于，前者代表中央政府对旅游业进行全面管理，如政策、法规、规划、教育，有时甚至包括促销，是一级政府部门；后者代表政府及旅游业利益，主要从事国家旅游形象宣传与促销，是一个较为纯粹的促销组织，性质则以公私合营最为常见。

（4）我国旅游行政管理体制

我国旅游行政管理体制分为三个层次：国家旅游局是我国旅游行政管理机构，负责统一管理我国的国际和国内的旅游工作；各省（自治区、直辖市）均成立旅游局，负责统一管理本地区的旅游工作；省级以下的地方旅游管理部门，主要负责其行政区域内的旅游业管理工作。我国旅游行业协会具有浓厚的"行政""官办"色彩，其实是一种政府管理的延伸，各协会都以服务政府为自己的宗旨之一。政府以行政手段为主，行业组织以服务为主实施管理。

10.4.1.3　旅游行业管理主要工作内容

旅游行业管理主要工作内容是引导市场和维持市场秩序（基础性、主体性的），通过产业政策和可能的经济杠杆调节市场供求，运用国家法规和行业性法规建立市场规则。行业服务（外延性的）组织通过行业性的市场促销，提高旅游业的竞争能力。随着旅游发展的不断深入，旅游行业管理中心职能也发生了阶段性转变：从建设发展、规范管理到宣传促销、增设海外办事处和举办地方的促销会、说明会，从行业协调（发展性的）到加强行业的国际关系、建立国际合作体系，从企业与企业间、国家与国家间的竞争到经济一体化和区域化下的旅游区域联合。

10.4.2　旅游业发展中的政府干预

旅游业具有综合性和相关性强的特点，是跨经济和非经济领域的经济产业，发展旅游业是环境保护和可持续发展的需要。旅游业在国民经济中占有非常重要的地位，起到非常重要的作用。政府干预旅游业发展的理论依据是旅游市场信息不对称、公共产品生产原理和外部不经济性理论。政府是旅游业发展的利益主体之一——这是政府干预的内在驱动力，政府通过旅游业的发展获得经济效益、社会效益和生态效益。

10.4.2.1　政府干预旅游经济的必要性

（1）政府协调是旅游业发展的前提

旅游业的发展以一定的基础设施建设、交通设施、餐馆住宿设施等的提供为基础，涉及许多与旅游活动相关的其他行业，政府可以依靠其行政优势协调各主体之间的关系，这是旅游业发展的前提条件。

（2）政府宏观管理是旅游业健康、持续发展的保证

由于有些从事旅游经营活动的主体视野较短，一味追求自身利益而不顾及旅游业的整体发展，这就需要政府作为旅游业发展的宏观管理者和指导者，以保证旅游业与社会、经济、环境等的协调、持续和健康发展。

（3）政府是旅游公共设施的主要提供者

旅游基础设施可由私人和政府来提供，但大多数基础设施都需要大投入，却回报周期长、收益不明显，私人对这类投资兴趣不大。政府提供旅游基础设施既方便了旅游活动的开展，又改善了当地居民的生活条件，改善了当地的投资环境，可谓是一举多得。

（4）政府干预有利于旅游国际形象的建立

随着国际旅游业的不断发展，旅游业在国民经济中的作用已十分显著，良好的国际形象有助于旅游业的跨国发展，而政府干预可以形成旅游业发展的良好导向，有利于突出本国旅游业的优势，增加本国旅游业的吸引力，树立良好的国际形象。

（5）政府干预保证了社会安定

旅游业的发展并生着许多社会问题，出现了许多违法和不当的行为，为了社会的安定，政府有必要采取严厉的措施来规范这些行为。

（6）政府干预是环境保护和旅游可持续发展的保障

旅游与环境密切相关，没有吸引人的优美环境，旅游活动无法开展，环境的破坏会直接影响旅游。人们已经认识到旅游对环境的许多影响，如垃圾、生物多样性受到破坏，自然生态环境的污染。政府通过制订规划来减小这些影响，在确保旅游业生存发展的前提下，协调生态环境与旅游资源，使旅游者和旅游目的地地区都能够最大限度地获益。

10.4.2.2　政府干预旅游业发展的手段

政府干预旅游业的方式有很多种，诸如通过政府行政管理机制对旅游业的发展进行直接干预，也可以通过制定规章制度、法律法规和规划等进行间接干预。从市场角度来看，政府的干预手段可以分为需求管理手段和供给管理手段两种。

（1）需求管理手段

在影响和控制需求方面，政府通常采用的手段主要涉及以下四个方面。

①目的地宣传与促销。政府通过推广和控制对旅游目的地的宣传来调节旅游流的规模，还可以通过调整政府促销手段来刺激和限制旅游需求。

②为来访游客提供信息服务。政府通过搭建旅游信息平台为游客提供各旅游景区的相关信息，帮助游客作出理性的选择，还可以通过对信息的加工处理来调节部分著名旅游景区的旅游流，来减轻其负担，以利于旅游资源和地方文化的保护和重塑。

③通过控制价格来影响需求。政府对旅游业价格的影响可以通过直接规定旅游景区的收费标准和旅游商品的价格水平等来实现，通过控制国有旅游企业的相关产品的价格来影响整个市场需求；还可以通过调整汇率、税率等方式来间接地影响旅游需求。

④控制游客进入量。政府可以通过控制游客的进入量来控制旅游需求。一方面，对未进入的游客采取控制签证数量或其他准入资格的方式来限制其数量；另一方面，对已进入的游客，通过控制措施来分散旅游景区的压力，避免因游客数量过多而造成交通拥挤、资源超载等现象，减小资源破坏的可能。

（2）供给管理手段

在控制和影响旅游供给方面，旅游目的地政府通常采用的手段主要包括以下五个方面。

①控制土地。土地是旅游产品供给的基础，政府通过控制土地的使用量和用途来控制旅游供给。通过立法，规定旅游用地的规模，对土地用途进行严格的审批，对用地企业进行资格限制等措施来控制土地的使用，使之与经济总体规划相符合。

②对建筑物的管制。政府出于对目的地环境卫生、文化传播、居民便利等角度的考虑，对建筑物的规模、高度、颜色、形状及相关配套设施进行管制。使建筑物既能体现当地的文化底蕴，又能起到益于旅游活动实施和利于当地居民生活的作用。

③市场管制。市场管制主要是对旅游企业市场行为的管理和规范。通过立法来规定市场准入标准、

维持公平公正的竞争环境、保护消费者的权益。

④实行特别征税。特别征税是对旅游者征收的一种作为其使用当地公共设施或其他基础设施的补偿税。其具体形式可能多样，一般都通过间接渠道来实现。

⑤投资鼓励政策。为了鼓励旅游业的发展，以发挥其对经济增长的拉动作用，许多国家都采取措施支持旅游业，消除旅游业发展的障碍。这些措施包括资金来源方面的支持，如优惠贷款、投资补贴、延长还贷期限等；经营成本方面的支持，如减税减负、提供员工培训和补贴等；投资安全方面的支持，如保证企业对所投资项目的所有权，提供货款担保和咨询服务等。

总的来说，政府对旅游业的干预，克服了旅游业盲目发展的弊端，有效地约束了旅游企业因竞争生存而无限制开发旅游资源从而造成资源破坏的行为，形成了合理的、与总体经济发展相适应的旅游发展规划。同时，政府干预也是环境保护和旅游可持续发展的基础。

10.4.3　旅游的政府规制

政府规制是政府或社会为实现某些社会经济目标而对市场经济中的经济主体作出的各种直接和间接的具有法律或准法律约束力的限制、约束、规范，以及由此引发的政府或社会为督促产业经济主体获得符合这些限制、约束和规范而采取的行动和措施。政府规制主要分为法律规制和行政规制两类。

10.4.3.1　法律规范

（1）旅游法概念

20世纪五六十年代，由于旅游业的发展，一些国家逐渐认识到旅游立法的必要性和重要性，相继颁布了一些旅游法律、法规，从而产生了一个新的法律——旅游法。旅游法是调整旅游活动领域中各种社会关系的法律规范的总称。狭义的旅游法是指旅游基本法，即规定一个国家发展旅游事业的根本宗旨、根本原则和旅游活动各主体根本权利义务关系的法律。广义的旅游法是一个法律规范体系。主要包括以下几个方面：全国人民代表大会制定的旅游法律；国务院制定的旅游行政法规；国家旅游行政主管部门制定的部门规章；地方旅游法规；我国政府缔结、承认的国际旅游公约和规章等。

（2）旅游立法的作用

旅游业的出现是市场经济发展的产物，而市场经济又是一种法治经济。旅游法制的建设在各国旅游业的发展环境构建中发挥着越来越大的作用。为保护环境和当地居民的利益，为避免盲目开发从而导致不良后果和消极影响，政府部门应该有选择有控制地开展发展旅游相关设施、旅游项目以及旅游潜力的挖掘等工作。在旅游规划和区域规划方面，政府应保证经济发展与生态环境的平衡。

（3）我国旅游立法的概况

我国的旅游立法是在旅游业不断发展及国家政府逐渐重视的社会大环境下开始的。改革为适应旅游业发展的需要，我国先后颁布了三部具有历史意义的法律。其中就旅行社管理方面，国务院于1985年5月11日颁布了《旅行社管理暂行条例》，这是我国第一个关于旅游业管理的行政法规，它标志着我国旅游立法开始进入建设性发展阶段。就旅游从业人员管理方面，1999年5月14日，国务院出台了《导游人员管理条例》，它被视为旅游行业的第二部行政法规，明确了导游资格考试制度、导游证制度、导游分等定级、导游工作职责与处罚等内容。就旅游者管理方面，基于对不同旅游主体的规范要求，适应中国公民日益增强的出境游的需求，国务院确定自2002年7月1日开始实施《中国公民出国旅游管理办法》，这部法律被视为旅游行业的第三部行政法规，它明确对旅游者的管理方式提出法治化要求。

就旅游资源方面，国家及地方也对其提出了法制要求，具体法律法规包括：国务院发布的《风景名胜区管理暂行条例》、《中华人民共和国自然保护区条例》、《野生动物保护条例》、《野生植物保护条例》；国务院办公厅发布的《关于加强风景名胜区保护管理工作的通知》；国务院批转国家建委等部门

《关于保护我国历史文化名城的请示的通知》；国家旅游局携手国家环境保护局、建设部、林业部及国家文物局联合发布的《关于加强历史文化名城规划工作的几点意见》等。

由于旅游业涉及的政府部门相当多，利益主体特别复杂，所以许多相关部门，如公安部、交通部、财政部、质量监督局等也就旅游相关方面，如旅游饭店管理、旅游交通安全管理、旅游价格管理、旅游财税管理、旅游纠纷管理等方面进行了立法活动，颁布了相关的部门规章、国家标准和规范性文件，大大扩展了旅游法治建设的覆盖领域，旅游行业管理也在法律推进的过程中实现了从行政化向法治化的巨大转变。

10.4.3.2 行政规制

旅游规制就是政府利用行政性资源和行政手段，从维护旅游者的公共利益和国家的整体利益出发，纠正或缓解市场失灵与市场缺陷带来的不经济和不公正，从而维护旅游经济和旅游市场秩序的稳定、增进所有旅游者的福利水平的规范和制度。旅游行政规制是建立市场规则和维持市场秩序所必需的；当前我国行政规制的关键是改变行政资源的运用方式。

旅游规制具有强制性、相对稳定性、综合性特点，主要表现在经济性和非经济性两个方面。我国传统的旅游行政管理模式主要是对旅游行业，尤其是旅行社、星级饭店、A级景区等核心旅游行业的管理；我国现行的旅游管理模式是从传统的计划经济体制下转型发展而来的。随着市场化进程的加快和政府"流程再造"等改革措施的深入，尤其是《行政许可法》的颁布实施，我国的旅游管理主体正在由当初的政府旅游行政管理部门"单挑"，向以政府行政部门为主、非政府旅游组织参与的多边模式过渡，大量的旅游管理工作逐渐由旅游行政管理部门向旅游协会、旅游自律组织等非政府组织转移。

旅游理论与实践的发展，也使人们深刻认识到，只有对旅游现象进行全方位的综合管理，才能保证旅游活动的顺利开展和旅游功能的全面发挥，才能预防旅游活动负影响的形成和扩散。这就使得旅游管理的客体被不断拓展，不仅包括了传统的行业管理，而且还包括了旅游资源管理、旅游环境管理、旅游影响管理、旅游公共物品与服务的提供等许多方面，出现了从事务管理向现象管理、从经济管理向社会管理转化的趋势。

10.5 海洋旅游管理现代化

旅游业是一个以人的流动为基础、以人的服务为主要内容的产业。体验是旅游业的特性，要丰富游客体验，提高旅游服务效率，必须依靠现代技术特别是现代信息技术，来推动和提升旅游业的现代化水平。作为现代科技应用的重要领域，无论是满足新的消费需求，还是对自身业态的改造，旅游业都需要不断提高科学技术含量，提高运用现代科技成果的能力。

社会进步、科技发展和经济腾飞，使人类正走进以信息技术为核心的信息时代，旅游业的发展已经显示了信息化和全球化特征，而这种特征无不与信息技术和互联网的发展密切相关。作为旅游体系的各个组成部分，在信息化和全球化的背景下，已不再仅仅是旅游景区、旅游交通、旅游酒店等简单空间个体的组合，而将是一个由计算机技术、网络技术、电子智能技术集成的超时空信息系统。可以说，信息是旅游业发展的核心，旅游信息化是旅游业可持续发展的必由之路。

10.5.1 旅游业管理现代化内涵

旅游业的蓬勃发展，离不开旅游的现代化管理。今天，高新技术已被西方发达国家广泛应用在旅游开发、旅游管理、旅游营销、旅游交通、旅游服务及教育培训等方面，这极大地提高了旅游业的经济效益、工作效率、服务质量和旅游者的旅游体验。Internet网、www网、网际销售、网络预定、多媒体、无票旅游、虚拟旅行、电子地图、卫星导游、旅游信息系统、高科技主题公园等概念也被旅游业界普遍采纳，可以这样说，旅游业发达国家具有轰动效益的旅游产品都有高新技术的投入，高新技术已成为关系到旅游产业优胜劣汰的关键，成为强化国际旅游市场竞争的重要手段。

旅游活动是集食、住、行、购、娱、游等诸多方面为一体的综合性活动，其开展要借助于相关行业与部门的协作才能共同完成。一般认为，一次旅游活动涉及众多的旅游资源、旅游设施、旅游服务部门。从活动的实现方式来看，旅游市场流通领域活动的不是商品，而是有关旅游产品的信息传递引起的旅游者流动；旅游信息传递和流通成为沟通旅游者、旅游资源供给者和旅游代理商的重要方式，在这里，信息传输在旅游三要素的动态交流中起着桥梁作用。

从全球旅游经济发展态势看，世界经济的一体化带来了旅游活动的国际化，使不同的国家、地区旅游业联系得更加紧密，呈现出一体化无域界的旅游状态。但这种无域界旅游的实现则需要基于旅游的信息化，具体体现在将计算机技术、信息技术、网络技术、通信技术运用到旅游业的各个环节，如旅游宣传、旅游营销、旅游规划、旅游开发、旅游管理等，并导致了网络旅游、虚拟现实旅游、网络营销、旅游电子商务等新的旅游模式的产生。可以认为，目前的任何国家和地区，如果游离于旅游信息化之外，其旅游业都将得不到顺利的发展。

世界上很多国家已经建立了基于不同信息技术、面向不同层次用户的旅游信息系统，并且，不同的信息系统之间已经联网，实现了旅游资源信息的共享。世界旅游组织（World Tourism Organization）建立的世界旅游数据网络，已有近 200 多个国家的旅游数据库与之实现了连接；其数据库信息包括旅游景区出入境人数、旅游消费额、运输工具种类、旅客流向和饭店服务设施等等。旅游目的地信息系统也正得到迅猛发展，新系统能提供食、住、行、游、购、娱六要素的综合信息，其功能也逐渐集查询、检索、预订于一身。

10.5.2　旅游信息化管理

旅游信息化管理是利用电子技术、信息技术、数据库技术和网络技术手段，充分发挥各类旅游信息资源的效用，使之成为旅游业发展的生产力，成为推动旅游业发展和管理水平的重要手段。具体说，旅游信息化就是把景点、景区、酒店、旅行社、交通等与地理位置和空间分布有关的旅游信息，通过技术手段采集、编辑、处理转换成用文字、数字、图形、图像、声音和动画等来表示它们的内容或特征的过程。

10.5.2.1　3S 技术在旅游管理中的应用

3S 技术是遥感技术（remote sensin，RS）、地理信息系统（geography information systems，GIS）和全球定位系统（global positioning systems，GPS）的统称，是空间技术、传感器技术、卫星定位与导航技术和计算机技术、通信技术相结合，多学科高度集成的对空间信息进行采集、处理、管理、分析、表达、传播和应用的现代信息技术。

（1）遥感（RS）及其在旅游资源环境中的应用

RS 是指从高空或外层空间接收来自地球表层各类地物的电磁波信息，并通过对这些信息进行扫描、摄影、传输和处理，从而对地表各类地物和现象进行远距离探测和识别的现代综合技术。利用遥感技术可对旅游资源及其环境进行动态监测，制作出旅游遥感地图。旅游资源的遥感调查可以了解旅游资源的数量和分布，可以进行旅游考古调查、旅游地质灾害调查，可以测定旅游区的相对地理位置。

（2）地理信息系统 GIS

GIS 是一个对空间数据进行组织、管理、分析与显示的系统。以软件技术和空间信息处理为核心的地理信息系统（GIS）技术，具有强大的空间信息管理与分析、属性数据查询等功能，同时具有图文并茂、形象直观的特点，为旅游信息系统开发提供了理想的平台。GIS 技术可用在旅游景观生态资源监测和旅游资源调查中。

（3）全球定位系统 GPS

GPS 的全称是 Navigation Satellite Timing And Ranging Global Position System，简称 GPS，其意为"导航星测时与测距全球定位系统"，简称全球定位系统。GPS 是以卫星为基础的无线电导航定位系统，具有全能性（陆地、海洋、航空和航天）、全球性、全天候、连续性、高精度和实时性的导航、定位和定时的功能。旅游车船 GPS 调度系统是集全球卫星定位系统（GPS）、地理信息系统（GIS）以及无线通信技术于一体的软、硬件综合系统。其主要由三部分组成：车载终端、无线数据链路和监控中心系统。GPS 卫星定位系统可对车辆、游船、游艇、邮轮的行驶速度、司机驾驶时间、车船行驶里程等数据进行实时监控，同时还具备通信、定位、调度、管理、报警等功能，可有效防止超速超载、疲劳驾驶等违规经营等行为，对车船进行统一集中管理和实时监控调度。车船 GPS 定位系统无疑是旅游车辆、游船、游艇必备的安全装备。

10.5.2.2　旅游信息系统

旅游信息系统（tourism information system，TIS）是一种决策支持系统，它具有信息系统的各种特点。在旅游信息系统中，其存储和处理的信息主要表现为描述旅游资源相关的空间数据与旅游业相关的大量属性数据及多媒体数据。旅游信息系统的出现，正是将旅游业与信息技术相结合的一种体现。它将能够极大地提高旅游业的服务水平、经营水平和管理水平，从而加快旅游业发展的步伐。

（1）建立旅游信息系统的必要性

①宣传旅游目的地优秀旅游资源的需要。建立旅游信息系统，利用地理信息系统强大的查询功能及空间分析功能，图文并茂地为用户提供旅游相关信息的查询；便于潜在游客在较短的时间内对旅游目的地有一个直观的了解，有利于提高它的整体形象和知名度。

②加强现代化管理水平的需要。旅游信息系统不仅为用户提供查询、检索功能，同时提供强大的空间分析功能，以此对旅游资源信息进行统计分析。分析结果以图、表等多种方式表现出来，提高决策的直观性、准确性。此外，旅游资源信息是一个动态信息，即具有一定的时效性。现有的旅游资源管理方式往往没有反映它的时效性，造成旅游信息滞后影响其利用价值。

③满足游客个性化的需要。随着散客的增加和旅游需求向多元化发展，游客对信息提出了更高的要求。传统的旅行社组团旅游方式旅行线路相对单一、千篇一律，游客不再满足于标准化、程序化、规范化的服务，而转向个性化和灵活性的旅游服务。因此，越来越多的游客开始选择自助旅游，他们希望获得旅游目的地更多内容、更加广泛的信息，以便增加自主选择的机会。借助旅游信息系统可以使旅游服务信息交互地展示给游客，满足游客个性化旅行的需求。

（2）旅游信息化的研究内容

旅游信息化所涉及的内容十分广泛，信息作为旅游业发展的核心，在旅游活动中无处不在，就其研究内容而言，主要体现在以下八个方面：①新的分析技术及信息通信技术应用于旅游管理方面；②新开发的信息通信技术在旅游行业的应用；③电子旅游研究；④信息技术应用于个人旅游计划的制订、自动生成和优化；⑤客户问题与消费者市场营销；⑥旅游电子商务（旅游网站）；⑦旅游目的地系统；⑧旅游信息的研究，包括信息供应、信息集成、信息搜寻、信息搜寻体验、旅游信息恢复、旅游信息技术集成、旅游信息系统和旅游信息中心等。

（3）旅游管理信息系统的应用

从目前国际上旅游业中新信息通信技术应用来看，旅游信息技术分为两类：一类为需求导向型；

另一类为技术导向型。前者重点应用在目的地管理、旅游者计划安排、中小旅游企业、导游技术、旅游需求、酒店管理及旅游营销等方面；后者则重点应用在移动技术、旅游网站及其评价以及虚拟技术等方面。

　　管理信息系统主要应用于旅游行政管理、旅游饭店和旅行社管理、旅游地管理几个方面，我国旅游行业要主动把握信息技术革命带来的重大机遇，大力推动旅游业的信息化，实现数字旅游、智能旅游，努力把旅游业培育成为人民群众更加满意的现代服务业。

　　①旅游行政管理信息系统。

　　内部办公：办公自动化、档案管理、人事管理、财务管理。

　　管理业务：旅游统计、导游管理、旅游饭店管理、旅行社管理、旅游区管理、旅游车船管理、旅游促销信息、旅游规划信息。

　　②旅游饭店管理信息系统。

　　前台信息管理：预订处理、入住接待、离店结账、客户管理、收银管理、电话机费、夜间稽查、公关销售。

　　后台信息管理：财务管理、库存采购、人力资源管理、固定资产管理、工程设备管理；总经理查询与辅助决策。

　　③旅行社管理信息系统。

　　内部管理事务：档案资料管理、人力资源管理、财务管理。

　　旅游接待服务：旅游产品销售、旅游服务采购、旅游接待调度。

　　旅游接待服务：外联报价、接团管理、散客管理、组团出游、接待核算、票务管理、接待管理。

　　④旅游地管理信息系统。

　　旅游地管理信息系统包括经营管理子系统、信息服务子系统、设施管理子系统和内务管理子系统。其应用范围为：辅助管理决策、旅游信息中心——信息和预订、数据库营销、多媒体信息、提供数据给第三方（如媒体）、设施与设备管理、内务管理、会议营销、工程/事件管理、为旅游者提供景点解说词、联络旅游供给者、研究设计、财务管理职能、操作管理与评估。

　　（4）旅游信息化的发展

　　信息技术革命形成的重大机遇将推动旅游信息化、数字旅游、智能旅游，直至改变我国旅游业的产业形态。要丰富游客体验，提高旅游服务效率，必须依靠现代技术特别是现代信息技术来推动和提升旅游业的现代化水平。

　　首先，要在旅游消费的全过程推广使用信息技术。充分利用电子信息、电子金融、电子签证和电子票务等服务，为旅游消费提供便利。其次，要在旅游生产经营过程中鼓励运用信息技术。鼓励旅行社、旅游饭店、旅游景区等旅游企业应用计算机技术和通信技术推动业务流程再造，实现数字化管理和数字化经营，全面提高服务效率和管理水平。再次，鼓励专业在线旅游企业进入传统旅行社业务，同时也支持传统旅行社，特别是中小旅行社发展在线服务，以此促进旅行社业新的产业分工体系形成。第四，要在旅游服务管理过程中广泛使用信息技术。加快研究建立可以满足旅游市场需求的旅游公共信息服务平台，建立舆情监测情报系统和突发事件应急系统，推动信息化管理，凭借信息技术实现旅游业的适时管理、动态管理、精确管理。此外，要抓住机遇推动旅游业信息化改造和提升。互联网、无线移动网、有线电视网的"三网融合"，将促进信息之间相互渗透、互相兼容，在很大程度上改变游客消费方式、旅游管理方式，直至改变旅游业产业形态。

本章小结

在本章中，我们主要从管理学理论视角从微观、中观及宏观层面讨论了海洋旅游经营管理的相关问题，包括海洋旅游经营管理的范畴、旅游企业市场行为、海洋旅游企业经营管理及发展战略、产业结构及优化问题、海洋旅游行业管理的主体选择、海洋旅游信息化管理等问题。

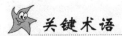 关键术语

旅游产业结构（structure of tourism industry）　　旅游经营（tourism operating）

旅游组织（tourism organization）　　旅游行业（travel industry）

价格策略（pricing policy）　　经济效益（economic income）

复习思考题

1. 旅游产业由哪几部分构成？
2. 旅游企业一体化战略的各种形态及适用情况？
3. 旅游企业多元化战略的优势和劣势有哪些？
4. 结合各地实际，思考旅游行业管理的理想主体是什么？
5. 我国旅游经济发展的政府主导应体现在哪些关键领域？为什么？
6. 目的地如何使用信息技术来增加当地景点的吸引力与受欢迎程度？

开拓思维题

1. 查阅相关资源，进一步了解我国旅游企业经营现状及发展战略。
2. 通过查阅相关资源与信息，了解互联网、无线移动网、有线电视网的"三网融合"有可行性？三网融合将如何促进信息之间相互渗透、互相兼容，在很大程度上改变游客消费方式、旅游管理方式，直至改变旅游业产业形态？

参考文献

查尔斯·R·格德纳，J·R·布伦特·里奇.2010.旅游学（第10版）.李天元，徐虹译.北京：中国人民大学出版社.

董观志，白晓亮.2005.旅游管理原理与方法.北京：中国旅游出版社.

杜江.2001.旅游企业跨国经营战略研究.北京：旅游教育出版社.

李天元.2011.旅游学.北京：高等教育出版社.

田里，牟红.2006.旅游经济学.北京：清华大学出版社.

罗明义.2007.旅游管理学.天津：南开大学出版社.

唐留雄.2001.现代产业经济学.广州：广东旅游出版社.

熊元斌，李晟.2007.浅议旅游业管理现代化的路径与方法.中国经济评论，64（3）：1－12.

张辉.2002.旅游经济论.北京：旅游教育出版社.

Agarwal S. 1999. Restructuring and local economic development：implications for seaside resort regeneration in Southwest Britain. Tourism Management，20：511－522.

Agarwal S. 2002. Restructuring seaside tourism-the resort lifecycle. Annals of Tourism Research, 29: 25 – 55.

Monika T Thielea, Richard B Pollnac, Patrick Christie. 2005. Relationships between coastal tourism and ICM sustainability in the central Visayas region of the Philippines. Ocean & Coastal Management, 48: 378 – 392.

□ 阅读材料 10 – 1

香港旅游管理模式

香港涉旅部门主要有三个，即香港特别行政区政府旅游事务署（政府部门）、香港旅游发展局（半官方机构）和香港旅游业议会（行业组织）。

（1）香港旅游事务署

作为政府部门，主要负责制定和统筹落实各项促进旅游业发展的政策、策略和计划，同时负责领导与协调其他政府决策局和部门，推行实施对旅游业有影响的政策和措施。事务署内设旅行代理商注册处。该处是《旅行代理商条例》的执行机构，负责发放旅行代理商牌照及履行监管旅行代理商、管理旅游业赔偿基金等职能。注册处下设的旅游业赔偿基金管理委员会，也是根据《条例》设立的法定组织，其职能包括持有、管理、运用及投资旅游业赔偿基金等。根据《条例》规定，旅行社必须按照一定比例缴付所收取旅行团团费，作为印花征费存入议会储备基金，为参加外游旅行团的旅客提供保障。

（2）香港旅游发展局

香港旅游发展局属于政府资助机构。主要职能是在世界各地宣传和推广香港旅游，积极提升访港旅客在港的体验，就香港旅游设施的种类及质量定期向特区政府和其他有关机构提出建议。旅游发展局的管理机构共有 20 位成员，全部由香港特区政府委任。管理层的主要任务是根据全球旅游业的趋势及竞争对手的举措，进行广泛的市场研究和分析，并按市场环境和实际情况制订整体市场推广、业务发展及产品发展策略。总部负责制定香港整体旅游宣传推广的方针和策略，具体宣传推广活动主要通过其设在海外的推广机构完成。

（3）香港旅游业议会

香港旅游业议会是根据《旅行代理商条例》规定成立的，负责监管境外游和入境旅行社，目标是维持旅游业的高专业水平，保障旅客和旅游业者的双重利益。议会是香港旅游行业组织，包括 8 个属会和 1400 多家会员旅行社。内设机构包括理事会、上诉委员会、16 个专业委员会、3 个小组委员会和议会办事处（常设机构）。办事处主要负责执行议会理事会的各项政策，由总干事、副总干事统率，下设 9 个部门，香港特区政府对旅游相关机构的经费保障是十分充分的。而香港旅游业议会作为行业自律组织，政府认为仅通过其会员缴纳会费不能维持议会的正常运转，更难以有效行使法律赋予其对旅行业的监管职能。因此，特区政府就采取职能转移的方式，由议会负责征收印花税，并将其 50% 印花税用于议会的管理服务和日常开支。

（4）香港旅游机构组成

香港旅游机构组成人员的广泛代表性，充分体现了旅游关联度高的产业特点，有利于调动相关行业和组织积极性，便于形成科学专业的决策和旅游管理工作协调推进。香港特区旅游业议会 29 位理事会成员分别通过特区政府委任、推荐和选举的方式产生，其中 12 名属于特区政府委任的独立委员，分别来自多个专业和组织，其他 17 名委员则来自议会 8 个属会和旅行业代表，确保了议会在推行重大管理事项决策中既能有效贯彻政府的指导意见，同时也能照顾到大多数行业的利益。香港旅游发展局由特区政府任命并代表特区政府行使监督管理权的 20 名管理层人员，则分别来自多个与旅游业相关的界别和组织，同样具有广泛的代表性。

（5）香港旅游行业组织议事规则和程序

香港旅游行业组织在议事规则和程序上合理便捷，能够针对旅游市场秩序出现的问题，作出快速反应和积极应对措施，体现了较高的决策效率和执行能力。按照议事规定和程序，香港旅游业议会在推行任何一项政策之前会先咨询其下设的有关专业委员会，然后由理事会投票作出决定，再交议会办事处执行。如针对 2006 年香港旅游市场发生的内地游客购物品质出现的问题，议会在较短时间内就将"百分百退款计划"中规定的 15 天购物保障措施延长至 180 天，对挽回内地游客信心和重塑购物天堂美誉发挥了很好的作用。

□ 阅读材料 10 - 2

企业应为不断变化的差旅环境做好准备

在接下来 12 个月里，由于机票价格大幅打折、全球酒店价格极具竞争力以及更为便宜的汽车租赁价格，企业需要未雨绸缪。

FCm Travel Solution 全球领袖 Shannon O'Brien 指出，如果说 2008 年下半年的主题是整合差旅项目，那么 2009 年则是节约成本的一年，2010 年我们将看到公司重新调整它们的采购战略，以适应不断变化的差旅环境。

O'Brien 先生说："由于世界经济正在逐步复苏，如果公司想要继续实现差旅的最佳价值，它们需要调整观念和购买行为。"我们预测 2010 年对于公司来说是非常关键的一年，公司将重新评估它们的采购战略，其中包括与航空公司和酒店签订的合同，实现价值的最大化。

在过去的一年里，企业无疑在价格谈判上不予让步，但是这个局面开始出现转变，差旅管理公司战略目标的关键在于成功驾驭在不断变化的环境。

我们预测全球酒店价格至少在未来 18 个月里无法持续增长，随着最低票价不断增加的利息，航班特价变得更难获取。

FCm 认为，这个现象导致企业差旅人员在平均票价和每英里花费上也相对增加。

O'Brien 先生谈到，可能发生的高价机票和更加困难的谈判条件意味着公司应该再次评估它们的采购战略，为 2010 年甚至更长远做好准备。

他又指出："在未来的一年里，许多公司会考虑如何应对变化的环境。通过重新调整采购战略的核心原理帮助指导公司，我们已经建立了优先推荐事项的列表，在 FCm 旅行经理的帮助下完成和执行。"

推荐事项包括：

①整合。在完全可以预见的情况下，通过 FCm 完成所有预定，这将更容易识别差旅项目中的效率低下。

②更加严格的差旅政策。鼓励出行人员提前预订，尽可能使用折扣机票，首选最能满足需求的供应商，管理好旅行人员在差旅政策以外预定的报告。

③审核航空公司合同。让 FCm 评估当前是否与航空公司签署了较好的协议，是否能更好提高整合，确保与航空公司签署差旅量的目标得以满足。

④选择最优的酒店价格。选择能提供当天最低价格的酒店，如需实现最大限度上的节省，与 FCm 一起监督当前酒店协议的任何影响。

⑤重新谈判。作为一家全球性的差旅管理公司，当市场发生转变之时，FCm 将确保代表公司与供应商重新谈判，这样总能获得全球最有竞争力的价格。通过使用多功能的采购产品平台，FCm 能够进行当天最优价格与协议价格比较，从而预定到最适合的航班或者房间。

⑥使用分析报告来预测。管理信息报告对了解公司的未来差旅模式非常重要，尤其是如果差旅人员可能在未来一年里到不同的地方旅行，这会帮助促进出行人员的自我发展。

⑦效果比较。与 FCm 不断比较差旅执行情况和节省效果，包括平均机票价格、每英里花费以及酒店价格。

第11章　海洋旅游公共管理

■ 学习目标

◇ 了解海洋旅游公共管理概念
◇ 熟悉国内外主要涉海类公共管理组织
◇ 掌握海洋旅游突发事件管理方法
◇ 了解海洋生态环境管理的内涵

11.1　海洋旅游公共管理概述

随着我国国际地位的不断提升、经济的持续稳定增长以及国家扩大内需、促进消费和加快发展服务业等一系列方针政策的实施，我国海洋旅游经济进入了一个快速发展期，对海洋旅游公共管理的需求更加迫切，海洋旅游公共管理地位日益突出。在传统思维中，旅游公共管理被认为是由政府旅游管理部门向社会提供的，不以营利为目的的旅游类服务。但也有学者认为，政府不应该是旅游公共管理唯一的直接提供者，社会其他部门（如企业、市场等部门）也有可能进入旅游公共服务领域，参与旅游公共管理的供给。

11.1.1　海洋旅游公共管理概念

公共管理是以政府为核心的公共部门整合社会的各种力量，广泛运用政治的、经济的、管理的和法律的方法，强化政府的治理能力，提升政府绩效和公共服务品质，从而实现公共的福祉与公共利益。公共管理作为公共行政和公共事务广大领域的一个组成部分，其重点在于将公共行政视为一门职业，将公共管理者视为这一职业的实践者。

目前，国际上的旅游公共管理涉及"食、住、行、游、购、娱"各环节，涵盖了出游前、出游中、出游后的各个阶段，形成了较为完善的旅游公共管理体系，主要包括旅游基础设施服务、旅游信息服务、旅游安全保障服务等。基础设施在旅游业发展中有着极其重要的意义，其便利、舒适、安全是旅游者选择旅游目的地的重要因素。旅游信息服务贯穿旅游需求的全过程，目前发达国家和地区的旅游信息服务体系已经相当完善，如随处可见的"I"（英文 information 的缩写，"I"是旅游咨询服务中心的国际通用徽标）字符、大量免费旅游信息、针对不同游客提供旅游咨询服务等。安全是旅游业的生命线，国外有相当成熟的旅游安全保障体系，其中包括景区的安全管理、紧急救援、旅游保险以及由政府或私人组织运营的各种旅游急救服务机构等。旅游发达国家旅游公共管理内容广泛且现代化程度高，最主要的是政府在旅游公共服务设施供给中给予极大的支持。

海洋旅游公共管理是指以政府为核心的旅游公共部门及非营利组织，运用现代公共管理的基本理论，以提升管理效率为重点，以增加海洋旅游的社会福利为目的，对海洋旅游活动进行计划、组织、协调与控制，并提供海洋旅游公共产品和服务的活动总和。

11.1.2　海洋旅游公共管理特征

（1）公共管理的特征

一直以来，学界对"公共管理在哪些方面区别于私人部门的管理"问题存有争议。从规范理论的角度来看，强调公私管理之间的区别以及联系，对于理解公共管理的特质是十分有益的。从现实来看，公共部门与私人部门的界限尽管不是那么明晰，但是二者皆为整个社会不可或缺的组成部分，公域和私域往往是相连的和互动的。但是以政府为核心的公共部门与企业管理毕竟是两种不同类型的组织和实体，其组织性质决定了二者之间存在着本质的区别，反映在组织管理和运作中，不可避免地出现差异。这二者的差异主要表现在下列六个方面：

①政治权威与经济权威。公共管理是一种活动，这种活动在本质上是国家的活动，公共管理不可避免地包括政治权威的作用（也存在着非权威的作用）。公共管理的主体为政府，政府虽然是公共服务的提供者，但也是政治权威的执行者，所以许多公共管理活动本身就有强制性，当人们违反法令的事情发生时，政府便可以在职权范围内依法予以处理，而其他组织不具有这种公权力。私人部门或组织的管理，在很大程度上也是一种权威的行使，但这种权威是市场的权威或经济的权威，非制度与法律所授予，而是来自经济性的市场力量，这种权威往往不能以国家强制力作为后盾。

②多元制衡与自主性。公共管理是在民主宪政的框架下进行的。在民主宪政国家，公共管理的权威是割裂的。政府部门虽然较重视层级节制的权威，但大多数情况下，它仍然处于各种政治力量相互作用的环境中，因此，公共管理的过程充满了政治气氛，公共管理的自主性受到影响。私人部门的管理，固然也受到各种权威以及政治环境的影响，但这种影响与公共管理不可比拟，因而，私人部门管理有相对充分的管理自主权。

③公共利益与私人利益。就公共利益而言，政府具有促进和实现公共利益的义务和责任，这是公共管理区别于私人管理的一个重要特征，公共管理应当将公共利益作为自己行动的出发点，如何保证政府及其管理者能够代表并回应公共的利益这是当代公共管理的一个核心议题。相反，私人组织和部门往往是个人利益最大化的追求者，经济利润不仅仅是其管理的底线，而且往往被视为具有积极的经济价值和社会价值，当然，私人企业对经济利益的追求不能损害社会中其他人的权益和利益。

④法的支配与意思自治。政府部门可以依据具体情况采取不同的行政行为，但是应在法律规定的范围内，受到法的支配，这是法治国家的基本要求和原则。随着社会的发展，政府在现实管理中拥有广大的自由裁量权，并发展有"行政保留权"，但法治政府的基本内核并没有发生根本性的改变。对于私人领域的管理，相比较于公共管理的严格受法支配而言，其更多遵循的是契约自由和意思自治，拥有高度的管理裁量权，其内部管理和外部的交易活动完全可以按自己的意思而为之。

⑤政府与市场。政府与市场是现代社会的两大控制体系，公共管理与私人部门管理的一个重要区别之处就在于政府与市场的区别与差异。与企业组织不同，政府提供的产品以及服务往往面对的不是自由、竞争性的市场。

⑥多元理性与经济理性。公共部门处在各种社会力量作用的中心，公共管理事实上也承担着社会价值权威性分配的职责。在这个利益和价值多元化的社会，政府往往需要在多元的、甚至是冲突的利益和价值之间做出平衡和选择。因此，政府治理中的理性往往是多元理性，需要综合考虑各种利益和价值的平衡。私人部门的管理，因为它的组织属性和职能有限，所以造成的社会影响面较小，不易形成整体社会作用，其管理大多为工具的经济理性考虑，通常不顾及或少顾及其他理性的考虑。

（2）海洋旅游公共管理基本特征

海洋旅游公共管理的基本特征与一般公共管理无异，但由于海洋旅游公共管理是针对海洋旅游而开展的管理，因此，又具有海洋活动的特性，具体表现在以下五个方面：

①协调性。海洋旅游的实践证明，无论是海洋旅游者的旅游活动，还是海洋旅游经营者的经营活动以及旅游管理者的管理活动，都具有明显的综合性。因而，海洋旅游公共管理的特征是建立在协同基础之上的协调。海洋旅游公共管理的大部分内容是协调，需要综合性的手段进行多角度的管理。

②复杂性。海洋旅游活动的复杂性同样也决定了海洋旅游公共管理活动的复杂性。

③服务性。海洋旅游公共服务在某种程度上可以理解为一种服务性管理。

④强制性。海洋旅游行政管理是海洋旅游公共管理的重要组成部分，由于行政管理的强制性决定了海洋旅游公共管理的强制性。

⑤政治性。海洋旅游公共管理是国家利益与意志的反映，具有高度的政治性。

11.2　海洋旅游公共组织

海洋旅游公共管理可以定义为以政府为核心的旅游公共部门及非营利组织，运用现代公共管理的基本理论，以提升管理效率为重点，以增加海洋旅游的社会福利为目的，对海洋旅游活动进行计划、组织、协调与控制，并提供海洋旅游公共产品和服务的活动总和。

11.2.1　国际性海洋旅游公共组织

国际组织有狭义和广义之分。狭义的国际组织指其成员来自多个国家并为多国利益工作和服务的全面性组织；广义的国际组织还包括那些部分工作涉及国际事务的国际组织以及专门涉及旅游事务某一方面的国际性旅游同业组织。

11.2.1.1　国际组织与海洋合作

（1）联合国非正式协商

为便于联合国大会对海洋事务的动态进行年度审查，第54届大会设立了协商进程，成为缔约国重要的协商与对话平台。

（2）联合国海洋网络

联合国海洋网络是联合国系统行政首长协调理事会于2003年设立的，是一个政府间海洋和沿海问题协调机制。2007年以来，又有联合国系统的两家组织——工业发展组织和世界旅游组织加入该网络。

（3）世界旅游组织（WTO）

1975年1月2日，世界旅游组织正式成立，成为一个全球性的政府间国际旅游组织，第二年，该组织将其总部迁往西班牙马德里。它是世界上唯一全面涉及旅游事务的全球性政府间机构。该组织的宗旨是通过推动和发展旅游，促进各国经济发展和繁荣，增进国际的相互了解，维护世界和平。世界旅游组织设有全体大会，这是该组织的最高权力机构。全体大会每两年举行一次。世界旅游组织全体大会下设6个地区性委员会，它们分别是非洲、美洲、欧洲、中东、东亚与太平洋和南亚六个地区分会。我国于1983年加入世界旅游组织，成为该组织的第106个正式成员国。

11.2.1.2　区域组织与海洋合作

（1）联合国亚太经社委员会（ESCAP）

联合国亚太经社委员会是联合国在亚太地区设立的区域性机构，总部设在泰国曼谷。该组织拥有

62 个成员国，覆盖范围西从土耳其，东至太平洋岛国基里巴斯，北至俄罗斯，南到新西兰。亚太经社委员会是联合国五大区域性理事会中综合性最强的理事会，而且是联合国服务于亚太地区组织中最大的机构，拥有 600 多名职员。其涉海活动主要有：根据成员国要求提供咨询；就热点问题组织专门调研，提出解决的办法；定期评估亚太地区海洋和海岸带开发带来的环境影响，供成员国参考，等等。

（2）太平洋亚洲旅游协会（PATA）

太平洋亚洲旅游协会成立于 1951 年，原名为太平洋地区旅游协会，1986 年起改用现名，总部现设在美国旧金山，是一个地区性的非政府间国际组织。该组织还设有两个分部，一个在菲律宾马尼拉，负责处理东亚的事务；另一个在澳大利亚悉尼，负责主管南太平洋地区的事务。该组织的宗旨是发展、促进和便利世界其他地区的游客前来太平洋地区各国旅游以及本地区各国居民在本地区内开展国际旅游。我国于 1993 年加入该协会。

（3）亚太经济合作组织（APEC）

亚太经济合作组织（简称"亚太经合组织"，Asia-Pacific Economic Cooperation，APEC）成立之初是一个区域性经济论坛和磋商机构，经过十几年的发展，已逐渐演变为亚太地区重要的经济合作组织，也是亚太地区最高级别的政府间经济合作机制，它在推动区域贸易投资自由化，加强成员间经济技术合作等方面发挥了不可替代的作用。亚太经合组织诞生于全球冷战结束的年代。20 世纪 80 年代末，随着冷战的结束，国际形势日趋缓和，经济全球化、贸易投资自由化和区域集团化的趋势渐成为潮流，同时，亚洲地区在世界经济中的比重也明显上升。在此背景下，1989 年 1 月，澳大利亚总理霍克提议召开亚太地区部长级会议，讨论加强相互间经济合作问题。

1989 年 11 月，澳大利亚、美国、日本、韩国、新西兰、加拿大以及当时的东盟六国在澳大利亚首都堪培拉举行了亚太经合组织首届部长级会议，标志着这一组织正式成立。1991 年 11 月，亚太经合组织第三届部长级会议在韩国首都汉城（现称首尔）举行，会议通过《汉城宣言》，正式确立了这一组织的宗旨和目标，即"为本地区人民的共同利益保持经济的增长与发展，促进成员间经济的相互依存，加强开放的多边贸易体制，减少区域贸易和投资壁垒"。1991 年 11 月，中国以主权国家身份，中国台北和香港（1997 年 7 月 1 日起改为"中国香港"）以地区经济体名义正式加入亚太经合组织。

（4）东南亚国家联盟（ASEAN）

东南亚国家联盟（简称东盟）的前身是马来亚（现马来西亚）、菲律宾和泰国于 1961 年 7 月 31 日在曼谷成立的东南亚联盟。1967 年 8 月 7—8 日，印度尼西亚、马来西亚、菲律宾、新加坡和泰国的外长在曼谷举行会议，发表了《东南亚国家联盟成立宣言》（即《曼谷宣言》），正式宣布成立东南亚国家联盟。东盟成员国有菲律宾、马来西亚、泰国、文莱、新加坡、印度尼西亚、越南、缅甸、老挝和柬埔寨。东盟 10 个对话伙伴国是澳大利亚、加拿大、中国、欧盟、印度、日本、新西兰、俄罗斯、韩国和美国。

1967 年 8 月 28—29 日，马、泰、菲在马来西亚首都吉隆坡举行部长级会议，决定由东南亚国家联盟代替东南亚联盟。东盟的宗旨和目标是：①以平等与协作精神共同努力促进本地区经济增长，社会进步和文化发展；②遵循正义、国家关系准则和联合国宪章促进本地区的和平与稳定；③促进经济、社会、文化、技术和科学等问题的合作与互相支援；④在教育、专业和技术及行政训练和研究设施方面互相支援；⑤在充分利用农业和工业，扩大贸易，改善交通运输和提高人民生活水平方面进行更有效的合作；⑥促进对东南亚问题的研究；⑦同具有相似宗旨和目标的国际或地区组织保持紧密和互利的合作，探寻与其更紧密的合作途径。

11.2.2　我国海洋旅游公共组织

11.2.2.1　国家旅游组织

按照世界旅游组织所做的解释，国家旅游组织是指一个国家中为国家政府所承认，负责管理全国旅游事务的组织；就一般情况而言，一个国家的最高旅游行政管理机构通常代表这个国家的国家旅游组织。上述定义表明，世界各国的国家旅游组织未必都是该国的政府部门。综观世界各国的情况，国家旅游组织的设立形式大致可划分为三类。

第一类，由国家政府直接设立，并且在编制上作为国家政府的一个部门或机构。以这类形式设立的国家旅游组织在不同国家中又可分为以下几种情况：①为一个完整而独立的旅游部或相当于部的旅游局。例如，菲律宾、墨西哥、埃及、泰国等国家中的最高旅游行政管理机构都属这种形式。②设为一个混成部，即与其他部门合并为一个部。例如，法国为工业、邮电与旅游部，意大利为旅游与娱乐部，葡萄牙为商业与旅游部，斯里兰卡为旅游与民航部，等等。③设为某一部的下辖机构，例如，美国在商业部下设旅游管理局，日本在运输省下设国际观光局，韩国在交通部下设旅游管理局，等等。

第二类，经国家政府承认，代表国家政府执行全国性旅游行政事务的半官方组织。这种形式的旅游行政管理机构常见于欧洲的一些国家。例如，英国、爱尔兰、瑞典、挪威、丹麦和芬兰等国的国家级旅游局都属这种法定组织。

第三类，经国家政府承认，代表国家政府行使旅游行政管理职能的民间组织。这种民间组织多为影响力较大的、由民间自发组成的全国性旅游协会。例如，德国和新加坡的国家旅游组织都是由这种民间组织兼任。

11.2.2.2　国家旅游组织的职能

国家旅游组织的基本职能包括：①负责制定国家旅游发展总体规划；②海外市场推销宣传；③确定并参与优先发展旅游地区的开发工作；④就旅游业的发展问题同政府有关部门进行协调；⑤规定和控制旅游服务的质量标准和基本价格；⑥旅游发展问题的调查与研究，特别是根据调查研究结果分析和预测未来市场需求；⑦旅游业人力资源的开发，即教育和训练，以满足旅游业对不同层次人才的需要。

11.2.2.3　主要的旅游组织构成

（1）旅游行政组织

我国的旅游行政组织主要包括：国家旅游局，省、自治区和直辖市旅游局，省级以下的地方旅游行政机构。

（2）旅游行业组织

我国旅游行业组织是由有关社团组织和企事业单位在平等自愿的基础上组成的各种行业协会。就其组织性质而言，它们属非营利性的社会组织，具有独立的社团法人资格。

（3）旅游教育与学术组织

目前，我国的旅游教育与学术组织为数较少。全国性的组织主要有高等旅游院校协作会和中国旅游未来学会。

11.3　海洋法律与政策

海洋旅游是世界海洋经济的重要组成部分，海洋经济是世界经济发展中增长最快的一个组成部分，同时，世界海洋的环境状况仍在不断地恶化。参与国际海洋法、政策等的磋商与交流，加强合作，有利于发展我国海洋事业。环境保护是我国的一项基本国策，海洋环境保护作为其重要组成部分，得到了我国政府的一贯高度重视。

11.3.1 国际海洋法

（1）《联合国海洋法公约》

国际海洋法是国际法中的一个部门法，是有关海洋区域的各种法律制度以及在海洋开发各方面调整国与国之间关系的原则和规则的总称。国际海洋法作为国际法的一部分，它首先具有国际法的一般特征，并遵循国际法的基本原则，如维护国际和平，尊重国家主权和领土完整，和平解决国际争端等；另一方面，它又具有部门法特有的基本内容和体系，即有关内水、领海、领水、群岛水域、毗连区、专属经济区、大陆架、公海、国际海底区域等基本的海洋法制度。

1958 年联合国在日内瓦召开第一次海洋法会议，会议历时 9 周，有 87 个国家参加，会议通过了《领海与毗连区公约》《公海公约》《大陆架公约》《捕鱼与养护公海生物资源公约》等海洋法律。1960 年联合国继续召开第二次海洋法会议，却未能达成更新的决议。1982 年，第三次联合国海洋法会议正式通过了《联合国海洋法公约》（以下简称《公约》），并规定从 1994 年生效实施。《公约》的颁布实施，为世界海洋开发确立了法律新秩序，同时标志着国际海洋法进入一个新的发展阶段。目前，规范国际海洋开发活动的主要法律为《联合国海洋法公约》。

《公约》共分 17 个部分，计 320 条，9 个附件。第一部分是《公约》的用语和范围，第二部分是领海和毗连区，第三部分是用于国际航行的海峡，第四部分是群岛国，第五部分是专属经济区，第六部分是大陆架，第七部分是公海，第八部分是岛屿制度，第九部分是闭海或半闭海，第十部分是内陆国出入海洋的权利和过境自由，第十一部分是国家管辖范围以外的海床和海底及其底土区域，第十二部分是海洋环境的保护和保全，第十三部分是海洋科学研究，第十四部分是海洋技术的发展和转让，第十五部分是争端的解决，第十六部分是一般规定，第十七部分是最后条款。《公约》还有 9 个附件。附件一是高度洄游鱼类，附件二是大陆架界限委员会，附件三是探矿、勘探和开发的基本原则，附件四是企业部章程，附件五是调解，附件六是国际海洋法法庭规约，附件七是仲裁，附件八是特别仲裁，附件九是国际组织的参加。

（2）国际海洋事务的法制与机制

国际海洋事务的法制与机制主要包括国际法院、国际海洋法法庭、外大陆架界限机制、国际海底区域机制和南极条约体系和北极法律制度等。

①国际法院（International Court of Justice），又称为国际法庭，是联合国的司法裁决机构，根据《国际法院规约》于 1946 年 2 月成立。院址在荷兰海牙的和平宫，亦称"海牙国际法庭"。国际法院的主要功能是对各国所提交的案件作出仲裁，或在联合国大会及联合国安理会的请求下提供咨询性司法建议。它还可以审理涉嫌违反国际法的案件。

②国际海洋法法庭。1996 年 10 月，国际海洋法法庭（下称法庭）宣告成立，总部设在德国的汉堡。法庭是《联合国海洋法公约》（下称《公约》）规定的有关《公约》解释和适用的争端的司法解决程序之一。作为《公约》附件六的《国际海洋法法庭规约》规定了法庭的组织、权限、程序和争端分庭的设立等事项，其他有关规定还散见于《公约》第十一部分"国际海底区域"（下称"区域"）和第十五部分"争端的解决"。

③外大陆架界限机制。大陆架界限委员会是根据《联合国海洋法公约》设立的机构，其职能包括：审议沿海国提出的关于扩展到 200 海里以外的大陆架外部界限的资料和其他材料，并按照《公约》

第七十六条和 1980 年 8 月 29 日第三次联合国海洋法会议通过的谅解声明提出建议；在编制这些资料期间，应有关沿海国的请求，提供科学和技术咨询意见。

沿海国根据委员会建议确定的大陆架界限应是具有约束力的最后界限。

大陆架界限委员会于 1997 年 3 月选举产生了委员会成员，1997 年 6 月委员会举行第 1 届会议，1997 年委员会第 2 届会议起草并通过了委员会《工作方式》，并开始拟订《科学和技术准则》。1999 年 5 月，委员会通过了《准则》的最后定稿（CLCS/11 和 Add. 1）。2000 年 5 月委员会第 7 届会议期间向参与编写划界案的海洋科学专家解释委员会对实际实施《科学和技术准则》的考虑。考虑到《准则》对沿海国编写划界案极为重要，缔约国第 10 次会议上决定，对于《公约》在 1999 年 5 月 13 日之前生效的缔约国，该日是《公约》附件二第四条规定的向委员会提交划界案 10 年期开始日期，从而将沿海国提交划界案的第一个截止日期从 2004 年改为 2009 年。

④国际海底区域机制（International Seabed Area）。《联合国海洋法公约》为国际海底区域制定了一项以"人类共同继承财产原则"为基础、以"平行开发制"为特征的国际海底区域制度，联合国秘书长磋商所达成的《关于执行〈公约〉第十一部分的协定》仍然维系了国际海底区域制度的这一基本框架，即在"'区域'及其资源是人类的共同继承财产"这一原则下，其开发一方面由代表全人类利益的国际海底管理局通过其企业部直接进行，另一方面由各缔约国及其公私企业通过与国际海底管理局签订勘探和（或）开发合同的方式进行。

11.3.2　中国海洋法律制度

海域立法的主要目的在于治理海域使用的"无序、无度、无偿"状态，通过海洋功能区划和海域使用论证，用海制度得到了较好的规划，海域的使用效率大大提升，海域有偿使用制度的实施，使海洋的可持续发展得到更好的维护。

（1）我国现行的海洋基本法律制度

我国于 1992 年 2 月 25 日颁布了《中华人民共和国领海及毗连区法》，该法共 17 条，对我国领海及毗连区的宽度、外国非军用船舶享有无害通过我国领海的权利以及外国船舶在我国领海内进行科学研究等法律制度做了系统规定。《中华人民共和国专属经济区和大陆架法》作为我国海洋基本法，主要规定了管辖区域的范围、权利和义务以及专属经济区和大陆架划界。

（2）我国海洋综合管理的法律制度

2001 年 10 月 27 日，第九届全国人民代表大会常务委员会第二十四次会议审议通过了《中华人民共和国海域使用管理法》，自 2002 年 1 月 1 日起正式施行。这是我国颁布的第一部关于海域资源管理、全面调整海域权属关系的法律，它以其鲜明的时代性、独特的创新性、强烈的针对性、广泛的民主性，成为我国海洋立法进程中的一大创举。

（3）我国海洋行业的法律制度

当前，我国海洋管理是以部门管理为主、综合管理为辅的体制，而综合管理的授权不够充分和明确，还不足以全面承担海洋管理的任务；与此同时，海洋行业管理法规起到了重要作用，这方面的法规主要有：

①海洋渔业管理的法律制度。包括 1979 年制定的《水产资源繁殖保护条例》和 1986 年 1 月 20 日第六届全国人民代表大会常务委员会第十四次会议通过的《中华人民共和国渔业法》，后者是我国渔业资源开发和保护的基本法，该法明确了我国渔业生产的方针，并对养殖业和捕捞业的管理以及渔业资源的增殖和保护作了明确的规定。

②海上交通管理的法律制度。交通运输业是海洋开发的传统产业，对我国社会经济发展起着十分

重要的作用，受到我国政府的高度重视。新中国成立以来，国家先后制定了《中华人民共和国海上交通安全法》《中华人民共和国海港管理暂行条例》《中华人民共和国对外国籍船舶管理规则》等。

③海上矿产资源管理制度。

④海洋环境管理的法律制度。在我国海洋法律体系中，海洋环境管理方面发展最为迅速也比较健全。继 1982 年颁布《中华人民共和国海洋环境保护法》（1999 年修改）之后，国务院先后就石油勘探和开发的环境管理、倾废管理、船舶排污管理、海岸工程管理和陆地污染管理制定了行政法规，国家海洋局又先后颁布了一系列部门规章，部分沿海省（自治区、直辖市）也制定了保护毗邻海域环境的地方性法规，形成了较为完善的海洋环境保护法律体系。

11.3.3　海洋政策

海洋政策通常以国家的立法、政府的法规和行政指令、事业规划等方式具体化、条理化、法治化，借以发挥其指导、协调和制约的作用。

（1）概念

国家海洋政策是国家为实现在海洋领域的任务而制定的行动准则。国家在海洋领域的任务是由国家海洋利益决定的，国家制定海洋政策的出发点和依据是国家的海洋利益。不同的国家在不同的历史发展阶段其海洋利益是不同的，因此，海洋政策是一个历史范畴，每一个国家在不同的历史发展阶段都有不同的海洋政策。获取财富是海洋政策的核心，国家安全仍是海洋政策的优先领域。制定海洋政策目的在于有效地组织各种海上活动，协调国内有关海洋事业各部门之间的关系，正确处理海洋国际问题，维护本国的海洋权益，最有效地促进本国的海洋开发利用和国际合作。

（2）各国的海洋政策

为了制定统筹兼顾、切实可行的海洋政策，各国很早便开始了海洋政策的理论研究。1609 年荷兰法学家 H. 格劳秀斯发表的《海洋自由论》是最早从法律方面研究海洋政策的著作，它对以后的国际海洋法和海洋政策的发展产生了深远的影响。近 20 年来，各国开始全面研究海洋政策。1977 年美国特拉华海洋政策研究中心主任 G. J. 曼贡教授所著的《美国海洋政策》，全面阐述了美国海洋政策的历史和现状，这是第一部关于海洋政策的专著。目前，海洋政策研究重点已从国际海洋法对国家海洋政策的影响转移到新海洋法制度下国家海洋政策在海洋管理中的作用。

进入 21 世纪以来，美国对海洋管理政策进行了迄今为止最为彻底的评估，力图寻找一条可持续开发和利用海洋的新道路。美国是一个海洋大国，其专属经济区内海域总面积达到 340 万平方海里，超过美国 50 个州土地面积的总和。尽管如此，在海洋经济和沿海地区蓬勃发展的同时，美国并未能有效控制人类活动给海洋生态环境等造成的负面影响，污染加剧、水质下降、湿地干涸以及鱼类资源遭到过度捕捞的情况时有发生。美国海洋和沿海地区所出现的生态险情引发了美国各界的忧虑，2000 年，依据国会通过的《海洋法案》，一个由总统任命的海洋政策委员会宣告成立，并于 2001 年正式开始对美国海洋政策和法规进行全面研究。该委员会经过两年多深入细致的调研，先后听取 400 多名专家的证词，于 2003 年 4 月发布一份长达 500 多页的报告，为 21 世纪美国海洋管理政策勾画出了初步的新"蓝图"。这是自 1969 年一个名为"海洋科学、工程和资源"的总统委员会发表类似报告后的 35 年来，美国首次对国家海洋管理政策重新作出彻底评估。

欧洲具有悠久的海洋文化传统，享受着来自海洋的恩惠，为了落实 1992 年联合国环境与发展大会通过的《21 世纪议程》中提出的开展海洋综合管理建议，自 20 世纪 90 年代以来，欧盟及其成员国采取了一系列加强海洋工作的措施。欧盟认为，提高公众的海洋意识是一项十分重要的任务，公众只有在海洋意识提高之后，才能更好地认识海洋活动，更好地珍视海洋的潜力，更加热爱并投入海洋事业。

而让利益相关者参与海洋规划工作，是帮助他们提高海洋意识的重要途径。《欧盟 2005—2009 年战略》指出，"需要制定综合性海洋政策，在保护海洋环境的同时使欧盟海洋经济持续发展"。2006 年 6 月，欧盟颁布了《欧盟综合海洋政策绿皮书》，共分七大部分。第一部分为引言，第二部分主题为"保持欧洲在海洋可持续发展的领先地位"，第三部分为"最大限度地提高沿海地区的生活质量"，第四部分主题为"为处理好与海洋的关系提供保障"，第五部分主题为"海洋管理"，第六部分为"保护海洋遗产，提高海洋意识"，第七部分主题为"今后的工作"。

（3）中国的海洋政策

中国是兴渔盐之利最早的国家之一，早在周代就已设立渔官；明代实行罟棚组织进行渔政管理；清代开始建立渔团，订立了一些章程。辛亥革命后，政府设立渔政局制定渔业政策，鼓励渔民入公海捕鱼，加强护渔防盗，改进渔业技术；并先后陆续公布了《公海渔业奖励条例》《渔船护洋缉盗奖励条例》《渔业技术传习章程》等。1929 年又公布了《渔业法》，由此产生了现代海洋渔业政策。20 世纪 60 年代的海洋开发兴起以后，又制定了海洋开发战略和长远规划，出现了国家海洋总政策，海洋政策与海洋管理的力度不断加大。2008 年，国务院颁布了《国家海洋事业发展规划纲要》、国家海洋局印发了《关于为扩大内需促进经济平稳较快发展做好服务保障工作的通知》，中国的海洋立法和实践顺应了世界海洋的发展潮流，部分法律制度还走在世界前列。

随着沿海地区开发开放步伐的不断加快，科学保护和合理开发海岛特别是无居民海岛的呼声越来越高。历经 7 年多的不懈努力和艰辛工作，《中华人民共和国海岛保护法》在 2009 年 12 月 26 日的十一届全国人大常委会第十二次会议上获得通过。这部法律共 6 章 52 条，设置了海岛保护规划制度、海岛生态保护制度、无居民海岛权属制度、特殊用途海岛保护制度、监督检查制度共五项制度，明确赋予了各级海洋管理部门在保护和开发利用海岛工作中的职责。《中华人民共和国海岛保护法》的出台标志着中国海岛的管理、保护和开发步入了法治化轨道。从此以后，中国的主要海洋区域，从内水到专属经济区和大陆架，从海域到海岛，均有法律覆盖和规范。

11.4 海洋旅游危机管理

危机，指个人、群体或者组织由于突发事件的出现而受到破坏，严重威胁到其正常的生存与发展的状态。海洋旅游危机管理是指政府或其他社会公共组织通过监测、预警、预控、预防、应急处理、评估、恢复等措施，预防可能发生的海洋旅游危机，处理已经发生的危机，以减少损失，甚至将危险转化为机会，保护公民的人身安全和财产，维护社会和国家安全。

关于危机的定义，学者们从不同角度进行了探讨。C. F. 赫尔曼从决策角度出发，认为危机即决策单位的高度优先目标受到威胁，而作出反应的时间有限，体现出意外性特征。乌里尔·罗森塔尔从过程角度出发，认为危机是一种严重威胁社会系统基本结构或者基本价值规范的形势，在这种形势中，决策集团必须在很短时间内、在极不确定的情况下作出关键性决策。危机问题研讨会则从冲突角度出发，认为危机主要是指国家内部或外界环境发生变化、基本价值的威胁、卷入军事敌对行动的可能性极大等情况，并且所有受到危机者对威胁作出反应的时间有限。

本节将侧重介绍突发事件、海洋环境危机和海洋旅游常见事故及防护措施等内容。

11.4.1 突发事件管理

人类社会在发展过程中，始终存在着各种突发事件，引发各种危机。如印度洋海啸事件，就给南亚各国人民带来巨大的灾难，也给各国政府提出了挑战。"突发事件"一词比较有代表性的相关定义是欧洲人权法院对"公共紧急状态"的解释，即"一种特别的、迫在眉睫的危机或危险局势，影响全体公民，并对整个社会的正常生活构成威胁"。我国于 2006 年 1 月发布的《国家突发公共事件总体应急预案》中认为，突发公共事件是指突然发生，造成或者可能造成重大人员伤亡、财产损失、生态环境破坏和严重社会危害，危及公共安全的紧急事件。出现突发事件，往往会给群众、国家和社会造成损失，影响社会的安定。

11.4.1.1　突发公共事件的性质

①突发性。是指对能否发生、什么时间、地点、方式爆发、程度等都是始料未及，难以准确把握。公共事件的突发性来源于三方面：由难以控制的客观因素引发、爆发于人们的知觉盲区、爆发于熟视无睹的细微之处。

②复杂性。公共事件往往是各种矛盾激化的结果，总是呈现出一果多因、相互关联、牵一发而动全身的复杂状态。一些事件本身具有多变性，处置不当可加大损失，扩大范围，转为政治事件。突发事件防治的组织系统也较复杂，至少包括中央、省（自治区、直辖市）及有关职能部门、社区三个层次。

③破坏性。突发事件的破坏性以人员伤亡、财产损失为标志，包括直接损害和间接损害，还体现在对社会心理和个人心理造成的破坏性冲击，进而渗透到社会生活的各个层面。

④持续性。整个人类文明进程突发事件从未停止过。只有通过共同努力最大限度降低突发事件发生的频率和次数，减轻其危害程度及对人类造成的负面影响。无数次突发事件使人类反思人与自然的关系，变得更加成熟，行为更加理性。突发事件一旦爆发，总会持续一个过程，表现为潜伏期、爆发期、高潮期、缓解期、消退期。持续性表现为蔓延性和传导性，一个突发事件经常导致另一个突发事件的发生。

⑤可控性。指把握住事件的趋向使之不超出控制范围。从系统论角度看，控制是对系统进行调节以克服系统的不确定性，使之达到所需要状态的活动过程。控制是人类改造自然、利用自然的重要内容和社会进步的重要标志。

⑥机遇性。突发事件存在机遇或机会，但不会凭空掉下来，需要付出代价。机遇的出现有客观原因，偶然性之后有必然性和规律性。只有充分发挥人的主观能动性，通过人自身的努力或变革，才能捕捉住机遇。但突发事件毕竟是人们不愿看到的，不应过分强调其机遇性。是机遇，也需要有忧患意识。

11.4.1.2　突发公共事件的发展阶段

突发公共事件也遵循一般事件发生发展规律，要经过以下五个阶段：

①潜伏期。为起始阶段，矛盾量变和积累，或质变已发生但不明显。突发事件的征兆不断出现，但未造成损害或损害很小。普遍缺乏警惕性，习以为常，对逐步的变化适应，难以区分征兆性质。需保持清醒头脑和高度警惕，并采取适当行动。

②爆发期。时间最短感觉最长，事件急速发展和严峻态势出现。强度上事态逐渐升级，引起越来越多媒体注意，烦扰之事不断干扰正常活动；事态影响社会组织正面形象或团队声誉。对社会冲击危害最大，马上引起社会普遍关注，产生很强震撼力。

③高潮期。从人们可感知突发事件造成的人员物力损失到突发事件无法继续造成明显损失的阶段。损害达最高点，突发事件的六大性质非常明显。

④缓解期。损失慢慢减小。时间长短不一，有形损失易恢复且较快，无形损失恢复需很长时间。得到初步控制，但未彻底解决。

⑤消退期。得到完全控制，开始恢复生产、重建家园，需加强各种预防知识的宣传。

11.4.1.3　国外相关研究与发展状况

国外理论界一般将危机和突发事件等同。危机管理领域的著名学者罗森塔尔等研究者认为，公共危机"就是对一个社会系统的基本价值和行为准则架构产生严重威胁，并且在时间压力和不确定性极高的情况下，必须对其作出关键决策的事件"。赫尔曼认为，危机就是一种情境状态，其决策主体的根本目标受到威胁，在改变决策之间可以获得的反应时间很有限，其发生也出乎决策主体的意料。格林注意到危机管理的一个特征是"事态已发展到无法控制的程度"。一旦发生危机，时间因素非常关键，减少损失将是主要的任务。危机管理的任务是尽可能控制事态，在危机事件中把损失控制在一定的范围内，在事态失控后要争取重新控制住。

11.4.1.4　国内相关研究与发展现状

清华大学公共管理学院薛澜等主持了"社会变革中突发事件应急管理"课题，课题成果著作《危机管理：转型期中国面临的挑战》从社会转型期的时代大背景探讨了中国现阶段突发性事件产生的根源和特征，勾勒出了中国现代化突发性事件管理体系的基本框架，为促进公共治理结构的顺利转型和社会的协调发展提供了可供借鉴的模式。

翟晓敏等将突发事件应急指挥看作是一项准军事行动，时间紧迫、事关重大是行动的突出特点。从理论上讲，灾害应急指挥过程实际上就是一系列有限时间约束条件下的决策与决策实施过程的集合，因此在一定的时间约束条件下，各种指挥决策是否科学合理和各种指挥决策的实施过程是否及时有效，这是灾害应急工作成败的关键。

帅向华等认为，强化现行的公共危机管理体制和指挥机构，充分发挥其在人员、技术、经验方面的优势，积极拓展其综合协调和信息沟通的功能是减轻灾害的关键。

11.4.1.5　建立和完善应对突发事件的危机管理机制

建立和完善应对突发事件的危机管理机制，最大限度地避免突发事件给人民群众的生命财产和社会基本秩序造成危害。为此，政府可以在这方面有所作为。

（1）制定相关的法律、法规

世界各国政府，特别是一些发达国家的政府都运用法律手段来处理突发危机事件。目前我国处理突发事件的法律法规还比较分散，从立法角度看，我国先后制定了应对社会动乱的《戒严法》，规范政府信访工作的《信访条例》，应对重大自然灾害的《防震法》《防洪法》《消防法》等，"非典"期间我国又出台了《突发公共卫生事件应急条例》、《国家公共卫生监测信息体系建设规划》和《突发公共卫生事件医疗救治体系建设规划》等。但是这些法律法规本身具有很强的独立性，有的还带有浓厚的部门色彩，加之管理体制上的部门化，应对突发事件的统一的法律体系尚未建立起来。当务之急就是要加强政府危机管理的法律建设，进一步修改和完善已有的法律法规，尽快制定一部能协调目前已有法律、法规的程序法。要抓紧制定相关的法律、法规，赋予政府及有关部门在处理危机事件中的职权和职责，健全危机管理的法治环境，确定依法处理突发事件的法治原则。

（2）建立有效的应急管理机制

各级政府应该根据本地的实际情况，建立应对突发事件的预警防范机制，未雨绸缪，进行常态管理，预防为主。一旦发生突发事件，政府可以紧急应对，以减轻突发事件对经济、社会和人民群众生命财产的影响。

一是建立预案。早做准备，在突发事件发生前制定应对方案，而不是等到事件发生了再去紧急研究制订方案，这是应急管理的起点。平时制定的预案可分为几种类型，分别标明其使用范围和利弊得失，以便在突发事件发生后能在第一时间作出选择，迅速应对。各级政府部门都要有应急管理预案，并且要和各有关部门的预案相衔接，形成一个完整的、系统的应急方案。"非典"过后，深圳市政府制定了《处理紧急事件工作总预案》，全市各个部门又根据这个预案制定出各个分预案。这些预案体现了在处理突发事件中对各方面资源的优化配置、合理组合、集中管理、统一指挥，以取得投入少、见效快、收效大的整体管理效能。

二是组建机构。组建专门的机构是有效应对突发事件的关键。组织化程度的高低决定资源整合的能力，最终决定处置突发事件的效果。所以，建立专司处理突发事件的机构，是提高政府控制和解决突发事件能力的组织保证。2003 年春天，在一些地区"非典"肆虐时，国务院果断决定建立以国务院副总理吴仪为总指挥、国务委员兼国务院秘书长华建敏为副总指挥，由 30 多个中央国家机关部门的 160 多位同志组成的全国防治非典型肺炎指挥部，各地区也成立了相应的领导机构，及时果断地指挥全国的"非典"斗争，取得了重大胜利。如何建立机构，各地应从实际出发，可建立专门机构，如从国务院到长江、黄河流域的主要省份，都有常设的防汛指挥部；也可以在一些现有相关职能部门中设立，以免增加人员编制，但必须有权威，一旦突发事件发生，能及时起到组织指挥的作用。

三是开展培训。有针对性地开展培训，提高相关人员的危机管理意识和心理承受能力。培训形式可以灵活多样，授课、看有关录像、实地考察、演习等，但必须讲究实效。

四是新闻报道。突发事件因其"突发性"，影响大，容易为世人所关注，所以舆论导向十分重要。在全球化时代，信息技术高度发达，媒体的触角无处不在，对突发事件采取封锁保密几乎不可能，因此，如果不管突发事件的性质，一味地进行封锁，往往会出现事与愿违的结果。要充分发挥政府的舆论导向作用，对突发事件要在第一时间及时报道，发布真实权威的信息，讲明真相，防止"小道消息"多于"大道消息""外电"多于自己媒体公布的信息的现象，避免谣言占领社会舆论阵地，发挥媒体在突发事件中的积极作用，稳定社会情绪，使舆论向有利于突发事件解决的方向发展。

五是以人为本，靠前指挥、果断决策。突发事件应急管理，要坚持以人为本、果断决策，这就要把握好几个关键问题：①政府主要领导人要靠前指挥，这是制胜的一个法宝。国务院总理温家宝在抗击"非典"最紧急的关头亲临医院、学校等重点地区，亲自指挥，给各级政府领导树立了榜样，坚定了信心；②要迅速通过各种有效途径搜集信息，尽可能多地掌握比较充分、准确、及时的第一手信息；③果断决策，不要等待信息完整全面后再决策，而要在有限信息的条件下，根据预案果断决策，避免"过度分析"带来的优柔寡断，延误时机；④立足于寻求现实的和有限的目标，善于求同存异，确定切实可行的目标，不要希望找到万全之策；⑤行为上要克制，不可感情用事，要为当事的双方着想，而不能只站在政府这一方考虑问题；⑥要有在非原则问题上妥协的勇气和策略；⑦要随时同各方面沟通；⑧避免用"零和对策"的观点处理问题，非此即彼，你死我活，而要争取"双赢"或"不输不赢"的结局，以减少整个社会的损失为最高目标，丢弃小团体利益。

（3）建立官员"问责制"，建设服务型政府

2003 年春天，由于当时卫生部和北京市的领导抗击"非典"不力，到 4 月中下旬，疫情蔓延到全国 26 个省（自治区、直辖市）。"非典"疫情不仅对人民群众的身体健康和生命安全构成严重威胁，也给我国的经济和社会发展带来严重冲击，造成全国一片恐慌。面对突如其来的"非典"疫情，党中央和国务院采取果断措施，成立了以国务院副总理吴仪为总指挥的全国防治非典型性肺炎指挥部，迅速制定了《突发公共卫生事件应急条例》。全国各地政府采取各种卓有成效的措施，迅速夺取了抗击"非典"斗争的重大胜利，并且对负有领导责任的相关人员追究责任。这件事在国内外获得好评，从此"问责制"在我国政界迅速推开，成为建设服务型政府的一项重大措施。

11.4.2 海洋环境管理

海洋生态环境保护是一项跨区域、跨部门、跨行业的复杂而特殊的系统工程，涉及面广，工作任务重，必须加强领导，提高全民环保意识，实行资源共享、联合协作、协调行动的工作机制，坚持海洋环保与经济发展并举，海域修复与陆域环保并重，城镇治污与港、湾、河整治并进，海洋与海岸工

程监管并行；要做到海洋生态监视监测与环境预警预报相结合，趋势监测、功能区监测与专项监控性监测相结合，工程环境影响前期评价、过程评价与后续评价相结合；建立起环境污染防治与生态修复制度、陆源排污总量削减与近岸重点海域污染物容量控制制度，全面实施"截污、恢复、防治、强基与生态化管理"五大战略，提升监测和应急响应能力，探索建立监督管理机制，建立健全海岸带管理、污染物排放控制、海洋灾害防范防治和统一联合执法监督机制以及海岸带经济发展和海洋环境资源信息管理系统，有效保护并逐步改善海洋环境，维护良好生态系统，不断提高海洋生态环境服务功能，实现经济、社会、环境的可持续发展。

（1）加快经济发展方式转变，着力从源头上解决环境问题

按照构建生态海洋的要求，加快推进沿海地区产业结构优化升级和农业经济区域布局调整，转变经济发展方式，从源头上解决好环境问题。①要提高土地、海域和水资源的综合利用率，发挥海洋优势，突出产业重点，积极培育发展资源消耗低、环境污染少、经济效益高的高新技术产业和现代服务业。②沿海要大力建设布局合理、标准完善、质量安全、管理规范的生态农业与健康养殖业，加大推行清洁生产，实行上、中、下游物质与能量逐级传递，资源循环使用，污染物减量限排的立体生态系统。③探索制定实施化工、医药和热电力等重点污染行业区域准入机制，严格控制入海排污总量，实现临海工业和其他陆域污染物的降污减排，减少对近岸海洋生态环境的损害。

（2）加强法规制度建设，严格实施海洋功能区划

结合《海洋环境保护法》《海洋工程环境保护管理条例》贯彻落实，加大法规制度的建设力度。一是要细化与主体功能区规划的紧密衔接，编制确定近海重要海域及相关生态环境要求，实行差别化的海域环境管理制度；二是严把涉海工程项目环境准入关，依据生态环境容量，依法实施强制性保护、重点性保护和优化准入；三是在确保海域降污减排的前提下，优化经济结构布局，规范海洋开发利用活动，有序推进涉海产业发展；四是改善海洋生态环境，实现保护与开发并举，环境效益与经济效益两全。

（3）完善环境监测监控体系，全面提升海洋生态预报和灾害应急响应能力

一方面，采取新建、改造、共建等不同形式，建立省（自治区、直辖市）、市、县各级海洋环境监测预报台站，做好近海重点港湾及生态敏感海域监视监测点位布设，加大生态环境宏观与微观监测力度，逐步扩大重要功能区、重点污染源的自动监测和在线监视监测，切实提高海洋生态环境保护的整体保障实力和水平；加大重大涉海工程建设项目环境跟踪监控，把新扩建项目的生态环境污染损害作为环保"三同时"的重要内容。另一方面，强化海洋环境应急响应机制。建立起完善的海洋赤潮与重大海洋污损事故应急响应与处置体系，进一步加强海洋环境应急监视监测装备建设；研究建立和发展海洋生态环境质量和海洋资源环境影响评价方法，探索建立海洋水质、地质和海洋生态全方位的污染评价与环境质量信息管理体系。

（4）创新制度建设，建立完善的海洋生态环境保护长效机制

①海域排污总量控制机制。调查确定近海重点海域名录，全面开展对重点港湾海域生态环境本底监测，研究近岸海域生态脆弱区的环境纳污容量，建立起完善的重点海域污染物入海排放总量控制及监督管理制度。按照海洋功能区划规定合理地设置入江、入海排污口，严禁污染物直接向海洋转移，从源头上把关，防治结合。

②资源生态赔偿机制。通过海洋生态与渔业资源调查研究，拟定海洋生态资源损害范围、赔偿（补偿）对象与标准，建立起海洋生态与渔业资源损害赔偿补偿机制，确定海洋生态损害赔偿补偿体系、程序、赔偿补偿主体和资金使用管理。加大对因进行工程建设、排放污染物、倾倒废弃物以及污染事故造成渔业资源、海洋生态严重损害的赔偿力度，增强海洋生态环境建设的资金基础和经费保障。

③海洋生态修复机制。通过对重点港湾、滨海湿地生态系统及重要渔场海域生态修复、海洋生态保护区和渔业种质资源保护区的建设，并辅以增殖放流、人工鱼礁、禁捕限捞、生物资源恢复和封岛栽培保护，以及对保护区海岛及周边 3～5 海里内的海域实行封闭式管理等措施，改善海洋生态环境，促进海域生产力增长与海洋资源的有效恢复。

④工程项目监理监督机制。建立海洋环境影响后评估机制，健全海洋工程环境监理监督制度，明确海洋工程环评的监理方式、程序与监理主体，完善项目环境跟踪监测方案，全方位地监督海洋工程建设、运行对海洋环境的影响。

⑤区域合作与海陆联动机制。强化近海海洋环境监测预警与生态修复建设的区域合作，完善海洋与环保、水利、海事等涉海部门的协作机制，构建陆海联动、海海协同和海河同步监督的大环保合作平台，联合开展重点海区的环境整治、海洋灾害防治预警预报、外来物种灾害监测控制与资源生态建设，协同应对海洋环境重大突发性事件应急处置与生态修复；建立区域海洋资源环境、海洋赤潮灾害、海岸带管理、海洋经济社会等信息管理系统，有效改善近岸海洋生态环境。

（5）加强海洋环境法治，严格生态环境执法监管

坚持依法治理近岸污染、监管海洋环境、保护资源生态，严格落实海洋环境保护执法管理责任制。建立完善部门联合执法和重点海洋环保案件移送督办机制，适度扩大海洋主管部门对沿海企业的查处权限，加大海洋环境执法监察力度。充分利用、发挥各种新闻媒体与媒介平台等的社会舆论监督作用和各级人大、政协的法律与民主监督。建立实行涉海环境污染举报责任机制，切实提高干部群众的海洋环保理念，鼓励全社会依法有序监督海洋环境保护工作。

（6）加大资金投入，真正落实海洋环保责任主体

坚持"政府引导，各方参与，职责到位，市场运作"和"谁污染、谁治理，谁使用、谁付费"原则，进一步加大对海洋生态环境保护建设的资金投入，通过扩大海洋环保资金筹措渠道，建立"海洋生态环境保护与建设备用金"制度，实行统一管理，专款专用，保证存量，争取增量。各级政府作为海洋环保的责任主体，要切切实实地对辖区的环境保护负责，积极研究编制海洋环保发展规划与重要海域环境整治修复计划，增强监测装备，培养技术人才。

（7）大力宣传教育，不断提高全民生态文明意识

发挥新闻媒介的舆论监督和导向作用，开展经常性的海洋生态环境保护宣传工作，提高全社会的海洋环保意识和法治观念以及对海洋生态环境保护工作的参与意识。鼓励和支持公众参与海洋生态环境保护行动，组织开展海洋环境保护科技咨询活动。各级海洋行政管理及有关主管部门要协同组织海洋生态环境保护和建设的志愿者队伍，切实保障公众对海洋生态环境保护与建设的行情权、参与权和监督权。

本章小结

在本章中，我们主要讨论了海洋旅游公共管理，公共管理是以政府为核心的公共部门整合社会的各种力量，广泛运用政治的、经济的、管理的、法律的方法，强化政府的治理能力，提升政府绩效和公共服务品质，从而实现公共的福祉与公共利益。针对当前实际，主要就三个问题展开探讨，一是涉海类公共组织；二是涉海类法律与政策；三是海洋生态环境管理。

🌟 关键术语

旅游（tourism）　　　　　　　　海洋旅游业（marine tourism）

公共组织（public organization）　法律（law）

政策（policy）　　　　　　　　　突发事件管理（emergency management）

海洋环境（marine environment）

🌟 复习思考题

1. 主要的国际性涉海类组织有哪些？海洋旅游与该组织有何关系？

2. 如何进行突发事件管理？

3. 气候变暖条件下，如何进行海洋生态环境的管理？

4. 试述海洋旅游常见事故及防护措施。

参考文献

查尔斯·R·格德纳，J·R·布伦特·里奇. 2010. 旅游学（第10版）. 李天元，徐虹译. 北京：中国人民大学出版社.

丹尼逊·纳什. 2004. 旅游人类学. 宗晓莲译. 昆明：云南大学出版社.

范晓婷. 2009. 我国海洋立法现状及其完善对策. 海洋开发与管理，26（7）：70－74.

国家海洋局. 2011. 2010年中国海洋经济统计公报. 海洋开发与管理，28（2）：78－79.

何巧华，郑向敏. 2007. 岛屿旅游安全管理系统构建. 海洋开发与管理，24（5）：109－112.

黄燕玲，罗盛锋，丁培毅. 2010. 供需感知视角下的旅游公共服务发展研究——以桂林国家旅游综合改革试验区为例. 旅游学刊，25（7）：70－76.

李隆华，俞树彪. 2005. 海洋旅游学导论. 杭州：浙江大学出版社.

李爽，甘巧林，刘望保. 2010. 旅游公共服务体系：一个理论框架的构建. 北京第二外国语学院学报，181（5）：8－15.

李爽，黄福才，李建中. 2010. 旅游公共服务：内涵、特征与分类框架. 旅游学刊，25（4）：20－26.

罗美娟，郑向敏，沈慧娴. 2008. 解读旅游危机的类型与特征. 昆明大学学报，19（2）：59－63.

任学慧，王月. 2005. 滨海城市旅游安全预警与事故应急救援系统设计. 地理科学进展，24（7）：123－128.

唐铁汉，李军鹏. 2005. 公共服务的理论演变与发展过程. 公共管理科学，6（3）：36－37.

汪传才. 2010. 旅游安全：一项永恒而又亟待深入的研究课题. 旅游学刊，25（3）：11－12.

吴必虎. 2009. 旅游研究与旅游发展. 天津：南开大学出版社.

张俐俐，蔡利平. 2009. 旅游公共管理. 北京：中国人民大学出版社.

张西林. 2003. 旅游安全事故成因机制初探. 经济地理，24（1）：542－546.

郑向敏. 2007. 我国沿海岛屿旅游发展与安全管理. 人文地理，96（4）：86－89.

郑向敏. 2009. 旅游安全概论. 北京：中国旅游出版社.

De Albuquerque, K & Mcelroy. 1999. Tourism and Crime in the Caribbean. Annals of Tourism Research, (26)：968－984.

Jen-Hung Huang, Jennifer C H M. 2002. Earthquake Devastation and Recovery in Tourism: the Taiwan Case. Tourism Management, 23（2）：145－154.

John R K, Valeria J. 2004. 21st Century Leisure Current Issues（2nd ed），Pennsylvania：Venture Publishing.

Maria F C, Peter N. 2008. The Attractiveness and Competitiveness of Tourist Destinations：A Study of Southern Italian Regions. Tourism Management, (30)：336－344.

Sevil F Snmez, Alan R Graefe. 1998. Influence of Terrorism Risk on Foreign Tourism Decisions. Annals of Tourism Research, 25 （1）：112 – 144.

□ 阅读材料 11 – 1

"度假天堂" 岌岌可危

马尔代夫是一个印度洋上的群岛国家，由 26 组珊瑚环礁、1 200 多个珊瑚岛屿组成，绵延长达 900 千米，平均海拔只有 1.5 米。全球气候变暖导致冰川融化，海平面不断上升。最近一项研究结果显示，由于温室气体大量排放，21 世纪末，海平面将上升约 60 厘米。马尔代夫住房、交通和环境部长穆罕默德·阿斯拉姆说，即使海平面上升速度不快，也会给马尔代夫造成严重影响，"如果预测正确，大约 50 年以后，我们将会面临严峻的局面"。去年 11 月，马尔代夫总统穆罕默德·纳希德宣布，为防止海平面上升、民众失去家园，马尔代夫将旅游业的部分收入积累起来，用于购买新土地，安置全国 38.6 万居民。早在几年前，马尔代夫政府就在马累岛附近修建了一座胡尔胡马累人工岛。

此外，马尔代夫政府正逐步施行着一些岛屿的"垫高"工程。在这些岛屿上，海滩将被树木及灌木垫高，而中心居民区则将使用垃圾垫高。环境建筑战略方针部门的代理主任阿姆贾德·阿不都拉表示，"如果有必要，我们将离开马尔代夫，但只要有可能，我们希望留下"。

□ 阅读材料 11 – 2

"泰坦尼克" 沉船事件

"泰坦尼克"号总吨数 46 328 吨，排水量 66 000 吨，船长 259 米，最大船宽 28 米，是当时世界第一大轮船，号称"连上帝也沉不了的不沉船"，也因此，当船难刚发生时，乘客们一点儿都不紧张。"泰坦尼克"号的规模，如果以现代造船技术来比拟，除了油轮之外，就连美国航空母舰"尼米兹"号在吨位上也比不上它。"泰坦尼克"号属英国白星海运公司所有，当时为了与对手古娜海运公司的"摩尼达尼亚"轮竞争，花了 750 万美金建造而成。

"泰坦尼克"号于 1912 年 4 月 10 日从英国的南安普敦港出发，14 日深夜 11 点 40 分，以每小时 22 节（40 千米）的速度撞上冰山。在撞上冰山之前，"泰坦尼克"号其实已经收到"加利福尼亚"轮、"卡罗尼亚"号和"美莎巴"轮的警告讯号，但是为了要创下快速横越大西洋的纪录，对这些警告都不予理会，不但未曾减速，而且继续快速前进。

"泰坦尼克"号共载运 2 207 人，其中乘客 1 316 人，船员 891 人。船难发生后，究竟有多少人葬身海底呢？各方面的统计不一。某些消息来源说是 1 635 人，美国调查庭说是 1 517 人，英国调查庭说 1 490 人，而英国贸易局则说是 1 503 人，以后者的数字似乎最为可信。但无论如何，"泰坦尼克"号事件都是 20 世纪最惨重的灾难之一。

由于遇难者很多都是富商豪贾，为了探索"泰坦尼克"号的种种，于是美国组织了"'泰坦尼克'号历史学会"，会员 5 000 多人，每 5 年举行一次集会。因为"泰坦尼克"号的宝物无数，以今日的价值计算可达数百亿美金，所以不少人都想加以打捞，其中，由美国德州石油巨富杰克洛林所出资的研究船"若诺恩"号在 1985 年 9 月 1 日终于找到了"泰坦尼克"号的残骸所在，消息轰动了全球；但另一方面，英国白星海运公司在同年 10 月也马上成立了一个"'泰坦尼克'号保存信托基金会"，劝世人不要去打扰这一座海底坟场，亵渎死者。

　　"泰坦尼克"号沉船死了1 500多人，那么那些活下来的人呢？日本一位名叫野细正文的铁路局官员说，在逃生的那一刻，当所有男人都被用枪抵住不准上救生艇时，他却趁人不注意偷混上船而活了下来。结果回到日本之后，他受到所有日本报纸及舆论指名道姓地公开指责，被指为苟且偷生的懦夫，致使他在忏悔与罪恶感中度过余生。

　　根据"泰坦尼克"号的伤亡记载，头等舱中的妇女143人中死了4个人（其中3个人志愿留在船上），二等舱的妇女93人中死了15人，而三等舱的妇女179人中死了81位。但是在小孩方面，虽然二等舱的30位幼童中只有一位小孩子葬身海底，但三等舱的76名小孩中却有53个人死亡。据了解，有4名头等舱的男乘客因为偷偷穿上女人的衣服，才终于登上了救生艇而逃脱，虽然这些人求生的行为并无罪过，但是他们仍然受到了社会舆论的谴责。

第 12 章　海洋旅游的未来

■ 学习目标

◇ 掌握影响海洋旅游发展的因素
◇ 掌握海洋旅游业发展状况及未来趋势
◇ 了解休闲与海洋休闲旅游的前景
◇ 了解海洋旅游新业态及研究前沿动态

12.1　影响海洋旅游发展的因素

现代海洋旅游业是一个关联度大、综合性强、环境容量大、劳动密集型的新兴产业，是海洋经济结构中的重要组成部分，海洋旅游业的发展正引起各国（地区）的高度关注，并将它作为振兴海洋经济、带动国民经济其他行业走出经济低谷的重要保障。因此，把握影响海洋旅游业发展的相关因素显然十分必要。

12.1.1　推动海洋旅游发展的因素

（1）宏观推动因素

海洋旅游业的发展受宏观环境的影响。经济、政治、文化、社会等方面的利好发展是推动海洋旅游业发展的宏观因素。世界经济总量的适度增长、经济结构的优化以及经济质量的提高为海洋旅游业的发展提供了物质基础和良好的经济环境；趋于和平稳定的政治环境、持续的旅游产业促进政策是海洋旅游产业发展的重要保障和促进因素；社会形态和社会结构的变化，诸如：社会人口老龄化程度加剧、人口受教育程度提高、人口健康状况提高、单身成人数量增多、年假制度推行、退休时间提前等，构成海洋旅游业发展的有利因素；文化环境的改善、文化需求的提高在一定程度上推动了人们的旅游需求和旅游投资的增量，从而成为海洋旅游业发展的促进因素。

（2）微观推动因素

在微观层面，海洋旅游业的推动因素包括：家庭收入增长、家庭规模缩小、消费观念更新、大众市场细分、旅游企业的发展。家庭收入的增长不仅提高了家庭可支配收入和消费者旅游消费的可能性，同时，可促进更多的海洋旅游需求产生。家庭规模的缩小在一定程度上使消费者旅游决策难度降低、旅游可出行时间增多。消费观念的更新使人们更多地把金钱投资于养生、休闲、体验等自我充实、自我更新的消费项目。旅游者需求的多样性导致大众市场细分出现，海洋旅游细分市场的具体需要是海洋旅游产品设计、开发的依据，其出现提高了旅游产品设计、开发、营销推广的针对性。海洋旅游企业自身的不断发展，表现在企业管理战略、方式的提高，产品设计、开发、运营能力的提高，市场开拓能力的提高等方面，推动着旅游业国民生产总值的提高。

12.1.2　制约海洋旅游发展的因素

（1）安全的威胁

溺水、撞船、海洋生物袭击、海上恐怖势力、台风、海啸、赤潮等安全威胁是制约海洋旅游业发展的因素之一。溺水常见于滨海休闲旅游活动中，原因是旅游者游泳发生意外或进行滨海活动时不慎坠海，危害旅游者个体生命安全。撞船原因通常是恶劣天气、机械故障、操作失误等，危害到全船旅客、工作人员的生命财产安全。海上恐怖势力也是旅游者的生命财产安全的重大威胁，而且近年来海盗袭击事件逐年上升，逐渐呈现出组织化、规模化等特点。台风是一种阻碍旅游者出行、危害旅游者安全、损毁旅游公共设施的热带气旋。海啸是由于水下地震、火山爆发、水底核爆炸、水下塌陷或滑坡所激起的巨浪，对船只、滨海建筑及旅游者安全带来极大危害。赤潮是一种海洋污染现象，是海洋浮游生物爆发性繁殖引起的海水变色现象，给海洋环境、海洋捕捞、海水养殖和人身健康造成不良影响。以上自然、人为灾害威胁到旅游者安全和海洋旅游业的发展。

（2）生态接待力的限制

海洋旅游开发必须以海洋旅游资源可持续利用、海洋生态可持续发展为原则，充分注意到海洋旅游能够支持的游客、生态环境和社会协调发展的能力和限度。海洋的生态环境脆弱，海洋资源、环境、区域承载能力均要求海洋旅游开发规模、游客数量控制在适度范围内，不能一味追求量的增长，否则就会出现生态破坏、环境污染等问题，影响海洋旅游的可持续发展。近年来，随着海洋资源逐步开发、海洋产业的不断发展，海洋旅游业越来越多地遭受到海水质量下降、海岸自然性降低、海平面上升、海岸侵蚀及海水倒灌等现象影响。我们必须重视此限制因素，只有在充分考虑到海洋生态接待能力基础上发展海洋旅游业，才能实现产业的健康发展。

（3）季节性的变动

海洋旅游业依托于海洋，受自然环境影响明显，客流规模表现出明显的季节性变动，尤其在非热带海洋旅游区客流规模存在显著的淡、旺季差异。除受自然季节影响外，海洋旅游又面临休渔期、停航期等产业受限期。客流的不稳定性造成旅游设施周期性闲置并影响海洋旅游工作人员的工作连贯性，使旅游产业持续创造价值的能力降低。未来海洋旅游业将致力于开发多层次、多形式的旅游产品，尽量弱化海洋旅游业客流量的季节性变动。

12.1.3　社会公众态度对海洋旅游的影响

（1）偏好度、满意度

社会公众对海洋旅游的偏好度是指旅游者对海洋旅游喜爱程度和选择倾向的大小，这就是说偏好度的高低影响着社会公众选择海洋旅游的可能性，人们对海洋旅游的偏好度随着生活消费水平的提高和休闲意识的增强呈上升趋势。满意度指旅游需求被满足后的愉悦感，是游客对产品或服务的事前期望与实际使用产品或服务后所得到实际感受的相对关系，满意度关系着旅游者对海洋旅游的认知、判断进而影响其重游行为和推荐行为。旅游者对海洋旅游的偏好度和满意度与未来海洋旅游业的发展壮大成正相关关系，促使海洋旅游企业更加深入地进行市场调研，以旅游者的需求为出发点设计出更加有吸引力并能高质量满足旅游者需求的产品。

（2）生态意识

生态意识注重维护社会发展的生态基础，强调从生态价值的角度审视人与自然的关系。社会公众整体的海洋旅游生态意识正随着科学知识的普及和环境保护意愿的增强保持上升势态。公众逐渐增强的生态意识促使旅游者在旅游过程中更加重视自身对海洋旅游区的环境保护，同时促使海洋旅游企业开发出更加符合生态要求的旅游产品，使海洋旅游业向着绿色、生态的方向迈进。

12.1.4　科技对海洋旅游的影响

(1) 交通时间的缩短和费用的降低

随着科学技术在交通领域应用的不断深入，新的公路、铁路、航道的规划与铺设将更为合理、迅捷，同时，交通工具的不断升级换代将使海洋旅游区的可进入性、通达性显著提高。科技元素的应用使交通时间缩短、成本降低，从而提高海洋旅游的便捷程度和旅游者的出行可能性。

(2) 海洋旅游资源的合理开发

海洋旅游资源开发中的科学技术运用程度将会逐步提高，即：景点建设、交通网铺设和旅游设施建设过程中的科技含量将提高。景点建设将体现出更多人性化设计，景区内将出现通达、环保的换乘交通系统，旅游设施将包含更多的高科技元素。科技的发展将使海洋旅游资源得到更合理和更充分的开发。

(3) 旅游信息化

旅游信息化是指培养、发展以计算机为主的智能化工具为代表的新生产力，并使之造福于旅游产业发展的过程。把信息技术应用到旅游产品的咨询、销售环节中，旅行社、酒店、景区景点、购物中心等旅游业务经营单体建立互联网旅游信息系统，把旅游风光、休闲活动、游览路线、日程、价格等信息传递给消费者，同时能在网上接受消费者咨询和预定。未来海洋旅游的信息化将使游客享受到更方便、快捷和人性化的旅游服务。

12.2　影响我国海洋旅游业发展的主要因素

沿海地区开发海洋旅游、海岛旅游，与大陆旅游相比存在着先天不足，海洋旅游发展受到很多制约性因素的影响，比如：海岛景区分散，交通不便且进入成本较高，一些海岛陆域面积小，基础设施建设滞后，淡水资源缺乏，信息闭塞，产业发展局限性较大，受灾害性气候影响大等。这些因素在很大程度上制约了海洋旅游项目的引进和海岛特色产业的发展。

(1) 交通瓶颈明显

尽管我国沿海地区海洋旅游业"食、住、行、游、购、娱"六要素得到了快速、协调发展，与旅游产业发展密切相关的交通、水电、通信等基础设施日趋完善，大部分地区已基本形成"海、陆、空"立体交通网，岛际间的交通条件也大为改善，但海岛独特的地理位置和汽车客运的局限性，使海洋旅游产业发展仍受到较大的制约。一些海岛，尽管自然风光优美，旅游业开发潜力巨大，因无桥梁和公路直通大陆，虽然有轮渡来往岛陆之间，但毕竟受班次时限影响，而且一旦遇到台风或大雾等恶劣天气，便完全与大陆封闭隔绝，让游客只能望海兴叹。此外，在旅游旺季及节假日期间，汽车轮渡的吞吐量远远不能满足客流的要求，陆岛交通瓶颈问题严重，基础设施尚待改善，旅游接待能力不足，这些因素都成为制约我国海洋旅游产业发展的障碍。

(2) 灾害性气候条件影响较大

中国是世界上海洋灾害最严重的国家之一。影响中国沿海的风暴潮、海浪、海冰、地震、海啸、海岸侵蚀、台风和海雾以及赤潮生物灾害等海洋灾害，在各类自然灾害总经济损失中约占10%。一些灾害，如台风、海雾、飓风和赤潮等会直接影响到海洋旅游活动的正常开展。特别是我国东南沿海城市和地区，夏秋季节台风活动频繁，而且破坏力较大，给海洋旅游业发展造成了极大的冲击和影响。以台风为例，它是一种破坏力最大的热带气旋，其威力非常强大，据科学家估算，一个中等强度的台风所释放的能量相当于上百个氢弹或 10 亿吨黄色炸药所释放能量的总和。每年的 7—9 月，是台风多发的时间段，海洋旅游地往往是遭受台风影响最先、最严重的地方，台风强大的破坏性会对海洋旅游业造成重创。台风不但阻碍旅游者的进出，而且会破坏旅游设施。台风等恶劣的气候条件影响是无法阻止的，海洋旅游地只能通过做好有关防御工作来降低灾害程度。通过海洋灾害监测和预警预报系统建设，加强海洋灾害的实时、立体跟踪监测，及时有效地开展海洋灾害的监测预警，做好防护准备工作，为海洋防灾减灾提供高质量、业务化的服务，避免游客受到伤害的事件发生。

赤潮是一种海洋污染现象，它指的是海洋浮游生物在一定条件下爆发性繁殖引起海水变色的现象。赤潮不仅给海洋环境、海洋渔业和海水养殖业造成严重危害，而且对旅游者健康甚至生命都有影响。海洋旅游者应当避免接触被赤潮污染的海水，禁止食用被污染的海鲜。

（3）海洋生态环境脆弱

陆源排海污染以及海洋自身污染是海洋生态环境遭受破坏的重要原因。近些年来，工业和生活污水猛增，陆源工业废水、生活污水及畜牧业排泄物的间接排海，是造成近海海域生态环境污染的最重要因素。海上船舶拆解、船舶废油废水等废弃物污染以及水产养殖污染也不可忽视。入海河流和海上穿梭往来的大型油轮将大量工业污水、农药和石油等污染物泄入海洋，给滨海地区带来沉重的环境负担。海水品质恶化，海洋生物旅游资源被破坏，甚至游客的身体健康也受到威胁。海洋旅游业发展自身带来的海洋旅游环境污染和破坏等问题也不可避免，如游客对旅游环境带来的破坏现象屡见不鲜。总之，沿海经济发展、旅游业发展使滨海旅游地的环境承受了巨大的压力，更威胁着海洋生态平衡，而海洋生态环境反过来也制约着沿海地区海洋旅游业的可持续发展。许多著名的海滨旅游城市，海水浴场表层漂浮着黑色的油脂和五颜六色的垃圾，海滩上散布着木片和油污，大大降低了海滨的使用价值。

海洋旅游地和海岛虽然拥有独特而丰富的海洋资源，自然环境优美，但由于大都远隔大陆，生态环境脆弱，环境一旦遭受破坏就难以恢复。要实现海洋旅游业的可持续发展，加大力度治理陆源对海洋的排放污染，保护海洋环境便成为一项刻不容缓的任务。

（4）淡、旺季差异明显，旺季时间较短

海洋旅游经济运行受季节性制约明显而出现周期性波动。我国沿海地区由于地处东亚季风气候区，旅游环境的季节性变化导致淡旺季客流量的周期性波动较内陆地区更为显著。在北方海滨地区 5—10 月为旅游旺季，是旅游者观光度假的高峰期和旅游经济最活跃的季节。每当旺季，海滨地区人潮涌动，热闹非凡；秋冬淡季时节则游人稀少，旅游设施大量闲置。旅游淡旺季明显，而且旅游旺季时间比较短，这种旅游经济因季节变化而呈现的周期性波动在海洋旅游地显得极为突出。

（5）高成本，大风险

海洋旅游业是一项高投入、高产出的资金和劳动力密集型产业。海洋旅游是一种较高层次的旅游活动，进入成本和经营成本都很高。海洋旅游业基础设施的建造，各种现代化娱乐健身服务设施的建设，营造幽雅舒适的海洋旅游环境是发展海洋旅游业的前提，而该产业的形成没有大量资金支撑很难奏效，如修建旅游港口、开辟海上旅游航线和购置游船，其投资比陆上的一般项目要多，难度比一般项目要大。经济效益依赖于规模效应和轰动效应，而规模效应和轰动效应又依赖于资金、知识和科技的高投入，国内外成功的海洋旅游项目无不是三者的完美结合。要有高产出必须高投入，这已成为现代旅游经济运行中的不争事实。而与高投入、高成本相对应的是存在的风险也大，经营条件不稳定性因素多，所有这些均会影响到海洋旅游业的发展和延伸。

（6）海洋旅游目的地内部情况复杂

随着海洋旅游市场的不断发展，同类海洋旅游地之间竞争也愈发激烈。旅游产品雷同、结构单一现象突出，海洋文化内涵挖掘不够，特色产品开发不足，缺乏强震撼力的旅游吸引物；旅游资源整合程度较低，缺乏竞争力等问题普遍存在；旅游地宣传促销力度不够，整体宣传资金投入不足，促销手段单调，缺乏系统性和连续性，营销力度不够，致使产品知名度和美誉度不高，影响了各旅游地大品牌形象的确立；高层次专业人才匮乏，不利于品牌经营和管理。在经营管理中，有关部门的行政及旅游从业人员素质参差不齐，专业管理人才紧缺，高层次专业人才匮乏，又影响了对旅游产品的规范化和科学化管理以及旅游服务水平，成为了海洋旅游地管理与经营市场化和专业化的重要制约因素。

12.3　海洋旅游发展趋势

在未来，由于信息技术将渗透到生活的各个方面，人们可以不出门就在家里通过自动化服务完成自己想做的一切，因而人们更加渴望与他人接触，因而旅游就成为人们设法实现这一接触的主要途径。对未来趋势进行的现实性评估表明，在未来若干年，旅游业将继续向前发展，其速度和活力将大大超过其他许多部门；今后十年中，因为国际旅游业的持续发展将在全世界产生 1 亿个就业机会。

12.3.1　海洋旅游发展的动力机制

旅游发展的动力机制是指诱发和引导各种行为主体以推动旅游经济系统持续稳定发展的各种力量的总和，海洋旅游发展的动力机制是推进海洋旅游发展所必需的条件和因素构成的综合系统。

12.3.1.1　微观系统的驱动作用

（1）海洋自身的禀赋优势是其内在吸引力

海洋是人类文明的发祥地之一。风情独特的海洋旅游资源，如风光绮丽的海滨风光、美妙陆离的海滩、美轮美奂的气象气候资源，丰富多彩且参与性强的海洋旅游活动形式，如日光浴、潜水、嬉水、冲浪及各类水上活动，绚丽多彩地渗透在海滨海岛居民生产、生活、信仰、饮食以及地名等各个层面中，具有浓郁区域特色和民俗特色的海洋文化，融碧海飞舟、渔家风情、海景观光、狩猎、海鲜美食、休闲度假于一体的各类复合型海洋旅游产品，能给旅游者带来陆地旅游所无法给予的多样性的体验，所有这些对长期生活在大城市以及内地的游客有着一种强大的吸引力。

（2）海洋旅游消费需求是驱动发展的原始动力

海洋已成为人类的第二生存空间，近年来，中国公众对海洋的意识较之以前大为提高。随着人们对海洋认识的不断深化以及旅游业向纵深发展，人们对于旅游的多样化需求也越来越明显，对海洋旅游的需求也日益增强。海洋旅游是人类旅游活动多样化的一个基本载体，从微观层面分析，海洋旅游的发展是旅游产品多样化发展的需要，海洋旅游需求的增长是现代旅游供求关系发展变化的必然产物。当前海洋旅游巨大的市场需求是海洋旅游产业发展的重要、有效的推动力。

12.3.1.2　中介系统的引导作用

旅游中介系统是介于产品和消费之间的中间环节，它一方面把旅游产品推向广大的市场，并引导旅游者消费，将旅游者的旅游需求转化为旅游行为；另一方面它又将需求信息不断地反馈给旅游产品的供给方，指导其进行生产。中介系统的引导及辅助作用有力地促进了旅游商品的流通，达到了推动旅游产品生产和发展旅游的目的。

在海洋旅游产业发展过程中，针对市场及产品开发状况，各类传媒及宣传品，旅行社及其组织工作，景点景区营销工作者、联络旅游地和客源地的旅游交通等要素组成的中介系统介入其中传播信息、建立起产品与旅游者之间的沟通联系，对于旅游者消费意识的培育以及海洋旅游产品的生产和消费起了重要的激励、引导和支持作用。旅游中介系统在旅游产业发展动力系统中是不容忽视的因素。

12.3.1.3　宏观系统的支持和推动作用

海洋旅游业是带动性很强的产业，涉及多个行业，经济效益显著。从宏观角度分析，国家对海洋和发展海洋经济的重视，地方政府在政策引导、资金投入、法律规范等方面对海洋旅游经济的重视和支持，在很大程度上推动了海洋旅游产业的发展。

进入21世纪以后，海洋已成为世界经济竞争舞台的趋势越来越明显，海洋经济呈现出加速发展的势头。世界各沿海国家都把开发海洋、利用海洋作为经济发展的重点领域，而且对海洋产业重要分支之一的滨海旅游业倍加重视，并将其视为世界经济新的增长点。海洋经济在我国的经济发展中占有重要的地位，也是我国实现可持续发展的重要战略财富，海洋旅游业作为海洋产业中的新兴产业在我国发展迅速，有力地带动了我国海洋经济的发展。发展海洋旅游业，对于促进沿海地区经济发展，提高沿海地区居民生活质量，带动沿海地区社会文化的全面发展以及保护滨海地区自然资源与环境有着十分重要的意义。因此，近些年来，中国各级政府，特别是沿海地区的政府对海洋旅游业发展给予了越来越多的关注，把滨海旅游业作为未来我国旅游经济和海洋经济的新亮点，在政策引导、资金投入、法律规范等方面加大扶持力度，希望以海洋旅游产业为基础，进一步延伸、拓展产业链，推动区域经济及我国海洋经济的共同发展。

12.3.2　我国海洋旅游目的地演变及发展策略

12.3.2.1　我国海洋旅游目的地发展历程

运用旅游地生命周期理论分析，可以将我国的海洋旅游目的地发展归纳为以下三个发展阶段。

（1）探索阶段

我国海洋旅游目的地生命周期探索阶段可溯及历史上众多的名人雅士乘舟入海，观览海山风光后或赋诗撰文，或题碑写志，足迹所至，留下大量的诗词楹联、碑文石刻及其他古迹遗址，一直延续到20世纪50年代新中国成立初期。

（2）参与阶段

参与阶段从新中国成立初期开始至20世纪80年代结束，这一期间表现为政府参与到海洋旅游事业的开发当中，海洋旅游的基础设施及辅助设施逐步建立起来，海洋旅游者的人数增多，但政府等单位接待的客人占较大比重，海洋旅游活动正常开展起来。

（3）发展阶段

从20世纪80年代末90年代初至今，我国海洋旅游目的地进入生命周期中的发展阶段。这一阶段主要标志是旅游者人数迅速增长，旅游外汇收入和入境旅游者人数逐年稳步上升，滨海旅游作为一项产业蓬勃兴起并取得了长足的发展和进步，一个较成熟的海洋旅游市场开始形成，海洋旅游产业在我国海洋经济和旅游产业中的地位越来越重要。据2011年《中国海洋统计公报》中资料显示，我国海洋产业总产值为45 570亿元，增加值为26 508亿元，相当于同期国内生产总值的9.7%，而滨海旅游业位居各主要海洋产业之首，全年收入达6 258亿元，占全国主要海洋产业的33.4%之多。

12.3.2.2　促进海洋旅游地发展的策略

就当前国内海洋旅游发展现状分析，我国海洋旅游目的地仍处于生命周期的发展阶段，而且这一阶段仍将持续很长一段时间。在掌握了旅游产品生命周期规律及其变化趋势后，可以采取适当、正确的策略和措施，适时地做好调整和应对工作，尽量延长产品的生命周期，延长成熟期，延缓衰退期的到来。

（1）产品开发与更新

持续开发出多样化、多元化的海洋旅游新产品，不断对旅游产品进行升级换代，实现其结构的优化与创新，同时，注重对旅游吸引物进行维护更新，优化旅游目的地的自然环境与社会环境，完善旅游设施和服务，给旅游者提供不同的旅游经历和体验，吸引回头客。灵活开发产品，不断创新，打造特色旅游产品，丰富旅游产品体系，加强旅游产品的竞争力，这样才能真正延长旅游地的生命周期。今后，我国海洋旅游产品开发在以市场为导向的前提下，应注意坚持三个方向。

首先，坚持可持续发展战略。海洋是人类赖以生存和发展的资源宝库，其创造的价值比同样面积的陆地创造的价值要大得多。因此在充分开发与利用海洋的同时，更应该重视海洋资源和环境的保护。在海洋旅游资源的开发配置中，应体现和谐开发的原则，进行生态性规划与开发，正确处理好海洋旅游资源的开发、利用与保护，坚持保护与开发相结合的原则。同时，加强对全民族的海洋意识教育，尤其是要培养青少年的海洋意识，培养沿海地区公众参与海洋资源和环境保护的自觉性，实施科教兴海战略，把海洋的可持续利用和海洋事业协调发展作为 21 世纪中国海洋旅游产业发展的指导思想，达到海陆一体化开发与协调发展的目的，实现海洋旅游事业的可持续发展。

其次，坚持产品特色化战略。特色是旅游业的灵魂，海洋旅游产品开发应充分体现旅游吸引环境中的异地文化风貌。要针对沿海各地区特有的历史化、个性化的资源品质，突出其"海""渔""岛"等具有区域特色和民俗特色的文化资源，开发出地方性、场景性等具有"自我"特色的产品。同时必须追求创新，并以此作为根本发展方向，以有效的形象手段凸显特色海洋旅游主题和旅游风格，优化产品结构，合力打造地区或区域性的海洋旅游大品牌。

再次，坚持体验型开发战略。从旅游业的发展趋势来看，在旅游过程中旅游者已经不再满足传统的"观"，而更重视亲身的"感"，注重"感""观"双重体验。没有参与性和文化内涵的旅游产品很难吸引游客，这就要求在产品设计中应从旅游者的实际需求出发，加入更多注重参与性和体验性的活动内容，只有这样才能迎合并在最大限度上满足旅游者的需要，而这也体现了产品供给更趋人性化的一面。但从目前国内海洋旅游产品的开发现状来看，旅游者体验和参与性的项目仍太少，在这一点上对游客的吸引力较低。因而，在开发中有关部门应立足现有旅游资源，精心策划，开发出能够现场观摩、切身体验的具有情景性和情节性、内容丰富、内涵独特、品位出众的海洋旅游产品系列。如中国舟山国际沙雕节历届都是供游人观赏的，游客无法参与其中，可以适当设计一些沙雕的制作及相关的游戏和比赛项目，让游客亲身融入进来；在民俗文化项目的开发上，也可强调旅游与民俗娱乐相结合，将舟山锣鼓、渔歌、跳蚤舞等民间艺术形式展示出来，让游客亲自去体验渔家的生活，尽情地感受海岛的民俗风情，从而使旅游过程集知识性、趣味性、娱乐性于一体，达到启迪智慧和愉悦身心的效果。

（2）提升文化内涵

旅游产品的吸引力越大，其生命周期也就越长。文化是旅游的灵魂，赋予了旅游持续发展的生命力。一些具有深厚海洋文化底蕴的人文景观和自然景观对海内外游客具有很大的吸引力，其原因就在于其文化内涵挖掘的深度和广度。要增强海洋旅游产品的吸引力，就必须提升、深化产品内涵，在景点景区策划上要有创意和深度，全面提高品位和档次，要不断推优产品，塑精品和名品，以满足游客求知和求体验的需求。

（3）开辟新市场

在旅游业市场竞争日趋激烈的形势下，海洋旅游开发必须以市场需求为根本，结合市场对旅游产品的需求变化进行规划开发，同时，也要积极转变产品开发在旅游需求出现之后的做法，必须主动出击，审时度势，预测未来市场的消费趋势，要善于主动出击开发旅游新产品，主动开辟新市场，引导激发旅游者对产品的兴趣，为原有的海洋旅游产品寻找新的旅游消费者，让旅游产品进入新的潜在目标市场，引导海洋旅游消费的新潮流，从而延长海洋旅游产品的生命周期。

（4）控制环境容量

旅游地生命周期也依赖于旅游地的环境因素。海洋旅游产品的开发利用应控制在一定的环境容量的限制范围内，以确保潜在竞争力在较长的时间内得以保持。由于海洋生态环境的脆弱性，海洋旅游产品很有可能因环境质量的下降而提前进入衰退期。所以要加强生态与环境的保护工作，使旅游者对环境的负面影响减少在环境承载力范围之内，真正实现可持续管理，延长海洋旅游资源的衰退周期。

（5）注重营销工作

要吸引游客的注意力，必须注重营销工作，加大促销与宣传力度。各海洋旅游目的地应实施以政府主导、企业参与的营销战略，在营销内容、渠道、方式等方面可以结合实际有所创新和有针对性，开展有计划、有重点、有主题的宣传促销，形成合力，同时各地要突出宣传地方旅游的整体形象和产品特色，通过这些营销活动提高海洋旅游目的地的旅游形象知名度和独特性、扩大吸引力，保持稳定、可扩展的客源市场，才能延长海洋旅游产品的生命周期。

12.3.3　我国海洋旅游业前景展望

中国不仅是一个陆地国家，同时也是一个海洋大国，拥有 18 000 千米的大陆海岸线，14 000 千米的海岛岸线，岛屿超过 6 500 个，有中温带、暖温带、热带和亚热带的海洋风光，海洋旅游资源丰富多彩。随着旅游业的快速发展，海洋已经成为我国除自然旅游资源和人文旅游资源之外的又一重要旅游资源类型。海洋旅游资源正以其（集"3S"的）独特的蓝色魅力吸引着越来越多的现代旅游者。

在全球范围内掀起了前所未有的海滨及海洋旅游热的背景下，我国海洋旅游产业始兴于 20 世纪 80 年代初，我国沿海地区各省（直辖市、自治区）、市、县充分抓住时代机遇，发挥自身的资源优势，努力发展海洋旅游产业，兴建基础设施以及各具特色的旅游娱乐设施，开发出多元化和多样化的海洋旅游产品以满足不同层次市场和游客的需求，逐渐使海洋旅游业迅速发展成为新兴的海洋产业。1997 年，中国海洋旅游共接待境外游客超过 1 000 万人次，但整体而言，我国海洋旅游业发展还处在一个初级阶段。

（1）我国当前滨海旅游业发展方兴未艾

中国海洋旅游所依托的是面积达 300 万平方千米的蓝色海域环境，相当于中国陆地国土的近三分之一，沿海地带跨越热带、亚热带、温带 3 个气候带，具备"阳光、沙滩、海水、空气、绿色"5 个旅游资源基本要素，旅游资源各类繁多，数量丰富，这为开发海洋旅游提供了巨大的空间。自改革开放以来，我国的沿海地区海洋旅游业得到了持续和快速发展，渤海海洋旅游区、黄海海洋旅游区、东海海洋旅游区和南海海洋旅游区四大海洋旅游区开发建设基本成熟。

目前，我国海洋旅游目的地，北方以大连和青岛为中心，南方以广州和海南为中心，已形成的重要海洋旅游基地有大连、秦皇岛、烟台、威海、青岛、连云港、上海、舟山、宁波、福州、厦门、汕头、广州、湛江、北海、三亚、香港、澳门等。其中，海南三亚的海洋旅游业发展优势明显，大东海、亚龙湾、天涯海角、风景秀丽、气候宜人，有着"东方夏威夷"的美誉，潜水条件也堪称世界一流，可与世界著名潜水胜地塞班岛、大堡礁和斐济等地相媲美；舟山群岛境内山海景观独特，名胜古迹众多，发挥海岛、海洋旅游资源优势，积极融入长三角旅游圈，突出"海天佛国，海洋文化，海鲜美食，海滨休闲、海岛度假"为特色的旅游主题，依托中国舟山国际沙雕节、中国舟山海鲜美食节和中国普陀山南海观音文化节三大主要旅游节庆的轰动效应，已经发展成为我国华东地区独具特色的海岛旅游目的地，是中国东部著名的海岛旅游胜地。

（2）我国海洋旅游市场初步形成

旅游市场是海洋旅游发展的基础条件。随着我国海洋旅游业的蓬勃发展，在开拓国内以及国际客源方面成绩显著。我国海洋旅游市场由国内客源市场和境外客源市场两大部分构成，其中境外客源市场包括港澳台、日本、韩国、新加坡等东盟市场，北美以及西欧市场等，而且来我国旅游的人数呈逐年增长之势。近年来，国内客源也以前未有的速度增长。我国东部沿海地区，特别是环渤海地区、长三角地区和珠江三角洲地区，不仅是经济最发达的区域，也是国内和境外旅游者最重要的旅游目的地，还是最重要的旅游创收和创汇基地，是我国旅游业的"半壁江山"。以 2011 年为例，我国滨海旅游业实现旅游总收入 6 258 亿元，占同期全国旅游业总收入 22 500 亿元的 27.81%，占全国主要海洋产业总值 18 760 亿元的 33.35%，相当于国内生总值的 1.33%。①

当前，我国沿海各地均在加快建设海洋经济的步伐，山东提出建设"海上山东"，广东、浙江、海南提出建设海洋经济"强省"和"大省"，上海提出"蓝色产业"，此外，辽宁的"海上辽宁"战略、河北的"环渤海"战略、江苏的"海上苏东"、福建的"海上田园"、广西的"蓝色计划"等海洋开发战略都在稳步实施，并且取得了丰硕成果。建设海洋经济强省，充分利用域内的海洋资源，发展海洋经济同时拓展海洋旅游业，延伸海洋经济产业链已经成为沿海各地发展的战略重点和共识。随着海洋经济成为世界经济新的增长点以及中国海洋事业进入黄金时期，我国滨海旅游业也得到了前所未有的重视与发展，滨海旅游业发展呈现出方兴未艾之势。加大海洋开发力度，把海洋旅游业培育成我国海洋经济中的重要支柱产业，建设世界海洋旅游经济强国和东方著名的海洋旅游目的地将成为我国海洋旅游发展的重要目标。

（3）我国海洋旅游业发展趋势

近年来，中国的海洋旅游业发展很快，取得了很大的成绩，主要体现在以下四方面。

一是产品不断优化、深化和多样化。经过多年的发展，沿海地区的海洋旅游资源开发在深度和广度上都有了很大发展，海洋旅游产业规模不断壮大，产品日益丰富，经济效益明显提高；各类旅游景区、景点的年接待游客能力和其他基础设施建设得到了很大提高，已基本形成了协调配套、功能齐全的旅游供给体系。随着海洋旅游业向纵深发展以及旅游者文化素质、审美情趣、可支配收入等因素的变化，旅游者对海洋旅游产品会产生更多新的要求，因此，根据旅游者的需求，以市场为导向，不断调整、补充和完善海洋旅游产品结构，进行深层次旅游产品开发和组合设计，构建多层次、个性化和特色化的海洋旅游产品结构体系，才能充分满足细分市场的要求。在未来激烈的市场竞争中，为适应现代旅游业的发展趋势和不同层次消费者的需求，海洋旅游产品结构将不断优化，产品开发朝着综合化、多样化、精品化、名品化方向发展。

二是海陆联动发展趋势明显。海洋与陆地唇齿相依、互为依托，我国沿海地区为了发展海洋旅游业和海洋经济，已开始重视海陆一体化联动发展的战略思路，依托现有陆域腹地、交通、产业基础、城市发展以及市场发育等状况，实行海陆资源互补，把海洋旅游资源开发与沿海陆地资源开发紧密结合起来，通过统筹海陆产业布局和海陆基础设施建设，避免重复建设，形成分工合理、功能互补、协调发展的沿海城市群，使丰富的海洋资源优势转化为现实的生产力优势，实现海陆经济互动和一体化、区域海洋旅游业及经济的全面发展。

三是海洋旅游区域合作逐渐加强。整合区域旅游经济产业链，加强区域旅游合作与联合发展，通

① 依据国家海洋局发布的《2011 年中国海洋统计公报》、国家统计局公布的《2011 年国民经济和社会发展统计公报》中的相关数据整理而成。

过地区与地区之间的旅游合作来发展各自的海洋旅游业，达到客源互补、资源共享、共同发展，打造世界级旅游目的地的合作平台的目的，这一新思维已成为沿海各城市在发展旅游业过程中的共识。旅游业本质上就是一个高度开放的产业，在当前人们对海洋旅游需求不断升温的形势下，在旅游业不断受重视的背景下，海洋旅游产业也必然会在开放中求发展、在合作中求效应，加强区域合作是发展海洋旅游业的一条重要策略。以海洋旅游产业发展为基础而带动区域海洋经济乃至区域整体经济的发展，形成新的经济增长点。区域间的经济合作与交流，可以增加相互的收入与就业机会，共同向更大的海洋旅游产业挑战。目前，"长三角"旅游圈、"珠三角"以及"环渤海"各地区的前期合作、联动发展形势良好，为全国海洋旅游产业的联动发展创造了天时、地利、人和的条件。加强海洋旅游区域合作，强化区域内各城市的旅游互动，全方位、多层面搭建海洋旅游发展平台，提升区域旅游经济的竞争力，这是区域经济一体化的必然选择。

四是管理更加规范化、法治化。海洋旅游产业的建设、发展壮大和长盛不衰，需要加强相应的管理工作。虽然目前我国沿海地区的海洋旅游管理体制尚存在不健全，海洋旅游业涉及的行业、部门众多，部门管理分割，办事效率低的状况依然存在，海洋旅游的相关法律仍不完善，但在今后，这些问题都将得到逐步解决，海洋旅游开发与管理将更加规范化、法治化。首先，在管理上将培养和创建一支高素质的专业管理和服务队伍，逐步建立并实施一套科学、规范的综合管理制度，海洋功能区划不断完善，海洋执法、管理监测和科学研究队伍正在形成；其次，海洋旅游高等教育和职业教育体系正逐步完善，可培养出多层次的海洋科技人才和旅游服务人才，全民海洋意识不断强化。其三，相关海洋领域的法治建设和海洋旅游法规不断得到完善，旅游市场秩序进一步规范化。

海洋旅游是世界海洋经济的最大产业之一，当前海洋旅游在世界旅游业中地位举足轻重，并呈多元化、生态化、休闲化、创新化的趋势快速发展。然而，与世界上很多海洋旅游业发达的国家如西班牙、意大利和法国等相比，我国的海洋旅游在接待境外游客数量、外汇收入、服务质量、服务设施等方面仍存在较大差距，这些都需要我们加以思考，认真总结，并在结合我国国情的前提下借鉴其他海洋旅游发达国家的成功做法，不断改进和提高，从而推动中国海洋旅游事业不断向前发展。

随着我国旅游产品结构调整的逐步深化和旅游市场的逐步成熟，我国海洋旅游在未来发展中将主要呈现以下五大趋势。

①大众化趋势。度假旅游在国际上已经是一种大众化的旅游形式，在欧洲的英国、德国、西班牙以及亚太地区的日本、韩国等地，每年进行度假旅游消费的旅游者均占到了其旅游总人数的50%以上。我国的度假旅游虽然起步较晚，但是随着"休闲时代"的到来、时尚旅游的兴起，海洋旅游必将受到更多旅游者的青睐，同时随着社会经济的发展，海洋旅游也将能为更多的中层消费者所接受，成为一种大众化的消费。在这一趋势下，我国海洋旅游还将伴随家庭化、中档化等特点。

②多元化趋势。我国海洋旅游的多元化趋势主要表现在两方面：一是指旅游功能的多元化，具体而言，主要指观光、休闲与度假、康体、娱乐、疗养等功能的有机结合。海滨旅游的发展经历治病疗养、疗养游乐和游乐度假三个阶段，康体、娱乐等功能越来越成为现代旅游消费者的需求；我国的旅游业是从观光旅游发展起来的，观光产品本身仍有一定的发展潜力，因而在开发海洋旅游产品时不能忽视观光休闲功能，度假与观光的结合既是我国海洋旅游的一种趋势，也将是其一大特色。二是指旅游产品类型的多样化，即由传统的阳光、沙滩、海水等单一产品逐步扩展出高尔夫、滑水、摩托艇、海底观光等项目，形成滨海、海面、空中、海底立体式的海洋旅游产品系列。

③生态化趋势。海洋旅游的生态化趋势一方面源自旅游者对良好生态环境的追求；另一方面则源自度假区生态环境的退化。摆脱城市生活的负效应，回归自然、放松身心是海洋旅游者的主要动机之一。良好的生态环境本身就是一种吸引物，对海洋旅游意义重大。同时，低碳观念的引入也是海洋旅游生态化发展的一大动因。20世纪80年代中后期，越来越多的人开始意识到生态环境是海洋旅游乃

至整个旅游业发展的重要根基。环境、设施、服务将被视为海洋旅游产品整体框架的一部分，海洋旅游产品的生态含量也将越来越高。

④休闲化趋势。美国未来学家甘赫曼将人类社会发展的第四次浪潮预言为"休闲时代"，随着休闲时代的到来，休闲体验将成为旅游者消费需求的一大特征，而海洋旅游区所具有的良好环境、丰富内容又能为游客休闲提供特殊的经历与体验。为适应这一市场需求，我国海洋旅游区在未来发展中将不断增强旅游产品的休闲性功能，增加休闲设施和服务，使旅游者在享受大自然所赐的同时还能享受到民俗、文化、艺术等无限的休闲乐趣，这也将大大延长游客的平均逗留时间并提高重游率。

⑤创新化趋势。创新是发展的源动力，海洋旅游本身就是为了适应不断变化的旅游市场需求而在持续创新的作用下出现的高级旅游形式。随着市场的成熟化程度逐渐提高，将出现一系列新的需求特征，海洋旅游为求得持续稳定的发展，必须根据市场变化作出及时的创新与调整，以实现综合竞争力的提升。近年来，我国海洋旅游发展中已经显露出一些新的特点，如从无主题旅游向主题性旅游转化，在规划开发、经营模式、产品设计、营销管理等方面的创新，等等，都充分表明了这一趋势。

12.3.4　世界海洋旅游业前景展望

12.3.4.1　2020 年的世界海洋旅游业

发端于古希腊古罗马时期、成长于 19 世纪上半叶资产阶级工业革命时期的现代海洋旅游业，目前已经成为一些国家和地区的主要经济来源或主要创汇来源。世界旅游组织公布，1992 年，旅游业已超过石油成为世界第一大产业，而热带、亚热带海洋旅游业则是世界旅游业中发展速度最快的一类旅游。纵观全球旅游市场，海洋已成为国际旅游的首选旅游目的地，是市场占有率最高、消费水平最高、生命周期最长的旅游产品类型，海洋旅游业也因此成为旅游产业中的佼佼者。许多旅游业发达的国家无不大做海洋旅游的文章，并以此作为旅游业的主导性产品。21 世纪是海洋经济时代，海洋旅游则是前景广阔的海洋产业群中的重要组成部分，海洋旅游业是公认的实现旅游业可持续发展的必然选择之一，世界沿海各国都以战略的眼光制定了宏伟的海洋开发计划，其中都把海洋旅游作为重要内容。因而海洋旅游在世界范围内普遍受到重视，成为国际旅游的主流之一，其地位十分突出。据有关资料介绍，在发达国家，海洋旅游业产值一般都占到整个旅游业产值的 2/3 左右。

世界旅游组织曾对未来的国际旅游作出预测：在未来几年里，国际旅游业将保持良好的发展势头。2010 年全球国际旅游人次将达到 10 亿人次，2015 年 12 亿人次，2020 年 16 亿人次。2010—2020 年的十年间，旅游业将以 4.8% 平均增长率发展。到 2020 年，国际旅游人口占世界潜在人口的 7%，其中欧洲为 14%，美洲为 8%，东亚太为 10%，南亚为 1%，整个旅游市场仍然拥有广阔的空间（表 12 - 1 和表 12 - 2）；2020 年的全球国际旅游收入将达到 20 000 亿美元，国际旅游年均增长率将达到 6.7%，远远高于世界财富年均 3% 的增长率。欧洲将继续保持世界最大的旅游目的地地位，但是其国际旅游年增长率（3.1%）将低于世界旅游年均增长率；东亚太地区将成为世界第二大国际旅游目的地，中国将成为最大的国际旅游目的地国家，与此同时，也将成为第四大旅游客源国。

表 12 - 1　2020 年世界十大旅游目的地

国家	接待人次/万	市场份额/%
中国	13 710	8.6
美国	10 240	6.4
法国	9 330	5.8
西班牙	7 100	4.4

续表

国家	接待人次/万	市场份额/%
中国香港	5 930	3.7
意大利	5 290	2.3
英国	5 280	3.3
墨西哥	4 890	3.1
俄罗斯	4 710	2.9
捷克	4 400	2.7

表 12-2　2020 年世界十大客源国

国家	接待人次/万	市场份额/%
德国	16 350	10.2
日本	14 150	8.8
美国	12 330	7.7
中国	10 000	6.2
英国	9 610	6.0
法国	3 760	2.3
荷兰	3 540	2.2
加拿大	3 130	2.0
俄罗斯	3 050	1.9
意大利	2 970	1.9

注：资料来源于世界旅游组织网站。

12.3.4.2　世界旅游业发展趋势

（1）市场格局发展变化

世界旅游市场将由传统的"北美到西欧，欧洲到美洲"两大主流逐渐转移到欧洲、东亚太和美洲三足鼎立的市场格局。

（2）旅游模式发生变化

散客旅游逐渐多于团体旅游，短线旅游多于长线旅游，地区性旅游和中程旅游将成为旅游的主体，自助、半自助旅游将代替包价旅游，商务、会议旅游将成为团体旅游的主体，人们外出旅游的次数将增多。

（3）地区合作加强，优势互补

由于旅游资源的局限和价格竞争等因素影响，一个国家或地区难以单独成为长期对旅游者具有吸引力的旅游目的地，在这种情况下，必须加强同周边国家或地区的合作，优势互补和资源互补，以策略联盟的方式共同开拓市场，共享利润。

（4）信息技术的发展将极大地促进旅游业的发展

互联网、通信技术将会极大地促进旅游信息的传播，节约消费者的时间，降低旅游业的成本。

12.4　休闲与海洋休闲旅游前景

休闲是人们在自由时间内，自发地选择和参与有利于身体的休息和体能的恢复并能产生内心愉悦的体验性活动过程及其所引起的一切现象和关系的总和。旅游与休闲密不可分，休闲是旅游的前提，旅游是休闲的一种重要形式。休闲旅游不同于一般意义的旅游，它对传统的旅游概念从内涵到外延都做了新的延伸。休闲是旅游发展的"蓝海"，在未来的时间中，人类将进入一个全面开发和利用海洋的时代，随着休闲旅游的流行，海洋休闲旅游也越来越受到广大游客的青睐，呈现出一派光明的前景。

12.4.1　休闲的概念及其与旅游的关系

12.4.1.1　"休闲"的由来及概念

休闲，从词义上可以理解为"人依木而休"，使精神的休整和身体的颐养活动得以充分进行，有"吉庆、欢乐"的意义；"闲"通"娴"，具有娴静、思想的纯洁与安宁的意思，从词义组合上，表现了"休"和"闲"所特有的文化内涵，又表示了人类在长期生存过程中劳作与休憩的关系，表明物质生命活动之外的精神生命活动（马惠娣等，2004）。在中国，人们的休闲意识由来已久，《论语》中就记载着许多孔子关于休闲的观点。譬如："终日饱食，无所用心，难矣哉！不有博弈者乎？为之，犹贤乎已"；"益者三乐，损者三乐"等。《孟子》中也有许多休闲观点的反映，如"般乐饮酒，驱骋田猎，后车千乘，我得志，弗为也"。《庄子》的首篇《逍遥游》就把摆脱各种束缚，追求悠然自得的生活作为人生的最高境界。

在欧洲，"休闲"一词也出现得较早。根据词源学的考证，"休闲"一词最早出现于古希腊文学中，为古希腊单词中的 schole 一词。schole 表示平静、和平、休闲、自由时间等意义，其中的"闲"与"自由"指的不仅仅是时间的概念，更是指必须从劳动中解放出来的无拘无束的状态。其反义词 A-schole 则是指劳动、奴役状况。古希腊的自由市民将体力劳作都交由奴隶去做，自己却在大量的自由时间里享乐，他们把本阶层的玩乐行为统称为"schole"，即"休闲"的意思。而且，古希腊人把休闲看成是肯定的、积极的概念，在他们的观念体系中，"休闲"不属于低下的活动，"休闲"比劳动具有更重要的意义，"休闲"是主要的，劳动是次要的；闲暇标志着自由者和有钱人的地位，闲暇被置于道德、公民和政治要求之上（罗伯特·朗卡尔，1989）。

另外，schole 一词也用于表示进行学术讨论的场所。英语中的学校（school）、学者（scholar）等单词就是源自 schole，这说明休闲与教育是紧密相关的。古希腊人认为，在空闲时间中，或者在可以自由支配的时间里，"休闲"是需要引起重视和认真对待的，"休闲"本身是需要学习才能做到的。休闲不是像吃喝一样不学自会的本能活动，也不是游手好闲的"娱乐"活动，要达到"休闲"的状态和水平，就需要后天的习得和教化，需要接受教育。休闲作为"智慧"、"严肃"的活动，不是人们轻而易举能够实现的。充足的空闲时间是休闲的必要条件，但还不是充分条件。希腊人认为休闲还需要智力的参与，才能使动物意义上的"休闲"上升到人的意义上的"休闲"。

由上可知，"休闲"一词自诞生之初就并非指一种无所事事和打发时光的庸俗活动，而是具有一定规范性和创造性的学习活动。"schole"一词中几乎没有休息和消遣的成分，它主要是指发挥自身能动性进行学习，积极有为并创造社会价值的活动。因此，古希腊人的"休闲"不能解释为一般的消遣和娱乐，它还含有主动进行学习、重新创造生活和提高生命质量的意思。在他们的观念中，"休闲"是一种以丰富和创造生命活动，完善自我为目的的闲暇活动。

除了最初的古希腊语之外，在古法语及罗马语中也出现了意味着休闲含义的词语。其中，休闲的英文单词"leisure"就来源于古法语中的"leisir"，意思是指人们摆脱生产劳动以后的自由时间或活动；而该古法语单词又出自拉丁语中的"licere"一词，意思是指"自由的、没有压力的状态"或"合法的被允许的"。而罗马语中也有休闲含义的"otium"一词，指的则表示了休闲和闲逸的意思（楼嘉军，2001），是"什么也不做"的消极无为的状态。

西方学者通常在时间、心理、活动三个向度上对休闲进行定义：时间向度上的休闲意义，指"闲暇时间"或者"自由支配的时间"；活动向度上的休闲意义，指满足个人爱好和兴趣的种种活动；心理向度上的休闲意义，指以放松、愉悦、发展为目的的心理状态，如悠然自得、开心畅想、遐想等。其实，休闲也可以描述一种存在方式，它是指一种社会性的生活方式，是基本人权，也指心情精神状态。在休闲研究中，有几个重要概念特别值得关注：闲暇时间、玩、游憩、运动。

可见，休闲的观念由来已久，休闲作为一个跨文化的现象也普遍存在于人类社会之中。然而，对于"休闲"的概念却至今未达成统一的认识，目前已有20余个定义。以下是其中比较有代表性的定义。

休闲研究鼻祖凡勃伦（Vablen，1899）把休闲定义为"非生产性的时间消费"，强调休闲动机不同于工作，休闲是社会地位的象征。

美国著名休闲研究学者布赖特比尔（Brihtbill，1960）认为：休闲是需应付生存之外的时间，做完必须做的事情，生物上维持生计……有谋生必须做的事后……它是可自由支配的时间，是根据个别的判断或选择而利用的时间。

法国学者杜马兹迪埃（Dumazedier，1967）认为：休闲应包括"一系列在尽到职业、家庭与社会职责之后，让自由意志得以尽情发挥的事情，它可以是休息，可以是自娱，可以是非功利性的增长知识、提高技能，也可以是对社团活动的主动参与"。

美国宾夕法尼亚州立大学戈比（Godbey，1999）教授对休闲的定义是：休闲是从文化环境和物质环境的外在压力中解脱出来的一种相对自由的生活，它使个体能够以自己所喜爱的、本能地感到有价值的主式，在内心之爱的驱动下行动，并为信仰提供一个基础。

美国《里特莱辞典》认为"休闲"就是指"离开正规业务，在自由的时间里进行的娱乐活动"，当然也有完全不是因外来压力所迫，但乐于全身心从事严谨活动的含义。

我国著名休闲研究专家马惠娣（1998）对休闲的理解是"休闲是人生命的一种形式，一般意义上是指两个方面：一是消除体力上的疲劳，二是获得精神上的慰藉"。

中国社会科学院张广瑞、宋瑞（2001）对休闲下的定义是：休闲是人们在可自由支配时间内自主选择地从事某些个人偏好性活动，并从这些活动中获得惯常生活事务所不给予的身心愉快、精神满足和自我实现与发展。

以上学者们分别从时间、活动、存在方式或心态等不同角度来阐释休闲。尽管休闲的定义千差万别，但归根结底，首先，休闲必须具备自由时间；其次，休闲是个人自由意志的产物，是在经济和健康条件允许下的自发参与活动，是一种主动选择；其三，休闲是一种活动，此活动范围广泛，形式各别；其四，休闲还表现为一种良好的心理状态。休闲的标准是心理学意义上的自由、愉快、幸福、轻松、自我满足，等等。

关于休闲的定义，长久以来一直是个备受争论的议题，至今在国内外学术界仍然是莫衷一是，众说纷纭。本教材中借鉴马勇先生在《休闲学概论》中给出的界定，认为"休闲是人们在个人自由时间内，自发的选择和参与有利于身体的休息和体能的恢复并能产生内心愉悦的体验性活动过程及其所引起的一切现象和关系的总和"。

12.4.1.2 旅游与休闲的关系

旅游与休闲是紧密联系、不可分割的两个概念，两者相辅相成，休闲是旅游的前提，旅游是休闲的一种重要形式。

(1) 旅游与休闲同源

首先，旅游是一种生活方式，在逻辑上旅游属于休闲和游憩的一部分，旅行与旅游都是人的休闲方式之一。不管是张弛型的、陶冶型的、反馈型的还是潜能型的，休闲方式在现实上是多样化的，可以与朋友聚会，可以参加文艺活动，可以到户外体育活动，也可以在室内读书看报。目前，我们正处在多种休闲方式并存的状态，而且这些休闲方式总是在变迁，总是从低层次的休闲方式向高层次的休闲方式转变过程之中，而其中主导性的方向便是旅游。

其次，从旅游需求产生的条件来看，有闲、有钱、有便利，这也正是休闲需求产生的条件。休闲有四大功能，一是使生物的人体得到平衡；二是使人解脱现实社会的压力，回复到本我；三是展开人类生命，延续和发展人类自由思想；四是进行美的创造。这四大功能也是人们在旅游活动中所追求的。

其三，旅游是现代人普遍享有的休闲方式之一。旅游是与人际关系和人类交流相联系的社会文化现象，是人的一种精神文化生活，体现一种新的生活方式，是人性的一大进步。休闲理念融入旅游，能增强旅游的文化属性，开阔旅游者的视野，拓展旅游业界的范围。

其四，大众休闲与大众旅游同步产生。休闲经济是人类进入工业化社会之后才出现的，在此之前，休闲只是一种个别现象、一部分人的特权，只有到了资本主义社会时期，技术的不断进步、生产力水平和劳动者素质的提高，社会必要劳动时间不断缩短，才使休闲成为一种普遍的现象。在我国，经过改革开放 30 多年的发展，国民经济实力得到增强，人们生活水平得到提高，因此大众休闲也开始初露端倪，因此，大众休闲与大众旅游产生于同一时期。

(2) 休闲经济涵盖了旅游经济

"休闲产业"是区域经济新的增长点，是由消费者的休闲消费需求引发的，国民经济中那些生产休闲物品和休闲服务行业的总集合，它们广泛存在于国民经济三大产业之中。在现代社会中，休闲服务业是休闲产业的主体产业部门。目前，中国人均 GDP 已达 5 000 美元，属小康社会阶段；全年有115 天假日，人的 1/3 时间是在闲暇中度过的，休闲需求旺盛。休闲产业有巨大的经济创造力，在众多的休闲产业中，以视听出版、影视传媒、演艺娱乐、旅游、网络、体育、会展服务为基础的文化产业对 GDP 贡献率越来越高。

休闲产业涵盖的行业领域十分广泛，但是其中大部分行业都从属于旅游业、娱乐业和服务业，这三大产业无疑是休闲产业的核心支柱，对休闲产业的发展起到举足轻重的作用。在全部的休闲产业群中，旅游业应是最大的休闲消费产业。休闲与旅游在本质和内涵上虽然不能等同，但休闲与旅游是相互交织、相辅相成的，两者的出发点具有很大的一致性，在具体构成上也有很多重合之处。休闲是旅游的前提，旅游是休闲的目的之一，也可以说旅游是休闲的一种最重要的形式。

(3) 休闲是旅游的"蓝海"

旅游作为一种典型的"体验经济"，也在休闲经济这一时代背景下发生了转变，即从观光旅游为主向休闲旅游为主转化。休闲经济产生的休闲旅游对旅游经营者也提出了新的挑战，休闲经济下的休闲旅游的发展将给旅游业带来一次新的革命。从产业化角度来看，旅游是比较成熟程度的休闲方式；从旅游发展竞争态势来看，"休闲"正是旅游业发展的"蓝海"。"闲"是生产力发展的根本目的之一，在近一二十年，随着信息时代的来临，我们正进入普遍有闲社会。美国权威人士预测，2015 年前后，发达国家普遍进入"休闲时代"，休闲、娱乐活动、旅游业将成为下一个经济大潮。在现实中，这一预见比预期的发展还要快得多。不久的将来一个以满足人们休闲的需求为主要内容的经济时代即将展现在人们面前。

12.4.2　休闲旅游

由于经济的发展和劳动时间的缩短，人们的闲暇时间也逐渐增多，因而休闲活动在不断地增加，休闲内容也在不断地丰富。休闲和旅游都发生于我们的闲暇时间之内，在其中人们都能获得心理轻松、愉快、自由自在的感觉，并且都可以增长知识，有利于身心健康，实现自我完善。因而，两者必然出现一定的交叉，一些突出快乐、悠闲的旅游活动便可成为休闲旅游。

"休闲"与"旅游"是大家耳熟能详的两个词，但将它们组合在一起，还颇为新鲜。何为"休闲旅游"？简言之，即是以休闲为目的的旅游。休闲旅游更注重旅游者的精神享受，更强调人在某一时段内所处的文化创造、文化欣赏、文化建构的状态，它通过人的共有的行为、思想、感情，创造文化氛围，传递文化信息，构筑文化意境，从而达到个体身心和意志的全面和完整的发展。在休闲旅游活动中，人们通过放松身心、参与竞技活动、欣赏艺术、满足好奇心和接触大自然等方式，为丰富生活提供了可能性。建立在旅游基础之上的行为情趣，或者是休息、娱乐，或者是学习、交往，或者是欣赏大自然，它们都有一个共同的特点，即获得一种愉悦的心理体验和精神满足，产生美好感，以实现人们学习知识、增进友情、促进沟通、保健娱乐、追新猎奇、丰富个性等多方面的需求。休闲旅游还特别强调人与大自然的和谐一致，增强爱护、保护自然的意识。因此，休闲旅游不同于一般意义的旅游，它对传统的旅游概念从内涵到外延都做了新的延伸。

休闲型旅游与传统观光旅游存在明显区别（叶文 等，2006）。

①目的有所差异。休闲型旅游的目的主要是放松，而这一目的性远远强于传统旅游形式中的娱乐性、消遣性。特别是在当代快节奏的生活状态下，人们都在有意识地追求放松身心。悠闲自在的旅游价值取向使休闲型旅游成为一个独立的旅游亚类型。

②休闲旅游地的特殊性。休闲旅游目的地一般不是传统的名胜观光区，其特点是环境优美，适于人居，多数具有疗养康体条件。如海滨、湖边、山林、温泉等特定的自然条件优越的地方；城市中的一些特色区域，如大学区、酒吧等也是重要的休闲区域。

③旅游形式不同。休闲型旅游一般日程安排松散，在一个旅游地停留的时间较长，其主要目的是娱乐和消遣，游览退居其次；而观光旅游通常是长途旅行，常出现一天之内游览几个景点的情况，注重满足视觉审美而忽视内心体验和感受（这种旅游活动常使旅游者异常疲惫）。这是其他传统型的旅游形式与休闲旅游的最本质的区别。

12.4.3　海洋休闲旅游

进入 21 世纪，社会开始步入"休闲时代"。随着我国经济的快速增长和社会的全面发展，人们生活节奏日益加快、生活方式日益多样化、对生活质量的要求越来越高，因此，观光旅游模式已无法适应现代消费者的旅游需求，对休闲娱乐消费的市场需求越来越大，民众的假日休闲方式也逐步呈现出多元化的趋势。在新的假日体制实施后，国务院批准实行的"十一"长假，"五一"、清明等小长假，再加上我国的法定休假日，我国公民一年可享用 115 天的假期，如果将来推行带薪休假的话，则一年有三分之一的时间可以休假。休闲时间的增加和假日经济的蓬勃发展，将会有效地刺激和推动休闲产业的发展。

按照国际经验，人均国民收入超过 1 000 美元，正是一个国家旅游需求急剧膨胀的时期，主要是观光性需求；人均国民收入超过 2 000 美元的时候，度假需求普遍产生。经济越发达，外出旅游在现代人们生活需求结构中的地位就愈发突出。现在，休闲度假旅游已经成为经济较发达地区普遍的休闲方式，今后将逐步成为旅游的主要内容。据最近世界旅游组织的一个统计显示，休闲旅游现已占世界旅游市场构成的 62%，发达国家已经进入休闲旅游时代，而中国休闲产业起步较晚，但发展迅猛。

海洋是人类从事观光休闲活动及运动的重要场所。从古代的海洋旅行到现代意义的海滨休闲旅游活动，海洋旅游已经走过了几千年的历程。海洋旅游资源以其集"3S"的独特的蓝色魅力以及多元化和多样化的海洋旅游产品满足着不同层次市场和游客的需求，吸引着越来越多的现代旅游者。自19世纪欧洲的海滨度假开始发展以来，海洋旅游作为旅游业的一种主要的实践形式，被认为是实现旅游业可持续发展的必然选择之一，其发展前景极为广阔，因而在世界范围内得到普遍重视和迅速发展，已经成为国际旅游的主流之一。目前，在我国很多沿海城市，海洋旅游产业都占据了旅游业发展的主导地位。随着人们奔赴海洋旅游目的地的热情不断高涨，全国由沿海地区入境的游客和旅游外汇收入以及到沿海地区旅游的国内游客大幅度增长。如今，亲近海洋、征服海洋已成为人类居住或休闲的重要选择之一，海洋海岛旅游已经成为当前旅游者极为热衷的休闲旅游目的地。

海洋休闲旅游除了具有旅游的基本特点外，相对于陆地旅游而言，它还有着诸多自身的特点，主要包括以下四个方面。

①异质文化性。如果说陆地旅游其文化内涵指向的是以黄色文明为代表的内陆文化，那么海洋旅游其文化内涵就是以蓝色文明为代表的海洋文化。海洋在人类文明的形成、发展和传播中发挥着不可替代的重要作用。地中海曾孕育了古希腊文明和古埃及文明，大西洋造就了近代商业文化，海洋为沿海人民铸就了丰富而有特色的文化底蕴，海洋宗教文化、海洋民俗文化、海洋历史文化等诸多海洋文化旅游资源像磁石般吸引着现代旅游者前往。

②多样体验性。海洋是抽象的、运动的、变幻莫测的，在不同的天气条件下，我们会有不同的体验感受。当游客静下来体验大海的时候，无数的景观会涌现在他们的面前，其形态和变化是最多的，或风平浪静，或波涛汹涌。另一方面，海滨、海岛有着极其多样的旅游活动形式，这些丰富多彩的活动必然给游客带来丰富的感官体验。这是较之陆地旅游，海洋休闲旅游的特有魅力。

③高度参与性。海洋休闲旅游提供的诸多活动如海水浴、日光浴、海上运动、沙滩运动等无不具有高度的参与性。在这些活动中，游客不仅要身临其境，而且要通过学习、培训掌握一定技能才能实现。其中许多项目还具有刺激性和挑战性，颇能引发游客的兴趣。

④康体保健性。海水比热系数大，海滨气候适宜，气温变化不大，能够使人体内的代谢稳定，内脏负担均衡，对人体健康起着稳定作用。海水浴加日光浴对皮肤等疾病有一定疗效。海浪的撞击能够产生大量的负离子，这种含有高浓度的负离子空气，具有镇痛、催眠、止咳、降压、减轻疲劳等作用，使人心旷神怡，对健康大有益处。海洋休闲旅游还可以品尝到营养丰富、味道鲜美的海产品，等等。

21世纪是海洋的世纪，人类将进入一个全面开发和利用海洋的世纪。在大众旅游时代轰轰烈烈到来之时，随着休闲旅游的流行，海洋休闲旅游越来越受到广大游客的青睐。

12.5 海洋旅游新业态

基于丰富的旅游资源和强劲的国内外市场需求，中国旅游业发展势头迅猛，已成为国民经济一大新的增长点，成为第三产业和现代服务业的重要发展"引擎"。在旅游业高速发展的同时，旅游产品供给的同质化和旅游市场需求的多元化之间的矛盾愈发紧张，"白热化"的竞争给地区旅游经济、各个旅游企业的可持续发展带来巨大的威胁，面对竞争压力，中国旅游业也开始从传统的"量变"向"质变"的转变，从而刺激旅游业态向多元化发展。旅游业态、旅游新业态等课题也就成为当今业内人士所关注的热点问题之一。

12.5.1 新业态的起源

随着海洋旅游产业显示出的巨大增长势头和良好的业态，中国海洋旅游业越来越得到政府及各方面的重视，海洋旅游入境客流量及外汇收入逐年增长。国民经济快速发展带来的居民收入的大幅度增长，闲暇时间的增加，经济贸易、文化教育和科技交流的扩大，航空费用的降低和费率的变化，加上陆域旅游目的地的越来越趋向成熟期，以观光为主的传统旅游产品越来越不能满足现代人的需求等原因，导致大众海洋旅游热潮兴起，为海洋旅游目的地送来了丰厚的客源，使海洋旅游成为中国沿海地区新的经济增长点，在整个海洋产业中的地位越显重要。根据有关资料测算，我国国内前往海滨度假的旅游者每年有 5 亿人次以上，国内滨海旅游收入每年达 500 亿~1 000 亿人民币左右。海洋旅游这一有着丰厚的资源禀赋、巨大的开发潜力的新兴产业开始浮出水面，并发展成为海洋经济中的支柱产业。在海洋经济中，以海洋旅游业为主体的第三产业得到迅速发展，2011 海洋第三产业经济增长最快，增加值为 21 408 亿元，海洋经济中三产的比例已达到 5.1 : 47.9 : 47.0。作为现代海洋旅游产业三大支柱的我国沿海地区的旅行社、旅游饭店业、旅游交通业，也得到了长足的发展，为海洋旅游产业创造了条件，整个海洋旅游业态呈现出良好而迅猛的发展势头。目前，我国初步实现了从旅游资源大国向世界旅游大国的转变，已成为世界上最大的国内旅游市场。联合国世界旅游组织预测到 2015 年，中国将成为世界第一大旅游国及第四大客源国。

但在中国旅游业高速发展的同时，旅游产品供给的同质化和旅游市场需求的多元化之间的矛盾愈发紧张。逐渐"白热化"的竞争给地区旅游经济、各个旅游企业的可持续发展带来巨大的威胁，正因为竞争压力，中国旅游业也正从传统的"量变"向"质变"的过程转变，从而刺激旅游业态向多元化发展。旅游业态、旅游新业态等课题也就成为当今业内人士所关注的热点问题之一。2007 年，国家旅游局完成了《旅游新业态与增长潜力分析报告》，各地旅游管理机构和旅游院校也对层出不穷的旅游新业态给予了足够的重视和研究。

虽然旅游业态、旅游新业态等词汇频频出现，但作为一个新的课题，业内对其概念及内涵尚未有一个较为统一的认识，对其包含的范畴、如何界定等问题的研究也较为薄弱。本教材试图对业态、旅游业态、旅游新业态概念的渊源、本质与具体含义作粗浅的探究，并根据新业态的形成过程，认识旅游新业态的不同类型与特征，从而为未来旅游新业态的深化研究，为更好地指导当地旅游新业态的发展实践奠定理论基础。

12.5.2 旅游新业态的本质

12.5.2.1 业态

业态（type of operation）一词来源于日本，大致出现在 20 世纪 60 年代，起初来源于商业零售行业。按照《新经济辞典》的条目解释，业态主要指"对某一目标市场，体现经营者意向与决策的营业形态"。

虽说我国对这一概念的引入是来自日本，但是美国人早在 1939 年就用"types of operation"表示零售业态在商业统计中的分类了，之后美国人还提出了相关的理论研究。为介绍日本商业，我国从 20 世纪 80 年代开始引入"业态"一词，并逐渐在商业中推广应用。1998 年 6 月 5 日，国家国内贸易部颁布了《零售业态分类规范意见（试行）》，表明"业态"一词得到官方的认可。国内外学者普遍认为，业态是零售店向确定的顾客群提供确定的商品和服务的具体形态，是零售活动的具体形式。通俗地理解，业态就是指零售店卖给谁、卖什么和如何卖的具体经营形式。

12.5.2.2 旅游业态

随着我国旅游产业的深度发展和分工细化，传统的"产业""行业"概念难以描述旅游业的发展状态。在这种情况下，旅游学者将描述"商业"的"业态"一词引入了旅游业。

旅游业态是指旅游企业及相关部门根据旅游市场的发展趋势以及旅游者的多元化消费需求，提供特色的旅游产品和服务的各种营业形态的总和。它属于经济学范畴，与"旅游行业""旅游产业"概念具有渊源关系，是一种范围大小不同的相互包容关系。旅游业态可以理解为某个或多个企业的经营形态，行业是向同一个市场提供产品和服务的所有企业，产业则是具有某种同一属性组织的集合；业态是行业产生的基础和条件，行业的形成是以业态发展为前提，而产业则是各行各业的统称（图 12 - 1）。

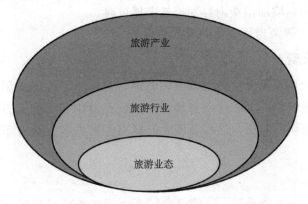

图 12 - 1　旅游业态、旅游行业、旅游产业关系图

12.5.2.3　旅游新业态

旅游新业态是指在旅游产业发展过程中，相对于旅游主体产业来说有新发现、新突破、新发展，或者是超越了传统的我国目前单一的观光模式，具有可持续成长性，并能达到一定规模，形成比较稳定发展态势的业态模式。众所周知，在旅游产业的转型升级过程中，面对激烈的竞争，各地区、各企业为了提高自身的市场影响力和竞争力，在其发展过程中带入新思维、新理念，创造出不同于传统产业形态的新业态。譬如游艇业发展过程，我国的玻璃钢游艇从 30 年前的零星船厂的单打独斗到 20 年前的产品的合资合作，再到 10 年前的游艇行业联合，一直到近三年的产业园区、产业基地的出现，在这个大背景下，游艇业出现了游艇俱乐部开放式、半开放式以及封闭的私人空间三种方式的新业态。

旅游业是包括"食、住、行、游、购、娱"六大要素的综合性行业，旅游要素的未来发展就是旅游新业态发展的主体内容。为了进一步说明旅游新业态，我们结合现实市场的发展将六要素拆分开来加以分析。

对于"行"的要素，旅游业十分强调"旅要快，游要慢"，围绕这一宗旨，未来的旅游交通新业态一定是从过去的坐班车到旅游包车、旅游专列、旅游包机、旅游包船等，又从旅游包机、包车、包列延伸出目的地至旅游区点到点的旅游专线，再从专线车引申出高速列车专项旅游，把乘坐交通工具的过程也变成了旅游的体验过程，随着时代的发展，还将细分出邮轮旅游、游艇旅游、自驾车旅游、高铁旅游等新业态。

对于"食"的要素，旅游业强调特色，餐饮个性化的地方菜、私家菜、营养药膳等不断受到更多游客的青睐，因此主题餐厅、连锁酒店成为一种新业态的发展方向。

对于"住"的要素，旅游业强调满足层面化与个性化需求，经济型对象普遍强调舒适、方便、经济实惠，公务或商务型消费对象则更加注重特定环境、氛围和影响，因此住宿业也细分出各种新业态，如"锦江""如家""速 8"以及"青年旅舍"等主题型的经济性商务酒店，适合高档商务活动、会议会展的会议中心、会展酒店等，城市或滨海度假酒店，分时度假酒店，高档湖（海）景别墅等。

对于"游"的要素，未来更注重城乡之间的文化差异。采集蔬菜水果，参与农事活动，参与葡萄酒、杨梅酒等自酿酒 DIY 活动等，强调体验经历的参与性生态旅游（吃、住活动在渔、农家，跟渔、农家一起生活、一起欢乐的融农业与旅游业为一体的地方风情体验旅游，自划船、撑竹排、钓鱼、水上竞技类活动等融休闲体育与旅游为一体的活动），以上这几种业态方式呈大幅增长态势，比较热门的还有海钓旅游、海洋渔事体验旅游（渔家乐）、农家乐旅游（自种自采的城市人菜园）、湿地爱鸟旅游、峡谷漂流旅游、温泉康健养生旅游、滑雪体验旅游等，旅游项目内容将会更加丰富。在休闲旅游理念的指导下，未来的旅游完全可以是"无景点旅游"。

对于"购"的要素，将更强调赋予物品、包装以及原产地的创意，因此，旅游购物品在不断丰富的同时，创新旅游购物方式、增加消费内容变得越来越重要。

对于"娱"的要素，则强调当地文化的展示与传承。

12.5.2.4 旅游新业态的类型

我国旅游业正处在一个高速发展、转型成熟的时期，在供给矛盾的刺激下，中国旅游业在引进世界先进理念和培育中国特色的基础上，伴随着经营对象、经营内容、经营方法等变化，不断地推陈出新，由此衍生出种类繁多的新型业态，这些新型业态既有创新内容，也有革新和更新的成分，其表现形态丰富多样。

（1）市场型新业态

市场型新业态是指在市场经济条件下，旅游业的经营者根据市场需求、市场竞争以及市场发展的要求等，创新出符合旅游市场实际情况的行业新模式。需求是业态产生的基础。我国居民生活水平的提高，消费能力的增强以及假日制度的不断调整等都极大地刺激了我国居民的旅游消费需求。这些不断膨胀的需求，不仅体现在量的剧增上，还体现在需求层次丰富化和个性化上，为新业态的培养提供了肥沃土壤。竞争是业态产生的助推器。旅游业的技术壁垒较低，很容易模仿，极容易陷入同质化的低层次竞争。激烈的竞争需要旅游企业不断地创新，努力拓展一片新天地。例如，目前的农家乐、渔家乐等就是旅游业融入农业而产生的新业态。

（2）产品型新业态

产品型新业态是指旅游业的经营者根据旅游者的需求和愿望，不断培育和创造出新型的旅游产品，或是注入新技术，或是融合新的元素等，达到创造新产品或完成升级换代的任务。新产品是业态产生的条件，没有新产品，也就谈不上新业态，如自驾车旅游、红色旅游。技术进步是业态产生的主导因素，新技术的注入为旅游产业创造了巨大的增长空间，例如，载人航天技术与旅游结合将形成太空旅游等。产业融合是业态产生的渠道，旅游业内涵的不断丰富，外延不断拓展，与其他行业的交叉程度逐渐频繁，致使多业共生成为旅游业发展的必然趋势，如工业旅游、体育旅游等。

（3）经营型新业态

经营型新业态是指旅游业的管理者和旅游企业的经营者，为使本行业和本企业更加适应市场的发展，而改变经营方法，完善经营手段，增加新的投资等，开发新领域，拓展新空间，谋求产业转型升级的新业态模式。做法更新是业态产生的手段。一是精细化分工，如会展旅游；二是专业深化，如携程旅游网。多元化投资是业态产生的保障。旅游发展的大好前景吸引了各个领域的投资商，他们不但能够发挥自身的资金优势、营销优势，结合自身的行业特点，而且还能够"跳出旅游看旅游"，如旅游房地产。产业升级是业态产生的必然。作为现代服务业重要组成部分的旅游业，为适应市场的要求，必须完成产业升级，谋求新发展。在市场化和全球化的大潮中，产业发展模式在自发地发生变化，产业升级为旅游业态打开了发展的新空间，如都市休闲。

12.5.3 转型期的"长三角"地区海洋旅游新业态

旅游业态是对旅游行业的组织形式、经营方式、经营特色和经济效益的一种综合描述，它是一个动态性的概念。按照时间序列考察，旅游业态总是从低级向高级、从简单向复杂不断发展，并由此推动旅游业的成熟和壮大。创新业态是促进旅游产业升级换代、将旅游业打造成为国民经济支柱产业的重要手段。传统旅游业是资源导向型产业，以提供游山玩水观光产品为主，是"游、行、住、食、购、娱"六大要素企业的集合；现代旅游业则以需求为导向，是无边界的产业，它以旅游者不断变化着的需求为中心进行资源配置、产品开发、行业管理、企业组织和旅游相关配套，并与其他行业广泛融合，相互渗透，形成多样化的旅游新业态。

纵观我国旅游业发展轨迹，旅游产业由低级到高级、从大规模低层次的分离形态到一体化形态，再到休闲体验化的人生境界提升，构成了产业形态纵向发展的脉络。初级形态的旅游业以观光、游乐为核心，这是一种相分离的产业形态，产业各自独立；随着旅游市场的成熟和扩大，为了满足多样化的旅游需求，催生出各种类型的旅游产品，形成观光、游乐、美食、修学、康体、娱乐、休闲等多元化复合型产业形态，这是旅游业的第二级形态；第三级形态以旅游目的地为核心，打造出多要素、多层面的产业一体化区域开发新形态。目前，我国旅游产业整体上处于调整阶段，各种产业形态共存，观光产业形态依然存在，并正从二级形态向三级形态过渡；在多元化和一体化产业形态中，体验化休闲型的旅游业态也在萌生；展望未来，以度假旅游和生命体验为核心的海洋旅游业前景远大，空间无限。

目前，长三角地区的海洋旅游产业整体上处于调整阶段，旅游新业态层出不穷，各种业态共存并兼。概括地说，观光产品仍占有一定市场，休闲度假产品发展势头良好，各种新型产品群正在形成，以旅游产业一体化形态和以目的地区域发展形态出现的海洋旅游业态也开始涌现，更高层次的休闲体验形态仍在探索之中，"体验经济"理念更多地融合在产品设计和项目策划之中。

（1）多元化复合型的旅游业态

改革开放 30 多年来，我国旅游产业取得了瞩目成就，出入境市场不断成熟，出现供需两旺的局面，旅游需求结构和需求内容呈现出多元化和高级化的特征；旅游产业也从传统的接待事业型向经济型、计划经济体制型向市场经济体制型转变，并实现了"买方市场"的转型。针对旅游需求开发的交叉产品、边沿化产品、深度化产品形成了海洋旅游新业态。在长三角地区，众多海洋旅游目的地正在深层次挖掘海洋旅游景点的文化内涵，面向不同层次的游客，开发出多元化、系列化的海洋旅游产品。包括海洋休闲度假游、海洋历史文化游、海洋民俗风情游、海洋休闲渔业游、海洋节庆旅游、游艇旅游、海钓和海洋休闲体育旅游、海洋科普旅游等新型产品的开发，带动了餐饮、宾馆、旅行社、旅游商品、交通等相关行业发展，形成海洋旅游产业群和区域旅游新格局，促进海洋旅游业向更高水平发展。

现代旅游产业已经不再是传统的单一性的产业，产业之间的相互融合、渗透和嫁接，萌生出各种新业态。譬如，房地产业和旅游业都是通过对景观文化资源的开发利用以满足人类需要的第三产业，随着土地利用功能复合化以及人类需求的多样化，旅游产业与房地产业出现在同一环境要素上功能重叠的现象，并在产业形态上涌现出了旅游景观房地产业这一交叉分支；借助 IT 技术，携程网就将旅行社的委托代办业务、酒店的部分营销职能以及航空公司的部分职能分化出来再集中到一起，形成了旅游企业数字化新业态；酒店营销、城市旅游宣传、旅游促销活动等业务的集中化和专门化又催生出旅游传媒这样的新业态。各种产业的融合嫁接还体现在像休闲体育旅游、休闲渔业旅游、文化旅游、会展旅游等方面涌现出的新业态上。

（2）一体化整合型的旅游业态

长三角地区拥有 15 个国家重点风景名胜区，13 座国家级历史文化名城，4 处国家级度假区以及数十个大型主题公园，一体化整合将使该地区成为我国最大的旅游经济区。空间上的整体性、文化上的同源性、资源上的互补性提供了区域合作的可能。因此，全力推广一体化整合，向整体开发、综合开发、规模开发、多产业融合方向发展是海洋旅游涌现出的新局面，也是区域旅游经济发展的必然。

2003 年《长江三角洲旅游城市合作宣言》是长三角旅游一体化进程中的重要转折点。经过几年实践，资源共享、市场共享、品牌共享、利益共享已成共识，各城市、景区已基本取消旅游壁垒和进入障碍。地陪制的取消、旅游车不受限制地出入景区、导游证跨省互认、旅行社可在其他城市开设分支机构、跨城市连锁经营企业集团和联合体的出现，都说明长三角无障碍目标基本形成，一体化整合型的新业态已经出现。譬如：由江苏省旅游台、浙江省电台旅游之声、上海东方台三家省级电台组成的"长三角旅游广播网"，南京、上海、杭州、苏州、温州、普陀等城市开通的"一票制旅游超市"，各地旅游集散中心的成立并实现了区域联网，连锁酒店及异地订房，等等。目前《长江三角洲地区主要旅游景点道路交通指引标志设置技术细则》已制订完毕，城市形象标识的统一有利于区域休闲度假以及自驾游的发展；而旅游咨询、旅游电子商务、旅游投诉方面的全面合作又使得区域旅游信息服务一体化跨出有力步伐，实现了区域内跨省、市无障碍旅游投诉、旅游网上咨询、网上支付。

（3）目的地产业化的旅游业态

传统旅游产业的运行是一种点线经济模式，旅行社是中心，团队观光旅游产品是主体，六大要素通过包价方式整合在一起，由此设计一定线路，并以大规模标准化的景点景区为主要吸引物。随着旅游需求个性化与体验化特性的增强，点线经济体系提供的单一团队观光旅游产品不再完全满足消费需求，于是以旅游地政府为主导、以体验休闲度假产品为主体的旅游经济运行方式诞生了。这是以位于客源地的旅行代理商和位于目的地的散客服务商为主体的企业之间的结合模式，旅游目的地最终提供的是景区景点和软环境为主要吸引物的休闲、度假型旅游产品。

长三角地区强化旅游目的地整合理念，以旅游目的地为核心打造出多层面多要素的区域产业开发新形态。海滨休闲度假区、海洋文化旅游区、节庆会展旅游区、游艇海钓旅游区等具有核心竞争力、差异化、特色化的块状海洋旅游经济区已经逐渐形成。譬如，舟山群岛整体性海洋旅游目的地的理念早已提出，目前，以普陀旅游金三角的佛教文化旅游产品为龙头，结合滨海休闲度假、海洋观光旅游，舟山成为整体性的群岛型海洋大旅游区，区域内的各类产品错位竞争、优势互补。目的地不再只是单一的景点和景区，它包含着一条完整的产业链，提供了符合现代消费需求的各种产品和服务。再譬如，基于城市区域的滨海旅游目的地建设也是长三角地区旅游的新理念，城市就是旅游，旅游就是城市，在城镇或区域规划中强化旅游功能，将城镇或区域作为景区来规划布局，区域建设始终体现出景观功能、文化功能和旅游休闲功能。区域特色化、城镇旅游化的发展，将形成产业目的地化及目的地产业化的双向趋势。

（4）体验化休闲型旅游新业态

国家旅游局计划财务司前司长魏小安认为，休闲是旅游的"蓝海"。传统的旅游业经营只是通过血腥的价格竞争来获取利润，而将旅游扩展到休闲这一新领域，就摆脱了传统的鲜血淋漓的行业竞争，进入宽阔的蓝海；这种方式不再需要血拼、也非恶性竞争。事实上，现代休闲需求的普遍性催生出许多迎合该需求的旅游新业态。如休闲购物游、休闲体育游、商务＋休闲、会议＋休闲，等等。现代旅游业也是创意性产业，它摆脱了资源驱动和要素驱动形态，通过创意旅游产品，拓展消费空间来实现旅游产业自身发展和转型。旅游业适应需求也创造需求，它不仅提供产品和服务，更用新型体验化产品制造有益的休闲方式，提高闲暇生活质量，积累社会文化资本。通过特色化旅游开发来增加地方吸引力，使长三角地区的一些城镇和渔农村成为区域短途休闲旅游市场的新热点。

长三角地区已普遍进入"有闲社会"，该地区居民三分之一的消费方式和生活方式都与旅游休闲相关，旅游是该地区人民的健康生活方式，是塑造快乐增长格局的主要产业，旅游业通过各类旅游产品制造出"快乐""幸福""和谐"，发挥了巨大的社会功能。基于休闲的体验化与生活化新理念，"体验经济"理念不仅融合在产品设计和项目策划中，也萌生出旅游新业态。诸如做一天渔民、体验渔家风情等海洋旅游项目，并不强调资源凭借，而是倡导复古怀旧、探寻文化之源、体验新生活方式，把旅游业与其他产业结合一起,产生出一种探索体验型旅游业态。在长三角地区,这样打着体验化休闲型旅游旗号的目的地很多,譬如舟山的东极岛,与其说旅游者前去小岛观光旅游,不如说是向往那里的"极地"(东海之极)风光,体验原汁原味的海岛渔家风情;在海上垂钓、在渔码头吹着海风晒着太阳发发呆、在石头酒吧哼着渔家小调喝着啤酒,旅游不再是行路观光赏景的事,而是一种远离繁华和现代文明后的悠然自得生活;到这里的游客也不再是经旅行社组团以包价形式消费,更多是从网络上订购产品,或者到达目的地后自由选择的,因此消费的过程自由随性;这是一种悠然的人生境界再现。

(5)集群化无边界旅游新业态

旅游产业集群化是产业发展在空间上集聚而形成的,它通常跨越行政界限,与旅游资源分布、交通基础设施布局和经济活动集聚区相匹配,是提升区域竞争力和区域经济发展的重要阶段和必由之路。长三角地区旅游业协同合作、联动发展的前期优势为旅游产业集群形成创造了良好基础,网络化、信息化也为旅游产业集群的实现提供了可能。海洋旅游产业集群以海洋旅游核心吸引物为基础,产业链中的上下企业和相关支持单位在一定旅游目的地区域内大量集聚,形成具有竞争优势的经济群落。由于旅游产业集群具有紧密性和相关性特征,集群化的过程一方面加快了旅游企业的战略性重组和大型旅游骨干企业集团的形成,另一方面也加强了旅游组织的有效交流和合作,进一步促进旅游产业与相关行业的结合,形成新业态。譬如:和旅游产业价值链相关的这些信息服务业、文化产业、教育产业、会展业、中介服务业、金融保险业的日趋成熟,其与旅游结合,形成了旅游电子商务、文化旅游、会展旅游、旅游保险等行业,延伸了旅游产业链,扩大了旅游产业的边界。

长三角地区海洋旅游产业集群建设中,区域中心城市往往是产业集聚的核心点,该地区的一级中心城市上海、二级中心城市杭州、南京、苏州、宁波、温州、台州、舟山等就利用各自的优势和特色,发展集观光、休闲度假、节庆会展、海洋科普、运动竞技、游艇海钓等为一体的现代综合海洋旅游经济,集中力量培育和打造具有鲜明区域特色的产业集群,造成对周边城市的辐射,形成板块状海洋旅游经济区,打造"海洋休闲旅游黄金海岸带"。

本章小结

依据国际上对海洋产业界定的通行惯例,海洋旅游产业可界定为人们利用海洋空间或以海洋资源为对象的社会生产、交换、分配和消费的经济活动以及为各类旅游消费活动生产和提供产品的各种企业集合。相较其他产业而言,海洋旅游产业表现出产业关联度大、产业综合性强、产业环境与经济容量大、产业劳动密集程度高以及产业经济地位突出等特征。随着社会的发展,海洋旅游也不断涌现出新业态,这是旅游发展的正常表现,新时期涌现出来的我国海洋旅游新业态,昭示着我国海洋旅游业的辉煌前景。

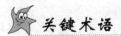 关键术语

海洋产业(marine industry)　　　　　　海洋旅游产业(marine tourism industry)
业态(type of operation)

复习思考题

1. 什么是海洋旅游产业？
2. 试述海洋旅游产业发展历程。
3. 试述近代旅游发展的条件。
4. 浅谈托马斯·库克对旅游发展的贡献。
5. 试述现代海洋旅游业发展的原因。
6. 什么是旅游可持续发展？
7. 发展国内旅游业有哪些好处？
8. 发展国际旅游业有哪些好处？
9. 世界旅游业的发展趋势如何？
10. 未来的海洋旅游业有哪些新形态？

开拓思维题

1. 旅游业为什么要引入可持续发展理论？
2. 旅游业是无烟产业，这个观点正确吗？

参考文献

鲍金. 2005. 休闲的比较词源学考察. 自然辩证法研究，11（11）：88 - 92.

董玉明. 2002. 海洋旅游. 青岛：青岛海洋大学出版社.

李隆华，俞树彪等. 2005. 海洋旅游学导论. 杭州：浙江大学出版社.

厉新建. 2002. 旅游经济学：理论与发展. 大连：东北财经大学出版社.

楼嘉军. 2001. 休闲科学理论发展简析. 北京第二外国语学院学报，113（3）：7 - 13.

罗伯特·朗卡尔. 1989. 旅游及旅行社会学. 蔡若明译. 北京：旅游教育出版社.

马勇，周青. 2008. 休闲学概论. 重庆：重庆大学出版社.

马丽卿. 2006. 海洋旅游产业理论及实践创新. 杭州：浙江科学技术出版社.

马丽卿. 2011. 海岛型旅游目的地的特征及开发模式选择. 经济地理，164（10）：1745 - 1749.

马惠娣，张景安. 2004. 中国公众休闲状况调查. 北京：中国经济出版社.

马惠娣. 1998. 文化精神之域的休闲理论初探. 齐鲁学刊，143（3）：90 - 107.

孙光圻. 2005. 中国古代航海史（修订本）. 北京：海洋出版社.

叶文等. 2006. 城市休闲旅游理论·案例. 天津：南开大学出版社.

张广瑞，宋瑞. 2001. 关于休闲的研究. 社会科学家，91（5）：17 - 20.

Brihtbill C K. 1960. The Challenge of Leisure, Englewood Cliffs. New Jersey：Prentice Hall.

Dumazedier J. 1967. Toward a Society of Leisure. Trans by Mcclure S. New York：The Free Press.

Godbey G C. 1999. Leisure in Your Life：An Exploration, State College. Pennsylvania：Venture Publishing.

Veblen T. 1899. The Theory of Leisure Class：An Economic Study of Institutions. New York：Vanguard Press.

□ **阅读材料 12 - 1**

嘉年华邮轮集团公司

嘉年华邮轮集团公司（Carnival Corporation & PLC）成立于 1972 年，总部设在美国佛罗里达州的迈阿密市。嘉年华邮轮以"Fun Ship"（快乐邮轮）作为主要的产品诉求来区别丽星邮轮等竞争对手，现在已经发展成为全球第一的超级豪华邮轮公司，拥有 28 000 名船员和 5 000 名员工，被业界誉为"邮轮之王"。嘉年华下属公主邮轮（Princess Cruises）、荷美邮轮（Holland America）、歌诗达邮轮（Costa Cruise Line）、冠达邮轮（Cunard Line，其前身白星邮轮拥有"泰坦尼克"号邮轮）、世朋邮轮以及风之颂邮轮等。嘉年华邮轮集团现有 23 艘 8 万～12 万吨大型豪华邮轮（即将变为 25 艘），这也是迄今为止最为庞大的豪华邮轮船队。

嘉年华邮轮集团作为美国上市公司（代码 CCL），为世界各地的游客提供最好的服务。船队全年在欧洲、加勒比海、地中海、墨西哥、巴哈马航行运营；而季节性航线则有阿拉斯加、夏威夷、巴拿马运河、加拿大海域航线等。其船队优势在于它多样化的休闲设施，装潢新颖、宽敞的客舱。邮轮上的秀场节目与娱乐设施应有尽有，让旅客在船上宛如天天参加嘉年华盛会。豪华的超五星级享受，闪烁的霓虹灯，流光溢彩的环境，这就是嘉年华带给你的一切。

□ **阅读材料 12 - 2**

自驾车旅游

中国城市居民汽车的保有量持续增加，彻底改变了中国人的移动性，也使旅游交通方式和自驾游消费行为发生了革命性的变化。在我国自驾旅游一般为城市消费群体，该群体的基本特征为：在年龄结构上中青年化特征显著、在收入上多为城市中高收入阶层、在职业构成方面白领化和高管化趋势明显、在文化程度方面有高学历化趋势。从消费特征和旅游偏好来看，自驾车旅游者虽然仍以观光游览为基本消费形态，但度假及野营旅游活动的比例也在增加；在组织形式上以自组织为主，同时汽车俱乐部的组织形式有明显上升的趋势，可见自驾车旅游活动及其组织形式的多元化趋势明显。从对城市周边旅游地发展的促进作用和对旅游接待地服务体系完善两方面开展了自驾车旅游者行为空间效应研究，主要表现在对旅游目的地的基础设施、社区文化、景区软件服务水平、旅游购物和旅游信息系统的建设等方面的促进作用，也对推动我国新型的住宿业态、乡村旅馆、城市周边的乡村旅游、度假旅游的发展和城市近郊温冷型景区的升温等起到重要的作用。

□ **阅读材料 12 - 3**

可持续旅游

随着资源问题的日趋严重和可持续发展思想逐渐深入人心，从可持续发展角度讨论旅游研究也越来越受到学者的重视。从产业发展的实践角度，人们认识到，需要以较低的负面影响和更好的可持续方式来开发旅游，因而旅游发展的新形式——替代性旅游（alternative tourism）应运而生（Smith and Eadington，1992）。实际上，无论是传统的旅游方式，还是新兴的替代性旅游方式，对自然环境和当地居民的生态与文化怀有一颗敬畏之心，在进入这些地区从事各种旅游活动时，无论是旅游者本身，还是旅游产品开发提供者，都应尽到相应的责任，即所谓的应责旅游

（responsible tourism）。应责旅游既包括基于自然的旅游，也包括基于社区的旅游（Spenceley，2008）。

对于旅游影响的关注促进了可持续发展（sustainable tourism）的研究，旅游业是较早自觉引入可持续发展思想的产业。对可持续发展的普通关注产生了丰富的理论分析和实际探索，这方面的积累从20世纪50年代起从未停止过，使得我们有条件对可持续发展的一整套概念体系进行认真的总结（Page和Connell，2008）。莫福斯和芒特（Mowforth和Munt，1998）也为此撰写了《旅游与可持续性》一书，以反映人们对此问题的关注。所谓可持续发展，也是从环境、经济、社会三个方面来阐述的（Swarbrooke，1999）。

可持续发展思想的兴起对于旅游消费行为具有重要影响。顺应旅游消费的绿色潮流，同时也是因为更加关注企业的社会责任，绿色生产经营也成为旅游企业的发展方向。在进行旅游发展项目可行性分析时，必须将环境代价等隐性成本纳入成本收益分析当中。联合国以及各国政府已经探索构建以"绿色GDP"为核心的循环经济体系。对于政府来说，也更加关注可持续发展思想在旅游公共管理中的贯彻。1996年世界旅游组织、世界旅游及旅行理事会（WTTC）和地球理事会根据联合国《21世纪议程》的原则，联合制定了《关于旅游业的21世纪议程》。旅游业的可持续发展被定义为"既满足现代需求而又不妨碍后代满足他们旅游者和东道区域的需要。可以设想，可持续发展导致以如下形式管理所有的资源：在保持文化完整、基本生态进程、生物多样化和生命支持系统的同时，经济、社会和审美方面的需求可以得到满足"（WTO，WTTC et al.，1997）。

旅游环境容量（carrying capacity）是一个概念体系，包括心理容量、资源容量、生态容量、经济发展容量、旅游地域社会容量等。旅游环境容量最初只关注会对资源质量和游客自身的体验质量造成破坏的临界游客数量，但后来逐渐发展成为广泛应用于旅游资源管理的一系列管理工具（张骁鸣，2004）。实际上，环境容量本身很难进行实际的测量，但它的主要作用在于提供一道门槛，以防止人们超越这一限制产生不利影响。另外，容量概念也可以应用于旅游发展的系统战略规定的制定（O'Reilly，1986）。

环境影响评价是弥补传统成本收益分析方法不足、强化环境管理的重要手段，它是指对规划和建设项目实施后可能造成的环境影响进行分析、预测和评估，提出预防或者减轻不良环境影响的对策和措施。环境影响评价的目的是实施可持续发展战略，预防建设项目实施后环境造成的不良影响，促进经济、社会和环境的协调发展。目前，关于环境影响评价已经形成了系统的理论和方法。